U0563529

国际经济分析与展望

(2016～2017)

WORLD ECONOMIC ANALYSIS & OUTLOOK

(2016–2017)

中国国际经济交流中心　编著

《国际经济分析与展望（2016～2017）》
课　题　组

课题负责人　张晓强　郑新立

课题组组长　陈文玲

课题组副组长　任海平

课题组成员　陈文玲　徐占忱　任海平　曾少军
徐长春　张茉楠　逯新红　颜少君
陈迎春　梅冠群　田　栋　王　婧

特约撰稿人　张永军　王　军　王晓红　刘向东
景春梅　王冠群　张焕波　李　锋
张影强　元利兴　胡正塬　张　瑾
徐　伟　谈　俊　杜传忠

出版说明

自2009年成立之初，本着“同享人类智慧，共谋全球发展”的宗旨，中国国际经济交流中心就开始谋划出版了《国际经济分析与展望》和《中国经济分析与展望》（简称《世情报告》和《国情报告》）两本经济研究报告，对国际国内经济形势进行评估和展望。8年来，国经中心一直以自身研究力量为主，吸纳国内机构知名专家参与，跟踪评估世界经济和中国经济的年度变化，并展望未来发展前景，对世界经济形势和国内经济形势进行系统研究，为政府、市场主体科学决策提供智力支持，为参与全球治理和服务中国经济发展提供决策支持。

在多年探索的基础上，我们对本年度《世情报告》进行了大胆创新，探索体现国经中心研究特色的《世情报告》模式。一是创新框架模式。《世情报告》框架设计几易其稿，打破了传统单一剖面、单一维度、单一时空的平铺模式，在专项研究的基础上增加了能够体现国际经济全时空面貌的总报告，不仅坚持了对世界主要经济体、主要领域和国际热点问题的横纵交织的细致透视特色，还通过总报告突出强调了对研究对象的战略性、系统性、前瞻性、全局性、综合性把握，特别是通过对影响国际经济系统演化变量的深入挖掘，对作为一个有机整体存在的全球经济系统的整体演进进行全面、综合的把握。

二是创新研究方法。打破了单一数据、单一定性分析的研究模式，强调定量分析和定性分析相结合、全方位、多视角的研究方法，力求研究结论贴近客观现实。针对特定条件下结论成立的研究缺陷，本年度研究报告在强调聚焦特定研究对象的基础上，突出对特定时空条件下关联要素的分析，强调对图表的定性解析，突出研究的立体感和客观性，凸显国经中心研究成果的独到性和研究特色。

三是创新研究内容。国际经济是诸多要素相互作用、相互影响的动态有机整体。影响国际经济系统演进的不仅仅是经济因素，还包括社会、文化、科技、宗教乃至军事的各种因素。为更全面、客观反映国际经济真实面貌，本年度的研究报告拓展了热点问题的研究范围，把对世界经济有深刻影响的政治、宗教、科技、外交等问题纳入范围，为读者把握国际经济年度发展状况、展望国际经济发展未来提供更为全面的支持。

本年度报告延续了往年的设计体例。《国际经济分析与展望》不仅对国际经济主要区域和主要领域进行了深入分析，同时还对许多热点问题进行了细致透视，为我们把握国际经济年度发展状况、展望国际经济发展趋势提供了更为全面的智力支持。《中国经济分析与展望》则针对中国经济遇到的问题进行了深入剖析，对这些问题是否会影响到中国的发展进行了系统的分析和论述；对未来经济形势的分析和展望，也放在全球经济一体化、中国经济进入新常态的大背景下展开，以求能够对中国经济形势做出更为全面和准确的判断。这两本研究报告通过对国际国内经济形势和区域、行业等多维度的透视，全面系统地评价了过去一年与未来的发展和特点，内容以经济为主，同时探索跨领域的综合研究，力求以全面的透视研究，形成新的理念、概括与表述，得出新的判断，具有很高的参考价值，便于读者把握国内外经济发展大势，具有较强的战略性、前瞻性、系统性、储备性和应用性，希望这两本研究报告能对读者有所裨益。同时，也欢迎广大读者对其中的疏漏给予指正。

中国国际经济交流中心

2017 年 3 月 1 日

目　录

总报告

上篇　国别与地区经济

中篇　专题研究

下篇　热点问题

总报告

世界经济形势分析与展望

2016 年世界经济和贸易增速双双低迷，经济增长前景不明，更多的矛盾和问题交织并存，世界经济增长面临诸多不确定性风险。但从 2017 年或更长一个时期看，同步进入低速增长“新常态”的世界经济和中国经济，在面临诸多挑战的同时也孕育着新的发展机遇。面对复杂多变的外部环境，中国必须保持清醒认识，做出正确判断，在面对挑战和困难的同时，要把主要精力放在做好自己国家的事情上，着力推动供给侧结构性改革，培育经济增长新动能，增强我国经济抗风险能力；要坚持对外开放的基本国策，继续主动推动经济全球化进程，研究制定因应新形势的一揽子战略，拉长我国战略机遇期和经济增长周期，同时继续推动全球宏观治理体系变革，创造更好的外部环境。

2016 年世界经济仍旧处于新旧思维碰撞、新旧机构并存、新旧规则交替、新旧动力转换、新旧力量对比的动荡期、转型期、变革期和调整期，世界经济和贸易增速双双见底，更多的矛盾和问题交织并存。但从 2017 年或更长一个时期看，同步进入低速增长“新常态”的世界经济和中国经济，在面临诸多挑战的同时也孕育着新的发展机遇。随着中国在世界舞台上扮演着更加重要的角色，中国因素对世界经济增长的影响、对世界经济格局的影响日益扩大。面对复杂多变的外部环境，中国必须保持清醒认识，做出正确判断，在面对挑战和困难的同时，培育经济增长新动力，推动建立全球经济宏观协调机制和全球治理体系的变革，把主要精力放在做好自己国家的事情上，以“十三五”规划和“一带一路”等国家发展战略为指引，以五大发展理念为指导，适应、把握、引领经济新常态，以推动供给侧结构性改革为主线，构建满足人民群众日益增长需求的供给结构，推动我国经济持续健康发展，继续为世界经济的发展发挥积极重要作用。

一 2016 年处于动荡期、转型期、变革期和调整期的全球经济增长依然疲弱，新旧矛盾交织并存

尽管金融危机已经过去 8 年，世界经济复苏仍不稳定，过去数十年推动世界经济增长的主要引擎先后弱化，对世界经济的拉动力不足。上一轮科技进步带来的增长动能逐渐衰减，新一轮科技和产业革命尚未形成势头。世界经济新旧矛盾交织，经济增长面临多重风险和挑战。

（一）全球经济增长仍将疲弱，真正复苏前景尚不明朗

1. 世界经济和全球贸易增速双双新低，增长引擎弱化

研究表明，国际贸易与世界经济增长之间有着密切的联系：较快的经济增长通常伴随着更快的贸易增长，反之亦然。2008 年国际金融危机后，世界经济增长持续低迷，国际贸易增速也在同步下滑，2016 年世界经济增速和国际贸易增速双双出现新低。根据国际货币基金组织（IMF）10 月《世界经济展望》报告预测，2016 年，全球经济增速为 3.1%，比 2015 年下降了 0.1 个百分点，2017 年为 3.4%，比 2016 年上升 0.3 个百分点。世界贸易组织（WTO）2016 年 9 月 27 日发布的报告大幅下调 2016 年全球贸易增长预期至 1.7%，这将是 2009 年金融危机以来的最低增幅，2017 年的增长预期则为 1.8% ~3.1%，全球贸易下降幅度大于世界经济下降幅度。国际贸易是世界经济增长的引擎，国际贸易增幅日益放缓表明国际贸易拉动经济增长的动力在减弱，而经济增长持续放缓反过来又制约了全球贸易的增长。2016 年 10 月期《世界经济展望》对贸易增长放缓原因的模型估值和实证研究表明，贸易增长放慢的原因主要是经济复苏不振。与 2003 ~2007 年相比，2012 年以来实际贸易增长下降的 3/4 归因于全球经济增长疲软，尤其是投资不振。未来五年，由于全球经济增长回升有限，全球贸易疲软可能还会持续，原有经济增长动能弱化，新的经济增长动能尚未形成，全球经济增长前景仍不明朗。

表 1 2010～2017 年全球贸易增长率与全球 GDP 增长率

单位：%

年份	GDP:实际同比增长	全球商品贸易量增长率:出口金额
2010	5.43	14.00
2011	4.22	5.50
2012	3.46	2.50
2013	3.28	3.00
2014	3.41	2.50
2015	3.20	2.80
2016(预测)	3.10	1.70
2017(预测)	3.40	1.80～3.10

资料来源：根据 IMF 和 WTO 报告整理得出。

2. 主要发达经济体经济增速继续下滑

处于世界经济增长新低的 2016 年，主要发达经济体增速集体下滑，据 IMF2017 年 1 月发布的《世界经济展望》报告，2015 年发达经济体增速为 2.1%，2016 年预计下降至 1.6%，2017 年有可能恢复至 1.9%。

（1）美国经济不如预想的好

2015 年美国经济增速为 2.6%，IMF2016 年连续四次下调美国经济增长预期至 1.6%，比上年低 1 个百分点。近两年来，美国经济复苏相对强劲，但时强时弱，总体看并不如预想的好。据美国商务部统计数据，2016 年第一、第二、第三季度美国 GDP 总量分别为 182816 亿、184501 亿和 186512 亿美元，上半年美国经济平均增速仅为 1.1%，第三季度美国实际 GDP 同比上升 2.9%。尽管与其他发达国家相比，美国经济还有亮点，但美国经济中存在的诸如劳动力市场、劳动生产率和债务等方面长期结构性问题依然没有得到根本解决，美国大选闹剧和特朗普上任将会加大解决美国长期结构性问题的难度。

首先，从劳动力市场来看，2016 年美国失业率一直维持在 5% 以内，但实际上美国劳动力市场远不如其就业数据显示的那样乐观，根据一项由美国人力资源咨询机构 Express Employment Professionals 联合参与的哈里斯美国失业民意调查，有近一半的美国未就业人口已经放弃求职，而长期失业的人数甚至更多。大约 59% 失业两年或以上的美国人表示他们已经停止求职，而失业者当中总体放弃求职的比例达到 43%。最近几年美国失业率持续在低位，主要归因于劳动参与率的下降。据统计，2007 年美国劳动参与率为 66.4%，2015 年一度跌至 62.6%，创1977年底以来的新低，2016年11月美国劳动参与率为62.7%，仍处于40年的低位。其次，劳动生产率增速放缓。劳动生产率增长是经济增长的关键，也是对一个国家创造财富能力的终极考验。美国劳工部数据显示，2016年第二季度美国非农部门劳动生产率按年率计算下降0.5%，为连续第三个季度下滑，创1979年以来劳动生产率下滑时间最长纪录。劳动生产率增速放缓表明美国长期经济增长前景不容乐观，劳动者工资增速将受到限制，实际工资增长更是不尽如人意的。据统计，美国一个典型的中产阶级家庭每年收入是5.3657万美元，约合人民币35.4万元，根据美国人口普查经通胀调整后的数据，这个收入水平几乎与20年前一样。美国贫富差距正在不断扩大，全部财富的40%集中于1%的人群，而中间阶层却在不断萎缩。最后，债务水平持续上升。目前，美国债务总规模已经超过19万亿美元。2006年，美国联邦政府的债务占GDP的比率为35%，现在则为75%，增加了1倍还多。

可见，美国经济复苏并不稳固，不过美国大选出现了11月奇迹，特朗普提出系列重振美国经济的施政纲领，如这些政策真正得到落实，尤其减税政策，这将推动美国实体经济复苏，美国经济有望进入复苏通道。

（2）欧洲经济出现了“三个没有想到”

2015年欧元区经济增长2.0%，根据IMF2017年1月预测，2016年欧元区经济增长仅为1.7%，比上年下降0.3个百分点，2017年预计增长1.6%，比2016年要低0.1个百分点。2016年欧洲经济的一个突出特点，即欧洲经济增长与其他国际问题交织对欧盟经济复苏带来了负面影响。一是英国脱欧。英国脱欧使得欧洲一体化进入实质性倒退通道，会降低资源流动和配置的效率，对欧洲经济长期内在增长造成严重拖累；受英国脱欧驱动，欧元区一些国家的民粹主义、保守主义和孤岛主义浪潮兴起，政治风险持续增加，将加剧经济失速风险、债务通缩风险和银行业风险，从而全面恶化欧洲经济的复苏环境。工银国际在发布的《2016～2017年全球经济回顾与展望》系列报告中指出，2017年，欧洲将迎来一体化真实倒退之元年，欧洲经济凛冬将至。二是德意志银行风险问题。2016年以来德意志银行股价大幅下跌。2016年初德银报出2015年净亏68亿欧元，随后仅2016年1月公司在纽约证券交易所的股价就跌去26%，年初至今缩水40%，9月底更曾创下11.19美元的最低价。德意志银行问题之所以引发关注，源于其在德国、欧洲乃至全球金融体系中的特殊角色，IMF在2016年6月的报告中称德银为全球系统性重要银行中系统性风险最重要的贡献者，其风险对于全球金融体系的传导不可忽视。三是难民潮问题。难民危机使欧洲社会不堪重负，引发社会动荡，欧盟财政面临短缺，拖累欧洲经济的复苏和增长。由于难民政策不得人心，德国总理默克尔支持率持续下滑至45%，为五年以来的最低水平。展望2017年，由于凝聚力衰退、经济基本面疲弱且地缘政治震荡，欧洲市场的吸引力将渐次下降，欧洲经济将面临严峻挑战，短期内经济复苏难有起色。

（3）日本经济增长比预想的还差

2015年日本经济增长1.2%，2017年1月，IMF预计2016年日本增长0.9%。自20世纪90年代以来，日本经济已经进入了第三个衰退的10年。日本内阁数据显示，受外需下降和国内消费乏力拖累，2016年日本第一、二季度经济增速分别为0.5%和0.2%，凸显尽管实施了大规模的政府刺激和央行宽松政策，但日本这个全球第三大经济体仍然疲弱。日本消费支出约占其GDP的60%，消费支出持续低迷是日本经济不振的主要原因。据统计，2016年第一季度日本家庭支出环比增长0.7%，第二季度家庭支出也较低迷，环比仅增0.1%；企业支出方面，日本企业第二季度资本支出下降0.4%，为连续第二个季度减少。受消费疲软影响，安倍晋三推迟了原定于2017年上调消费税的计划。从日本经济增速看，日本首相安倍晋三执政三年多来并没有实现日本经济持续复苏，安倍经济学难以奏效，日本经济难以走出疲弱增长状态，IMF预计2017年日本经济增长将微弱上升至0.8%。

3. 新兴经济体和发展中国家经济增长分化明显

根据IMF最新发布的报告，2015年新兴市场和发展中国家经济增长4.1%，2016年预计为4.1%，2017年有望继续上升至4.5%。金融危机后，新兴经济体和发展中国家成为拉动世界经济增长的主要动力，这主要体现在两方面。一是新兴经济体和发展中国家经济增长速度高于发达经济体，如表2所示，新兴经济体和发展中国家增长率要远远高于发达经济体，2010~2017年新兴经济体和发展中国家平均增长率为5.2%，是发达经济体2.8倍。二是新兴经济体和发展中国家对世界经济增长的贡献率不断提高，如表2所示，2008~2014年，无论是按照汇率法还是按PPP加权计算的新兴经济体和发展中国家对世界经济增长的贡献率都在60%以上，中国对世界经济增长的贡献率一度高达50%以上。

尽管如此，新兴经济体和发展中国家经济增长出现了明显分化。

亚洲新兴经济体和发展中国家仍将保持较高速增长。2015年印度经济增长7.6%，印度成为全球经济增长最快的大型经济体，IMF预计2016~2017年两年

表 2　2010~2017 年世界经济增长率

单位：%

年份	世界经济增长率	发达经济体增长率	新兴经济体和发展中国家增长率
2010	5.4	3.1	7.5
2011	4.2	1.7	6.3
2012	3.4	1.2	5.2
2013	3.3	1.1	5.0
2014	3.4	1.8	4.6
2015	3.2	2.1	4.0
2016(预计值)	3.1	1.6	4.2
2017(预计值)	3.4	1.8	4.6

资料来源：国际货币基金组织。

表 3　各主要经济体对世界经济增长的贡献率

年份	中国（汇率法）	中国（PPP 加权）	新兴经济体和发展中国家(汇率法)	新兴经济体和发展中国家(PPP 加权)	发达经济体（汇率法）	发达经济体（PPP 加权）
2008	54.35	43.28	93.72	87.53	6.28	12.47
2009	-42.70	81.48	93.72	110.24	182.07	-10.24
2010	26.09	25.04	93.72	61.31	43.77	38.69
2011	34.14	30.79	93.72	68.97	32.75	31.03
2012	36.87	33.46	93.72	71.52	28.96	28.48
2013	37.34	33.99	93.72	70.83	31.14	29.17
2014	35.85	33.17	93.72	64.94	38.58	35.06

资料来源：Wind 资讯。

印度经济增长仍将维持在 6.6% 和 7.2%。中国经济增速 2015 年为 6.9%，2016 年前三季度均为 6.7%。IMF 两次调高了中国经济增速，从 6.3% 调至 6.5% 和 6.6%，预计 2017 年中国经济增长为 6.5%，尽管中国经济增速在下滑，但仍维持在中高速增长区间。2015 年东盟五国经济增速为 4.8%，2016 年预计仍将维持在 4.8%，2017 年有望上升至 5.1%。

俄罗斯和巴西等国家经济衰退减弱，2017 年有望实现增长。2015 年俄罗斯 GDP 较上年萎缩 3.7%，IMF 预计 2016 年俄罗斯 GDP 萎缩有望减弱至 0.6%，2017 年有望实现 1.1% 的增长。巴西方面，2015 年巴西 GDP 衰退 3.8%，2016 年 IMF 预计萎缩 3.5%，比 2015 年上升了 0.3 个百分点，2017 年巴西经济增长有望实现 0.2% 的增长。

拉美和加勒比地区、一些非洲国家和低收入国家的增长前景不明。2015 年拉美和加勒比地区经济增长为零，IMF 预计 2016 年将衰退 0.7%，2017 年有望回升至 1.2%；尼日利亚 2015 年经济增长 2.7%，2016 年预计萎缩 1.5%，2017 年有望恢复增长至 0.8%；南非 2015 年经济增长 1.3%，2016 年预计仅增长 0.3%，2017 年上升至 0.8%；撒哈拉以南非洲 2015 年增长 3.4%，2016 年预计仅增长 1.6%，2017 年有望回升至 2.8%；广大低收入发展中国家 2015 年经济增长 4.6%，2016 年预计增长 3.7%，2017 年预计增长 4.7%。

（二）全球经济发展中新旧矛盾交织并存，经济增长面临多重风险和挑战

世界经济持续低迷凸显制约世界经济增长的长期结构性矛盾和问题并没有得到根本解决，新的矛盾和问题不断涌现，世界经济新旧矛盾交织，增长面临的风险和挑战也在增加。

1. 低利率与低增长、低通胀交织并存

金融危机后，为了刺激经济增长，量化宽松货币政策作为一种非常规的、临时性货币政策被美国和日本采纳，受这一政策影响，全球各主要发达经济体基本都实行了宽松货币政策，并逐步向发展中国家蔓延。全球竞相货币贬值导致了全球低利率乃至负利率蔓延，2015 年和 2016 年 12 月美国分别升息，目前美国联邦目标利率维持在 0.5% ~0.75%，仍处于较低水平。2016 年欧盟扩大了宽松货币政策规模和范围，并维持低利率（再融资利率为零）不变。英国央行利率决议维持在 0.25% 的低水平上。日本央行 2016 年 9 月 20 ~21 日召开了货币政策会议，不仅宣布量宽的政策和负利率不变，而且还进一步修改了有关 QED 政策框架，量化质化宽松措施由货币基础转移以控制孳息曲线为新的政策框架，并推出十年期国债利率目标，承诺维持该利率于零水平附近，如果日本未来扩大量化宽松货币政策，其负利率政策还将加深。一般意义上，实行宽松的货币政策导致的低利率会出现通货膨胀，推动经济增长。但世界经济走势却恰恰相反，2008 年全球金融危机爆发后，全球央行纷纷进入“大放水”的 QE 时代，具有讽刺意义的是，全球很多经济体尤其是发达经济体却陷入“通缩”威胁中。如图 1 所示，2015 年发达经济体 CPI 仅为 0.27%，不仅低于 2014 年底的 2%，更远远低于 1990 ~2013 年全球通胀 11% 的平均水平，新兴市场和发展中经济体内部增长乏力、深层次问题突出等也在一定程度上加剧了全球需求不足，通缩风险正在全球范围内蔓延。

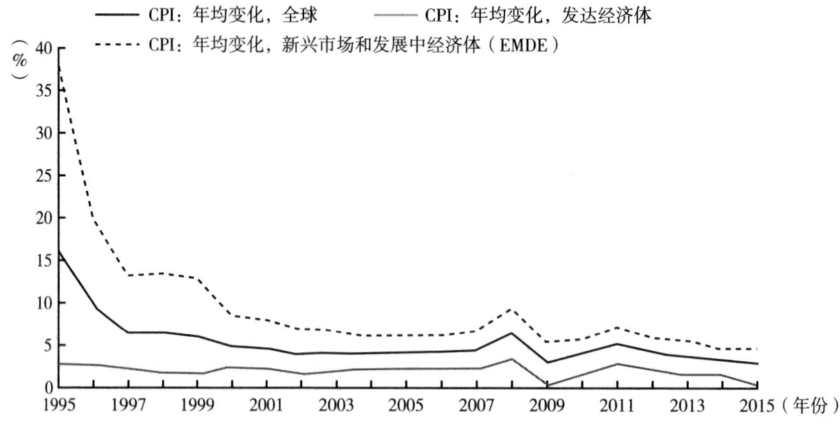

图1　全球与各主要经济体 CPI 的变化

资料来源：Wind 资讯。

据美联储 2016 年 10 月的预计，未来三年美国通胀率为 2.6%。日本的通胀率更低，根据日本产经新闻 10 月报道，受日元走强和油价疲软以及消费支出低迷影响，日本央行可能调降 2017 财年的消费者通胀率预估，从 1.7% 调降至略超过 1% 的水平。2016 年 10 月公布的欧洲央行对专业预测机构调查显示，2016 年欧元区通胀率预计为 0.2%，低于之前预估的 0.3%，到 2021 年欧元区通胀率将触及 1.8%。值得注意的是，在低利率、低增长、低通胀交织的背景下，竞争性货币贬值导致的低利率乃至负利率的负面效益正逐步凸显，德意志银行濒临破产就是典型例子，由于长期的低利率和负利率，银行没有盈利点，这使得银行业发展面临很大挑战，不利于经济增长。

2. 高债务与高杠杆交织并存

进入 21 世纪以来，全球债务风险整体处于不断上升通道中。据 IMF2016 年 10 月发布的全球财政监督报告，截至 2015 年底，包括广义政府、住户和非金融企业在内的全球非金融部门的债务总额已膨胀至 152 万亿美元，创新的历史纪录，比 21 世纪初的规模多出 1 倍多，占同期全球 GDP 的 225%（见图 2）。

公共部门债务，即国家主权债务约占 1/3。根据 IMF 的数据预测，2017 年全球债务总量将继续上升至 67.31 万亿美元，奔向 70 万亿美元大关，整体规模十分庞大，相当于同期 3.5 个美国的经济量，或 5.4 个中国的经济量，或 27.4 个印度的经济量。从占比看，2016 年全球政府债务占 GDP 的比重为 84.05%，这一水平不仅远高于 60% 的国际警戒线，也高于 2008 ~2015 年危机时期的均值

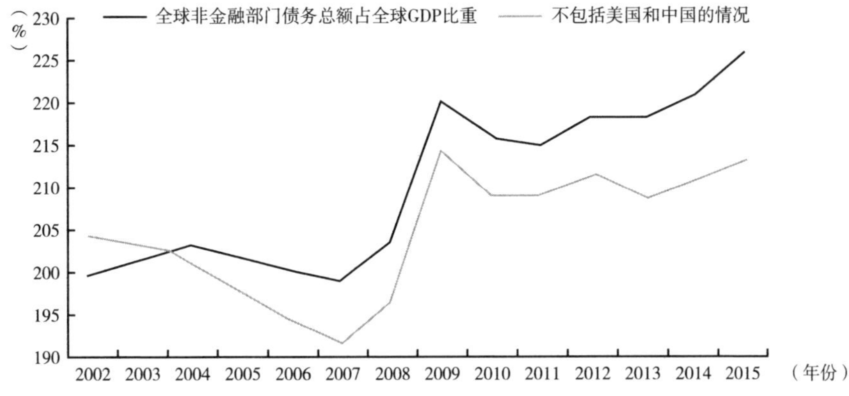

图 2　全球债务总规模

(71.89%)，IMF 预计，2017 全球政府债务占比将上升到 84.63%，表明全球主权国家债务风险仍在持续扩大。目前，美国的国家主权债务规模已接近 20 万亿美元。日本债务占 GDP 比重在 240% 以上，欧盟平均也占 95%，而且欧洲的一些国家如希腊、意大利等仍面临国家债务危机。私人部门负债约占 2/3（近 100 万亿美元）。自 2008 年以来，美、欧、中、日、英五大经济体中，除了中国企业部门债务在 2009 年以来仍持续猛增之外，其余最大的四个经济体私人部门债务已经大幅度降低，但这是以恶化政府部门负债为代价的。中国则正好相反，中国官方公布的中央政府债务率仅为 16%，如果加上地方政府债务余额为 56%，但企业债务风险正在加剧，有统计数据表明中国总体债务占 GDP 的比重为 249%。

高债务与高杠杆是相伴相随的，尽管不是所有国家都处于相同的债务周期，但全球债务规模之大，可能会触发前所未有的去杠杆化过程（即削减债务水平）。全球经济低迷与高额债务已经形成恶性循环：一方面，低增长阻碍了去杠杆过程；另一方面，债务增长使实际债务负担和杠杆率增加，从而拖累经济增长，并导致通货紧缩。

3. 更高标准的贸易规则与全球贸易保护主义交织并存

今天，国际贸易“规则之争”已经成为新一轮全球化博弈的焦点。近年来，美国大力推进跨太平洋伙伴关系协议（TPP）、跨大西洋贸易与投资伙伴关系协定（TTIP）与国际服务贸易协定（TISA）三大谈判，进行贸易战略部署，搭建美国从双边、区域到诸边、多边的全方位的贸易格局，其实质是重构国际贸易新规则，重新执掌国际贸易主导权。尽管特朗普在选举期间声称要撕毁一切贸易协定，反对 TPP，赢得选举后也明确提出要退出 TPP，但这并不表示贸易规则之争已经结束，而表明更高标准的贸易规则之争和全球贸易保护主义可能会加剧。

与此同时，世界上反贸易政治论调高涨，极端贸易保护主义粉墨登场，美国此届大选两位总统竞选人都反对自由贸易，特朗普在大选期间更是提出撕毁一切贸易协定，认定中国是汇率操纵国，要向中国征收 45% 的税收。赢得选举后，特朗普百日新政里面提出的 7 条保护工人的措施中，前 4 条都与贸易保护主义相关，第一，宣布与 NAFTA 重新谈判或者按照 Article 2205 文件退出协议。第二，宣布退出环太平洋合作组织 TPP。第三，让财政部长标定中国为汇率操纵国。第四，让商业部和美国贸易代表团裁定所有对美国工人不公正的非正当的国际贸易举措，引导美国工人利用美国的国际法来终止这些不正当的贸易。可见，全球贸易保护主义正在升温。在世界经济形势低迷、经济增长动力缺乏的情况下，更高标准的贸易规则竞争与全球贸易保护主义加剧交织并存，可能会给全球的经济带来拖累。

4. 全球新一轮结构性改革与全球新一轮产业转移交织并存

结构性改革对提高生产率和潜在产出、促进包容性增长具有重要作用。2016 年二十国集团（G20）的一项重点议题就是结构性改革，为了实现 G20 国家强劲、可持续、平衡增长目标，G20 杭州峰会就《二十国集团深化结构性改革议程》达成了共识，各国将致力于结构性改革提高潜在增长率，使 G20 经济体更具创新性、强劲、有韧性。

在各国推进结构性改革进程中，新一轮全球产业转移已经开始并加速。这突出体现在两方面。一方面，随着中国制造业的用工成本迅猛上升，越南、印度等东南亚、南亚国家的成本优势逐渐显现，中国低端制造业开始向东南亚、南亚和非洲等地区转移。根据《华尔街日报》报道，2008 年以来，“中国大陆制造业的平均工资水平累计上升了 71%”。据统计，非洲国家的人均月工资为 154 美元，印度尼西亚的人均月工资为 100～150 美元。可见，原材料成本、土地成本等尤其是劳动力成本上升导致新一轮劳动密集型产业加速向这些成本优势明显的国家和地区转移。

另一方面，当前全球制造业新一轮产业转移趋势还表现为高端制造业回流欧美，这主要是受发达经济体创新驱动战略影响。麻省理工学院（MIT）2012 年的研究表明，33% 的海外美国企业考虑将制造业务迁回本土，目前惠而浦、福特汽车等部分制造业的一些组装业务都已迁回美国。据美国“回流倡议”机构 2016

年4月统计，自2010年2月以来，回流企业和外国投资共在美国国内创造了24.9万个新工作机会，仅2015年就达6.7万个。在创造新的就业岗位的回流美国企业中，60%是从中国回流的。据德勤会计师事务所近期发布的《2016全球制造业竞争力指数》报告，中国在全球制造业领域的竞争力排名第一，美国位居第二；未来5年内，中国将被美国超过。2016年4月，波士顿咨询公司发布的研究报告也认为，在不计算交通成本的情况下，美国制造业与中国制造业在工资和能源成本等上的差距已从10年前的14%缩小至现在不足5%，到2018年，美国制造业成本将比中国便宜2%～3%。

可见，全球结构性改革和新一轮产业转移给一些国家带来了发展机遇，但对我国来说，更多的是挑战。在高端制造业回流欧美和低端制造业向东南亚转移的全球新一轮产业转移新趋势下，我国要防范实体经济凋敝的风险，谨防在新一轮全球资源配置和产业链重组过程中出现产业空心化。

5. 逆全球化思潮与全球化深入的内在冲动力迸发交织并存

2016年以来，随着英国公投脱欧、特朗普赢得大选、德国十万人示威反对跨大西洋伙伴关系等一系列重大事件的发生，全球范围内孤立主义、民粹主义浪潮兴起，给人以全球化遭受重大逆转的强烈印象。全球化正在出现逆转的观点甚嚣尘上，甚至有人说全球化已死。

实际上，与之相反，全球化正在进入超级全球化内在冲动力迸发阶段，互联互通基础设施与互联网革命的结合，导致了世界经济形态、经济表征与产业链接方式产生颠覆性变化。世界经济两种基本形态——实体经济和虚拟经济连接成一体，形成新的实体经济形态，世界经济表征呈现出网络状态和链状连接，制造业不再是原来的一条生产线、一个工厂或者某几个工厂叠加完成的制造过程，而是通过没有任何产权关系的产业链的连接、价值链的连接、服务链的连接以及信息链的连接，形成新的产业布局和产业体系。信息作为一种要素禀赋进入流通，成为流通中最大的变量，若干制造业企业变成一种链状的存在，呈现不同国家产业链的组合，不同区域服务链的组合，覆盖全球信息链的组合。与此同时，互联互通带来的全球供应链和价值链革命，超越了自然和政治地理边界，发挥实际效用的功能连接网络线将取代名义上的政治国境线，正如世界曾经从垂直整合的帝国体系走向扁平的独立民族国家体系，未来世界正步入全球供应链和价值链主导下的互联互通全球人类新文明体系，即全球化4.0时代。在这样的体系中，原来分散、断裂和割裂的资源、生产、服务和消费将会通过共享的供应链和价值链连接起来，使现有资源和要素在商流、物流、信息流、资金流和人员流动的全球化大流通中实现增殖，并将推动世界从行政隔离走向互联，从民族分割走向融合，形成了整体大于部分之和的全球化社会和全球人类新文明。

6. 全球绝对贫困人口下降与相对贫困人口增加交织并存

过去几十年来，随着经济全球化发展和世界经济增长，全球处于绝对贫困线以下的人口不断下降。如图 3 所示，按照世界银行 2015 年最新国际贫困线，即每人每天 1.9 美元的标准，全球贫困人口数量从 1990 年的 18.5 亿人，下降至 2013 年的 7.67 亿人，贫困人口占全球人口的比重从 1990 年的 35% 下降至 2013 年的 10.7%。世界银行预测，2015 年全球贫困人口将进一步下降至 7 亿人，贫困人口占全球人口的比重继续下降至 9.6%。国际劳工组织发布的《世界就业和 2016 社会前景趋势报告》显示，尽管自 1990 年以来，全球极端（绝对）贫困率减少了一半多，但是全球贫困问题依然严峻。目前，近 1/3 的新兴国家和发展中国家的极端贫困和中等贫困人口有了工作，但他们主要从事一些低技能工作，无有效的社会保障。据估计，全球仍有近 20 亿人口每天的生活费不足 3.10 美元，而新兴国家和发展中国家，这一比例更是超过 36%。

中国曾是世界上最贫穷的国家之一，改革开放以来，中国扶贫标准不断提高，但贫困人口数量在不断下降。1985 年中国扶贫标准仅为人均年收入 206 元，2001 年提高至 872 元，2007 年提高至 1067 元，2015 年提升至 2855 元；与此同时，贫困人口规模不断下降。从 1985 年的 1.25 亿人下降至 2015 年的 5575 万人。据统计，1978～2010 年的 30 多年间，按照中国扶贫标准，中国累计减少 2.5 亿贫困人口。参考国际扶贫标准，中国共减少 6.6 亿贫困人口，同期，全球贫困人口减少了 7.26 亿人，全球贫困人口数量减少的 93.3% 来自中国。联合国 2015 年《千年发展目标报告》显示，中国农村贫困人口的比例，从 1990 年的 60% 以上，下降到 2002 年的 30% 以下，率先实现比例减半，2014 年下降到 4.2%。中国对全球减贫的贡献率超过 70%①。

尤其值得注意的是，在全球返贫尤其是部分发展中国家减贫取得成效的同时，发达国家相对贫困人口也在增加，尤其是在欧洲。据 ILO 估计，受难民潮等移民因素影响，2012 年发达国家的贫困人数已超过 3 亿人。妇女和儿童是遭受

---

① 《对全球减贫贡献超过 70%，“中国奇迹”普惠世界》，人民网，http：//world. people. com. cn/n/2015/1016/c1002－27703507. html，最后访问时间：2016 年 11 月 24 日。

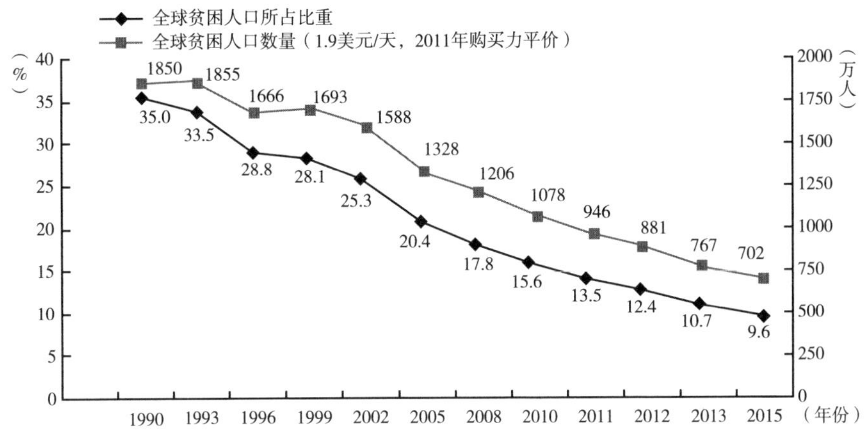

图 3　全球贫困人口数量及所占比重

资料来源：世界银行。

表 4　1985～2015 年中国扶贫标准及贫困人口数量

年份	扶贫标准（年人均收入，元）	贫困人口总数（万人）	年份	扶贫标准（年人均收入，元）	贫困人口总数（万人）
1985	206	12500	2001	872	9029
1986	213	13100	2002	869	8645
1987	227	12200	2003	882	8517
1988	236	9600	2004	924	7587
1989	259	10200	2005	944	6432
1990	300	8500	2006	958	5698
1991	304	9400	2007	1067	4320
1992	317	8000	2008	1196	4007
1993	350	7500	2009	1196	3597
1994	440	7000	2010	1274	2688
1995	530	6540	2011	2536	12200
1996	580	5800	2012	2625	9899
1997	640	4962	2013	2736	8249
1998	635	4210	2014	2800	7017
1999	625	3412	2015	2855	5575
2000	625	3209			

贫困影响最严重的两大人群，约有 36% 的发达国家儿童生活在相对贫困线以下。美国反贫困任务也很艰巨，金融危机后，美国贫困人口从 2008 年的 3980 万人上升至 2014 年的 4670 万人。按照美国由两个成年人与两个儿童组成的家庭贫困线 24306 美元的标准，2015 年美国仍有 4310 万贫困人口。贫困是“无声的危机”，贫困人口增加尤其是相对贫困人口增加导致贫富差距的不断扩大，是当前地区冲突频发、恐怖主义蔓延、环境恶化、民粹主义和民族主义浪潮兴起等重要根源之一，也会严重阻碍一个国家的社会经济发展。

7. 一些国家经济矛盾与社会矛盾交织并存

随着金融危机后世界经济持续低迷，社会矛盾更加凸显，经济全球化和经济持续低迷不仅使得发达国家与发展中国家之间的贫困差距不断扩大，而且使发达国家内部的贫富差距也在不断扩大；社会民众获得感普遍下降，造成社会撕裂和文化价值观的冲突日益凸显和加剧。当前，两极分化与贫富差距日益扩大已成为美国国内面临的最主要的社会危机和政治难题。美联储主席耶伦将贫富收入差距不断增大的现象称为“当前美国社会最令人烦恼的趋势之一”。据美国新经济联盟 2016 年初发布的调查数据，美国最富有的 1% 的人口占有了全国 40% 的财富，而 80% 的人口仅拥有大约 7% 的财富。这 1% 的人口与中产阶级之间的平均财富差距超过 20 倍以上。中产阶级队伍萎缩，据统计，2015 年美国中产阶级人口首次降到 50% 以下，“橄榄形社会”的“腰围”正在缩小。美国皮尤研究中心公布的研究报告也印证了美国中产阶层收入陷入停滞的现实。报告显示，2000 ~2014 年，美国 229 个大都市区中有 203 个出现中产阶层占总人口比例下降的情况，而与此同时上层富裕阶层和底层贫困阶层的队伍却都在壮大。美国中产阶层萎缩的背后是多数大都市区的家庭收入持续下滑。2000 ~2014 年，229 个大都市区中有 190 个出现家庭收入中位数下降的情况。从全国范围来看，2014 年美国家庭收入中位数比 1999 年低了 8%①。贫富差距扩大使美国民众所坚持的“美国梦”等文化和价值观正受到越来越多的质疑，社会分裂、撕裂严重。欧洲也是如此，近年来欧洲经济持续低迷进一步激化了社会矛盾，难民潮问题更使欧洲的经济、社会和政治矛盾交织在一起，给经济增长带来难题。

① 《研究显示美国大都市中产阶级普遍萎缩》，新华网，http://news.xinhuanet.com/world/2016-05/12/c_1118855432.htm，最后访问时间：2016 年 11 月 25 日。

二　2017 年世界经济与中国经济分别进入低速增长和经济全面转型发展的态势，将在新的机遇和挑战中继续前行

（一）全球货币政策仍将继续分化

经济基本面决定各国货币政策的走向，由于世界经济增长依然缺乏内在动力，2017 年的货币政策仍然会延续 2016 年的发展趋势，除美国外，宽松货币政策依然会是各国政府经济政策的主基调。

自 2014 年 11 月美国退出 QE 开始，美元逐步走入上升通道，2015 年美联储加息一次，按原来预期 2016 年美联储将加息 3～4 次，市场提供的明确信号也表明美联储美元加息条件不断加强，但最终仅在 12 月加息一次。实际上，美国经济仍未从根本上摆脱困境，经济增速和通胀率都偏低，美国货币政策仍将面临进退两难的困境：美联储加息能够提振美元，却可能损害美国经济增长；或者放任美元下跌至能够促进美国经济增长的关口。不过，新当选总统特朗普提出了一系列经济刺激计划，试图提振美国经济，“特朗普通胀”预期上升，并将加快美元加息进程。但从 2017 年或更长一个时期看，美元加息仍将是一个渐进的缓慢过程。

欧、日等其他发达经济体仍将继续保持或扩大宽松货币政策。2016 年 3 月，欧洲央行将欧元区主导利率下调至零这一历史最低水平，同时下调隔夜贷款利率和隔夜存款利率分别至 0.25% 和 -0.4%。之后欧洲央行一直没有推出新的宽松措施。在欧洲央行 2016 年 10 月 20 日举行的例行货币政策会议上，欧洲央行继续维持目前的宽松货币立场以帮助提振经济和刺激通胀回升，每月 800 亿欧元购债规模将持续至 2017 年 3 月底。2016 年 12 月欧洲央行宣布维持利率不变，同时决定将资产购买规模缩减 200 亿欧元至每月 600 亿欧元，并将延长 QE 计划至 2017 年 12 月，可以看出，2017 年欧元区宽松货币政策仍将保持。日本方面，自日本央行推出货币宽松政策以来，目前利率水平已非常低，加码宽松的余地并不大。2016 年 11 月 1 日，日本央行公布了最新的利率决议，维持当前货币政策不变，维持对超额准备金 -0.1% 的利率，维持将 10 年期国债的利率控制在 0.0% 附近的利率曲线管理政策，维持每年新增 900 亿日元 ETF 和 J-REIT（不动产投

资信托）的资产购买规模。可见，日本宽松货币政策仍将持续一段时间。

主要新兴经济体和发展中国家货币政策面临更大挑战。由于国际储备货币中美元占比高达63%，美国的货币政策对国际资本流动有导向性作用。随着美元进入上升通道，美、日、欧货币政策博弈使在全球石油和黄金价格下跌中与商品挂钩的新兴经济体面临更大风险。新兴市场可能因此面临更大的风险。虽然2016年上半年以来，日本、欧洲、英国央行相继宽松货币释放的流动性在一定程度上缓解了新兴市场资金外流压力，但短暂的提振并不足以化解其困境。美元加息频率缓慢，但仍处于加息通道，一旦美联储加快货币政策调整步伐，新兴市场将面临新一轮冲击。

（二）传统贸易保护主义和非理性贸易保护倾向抬头

贸易保护主义与经济低迷总是相伴相生，互为因果的。金融危机后，迅速升温与扩散贸易保护主义，是世界经济持续低迷的主要根源之一。根据WTO（世界贸易组织）发布的全球贸易增长报告，2008～2015年国际贸易平均增长率仅为3.1%，低于此八年间全球GDP平均升幅，与危机前十年国际贸易平均增长6.7%、比GDP增速高出约3个百分点相比，国际贸易对全球经济的拉动效应明显减弱。另外，随着全球宏观经济持续不振，世界范围内的贸易保护主义压力也不断加大。

据有关资料统计，从2008年10月到2015年底，全球总共实施了超过5000项贸易保护措施，其中，除了关税壁垒、禁令和配额等传统贸易保护手段被重新采用外，出口鼓励政策、紧急贸易救助、政府采购优先权、政府补贴及本地化要求等新保护手段，也是层出不穷，变本加厉。英国经济政策研究中心最新发布的《全球贸易预警》报告显示，2015年全球采取的贸易保护措施数量比2014年激增了50%，全年推出的贸易限制措施数量是自由贸易措施的3倍。贸易保护主义在一些属于G20成员的发达国家尤其严重。根据WTO统计，自2008年至2016年5月，G20经济体采取了1583项新的贸易限制举措，仅取消了387项此类措施。在2015年10月中旬到2016年5月中旬，这些经济体采取了145项新保护主义措施——月均将近21项，达到2009年WTO开始监测G20经济体以来最严重的水平。G20成员占全球经济总量的85%和全球贸易总量的80%，在国际经济和贸易中具有绝对优势，带头推行贸易保护主义带来的影响非同小可。金融危机后，一向倡导自由贸易的美国，成为实施贸易保护主义的主要国家，自

2008 年以来对其他国家或地区采取了 600 多项贸易保护措施，占 G20 成员贸易限制措施的四成左右。仅 2015 年就采取了 90 项，平均每四天就推出一项，数量和密度都无能出其右。从 2016 年、2017 年两年看，由于发达国家民族主义、民粹主义和孤立主义浪潮兴起，非理性贸易保护主义更有可能粉墨登场，特朗普大选期间多次声称中国是汇率操纵国，要对中国出口产品征收 45% 的高关税。尽管特朗普大选期间的竞选口号不一定会转变为现实的政策实践，把中国认定为汇率操纵国也缺乏根据，但不难预测的是，未来一个时期美国贸易保护主义会上升。

尤其值得注意的是，全球有 1/3 的贸易救济措施直接针对中国。据商务部统计，自 1995 年 WTO 成立以来，共有 48 个成员对中国发起各类贸易救济调查案件共 1149 起，占全球同类案件总数的 32%，中国已连续 21 年成为全球遭遇反倾销调查最多的国家，连续 10 年成为全球遭遇反补贴调查最多的国家，涉案损失每年高达数百亿美元。可见，贸易保护主义将给我国对外贸易和经济增长带来巨大挑战。IMF 经济学家的研究也表明，如取消现有关税会使生产率得到不同程度的增长，从日本的 0.3% 到韩国的 7% 不等。

（三）英国脱欧、美国大选等“黑天鹅”事件将持续发酵，新的“黑天鹅”还有可能继续飞出

2016 年世界风云变幻，世界地缘政治、地缘经济、地缘外交的格局进一步演化，美国大选闹剧中特朗普出乎美国社会精英和主流媒体评论赢得大选；菲律宾杜特尔特上台以后菲律宾政策风向骤变；韩国突然变脸，部署萨德系统；英国脱欧，德国德意志银行濒临破产，难民潮危机等都出乎意料。

2017 年是全球大选年，政治风险仍将继续释放。特朗普上任后美国内政外交政策的调整具有较大的不确定性，特朗普事件的影响仍将持续发酵。另外，英国脱欧影响也将持续发酵，作为欧元区的三大核心国家，意大利、法国和德国的政治稳定将接连遭遇民粹主义势力的强劲挑战。2016 年 12 月 4 日，意大利修宪公投被民众否决，意大利不确定性因素加大。2017 年法国面临总统大选，极右翼政党国民阵线极有可能进入第二轮选举。当前荷兰当政的联合政府将受到民粹主义、移民问题和反欧盟浪潮的严峻考验，将在 2017 年 3 月 15 日举行大选。德国也将在 2017 年 9 月进行议会选举，从 2016 年地方选举结果看，德国两大传统政党日趋衰落，民粹主义政党德国选择党则高举反移民的纲领连战连捷，跃升为最大反对党。此外，2017 年中国将召开中共十九大。目前看，除中国政局稳定

可预期外，其他一些国家存在出现类似2016年“黑天鹅”事件的可能，并且这种不确定性风险正在给世界经济复苏带来新的不稳定风险。

（四）世界经济和中国经济孕育着新的发展机遇

中国经济进入新常态，世界经济在相当长的一个时期内仍将处于低速增长阶段，2017年可能步入增长速度底部，中国经济增速也在走低，但是处于新旧思维碰撞、新旧机构并存、新旧规则交替、新旧动力转换、新旧力量对比的动荡期、转型期、变革期和调整期的中国经济和世界经济也孕育着新的发展机遇，新技术在不断突破，新旧规制、新旧动能正在转换，新旧业态、新旧产业和行业正在快速替代。

全球新技术革命将加快发展，信息技术、新技术与互联网革命结合，对传统业态和行业产生了颠覆性影响。传统的制造业态将向以智能化、柔性化、即时传输和通过流程再造实现全过程服务化为主要特征的下一代制造业态转变，智能制造成为未来制造业的发展趋势。互联网革命将产生下一代的贸易业态，E国际贸易与其他贸易形式并存，将成为主要贸易方式，据埃森哲和阿里巴巴研究院共同完成的研究报告，未来几年全球会有20亿人加入以EWTP为平台的E国际贸易，成为全球第五大经济体。下一代服务业态已经在互联网的影响下在很多领域开始呈现，服务业态的智能化、需求的个性化、移动互联网化和基于移动终端的消费需求将决定消费市场的集成，成为消费的主流方式。下一代的农业业态也会发生非常重大的变化，农业会形成订单农业，会使食品安全成为业态革命的方向；农产品的生产流通全过程信息的透明化和可追溯体系，将使农业业态发生革命性变化。农村电商将成为农民买卖的重要流通通道。下一代的数据集成、协同的新业态，发端于互联网，继而形成数据集成，再进一步发展到云服务、云计算，统称为大数据。未来大数据的存储、大数据的交易、大数据的生产和对数据的分析，将生产出激增的数据产品，这种数据产品将成为可以创造价值和附加值的交易品，直接交易数据将成为一种趋势，形成巨大的交易市场，数据将从储存、应用转向市场交易要素禀赋，谁占领了数据协同集成和交易的高端，谁就能创造巨大的数据消费需求。

互联网引发的业态变革，实质上是在互联网革命时代的一场经济形态、传统业态、经济链接状态的根本性变革，为包括中国在内的广大新兴市场和发展中国家提供了一个全新的战略机遇，主动认识、把握、引领和创造更高级形态的互联网经济，适应新时代并引领新时代，将有利于将这一重大历史机遇转化成创新驱动力，转化为在当前和今后一个时期全球竞争中的新优势。

（五）全球治理和全球秩序重塑出现新亮点

在全球治理体系重构过程中，新兴经济体正在发挥积极的正面作用，其中，金砖国家在国际治理体系中作用明显加强，2016 年 9 月金砖国家在 G20 会议上召开了金砖国家的会议，2016 年 10 月，金砖国家在印度果阿召开了金砖国家峰会，发布了《果阿宣言》，为全球发展再次发挥了积极的推动作用。事实上，与发展中国家群体性崛起同步，金砖机制经过 10 年发展已经日趋成熟，成为当今全球经济治理的重要平台之一。展望未来，我们认为，金砖国家中的中国、俄罗斯、印度，有可能形成一个新的中俄印的大三角的战略关系，使新兴经济体作为整体在世界经济治理中发挥更大的作用。

全球经济治理的另一个亮点是新经济和创新驱动正在为全球经济复苏提供新的动力和新空间。正如 G20 提出的创新驱动倡议，互联网、物联网、机器人技术、3D 打印、人工智能、航天航海、生物医药等新技术不断涌现，互联网与传统产业的融合推动产生科技革命、思想革命、组织革命、管理革命、业态革命、商业模式革命，这一系列新技术带来的革命会使世界经济寻找到新的突破方向。金融危机后，一向倡导自由贸易的美国，成为实施贸易保护主义的主角，但新技术导致的业态革命、组织革命、管理革命、商业模式的革命，要求全球经济治理秩序、规则必须为之改变，这是推动全球治理体系变革的内在的冲动和动力。为了适应这种变化，中国也正在形成一个持续推进的、具有非常明确导向的制度安排和政策设计，比如《中国制造 2025》，比如“互联网 +”，比如“大众创业、万众创新”，比如“互联网 + 金融”“互联网 + 物流”“互联网 + 政务”等，这既是寻找中国经济新的增长点，也是为全球经济复苏创造新动力和新空间，还将逐步推动全球治理体系向着有利于世界经济长远健康发展方向变革。

三　中国经济增长速度继续保持中高速，仍将是推动世界经济增长的重要力量

金融危机爆发后中国成为全球经济增长增量的最大贡献者，是世界经济复苏的中坚力量，发挥了经济稳定器的作用。2015 年中国对世界经济增长的贡献率

依然保持在25%以上。尽管中国经济正处于新旧动力转换和发展方式转变的新常态，但中国正在实施更为开放的对外政策，构建自贸区网络体系，加快推进“一带一路”战略实施，与更多的国家共同建设命运共同体、利益共同体、责任共同体，开放的中国为世界经济服务增添新动力，仍然是引领世界经济增长的重要力量。

（一）中国力量不断增强，对世界经济增长的贡献率位居前列

作为世界第二大经济体，全球第一大制造业、货物贸易大国，中国的经济转型与增长对全球经济增长的影响日益增大。如图4所示，自2010年以来，无论是IMF还是世界银行的统计（利用汇率法计算的结果）都表明，近年来中国对世界经济增长的贡献都在25%以上。

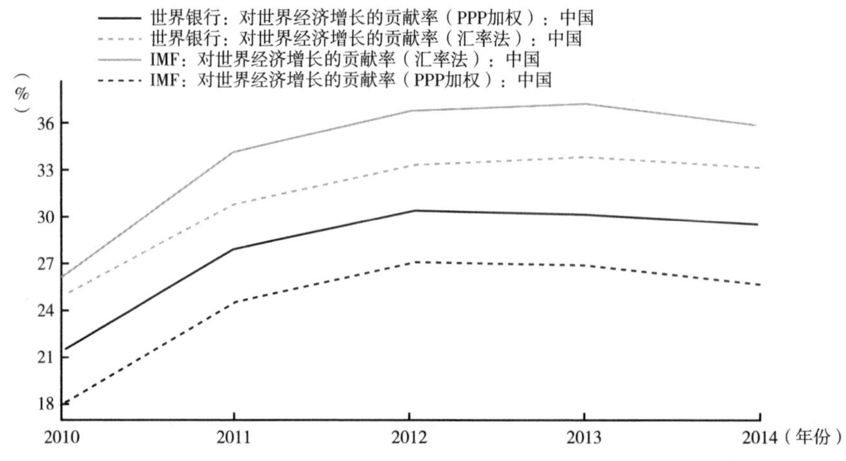

图4　近年来中国对世界经济增长的贡献率

资料来源：Wind资讯。

2015年，中国对世界经济增长的贡献率仍在25%以上。迟福林在中国改革论坛暨2016年新兴经济体智库年会上指出，中国经济转型与世界经济格局变化交织在一起，双向相互影响增强。中国的经济转型与增长对全球经济增长的影响日益增大。估计未来5年，中国对世界经济增长的贡献率将保持在25%～30%①。

① 《专家预计中国对世界经济增长贡献率将保持在三成左右》，中国信息报，http://www.howbuy.com/news/2016-11-01/4705647.html，最后访问时间：2016年11月5日。

中国力量正在不断增强，其对世界经济增长的贡献突出表现在以下三个方面。

1. 消费拉动

中国消费已经成为拉动中国经济增长的第一动力，也是世界经济增长重要动力源。国家统计局公布的数据表明，2015 年全年最终消费支出对国内生产总值增长的贡献率为 66.4%。进入 2016 年，消费对经济的拉动进一步增强，据国家统计局公布的数据，2016 年前三季度，最终消费支出对国内生产总值增长的贡献率为 71.0%，比上年同期提高 13.3 个百分点。中国消费产生的巨大力量不仅拉动了中国经济增长，也拉动了世界很多国家的经济增长。自 2013 年开始我国出境游人数、境外旅游消费额连续三年位居全球第一，对全球旅游收入的贡献年均超过 13%。据世界旅游组织发布的年度统计数据，中国 2015 年全年出境游人次已达 1.2 亿人次，中国游客 2016 年境外旅游消费额高达 2150 亿美元，同比上涨 53%。另据世界旅游城市联合会（WTCF）发布的《中国公民出境（城市）旅游消费市场调查报告（2015～2016）》，最近 5 年中国出境旅游人数的年复合增长率达到 20%，在全球经济增长放缓的背景下，中国出境游客对世界旅游市场和一些国家经济增长功不可没。据世界旅游旅行理事会数据，由于中国游客激增，日本 2015 年来自境外游客收入同比大增 49%。冰岛 2015 年旅游业收入大增 19.4%，远超该国整体经济涨幅。

2. 投资拉动

投资是经济增长的重要引擎，随着中国经济快速增长，对外直接投资也在不断增长。如表 4 所示，近年来中国境外非金融直接投资所涉及的国家和地区、境外企业，投资总额和增速都在快速增长。2015 年，中国对外直接投资迈向新的台阶，实现连续 13 年快速增长，创下了 1456.7 亿美元的历史新高，同比增长 18.3%，占全球流量的份额从 2002 年的 0.4% 上升到 9.9%。对外直接投资金额仅次于美国（2999.6 亿美元），首次位列世界第二（第三位是日本 1286.5 亿美元），并超过同期中国实际使用外资额（1356 亿美元），实现资本项下净输出。据商务部统计，2002～2015 年中国对外直接投资年均增幅高达 35.9%，“十二五”期间中国对外直接投资 5390.8 亿美元，是“十一五”期间投资额的 2.4 倍。

2016 年，我国对外直接投资继续快速增长，据统计，1～11 月，我国境内投资者共对全球 164 个国家和地区的 7555 家境外企业进行了非金融类直接投资，累计实现投资 10696.3 亿元（1617 亿美元），同比增长 55.3%。随着对外直接投资增加，境外企业对东道国税收和就业的贡献增大。据统计，2015 年中国境外企业向投资所在国家（地区）缴纳的各种税金达 311.9 亿美元，较上年增长 62.9%，雇用外方员工 122.5 万人，较上年末增加 39.2 万人。

表 5　近年来中国境外非金融类直接投资情况

年份	涉及国家(个)	涉及的境外企业(家)	投资总额(亿美元)	同比增长(%)
2009	122	2283	433	6.5
2010	129	3125	590	36.3
2011	132	3391	600.7	1.8
2012	141	4425	772.2	28.6
2013	156	5090	901.7	16.8
2014	186	6128	1231.2	14.2
2015	188	6532	1456.7	18.3

资料来源：根据商务部数据整理得出。

3. 贸易拉动

尽管受全球贸易放缓的影响，中国依然是全球第一大货物贸易国，是 120 多个国家和经济体的第一大贸易伙伴。2015 年中国出口情况好于全球主要经济体和新兴市场国家，我国出口占国际市场份额升至 13.8%，比 2014 年提高 1.5 个百分点，2015 年是改革开放以来提高最快的一年。据海关统计，2016 年，我国货物贸易进出口总值 24.33 万亿元，比上年下降 0.9%。其中，出口 13.84 万亿元，下降 2%；进口 10.49 万亿元，增长 0.6%。前三季度，我国进出口、出口和进口值同比虽仍然下降，但从季度情况看，呈现逐季回稳向好态势。其中，第一季度，我国进出口、出口和进口值分别下降 7.2%、6.3% 和 8.3%；第二季度，进出口、进口值分别下降 0.2% 和 1.3%，出口值增长 0.6%；第三季度，进出口、出口和进口值分别增长 1.1%、0.4% 和 2.1%，底部企稳的迹象初步显现。中国市场对全球市场的重要性不断增加，2014 年数据显示，中国进口占全球出口商品的 10%，为第二大出口市场，中国已经成为亚洲、中东、非洲大部分国家的出口市场。中国的进口需求涉及全球高端制造业、服务业、一般消费品和电商等多个市场，这为诸多产品生产国提供了大量就业岗位和丰厚的利润。对于超过 1/4 的贸易伙伴而言，2013 年中国大陆作为出口市场的重要性（该贸易伙伴对中国大陆的出口占其总出口的比例）已经是 2003 年的 2 倍以上。如图 5 所示，2013 年澳大利亚、南非等大宗商品出口国对中国大陆的出口占总其出口的比例是2003年前的4倍以上；加拿大、巴西和智利等国则是2003年前的2倍以上，乃至3倍；同时，中国大陆市场对欧美和日本的重要性也明显升高。

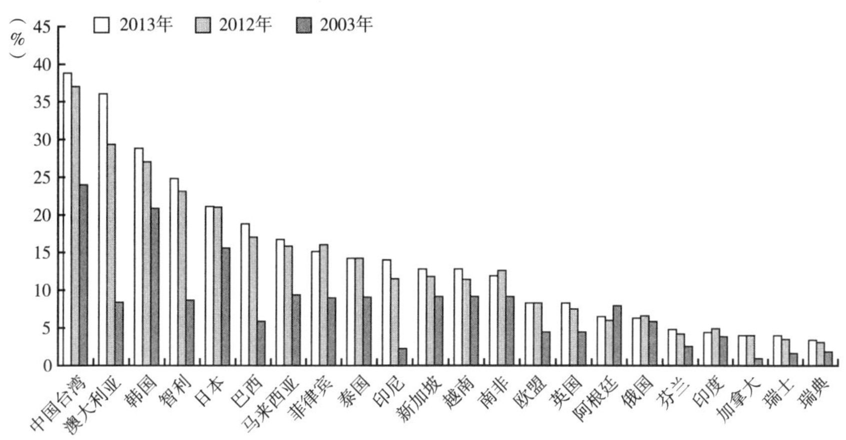

图5　对于超过1/4的主要贸易伙伴而言，中国大陆作为出口市场的重要性已是过去的2倍以上

（二）站在道德、道义制高点上的中国方案和中国倡议，将引领世界经济开创新局面

中国经济在世界舞台上扮演的角色日益重要，中国方案开始走向世界就是典型明证。在2016年9月杭州举行的G20峰会上，中国发展理念首次在全球经济治理的主要平台上转化为发展方案，为推动世界经济走上强劲、可持续、平衡、包容增长之路提出了振兴世界经济的中国方案。峰会形成了一系列共同声明和机制化的安排，比如G20领导人杭州峰会公报，G20集团新工业革命行动计划，G20集团数字经济发展与合作倡议，2016年G20集团创新行动计划，G20创新增长蓝图，G20深化结构性改革议程，G20全球贸易增长战略，G20全球投资指导原则，G20贸易部长会议声明，G20财长、央行行长会议公报，杭州行动计划，等等，这些共同声明和一些机制化安排，显示了中国方案对引领世界发展或者引领世界舆论导向的积极作用，有利于建设创新型、开放型、联动型和包容型世界经济，为世界经济的未来发展指明了方向，这同时也说明，拥有5000年文明史的中华民族，经过不屈不挠的艰苦努力，正在重新迈向世界舞台中心。

中国提出的倡议也得到了越来越多国家的积极响应，特别是“一带一路”

的重大倡议取得了超预期的成果。正如习近平总书记2016年8月在推进“一带一路”建设工作座谈会上指出的，“一带一路”建设从无到有、由点及面，进度和成果超出预期。目前，已经有100多个国家和国际组织参与其中；我国同30多个沿线国家签署了共建“一带一路”合作协议，同20多个国家开展国际产能合作；联合国等国际组织也态度积极；以亚投行、丝路基金为代表的金融合作不断深入；除了57个创始成员国外，目前正式申请加入亚投行的国家已经超过20个。到2016年底，亚投行成员国将超过90个。可以看出，当前中国经济与世界经济相互交融影响加深，中国在国际政治、经济和外交舞台上扮演的角色也日益重要。

总体来看，尽管中国经济也存在诸多挑战，但中国力量及中国对世界经济增长的贡献仍在继续增加，中国方案和中国倡议正在走向世界。展望“十三五”，新常态下中国将从经济大国向经济强国迈进，未来5年是中国全面建成小康社会的5年；未来5年也是全面夯实“一带一路”战略规划实施的5年，中国与沿线60多个国家的项目、战略和规划的对接有望取得实质性进展；中国GDP总量占美国GDP总量的比重有望从现在的60%左右上升到80%左右，到2030年中国经济总量有望实现从量变到质变的飞跃，即成为世界第一大经济体。如是，中国将为世界经济提供更多需求，创造更多的投资、市场和增长机遇，中国将成为引领世界经济增长的重要力量，并形成在国际社会更高地位和更大的影响力。

四　美国大选后不确定性增加，相关政策调整将从正负两方面产生溢出效应

2016年11月9日，美国大选落下帷幕，特朗普赢得新一任美国总统选举，全球资本市场随之起伏，日本股市大跌逾5%，为6月英国退欧公投以来最大单日跌幅；中国香港恒生指数收盘下跌2.08%；欧洲斯托克600指数开盘大跌逾2%，一度下跌2.5%，创下6月27日以来最大盘中跌幅；美国标普500指数期货、纳斯达克100指数期货均一度触及熔断，道琼斯期货一度跌800点。同时，大选结束后，韩国国家安全委员会和日本财务省、央行、金融厅等都在当日下午举行会议讨论美国大选结果。可以看出，作为全球第一大经济体和发达国家，美国政治变动牵动全球。从2017年乃至更长时期看，作为在政治、经济和社会深度分化背景下上任的美国总统，两届政府的断层和断裂必然会使美国的内政外交

政策调整带有诸多不确定性风险，而这必然会对美国经济乃至全球经济产生重大影响。

特朗普的一些政策会给全球经济发展带来利好。如特朗普提出的“美国优先”政策，把主要目标放在美国国内，对外全球战略收缩，这是符合美国利益的，也是符合全球利益的，美国经济搞好了，会拉动世界经济增长。具体来看，特朗普提出的中产阶级税务减轻和简化法案，是一项旨在通过减税和简化税法使得GDP增速达到4%、产生2500万个新工作的经济计划。他提出，美国的商业税率会从35%降到15%，数以万亿美元的美国企业海外资金会以10%的速度回流。特朗普政策的推出，将推动美国实体经济复苏，美国有可能发展成为低税天堂或避税天堂，这可能导致全球资本和产业向美国流动，并改变新一轮产业转移的要素重组和产能合作的方向，使美国成为发达国家搭载的产业和资本集聚最大平台。

特朗普的一些政策可能会给全球经济带来巨大挑战。特朗普奉行“孤立主义”外交政策，“美国主义”而不是“全球主义”，将不利于全球公共产品的提供。具体而言，他在百日新政中提出的保护美国工人7条措施中很多都带有孤立主义和反自由贸易的倾向，例如，宣布与NAFTA重新谈判或者按照Article 2205文件退出协议；让财政部长标定中国为汇率操纵国；让商业部和美国贸易代表团裁定所有那些对美国工人不公正的非正当的国际贸易举措，引导美国工人利用美国的国际法来终止这些不正当的贸易。这些都表明美国非理性贸易保护主义会抬头，将不利于全球化健康发展。他在百日新政中还明确提出，将撤销对联合国气候变化项目的高达10亿美元的资助，将这笔资金用于修复美国水资源和环境基础建设。如是，《巴黎协定》和中美气候变化等合作协议的落实将受阻。

五　对策建议

在当前和今后几年，世界经济形势仍然错综复杂多变，外部环境严峻。对此，中国必须保持清醒认识，做出正确判断，在面对挑战和困难的同时，培育经济增长新动力，推动建立全球经济宏观协调机制和全球治理体系的变革，把主要精力放在做好自己国家的事情上，以“十三五”规划和“一带一路”等国家发展战略为指引，以五大发展理念为指导，认识、适应、引领经济新常态，着力推动供给侧结构性改革，构建满足人民群众日益增长的物质和文化需求的供给结构，推动我国经济持续健康发展，继续为世界经济的发展发挥积极重要作用。

（一）着力推动供给侧结构性改革，培育经济增长新动能，增强我国经济抗风险能力

聚焦国内，以国家“十三五”规划和“一带一路”重大倡议继续落实为强大动力，以创新、协调、绿色、开放、共享五大发展理念为指导，以提高经济增长的质量和效益为重心，以推动供给侧结构性改革取得实质性进展为主线，实施稳健的货币政策和更加积极的财政政策，有序推进配套体制、国企、国际收支等重大问题的改革，加大支持实体经济发展的力度，积极扩大有效需求，加快推进城镇化进程，大力发展 E 国际贸易，培育经济增长新动能，以便在新一轮国际产业转移的过程中，形成对我国持续发展有利的国内外互动互补的产业链、供应链、服务链和价值链，占据价值链的中高端，使我国的产业能够迈向中高端，使我国的经济增长能够保持中高速，使经济增长素质能够逐步提高。同时，要妥善防范系统性金融风险，确保经济平稳增长。

2016 年，以“三去一降一补”为重点任务的供给侧结构性改革总体进展顺利，但也存在一些问题，特别是去产能流于形式上的推动和行政化的推进，以致出现落后产能“死灰复燃”、把先进产能视同过剩产能去掉的现象。去产能不仅是减总量，更应在调结构上下功夫，通过产业升级保持产业竞争力，在积极开展产能国际合作的同时，也要防止产业空心化。应密切关注产能过剩问题发展的新动态，对过剩产能问题开展深入调查，全面摸清产能过剩的总体情况，从应对新一轮国际冲击和占领产业制高点的角度，完善落后产能的退出机制，发展先进产能、有效产能和优质产能。去产能还要妥善处理好政府和市场的关系，不能只在文件上说要发挥市场在资源配置中的决定性作用，实际工作上却向计划经济和政府替代回归，应更多地采用市场化手段淘汰不适应生产力的落后产能，政府作用则更多地体现在通过社会政策兜底来解决失业增加等“市场失灵”问题上。总之，推进供给侧结构性改革要着力在体制机制上取得突破，去杠杆的重点是降低企业负债率，通过市场手段解决企业融资难的问题，同时提高直接融资比例，帮助企业并购重组、调整结构和提高竞争力，避免形成债务紧缩的恶性循环。补短板关键在于持续扩大有效供给，重点在推进城镇化、产业改造升级、增加公共产品和公共服务等方面加大投入和支持的力度，提升全要素生产率，提高供给的质量和效益。

增强我国经济抗风险能力，迫切需要在新旧动能转换中培育经济增长新动

能。一是抓紧建立市场准入负面清单制度，破解民间投资长期遭遇的“玻璃门”和“弹簧门”，调动民间投资的积极性。二是积极增加有效投资，更好地发挥政府资金对社会资本的带动作用和投资的乘数效应，培育新型城镇化进程中激发的消费和投资新动能。三是制定适应E国际贸易发展的外贸管理体制机制。当前我国外贸形态已经发生根本变化，跨境电子商务正向E国际贸易方向发展，并将成为下一代主要贸易方式，应破除体制机制性障碍。应以更优品质的产品、更加丰富的新业态、更便利的服务，引领和创造消费需求，支持E国际贸易等领域新消费发展，在消费升级中释放需求潜力。

（二）研究制定因应新形势的一揽子战略，拉长我国战略机遇期和经济增长的周期

中国与全球经济相互依赖、相互影响增强，外部风险会通过各种金融和风险传导机制影响中国国内经济，这就要求我们研究制定因应新形势的一揽子战略，拉长我战略机遇期和经济增长的周期。

1. 建立宏观货币政策协调机制

当前除美国外竞争性货币贬值等量化宽松货币政策仍在加码蔓延，美国加息进程可能加快，一些金融风险还在集聚，存在发生突发性金融风险的可能，这就要求我们对内稳步推进金融监管体系的改革，对外加强货币政策协调。对内继续实施稳健的货币政策，着力提高货币政策的质量，更加有效地把货币政策效益转化为实际经济增长的动力，为实体经济服务。对外高度重视和防范输入性、系统性金融风险，要在保持现有金融监管体系稳定的前提下，建立由央行主导的金融宏观审慎监管体系，巩固和提高各专业监管部门的微观审慎监管能力，形成两类监管分工合作、协调有效的整体金融监管体系。还要加强和国际主要国家货币政策的沟通和协调，建立宏观货币政策协调机制。

2. 提高财政政策的有效性

当前，各国货币政策实际上已经很宽松，面对全球性的高债务风险和高杠杆风险，应加大财政政策支持力度，适当扩大财政赤字，相应增加国债的发行规模，可由中央银行认购，用于国企注资，降低国企杠杆率，提高财政政策的有效性。要把财政政策、货币政策和区域发展政策结合起来，进一步明确区域发展政策和产业政策支持的方向，定向、精准支持，着力解决产业发展不协调和区域发展不协调的问题。

3. 要加大支持实体经济发展的力度

我国已经连续6年成为全球制造业第一大国，但近年来我国用工成本不断上升使得我国制造业优势正在下降，我国制造业正呈现低端制造业向东南亚、南亚等低成本地区转移，高端制造业向欧美国家回流的现象，制造业是我国经济的根基所在，也是推动经济发展提质增效升级的主战场。过快、过度的转移不仅会拖累经济增长，还将加大产业空心化和实体经济凋敝风险，加剧资本外流。因此，应加大支持实体经济发展的力度，以应对新一轮制造业转移的风险，形成以我国东西部和周边国家为重点地区的产业链、价值链、服务链、供应链的重构和新的产业布局。

4. 要积极应对政治因素导致的经济风险，尽早制定和研究应对方案

当前全球面临诸多的政治不确定性风险，2017年全球的形势更加复杂、更加多变，在外部因素可能导致内部压力加大的情况下，要形成国家的整体战略、整体推进来应对外部风险，使我国经济能在越困难的情况下越能找到突破点，在越困难的情况下越要找到经济发展新的引擎，使中国经济在2020年能够实现中国共产党确定的第一个百年目标，为我们到2050年实现第二个百年目标打好基础。

（三）坚持对外开放的基本国策，继续主动推动经济全球化进程

在中国越来越融入经济全球化并成为举足轻重的经济体的今天和未来，中国也必须继续坚持对外开放的基本国策。今天中国继续作为追赶者更需要开放思维与行动，未来中国迈入“无人区”，成为世界潮流的引领者，同样也需要开放。一个拥有开放心态和修为的大国才能真正体现自信、自尊和自强的胸襟，也才能赢得世界的尊重和信任。要坚持“引进来”和“走出去”并重，通过双向开放形成更高层次的资源配置、产业转移和要素重组。统筹和利用好国际国内两个市场、两种资源，通过“引进来”承接国际资本，通过“走出去”开展国际产能合作，使中国成为全球要素重组和产业集聚最具活力和吸引力的平台和载体，使我国的综合国力、国家竞争力特别是制造业能力迈上一个大台阶。要继续主动推进经济全球化进程。当前，在逆全球化思潮兴起表象下，全球化正在深入纵深发展步入4.0时代，原来分散、断裂和割裂的资源、生产、服务和消费将会通过全球共享的供应链和价值链连接起来，使现有资源和要素在商流、物流、信息流、资金流和人员流动的全球化大流通中实现增殖。

首先，要关注当前全球范围内的逆全球化趋势，准确把握全球化的未来发展趋势，继续支持推动经济全球化进程。要继续推动“一带一路”重大倡议和亚投行等造福世界，打造“人类命运共同体”的中国方案，坚决抵制某些国家的“逆全球化”，展示一种更符合世界发展趋势的义利观。

其次，我们要加快突破非理性贸易保护主义的全球布局，要以“一带一路”重大倡议的实施推进为抓手，逐步形成“以周边国家和地区为基础、以沿线国家为主线的自由贸易区网络体系”。同时，要加快发展和推进 E 国际贸易，适应全球贸易发展新业态和新模式，以期在新的全球贸易和全球经济竞争中占据主动。

再次，加快双边和多边自贸区谈判。加快推进中美 BIT 和 BITT 谈判，继续积极推进中欧 FTA 谈判。要积极推动 RCEP 进程，在 TPP 和 TTIP 处于停滞状态的情况下，加快协调 RCEP 与 FTAAP 二者关系，协同推进；加快构筑自贸区网络体系，建立立足周边、面向“一带一路”沿线国家和全球的自贸区网络；加快推动新一轮全球化健康发展进程，提升我国在亚太地区的话语权，构建区域治理新机制，为我国在国际竞争中谋得更大利益。

最后，继续推进国内自由贸易区试点改革，以国内自由贸易区为改革试验田，进一步深化货物贸易自由化、服务贸易便利化、投资准入简明化、政府监管中立化等方面的改革，积极参与创建更高标准的贸易规则。加快完成与美国的 BIT 谈判，实行负面清单管理。

（四）继续推动全球宏观治理体系变革，创造更好的外部环境

随着新兴经济体和一大批发展中国家的快速发展，国际影响力的不断增强，国际力量对比发生了深刻变化，推动全球治理体系朝着更加公正合理的方向发展，推动全球治理和全球秩序改革与完善已经成为普遍共识。我们要继续推动全球宏观经济政策的协调，形成全球宏观经济政策协调的联动机制。

一是推动全球形成引导宏观经济政策的共识，通过全球宏观经济政策协调引导世界经济朝着一个方向发展。努力营造全球宏观政策协调的氛围，探索各国在汇率政策、贸易政策、货币政策和财政政策等宏观经济政策上与有关国家展开磋商和协调具体行动；健全完善联合国、IMF、WTO、世界银行、OECE 等传统机制，继续推行 G20、金砖国家和“一带一路”等新机制和新平台，以实际行动推动全球宏观政策协调机制的健全完善。

二是探索建立全球宏观政策协调指标体系和约束新机制，设置一些各国遵循的确保全球和本国经济稳定增长的红线，降低“以邻为壑”政策出现的概率。通过指标体系的设计，约束主权国家的货币政策、利率政策、汇率政策和财政政策，避免世界经济从一个恶性循环走向另一个恶性循环，引导世界经济复苏的方向向着健康的方向、合理的方向发展，形成新的规则和秩序。

三是对已经形成的各国共识，要加快推进落实和跟踪评价。要积极推动全球落实 G20 共识，推动发展中国家特别是金砖五国形成金砖国家的行动计划和长效机制，要动态跟踪落实情况并及时进行评估。

参考文献

陈文玲、颜少君：《当前世界经济发展的新趋势与新特征》，《南京社会科学》2016 年第 5 期。《新华文摘》全文转载。

陈文玲：《上半年国际国内经济形势分析》第 88 期《经济每月谈》。

陈文玲：《上半年国际国内经济形势分析》第 85 期《经济每月谈》。

陈文玲：《上半年国际国内经济形势分析》第 82 期《经济每月谈》。

陈文玲：《未来中美关系：挑战与机遇》第 89 期《经济每月谈》，发言《面向未来的中美经贸关系》，发表在 2016 年《智库财智》和《经济要参》上。

陈文玲、颜少君：《2015 ~2016 年全球经济形势分析与展望》，《全球化》2016 年第 1 期。

陈文玲、颜少君：《把握“新常态”：〈2014 ~2015 年全球经济形势分析与展望〉》，《南京社会科学》2015 年第 1 期。

IMF，World Economic Outlook：Subdued DemandSymptoms and Remedies，October 2016.

WB，Commodity Markets Outlook：Weak Growth in Emerging Economiesand Commodity Markets，January，2016.

WTO，World Trade Report 2015.

WB，Poverty and Shared Prosperity：Taking on Inequality，World Bank Group.

（撰稿人：中国国际经济交流中心总经济师、执行局副主任、学术委员会副主任、博士生导师陈文玲；中国国际经济交流中心战略研究部副教授颜少君）

上篇
国别与地区经济

世界经济与中国经济：特点、风险与政策建议

当前，全球经济正陷入长期停滞的泥潭，随着全球化退潮、“反全球化”逆袭，全球经济政策出现分化和巨大不确定性。与此同时，“L”型增长已成为中国全社会的一致预期。未来中国经济面临的主要不确定性在于：投资下滑、房地产泡沫膨胀和政策稳定性减弱。展望今后的宏观经济政策，货币政策料将维持“中性”基调，财政政策扩张空间仍然较大，供给侧结构性改革则须加快步伐。应因全球长期停滞、保持中国经济持续稳定增长，需要在以下五大方面着力：真正落实五大发展理念；通过深化供给侧改革，释放经济新活力，培育经济新动能；有效激发民间投资的巨大潜力和发展活力；加强宏观经济政策协调与预期管理；加快实施创新驱动战略，以创新驱动和引领未来经济发展。

一　世界经济面临长期、全面停滞和去全球化的巨大挑战

（一）长期、全面停滞主要表现和典型特征

2016年以来，世界经济走势如果可以用一个关键词来概括，那就是长期停滞。所谓长期性停滞，是指全球储蓄远超过全球投资，只有实际利率降到显著为负的水平，才能重新实现全球储蓄与投资的平衡。然而，一方面，全球范围内通货膨胀水平很低；另一方面，名义利率下调面临零利率下限，因此全球实际利率降不下来，这就使全球投资持续低于充分就业投资水平，最终导致全球经济增速可能长期低迷。

近年来，大宗商品价格低迷、发达经济体增速放缓、贸易疲弱及资本避险情

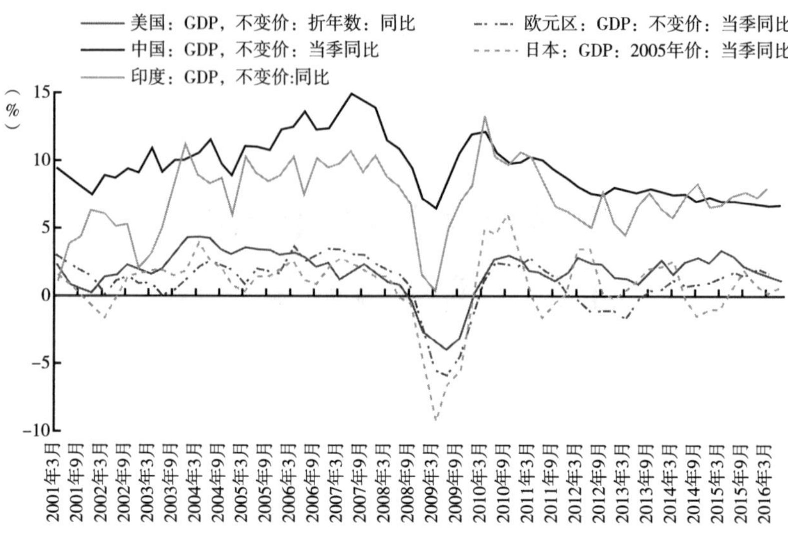

图 1　2001 年以来全球主要经济体 GDP 同比增长情况

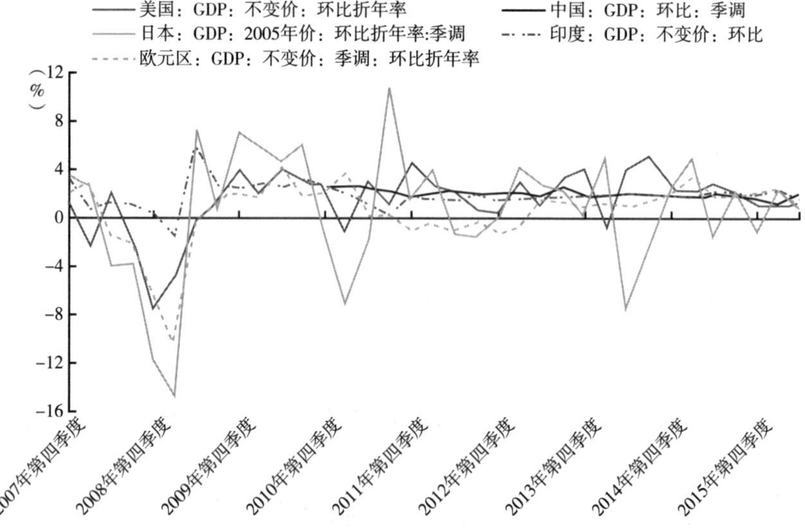

图 2　2007 年以来全球主要经济体 GDP 环比增长情况

资料来源：Wind 资讯。

绪上升等因素始终影响着世界经济增长预期。在 2008 年全球金融危机爆发前 5 年，全球经济年增长约为 5%，但 2016 年以来，世界银行、国际货币基金组织等主要国际机构都对 2016 年以及未来几年的世界经济增长表示担忧，数次调降增长预期。世界银行在 2016 年 6 月将全球经济增长预期从 2. 9% 调降到 2. 4%；

国际货币基金组织 IMF 在 7 月将全球经济增长预期从 3.2% 进一步调降至 3.1%。

从中长期角度来看，长期、全面停滞的主要表现和典型特征如下。

第一，由于总需求萎缩，投资机会减少，资本追逐有限机会时面临严重的资产荒，使得全球储蓄率上升。

第二，全球老龄化已成为事实，这既包括发达经济体，也包括中等收入经济体，再叠加投资需求萎靡和房地产需求不足，全球的资本回报和创新活力都呈下降趋势。

第三，技术进步整体上处于相对停滞的状态，全球范围内全要素生产率趋缓甚至下降，各主要经济体的潜在增长率下降，广为传播和报道的所谓第三次产业和科技革命或工业革命事实上也是被广泛质疑的。进入 21 世纪以来，除了计算机和互联网领域外，没有对于产业具有革命性和很强带动性的新技术出现和被应用，各国普遍存在技术进步的边际效用递减的情况。

第四，持续而普遍的零利率乃至负利率，迄今为止，已有欧盟、日本等七个经济体实施了负利率，这是 30 多年名义利率下降趋势的自然延伸。

第五，经济持续下行的另一面是持续的通缩。美国、欧洲和日本等主要经济体的核心 CPI 都无法持续维持在 2% 以上。中国更是经历了历史罕见的长达 55 个月的 PPI 通缩时代，刚刚转正。

第六，主要经济体经济表现日益分化，目前无论发达国家内部还是新兴市场国家内部，都存在经济增长苦乐不均的现象。在发达国家内部，目前，美国经济的复苏态势较好，而欧元区与日本的经济复苏各有各的问题。在新兴市场国家内部，目前，印度与印尼的增长态势较好，而巴西、俄罗斯等资源出口国的增长态势较差。

全球经济停滞的警报也是此起彼伏：据媒体报道，2016 年全球将被拆解当作废料卖掉的货轮多达千艘，其合计货运吨位为史上第二高。船运需求骤减再次发出全球经济停滞的危险信号。这些被“肢解”的货轮合计货运吨位达 5200 万吨，有记录以来仅次于 2012 年的 6100 万吨。不仅如此，2016 年前 7 个月货轮的生产订单仅 293 艘，约为 2010 ~2015 年年均订单量的 1/5。

（二）全球化退潮，去全球化逆袭

英国脱欧后续的深远影响恐怕才刚刚开始。英国脱欧成功，除了给英国自身、欧盟整体乃至全球经济带来无法准确预估的不确定性以外，它还意味着已艰难维持多年的欧洲一体化进程遭受到一次不可逆的重大挫折，西方执政集团的政治分歧日益加深，欧盟自身的影响力受到极大削弱。

无论如何，英国退欧反映了欧洲乃至全球民粹主义、保护主义的泛滥，是“反全球化”潮流和势力的重大胜利，是全球化进程的严重倒退，是全球治理的一次失败案例，是“反全球化”的一次成功逆袭。

从全球化的视野来看，英国此次成功退欧，是近年来“反全球化”浪潮中的典型事例，但不是唯一的。环顾今日之全球，“反全球化”或“去全球化”力量在急速上升。

在美国，两党候选人不约而同地都对跨太平洋伙伴关系协定（TPP）说“不”，偏好封闭、孤立、民粹与保护主义的特朗普受到普遍欢迎，并且出人意料地最终赢得了总统大选，其鲜明的“反全球化”立场让人们十分担忧，成为2016年末全球最大的“黑天鹅”事件。

欧盟右翼势力逐渐抬头，英国脱欧公投出人意料地成功，欧洲民族主义和民粹主义政党在一些国家获得越来越多民众的支持而上台，德国公开反对跨大西洋贸易和投资伙伴关系协定（TTIP），欧盟议会投票宣布不承认中国的市场经济国家地位，越来越多的发达国家倾向于实行贸易、投资保护主义，人员、商品、资本自由流动的壁垒愈发明显；为摆脱本国经济低迷形势，各国近年来都加强了对国际市场的争夺与渗透，全球贸易保护主义态势更加严重。

全球地缘政治冲突正在加剧，全球民粹主义也正在升温。伊斯兰圣战组织的兴起和全球范围内的恐怖主义袭击此起彼伏，利比亚、叙利亚危机导致的一波波难民潮，对欧洲安全形势构成巨大冲击并引起巨大的反弹。

全球经济治理日益碎片化。在WTO等全球贸易投资规则之外，目前有关国家正在积极构建区域化的贸易投资体系，而这些体系可能形成新的竞争，从而使得全球贸易与投资自由化遭遇挑战。据不完全统计，全球共有3000余个双边及多边贸易及投资安排。例如，美国目前正在积极构建以TPP、TTIP、TISA为代表的新一轮贸易投资规则，而中国也在以积极推动RCEP以及“一带一路”倡议来加以应对。这种区域性贸易投资协议竞争加剧的格局，使得未来国际贸易或投资冲突爆发的可能性明显上升。

这些对全球化的负面情绪、言论和行动表明，全球化退潮的趋势非常明显。这对全球经济产生了极大的不确定性，导致国际金融市场动荡加剧、避险情绪加剧，全球消费者和投资者信心受到影响，国际经贸往来受到抑制，贸易持续低迷。

（三）全球经济政策面临分化和巨大不确定性

由于前述世界经济面临长期、全面停滞和去全球化的巨大挑战，目前，全球经济政策也正面临着前所未有的分化和不确定性，这突出表现在以下五个方面。

第一，目前传统的货币政策无效，定量宽松的货币政策不再有效、不会支持可持续增长。纵览欧洲、日本等货币政策最为宽松的经济体就能看出，采取传统的货币政策对于经济的刺激基本上已经失效。货币政策的失效不仅没有为世界经济带来应有的起色，反而让各项金融资产出现了明显的泡沫。

很多国家实施传统宏观经济政策的空间已经所剩无几。结构性改革说起来容易做起来难。在2008年危机爆发后，各国领导人都表示要推进结构性改革，但是包括中国、日本、美国在内，没有哪个国家结构性改革可以像预期般顺利推动。道理很简单，结构性改革涉及存量利益的重新分配，这会遭到既得利益集团的反对。如果不能靠结构性改革来提升潜在增长率，就只能靠扩张性宏观政策来刺激总需求。但是目前有很多国家的扩张性财政政策都是不到位的；有一些国家是耗尽了政策空间，比如日本，政府债务占GDP比率超过250%；有一些国家对宽松财政政策有本能的反感，比如德国；而另一些国家则是受制于党派纷争的掣肘，比如美国。各国扩张性财政政策实施不到位，这就使得大部分重担压到货币政策头上。

第二，美联储当前面临的头号难题是加息还是不加息？而全球经济体和投资者则在疑惑美联储的加息进程是快是慢？自2015年底美联储启动第一次加息以来，全球的目光就聚焦在美国何时第二次加息上。2016年以来，受困于经济数据冷暖不一，美联储主席耶伦时而“鸽声”嘹亮，时而“鹰气”逼人。据美国劳工部数据，美国11月非农新增就业17.8万人，略不及预期的18万人，前值从16.1万人修正为14.2万人，远低于7月的25.5万人和6月的28.7万人。数据背后依然揭示了美国就业市场整体疲弱的态势。未来非农数据的可持续性仍待观察，这成为掣肘美联储加息的因素之一。影响美联储加息的另一个重要因素是，美股经过八年多的持续上涨，目前已处于历史最高位，资产价格泡沫严重，随时有可能构筑大顶，泡沫终将破灭，加息可能就是这最后一根稻草。此外，英国公投“脱欧”后，美元升值对美国经济和通胀回升均有冲击，欧洲市场的更多不确定性也为全球经济复苏蒙上阴影。若欧盟经济恶化，对美国显然会构成冲击，也会影响美国加息步伐。

第三，欧洲、日本的负利率政策影响几何？为刺激银行积极放贷，缓解国内通缩压力，欧央行和日本央行相继实施了负利率。人类历史上还从来没有过如此大的两个发达经济体同时实行负利率政策，这对经济复苏的影响究竟是正面的还是负面的，人们并不十分确定，意见分歧巨大。反对派学者认为，负利率政策并非如支持者们设想的那么美好，有明显的副作用：它反映了一国央行和金融机构对未来增长和物价前景的悲观预期，不利于存款创造和实体经济融资；它将严重伤害商业银行的资产负债表，导致金融机构资产端收益率锐减，迫使银行业净资产收益率 ROE 持续滑坡、业绩急剧恶化甚至爆发危机；它使私人部门加速从国债市场挤出；它使货币政策和财政政策的边界模糊不清；它可能对社会保障体系产生持续侵蚀。此外，负利率还可能会延缓美联储的加息节奏。支持负利率并认为已初见成效的学者则倾向于认为，负利率是应对金融危机的重要工具，它能有效降低实际利率，刺激银行增加信贷供给，提高企业信贷需求和全社会总需求。而且，负利率对银行业的影响其实没有那么严重，相反，它有助于缓解银行信贷收缩、抵御通缩风险、稳定汇率。可见，人们对备受争议的负利率政策的看法大相径庭，只有更多的实践和更好的效果才能彻底打消人们的担忧，而在这种担忧被打消之前，它注定还会扰动金融市场和实体经济的表现。

第四，美国进入“特朗普时代”对全球和中国究竟意味着什么，是否会更糟糕？之前几乎不被所有精英阶层看好的“政治疯子”特朗普当选美国总统是个超预期事件，在美国和全球引起了很大的反响。从人们对于特朗普的分析和定位来看，反建制、反全球化的民粹主义，排外、内视的孤立主义，封闭的贸易保护主义，仇外的新国家主义，种族主义以及商业利益至上的务实主义，等等，都是其鲜明的标签。未来特朗普政府的政策，仍须持续观察和评估，事态还在演变，不确定性很大。尤其是特朗普的经济政策，包括以减税和增加基建投资为主要内容的财政扩张政策，促进金融自由化、削弱金融监管的金融政策，反对自由贸易、主张保护主义的贸易政策，等等，不确定性很大，仍将困扰全球投资者，这是一个对美国和全球经济未来发展影响很大的变量。在大选之前就有部分华盛顿智库的学者们认为，如果特朗普当选，未来中美关系前景不乐观，特别是中美经贸关系有可能出现倒退。这真是一个让人悲观和不安的信号。

第五，意大利、法国、德国陆续大选可能引发风险，欧洲一体化再迎考验，倒退不可避免，解体有无可能？意大利于 2016 年 12 月 4 日举行宪法公投，公投结果显示，反对宪改的民众比例超过支持民众比例，公投宣告失败，现任伦齐内阁将辞职，意大利政局短期趋于混乱。若最终以提前大选方式结束乱局，“反欧元区”的党派“五星运动”党或有望赢得大选，它上台后“退欧元区”公投或难避免，意大利政局或趋混乱，欧元区风险再起。“五星运动”政党在政治主张上反全球化、反建制。若其夺得执政权将对欧盟、欧元构成猛烈冲击。“五星运动”党之前就曾表态，将就意大利的欧盟成员国身份举行公投。一旦意大利公投失败，随之而来的银行坏债问题集中爆发，对意大利的经济和欧洲金融体系将造成致命性的打击。若意大利银行崩盘，欧洲银行和融资市场将被“血洗”，经济增速和物价都将下滑，欧元对美元跌破平价或许已只是时间问题，欧洲经济严冬将至。此外，2017 年是欧洲选举年，法国国民阵线、德国新选择党、西班牙社会民主力量，每个激进党派都含有特朗普主义基因。欧洲后续风险的持续释放，将导致欧元对美元保持弱势或阶段性贬值，美元被动走强，人民币对美元贬值压力加大。

二 中国经济陷入“L”型预期下“资产负债表衰退”的风险在加大

（一）“L”型增长已成为全社会的一致预期

2016 年上半年中央权威人士提出中国经济增长走势是“L”型，这意味着中央对于未来五年——“十三五”期间，中期内经济将处于中高速的稳定增长。但是，一时间，目前经济究竟是位于“L”型的左半边还是右半边，经济大致何时能够见底企稳，引起了社会的广泛讨论，至今尚无定论。一个十分尴尬的问题是：如果未来五年经济增长中枢不能保持在 6.5% 以上，将会影响到中央所确定的全面小康社会目标的实现——“到 2020 年 GDP 比 2010 年翻一番”。

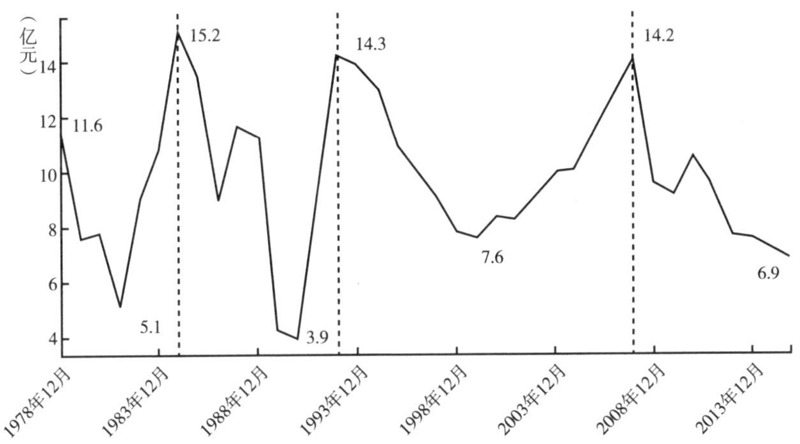

图 3　中国经济周期性波动的中长期视角：1978 年以来的历史回顾

资料来源：Wind 资讯。

始于2007年的这一个周期是中国改革开放以来艰难的一个周期。这一个周期迄今已运行了10年，波峰是2007年的14.2%，波谷似乎还未真正探明，2014~2016年分别实现7.4%、6.9%和6.7%。此轮下行已整整9年，是四次回落中历时最长的一次，下降幅度为7.3个百分点，拦腰一半，仅次于第二次回落。尽管这次下降幅度并非最大，但持续时间最长，且下降还在进行中，2016年的增速将创出自1991年以来的新低。这一个周期显示：中国经济正处于向新常态的过渡阶段，正从高速向中高速换挡减速。

中期内，中国依然面临资产负债表衰退的极大可能性。这是指企业在经济景气时在乐观情绪支配下过度负债，一旦经济逆转（例如，发生金融危机），资产急剧缩水，导致出现净资产为负的窘况。为了扭转资不抵债的状况，企业的经济行为就会由追求“利益最大化”转变成追求“债务最小化”，大量企业把大部分利润用于还债，而不会用于再投资，更不用说向银行借钱来投资了。这会造成经济衰退加剧。这种企业为修复资产负债表而导致的衰退，就是所谓的资产负债表衰退。

中国资产负债表衰退的几个信号。

第一，2016年7月“非金融企业”贷款十年来出人意料首次下降，新增贷款基本上都去了房地产，这是一个危险的信号，它反映了在这种不断上升的债务压力下，银行和企业行为都会发生变化。银行发放贷款更加谨慎。企业部门主动或被动修复资产负债表：好企业更加保守，宁可放弃贷款机会以增加财务安全度；僵尸企业虽然渴求贷款，但银行已经做好了切断资金供应的准备。

第二，中国政府宣布对地方政府进行“债务置换”，允许地方政府发行利率更低的债券来延缓爆发债务危机的危险。

第三，M1和M2增速差距的扩大：从2015年3月至2016年10月，M1同比增幅从2.9%一路升至23.9%。M1和M2增幅之差已达12.3个百分点，虽较7月的15.2个百分点有所回落，但仍然接近2009年底的历史峰值。“宽货币”未能传导至“宽信贷”，表明银行体系新增的流动性更多地以活期存款形式趴在企业账上，而未能转化为投资动能。

国际经验表明，在发生资产负债表衰退的情况下，宽松的货币政策并不能提振实体经济企业贷款的意愿，只能刺激资产价格泡沫。为此，可能只有大规模减税才能真正对实体经济产生积极影响。

基于上述逻辑和分析，对未来经济增长的波动情况，个人给出三个情景判断。

基准情景：短期（1~2年）仍将继续下滑探底至6.5%左右，中期（5年左右）有望在6%~7%区间内企稳筑底反弹，长期（5~10年或10年以上）逐步下一个台阶回落到4%~6%区间震荡。

乐观情景：短期快速企稳反弹至7%以上，中期在7%~8%的区间内波动，长期则缓慢回落至6%~7%区间内震荡。

悲观情景：短期快速下滑探底至5%左右，中期仍然难以止跌企稳，长期在低速3%~4%的位置见底并在低位震荡。

长期经济增长中枢回落幅度有多大，则取决于以下影响因素的对比和变化情况。主要确定性因素有人口老龄化导致劳动人口比重持续下滑、资源与环境约束；主要不确定性因素包括去产能、去杠杆、去库存的进展，改革进展，创新步伐和技术进步程度，人力资本改善程度，外需恢复程度，宏观经济政策稳定（松紧）程度等。

（二）未来中国经济面临的主要不确定性或风险点

一是中国民间投资断崖式下滑何时是尽头？从需求端来看，民间投资占全部投资比重超过六成，其增速明显放缓对投资全局的影响格外明显，民间投资增速能否回升成为全年和未来稳增长的关键因素。尽管政府对此忧心忡忡，相关部门连发多项刺激政策，国务院更是派出督查组进行专项督查。但换一个角度观察，民间投资减速是我们推进去产能、去杠杆的必然结果，是民营企业家在当前不景气的经济背景下的理性选择，也是企业预算硬约束的正常表现，恐怕不能简单地理解为坏事。M1高增长而M2低增长就是这一情景的货币表现。在全球经济减速、需求不振的情景下，企业家怎么可能还逆势而动、加码投资、增加杠杆？这不是飞蛾扑火吗？一方面我们要求企业去产能、去杠杆，另一方面我们又要他们去扩大投资、加杠杆，这不是自相矛盾吗？对投资减速要理性看待，不宜过度刺激。

二是房地产市场整体高泡沫风险何时能得以化解？过去一年，出于稳增长的需要，各项政策稳步放松，加上改善性需求和投资性需求共同存在甚至相互强化，房地产部门出现了较为显著的企稳回升。同时，整个市场存在高价格、高杠杆以及高度金融化的风险特征。房地产企业和居民部门都呈现加杠杆。不管是房地产企业开发贷款类的加杠杆，还是居民部门抵押贷款类的加杠杆，未来如果强行或快速去杠杆，都将直接冲击房地产部门自身以及银行等金融部门，容易引发

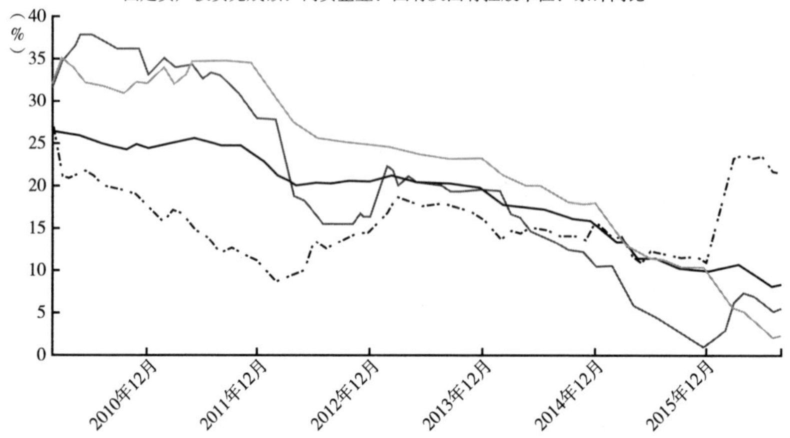

图4　中国不同类别的固定资产投资同比增长情况

资料来源：Wind 资讯。

房地产市场体系的信用违约风险，并向银行部门以及其他相关部门传递。总之，房地产市场整体蕴藏着较大的风险。

房价上涨背后同样是供给和需求两方面的作用。需求方面的最大推手是广义货币增长。因为广义货币增长比较完整地覆盖了潜在购买力增长。宽松的货币条件带来了对房屋更高的支付能力，货币增长可以说是房价上涨的温床。

供给方面的最大推手是土地供应。土地价格是大城市商品房价中最重要的组成部分。显而易见，中国城镇住宅建设用地供应量过少。中国只有 0.89% 的土地被用作城镇建设用地，仅 0.3% 可用作建设住宅，这一比例在美国分别为 2.7% 和 1.4% ，在日本分别为 5% 和 3% 。

城镇住宅用地的供给不足在人口流入的一线城市中更加突出，且近年内进一步恶化。2009～2015 年，中国一线城市的住宅土地供应由 2009 年的超过 2000 万平方米下降到 2015 年 1455 万平方米；而与此相对应的住宅工地楼面均价从不足 6000 元上升到 11000 元。一线城市住宅用地价格上涨超过房价上涨，成为高房价的根本推手。

三是国内宏观经济政策能否保持稳定和可预期？中央一再强调，用稳定的宏观经济政策稳定社会预期。对比过去十年间中美两国的宏观经济政策，可以很清

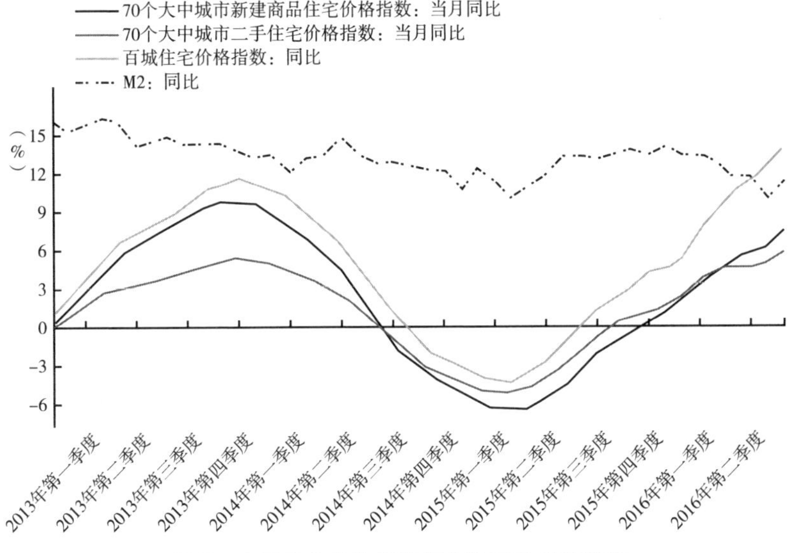

图 5　中国住宅价格指数与 M2 同比增长情况

资料来源：Wind 资讯。

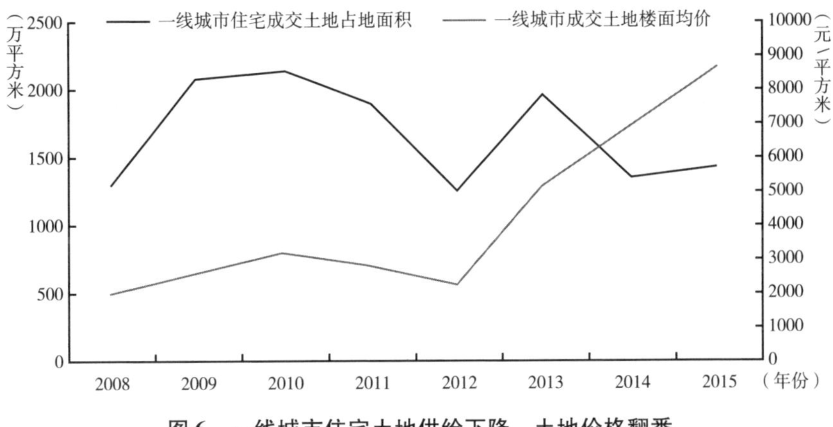

图 6　一线城市住宅土地供给下降，土地价格翻番

资料来源：国家统计局。

晰地看出，政策是否稳定、“不翻烧饼”、不瞎折腾，在很大程度上决定着宏观经济运行和社会预期的稳定与否。从 2016 年上半年我国各项政策的频繁变动来看，显然还远远谈不上稳定，政策“翻烧饼”和瞎折腾现象仍时有发生。

以货币政策为例，2016 年第一季度摇摆，第二季度之后渐渐明晰。1 月 4 日，权威人士第二次表态：稳健货币政策要灵活适度，绝不要随便放水。股市暴跌。但令人意外的是，2 月末央行突然降准，3 月政府工作报告中，居然把 M2 的增速目标超预期调高至 13%。这分明是货币宽松和货币政策大放水的信号！结果，一季度的新增贷款达到 4.61 万亿元，比 2009 年推出四万亿元投资计划时的贷款规模还多。5 月 9 日，权威人士第三次发声：强调货币政策对经济的拉动效应递减，再不去杠杆，将引发系统性金融风险，或导致经济负增长。股市再度暴跌。其后，第二季度信贷规模有所收敛，新增贷款额不足 3 万亿元，对房地产、股市等存在高杠杆和泡沫的领域的干预力度明显加大。

在房地产领域，一些城市经历了从宽松刺激到逐步收紧的变化，国庆节前后，共有 20 多个城市整齐划一地推出了松紧不一的行政干预措施来为明显发烧的房地产市场降温。价格的变化可能还须再等待，但房地产销量和成交价已经出现了明显的波动，预计之后两至三个季度会传导至房地产投资以及经济增长。

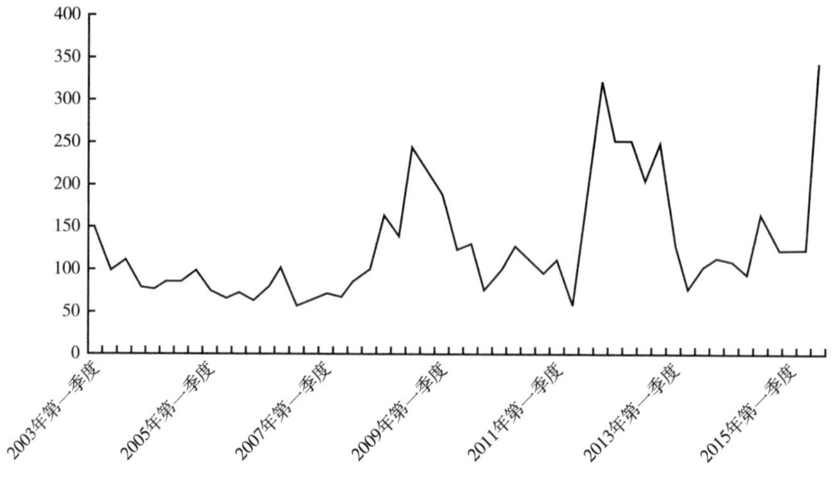

图 7　中国经济政策不确定性指数

三　未来中国短期与中长期经济政策展望

（一）货币政策维持“中性”基调

未来货币政策将继续维持中性，即稳健偏灵活，不会再大水漫灌，进一步宽松的调整空间和幅度有限。大幅放松可能增加人民币贬值压力，还会催生部分资产价格（房地产）泡沫，较之可能取得的货币政策效果而言，弊大于利。长期看，宽松货币政策不能解决经济中的结构性问题，而只“会吹大资产价格泡沫”，供给侧改革才是正道。

2017 年的 M2 增速目标大概率会下调至 12%。在 CPI 不超过 3% 的情况下，没有必要收紧货币，但央行降息的可能性也极小，因为市场利率水平还会跟随经济的下行而自然下行。

但是，既不收紧货币，又要实现金融、房地产去杠杆，那么，唯一的选择就是加强管制，就像管汇率一样：既要让人民币渐进式贬值，又要防止外汇大量流失，那只好增强对资本账户的管制。

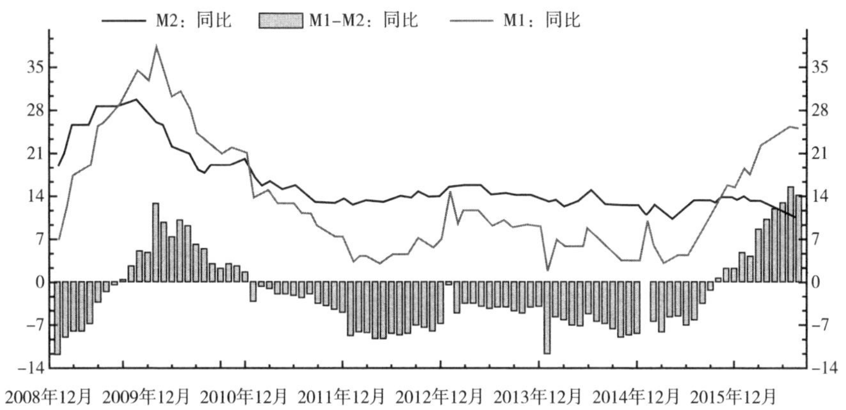

图 8　M1、M2 同比增长与 M1 - M2 剪刀差

资料来源：Wind 资讯。

（二）财政政策扩张空间较大

货币政策低效，必然要求财政政策继续扩张。扩张的空间是否存在？

国际通用的赤字率标准出自欧盟的《马斯特里赫特条约》：3% 的财政赤字率和 60% 的政府负债率。我国是目前世界上各国中罕见的赤字水平和债务率始终保持在 3% 和 60% 的红线以下的国家，尽管安全却没有充分发挥财政对于经济的作用。

当前，无论是去杠杆、去产能还是化解资产泡沫，进行的过程都必然存在或大或小的风险。目前化解风险的最好办法是让风险相对比较小的政府部门帮助一

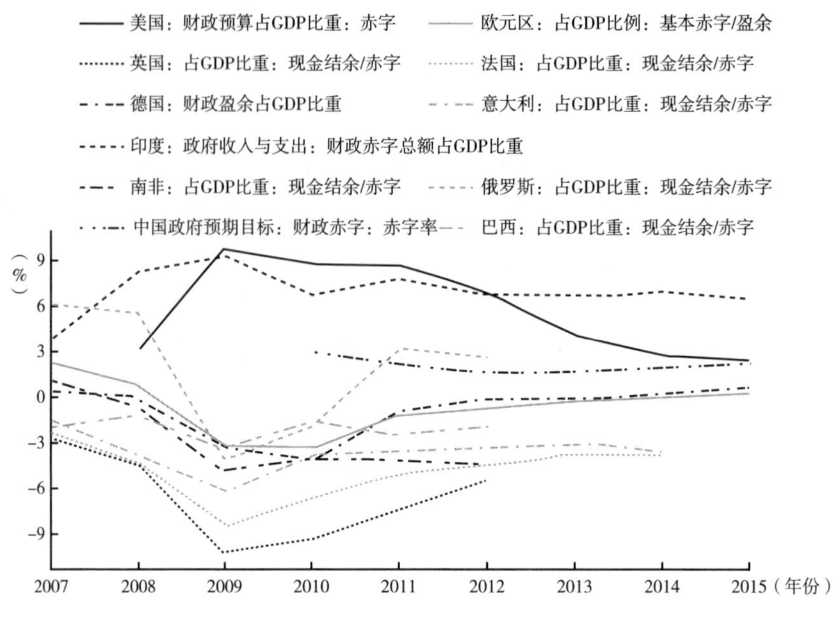

图 9　全球主要经济体赤字率情况

资料来源：Wind 资讯。

些风险较大的部门，分担这些部门的一部分风险。提高赤字水平可以在一定程度上提高政府部门承担风险的能力。

财政政策上加码可以令我国的经济工具更加丰富，也更加精准，同时能够避免货币政策带来的潜在负面效应，应该说这是目前我国有能力实施的最佳选择。主要理由如下，第一，我们的赤字和国家债务绝大多数都是内债，而不是外债，它相对还比较稳定，2015 年末中国的外债负债率为 13%，仍然低于国际上比较公认的 20% 负债率安全线。第二，我们短期国债比较少，大部分是长期国债，所以短期国债还债的压力比较小。这决定了我们在相当长的时间内，财政赤字可以有所突破。

总之，从国际比较来看，现阶段我国财政赤字率和政府负债率水平仍相对较低，财政政策发力仍有一定的空间；与此同时，我国与零利率或负利率还有距离，法定准备金率较高，货币政策发力也存在一定空间。

（三）供给侧结构性改革仍须加快步伐

第一，行政限产去产能存在虚假成分，停产、减产不代表有效产能的退出。

在“三去一降一补”五大任务中，去产能摆在首位，其中钢铁煤炭是重点。从前十个月的情况来看，我国全年钢铁煤炭行业化解淘汰过剩落后产能的任务已经基本完成。2016 年应压减粗钢产能 4500 万吨左右的任务已基本完成；煤炭去产能任务也已超额完成，数据显示，1～10 月，全国规模以上工业原煤产量 27.4 亿吨，同比减少 3.3 亿吨，下降 10.7%。与此同时，去产能呈现出明显的结构性。在煤炭、钢铁等领域去产能表现相对较好的同时，1～10 月，我国粗钢、氧化铝、十种有色金属、水泥和平板玻璃这些产能过剩较为严重行业产量同比增速仍分别达 4%、8.9%、3.2%、3% 和 8.8%，且产量增速都是比一季度和二季度的产量增速更高。

当前，随着钢铁、煤炭价格上涨，多数企业扭亏为盈，企业以及地方政府去产能的积极性有所减弱，这样会在短期内给去产能工作造成新的压力，增加了后续去产能工作的难度。一方面是去产能初见成效，另一方面则是总体任务依旧艰巨。钢铁、煤炭去产能是一个长期性的任务，根据国务院确定的目标：钢铁行业未来五年时间将压减粗钢产能 1 亿～1.5 亿吨；煤炭行业 3～5 年内退出产能 5 亿吨，减量重组 5 亿吨。2017 年任务依然艰巨。

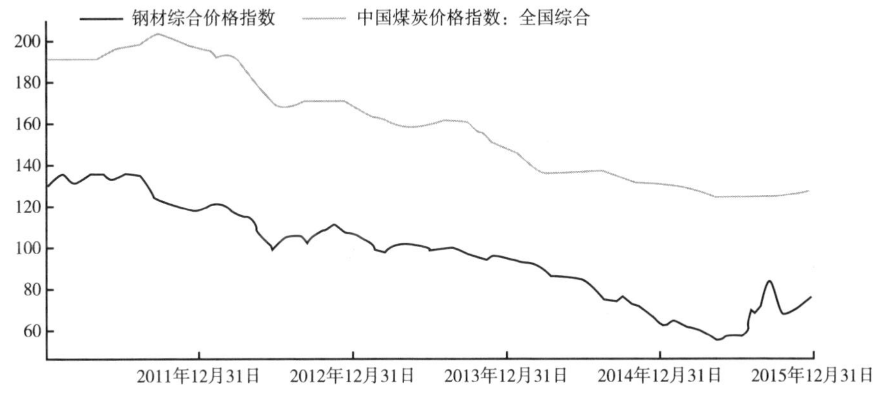

图 10　中国钢材及煤炭价格指数走势

资料来源：Wind 资讯。

第二，名义去杠杆，实则加杠杆，未来须在“稳杠杆”与“控风险”之间寻求平衡。

对于中国目前总体杠杆率水平的测算各有不同，易刚在 G20 上讲是 234%。中国社会科学院国家金融与发展实验室研究显示，截至 2015 年底，全社会债务率为 249%，其中，居民部门债务率约为 40%，宽口径统计，非金融企业部门债务率为156%，政府部门债务率约为57%。

2016年，加杠杆速度并未慢下来，2015年债务增速为9%，若2016年仍为9%，则按中国社会科学院的250%的债务率计算，2016年的债务率就会达到272.5%。并且，据估计，2016年企业部门的债务增速应该还是两位数；居民新增房贷规模肯定会超过2015年，居民加杠杆速度远远胜过企业；中央加杠杆和地方加杠杆也都十分明显。也就是说，2016年全社会的杠杆率的增速不仅没有下降，反而还有加速势头。

因此，现在管理层有个说法叫“短期要稳杠杆”，我个人认为这个观点非常符合实际，因为目前杠杆率水平仍在快速上升，若能稳住，不让它上升就已经不错了。杠杆是个非常复杂的问题，如果把杠杆降得太快，可能会降低经济增速，造成就业的问题甚至发生系统性金融危机，全社会杠杆率会被动下降。但是如果中长期不降杠杆的话，风险就会不断地积聚。因此要找到一个比较好的平衡，“稳杠杆”显然是一个较好的选择。换句话说，如果经济不出现硬着陆，走“L”型，则全社会杠杆率可能仍会进一步提升，全社会总债务率一定会超过300%，甚至更高，关键取决于企业杠杆率是否能够控制得非常好。

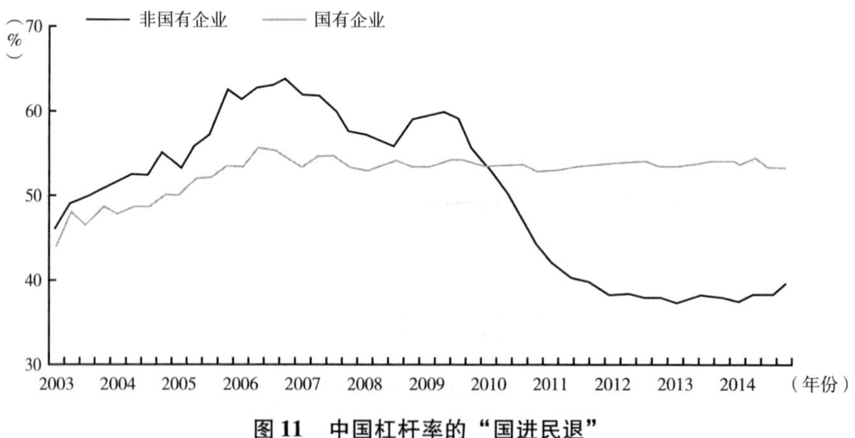

图11　中国杠杆率的“国进民退”

第三，以加杠杆、涨房价去库存不可持续，房地产市场仍旧面临下行风险。

当前中国房地产市场呈高度泡沫化的趋势，主要是两大诱因：从供给侧来看，显然住宅用地供给不足。大城市，尤其是一线城市，真正用于居民居住用途的土地占比还是偏低，生产建设用地占比较高。从需求侧来看，房地产市场已经成为类金融市场，房价上涨也就具有了金融特性，是一种典型的货币现象，货币超发和低利率刺激了新一轮房价、地价暴涨，过高的流动性推高了房价。

一线城市房价过快上涨，吸引了许多资金流向房地产行业，影响了制造业的投资。而且，房价过高会提升城市生活成本，对制造业转型升级、创新都不利。中国经济如果未来会硬着陆，那一定和房地产泡沫崩溃有关。

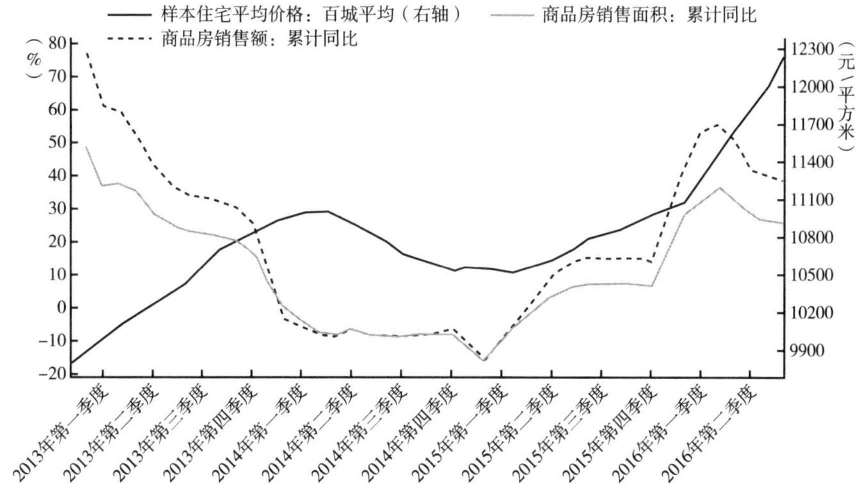

图 12　中国住宅销售及价格同比变动情况

资料来源：Wind 资讯。

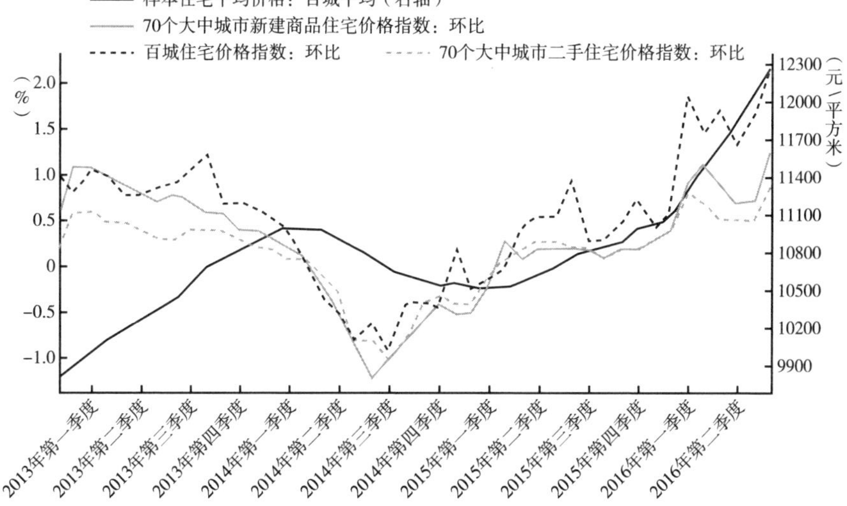

图 13　中国新建及二手住宅价格环比变动情况

资料来源：Wind 资讯。

四　应因全球长期停滞、保持中国经济持续稳定增长的若干建议

（一）真正落实五大发展理念，使之作为未来中国经济发展的指挥棒

鉴于未来经济增速持续下行的可能性较大，今后要么加速推进改革或者被迫强行放松政策、大水漫灌，以确保实现既定目标；要么适时调整和修正这一目标，将增长中枢再稍微放低一些，例如，6%～6.5%，或者，不再由政府公布具有指导性的增长目标，而把这一工作交由权威的研究机构去进行研究、预测、公布及调整，并以其引导市场预期。笔者以为，是时候把我们的目光和注意力从这一指标上移开了。事实上，中央对这个问题的态度已经很明朗。2015 年底，中央正式确立了“创新、协调、绿色、开放、共享”五大发展理念作为未来五年中国经济发展的指挥棒，意图彻底抛弃固守多年、单纯追求一个僵化的 GDP 规模与速度的观念。对于处于转型升级历史关键期的中国，应追求高质量、去水分、有效益的经济增长，追求暖人心、惠民生、补短板的经济增长，追求绿色化、“低碳＋”、可持续的经济增长，而非一味地追求高速、粗放、低效的经济增长。

（二）通过深化供给侧改革，释放经济新活力，培育经济新动能

加快推进国有企业改革，特别是坚决打破部分行业的垄断，吸引民间资本参与混合所有制改革，增强对经济主体特别是民间资本对未来经济增长的信心；下大力气化解债务风险，平稳推动去产能、去杠杆、去库存，有效遏制愈演愈烈的房地产市场泡沫；降成本需要加大全面减税的力度，继续简政放权，切实为企业真正减负减费；加快着眼于补短板的基础设施投资，加大对传统行业和产业技术改造的投入力度。

（三）有效激发民间投资的巨大潜力和发展活力

中国经济结构调整和可持续发展需要尽快激发民间投资的活力和潜力，提高全社会资金形成和配置效率。让民间资本活力充分释放，需要进一步转变政府职能，简政放权，落实负面清单制度，把该放的权力坚决放开、放到位，激发各类

市场主体的创造力；让民间资本活力充分释放，应强化政策落实和推进，把现有的各项鼓励政策具体化、细化，并有的放矢解决政策执行中的问题；让民间资本活力充分释放，要发挥改革的引领作用，打破垄断，消除各种隐性壁垒，拓宽民间投资领域和空间，推进融资渠道市场化，提振民间投资信心，提升资本回报率；让民间资本活力充分释放，必须坚持市场导向、市场驱动，让市场来选择新技术、新产品、新业态、新模式、新增长点，让传统产业加快升级、新兴生产力加快成长，让一切聪明才智竞相迸发、一切创新源泉充分涌流。

（四）加强宏观经济政策协调与预期管理

在推动供给侧结构性改革的同时，仍须重视需求侧管理，为防止经济失速滑出合理区间，有必要保持一定强度的逆周期刺激力度，以不断激发内需的巨大潜力。就宏观经济政策而言，应以扩张性的财政政策为主，以稳健中性的货币政策为辅，实施逆周期的相机调控，加大稳增长的力度。中央政府继续扩大中长期国债发行，加大赤字力度，有效承接地方政府和企业杠杆的转移。同时，注重与主要经济体在宏观经济政策方面的协调与沟通，加强对国内投资者和公众的预期管理，增强政策的稳定性和可预期性；加强对跨境资本流动的监管，引导人民币适度贬值，以舒缓国内实体经济的困难。

（五）加快实施创新驱动战略，以创新驱动和引领未来经济发展

实施创新驱动发展战略，要增强我国自主创新能力，完善创新的体制机制，不断提高全要素生产率，加快培育发展新动力，拓展区域、产业、基础设施建设等发展新空间，逐步形成内生发展的强大动力。必须加大科技投入和科技成果应用，力争在基础科技领域有大的创新，在关键核心技术领域取得大的突破，把科技创新真正落到产业发展上；千方百计激发企业内在创新动力，使企业真正成为技术创新决策、研发投入、科研组织和成果转化应用的主力军；健全体制机制，培育创新文化土壤，坚决清除影响创新能力提高的制度障碍，严格保护知识产权，创造促使企业不断创新的环境和体制，形成有利于创新性人才脱颖而出的体制机制；集聚创新人才，完善激励机制，加快形成创新型人才队伍，在创新实践中发现人才，在创新活动中培育人才，在创新事业中凝聚人才；加强国际合作，积极主动融入全球创新网络，全面提高我国科技创新的国际合作水平，形成协同创新和开放创新的新格局。

参考文献

王军等:《中国经济发展“新常态”初探》，社会科学文献出版社，2016。

王军:《未来我国经济增长前景与政策展望》,《中国国情国力》2017 年第 1 期。

王军:《通胀不足为惧 通缩更需关注》,《中国经济报告》2017 年第 1 期。

王军:《稳中求进既要“稳”更要“进”》,《证券日报》2016 年 12 月 24 日。

王军:《全球化与“反全球化”的博弈》,《半月谈》2016 年第 22 期。

王军:《中国经济转型迫切要求树立增长新理念》,《上海证券报》2016 年 11 月 24 日。

王军:《关注通缩风险》,《中国金融》2016 年第 15 期。

王军:《以更高水平开放应对国际经济秩序新变局》，《上海证券报》2016 年 7 月 25 日。

王军:《下半年中国经济靠什么避开这些暗礁》,《上海证券报》2016 年 7 月 18 日。

王军:《世界面对全球化退潮与“反全球化”逆袭》，《上海证券报》2016 年 7 月 1 日。

王军:《从全球经济复苏变局看亚洲竞争力嬗变》,《上海证券报》2016 年 3 月 24 日。

王军:《保持经济中高速增长需创新宏观调控方式》,《证券日报》2016 年 3 月 14 日。

王军:《中国经济评价体系亟待创新》,《证券日报》2016 年 2 月 27 日。

（撰稿人：中国国际经济交流中心信息部研究员王军）

美国经济形势分析与展望

2016 年是美国经济承前启后的一年，一方面延续金融危机后美国经济缓慢复苏势头，各项指标总体表现良好，就业市场表现抢眼，美联储第二轮加息已经启动，市场前景向好；另一方面特朗普赢得美国大选，飞出了 2016 年全球市场最大的一只“黑天鹅”，特朗普在竞选前后已经对他的执政理念、执政思路、主要政策进行了阐述，预示着 2017 年美国经济政策将会有重大调整，美联储加息多少次尚不能定论，这为 2017 年美国经济走势带来极大不确定性，预计 2017 年美国经济将迎来更多震荡和波动。

一　2016 年美国经济的主要特点

2016 年美国经济继续延续金融危机后的增长势头，但增速较前些年有所放缓。全年经济出现较大起伏，第三季度经济增速十分抢眼，其他季度经济疲软无力。个人消费扩张是拉动 2016 年美国经济增长的主要动力，未来仍将继续成为美国经济增长的重要引擎。私人投资意愿不足和商品贸易赤字是制约美国经济增长的主要不利因素。2016 年美国私人投资负增长，投资预期下降，企业扩大再生产积极性不高。美国贸易逆差有所缩小，但商品贸易大额赤字、服务贸易小额盈余、贸易总额大幅逆差的大格局并未有根本改观。政府消费和投资规模与前些年基本持平，但财政赤字大幅缓解，这为未来美国政府采取积极宽松的财政政策创造了一定空间。

（一）2016 年美国经济增长从总体上看有所放缓，分季度看一波三折

2016 年，美国经济继续延续次贷危机后的缓慢复苏态势，但经济增速较前些年有所放缓。如图 1 所示，2016 年美国经济达到 18.57 万亿美元，GDP 增速仅为 1.6%，较 2015 年下降 1 个百分点，经济增速是自 2011 年以来的最低水平。由于 2014 年和 2015 年美国经济持续好转，在 2015 年底，各界普遍判断美国经济已经走入了一个新的繁荣周期，各机构预测 2016 年美国经济将实现较高增速。如在 2015 年 10 月，IMF 曾预测 2016 年美国经济增速为 2.8%。此后由于美国经济实际表现不佳，IMF 不断调低经济增速的预测值，2016 年 1 月调低为 2.6%，2016 年 4 月调低为 2.4%，2016 年 7 月调低为 2.2%，2016 年 10 月进一步调低为 1.6%，较一年前累计调低了 1.2 个百分点，2016 年美国经济实际表现远低于市场和各机构的原本预期。

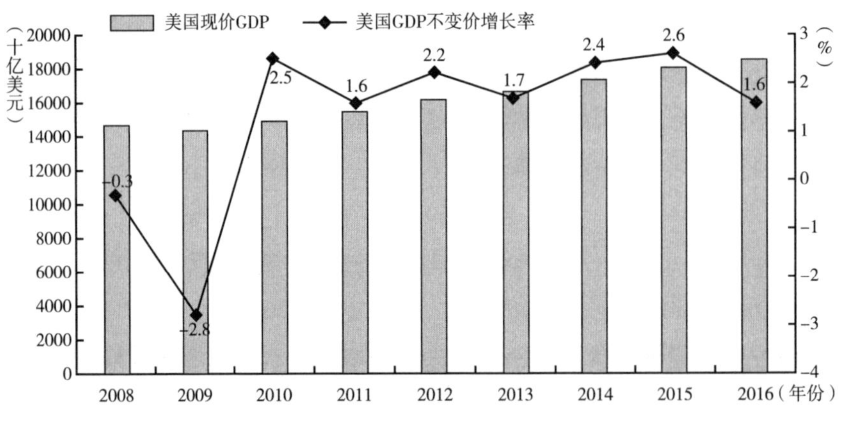

图 1　2008 年以来美国经济增长情况

资料来源：美国经济分析局。

从全年情况来看，不同季度美国经济呈现出冰火两重天的特点，经济增长出现大幅波动，如图 2 所示。2016 年上半年美国经济增长十分疲软，第一季度美国经济实际增长 0.8%，第二季度增长 1.4%，市场和各机构一度认为金融危机后的美国经济复苏行将结束，经济将步入长期低速增长期。但第三季度美国经济异军突起，增速达到 3.5%，为近两年的最高增速，市场和各机构大幅调整预期，转而认为第三季度将成为美国经济的一个重要转折点，美国经济全面复苏、彻底走出金融危机

将指日可待。但第四季度美国经济大幅下滑至1.9%，在第四季度圣诞节消费效应等因素的刺激作用下，仍然低于前一个季度经济增速1.6个百分点，让人大跌眼镜。综合来看，第三季度经济增长成为拉动全年美国经济增长的主要动力，经济增速的剧烈波动说明美国走出金融危机的基础还不稳固，美国经济尚不能完全走到可持续高速增长轨道上来。

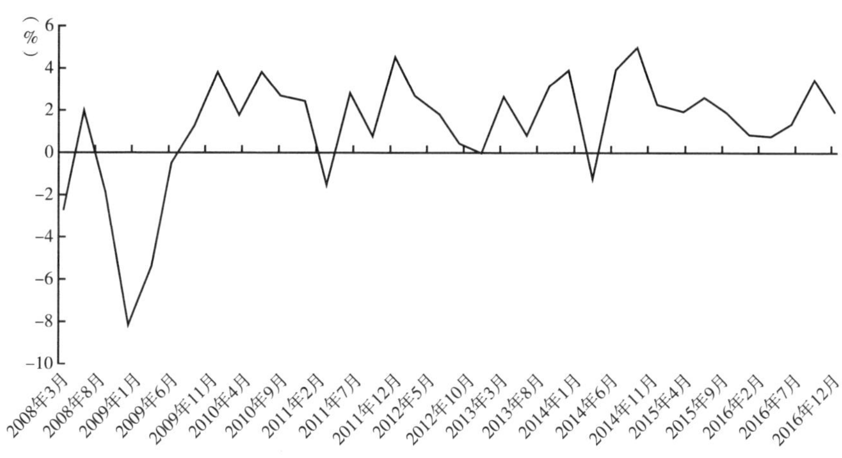

图2　美国经济季度环比增长率

资料来源：美国经济分析局。

（二）个人消费是拉动2016年美国经济增长的主要动力，商品贸易赤字和私人投资意愿不足是制约美国经济增长的主要不利因素

从全年来看，美国GDP的四项组成部分——个人消费支出、国内私人投资总额、商品和服务净出口、政府消费支出和投资总额对美国GDP的同比拉动率分别为1.82%、-2.25%、-0.12%、0.16%。其中对美国经济正向拉动率最高的为个人消费支出。在目前美国经济结构中，消费约占GDP的70%左右，2016年美国不变价消费实现了1.6%的增长，这是保证美国经济能够实现1.6%增速的最主要积极因素。对美国经济负向拉动率最高的为商品和服务净出口，2016年美国商品和服务净出口总计为-4994亿美元，其中服务净出口为2711亿美元，商品净出口为-7705亿美元，巨大的商品贸易逆差是美国经济难以实现较高速增长的重要制约条件。从长期来看，近年来美国GDP的四大组成部分对经济增长的拉动率也发生了一些变化，如图3所示，在次贷危机后的2010~2013年，个

人消费支出和国内私人投资共同构成了拉动美国经济走出泥潭的“双引擎”，但2013年后私人投资引擎逐渐减弱，特别是2016年甚至趋于熄火，“双引擎”变为“单引擎”，这也是2016年美国经济增长不如2015年的一个重要原因。

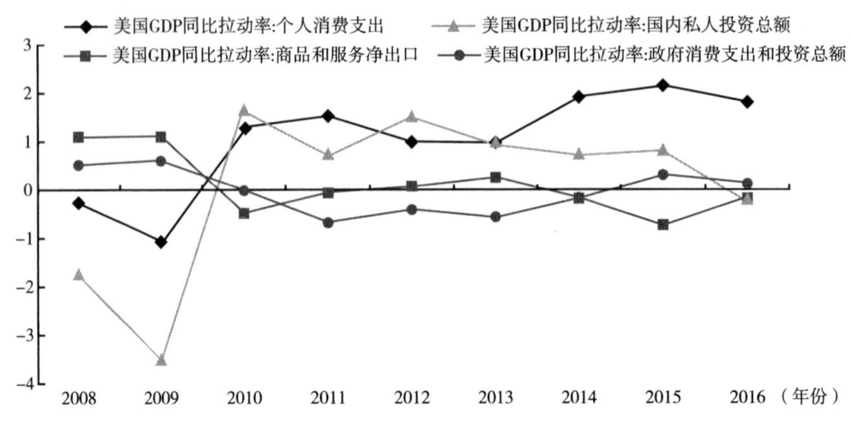

图3　近年美国经济增长拉动率变化

资料来源：美国经济分析局。

从各季度美国GDP增长的拉动率来看，如表1所示，第一季度美国经济不振主要源于个人消费、私人投资、净出口支撑不足，三项对美国经济增长的拉动率分别仅为1.11%、-0.56%、0.01%，其中私人投资对经济增长的拉动率为负，私人投资意愿严重不足；第二季度尽管个人消费拉动能力大幅提升，净出口贡献率也有所提高，但私人和政府投资意愿均明显下滑，导致第二季度美国经济没有出现较大起色；由于美国净出口能力提升和私人投资总额扩张，私人投资拉动率由负转正，商品服务净出口拉动率达到0.85%，远高于前两季度水平，第三季度经济形势迅速转好，出口和私人投资是第三季度经济高速增长的主要动力；相比第三季度，第四季度美国贸易形势有所恶化，出口下降，进口大幅增加，商品服务净出口拉动率由第三季度的0.85%大幅降至-1.70%，个人消费拉动力也有所下降，因此尽管私人投资拉动能力达到全年的最高水平，第四季度经济增速依然出现大幅回落。综合各季度情况来看，个人消费对美国经济的拉动能力相对平稳，政府消费和投资除第二季度出现一定波动外，总体也处于较为平稳的水平，各季度经济增速波动主要取决于商品服务净出口和私人投资两项。如果这两项出现大幅扩张，那么美国宏观经济一般表现良好，如果这两项表现一般，那么美国经济增速就会迅速回落，这是2016年美国经济运行表现出的一个规律。

表1　2016 年美国 GDP 各组成部分环比拉动率

单位：%

时间	个人消费支出	私人投资总额	商品服务净出口	政府消费投资总额
2016 年 3 月	1.11	-0.56	0.01	0.28
2016 年 6 月	2.88	-1.34	0.18	-0.30
2016 年 9 月	2.03	0.50	0.85	0.14
2016 年 12 月	1.70	1.67	-1.70	0.21

资料来源：美国经济分析局。

（三）2016 年美国个人消费继续扩张，未来消费预期向好

2016 年美国个人消费总体表现良好，达到 12.75 万亿美元，较 2015 年实际增长 2.7%，如图 4 所示，虽然增速较 2014 年和 2015 年有所下滑，但仍远高于 GDP 增速，消费扩张是美国经济持续复苏的主要动力。2016 年的消费扩张与 2015 年相似，属于数量型扩张而非价格型扩张，如图 5 所示，2008～2014 年，美国个人消费支出价格指数高于物量指数，此时的消费扩张更多的是消费品价格上升所带来的消费被动增长，2015 年以后，美国个人消费物量指数高于价格指数，此时的消费扩张更多的是消费品数量增加所带来的消费主动增长，消费者的消费意愿更加积极。消费主动扩张主要取决于两个原因：一是美国人均收入水平一直保持稳定增长，如图 6 所示，自 2013 年第一季度以来，美国人均收入一直保持正增长，截至 2016 年第四季度，美国人均收入已经达到 50123 美元，较 2008 年初增长了约 1 万美元；二是民众对未来经济增长的预期上升，消费信心增强，如图 7 所示，美国衡量消费者信心的重要指标——密歇根大学消费者信心指数近年来总体保持波动上升态势，近期公布的 12 月密歇根大学消费者信心指数显示，2016 年末的美国消费者信心已经达到 12 年来的最高水平，这预示着 2017 年美国个人消费支出将很可能继续保持扩张势头。

（四）2016 年美国私人投资负增长，投资预期下降、企业扩大再生产意愿不足是主要原因

私人投资是除个人消费外，带动美国经济走出次贷危机的另一个重要动力，2009～2015 年，美国国内私人投资总额总体保持扩张势头，如图 8 所示，对于推动美国经济复苏发挥了重要作用。2016 年，美国国内私人投资总额达到 3.04

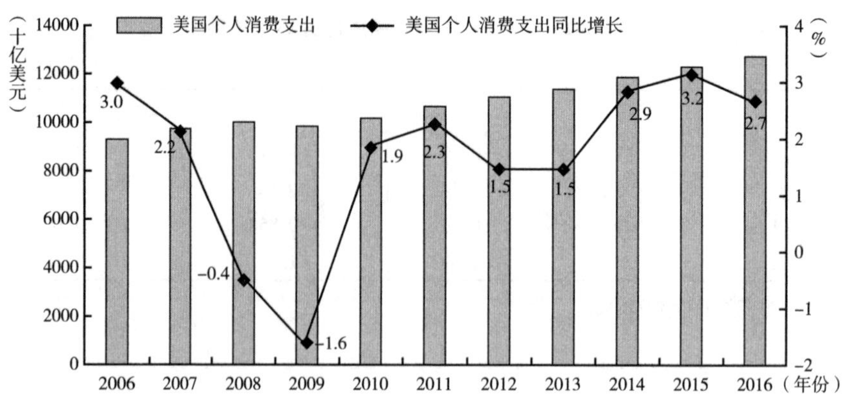

图4　近年来美国个人消费支出变化情况

资料来源：美国经济分析局。

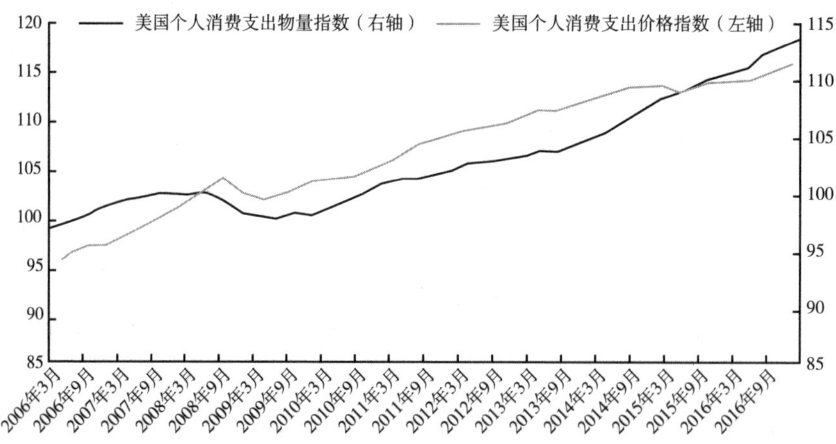

图5　美国个人消费支出物量指数和价格指数

资料来源：美国经济分析局。

万亿美元，但增速较2015年有所下降，名义增速下降0.62%，实际增速下降1.50%。私人投资一般与总储蓄和投资预期两个因素有关：从储蓄情况来看，如图9所示，近年来美国总储蓄规模总体保持增长势头，2016年总储蓄与2015年接近，继续保持在高位规模，从总储蓄规模不能看出2016年投资下滑的原因；从投资预期来看，2016年美国投资信心指数大幅下滑，如图10所示，代表美国投资信心的重要指标Sentix投资信心指数在2015年全年和2016年初一直处于下

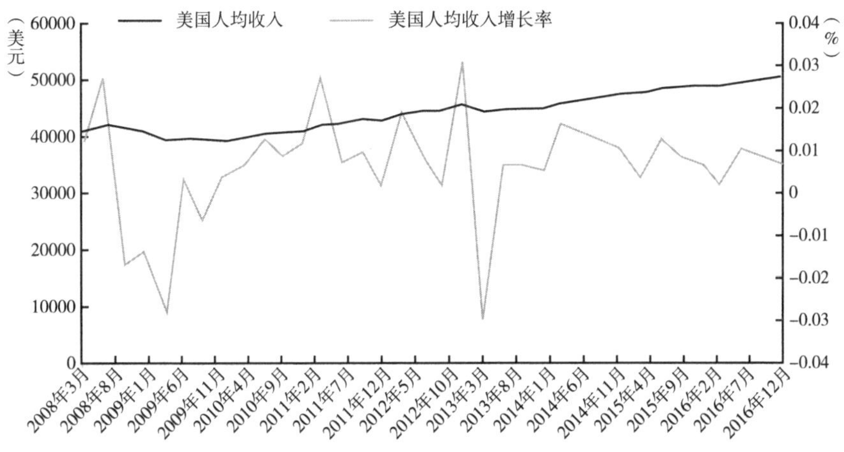

图 6　近年来美国人均收入变化情况

资料来源：美国经济分析局。

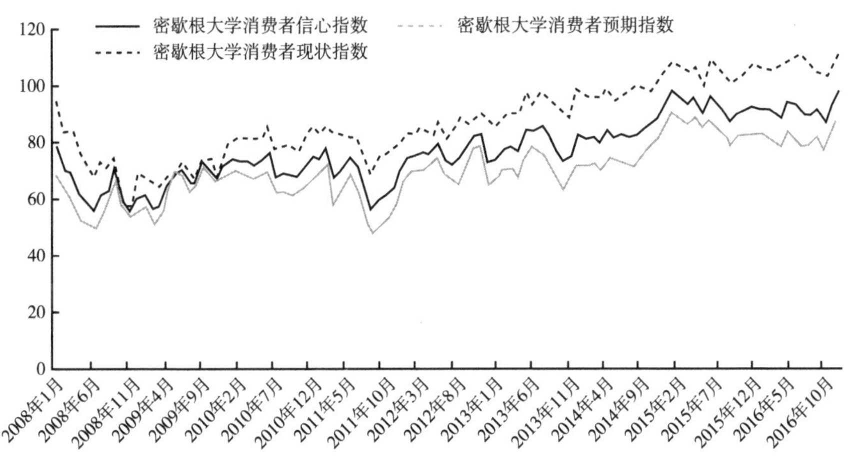

图 7　密歇根大学消费者信心指数变化情况

资料来源：美国密歇根大学。

滑趋势，除受第三季度经济增速大幅上涨影响，2016 年底信心指数实现上升外，2016 年全年 Sentix 指数均维持在与前两年相比的较低水平，投资信心不足是 2016 年美国投资规模下滑的重要影响因素。从投资结构上看，并非所有类别投资均有较大降幅，下降比较多的是设备投资。如图 11 所示，美国设备投资占总投资的比重有较大下滑，建筑住宅投资占比相对稳定，知识产权投资占比甚至有所上升。设备投资规模的下降也在一定程度上反映出企业对未来市场的预期不佳，扩大再生产意愿不足，这对于2017年美国企业供给能力的提高会产生一定影响。

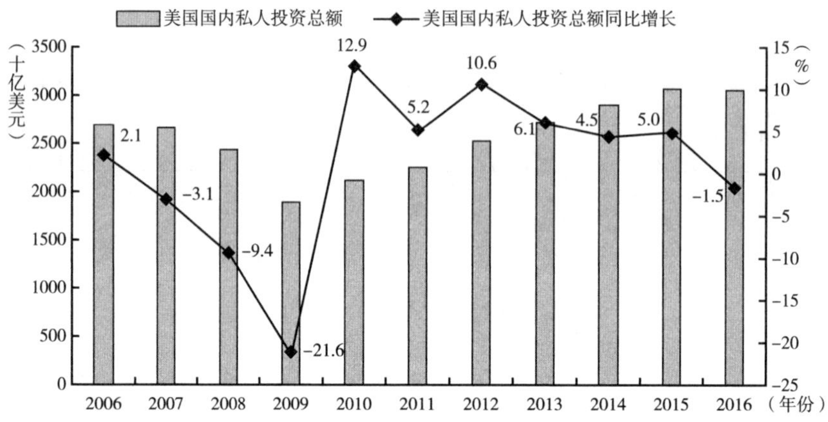

图8　近年美国国内私人投资总额变化情况

资料来源：美国经济分析局。

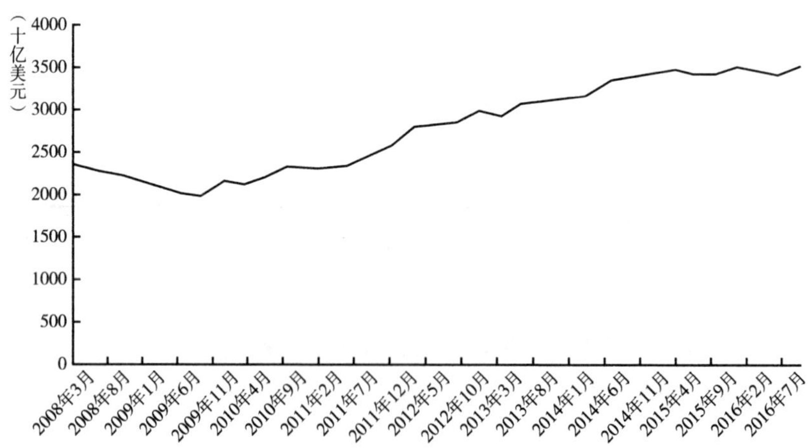

图9　近年美国储蓄变化情况

资料来源：美国经济分析局。

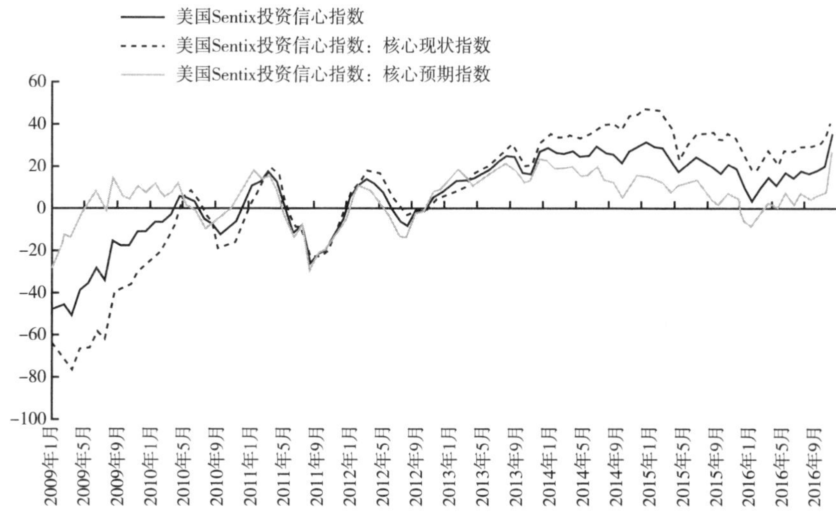

图 10　美国 Sentix 投资信心指数变化情况

资料来源：Sentix。

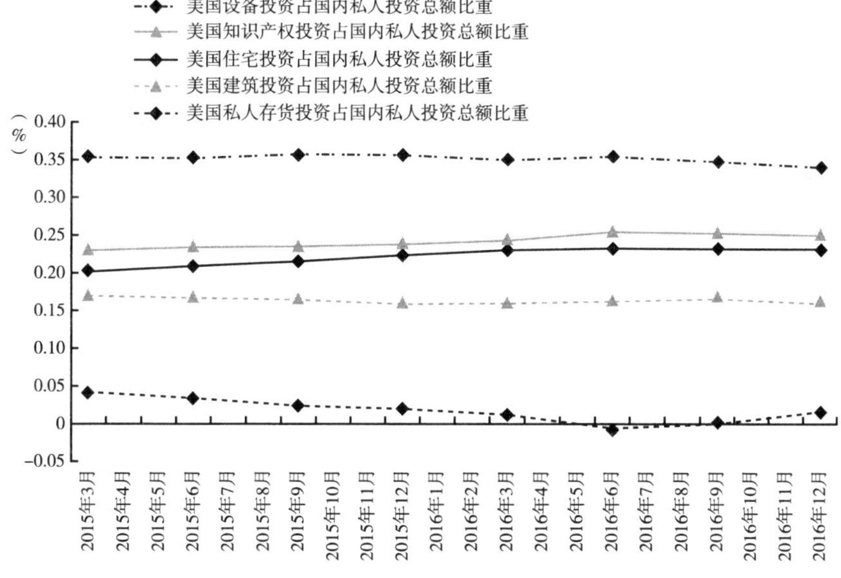

图 11　近年美国国内私人投资结构变化情况

资料来源：美国经济分析局。

（五）2016年美国贸易逆差有所缩小，但进出口贸易格局并未有根本改观

贸易逆差是制约美国经济增速的一个主要原因，如图12所示，2016年美国商品和服务出口22322亿美元，较2015年减少321亿美元，2016年美国商品和服务进口27317亿美元，较2015年减少546亿美元，2016年美国商品和货物净出口-4995亿美元，较2015年减少225亿美元，贸易逆差幅度有一定收窄。从结构上来看，商品贸易逆差是美国贸易逆差的主要来源，如图13所示，2016年美国商品货物出口14543亿美元，商品货物进口22248亿美元，商品贸易逆差7705亿美元，较2015年缩小222亿美元，但从金融危机后近些年的总体变化趋势看，商品贸易逆差问题并没有明显好转；美国服务贸易为顺差，如图14所示，2016年美国服务出口7779亿美元，服务进口5068亿美元，服务贸易净出口为2711亿美元，与2015年基本持平，但从金融危机后的长期趋势来看，美国服务贸易顺差总体呈扩张趋势，但服务贸易的顺差仍然远远不能弥补商品贸易的顺差。美国的贸易结构问题是由美国的比较优势和在全球产业链中的分工所决定的，如果美国没有大规模的贸易政策调整，全部贸易项下总体逆差的格局长期不会改变。

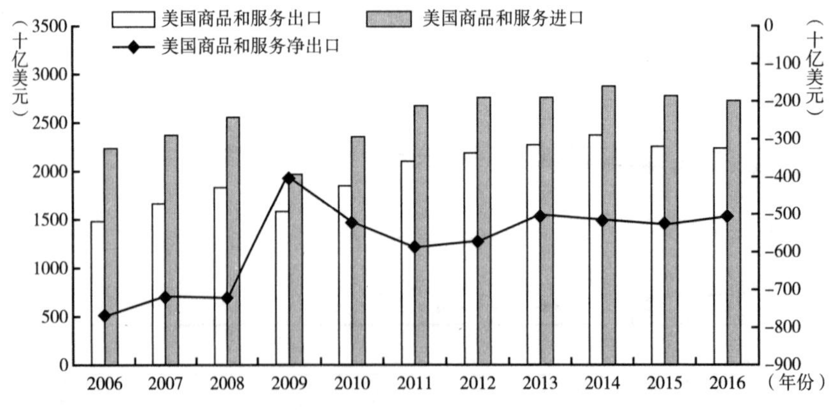

图12　美国商品和服务进出口情况

资料来源：美国经济分析局。

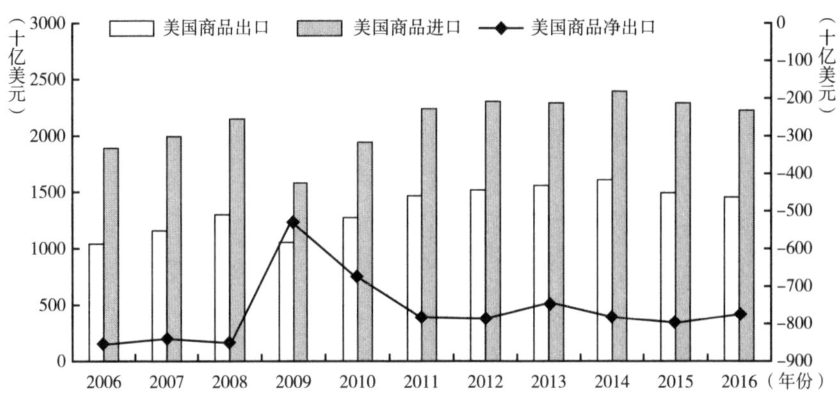

图 13　美国商品进出口情况

资料来源：美国经济分析局。

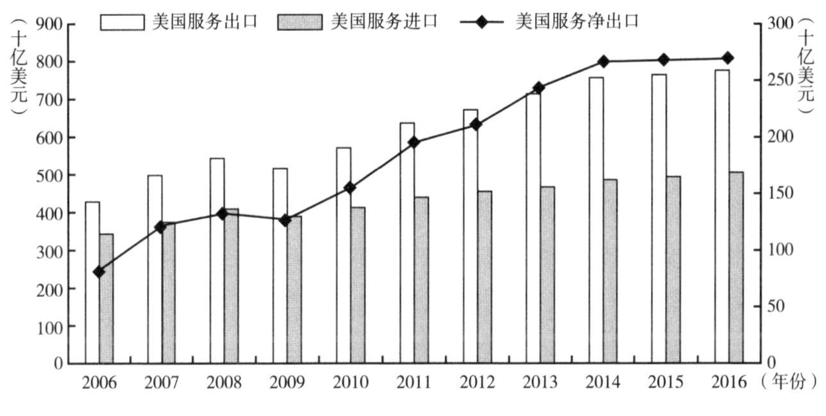

图 14　美国服务进出口情况

资料来源：美国经济分析局。

（六）2016 年政府消费与投资规模与前些年基本持平，但财政赤字有明显好转

金融危机后，美国政府消费与投资规模总体较为稳定，基本处于 3 万亿美元左右的规模，变化率呈小幅波动，如图 15 所示，2011～2014 年，由于美国财政赤字问题突出，政府消费与投资呈负增长，2015 年后由于财政赤字好转，政府消费与投资有小幅增加。2016 年，美国政府的消费支出和投资总额共计 32787

亿美元，较上一年度增长 0.9%。近年来美国财政赤字大幅缩减，如图 16 所示，财政赤字占 GDP 的比例已从 2009 年高峰期的 9.8% 逐步下降至目前的 2.5% 左右，已低于 3% 的国际警戒线水平。据美国国会预算办公室（CBO）预计，2017 财年（2016 年 10 月 1 日至 2017 年 9 月 30 日），美国财政赤字会继续小幅下降，美国政府财政赤字将从 2016 财年的 5870 亿美元小幅降至 2017 财年的 5590 亿美元，财政赤字占 GDP 的比例会继续下降，这为未来美国政府可能实施的宽松财政政策创造了施政空间。

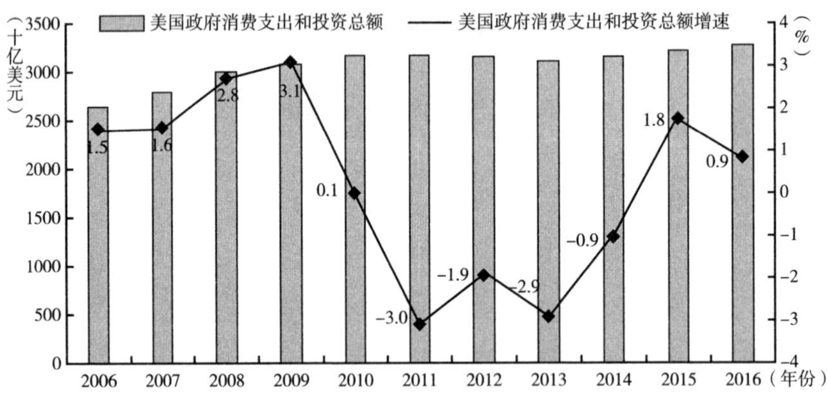

图 15　美国政府消费支出和投资总额变化情况

资料来源：美国经济分析局。

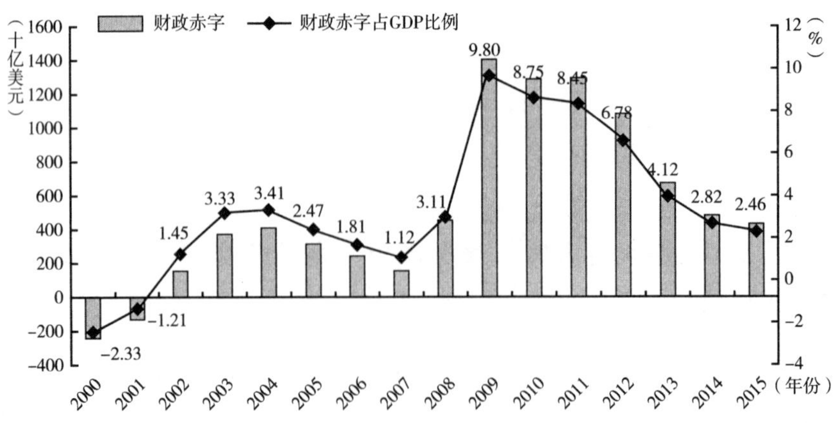

图 16　近年美国财政赤字变化情况

资料来源：美国国会预算办公室。

（七）就业市场持续稳步复苏是 2016 年美国经济的重要亮点

尽管 2016 年美国经济增速有所放缓，但就业市场持续稳步复苏，失业率达到金融危机后的最低水平。如图 17 所示，2009～2010 年，美国一度达到 10% 左右的高失业率，这是自 1982～1983 年以来美国失业率的最高水平。随着近年来美国经济向好，以及在奥巴马“重返制造业”和多种就业政策的刺激下，美国失业率逐步下降。2016 年美国新增就业人数 215.7 万人，失业率已进入 4.5% ～5%（见图 18），达到金融危机前的美国就业水平，也基本达到美国充分就业水平，2016 年 11 月，美国失业率甚至降至 4.6%，这是自 2007 年 8 月以来的最低值，就业市场已呈现明显的收紧特点。

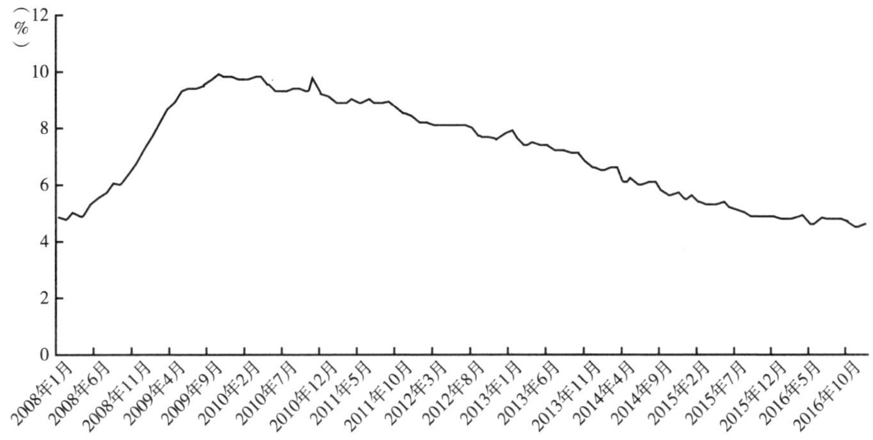

图 17　次贷危机后美国失业率变化情况

资料来源：美国劳工部。

就业市场收紧直接拉动薪金水平的提升。如图 19 所示，美国私人非农企业员工平均时薪继续保持上扬势头，2016 年 12 月已经达到 26 美元水平。但就业率提升在很大程度上也导致了平均每周工时的下降，如图 19 所示，2016 年美国私人非农企业全部员工平均每周工时呈下降趋势，已从年初的 34.6 小时下降至年底的 34.3 小时，这反映出市场对劳动总量的需求增速慢于新增就业人数的增速，2016 年美国就业率的上升在一定程度上是以就业时间的下降为代价的。

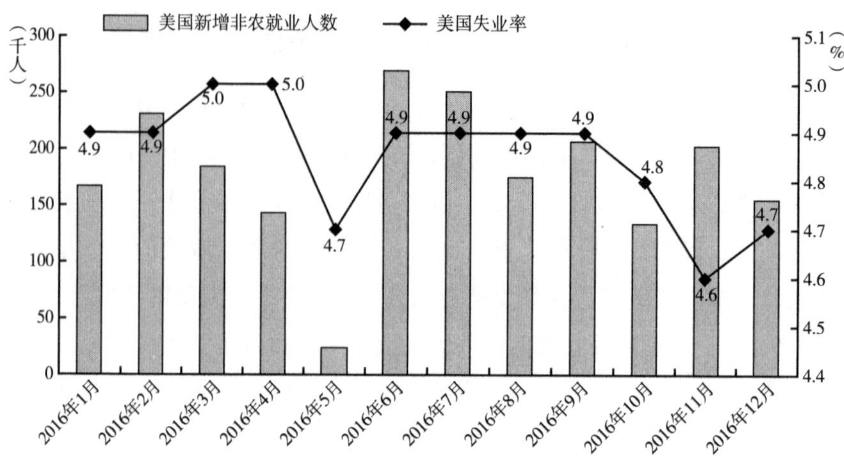

图 18　2016 年美国就业情况

资料来源：美国劳工部。

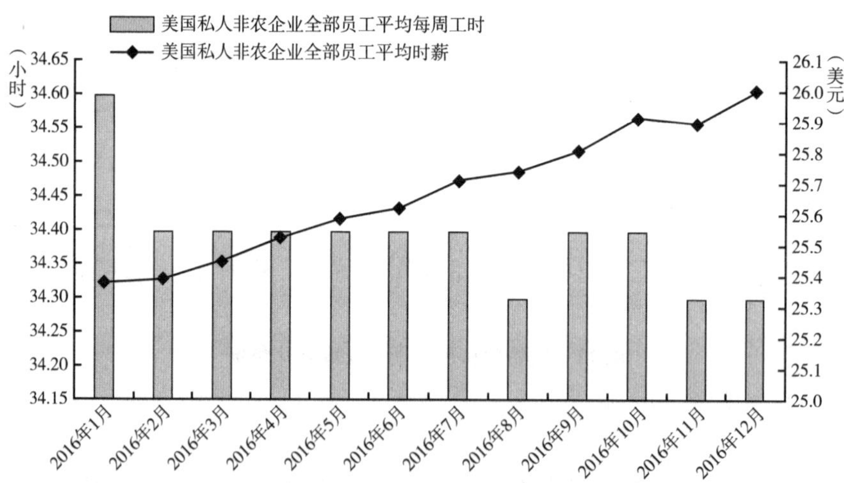

图 19　2016 年美国私人非农企业员工工时和薪酬情况

资料来源：美国劳工部。

（八）2016 年美国通货膨胀水平较 2015 年有明显提升

金融危机后，在经济总需求持续扩张的带动和刺激下，美国通货膨胀水平总体保持上升势头，如图 20 所示，2016 年美国通货膨胀已达到金融危机以来的最高水平。从 2014～2016 年近三年数据来看，美国 CPI 和 PPI 数据表现基本同步，呈现出先降后升的特点，2014 年美国 CPI 和 PPI 一度达到较高水平，受全球及美国国内需求变化、货币政策变化、市场预期变化等多方面复杂因素影响，2015 年初 CPI 和 PPI 均出现了大幅下滑，随后逐步回升，2016 年美国通货膨胀增长较快，CPI 和 PPI 指数一路上扬，CPI 同比增长 1.3%，远高于 2015 年 0.1% 的水平，PPI 同比增长 0.4%，也远远高于 2015 年 -0.9% 的紧缩水平。

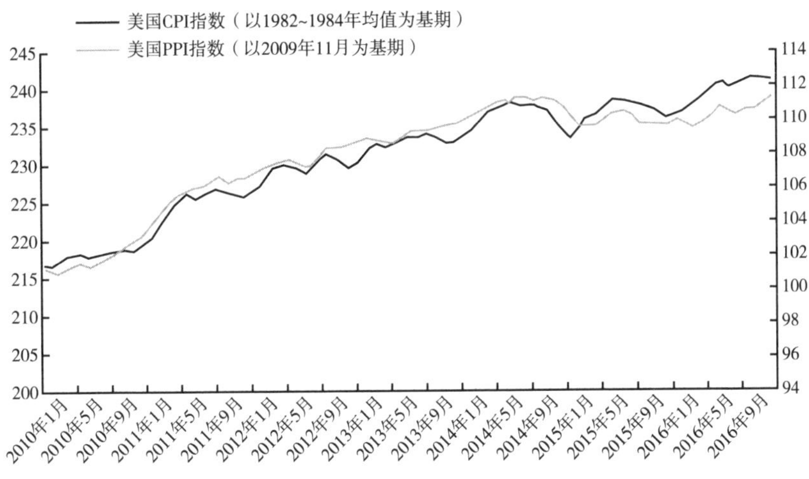

图 20　近年美国 CPI 和 PPI 变化情况

资料来源：美国劳工部。

（九）在就业和通货膨胀指标总体向好的基础上，美联储在 2016 年底启动新一轮加息

2008 年次贷危机在美国爆发，美国经济遭遇重创，华尔街各大金融巨头都面临着流动性紧张甚至破产的局面，为提振经济，美国相继采取了四轮量化宽松（QE）政策，主要以购买国债、机构债等方式，通过扩大央行资产负债表规模，增加基础货币供给，保证市场流动性。如图 21 所示，金融危机后美国 M2 货币供应量一直保持高速增长势头。量化宽松作为一项大规模的货币刺激政策，短期效果明显，但长期并不具有可持续性。从 2014 年 2 月开始，美联储每月减少 100 亿美元的资产购买量规模。2014 年 10 月底，美联储宣布量化宽

松政策结束，基准利率维持在 0～0.25% 的较低水平不变。2015 年 12 月，美联储启动 10 年来的首次加息，宣布上调联邦基金利率 25 个基点，货币政策由宽松转为收紧。美联储原计划在 2016 年继续加息若干次，后考虑到英国脱欧公投、美国大选等不确定事件对美国经济可能造成不利冲击，加息计划被一再推迟。美联储是否加息主要参考两个指标：一是美国失业率要降到 6.5% 以下；二是通货膨胀率要为 2%～2.5% 以上。2016 年美国就业市场形势良好，全年各月失业率均远低于 6.5% 的阈值，通货膨胀指标也总体保持上升势头。2016 年 12 月，美联储启动第二次加息，FOMC 会议宣布加息 25 个基点，新的联邦基金利率将处于 0.5%～0.75% 的区间。近年美联储联邦基金目标利率如图 21 所示。

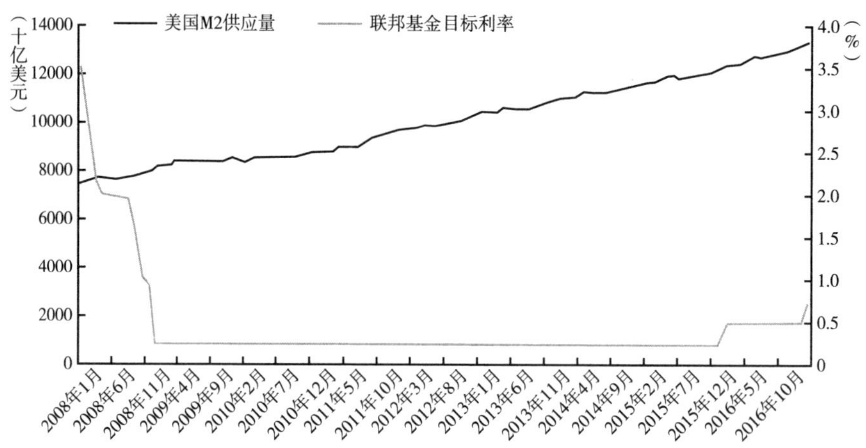

图 21　近年美国货币供应及利率变化情况

资料来源：美联储。

美元是国际货币和全球主要的外汇储备货币，美元加息导致各国将大量本币换汇成美元流向美国，美元较其他货币实现大幅升值。自美国退出量化宽松政策后，已经历了多轮美元升值浪潮，如图 22 所示：2014 年美国提出要退出量化宽松政策后，市场预期美元升值；2015 年底美元加息前后，由于预期及实际加息效果，美元再次升值；2016 年全年，由于美联储不断释放出加息信号，“用嘴加息”，美元升值一幕再次上演；2016 年底，美联储启动第二轮加息，“靴子”落地，美元又形成一波升值浪潮。

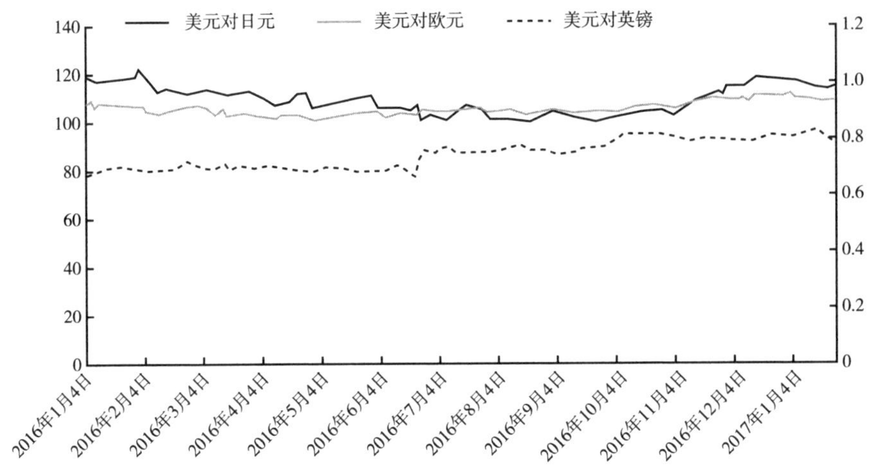

图 22　2016 年美元汇率变化情况

资料来源：Wind 资讯。

二　2017 年美国经济可能出现的几个特点

2016 年 11 月 9 日，唐纳德·特朗普（Donald J. Trump）赢得美国大选。特朗普的当选超出了全球主流媒体、智库和政界人士的预料，成为 2016 年全球最大的“黑天鹅”事件之一。2017 年 1 月 20 日，特朗普正式就任美国总统，开启他的“新政”计划，他承诺要通过“也许是美国历史上实施的最支持增长、支持就业、支持家庭的计划”，将美国经济增速进一步提升至平均每年约 3.5% 的水平。为实现这一目标，特朗普将采取“对外贸易保护主义 + 对内新重商主义”的经济政策：一方面，通过退出或重谈多个贸易协定、提高关税、汇率操纵国等多种手段，改善贸易条件，缓解贸易逆差高企状况；另一方面，通过大规模减税、基础设施投资、放开金融管制、发展传统能源产业等手段，刺激国内经济增长。特朗普的政策设想能否落地是决定 2017 年美国经济走向的关键变量，2016 年美国大选这只“黑天鹅”将在 2017 年“一飞冲天”，2016 年孕育的不确定性将在 2017 年发酵显现，2017 年的美国经济将是充满变数与不确定性的一年，也是金融危机以来美国经济最难于预测和判断的一年。

（一）2017 年美国贸易政策将出现重大转向，美国与主要贸易国的经贸摩擦将更加激烈，特朗普的单边保护主义政策不但难以奏效，甚至可能反食恶果

特朗普在竞选前后，释放了大量保护主义、孤立主义、民粹主义、利己主义的政策信号，预示着未来美国经济政策将发生较大调整，美国将可能由经济全球化、自由化的保护者转向逆全球化、反自由贸易的推动者。目前特朗普提出了四项重大贸易政策。

1. 退出 TPP

在竞选过程中，特朗普就高调反对 TPP，称“TPP 是个愚蠢的协议”和“非常糟糕的协定”，提出“要采取新的、公平的贸易政策以保护就业”，释放出退出 TPP 的信号。在近期秘鲁 APEC 峰会上，一些国家提出希望特朗普能重新回到 TPP 轨道上来，但 APEC 结束的第二天，特朗普就做出针对性回应，提出“上任第一天就让美国退出 TPP”，并把 TPP 定义为美国面临的“潜在灾难”。

2. 重新开展北美自由贸易协定（NAFTA）谈判

这主要是针对墨西哥，特朗普认为 NAFTA 对美国不公，大量制造业转移到了墨西哥，美国因此损失了大量工作机会，NAFTA 是“美国有史以来最糟糕的贸易协定”。

3. 调整关税

为鼓励出口、抑制进口、促进美国企业生产更多的商品、创造更多的就业机会，特朗普提出要对美国关税政策进行调整。特朗普在竞选时提出，要大幅上调进口关税，如要对从中国进口商品征收 45% 的关税，对从墨西哥进口商品征收 35% 的关税。特朗普还提出要征收 20% 的边境调节税（Border Adjustment Tax）。所谓边境调节税，就是要以企业所得税税率对进口进行征税，但是企业出口所得收入免于征税，这意味着未来在美国销售的产品，无论是本土生产的还是进口的，无论其生产商是在哪里注册的，都适用 20% 的税率，而在国外销售的，无论是外国生产的还是美国出口的，美国都不予征税。这相当于对美国全部进口产品增收了 20% 的关税，而美国目前平均有效关税为 1.6%，这对于国外企业向美出口而言是一个巨大打击。

4. 针对中国采取“汇率操纵国”政策

特朗普在竞选总统时提出，要将中国列为“汇率操纵国”，引起各界一片哗

然。根据美国法律，中国并不符合“汇率操纵国”的定义，将中国列为“汇率操纵国”是一种严重违背事实的行为。根据美国《2015 年贸易便利和执法法》，判断一国是否是汇率操纵国有三条量化标准：一是对美贸易盈余超过 200 亿美元，二是经常项目盈余超过国内生产总值的 3%，三是通过汇率干预买入的外汇超过 GDP 的 2%。根据美国财政部每半年向国会提交的《美国主要贸易伙伴外汇政策》报告，中国并不符合条件。事实上，近两年中国非但没有进行汇率操纵，人民币反而处于升值状态。退一步来说，即便中国被列为汇率操纵国，按现行法律，特朗普除要求美国财政部长与中国协商矫正汇率外，并不能采取任何实际举措，“汇率操纵国”认定后并无可操作性，这也是中国在 1992 年 5 月、1992 年 12 月和 1994 年 7 月三次被列为汇率操纵国后，再未被贴上“汇率操纵国”标签的主要原因。实际上，自 2005 年以来，美国参众两院就持续提出关于将汇率操纵与惩罚性关税直接挂钩的法案，但这些法案一直没有通过。近期美国也将“汇率操纵国”瞄准了德国，新设立的国家贸易委员会主席纳瓦罗公开表示，德国也正在利用低估的欧元获取相对美国的贸易优势。

综合各方面情况看，特朗普提出的上述贸易保护措施并非其竞选时的“说说而已”，而是上任后可能会实质推进的货真价实的政策举措。2017 年 1 月 22 日，已就任总统的特朗普公开表示，他将在同加拿大和墨西哥领导人会面时开启 NAFTA 的重新谈判。2017 年 1 月 23 日，特朗普签署行政命令，正式宣布美国退出 TPP，特朗普将转向与各国开展双边贸易谈判。关税政策和“汇率操纵国”问题还须经国会讨论，暂时并未见到政策变化，但预计特朗普上任百天以内，很可能会将新的税收计划和贸易方案提交国会。对华进口关税方面，特朗普所说的要对中国全部进口产品征收 45% 的关税可能性不大，这相当于与中国打全面贸易战，不过特朗普很有可能会针对中国采取具体领域的反倾销措施，特别是在轮胎、钢板、纺织、化工等行业对中国企业开展更多的贸易调查并单方面提高关税或限量进口。“汇率操纵国”方面，尽管中国并不符合“汇率操纵国”认定标准，但不排除特朗普修改甚至为中国量身设计一套新标准，使中国成为“汇率操纵国”，同时也不排除特朗普制定“汇率操纵国”与贸易保护政策捆绑的法案，拿出来在参众两院进行热炒，利用共和党在国会的控制优势推动这些法案通过，从而合法地利用汇率操纵国幌子对中国采取贸易保护措施。

特朗普原本希望通过贸易保护政策，缓解美国巨大的贸易逆差问题，吸引全球制造业流向美国，重振美国经济，但实际上可能事与愿违。

第一，经贸领域的国家博弈从来都不是单向的，吃亏受损的一方也从来不会坐以待毙，如果特朗普采取极端保护主义措施，各国也会采取报复性贸易保护措施作为回应，美国出口和经济增长将会遭到较大冲击。彼得森国际经济研究所近期研究显示，特朗普的贸易保护措施将可能产生三种不良后果。一是爆发全面贸易战，如果美国对从中国进口商品征收45%的关税，对从墨西哥进口商品征收35%的关税，中国、墨西哥等国也会对从美国进口商品和服务征收高额关税，美国出口将严重萎缩，贸易条件将全面恶化。二是非对称的贸易战，中国、墨西哥可能会选择一些行业进行反击，如中国或可能拒绝向美国提供关键要素资源，使美国难以采购所需要商品；中国或可能禁止国有企业采购美国商品和服务，这将导致美国失去8.5万个就业岗位；中国或可能禁止美国农产品、飞机、机械等一些产品的进口，仅禁止大豆进口一项就将导致美国21个农业县失去10%的就业岗位；中国或可能终止购买乃至抛售美国政府债券，这将扰乱美国金融市场。三是短暂的贸易战，即使在一年贸易战的情况下，私营领域预计也将失去130万个工作岗位，占该领域就业总人数的1%。彼得森预测，美国贸易保护主义将严重影响美国GDP增速，如果美国和中国、墨西哥等国爆发贸易战争，2017年美国消费和政府支出最多将可能下降3个百分点，如果贸易战长期持续，投资将在2020年下滑9.5个百分点，GDP甚至有可能在2019年出现负增长，失业率也将大大提高。

第二，美国商品贸易逆差、服务贸易顺差的大格局是由美国的比较优势和在全球分工中的地位决定的，如果特朗普仅针对中国、墨西哥等国实施贸易保护政策，那么制造业也不会回流美国，而是转向成本更低的东南亚、南亚、非洲等地区，美国的贸易逆差问题仍然难以解决，仅是贸易逆差的对象发生了变化。

第三，罗马不是一天建成的，特朗普的保护政策在2017年难以实现出口的迅速增长，海外企业回流美国将面临巨大的沉没成本，海外企业只有在断定特朗普的保护政策长期可持续、形成长期稳定预期后才会考虑回流问题，即便企业具有回流意愿，重新建厂、招聘、经营以及全球产业链的重构均需多年时间，而在这期间，美国将面临进口大幅下降、出口增长缓慢、贸易全面萎缩的窘境，美国经济活力将被大大削弱，特朗普的贸易保护政策不但没有解决美国经济中的问题，反而将激发美国经济、政治、社会的更多深层次问题。

（二）2017 年美国经济刺激政策将由货币宽松转向财政宽松，美国财政赤字规模可能大幅攀升，但宽松的财政政策长期不可持续

2016 年美国经济依然复苏乏力，鉴于货币政策已经重回正常化轨道，再通过宽松的货币政策刺激经济，不仅面临“流动性陷阱”问题，更可能将美国经济带入滞胀困局，货币宽松已然不是拉动经济的可行选项。特朗普提出要通过积极的财政政策推动经济增长，实现经济刺激计划由宽松货币政策向宽松财政政策的转变，积极的财政政策主要包括三个方面。

1. 大规模的结构性减税计划

特朗普主张启动自 20 世纪 80 年代里根执政以来最大规模的减税方案。个人所得税方面，将联邦个人所得税由目前七档简化为 12%、25% 和 33% 三档，最高档将由目前的 39.6% 降至 33%。企业所得税方面，主张将最高联邦企业所得税率由目前的 35% 降至 15%，对参与基础设施建设的私人股权融资提供 82% 的税收减免。海外投资税方面，将跨国公司海外收入税率降为 8.75%，对把工厂搬到他国、雇用他国员工却想把产品售回美国的企业，征收高达 35% 的产品关税。据美国尽责联邦预算委员会（CRFB）测算，特朗普税改方案将造成 10 年期税务减收 4.5 万亿美元，据美国税收政策中心（Tax Policy Center）预计，特朗普的税收计划将使美国国家债务在 10 年期间增加约 7.2 万亿美元。

2. 大规模的基础设施投资计划

如今美国基础设施已严重老化，国家公路系统较为破旧，机场吞吐能力严重不足，高铁等新型现代交通系统尚未开始建设，特朗普甚至说，“比起中国的机场、铁路、火车，美国就像是第三世界国家”。特朗普计划在未来 10 年促成 1 万亿美元的基建投资。按照预想的融资结构，1 万亿美元的基建投资中将有 8000 亿美元的债务融资，余下 2000 亿美元采取私人股权投资，政府将对这部分私人股权投资给予 82% 的税收抵扣。特朗普团队甚至提出要考虑设置一家“基础设施银行”来为美国的基建项目投融资。

3. 增加国防支出

特朗普在大选期间半公开提出了其核心军事战略，明确提到要使美国“强大到没有人绝对没有人能够给美国制造麻烦的程度”，要通过“无可置疑的军事实力”来阻止冲突，要求美国国会全面停止减少国防预算，并增加军费开支，重建美国军队，表示要将“大大增加”美国武器库中的潜艇、舰艇和战斗部队，

将陆军扩大到54万人，空军1200架现代化战斗机，海军350艘舰艇，陆战队36个营，发展先进的导弹防御系统，对网络防御能力全面升级完善等。特朗普赢得选举后，进一步重申了其对美国未来国防政策的看法，在其百日新政演讲中明确提出“减少国际协防支出，增加军事投入，重建军力”。从特朗普任命的内阁成员构成来看，军方成员和军工集团代言人占据了较大比例，国防支出增加对于拉动军工产业发展、推动美国制造业繁荣也会有重要作用，可以预计，扩大国防支出应是特朗普的一个重要选项。

如果特朗普能够出台大规模财政刺激计划，短期内将会对美国经济增长产生拉动作用，但长期看这一政策并不具有可持续性，最重要的限制条件是财政赤字问题。目前美国财政赤字占GDP的比例已经下降到3%的国际警戒线以下，宽松的财政政策具有一定的施政空间，但如果特朗普减税、基建、国防三项支出并举，尽管已废除财政压力较大的奥巴马医保改革法案，但预计财政赤字仍将迅速大幅攀升。2017年3月，美国国会决定审议联邦债务上限问题，特朗普能否说服国会提高债务上限，这将是他执政后面临的第一个重大考验。如果国会否决提高债务上限，那么特朗普的减税、基建、国防支出等政策和计划都将沦为空谈。但就目前情况看，国会决定提高财政上限的可能性极大，现在美国参众两院由共和党掌控，减税、基建、国防支出均符合共和党利益，特朗普团队众多建制派人物也十分善于与国会达成政治合作，尤其是当前美国赤字占比处于低位，国会提高债务上限的客观理由也十分充分。因此，预计从2018财年（2017年10月1日至2018年9月30日）开始，美国财政赤字将大幅增长，近两三年，美国政府债务规模将会达到高位，财政赤字占GDP的比例很可能提高到6%～8%，未来甚至会重新达到金融危机后的最高点10%左右。

财政赤字本质上是利用政府信贷提前预支未来美国经济的生产和消费能力，短期会对经济发挥刺激作用，但长期可能导致美国经济增长乏力。特朗普的财政政策有如揠苗助长，尽管短期作用明显，但债务上限不能无限提高下去，宽松的财政政策也不可能无限期持续下去，一旦宽松财政政策退出，若又不能培育出可持续的经济增长动力，那么经济增速将会大幅下滑。据美国税收政策中心研究数据，如果特朗普的减税政策能够出台，2017～2021年美国GDP增速将会分别提高1.7个、1.1个、0.5个、0.3个、0.1个百分点，但其后又会回落到先前水平，中长期对经济影响不大。

（三）2017年美国就业和通货膨胀指标仍将表现良好，美联储继续加息势在必行，但加息次数尚不能定论

2015年底，美联储启动量化宽松政策实施以来的首次加息，并预计2016年加息4次。由于2016年全球发生了英国脱欧、美国大选等重大不确定事件，且美国经济复苏进程并未如料想中顺利，美联储不断延迟加息进程。2016年底，鉴于第三季度美国经济实现较高增速，全年就业市场总体表现良好，通货膨胀基本达到预期目标，以及重大“黑天鹅”事件尘埃落定，美联储宣布启动第二轮加息，并预计2017年可能加息3次。

从2017年就业和通货膨胀两项关键指标预期情况来看，就业方面，2016年美国就业市场已基本达到充分就业水平，2017年将会继续延续这一趋势，失业率预计仍将维持在4.5%～4.7%的较低水平上。据美联储于2017年1月18日发布的2017年度首份美国经济形势调查报告（“褐皮书”），2017年美国许多地区的就业市场或进一步收紧，多数地区工资将温和增长，企业在寻找技能熟练的劳动力方面仍然面临困难，在一些地区，技能需求不高的工作也存在雇用困难，预计2017年美国失业率仍为4.6%，2018年将为4.5%，2019年为4.6%。通货膨胀方面，预计2017年美国通货膨胀水平将会进一步攀升，美联储预测2017年美国PCE通货膨胀率将会达到1.9%，高于2016年的水平，2018年和2019年将会达到2%，如果特朗普大规模的基建投资计划和第一能源计划能够顺利出台实施，通胀率可能会达到更高水平。

鉴于目前美国经济正在持续恢复，各项经济指标特别是就业率和通货膨胀率两项指标表现良好，预计美联储在2017年将会继续推动加息进程。在2016年12月的美联储FOMC会议上，美联储宣布将继续坚持审慎的渐进加息计划，将在恢复货币政策正常化方面更加积极，预计2017年将加息3次。如果2017年能够实现3次加息，联邦基金目标利率将上升75个基点，那么到2017年末，新的联邦基金利率将处于1.25%～1.5%，如图21所示，3次加息后的利率仍远远低于金融危机前的水平，并非如一些预测机构所言是不可承受的，如果2017年美国经济能够实现较快增长，加息3次并非不可能。如果2017年美国经济表现不如人意，特别是考虑到欧洲多国大选可能引发“黑天鹅”事件、英国启动“硬”脱欧的可能影响，美联储没有实现加息3次的预期目标也是有可能的，但加息1～2次应是大概率事件。

2017年美元加息将会对全球经济产生重大影响，可能导致大量资金由新兴经济体流向美国，这可能给新兴经济体特别是巴西、土耳其、马来西亚、智利及其他一些债务率高的新兴经济体带来较大冲击。从历史上看，美元的多次加息升值都给新兴经济体和发展中国家带来较大影响，如20世纪80年代的拉美债务危机、90年代末的东南亚金融危机，都是在危机爆发前，美元长期保持低利率和趋势性贬值状态，大量美元涌入这些地区，推高了资产价格、通货膨胀水平和债务率，美元加息升值后这些资产迅速回流美国，导致这些地区债务问题爆发、资产泡沫破裂、经济迟迟难以恢复元气。本轮美元加息与拉美和东南亚债务危机前十分相似，必须对未来一些地区可能爆发的债务危机给予高度警惕。

美元加息可能对中国产生五方面重大影响：一是由于美元加息升值已形成市场预期，人民币仍将面临较大的贬值压力；二是国内股市、债市等证券市场资金可能大量撤出流向海外，国内金融市场可能会出现大幅动荡；三是中国国内资产价格特别是房地产价格可能会承受下跌压力，20世纪90年代的日本经济大幅衰退、东南亚经济危机都发生了资本大量流出、国内资产价格暴跌现象，本轮美元加息，中国面临相似形势，房地产是国内资金的主要沉淀池，如果资金大量流出很可能导致房地产价格大幅下跌，这甚至会形成国内金融行业的系统性风险；四是资金流出造成国内企业融资困难，特别是一向融资较难的民营企业可能会面临更加严重的融资瓶颈，一些利润较薄的加工制造企业可能会因资金链断裂而被重新洗牌；五是资本账户开放进程受阻，目前人民币国际化进程正在有序推进，特别是人民币纳入SDR篮子后，人民币国际化进入一个新阶段，但美元继续加息可能会使人民币国际化进程短期受阻。据环球同业银行金融电讯协会（SWIFT）数据，由于资本账户限制与美元走强，人民币吸引力有所削弱，与2015年相比，人民币国际支付额下滑了29.5%，人民币在各币种国际使用量排行榜上已从2015年的第五位下滑至2016年的第六位。

此外，美国货币正常化之路除加息外，还包括“缩表”。2016年5月，美联储已进行“缩表”试水，出售了4亿美元国债和机构住房抵押贷款支持证券（MBS），尽管规模不大，但市场反应强烈。由于“缩表”是较“加息”更为严厉的紧缩货币政策，预期短期内美联储应不会大规模轻易启动，但2017年美联储实施小规模“缩表”是有可能的。

（四）2017 年特朗普继续推动美国重返制造业、制造业回流依然困难重重，制造业成本可能难有进一步下降

奥巴马上任之初就提出了“让制造业重新回到美国”，但八年过去了，美国“重返制造业”并没有实现。特朗普延续了奥巴马振兴制造业的发展思路，认为制造业是保证美国经济持续繁荣、使失业率维持在较低水平、弥合阶层收入差距和社会分裂的关键，他提出多项降低制造业成本的措施，既为重新培育美国制造产业，也为吸引全球产业、资本、财富流向美国，同时为控制美国制造业继续向其他国家转移和重振制造业创造空间。

一是如前所述的企业所得税减税计划，特朗普主张将最高联邦企业所得税率由目前的35%降至15%，将跨国公司海外收入税率降为8.75%，对把工厂搬到他国、雇用他国员工却想把产品售回美国的企业，征收高达35%的产品关税。二是实施“美国第一能源计划”，取消奥巴马政府在环境保护方面对开发使用页岩气、清洁煤的种种限制，继续推动美国能源革命，降低美国制造业的能源利用成本。三是降低金融成本，特朗普提出要废除次贷危机以来最严格的金融监管法案《多德－弗兰克法案》，他认为该法案过于复杂，特别是其核心内容沃克尔规则要求禁止商业银行从事高风险的自营交易，反对商业银行持有对冲基金和私人股权基金，严限金融机构规模，限制衍生品交易等，严重抑制了金融业的活力，特朗普未来将对金融业全面或部分松绑，更加活跃的金融业将进一步降低制造业资金使用成本，也更便于创新中小制造企业资金供给方式。再加之美国在物流成本、土地使用成本方面均具优势，未来很可能形成相对于中国等制造业大国的综合成本优势，将对海外制造企业产生实质性吸引力，这可能逆转长期以来形成的全球产业转移方向，重塑中美产业分工格局。近期美国波士顿咨询公司发布报告，其以工人小时工资、劳动生产率、能源成本、汇率等因素来测算各国制造业综合成本，如果美国制造业的平均成本为100，那么中国则为96。中国由于劳动力、土地价格的上涨，资金、环境成本一直居高不下，中美两国制造业成本正在快速接近。按照特朗普的设想，如果税收、能源、金融等方面成本能够下降，中国制造业向美国转移应会实现。

设想固然是美好的，但在实际操作过程中，特朗普的若干政策有相互矛盾之处，一些要素的成本并不会如特朗普预想的大幅下降，另一些其他要素成本反而会有所上升，美国制造业的总体成本可能难以大幅下降。一是劳动力成本，2017

年1月25日，特朗普签署加强边境安全和移民执法改进的行政命令，1月27日，签署暂停七国国民入境的行政命令，预计未来将进一步收紧移民政策。目前美国老龄化日益严重，本土适龄劳动力相对紧缺，如果移民政策收紧，那么劳动力成本将大幅抬升，劳动生产率也将下降，对于美国制造业发展和基础设施建设十分不利。二是金融成本，特朗普推出大规模投资计划和减税计划后，将形成“特朗普通胀”，未来两年美联储将会继续加息，这将大幅增加企业投资成本，在这一问题上，预计直至2018年初耶伦结束任期之前，美联储与白宫的政策走向将存在偏差。三是原材料和中间品成本。美国制造业的大量原材料和中间品来自海外，特朗普对进口产品征收高关税将大幅提升制造业的生产成本。基础设施建设也是如此，根据《购买美国货法案》，联邦政府投入的基础设施建设采购必须全部来自美国本土，1月24日美国总统签署总统备忘录，明确要求美国在Keystone XL输油管线、达科他输油管线等重大基础设施建设上，必须使用美国本地钢铁等美国制材料，这也将大大提升美国基建成本。以上三项成本的提升很有可能抵消特朗普在税收、能源成本下降等方面所做的努力。特别是在2017年，税改方案还须经国会审议，不能很快出台，传统能源产业的复苏还需要一定时间，有利于成本降低的举措难以很快见效，但上述三项成本上升将可能在2017年开始较快显现，预计2017年特朗普推动美国重返制造业依然会落空，2017年美国制造业仍然不会有太大起色。

（五）2017年美国经济将继续在缓慢复苏中前行，但增速不会太高，特朗普不会再造“里根繁荣”

2016年尽管美国经济增速有所放缓，但仍然延续了金融危机以来美国经济缓慢复苏的势头，2017年美国将继续延续这一趋势。从消费来看，2016年美国消费预期向好，2017年消费将继续增长，未来特朗普将可能推进个人所得税削减，对消费将形成直接刺激。消费是拉动美国经济增长的主要引擎，2017年消费扩张将是保证2017年美国经济增长的稳固基石。但2017年美国消费很有可能再次由数量型消费转向价格型消费，即个人消费价格指数会再次高于物量指数，特朗普贸易保护主义将大幅提高进口消费品价格，而美国国内低成本消费品有效供给又难以接续，美国民众将被迫消费更高价格的产品，消费者福利大幅下降，尽管消费总量可能继续增长，但其中价格上涨将是一个更加重要的因素。

从投资来看，联邦政府在基建领域的扩大投资将是2017年美国投资较以往几年的一个新增因素，短期内将会对美国经济产生直接拉动作用。私人投资受政策影响较大，如果特朗普减税政策能够较快出台，将提升企业投资预期，投资意愿可能增加，特别是能源产业投资规模将实现扩张，将拉动美国私人投资实现较快增长。如果减税方案在国会僵持不下，预计2017年美国投资可能会有所增长，但增速不会太高。此外，受2017年加息影响，更多海外资本将回流美国，但同样由于高利率及美国金融业监管的进一步放松，这些资金很有可能继续留在金融系统空转，能否脱“虚”向“实”，投资于制造业，还需要再观察。

从外贸来看，预计2017年将是美国外贸遭遇极大冲击的一年。如果特朗普的提高进口关税、提高边境调节税、针对主要贸易国的贸易制裁等政策出台，美国进口将大幅下滑，同时各国将实施针对美国的贸易报复政策，美国出口也将受较大影响，2017年美国将打响与主要贸易国在局部领域的贸易战，原材料、中间品进口价格的提高及其他成本的提高将进一步削弱美国企业的竞争优势，2017年对外贸易难以成为美国经济增长的积极力量。

综合以上来看，受益于消费和投资的可能扩张，2017年美国经济将继续保持增长势头，但美国经济也面临着外贸等领域的不利因素，预计2017年美国经济增速不会太高，为2%～2.3%，增速略高于2016年，但远远低于特朗普所说的3.5%的目标。美联储2016年12月公开数据显示，2017年美国经济增速将达到2%，2018年美国经济仍将维持在2%的水平。世界银行《全球经济展望》报告显示，2017年美国经济增速将达到2.2%，2018年为2.1%。据国际货币基金组织（IMF）2017年1月《世界经济展望》报告预计，2017年美国经济增速将达到2.3%，较2016年提升0.7个百分点，2018年美国经济增速将进一步提高到2.5%。据经济合作与发展组织（OECD）发布的经济展望报告预期，美国经济2017年将增长2.3%。据路透调查数据，预计美国2017年GDP平均增速为2.3%，2018年为2.4%。

三　把握好2017年中美关系的几点思考

美国作为全球最大的经济体，其经济政策的转向对全球经济会造成较大冲击，中国作为美国最大的贸易伙伴、最大的债权国和重要的投资目的地，“特朗普新政”也不可避免地会对中国经济产生重要影响。经贸关系是中美关系的“压舱石”，特朗普的保护主义政策将会对中美关系大局造成较大冲击。特别是特朗普在竞选前后还释放出在中国周边的南海、台湾、朝核等地缘问题上向中国发难的信号，未来中美关系走向呈现较大不确定性，这对于两国长远发展、世界和平稳定都较为不利。2017 年中美两国应加强沟通合作，共同努力把握好中美关系发展的大方向，为全世界提供稳定预期。

（一）双方共同合作推进中美新型大国关系建设

2016 年 3 月，习近平主席在华盛顿会见美国前总统奥巴马时提出了构建中美新型大国关系的重大倡议。从庄园会晤到瀛台夜话，中美新型大国关系逐渐从达成共识到调弦定音。中美新型大国包括三项内容：一是不冲突、不对抗，二是相互尊重，三是合作共赢。其深层次的意义就是要站在新的历史起点和高度上，摒弃传统大国关系模式，创新国际关系理论和实践，以新型大国关系的“新答案”来回答“修昔底德陷阱”这一“老问题”。这是两国在全面总结近 40 年关系正常化历史、冷静分析当前国际国内局势后得出的重要结论，它准确命中了中美关系发展的现实需要，体现出中国在主动引领和塑造中美关系，展现出一个负责任大国的积极行动，为中美关系发展拓展了思路，增强了动力，带动“跨越太平洋的合作”迈上了新台阶，符合两国人民和世界各国人民的根本利益。奥巴马执政时期，美国政府并未对中美新型大国关系做出官方的正式回应，但中美新型大国关系中不冲突、不对抗、合作共赢等核心内涵得到了美方的高度认可。近期，特朗普对华关系核心智囊白邦瑞（Michael Pillsbury）提出，“奥巴马总统和国务卿克里没有接受新型大国关系，但特朗普正在考虑接不接受”。当前，中美两国关系正处于一个关键的岔路口上，双方应该求同存异、通力合作，找到两国发展的利益契合点，共同推进中美新型大国关系建设，使两国发展能够相互促进、相得益彰，而不是分道扬镳、越走越远。

（二）积极推进中美 BIT、BITT、FTA 谈判

特朗普明确提出，反对 TPP 等多边协定，要与各国一对一地谈双边经贸协定。中美 BIT 是当今世界最重要的双边经贸协定之一。特朗普上台后，短期内政策重心应会放到国内，近一两年中美 BIT 可能并不会成为他的重点，但从长期来看，随着中国对美投资增加、从美进口越来越大，美国也将有更强烈的谈判意愿和动机。中美双方下一步仍要继续加快推进中美 BIT 谈判，争取早日达成一项互利共赢、高水平的双边协定。目前中美 BIT 的谈判点仍在于负面清单长度，近期

中美交换了第三轮负面清单改进出价，取得重大进展。中国方面应继续加快推进国内自由贸易区试点，在试点情况基础上，加大开放力度，特别是加大服务业领域的开放力度，缩短负面清单长度，争取早日与美国实现对接并达成共识。近期，中国正式发布《关于扩大对外开放积极利用外资若干措施的通知》，明确提出要放宽服务业外资准入、全面推广负面清单，在深化对外开放方面迈出了重要一步，而这些是美国多年来一直非常关注的问题。如果 BIT 谈判能够取得重大进展，未来可在 BIT 积极推进的同时，采取适当的方式、在适当的时机、以适当的路径推动开启中美 BITT 谈判（BIT + Trade）。启动中美 BITT 谈判，不仅对两国经济发展有益，增加政治互信，也能够向世界传递积极信号，推动世界经济繁荣稳定，促进更加符合实际的 21 世纪新国际经济规则的产生。未来可在 BITT 的基础上，争取早日启动中美 FTA 谈判，打牢中美新型大国关系的“压舱石”。

（三）中美共同推进亚太自贸区建设

2014 年 APEC 北京峰会提出要开展 FTAAP 的可行性研究，形成亚太自贸区的北京路线图。在推进 FTAAP 建设上，美国原本希望以 TPP 为蓝本形成 FTAAP 的框架和规则，中国则希望以 RCEP 为蓝本，这形成了 FTAAP 建设的双轨制。特朗普政府已明确美国正式退出 TPP，FTAAP 的建设路线可能发生重要变化。从目前情况看，FTAAP 建设主要可选择两种路线：一是 RCEP 路线，在后 TPP 时代，RCEP 是亚太地区最大的区域经贸协定，可以成为亚太自贸区建设的一个较好基础，但由于目前美国未参与其中，RCEP 各成员国利益诉求不同，RCEP 的谈成和拓展都有一定难度，未来应积极推进 RCEP 谈判进程，适当时机可吸纳美国及其他经济体加入，逐步拓展形成 FTAAP；二是中美 BIT、BITT、FTA 路线，中美可通过 BIT、BITT 谈判，形成双方共同认可的投资贸易标准，达成标准后逐步吸纳其他亚太国家加入进来。由于该标准是最大的发达国家和最大的发展中国家都认可的标准，对亚太其他国家均具有普遍的代表意义，该标准容易被各国所接受。如果 FTAAP 能够构建成功，将会带来地区贸易和投资的便利化以及资本、人员、技术等生产要素的自由流动，将为亚太乃至全球经济增长带来新动力，中美新型大国关系也将在 FTAAP 的框架内得到稳固发展。尽管当前特朗普总统明确表示要退出所有多边贸易机制，但 FTAAP 巨大的潜在收益和发展前景对美国而言也是不可估量的，中国需要和美国在这一问题上深入沟通，期待特朗普总统对此态度的尽早转变。

（四）要寻求在国际多边框架下解决中美经贸问题

当今的全球经济治理是在国际规则和制度框架下的有序治理，针对特朗普的贸易保护主义政策，中国要善于利用通行的国际规则来解决问题。比如，按照美国《2015年贸易便利与执法法》定义，中国并不是“汇率操纵国”，这一定义与IMF对“汇率操纵”的定义是一致的，如果特朗普强行修改“汇率操纵”认定标准，把中国列为“汇率操纵国”，那么中国可以诉诸IMF，利用IMF规定予以解决。比如，如果特朗普毫无依据地针对中国出台单边的贸易保护措施，这是不符合WTO原则和规则的，中国可以利用WTO规则予以坚决反击，如果特朗普将“汇率操纵国”和贸易保护政策通过国会立法形式捆绑起来，中国也可以在WTO提起诉讼。

（五）加强中美多层次沟通机制建设

特朗普执政后，中美关系面临较大的不确定性，中美之间比以往任何时候都更需要深化沟通交流、增进互信。

第一，必须进一步密切两国首脑之间的交流联系，这是避免两国战略误判的最主要沟通机制。

第二，要进一步完善中美战略与经济对话机制，中美战略经济对话、中美战略与经济对话是中美两国共同探讨和解决事关两国关系发展的战略性、长期性、全局性问题的重要制度安排，目前中美两国已经举办了五轮中美战略经济对话和八轮中美战略与经济对话，在开放天空、应对气变、签证便利、BIT谈判、知识产权保护等领域形成了大量合作成果。未来中美战略与经济对话不但应开展下去，而且还应开展得更好，要创新组织形式，可考虑将战略轨和经济轨分开，战略对话主要探讨影响两国关系的重大战略性问题，经济对话重点要找到切实有效且操作性强的重要经济问题解决方案。

第三，还应建立两国央行、商务、投资等部门间的直接对话沟通交流机制，针对特朗普提出的向中国征收45%的关税、汇率操纵国等可能导致两国贸易大战的政策，必须通过两国部门间的对话，对可能导致的恶性结果予以充分估计，并将信息反馈给特朗普，避免其主观臆断的政策对两国关系造成巨大损害。

第四，要加强中美民间交往、交流、交融。解决面向未来更多的问题，不仅需要政府的推动，更需要得到两国人民的理解和支持，需要通过民间更多的交流，增加共信、共识、共知和共赢。中美民间机构中不乏一些商界领袖，对两国政治经济影响较大，应该要多发挥这些企业家的作用，让他们成为拉近两国关系的“民间大使”。同时中美两国也应多发挥智库的作用，要通过智库间的对话，共同探讨形成一些重大问题的解决方案，进一步凝聚共识、弥合分歧。

参考文献

陈文玲：《2016 年世界经济形势分析及 2017 年预期和建议》，《中国流通经济》2016 年第 12 期。

陈文玲：《关注世界经济新年新趋势》，《经济日报》2017 年第 1 期。

陈文玲、颜少君：《当前世界经济发展的新趋势与新特征》，《中国流通经济》2016 年第 9 期。

张燕生、申现杰：《2015 年美国经济形势分析与展望》，社会科学文献出版社，2016。

梅冠群：《美国特朗普政府对华经贸政策走向及对策建议》，《中国发展观察》2017 年第 2 期。

赵春哲：《2016 年美国经济形势分析》，《宏观经济管理》2016 年第 12 期。

张宇燕、姚枝仲：《2016：世界经济前瞻》，《中国经济报告》2016 年第 1 期。

（撰稿人：中国国际经济交流中心高级经济师梅冠群）

欧洲经济形势分析与预测及相关问题研究

欧元区2016年GDP年率终值为1.7%，英国同期年率终值为2.2%，欧洲各国的财政金融环境总体持续改善，制造业需求继续回暖，德国和法国经济增长稳定，带动了整个欧元区经济保持温和的速度复苏，英国短期会受到脱欧带来的负面影响而稍微降低增速。欧洲各地区竞争力差异明显、外部市场迟滞发展以及未来的通货膨胀压力成为经济增长的重要制约因素。展望2017年，欧洲经济会继续维持低速复苏的势态，以往欧元区南部国家的债务危机和高失业率带来的经济制约因素的影响会进一步减弱，但是全球新兴市场增长速度放缓以及欧元会继续贬值的预期会持续影响欧洲经济的复苏。

一 欧洲经济形势分析与预测

（一）2017年欧元区经济增长能够保持2016年的增长势态

欧洲央行通过实施宽松的货币政策和扩张性的财政政策拉动内需，刺激欧元区经济增长的措施包括下调利率、扩大量化宽松规模以及扩大购债范围和资产购买计划。欧元区经济正以温和的速度复苏，但是会受到迟滞的新兴市场发展前景和动荡的国际金融市场的抑制。欧盟委员会2016年12月最新预计认为，2016年欧元区经济增长1.7%，2017年将增长1.5%，2018年的经济增长预期为1.8%。欧洲央行2016年12月22日公布的经济月报重申了欧元区经济将持续温和稳固复苏的观点。

由于欧元区大部分成员国的经济改革政策取得了较好的成效，大宗商品的价格维持低位使得欧洲央行量化宽松政策执行进展顺利，欧元区经济回暖趋势较为明显，各项经济指标大部分好于预测，经济增长处于缓慢的上行通道中。尽管欧元区服务业增长有所放缓，但制造业需求继续回暖，加上量化宽松货币政策促使欧元贬值带动出口，欧元区经济增长动能逐渐恢复。

（二）欧元区经济难以实现强劲增长

主要原因在于在形成新的经济增长点以前，欧元区经济整体竞争力的提高需要较长的时日。相对于美国5%左右和日本约3.3%的失业率，欧元区失业率维持在10%左右，仍居高位，结构性矛盾导致的失业在短期内难以降低，加重了财政包袱，同时抑制了消费。目前欧元区存在不确定性金融风险，主要体现在希腊债务问题的处理上，债务危机问题制约了财政政策的实施，银行资金利用率不高，投资意愿较低。全球新兴市场增长速度放缓以及欧元会继续贬值的预期会持续影响欧洲经济的复苏。

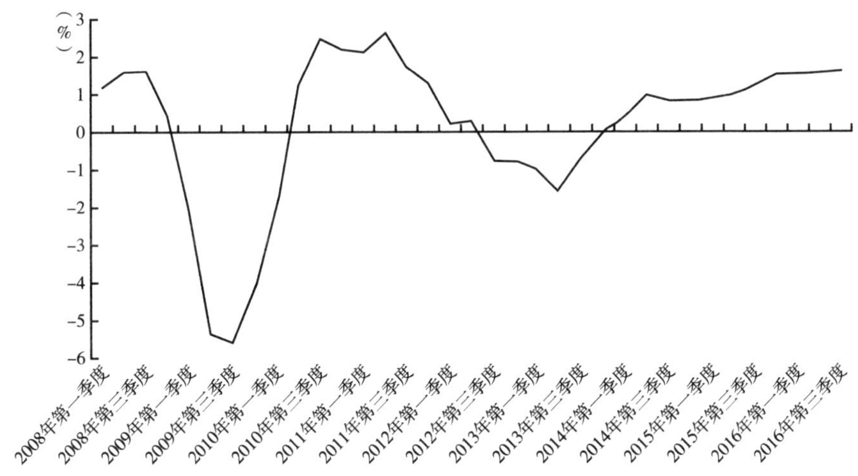

图1　2008～2016年欧元区GDP季度增长率

1. 2016年欧元区经济继续维持2015年下半年以来的低速复苏势态，各项经济指标趋于平稳

欧盟统计局2016年4月29日公布的数据显示，欧元区2016年第一季度GDP年率初值上升1.6%，升幅略好于预期，表明欧元区经济保持温和增长势

态，也表明欧洲央行的宽松政策正在起效；2016 年 3～4 月失业率降至 10.2%，达到 2012 年 4 月以来的最低值，比率和美日等国相比仍然稍高，但失业率缓慢下降的趋势较为稳定，有助于促进经济增长和推升通胀。欧元区最大的经济体德国，第一季度经济同比增长仅为 1.6%，高于上年第四季度 1.3% 的增长率。法国第一季度经济增长同比达到 1.3%，和 2015 全年增速相同，为两年来较快增速。意大利第一季度经济同比增长 1%，也好于预期。欧元区第一季度 GDP 同比增长 1.5%，较上年三、四季度 1.6% 的增速稍低，和上年第二季度持平。尽管欧洲央行开始大幅度购买债券刺激经济，但失业率维持在 10%～11% 之间，较高位，欧元区经济仍处于缓慢复苏中。

2. 物价水平保持低位或小幅反弹是 2016 年欧元区经济的重要特征

这是由于全世界范围内大部分种类的大宗商品，特别是原油价格在 2014 年夏季最高点开始持续走低，至 2016 年最低点，价格下降大约 70%，廉价能源直接刺激交通运输和石化工业的发展，欧元区经济在德国的带动下总体稳定增长。欧盟统计局公布的具体数据显示，2016 年 5 月欧元区 CPI 年率初值下降 0.1%，降幅符合预期，且低于 4 月终止 0.2%；但欧洲央行更重视的 5 月核心 CPI 年率初值上升 0.8%，升幅也符合预期，并高于 4 月终止前值 0.7%。和 CPI 相比，核心 CPI 除去了能源和未加工食物两项波动很大的指标，而能源价格低迷依然在拖累欧元区通胀水平。欧洲央行依然在用此前的扩大购债规模等诸多努力刺激经济，旨在实现通胀略低于 2% 的目标。

3. 低通胀率下小幅上涨是目前欧洲经济形势的显著特点

2014 年底至 2016 年春季，欧元区进入通缩状态，开始主要是由于能源价格下降带动其他大宗商品价格的全面下降，欧美对俄罗斯的经济制裁引起俄罗斯反制裁，导致欧洲食品出口大幅下降，相应的农产品价格趋于下降。加上总需求低迷、劳动力市场的整体低迷，造成欧洲物价水平下降。低通胀率将提升私人部门和公共债务的实际价值，提高实际利率，不利于经济的复苏。为了应对低通胀率和低增长率的局面，欧洲央行在 2014 年采取了降息等宽松货币政策工具进行调节，2015 年 3 月开始推出量化宽松债务计划，每月购买 600 亿欧元资产，持续到 2016 年 9 月。随着部分大宗商品价格在 2016 年夏季触底反弹，欧元区通胀率开始小幅反弹。

从目前经济形势来看，政策刺激效果在开始阶段比较明显，促成欧元区通货膨胀在 2015 年的第二、三季度上升到 0.2% 的低位，但是持续效果不是很明显，

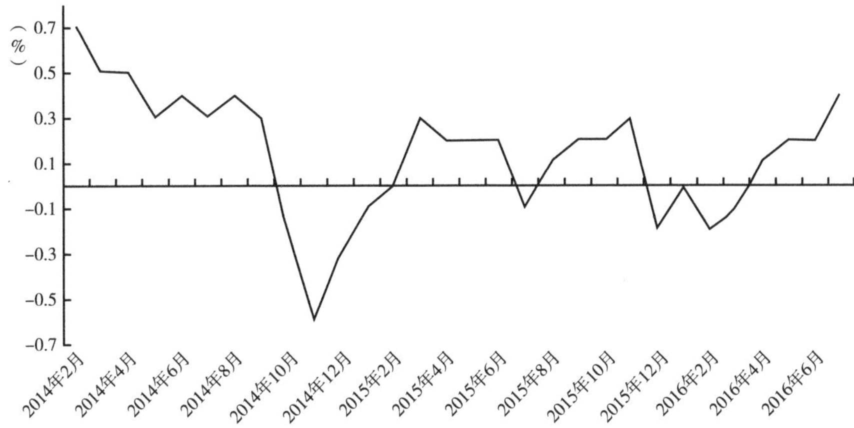

图2　欧元区通货膨胀率

在同年第四季度受到全球经济和大宗商品市场价格持续下行的影响，通货膨胀又有下行的趋势，2016 年第一季度大宗商品开始低位震荡，部分开始价格反弹，通缩趋势开始减缓。为了在需要时提供更多的经济刺激，欧洲中央银行可能会出台更多的 QE 和宽松政策，通过密切关注通胀风险，根据情势变化适时调整资产购置计划，并动用其权限内所有可用工具来配合施行。

4. 失业率维持在高位是欧元区南部国家长期结构性失衡的明显反映

图 3 是 2014 年 1 月至 2016 年 8 月欧元区失业率趋势，显示欧元区失业率总体保持稳定并且有缓慢降低的趋势，在短期内将会围绕 10% 进行波动。在欧盟成员国中，希腊的失业率最高，2015 年下半年至今为 23% ~25%；其次是西班牙，2016 年第三季度西班牙失业率创六年来新低 18.9%，并且有希望维持下降趋势；相对较好的意大利失业率维持在 11% ~12%。失业率指数紧密联系消费信心指数，欧洲各国总体失业率过高，且失业率水平不均的状况，将对经济产生不利影响，但这一问题很难在短期内得到有效解决。要从根本上解决这一问题，在很大程度上依赖各国央行的财政政策，还要依据本国实际国情制定相应政策和措施，欧元区内各国央行虽然共享一套货币和货币政策，各自经济目标却不同，并且无权制定其他各项经济政策权以及具体劳工政策，所以结构性矛盾难以在短期内得到解决。欧盟统计局公布的数据显示，欧元区 2016 年 11 月失业率为 9.8%，为 2011 年 9 月以来的最低点，德国联邦劳工局 2016 年 11 月 2 日公布的数据显示，该国 10 月失业率降至纪录低位 6.0%，为德国 1990 年实现统一后的

最低水平，表明随着该国经济和通胀的复苏趋势，同时劳动力市场也在持续好转，但难民数目的飙升，为该国劳动力市场的未来埋下隐忧。

南欧国家失业率较高主要是社会结构的矛盾和经济政策两方面的原因。这些国家社会福利相对 GDP 比例过高，不仅增加了财政负担，并且由于失业金可满足基本生活开销，很多失业者不努力找工作；另外是由于货币为欧元统筹，南欧国家丢失了通过货币经济提升经济发展的重要方法，削减赤字带来的银根缩紧导致投资急剧下滑，市场信心低迷不振；以及公会为保护会员利益相对减少新增加就业岗位，多方面原因导致失业率维持在高位。

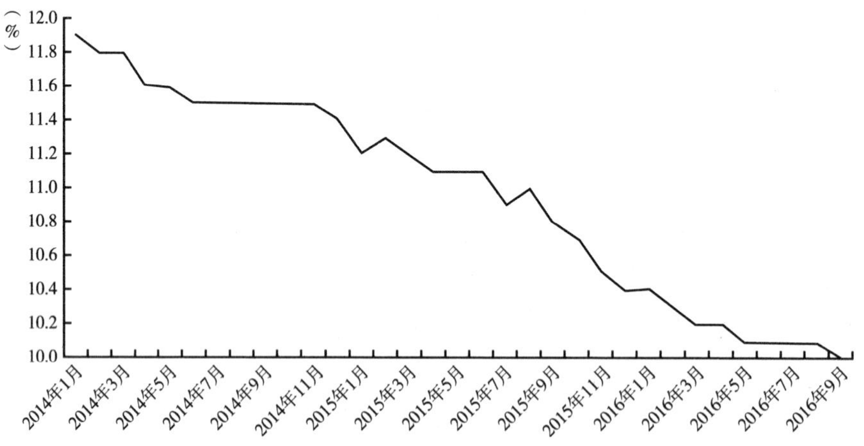

图 3　欧元区失业率

5. 采购经理人指数持续走高

欧元区企业活动增长高于预期，欧元区综合采购经理人指数（PMI）初值从 2013 年 7 月以来就一直处在 50 荣枯分水岭之上，2015 年一直保持在 52 以上，这是经济表现趋好的一个迹象。在生产资料和消费价格综合指数基本维持不变情况下，2016 年欧元区经济维持发展势头，经济增长同比估计可接近 1.6%。金融信息公司 Markit 11 月 4 日公布的数据显示，欧元区 10 月综合 PMI 终值为 53.3，创 1 月以来最高，欧元区企业活动符合较好的预期，进一步反映出欧元区仍处在复苏轨道上，但难以获得上行动能。欧洲央行的万亿欧元量化宽松计划实施有效提升欧元区通胀，提振该区域经济增长，还有释放政策效应的空间。针对世界范围的大宗商品的价格波动，如果预测到通胀和经济增长较明显的下行风险，欧洲央行可能会采取进一步的行动应对物价疲弱的威胁。

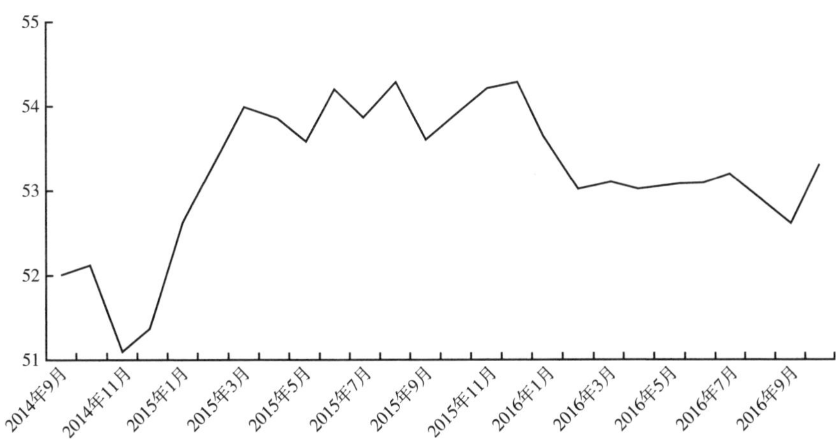

图 4　欧元区综合采购经理人指数（PMI）

6. 欧元区各国经济发展不平衡

从 2010 年开始，德国经济增长对欧元区经济贡献最大，法国增长相对缓慢，法德经济之和是欧元区经济总量的一半，工业科技先进，经济竞争力也比较高，是欧元区经济发展主要依靠。意大利经济增长迟缓，近两年西班牙经济复苏最快，西班牙、希腊等国债务负担较重，需要在刺激经济增长和巩固财政两方面双管齐下，缺一不可。欧债危机以来，德国作为欧洲最强经济体在欧元区经济改革中扮演了重要角色，德国经济顾问委员会 2016 年 11 月 2 日向德国政府提交年度经济评估报告，预计 2016 年和 2017 年德国经济分别增长 1.9% 和 1.3%。根据世界银行数据，2015 年欧元区各国经济比重为：德国 29%，法国 21%，意大利 15.8%，西班牙 10.5%。2015 年各国经济 GDP 增长为：德国 1.5%，法国 1.3%，意大利 0.7%，西班牙 3.2%。

7. 2016 年欧元区总体经济发展环境持续改善

2016 年，欧元区经济发展速度比 2015 年略微提高，为了提高通胀率，达到略低于 2% 的目标，欧洲央行已经实施的量化宽松计划和通过购买政府债券与其他资产等形式注资超过 1 万亿欧元，这些经济措施一方面将使欧元汇率下跌，从而有助于提升相关国家的出口竞争力，另一方面引导商业银行恢复信贷，促进投资增长。欧洲央行 11 月初的经济月报称欧元区经济预计会继续以温和稳定步伐复苏，但这一前景面临下行风险，主要受到全球经济增长低迷和政治不确定性的影响。

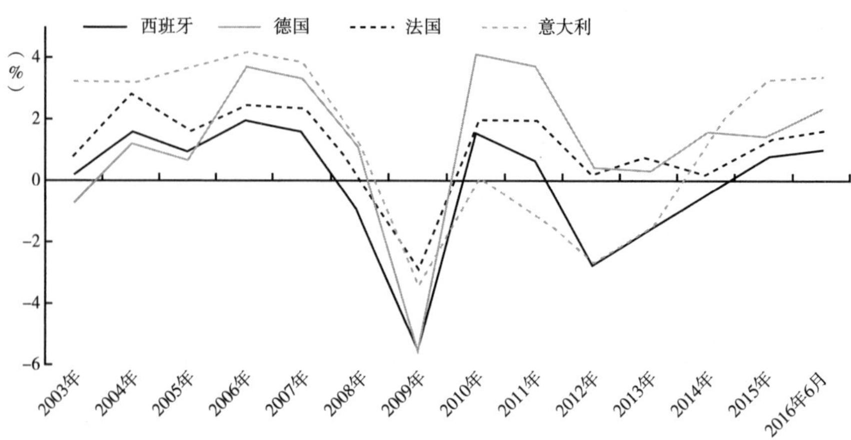

图5　德、法、意、西四国 GDP 年度增长率

8. 欧洲央行需要制定全面经济发展战略

欧元区要防止经济停滞和扭转低通胀局面，首先，有效利用财政政策空间，增加政府投资以促进经济增长，尤其是增加对第三产业的投资。只有量化宽松政策是不够的，要想在较短周期内收回投资，尽可能伸展工作岗位的弹性，吸纳就业，形成投资、就业、回收投资、再投资的良性循环。其次，放松管制，实施结构性改革。通过改革不断消除投资壁垒，这样才能释放劳动力和产品市场的活力，逐步走向更加一体化的共同市场。最后，加强对银行业的监管。各成员国要加强管理，提供更有效的激励，加快处理居高不下的不良贷款。总体政策应致力于维持经济复苏，同时确保金融市场的稳定。

9. 英国和俄罗斯经济发展不确定性因素增强

英国近几年经济复苏势头向好，受国内消费回暖、工业投资增长和国际贸易改善等因素影响，2015 年英国经济维持稳健复苏态势。欧洲央行近期扩大量宽举措，英国央行据此认为这能够在未来两年内带来 0.5% 的产出上升，欧元区 2016 年一季度失业率和经济增速也得到了改善。2016 年上半年英国面临更为复杂的外部经济形势，国内供需两侧承受越来越多“退欧公投”的不确定性风险。

俄罗斯自 2014 年原油价格暴跌后经济恶化严重，2015 年由于乌克兰危机受到西方国家的经济制裁而遭遇经济萎缩。经济增长速度在全球范围内普遍放缓，能源需求增长显著弱化是导致石油价格下滑的最重要的因素，这一状况在未来一年还将持续。同时美国和欧盟解除对伊朗的经济制裁促使该国大规模增加石油出口，严重依赖石油经济的国家之间的市场份额竞争难以避免，这将导致原油维持低价，形成了对俄罗斯外贸出口发展极为不利的外部环境。能源价格持续下跌，俄罗斯眼下面临的重要任务是建立新的经济增长模式，逐渐摆脱对能源的依赖。

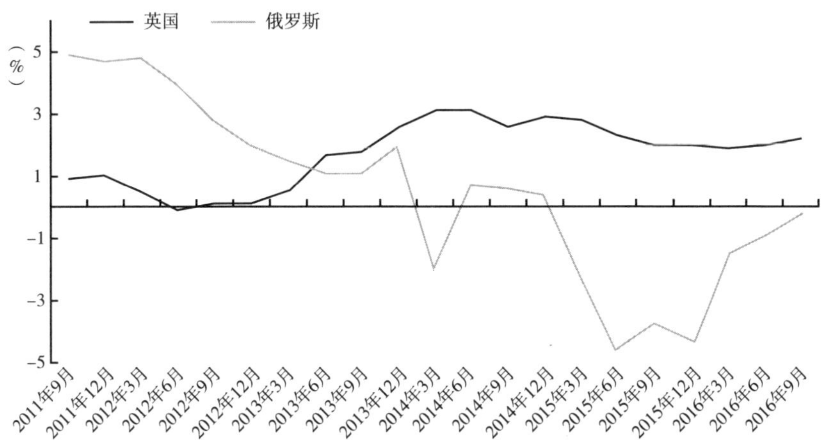

图 6　英国和俄罗斯 GDP 季度年化增长率

二　欧洲热点问题研究

（一）英国脱离欧盟

2016 年 6 月 23 日英国公投退出欧盟，英国由于在能源和金融方面与其他欧盟国家保持优越地位，所以在经济政策制定方面出发点差距较大，英国从加入欧盟一开始就呈现不稳定的协作。虽然英国为欧盟成员国，却不加入欧元区。还有部分欧元区国家想要欧盟将货币政策制定权力下放回各个成员国。在英国欧盟出身的就业人数达 220 万人，还有大规模难民蜂拥而来，希望退欧的英国国民不希望对这些人提供各类福利。

英国此次退欧公投引起的国际市场的动荡不仅仅是此次全民公投有可能给英国经济增长带来的负面影响，退欧还标志着二战后欧洲国家日益紧密的合作关系出现了标志性的方向转变，特别是南欧的希腊等成员国就可能会效仿英国的做法，引起欧盟部分解体。同时英国退欧短期内给欧洲经济带来较明显的负面影响。英国选择退出欧盟仅仅代表了一部分英国人民退出欧盟的意愿，接着英国将展开一系列与退欧相关的谈判和协商。这一事件对于全球其他国家金融市场的影响在最开始的时候是有限的，最明显的政治后果是引起民众产生恐慌情绪。

英国并非欧元区国家，可以发行自己独立的货币，有利于保持其出口竞争力，拥有自主的财政政策。但这使英国很难真正地加入欧洲大陆的事务处理。并且英国保守党内部也有欧洲怀疑派，还认为欧盟内部的政策有负面作用可能损害到英国的利益。脱欧的原因主要有，付出与收益不对等；不太满意欧盟的管理制约，希望相对自由；与欧盟在移民政策及危机救助方案中的分歧，尤其在欧债危机的关键时期，各种利益分歧加剧。因而脱欧提议发酵，最终脱离。

在欧盟预算里，英国缴纳的比例约为1/8，按额度计算为德法后第3位。但德法利用欧元区内的有利地位，通过欧元区内的差异化利率政策，在制造业、服务业上都获得了巨大的经济利益。英国因为处于欧元区外，未能得到相应的利益，还逐步丧失了其在欧盟中的地位与参与权。

脱欧的影响是：英国的经贸活动将不受制于欧盟，英国因此可省去每年接近100亿英镑（约合144亿美元）的欧盟预算“摊派”费，但英国难以再依托欧盟在欧洲和世界事务中发挥重要作用，其国际地位和影响将大打折扣；给英国带来的短期震荡必不可少；失去在布鲁塞尔、柏林和巴黎的影响力，英国将更加被华盛顿冷落，并且在诸如环境、安全和贸易等众多跨国事务中被边缘化。

在贸易方面，英国与欧洲向来唇齿相依，欧盟是英国的第一大出口目的经济体，占英国出口总额的46.9%，美国和中国分别仅占11.9%和5.1%。同时欧盟也是英国第一大进口来源经济体，占英国进口总额的52.3%。脱欧可能影响到伦敦国际金融中心及资金避风港的地位，如果大量投资从英国撤出，可能造成不明经济前景，有损商界利益。法德影响力会进一步增强，但脱欧对欧盟还是会产生不利影响。按购买力平价计算，欧盟GDP占全球比重将从17%降至14.6%；在全球贸易中，按现行价格和汇率测算，欧盟出口份额将从33.9%降至30.3%。欧元下行压力增加。

据英国财政部预计，脱欧两年后，英国GDP将下降3.6%，失业人数增长52万人，英镑贬值12%。脱欧还会给每个英国家庭造成每年2600~5200英镑的损失。英国将要重新与欧盟一些国家敲定贸易协议，少了英国这个主张自由贸易国家的支持，中国与欧盟的谈判可能受到一些影响。

（二）德国工业4.0

工业4.0是德国政府2011年11月公布的《高技术战略2020》中的一项战略

国策，旨在支持工业领域新一代革命性技术的研发与创新，保持德国的国际竞争力。德国总理默克尔亲自不遗余力地推动工业4.0，工业4.0体现出欧洲制造业巨头德国，面对擅长“信息”领域的美国等国家加速对制造业领域的渗透和控制，同时面临一些新兴国家高速增长的机械产业，产生前所未有的危机感和极高的竞争意识。随着互联网信息技术的飞速发展，芯片制造、操作系统、软件以及云计算等信息化核心技术和专利都由美国企业掌控，并向各个行业领域渗透，包括制造业和服务业。德国希望能够阻止信息技术不断融入制造业之后带来的支配地位，工业4.0就是这种竞争意识在国家战略层面的汇聚和体现，设想用“信息物理系统”升级“智能工厂”中的“生产设备”，避免“德国制造”的前景危机。

目前路径日渐明晰，德国“工业4.0”在挑战中前行。工业4.0代表着第四次工业革命，是产品生命周期内全价值链的组织和控制的一种新水平。工业4.0技术的应用将给企业带来三个维度的优势。首先，劳动生产率会得到提高。其次，产品研发周期将大大缩短。最后，生产弹性将大大增加。工业4.0只能依靠企业自己去开发，开发工业4.0解决方案需要生产制造方面的专家同IT专家相互配合，人员和资金是德国企业在应用工业4.0技术方面面临的主要问题。德国机械设备制造业联合会工业4.0项目发言人弗兰克·布吕克纳表示，工业4.0只是一个愿景，通往工业4.0却是一个逐步进化的过程，最终实现预计需要10~15年时间。

李克强总理2016年3月在会见德国总统高克时表示，中德关系已成为中欧关系的领跑者，愿同德方深化贸易、投资等领域合作，推进《中国制造2025》和德国“工业4.0”战略对接，把德国的先进技术同中国性价比高、具有一定竞争力的装备相结合，携手开展第三方市场合作。

（三）南欧债务趋缓和意大利银行危机

欧元区债务危机趋缓，但是难以消除。债务危机是由欧元区的经济体制决定的，货币政策和财政政策不统一，各国没有独立的制定货币政策的权力，但财政政策还都掌握在各个国家手里，货币手段（比如，调整利率）和财政政策（比如，发行债券）无法同时配套实施，一旦危机发生，只能由欧元区通过货币手段调节，要施行相关的财政政策，只能对成员国进行说服和提出建议。债务危机根本原因还是经济增长乏力。希腊在一开始加入欧元区之际，其赤字问题就难以解决，目前希腊社会内部潜在的政治不稳定因素及深度分化的现状，有让欧元区分化的危险，2015 年 7 月 5 日，希腊全民公投否决了其国际债权人提出的“改革换资金”协议草案，导致希腊与债权人之间的紧张关系升级，推高了希腊退出欧元区的可能性，如果希腊退出欧元区，希腊政府就会发行新的货币，必然带来大幅度的贬值，给欧元区债权人带来巨大的经济损失，负担了数百亿欧元的担保金，债权人还需要向银行注入更多资金来稳定金融系统。2016 年 5 月 25 日欧元区各国财长就希腊债务问题达成一致，同意向希腊提供 103 亿欧元的紧急资金援助，分两期发放。但距离 IMF 认为应该给予希腊的债务减免仍然相差甚远。

该决定是在欧元区财长会议上公布的，其中第一笔援助资金 78 亿欧元将于 6 月下半月发放，之后发放第二笔 25 亿欧元；这表明希腊 2016 年进行的财政改革得到认可。大部分希腊债务从私营转移至公共和超国家领域，所以希腊的传染性风险多年来得到了遏制，对金融市场的近期影响很小。欧元区财长还就如何减轻希腊巨额债务的路线图达成一致。

债务危机问题不解决，很难实现经济可持续强劲增长。近些年来南欧部分国家经济结构出现失衡，实体经济疲弱，只能靠旅游业等产业和借债支撑，导致欧元区内部差距过大，这种内部利益的不平衡性，将使欧洲一体化进程面临更多质疑和阻碍。欧元区南部国家社会福利制度的建立必须与经济发展水平相适应。西班牙近两年经济增长较快，主要是拖延了债务危机问题的解决时间，依靠较高的赤字预算来实现增长，但后续发展仍然会面临一些问题。

自英国脱欧公投之后，全球金融市场激烈动荡。而近日，世界三大评级公司之一的惠誉公司发布报告认为，“英国脱欧公投对意大利银行系统冲击尤其剧烈，因为它是整个欧洲最薄弱的环节之一。对于部分大中型意大利银行，资产质量压力是造成其展望下调为负面的主要因素”。

应对意大利银行坏账的救助方案悬而未决，如果意大利政府和欧盟在银行监管新规上互不相让，意大利银行系统的巨额坏账可能会成为全球金融市场的下一个风暴口。意大利银行已积累 2900 亿欧元不良贷款，相当于全国贷款的 18%，占到整个欧元区不良贷款的 1/3，这其中有 75% 以上是对公司的贷款。处置不良贷款带来直接损失，加之经济低迷、负利率冲击，银行业盈利大幅下降，前两大银行一季度盈利分别下滑 21% 和 24%，银行业债务违约风险陡增。同时英国脱欧令欧洲经济复苏前景面临更大风险。意大利银行业问题凸显，亟须资本增援。

但股价大跌、市值缩水进一步限制了意大利银行业的外部融资能力，同时已经采取的禁止卖空银行股、通过政府担保为银行提供流动性支持等救助措施效果有限。而意大利政府近期提出400亿欧元的政府直接注资计划，但因与欧盟统一监管规定产生冲突，又遭到德国和欧盟的反对，而欧元区的一体化政策令意大利难以有效刺激国内经济，意欧之间存在矛盾。

在2016年12月4日的全民公投中，意大利民众以将近60%的比率否决了总理伦齐的宪法改革方案，马泰奥·伦齐宣布辞去意大利总理一职。脱欧情绪浓厚的反对党“五星运动”党或将崛起，意大利或与欧盟渐行渐远，欧洲经济或陷入更大的不确定性。目前有外媒报道称，意大利部分领导人正在考虑以脱欧相威胁，逼迫欧盟领导人在银行监管新规上做出让步。总体来讲，意大利自欧债危机以来陷入长期衰退，欧盟现有政策框架短期难以见效。脱欧情绪蔓延背景下意大利政府为纾解内政外交之困，必须试图突破现有限制。为避免一系列不利于欧盟一体化的政治后果，欧盟或将基于现有监管规定的特殊情形条款，与意大利现政府就银行业救助提出折中方案。欧盟和意大利在处理此次银行业救助和宪法公投问题中的灵活性，将对欧洲一体化进程的前景产生重要影响。

三　2017年欧洲经济难以实现强劲增长

展望2017年，债务危机趋于缓和，量化宽松财政政策的效果和购买债务计划的效果开始显现，但是失业率很难继续降低，除了德国、英国和西班牙以外其他国家的经济发展迟缓，政治不稳定，全球经济放缓和内部危机叠加是欧洲经济面临的最大挑战。在这些因素综合影响下，欧洲经济很难实现强劲增长，以下几个方面的因素加大了这种不确定性。

1. 全球经济增长减速的国际大环境的制约

据统计，1990年以来，全球贸易额年均增速为5.1%，但2012～2014年，全球贸易增速连续3年低于3%，年均增速仅为2.4%。WTO发布的最新报告预测，2015年全球贸易额将仅增长3.3%。贸易、投资等方面很难有大幅增长。国家经济政策和金融行业利润实现的矛盾，全球贸易增速下滑和发展中国家外贸走势等问题，正在引起全球经济放缓。全球贸易增速放缓，增长乏力，主要有以下几个原因，一是2008年全球金融危机爆发的后续影响。世界经济持续低迷，发达经济体复苏不均衡，总体需求下降。美国2012年和2013年的国内生产总值增速分别为2.8%和1.9%，同期欧元区增速却为负数，分别为－0.7%和－0.4%。

在此情况下，欧美等国际贸易传统消费市场需求下降，进出口萎缩。二是全球产业出现结构性调整，本来能促进经济增长的贸易结构性因素正在减弱。全球近几年出现的产业结构性调整主要来自两个方面：在发达国家，重新意识到发展实体经济的重要性所采取的制造业回流计划，欧美等经济体自2009年开始，先后提出重振制造业计划，并相继出台了一系列引导本土跨国公司回流以及吸引外资进入欧美先进制造业的配套措施；在发展中国家，经济发展到一定阶段，伴随成本上升和自给自足程度的提高，不少经济体特别是新兴市场，正努力进行结构改革和产业升级，全球价值链因此面临调整和改变，中间产品贸易下降。

2. 新的经济增长点之路难觅

经济保持低速的直接原因是近期除了德国和西班牙经济增长较明显，其他欧元区国家增速较低，主要原因之一是经济竞争力相对较弱。德国经济发展依靠工业4.0，在制造业领域保持领先地位；法国的工业基础相仿于德国，但正面临在工业4.0、信息产业等多方面升级较为迟缓的问题。科技创新是企业发展的动力，在信息和电子技术方面，欧元区总体稍逊于美国和日韩等国，安永会计师事务所公布的报告显示，2015年上半年欧美跨国公司的平均利润出现下滑，欧洲300强企业上半年实现利润总额下降11.5%，为2980亿欧元。美国300强企业利润总额下降5.4%，为5510亿美元。如果不将石油和原材料企业计算在内，欧洲企业平均利润增长了1.7%，美国企业利润增幅为6.2%。在此背景下，苹果、戴姆勒成为美国和欧洲企业利润之王，令人瞩目。美国IT业巨头苹果公司税前利润（EBIT）上升37%，达380亿欧元，为欧洲最赚钱五大公司同期利润之和（必和必拓、罗氏公司、大众汽车、皇家壳牌、戴姆勒）。戴姆勒税前利润上升36%，为66亿欧元，是欧洲盈利最多的企业。新的经济增长点难觅，欧元区管理机构和各成员国家应该积极探索，采取一些有效措施来促进企业发展，提升竞争力。

3. 失业率难以明显降低

仅凭财政政策，难以达到有效刺激经济强劲增长的目标，高失业率和最近每年百万中东和北非的难民涌入，会带来一些就业方面的突出问题，在工业发展形势良好的德国，涌入的难民也会带来不小的压力。失业率高居不下的原因包括以下几点。首先是欧洲国家优越的社会福利制度与经济发展迟缓的现实不匹配，为人称羡的同时也带来了一些负面效应，无助于推动社会前进，激发创新，并且因为棘轮效应，人们往往只愿意接受福利的提升而不愿意接受福利的下降，一旦经济发展不足以支持当前的社会福利制度，就会面临很多的问题，支持福利只升不降的政党往往会在竞选中获胜，当经济不振时能够操作的政策空间就受到限制，实施的效果也必定受到影响。其次，第三产业需要政府持续扶持，特别是吸引就业主力的中小企业，然而经济刺激政策主要体现在提振制造业和出口方面，对服务业等第三产业的影响则较小，只要金融机构仍然对中小企业惜贷，实体经济疲软和失业率高的局面就难有根本的改观。最后，欧洲央行对于宽松政策的把握及其有效性发挥还有些不确定性，所以欧元区各国实施收效差异较大。不同国家的产业结构决定了作用力之间的差异。机械制造业大国德国在宽松政策影响下持续利好，而希腊、西班牙等以旅游业见长的国家则从宽松政策中获益较少。

参考文献

欧元区数据中国金融信息网，http：//dc. xinhua08. com/8003。

中国社会科学院欧洲研究所，http：//ies. cass. cn/wz/yjzl/ozjj/。

东方财富网，http：//data. eastmoney. com/cjsj/foreign_ 6_ 1. html。

欧盟统计局，http：//ec. europa. eu/eurostat/data/database。

欧元区综合采购经理人指数终值，http：//www. dailyfx. com. hk/historical/216. html。

全球经济数据，http：//www. qqjjsj. com/xojj/。

欧洲中央银行，http：//www. ecb. europa. eu/home/html/index. en. html。

李文增：《英国脱欧与欧洲经济一体化》，《世界文化》2016 年第 9 期。

寇佳丽：《欧洲经济：如何在高压下重生》，《经济》2016 年第 11 期。

迈克尔·海瑟：《浅谈欧洲经济的长期发展前景》，《上海保险》2016 年第 1 期。

程实：《2017 欧洲经济凛冬将至》，《金融博览》2017 年第 1 期。

刘旭：《欧元区经济发展状况和前景展望》，《人民论坛》2016 年第 6 期。

孙焱林、牛培豪：《中美货币政策对欧元区经济体的溢出效应比较》，《商业经济研究》2016 年第 5 期。

唐珏岚：《结构失衡：欧元区经济复苏的制约因素》，《上海商学院学报》2016 年第 1 期。

马里奥·德拉吉、司马亚玺、李孟来：《欧元区经济力量如何抗衡全球颓势?》，《银行家》2016 年第 3 期。

陈思进：《2016 年欧元区经济仍将不景气欧债危机依然无解》，《中国经济周刊》2016 年第 1 期。

《欧元区经济景气指数低位回升》，《中国金融家》2016 年第 5 期。

（撰稿人：中国国际经济交流中心产业规划部副研究员张瑾；临沂大学机械工程学院讲师张超）

日本经济形势分析与展望

2016年日本经济温和复苏。第二季度主要在内需的拉动下日本国内生产总值增长率为0.2%。然而，自2014年4月上调消费税以来，日本经济数据时好时坏，显示日本经济增长的脆弱性。在“安倍经济学”政策下，2016年日本继续推行量化宽松货币政策并实施负利率政策，但通货紧缩状况并未得到实质性改变，国际避险需求导致日元大幅升值，日本贸易逆差并未有效改善。总体来看，日本经济现状与“安倍经济学”政策目标渐行渐远，“安倍经济学”前景悲观。

一　2016年日本经济形势分析与展望

2016年，日本经济主要在外需的拉动下呈现弱势复苏，然而占GDP比重60%的内需仍然疲弱，拖累了日本经济增长。为刺激经济增长，日本加码量化宽松货币政策，实施负利率政策，然而政策效果有限，通货紧缩和贸易逆差并未得到实质性改善，海外需求持续不振、美联储加息预期减弱及美元贬值、英国确定脱欧、地缘政治风险等因素导致作为国际避险货币的日元大幅升值，大幅削弱日本出口竞争力，使日本经济雪上加霜，加剧了日本经济下行风险。

（一）2016年日本经济总体情况

1. 2016年日本经济温和复苏

2016年日本经济整体呈现弱势复苏状态，IMF预测2016年日本的实际经济增长率为0.5%，相比此前预测上调了0.2个百分点。主要在内需的拉动下，第一季度和第二季度实际GDP环比分别增长0.5%和0.2%；第二季度，内需贡献了0.4个百分点，外需拖累经济增长0.3个百分点。在海外需求持续不振、全球金融市场动荡、日元升值等叠加因素影响下，未来日本经济下行压力加大。

（1）外需不振

外部需求放缓，特别是亚洲外部需求不振，以及日元升值和油价上涨推升企业成本，削弱了日本出口企业的国际竞争力，导致日本出口大幅下滑。8月，日本贸易逆差192亿日元，出口同比下降10%，为2015年10月以来连续11个月大幅下滑。

（2）内需有所改善但整体上仍然疲弱

第二季度占GDP比例高达60%的个人消费需求环比上涨0.7%，相比2015年第四季度环比下滑0.8%有所改善。由于经济前景不确定性增强，企业不愿增加投资，这将制约日本经济的增长。尽管日本政府再次推迟上调消费税率的时间，但日本企业利润减少并对经济前景持谨慎观望态度，导致投资意愿下降，给员工加薪的动力不大，因此，个人消费难以得到有效提升。这表明，日本消费有所复苏但是势头并不强，消费者信心指数仍处于50以下，表明消费者对本国经济前景悲观多过乐观。因此，内需疲弱态势并未彻底转变，日本经济复苏基础仍然薄弱。

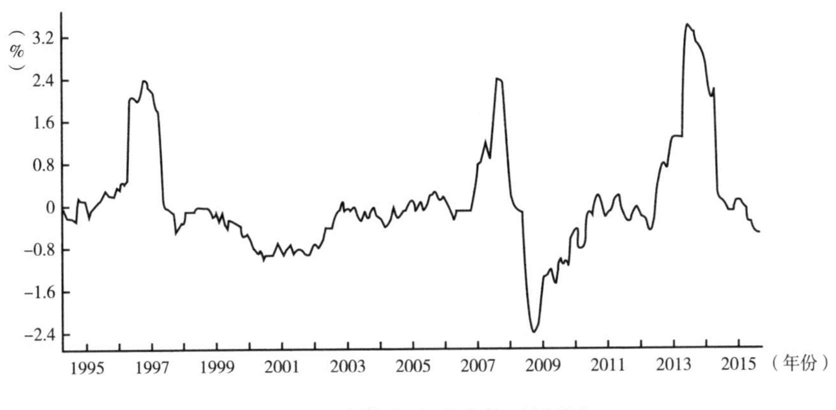

图1　日本核心CPI走势（同比）

资料来源：Wind资讯。

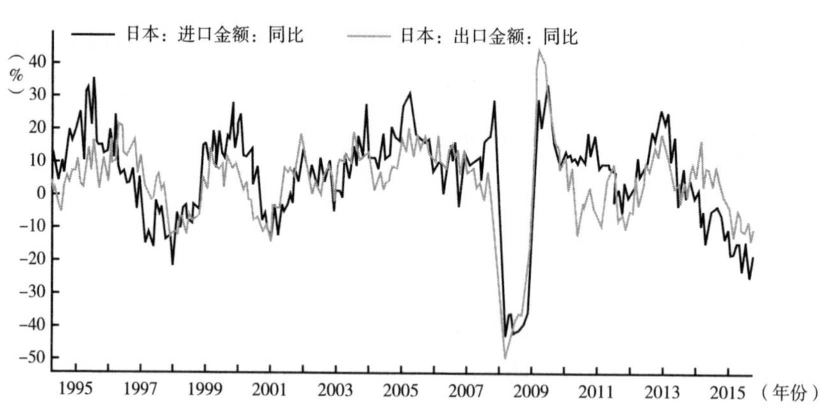

图 2　日本进出口同比增速

资料来源：Wind 资讯。

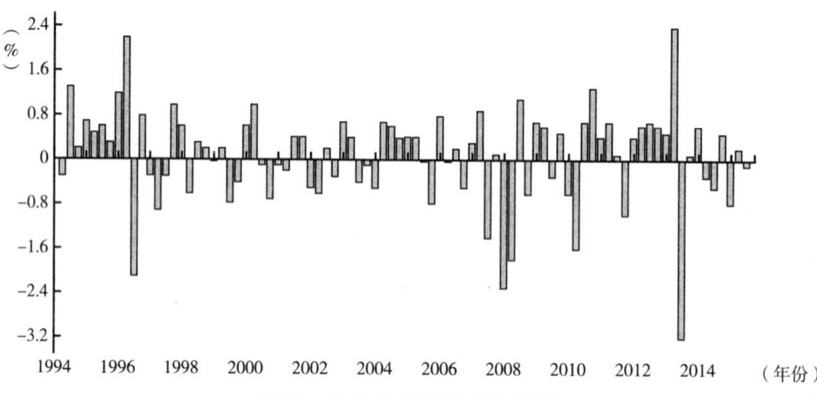

图 3　日本个人消费支出增速

资料来源：Wind 资讯。

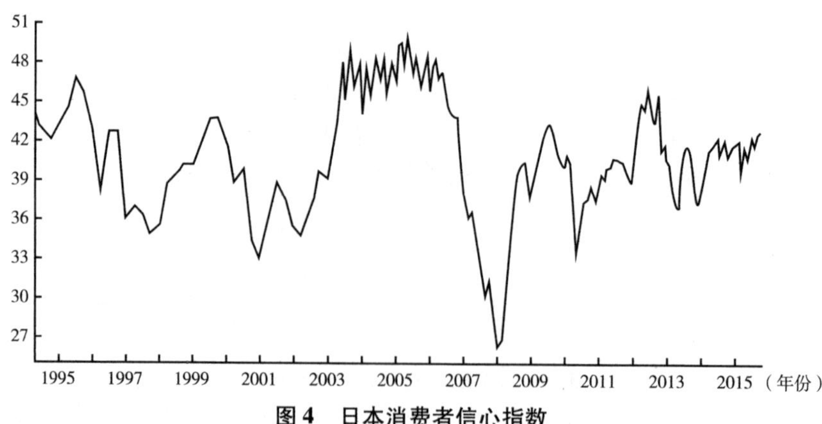

图 4　日本消费者信心指数

资料来源：Wind 资讯。

2. 日本加码量化宽松货币政策，通货紧缩状况并未得到实质性改变

日本央行自2013年4月启动量化宽松政策至今已三年，希望通过“超级量化宽松政策”来实现2%的通货膨胀率。剔除2008年全球金融危机影响和2014年上调消费税影响，1999~2013年日本深陷通货紧缩泥潭长达15年，日本消费者物价指数和核心CPI基本位于零及以下水平。2013年实施量化宽松货币政策以来，短期影响显著，2014年日本CPI达到2.7%，核心CPI上涨2.6%。然而，随着量化宽松货币政策效果递减，2015年日本CPI仅为0.8%，核心CPI只达到0.5%，与央行2%的政策目标相距甚远。由于现状离安倍政府视为首要课题的摆脱通缩目标渐行渐远，市场预期日本央行可能进一步扩大量化宽松货币规模。

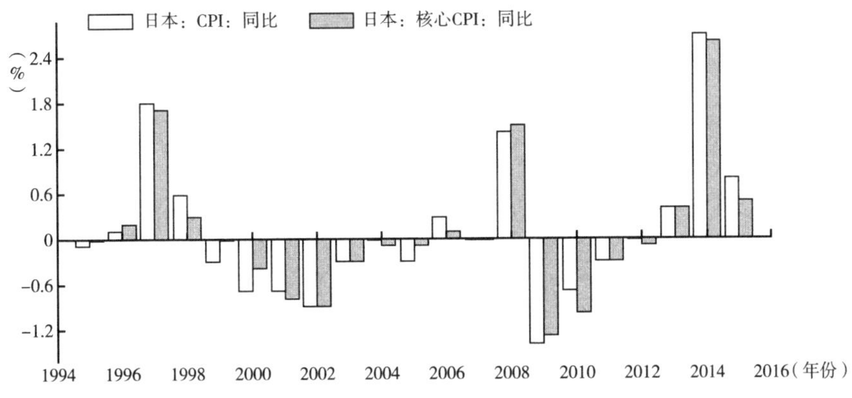

图5　日本长期处于通货紧缩之中

资料来源：Wind资讯

3. 国际避险需求影响日元大幅升值

日元作为避险资产大幅升值，汇率创新高。日本超级量化宽松货币政策导致日元大幅贬值，2013年4月至2015年12月，日元汇率由94日元/美元贬至122日元/美元，累计贬值高达23%。2016年以来，尽管日本加码量化宽松货币政策，但在负利率政策和国际避险需求的影响下，日元大幅升值。英国脱欧可能引发一系列多米诺骨牌效应，全球经济金融风险加大，日元作为避险货币将面临更大的升值压力。若日元进一步升值，将损害日本出口企业的盈利能力，抑制日本经济增长，因此，日元进一步升值的空间不大。

4. 国际油价持续低位，日本贸易逆差有所缓解

由于国际油价仍处于历史低位，尽管日本贸易逆差有所改善，但并未实质上

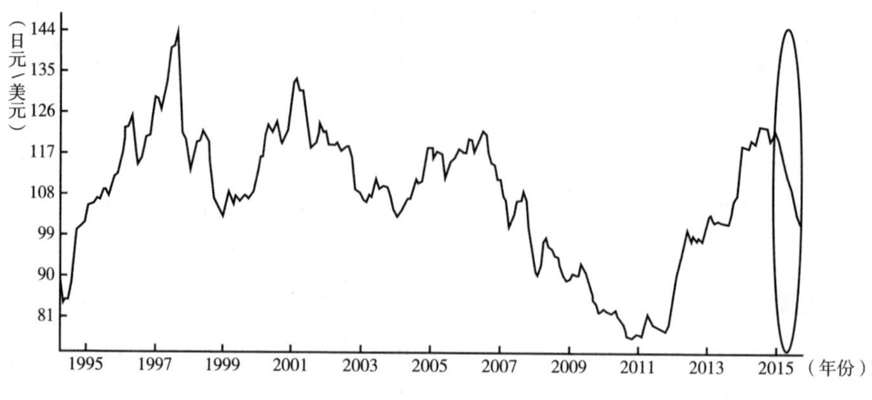

图6　日元汇率走势

资料来源：Wind资讯。

改变。经济数据表明，2014年1月，日本贸易逆差额达到2.8万亿日元历史最高；在国际油价持续低位和日元升值的影响下，2016年2月日本实现贸易顺差，贸易顺差额连续3个月不断扩大，2016年4月，日本贸易顺差额达到8206亿日元。然而，受外部需求放缓和日元升值影响，5月和8月日本再度出现贸易逆差，预计逆差额将进一步扩大。

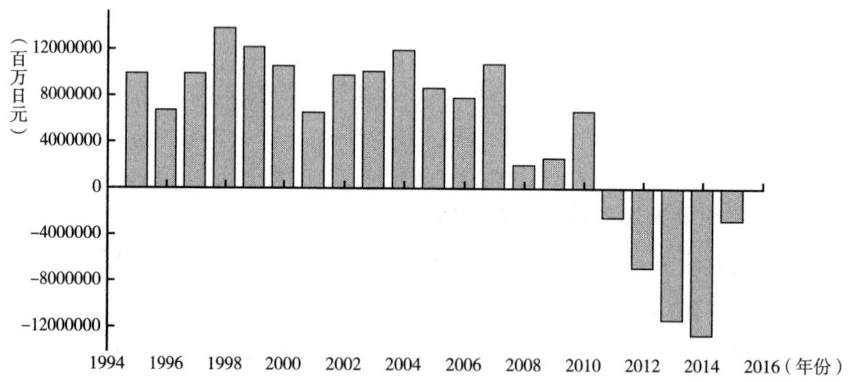

图7　日本贸易差额

资料来源：Wind资讯。

5. 日本失业率处于历史低位，有效求人倍率创新高

2016年8月日本失业率为3.2%，7月失业率一度降至3.0%，为1995年以来的最低水平。日本失业率大幅下降得益于日本经济的整体复苏，以及日本

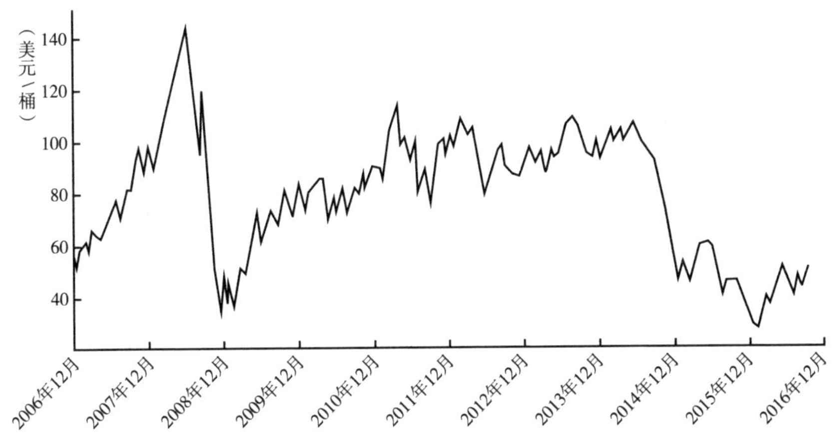

图8　国际油价持续低位

资料来源：Wind资讯。

政府2014年出台的新版经济增长战略和鼓励女性工作的政策效果开始显现，更多的人特别是女性开始寻找工作机会，2015年女性就业率达到48%，处于历史较高水平。2016年8月，日本有效求人倍率为1.37，远高于2014年的1.11和2015年的1.23，这意味着每对应100个求职者就有137个就业岗位，表明用人需求旺盛。

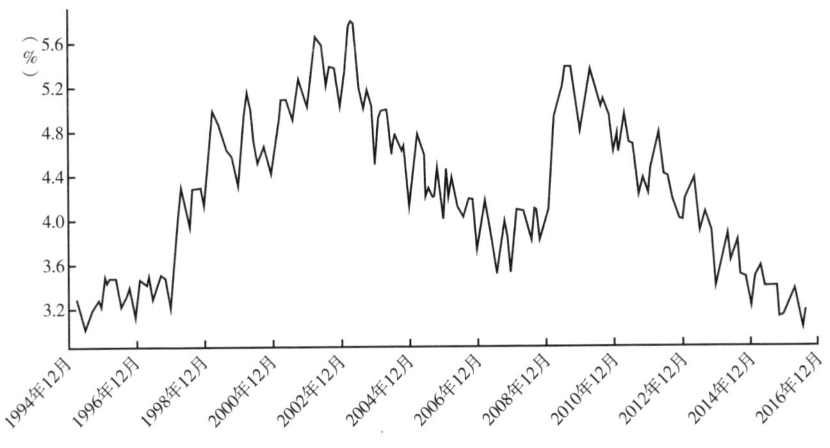

图9　日本失业率

资料来源：Wind资讯。

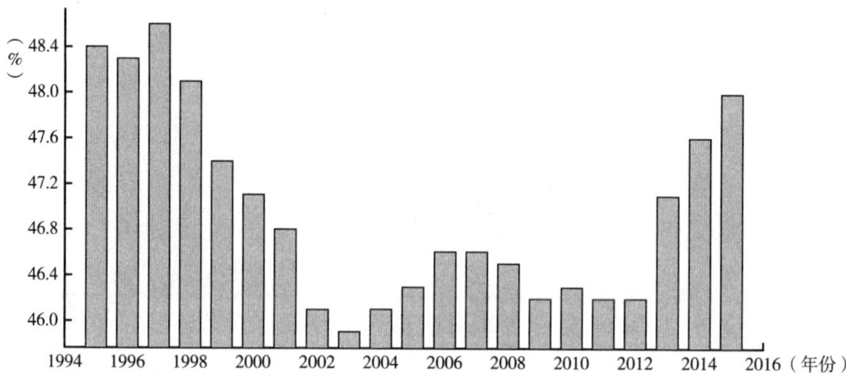

图 10　日本女性就业率不断提高

资料来源：Wind 资讯。

（二）未来日本经济展望

未来日本经济呈温和扩张趋势。尽管日本经济仍面临诸多内外风险，经济下行压力加大，但是日本延迟上调消费税和经济刺激措施将拉动日本经济增长。日本内阁府 2016 年 10 月发布的月度经济报告称，日本经济仍在温和复苏但仍显疲弱。同时，9 个月来首次上调对工业产出的评估，认为工业产出显示升温迹象，预测未来产出将随着全球经济逐步复苏而升温。IMF 在最新的预测报告中上调日本经济增长预期，预测日本 2016 年和 2017 年的实际经济增长率分别为 0.5% 和 0.6%，相比此前预测分别上调了 0.2 个和 0.5 个百分点。

二　日本宏观政策的调整

2016 年以来，日本政府持续实施量化宽松货币政策，加码量化宽松规模，实施负利率政策，以刺激国内投资和需求，拉动经济增长，其政策效果有待观察。同时，日本再次延迟上调消费税的时间，以期提振内需，促进个人消费，有助于日本内需的恢复。

（一）日本实施负利率政策效果分析

1. 日本实施负利率政策

日本央行 2013 年推出超级量化宽松货币政策（QE），然而由于银行将 QE

下获得的部分资金又放回了央行的存款准备金账户，并没有进入实体经济，为刺激银行对实体经济放贷，日本央行推出负利率政策，对银行过多的存款收取“罚金”。通过负利率政策，一是引导贷款利率下行，刺激银行、企业和家庭进行投资和消费。二是引导通货膨胀预期。日本长期陷于通货紧缩泥潭，1999～2013年日本通货紧缩长达15年。QE政策实施三年多来，2015年核心CPI仅为0.5%，未达到2%的通货膨胀目标，日本央行希望通过实施负利率政策强化其效果，摆脱通货紧缩。三是表明日本央行进一步实施量化宽松的决心，希望未来进一步实施QE政策时，金融机构的资金不要躺在央行的账户上。

2. 实施效果分析

实施负利率政策的有利影响（短期影响）包括以下两点。一是贷款利率下行，促进了国内投资。目前，日本主要银行贷款利率下降至0.95%，住宅金融机构基准贷款利率下行至1.23%，住房信贷大幅增加，促进了住房投资需求。企业的融资成本下降有利于促进企业进行设备投资。二是强化了市场的通胀预期。日本实施负利率政策目标之一是强化此前QE政策的通胀效果，并为将来进一步实施QE政策做铺垫。

图11　日本长期贷款利率下行

资料来源：Wind资讯。

3. 负利率政策的影响分析

国际方面，日本实施负利率政策加剧了全球货币竞争性贬值态势，加剧了全球金融市场动荡，不利于世界经济企稳复苏。国内方面，负利率政策将削减银行业的盈利能力。据日本媒体报道，负利率实施后，日本三菱日联银行、三井住友银行和瑞穗银行三大主要银行收益预计将减少 2200 亿日元。花旗集团预计负利率政策将严重影响到日本银行的贷款与债券收益率，而这些都是银行业资产负债表中的主要现金流收入来源。同时，鉴于日本央行已表明有需要时将进一步削减利率，收益率的下行压力必然会影响到银行的中期盈利[①]。为此，花旗集团将日本三大行的股票评级下调至“卖出”，市场大量抛售日本银行股。长期来看，日本长期实行低利率和负利率政策将使社会陷入利率流动性陷阱，货币需求利率弹性趋向无限大，利率刺激投资和消费的杠杆作用失效，内需严重不足，使得整个宏观经济陷入萧条之中，不利于日本经济的长期发展。此外，负利率政策的影响将波及日本股市和汇市，造成股价下行，日元升值，对日本经济的发展可谓雪上加霜。

（二）日本延迟上调消费税影响分析

1. 经济政治背景

2016 年 6 月，日本将原定于 2017 年上调消费税的计划再次推迟两年半至 2019 年 10 月。延迟上调消费税主要原因在于低迷的日本经济，而作为占日本经济比重 60% 的个人消费需求却萎靡不振，若此时上调消费税将进一步打击国内需求，不利于日本经济复苏。推迟上调消费税的时间是为了避开 2019 年春季的地方统一选举和 2019 年夏季的参议院选举。同时，由于 2020 年夏季将举办东京奥运会和残奥会，此前奥运会筹备需求将拉动国内投资和消费，有利于改善日本经济状况，届时提高消费税率的阻力较小。

2. 产生影响

（1）延迟上调消费税有利于促进内需，能够拉动经济增长

由于日本 GDP 增长 60% 是由个人消费拉动的，自 2014 年 4 月上调消费税之后，由于企业加薪幅度有限，国民收入增长乏力，日本国内消费需求持续低迷，个人消费支出增速基本为负或接近零，经济增长乏力。厚生省数据表明，2015 年日本员工实际收入比上年减少 0. 9%，连续 4 年负增长，实际消费支出继续低于上年[②]。因此，延迟上调消费税有利于促进内需，能够拉动经济增长。

（2）不利于日本财政重建

IMF 数据显示，2016 年日本财政赤字率达到 5. 2%，公共债务达到其 GDP

---

① 《负利率给日本银行业带来压力》，《国际商报》2016 年 5 月 15 日。

② 田泓：《日本经济走向技术性衰退》，《人民日报》2016 年 4 月 8 日。

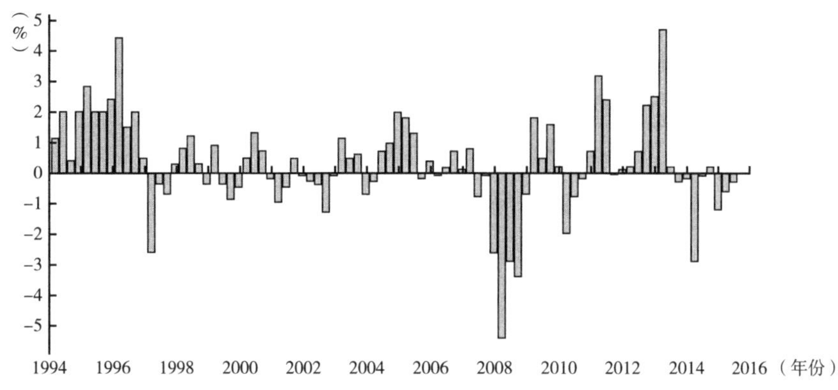

图12　日本个人消费支出增速

资料来源：Wind 资讯。

的250%，延迟增税不利于日本财政重建。日本政府原计划在2020年实现财政盈余，然而，由于财政支出的主要部分如社会保障、国债偿还和地方财政补助等方面难以削减，财政收入方面企业税收将随着公司税率的下调而减少，增加消费税成为提高财政收入的有效办法。增税的延迟，将加剧日本政府的财政困境，实现日本财政重建的目标将十分困难。

表1　IMF预测日本赤字率和债务比例

单位：%

年度	赤字率	债务比例	年度	赤字率	债务比例
2013	-9.51	243.54	2018	-4.43	254.95
2014	-7.09	245.05	2019	-3.86	254.70
2015	-5.93	245.90	2020	-3.21	254.50
2016	-5.21	250.35	2021	-3.15	253.88
2017	-5.14	253.03			

资料来源：Wind 资讯。

（3）日本将面临信用评级下调的风险

日本政府两次推迟上调消费税，使得日本政府面临失信风险。推迟上调税率基本上形同放弃财政改革，向市场传递出安倍经济学失败的信号，若政府不能对如何削减财政赤字做出解释，拿出重建财政的清晰蓝图，日本将面临主权信用评级下调风险。若日本主权信用评级被调降，将推升企业的海外融资成本，导致企业融资环境恶化。

三 安倍经济学政策效果评估

2013 年 4 月，日本推出旨在摆脱长期通缩的“安倍经济学”。其中提高消费税措施是其重要一环，以期改变日本国内通货紧缩状况，削减公共债务，推动结构性改革。“安倍经济学”政策的短期效果明显，在宽松货币政策的引导下，日元大幅贬值，股市大幅上涨，出口企业获利颇丰，日本经济出现短暂复苏。然而，2014 年日本上调消费税以来，日本经济数据就像“过山车”一样时上时下，经济复苏遥遥无期，显示日本经济增长的脆弱性。尽管日本政府两次推迟、再次上调消费税，并未能有效提振内需，内需疲弱是制约日本经济复苏进程的重要因素，经济数据表明日本经济可能再次出现紧缩，股市和日元走势与政策目标背道而驰，“安倍经济学”面临实质性失败结局。此外，日本央行加码量化宽松货币政策，实施负利率政策，期待银行向实体经济注入更多资金，达到抬高物价、刺激经济的目的，市场普遍认为，这是“安倍经济学”金融政策陷入僵局的表现。

（一）旧“三支箭”效果消退

1. 旧“三支箭”出台背景分析①

2012 年末安倍上台以来，安倍政府推出了以大胆的金融政策、灵活的财政政策和成长战略“三支箭”为核心的一系列新经济政策，统称“安倍经济学”。第一支箭旨在消除通货紧缩；第二支箭以在短期内支撑日本经济、中期内实现财政健全化为目标；第三支箭旨在扩大投资和提高经济增长的结构性改革，是安倍经济学的核心部分，也是最难落实的部分。2013 年，安倍经济学推行一周年之际，日本出现经济正增长、股价上涨、通胀缓慢上升等积极的征兆，可以说，安倍经济学取得短期成效，日本经济初步走进复苏通道，“安倍经济学”似乎令日本看到了曙光。

---

① 中国国际经济交流中心：《国际经济分析与展望（2014 ~ 2015）》，社会科学文献出版社，2015。

表 2　日本经济增长率

单位：%

年度	名义 GDP	实际 GDP	年度	名义 GDP	实际 GDP
2000	1.0	2.3	2008	-2.3	-1.0
2001	-0.8	0.4	2009	-6.0	-5.5
2002	-1.3	0.3	2010	2.4	4.7
2003	-0.1	1.7	2011	-2.3	-0.5
2004	1.0	2.4	2012	0.8	1.7
2005	0.0	1.3	2013	0.8	1.4
2006	0.6	1.7	2014	1.6	0.0
2007	1.2	2.2	2015	2.5	0.5

资料来源：Wind 资讯。

然而，随着 2014 年日本政府上调消费税，引发了日本国内需求大幅回落，为拉动内需、激活经济长期增长动力，日本内阁府 2014 年 6 月 24 日正式公布了新版经济增长战略和“经济财政运营和改革的基本方针”，该战略是日本政府 2013 年提出的“日本再兴战略”的升级版，被视为“安倍经济学”的第三支箭。与旧版增长战略相比，新版增长战略更加注重结构性改革。上调消费税后日本经济急转直下，2014 年日本经济零增长。

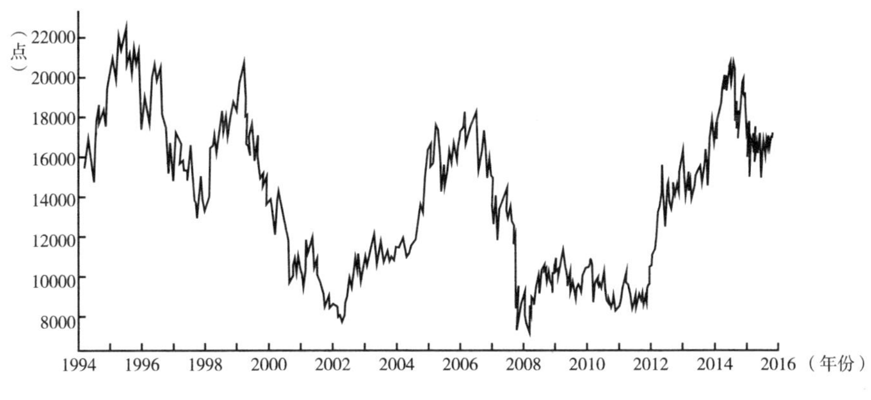

图 13　日经 225 指数走势

资料来源：Wind 资讯。

2. 旧“三支箭”实施效果评估：“治标而不治本”，未能根本解决社会深层次问题

“三支箭”的初衷是，实施超规模量化宽松货币政策，加大市场货币流通，促进日元贬值和股市上涨，从而提升日本企业国际竞争力，促进日本企业出口，增加企业利润，促进企业扩大设备投资并为员工涨工资，进而刺激国内消费和推动物价上涨，最终达到摆脱通货紧缩的目标。

然而，三年来，“三支箭”的实施效果却与政策初衷背道而驰。财政政策和货币政策“治标而不治本”，结构性改革未能根本解决社会深层次问题。日本经济数据就像“过山车”一样时上时下，GDP 屡次陷入技术性衰退，经济复苏遥遥无期。2% 的通胀目标也一延再延，从原来的“2015 年度前后”延迟至 2017 年 4 月，并再度延迟至 2019 年 10 月，至今未达到预期目标。这表明“安倍经济学”难挽日本经济颓势，日本经济复苏基础仍然薄弱。“三支箭”政策对日本经济的负面效应逐渐显现。

第一，日元大幅贬值在一定程度上削减了企业收益，不利于推动日本产业的转型升级和日本经济发展。2011 ~2015 年，日本已连续 5 年呈现贸易逆差，日本“贸易立国”模式经历重大考验。造成贸易逆差的主要原因，在于日元大幅贬值和日本能源严重依赖进口的模式。从 2013 年 4 月日本实施量化宽松货币政策至 2015 年，日元对美元汇率累计贬值 25% 左右，造成进口燃料价格急剧攀升，企业成本大幅上升。2014 年下半年以来，国际原油价格崩盘，日本能源进口成本下降，缓解了日本贸易逆差状况，但并未彻底扭转贸易逆差态势。2016 年以来，日元作为国际避险货币大幅升值，使得日本再度陷入贸易逆差。若日本这种外需依赖型经济结构不能改善，贸易逆差可能成为一种长期趋势，不利于推动日本产业的转型升级和日本经济发展。

第二，日本财政重建问题紧迫，刺激经济发展的政策空间有限。2015 年，日本财政赤字率达到 5.9%，公共债务达到其 GDP 的 246%，加重外界对日本主权债务危机的担忧。安倍对国际社会承诺削减财政赤字，2020 年全部削减完全，实现盈余。为增加财政收入，2014 年 4 月日本提高消费税 3 个百分点，这对占日本 GDP 比重 60% 的个人消费来说是一个较大的冲击，至今尚未恢复元气。2016 财年日本政府财政支出预算高达 96.72 万亿日元，再创新高，到 2020 财年实现财政盈余的目标已遥不可及。若不能如期达到减赤目标，将对日本的国际信誉和日元汇率形成冲击。但目前除增收消费税之外，尚未看到其他更有效的具体措施，日本在财政重建问题上依然举步维艰。由于债务压力过大，日本政府通过继续实施财政政策来刺激经济发展的空间有限。

第三，经济改革举步维艰，新政策难以破除经济痼疾。长期来看，日本仍面临包括外需依赖型经济结构、产业空心化、人口老龄化和不断增长的国债负担等长期结构性难题，“三支箭”政策并未根本解决这些社会深层次问题[①]。

第四，负利率政策凸显日本央行“弹尽粮绝”（实施负利率政策表明金融政策陷入僵局）。日本央行量化宽松货币政策初期效果明显，日经指数从16000点左右一度冲至21000点，日元汇率也大幅贬值，从100日元/美元贬至125日元/美元。然而，2015年底日本央行加码量化宽松，市场反应相对冷静，2016年1月日本央行突然宣布实施负利率政策，则令市场大跌眼镜，加剧市场对全球竞争性货币贬值的担忧及对日本银行业的盈利能力的担忧，加剧了全球金融市场动荡，日经指数大跌至16000点左右，日元作为避险资产大幅升值至109日元/美元左右。受英国脱欧影响，日元一度突破100日元/美元大关。日本实施负利率政策是期许银行业向实体经济注入流动性，达到刺激投资和消费、抬高物价、拉动经济增长的目的，效果如何，有待观察。

（二）新“三支箭”前景悲观

随着旧“三支箭”逐步失效，日本政府提出以发展经济、改善社会保障、支持儿童培育为核心的新“三支箭”，并提出日本GDP在2020年左右达到600万亿日元、特殊出生率达到1.8、护理离职率为0等目标，以期解决持续数年的结构性问题。

1. 新“三支箭”出台背景分析

（1）新“三支箭”政策旨在防止经济下滑，提升经济增长潜力

2012年底以来，安倍政府一直推行以超宽松货币政策、扩大财政支出和经济改革为“三支箭”的安倍经济学。安倍经济学有效提振了2013年的日本经济，但随后政策效果减弱，加上2014年日本上调消费税的负面影响，日本经济陷入停滞甚至衰退；2015年第四季度日本经济再度萎缩，旨在放松监管和改革以提振日本长期经济增长潜力的第三支箭进展缓慢，安倍经济学明显缺乏后劲。在人口持续减少的背景下，日本经济的潜在增长率仅为“0～0.4%或0.4%～0.6%”。安倍宣称，“如果没有强劲的经济，我们的未来就没有希望”。因此，为提高日本经济的潜在增长率，日本政府推出升级版安倍经济学，出台新“三支箭”政策，提出迈向“一亿总活跃社会”的目标，新设“一亿总活跃担当大臣”等措施。

（2）提高因强推安保法而低迷的支持率，政治意义大过经济意义

2015年9月19日，日本政府强行通过扩大日本军事角色的新安保法案，引发

① 许缘：《走向失败的“安倍经济学”》，新华社，2016年2月5日。

国内外强烈抗议，其内阁支持率跌破40%。2015年9月24日安倍连任自民党总裁，新任期至2018年9月。第三届安倍新改组内阁10月8日上午正式开始运作。为挽回民意支持，消除负面因素，赢得2016年参议院选举，新内阁在执政中将优先发展经济，继续推行升级版"安倍经济学"，希望通过安倍经济学的新"三支箭"，迈向"一亿总活跃社会"。安倍政府将工作重心转向经济，打算用重视发展经济、改善民生的口号来获取民心，新"三支箭"政策的政治意义大过经济意义。

（3）重点在于财富的重新分配，解决经济发展的长期结构性问题

安倍经济学新"三支箭"包括发展经济、改善社会保障、支持儿童培育，旨在通过加强经济政策措施提振日本经济，使日本GDP在2020年左右达到600万亿日元、特殊出生率达到1.8、护理离职率0等目标，以期解决持续数年的结构性问题，比如人口老龄化，劳动力短缺等问题。新"三支箭"的政策之箭重点在于财富的重新分配，主要通过儿童保育支持和社会福利来实现。在社会保障方面，提出建立工作与照顾老人相结合的社会环境，增加提供特殊护理服务的养老院数量，培养护理人才，为老龄人士提供灵活的工作机会等；在支持儿童培养方面，将家庭出生率从1.4提升至1.8，实现幼儿免费教育，扩充奖学金，保证愿学尽学，并解决儿童贫困问题；这是直接与大众相关的领域，安倍政府希望这些举措能够提振家庭支出，通过增加社会福利提高支持率。

2. 新"三支箭"实施效果评估

日本经济深陷长期结构性困境，由于新"三支箭"政策缺乏具体实施措施，经济增长乏力，难以达到预期目标，日本国内有限的财源难以支撑升级版安倍经济学，"安倍经济学"难以破除日本经济痼疾。

（1）新"三支箭"缺乏具体实施措施，难以达成期望目标

新"三支箭"政策，只罗列了目标，并没有提出具体的实施步骤和措施。《日本经济新闻》报道称，构成新"三支箭"的强有力的经济、社会保障和育儿支援与其说是作为具体举措的"箭"，不如说是作为目标的"靶子"。安倍应该做的是持续射出意味着根本性改革的"真正的箭"。新"三支箭"的政策目标难以在安倍的任期内有效落实，也很难取得实际效果。

第一，预期经济增长率过高，难以实现。根据2015年7月日本内阁府发布的《关于中长期经济财政试算》的数据，到2020年左右实现日本国内生产总值扩大到600万亿日元的目标，名义增长率需保持年度3%才能达到，但3%的高增长率是过去20年中从未达到的水平。全球经济复苏乏力导致外需疲弱，日元升值威胁日本

出口和企业盈利，企业加薪意愿不强导致工资增长乏力，目前日本经济处于内外交困之中，经济下行风险加大，预计日本经济增长难以达到预期。IMF 数据显示，1998～2007 年，日本实际 GDP 平均增速仅为 1.0%。IMF 预测 2016 年日本经济增速为 0.5%，2017 年经济增速为 0.6%，2017～2021 年的平均增速仅为 0.48%。

第二，出生率难以达到 1.8%。目前日本的出生率是 1.42 人，鉴于日本晚婚化、终身不结婚、生育年龄的高龄化等因素，想要达到 1.8 人的目标相当困难。事实上，日本创生会议把出生率 1.8 人的目标定在 2025 年，安倍任期内难以实现该目标。

第三，护理离职率较高。由于 2015 年度日本护理报酬时隔 9 年再度下调，这加速了护理行业的离职率。如果不能采取有效措施改善护工的劳动条件，考虑留住人才的方法，“护理离职率 0”的目标将难以实现。

（2）日本国内财源有限，难以支撑升级版安倍经济学

日本政府 2016 财年（2016 年 4 月至 2017 年 3 月）预算为 96.72 万亿日元，相比 2015 财年增长 3799 亿日元。其中，政策性支出预算创下历史峰值，高达 73.1 万亿日元，比上一年增长 0.2 万亿日元，这意味着安倍政府未能在新财年有效削减政府支出。

税收收入是日本财政收入的主要来源，根据日本 2016 财年预算，2016 年日本税收收入将达到 57.6 万亿日元，占日本财政收入比例高达近 60%。2016 年日本税收收入相比 2015 年增长 3799 亿日元，同比增长 5.6%。其中，消费税税收 17.2 万亿日元，占财政收入比重为 17.8%；个人所得税税收 18.0 万亿日元，占比为 18.6%；企业税税收 12.2 万亿日元，占比为 12.6%；其他税收收入 10.2 万亿日元，占比为 10.6%；个人所得税和企业税税收同比增速有所上升，消费税提高幅度较小。2016 年日本税收收入与 2015 年基本持平，难以支撑升级版安倍经济学。

（3）日本经济深陷长期结构性困境，新政策难以破除经济痼疾

未来日本经济既面临短期瓶颈，又将面临包括外需依赖型经济结构、产业空心化、人口老龄化和不断增长的国债负担等长期结构性难题，新“三支箭”政策难以破除日本经济痼疾。在消费者信心低下及外部环境复杂多变等不确定性因素的影响下，预计未来日本经济复苏步伐艰难。IMF 预测 2016 年日本经济增速为 0.5%，未来五年（2017～2021 年）日本平均增速仅为 0.5%。

第一，日本外需依赖型的经济结构导致贸易逆差长期趋势明显。2011 年以来，日本已连续 5 年呈现贸易逆差格局，日本“贸易立国”模式经历重大考验。国际市场需求不稳和日元汇率波动，对日本出口影响巨大。日本这种外需依赖型

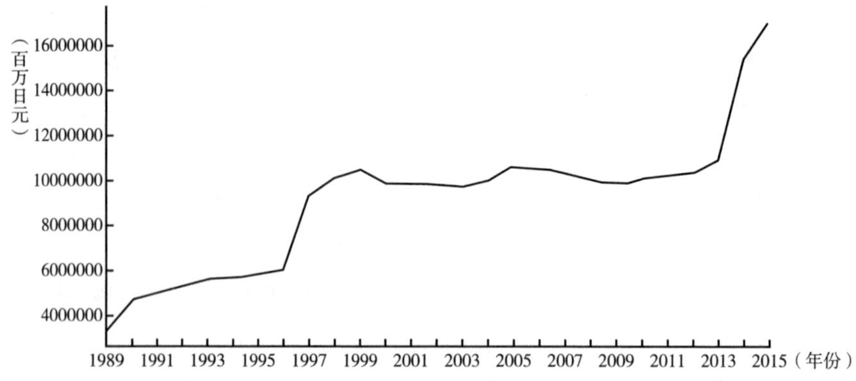

图 14　日本消费税收入

资料来源：Wind 资讯。

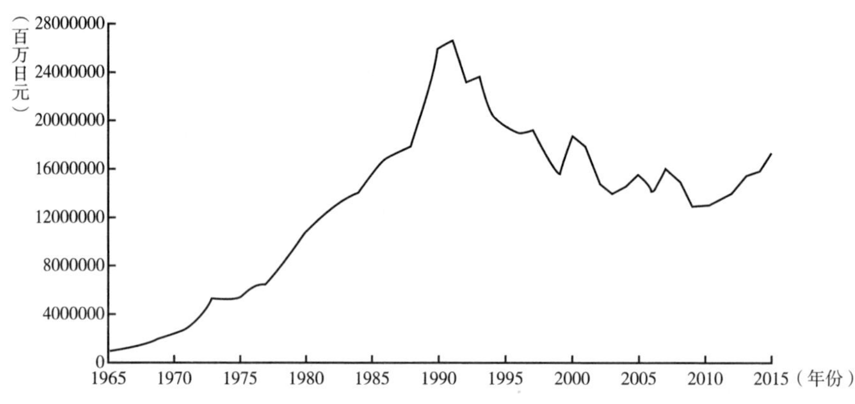

图 15　日本个人所得税收入

资料来源：Wind 资讯。

经济结构若不能改善，贸易逆差可能成为一种长期趋势，不利于推动日本产业的转型升级和日本经济发展。

第二，日本产业空心化加剧，长期供给能力下降。近年来，随着日本海外投资日益增长，以及 2011 年日本大地震之后日本企业加快了向海外布局的步伐，国内投资大幅减少，国内产业发展急剧萎缩，加剧了产业空心化程度，削弱了日本国内企业的长期供给能力，同时日本高税负、高成本的经济环境阻碍了企业的活力，未来日本经济增长内生动力不足。

第三，日本人口负增长，劳动力严重不足。日本总务省的调查显示，2015 年日本总人口为 1.27 亿人，较 2010 年减少 94.7 万人，减少率为 0.7%。这是日

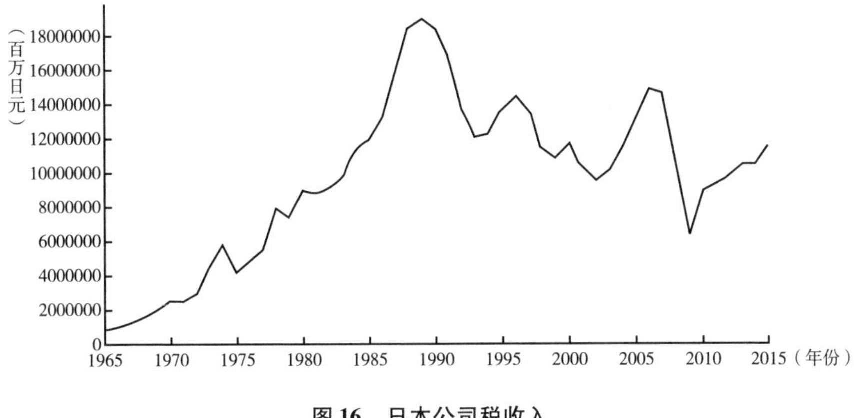

图 16　日本公司税收入

资料来源：Wind 资讯。

本 1920 年开展该项统计以来首次出现人口减少。日本老龄化率（65 岁以上的人口比例）达 25.7%，为世界最高；少子化率（不满 15 岁的人口比例）是 12.9%，为世界最低。日本总务省预计，日本人口将以每年 20 万人的速度递减。劳动力资源是社会经济发展的动力来源，日本少子化、老龄化趋势加剧，必将引起社会劳动人口的减少，进而引起国内需求严重不足。

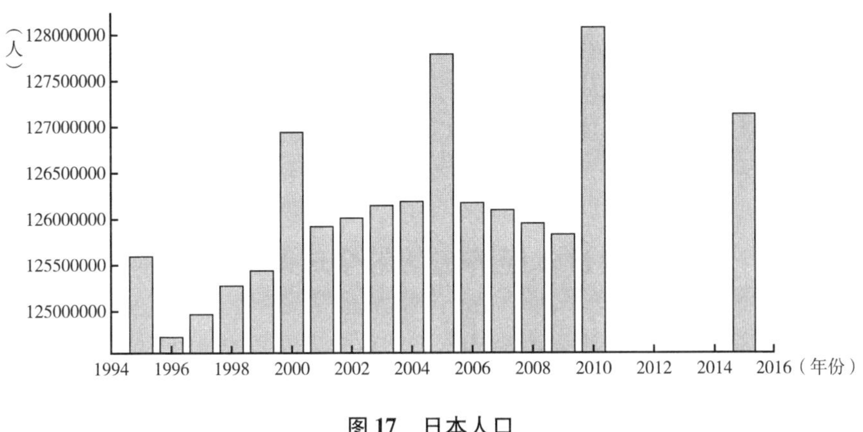

图 17　日本人口

资料来源：Wind 资讯。

第四，再次上调消费税，将给日本经济带来灾难性打击。2014 年日本上调消费税 3 个百分点至 8%，导致经济增长陷入衰退。日本上调消费税以来，日本家庭消费支出呈持续萎缩趋势，内需的持续低迷拖累了日本经济的复苏进程。因此，日本政府

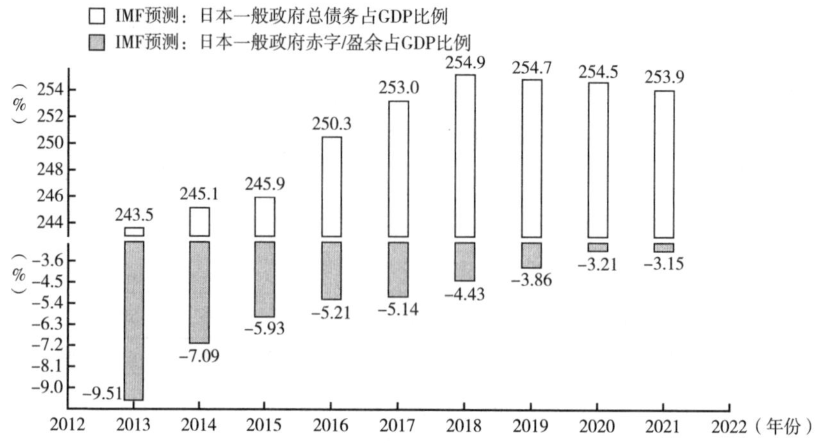

图 18　日本财政赤字率和公共债务占其 GDP 的比重

资料来源：Wind 资讯。

两次推迟提高消费税的时间，计划于 2019 年 10 月将再次提高消费税 2 个百分点至 10%。若 2019 年再次上调消费税，此举可能给日本经济带来灾难性的打击。

（三）未来政策走向，推出进一步的宽松政策

实现经济增长和财政改革双重目标，需要实施经济和财政一体化改革。除了推迟上调消费税有利于刺激国内需求，日本准备推出总额在 5 万亿～10 万亿日元的财政刺激计划。新预算将用来建设从名古屋到大阪的磁悬浮列车，发放优惠券以刺激消费，增加儿童保育员薪酬以及设置奖学金等。预计未来日本央行将进一步扩大货币宽松政策。

四　影响日本经济走势的全球政策性因素

世界经济形势影响未来日本经济走势。总的来看，2016 年世界经济复苏步伐放缓，呈现低速不均衡复苏特征，需求依然乏力，国际贸易增长前景不乐观，各国普遍处于深度调整期，走势及政策的分化将加大应对难度，各国仍将面临诸多不确定、不稳定因素，经济发展面临压力测试。2016 年的国际经济形势具有“三个下降、三个不确定和中国因素”的特点。

（一）全球经济增速下降

2008 年国际金融危机至今已经八年，全球经济仍未完全走出危机阴影，产

能过剩、自由贸易进程放缓、全要素生产率下滑等问题，使得全球经济复苏缓慢、艰难，主要经济体经济增速将继续分化。IMF 预测，2016 年全球国内生产总值增长率仅为 3.1% 左右，发达经济体经济增速为 1.6%，美、欧、日经济增速将分别达到 1.6%、1.7% 和 0.5%，下调了美国经济增长预期 0.6 个百分点，分别上调了欧、日的经济增长预期 0.1 个和 0.2 个百分点。新兴市场与发展中经济体整体增速下滑程度较大，2015 年新兴市场与发展中经济体经济增长 4%，连续五年经济增速大幅下滑。尽管 2016 年预期增长 4.2%，但远低于 2010～2015 年 5.4% 的平均增速。巴西、俄罗斯陷入衰退，使这些国家财政收入、就业发生严重困难，推迟了结构改革进程，也对复苏势头蒙上了阴影。

表 3　主要发达经济体宏观经济金融指标

地区	指标	2015 年第二季度			2015 年第三季度			2015 年第四季度			2016 年第一季度			2016 年第二季度		
		4 月	5 月	6 月	7 月	8 月	9 月	10 月	11 月	12 月	1 月	2 月	3 月	4 月	5 月	6 月
美国	实际 GDP 增速(环比折年率,%)	2.6			2			0.9			0.8			1.2		
	失业率(%)	5.4	5.5	5.3	5.3	5.1	5.1	5	5	5	4.9	4.9	5	5	4.7	4.9
	CPI(同比,%)	-0.3	0	0.1	0.2	0.2	0	0.2	0.5	0.7	1.4	1	0.9	1.1	1.1	1.1
欧元区	实际 GDP 增速(同比,%)	1.6			1.6			1.7			1.7			—		
	DJ 工业平均指数(期末)	17841	18010	17620	17689	16528	16285	17664	17720	17425	16466	16517	17685	17774	17787	17930
	失业率(%)	11.1	11.1	11.1	10.9	11	10.8	10.7	10.5	10.4	10.3	10.3	10.2	10.2	10.1	10.1
	HICP 综合物价指数(同比,%)	0	0.3	0.2	0.2	0.1	0.2	0.1	0.2	0.2	0.3	-0.2	0	-0.2	-0.1	0.1
	EURO STOXX50(期末)	3439	3444	3285	3432	3110	2976	3216	3288	3100	2902	2798	2790	3028	3063	2865
日本	实际 GDP 增速(环比折年率,%)	-1.7			1.7			-1.8			1.9			—		
	失业率(%)	3.3	3.3	3.4	3.3	3.4	3.4	3.1	3.2	3.1	3.2	3.2	3.3	3.2	3.2	3.1
	CPI(同比,%)	0.6	0.5	0.4	0.2	0.2	0	0.3	0.3	0.2	0	0.3	-0.1	-0.3	-0.4	-0.4
	日经 225 指数(期末)	19983	20563	20236	20585	18890	17388	19083	19747	19033	17518	16027	16759	16666	17068	15576

资料来源：中国人民银行《2016 年第二季度中国货币政策执行报告》，2016 年 8 月 5 日。各经济体相关统计部门及中央银行。

（二）全球贸易萎缩

2015年全球贸易负增长，世贸组织公布的数据表明，2015年71个主要经济体出口下降11%，进口下降12.6%。全球散装货物贸易指标波罗的海干散货运价指数一直徘徊在历史低位。2016年以来，全球贸易持续了2015年的下滑趋势。WTO预计2016年全球贸易增速将连续第五年放缓。全球贸易萎缩在很大程度上是由贸易价格下降引起的，也有贸易保护主义的原因。此外，全球需求低迷、世界经济增长从主要依靠制造业转向主要依靠服务业、全球价值链扩张趋势放慢、国际贸易谈判进展缓慢等因素在2016年仍将继续抑制国际贸易增长，全球贸易增长前景不乐观。这说明世界经济活力严重减弱。

（三）全球资本市场动荡

1. 全球资本市场波动加剧

2015年下半年以来，全球资本市场波动加剧。全球股市和大宗商品等风险资产价格下跌，美日国债和欧元、日元等避险资产价格大幅上涨，反映出全球避险情绪浓厚，投资风险偏好下降。2016年伊始，全球股市普遍大跌，大宗商品市场深度下调，尽管此后主要股指和油价出现反弹，但整体仍处于历史地位。6月英国脱欧公投之后，全球股市大幅下跌，国际金融市场剧烈震荡，其后续影响仍在金融领域逐步显现。

2. 避险资产价格大幅上涨

美国10年期国债收益率一度创新低，日本10年期国债收益率首次跌至负值，这意味着投资者宁可亏钱也不愿投资股票等风险资产，表明投资者的风险偏好情绪已发生巨大变化。作为避险资产和低息融资货币的欧元和日元大幅升值，截至2016年9月，日元汇率从年初的120日元/美元升至101日元/美元左右，欧元汇率从年初的1.09美元/欧元小幅升至1.12美元/欧元，黄金从年初的1075美元/盎司升至1300美元/盎司。

3. 全球投资积极性受到打击

全球资本市场波动加剧，凸显投资者对全球经济复苏进程不确定性的担忧。同时受国际金融危机之后总需求不足、产能过剩、投资期望收益较低和投资者积极性不高等因素影响，全球投资低迷，不但影响当前经济增长，更重要的是影响

图 19　美国 10 年期国债收益率创历史新低

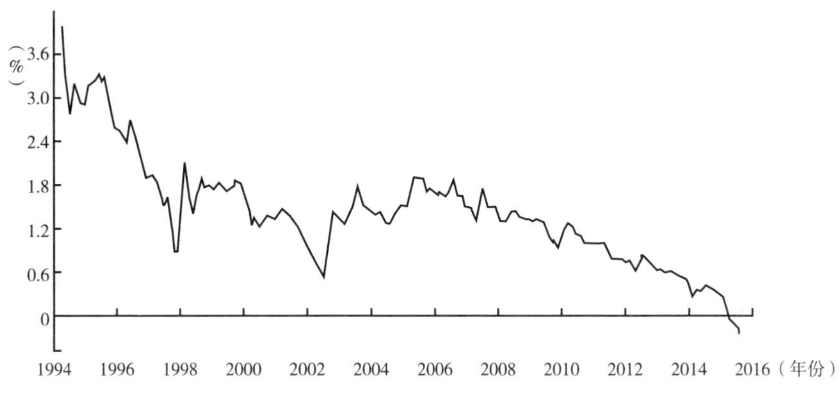

图 20　日本 10 年期国债收益率跌至负值

未来生产率和潜在经济增长。全球各经济体有必要联手稳定资本市场信心，防范资本市场传染式暴跌。

（四）国际油价走势不确定性增强

1. 市场供需矛盾逐步修复

近两年来国际油价持续走低，当前仍在低位震荡。受供给过剩和美元升值影响，国际油价从 2014 年 6 月的 115 美元/桶跌至 2016 年 1 月初的 28 美元/桶，跌幅高达 76%，并跌破金融危机时的最低点位，目前仍处于 50 美元/桶的历史低位。2016 年在低油价和高成本的影响下，美国原油产量下降，原油市场供需再平衡已经启动。然而在全球经济增速放缓的大背景下，需求增长依旧疲弱；受西方解除对伊朗制裁、新能源开发、化石能源效率提升、美国时隔40年再次向海外出口原油、市场份额之争等因素影响，2016年国际石油供给仍将过剩。在持续增加的供应和高库存的压力下，加上美元升值的因素，2016年国际油价总体上仍将维持低位。

2. 国际油价走势不确定性增强

伊朗重回原油市场后，石油产量大幅增长，市场正在形成的供需平衡格局或被打破。此外，2016年1月，中东地区爆发的地缘政治风险进一步增强国际油价的不确定性。

（五）全球主要汇率走势不确定性增强

1. 美元大幅贬值

随着美国经济增长势头放缓，美联储加息预期减弱，2016年以来美元指数开始大幅走弱。截至2016年9月，名义美元指数（对主要货币）从2015年末的94.1贬至90.1，累计贬值幅度达4.3%。从双边汇率来看，欧元汇率从1.09美元/欧元升至1.12美元/欧元，日元汇率从122日元/美元升至102日元/美元。

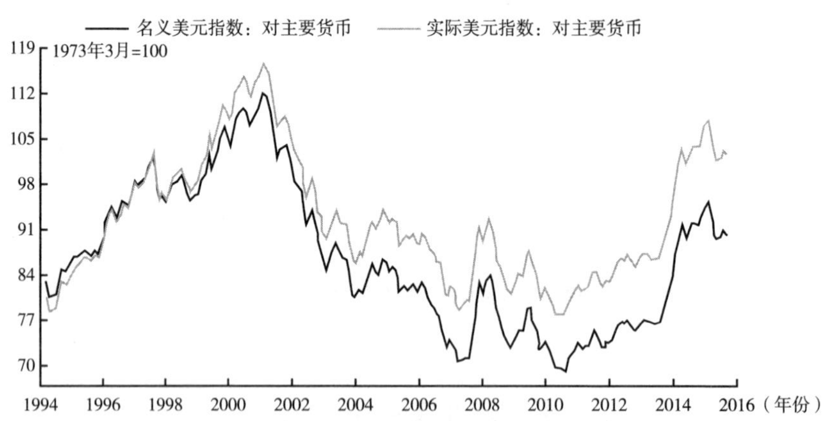

图21　名义美元指数和实际美元指数：对主要货币

资料来源：Wind资讯。

2. 竞争性汇率政策成为隐忧

为刺激经济增长，多国货币采取竞争性的贬值促进出口。非美货币呈现竞争性货币贬值态势，将引发以邻为壑的货币竞争，从而带来全球外汇市场甚至整个金融体系的动荡。2016年，欧元在量化宽松货币政策和英国脱欧的影响下仍将

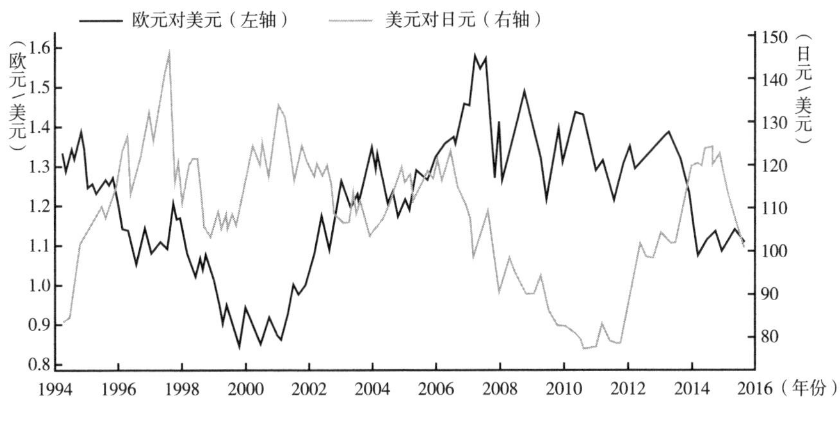

图 22　日元和欧元汇率走势

资料来源：Wind 资讯。

保持贬值态势。新兴经济体整体面临经济减速，经济下行压力使新兴经济体货币承受进一步贬值压力，新兴经济体货币贬值或将成为常态。

3. 美联储加息节奏仍是影响外汇市场走势的主要因素

美联储加息节奏取决于美国经济走势与美联储的判断。但需要指出的是，一个稳定的美元汇率有利于美国的利益，也符合各经济体的利益。在美元拥有国际货币地位的性质下，美国的货币政策具有溢出效益，美联储应适当考虑各国经济复苏的不同步性，与各国的货币政策进行协调，把握好政策节奏和时机。

（六）全球超高债务水平给金融稳定带来变数

2015 年全球债务状况没有明显好转，发达经济体和发展中经济体的债务水平均有所上升，分别达到 104.8% 和 45.1%。IMF 预测，2016 年发达经济体和新兴经济体的债务水平将进一步分别上升至 104.6% 和 46.2%。发达经济体的债务水平和新兴市场与发展中经济体的债务负担持续加大，欧元区的实际债务风险加大，全球债务风险累积将对全球金融稳定和世界经济稳定造成威胁。

（七）中国宏观经济政策调整的溢出效应

中国作为全球最大的新兴市场国家，其宏观经济政策调整对全球经济具有较强的溢出效应。近年来，中国经济下行压力加大，经济增速连续五年下降，2016 年第三季度中国增速仍保持在 6.7% 的增长水平，中国经济步入由高速增长转为中高速增长的经济新常态。2016 年中国全面启动“十三五”规划，重点推进结构性改革和供给侧改革。“十三五”期间，中国将保持 6.5% ～7% 的经济增速，以“创新、协调、绿色、开发、共享”五大发展理念指引中国的发展与改革，实施相互配合的“宏观政策要稳、产业政策要准、微观政策要活、改革政策要实、社会政策要托底”的五大政策支柱，通过“去产能、去库存、去杠杆、降成本、补短板”五大任务来积极稳妥化解产能过剩，帮助企业降低成本，化解房地产库存，扩大有效供给，防范化解金融风险。

2016 年将是国际金融危机之后形势较为严峻的一年、不确定性较多的一年，国际经济面临压力测试，包括发达经济体需求管理政策效果能否延续，美联储加息节奏如何，全球超高债务水平对金融稳定的威胁，新兴市场和发展中经济体连续六年经济增速下滑的势头能否得到有效遏制，许多经济体内外经济政策和结构改革受到既得利益不断掣肘的危害程度等。此外，地缘政治变化和自然灾难亦会对世界经济运行与业绩带来负面干扰。抱团取暖、寻找新的经济增长点，成为世界各国共同面临的挑战。

（八）世界经济发展的积极因素

当然与此同时，也有一些积极因素让我们对未来抱有更多信心。互联网、新能源、大数据、共享经济等新的发展势能，将推动改变发展模式，让创新从摆脱金融危机时的政策选项升级为新一轮全球经济格局重塑的战略选项，这一趋势确实值得期待。

五　中日经贸合作建议

中日贸易已连续四年下滑，中日经贸关系影响到中日双方的利益，影响到亚太地区的经贸合作。中日两国应扩大经贸合作空间，积极探寻经贸合作新的增长点。同时，要关注日元汇率走势对人民币的影响，关注日本经济政策新动向。

（一）近期中日经贸变动情况

中日两国是世界第二、第三大经济体，也是亚洲第一、第二大经济体，中日经贸合作对亚洲各国的发展甚至世界的发展都具有重要的意义。截至 2003 年，日本连续 11 年为中国第一大贸易伙伴。此后，中日经贸关系受两国政治关系恶化和内外经济环境变化影响出现下滑。日本在中国对外贸易合作中地位有所下降，2012 年降为中国第五大贸易伙伴（前四位为欧盟、美国、东盟、中国香港）。中日双边贸易额在 2011 年达到 3429 亿美元的历史高值之后，至今已连续四年大幅下滑。2015 年中日双边贸易额为 2786.6 亿美元，同比下降 10.8%。

过去一年多来，中日政商界沟通交往有所增多，两国企业界互相了解，认知不断增进，促成了不少合作项目。在双方共同努力下，2016 年以来，两国双边贸易投资出现了一些积极迹象，2016 年前三季度，中日贸易总额为 2000 亿美元，同比下降 3.2%，降幅大为收窄。1～8 月，日本对华实际投资额同比虽然下降 8.4%，但降幅已从两位数回升到一位数。同时日本成为中国对外投资的第七大目的地。

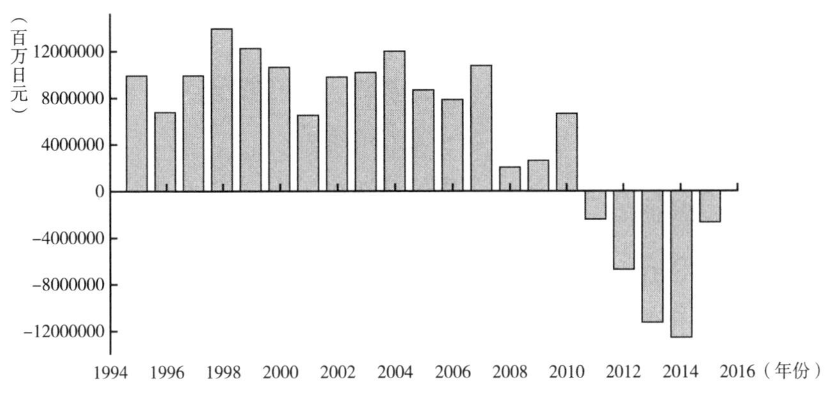

图 23　中日贸易差额

资料来源：Wind 资讯。

（二）推进中日经贸合作的建议

中日两国应扩大经贸合作空间，积极探寻经贸合作新的增长点。当前，中国正处于经济转型升级的历史关节点，日本也在进行经济结构调整，双方今后可在绿色经济、老年产业、中小企业、现代农业、技术贸易等领域大力开展合作，进一步推动两国经贸合作转型升级。

1. 中国经济转型将为中日合作创造新机遇

中国经济转型重在实现由工业主导走向服务业主导，形成服务业主导的新常态。服务业不仅成为经济转型升级的主要推动力，也将不断释放经济增长的新动力。今后如何改进体制机制、引进经验、改善民生还要进行积极探索。未来中国将进一步开放服务贸易领域，而日本在这一领域具有很强的竞争力，可以作为今后经贸合作新的亮点。例如，日本在医疗健康产业、养老产业、零售业和流通业多年形成的成熟运行模式可以为中国服务业企业提供经验和借鉴。

2. 两国应抓住“一带一路”倡议带来的重大发展机遇，大力开展基础设施合作，共同开拓第三方市场

未来五到十年，“一带一路”亚洲部分国家的基础设施建设每年至少需要8000 亿美元。现有的多边机构并不能提供这一巨额资金，需要靠民间资本，这个民间资本不只包括中国和所在国的资金，也欢迎全世界的民间社会资本进入。另外，任何国家包括日本、国际性金融机构、银行以及主权基金、私募基金等都可以进入。

“一带一路”沿线 65 个国家，途径 93 个港口和城市，重点项目会达到几千个，其中基础设施项目至少有三四百个。基础设施互联互通和一些新技术、新产品、新业态、新商业模式的投资机会将会大量涌现。日本在基础设施建设、能源建设、工业化建设以及道路、高铁、桥梁建设等方面具有先进的技术和丰富的经验，双方可以合作，共同开拓第三方市场。

3. 加强能源、环境、制造业等领域合作

中国是世界上能源密度最高的国家之一，目前中国的环境承载能力已接近或达到上限，必须推动形成绿色低碳循环发展新方式；而日本在节约能源、保护环境、发展循环经济方面具有丰富的经验，中日两国企业可以将环境和能源等方面的合作作为中日经贸发展新的增长点。

近年来，中国出现雾霾天气，中国政府已经下决心要治理环境，治理雾霾，今后在这方面的投资力度将会加大。日本在治理公害，特别是治理大气污染方面有过深刻的教训，也积累了丰富的经验和先进技术，双方合作，互补性强，互惠互利。

加强制造业合作。2015 年 5 月，中国出台《中国制造 2025》规划，该规划在“十三五”规划中被重点提及，“十三五”规划将推动“中国制造”加速走向“中国智造”。事实上，《中国制造 2025》着重强调了十大重点领域的突破发展，新一代信息技术产业包括集成电路及专用装备、信息通信设备、操作系统及工业软件；高档数控机床和机器人、航空航天装备、海洋工程装备及高技术船舶、先进轨道交通装备、节能与新能源汽车、电力装备、农机装备、新材料、生物医药及高性能医疗器械等。中国的制造业发展，可以与日本精细机械制造和化工产业、IT 产业等接轨，拓展中日制造业合作更广阔的空间。

4. 扩大人员交流与培训

国之交在于民相亲，中日关系 2000 多年来，即使在困难时期，民间友好交流也未曾中断。增进两国民众的双向交流和往来，有助于加深互相理解。近年来，中国游客赴日观光热情不减。2016 年 1～8 月，赴日中国游客已达 450 万人次，预计 2016 年全年将接近 700 万人次。中国游客赴日旅游与购买行为日趋理性，以往那种"冲动购物"正在向"理性购物 + 文化体验 + 美食"的深度游转化。与此同时，自由行游客比例逐渐增加：2011 年自由行游客比例不到 1/4，2012 年接近 30%，2013 年、2014 年接近 40%，2015 年达 44%，2016 年上半年增加到 54%。日本外相岸田文雄 2016 年 9 月 27 日在东京举行的北京－东京论坛上表示，将从 10 月 17 日起进一步放宽中国人赴日签证。希望此举能够给中国游客赴日带来更大便利。与近年来中国游客赴日旅游人数呈井喷式增长情况相反，日来华旅游人数有所下降。建议发挥民间力量，通过留学、旅游、培训等方式，扩大人员交流，增进相互理解。同时要发挥政经届知名人士的影响力，积极引导日本舆论，客观报道中国经济社会发展现状，塑造中国作为旅游目的地的正面形象，增强日本游客来华旅游信心。

5. 继续发挥二轨平台作用，促进中日经贸关系健康发展

中日经贸关系是维系两国关系的重要基石。要解决好中日经贸关系发展中存在的种种问题，除了开启政府层面的对话外，还需要建立非官方的对话渠道。2015 年，中国国际经济交流中心和日本经济团体联合会共同创立的"中日企业家和前高官对话"二轨对话交流机制在日本东京召开了首轮对话，原则上每年一次，在两国轮流举办。从二轨对话效应来看，一年来，双方企业家沟通交流增多，对改善两国经贸关系、推动中日关系健康稳定向前发展起到了重要作用。今后应继续发挥好二轨交流机制作用，努力扩大两国经贸关系的积极面。特别是在中日关系改善还不稳固的时候，两国企业家应有历史责任和使命意识，切实构筑积极因素，抑制消极影响，从大局出发，推动两国经贸关系长期稳定健康发展。

（三）关注日元汇率走势对人民币的影响

1. 全球货币开启竞争性贬值进程

2015 年以来，在全球经济发展动能不足、增长前景趋弱、各国通缩风险日益升温等因素的影响下，各国央行相继采取宽松货币政策，国际金融市场剧烈动荡，多国货币开启竞争性贬值进程。发达经济体的货币中，除美元外，欧元和日元在量化宽松的影响下大幅贬值。美元升值直接引发新兴经济体货币整体贬值。特别受国际大宗商品价格下跌、资本外逃、自身结构性瓶颈、中国经济的再平衡以及地缘政治等因素的影响，新兴经济体整体面临经济减速，经济下行压力使新兴经济体货币承受进一步贬值的压力，新兴经济体货币贬值或将成为常态。

2. 关注日元汇率走势对人民币的影响

2016年以来，在世界经济陷入停滞性风险加大、国际金融市场动荡、英国脱欧公投、土耳其政变、地缘政治风险加大的影响下，日元作为避险货币大幅升值。目前，日元汇率已升至100日元/美元左右，日元对人民币半年升值30%，日元成为仅次于美元的第二大避险货币。应密切关注日元汇率走势，避免日元大起大落对中日经贸和人民币汇率的影响。

（四）关注日本经济政策新动向

安倍新内阁新“三支箭”回避了安倍政府先期提出的深化经济改革等核心内容，避开了日本经济面临的问题实质。只靠更加宽松的货币政策，装饰日本经济的数字门面。因此，日本经济能否靠新“三支箭”真正走上成长轨道，有待市场检验。中国应关注安倍经济学发展新动向。鉴于安倍经济学的新“三支箭”政策前景不可预期，中国作为日本的邻国和重要的贸易伙伴，应做好全方位的应对措施。建议持续跟踪日本国内经济走势和政治动向，关注安倍经济学能否带领日本真正走出通货紧缩及日本结构性改革的效果，注意防范安倍经济学失败对中国经济发展造成连锁反应。

参考文献

IMF，“*World Economic Outlook*”，October，2016.

《IMF上调日本经济增长预期》，早报网，2016年10月4日。

《安倍参议院选举大胜将损害日本经济》，中国日报网，2016年7月13日。

《标普：日本推迟上调消费税有“一定道理”》，FX168财经网，2016年5月31日。

《东京股市日经股指收于近6个月高点》，人民网，2016年10月21日。

《“负利率”恐无助日本复苏》，《经济参考报》2016年2月19日。

《经济温和扩张　日本央行加码宽松预期减弱》，人民网，2016 年 10 月 18 日。

李浩：《2016：日本经济增长寄望投资与消费》，《金融时报》2016 年 1 月 08 日。

逯新红：《2016 年全球经济：低迷与脆弱并存》，《金融博览（财富）》2016 年第 3 期。

逯新红：《安倍经济学“新三支箭”难治日本经济痼疾》，《中国证券报》2016 年 2 月 22 日。

逯新红：《经济全球化步入关键的十字路口》，《金融博览（财富）》2016 年第 9 期。

逯新红：《日本经济形势分析与展望》，《国际经济分析与展望（2015～2016）》，社会科学文献出版社，2016。

《日本 2016 年上半年呈现贸易顺差》，新浪网站，2016 年 7 月 26 日。

《日本政府出台经济财政基本方针　延期增税影响财源》，人民网，2016 年 6 月 3 日。

《日本主权信用评级备受瞩目　若降级将拖累民间企业》，人民网，2016 年 6 月 6 日。

《日媒：“安倍经济学”加剧中小企业与大企业差距》，人民网，2016 年 6 月 13 日。

《日媒：日本央行实施负利率效果难测，存较大风险》，中国青年网，2016 年 2 月 19 日。

闫磊：《日本再次推迟上调消费税》，《经济参考报》2016 年 6 月 2 日。

（撰稿人：中国国际经济交流中心战略研究部副研究员逯新红）

金砖国家经济形势分析与展望

经过10年合作，金砖国家经济实现了快速发展，对世界经济增长的贡献率超过50%，不仅提升了金砖国家在国际上的地位和作用，也提高了新兴市场国家和发展中国家的代表性和发言权。目前，金砖国家已经举行八次金砖国家领导人会晤，为金砖国家提供了许多有效、包容、共同的解决方案，新开发银行和应急储备安排投入运行，为促进全球经济发展和加强国际金融架构做出重要贡献。近几年，金砖国家发展虽然面临着许多新情况和新问题，也遭遇了完全不同于以往的挫折，经受了来自西方舆论连绵不绝的“唱衰”之声，但“金砖”并没有“褪色”，金砖国家经济仍然具有巨大的发展潜力，完全有能力化挑战为机遇，化压力为动力。

一　金砖国家经济形势的主要特点

（一）金砖成员经济增长虽然出现分化，但对全球经济增长的贡献率继续提高，仍是全球经济增长的重要引擎

经济增长是检验“金砖”成色的首要标准。“金砖国家”概念之所以在全球声名鹊起，首先在于其经济增长速度快、发展潜力大的特性。近几年，金砖国家经济面临不同程度的挑战，经济增速普遍放缓，部分国家甚至出现衰退。但是，不能由此否定“金砖”的增长特性。金砖国家面临的现状只是复苏乏力、持续深度调整的世界经济大图景的一部分。在外需萎缩和内需低迷的双重压力下，金砖国家经济增速出现分化。得益于较好的人口条件以及较为合理的宏观经济政

策，印度经济已进入中高速增长的通道，2015 年经济增长率达到 7.6%。中国通过全面深化改革，产业升级和结构调整步伐加快，正步入更可持续、更健康的发展轨道，2015 年经济实现了 6.9% 的中高增速。在美欧制裁、油价下跌、卢布贬值和地缘政治等多重因素的共同作用下，2015 年俄罗斯经济出现了较大幅度的萎缩，经济增长率为 -3.7%，衰退程度为金融危机以来的新高。受政局动荡、外需不振以及国内需求严重萎缩等负面因素的影响，2015 年巴西经济陷入大幅衰退，经济增长率为 -3.8%。

表 1　2006～2018 年金砖国家 GDP 增长率

单位：%

国家＼年份	2006	2007	2008	2009	2010	2011	2012	2013	2014	2015	2016	2017	2018
巴西	4.0	6.0	5.0	-0.2	7.6	3.9	1.8	2.7	0.1	-3.8	-3.5	0.2	1.5
俄罗斯	8.2	8.5	5.2	-7.8	4.5	4.3	3.4	1.3	0.6	-3.7	-0.6	1.1	1.2
印度	9.3	9.8	3.9	8.5	10.3	6.6	5.1	6.9	7.3	7.6	6.6	7.2	7.7
中国	12.7	14.2	9.6	9.2	10.6	9.5	7.7	7.7	7.3	6.9	6.7	6.5	6.0
南非	5.6	5.4	3.2	-1.5	3.0	3.2	2.2	2.2	1.5	1.3	0.3	0.8	1.6
世界	5.56	5.67	3.04	0.01	5.43	4.22	3.49	3.34	3.42	3.2	3.1	3.4	3.6

注：2016 年为估计数，2017 年和 2018 年为预测数。

资料来源：国际货币基金组织历年发布的《世界经济展望》。

金砖国家的增长特性使其成为世界经济增长的重要引擎。从世界范围来看，“金砖”表现仍不乏亮点，中国和印度增速仍名列前茅，远高于世界经济 3.2% 的平均增速。IMF 报告指出，过去 10 年，金砖国家对世界经济增长的贡献率超过 50%。自 2006 年 9 月金砖国家外长在联合国大会期间首次会晤，金砖国家合作起航。10 年来，五国经济总量在世界经济中的比重从 12% 上升到 23%，30 亿人民的生活质量日益改善，金砖国家在国际上的地位和作用不断提升。① 2016 年 7 月，IMF 预计 2016 年全球经济增长 3.1%，而中国将贡献其中 1.2% 的经济增长，经济增长贡献率接近 40%。总之，由于中国、印度的经济增长，金砖国家对全球经济增长贡献率超过 50%，显示了金砖国家的经济活力，金砖国家依然是世界经济增长的主要贡献者。2017 年 1 月，IMF 发布的《世界经济展望》预

① 《习近平主席在金砖国家领导人第八次会晤大范围会议上的讲话》，2016 年 10 月 16 日。

测，2017年和2018年中国和印度的经济仍将保持中高速增长，分别为6.5%、6.0%，7.2%、7.7%；巴西、俄罗斯和南非的经济增速开始回升，分别为0.2%、1.5%，1.1%、1.2%，0.8%、1.6%。

表2　2010年和2015年金砖国家的GDP

单位：亿美元，%

序号	国家	2015年GDP	2010年GDP	2015年GDP/2010年GDP
1	巴西	17725.89	20235.28	0.88
2	中国	109828.29	57451.33	1.91
3	印度	20907.06	14300.2	1.46
4	俄罗斯	13247.34	14769.12	0.90
5	南非	3129.57	3544.14	0.88
12	金砖国家	164838.15	110300.07	1.49
13	世界	773000.00	619634.29	1.25
14	金砖国家/世界	21.32%	17.80%	1.20

资料来源：国际货币基金组织《世界经济展望》，2016。

（二）金砖国家对外贸易出现负增长，占全球贸易份额略有下降，但金砖国家间的贸易增长较快

在国际金融危机后续影响和国际大宗商品价格暴跌的冲击下，金砖国家的对外贸易增速放缓，并出现负增长。2014年，金砖国家对外贸易增速放缓，五国货物贸易进出口总额为65065亿美元，同比仅增长0.3%，明显低于全球货物贸易的增速（2.8%），占全球货物贸易总额的比重为17.1%，下降了2.2个百分点。2015年，金砖国家对外贸易出现负增长，五国货物贸易进出口总额为56571亿美元，同比下降13.1%，下降幅度高于全球货物贸易的降幅（12.7%），占全球货物贸易总额的比重降为17.0%，进一步降低；金砖国家各成员的对外贸易全部下降，俄罗斯降幅最大，同比下降32.9%，南非次之，下降21.7%，巴西下降20.2%，印度下降15.7%，中国降幅最低，下降7.8%。据驻巴西经商参处数据，2016年1～9月，巴西货物贸易出口1393.66亿美元，同比下降3.55%，进口1031.86亿美元，同比下降23.14%。据南非国税局统计，2016年1～9月，南非货物进出口额为1119.3亿美元，比上年同期下降12.9%；其中，出口

565.4亿美元，比上年同期下降9.9%；进口553.9亿美元，比上年同期下降9.9%。据中国海关数据，2016年前三季度，中国进出口、出口和进口虽仍同比下降，但在8月三个数据均呈现大幅增长态势，9月进出口与出口总值增速有所回落。

表3　2005～2015年金砖国家货物进出口总额

单位：亿美元，%

年份	2005	2006	2007	2008	2009	2010	2011	2012	2013	2014	2015
巴西	1921	2291	2813	3711	2806	3778	4823	4657	4818	4542	3626
中国	14219	17604	21762	25633	22072	29738	36418	38670	41590	43004	39635
印度	2412	2994	3645	4976	4432	5704	7639	7785	8027	7769	6551
俄罗斯	3402	4394	5520	7350	4726	6260	8231	8410	8422	7845	5267
南非	1020	1211	1439	1616	1176	1656	2107	2034	1987	1905	1492
金砖国家	22974	28494	35179	43286	35213	47136	59217	61556	64844	65065	56571
金砖国家/世界	11.1	11.9	12.8	13.7	14.4	15.8	16.6	17.7	19.3	17.1	17
中国/金砖国家	61.9	61.8	61.9	59.2	62.7	63.1	61.5	62.8	64.1	66.1	70.1
中国/世界	6.9	7.4	7.9	8.1	9.0	10.0	10.2	11.1	12.4	11.3	11.9

资料来源：UN Comtrade Database。

2001～2015年，中国在金砖国家货物进出口总额中的比重呈现持续上升之势。2001年中国货物进出口额占金砖国家贸易总额的比重达55.9%，2006年上升到61.8%，2015年升至70.1%，创近15年的最高水平。

澳大利亚东亚论坛网站发表印度观察家研究基金会吉坦贾利·纳塔拉杰的一篇文章称，高速的经济增长和人口红利表明，与世界其他地区相比，金砖国家拥有一种“结构性优势”，2015年金砖国家出口占全球出口的19.1%；同时金砖国家之间的贸易额也从2006年的930亿美元增长到2015年的2440亿美元，增长163%。

（三）金砖国家利用外资规模有升有降，对外投资呈现加速增长态势，金砖国家间的投资合作日益增多

金砖国家各国利用外资规模出现分化趋势。据联合国贸易和发展会议数据，2015年印度吸引的外国直接投资增加1倍，总额达到590亿美元。中国仍是最具

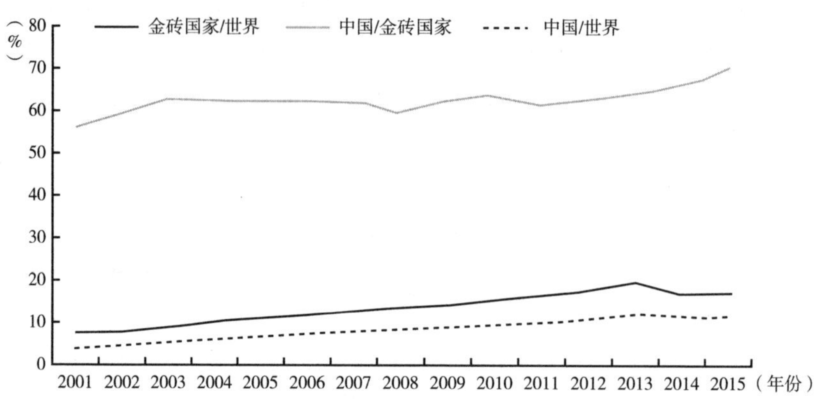

图1　2001～2015年金砖国家货物进出口总额占世界的比重

资料来源：UN Comtrade Database。

投资吸引力的国家，商务部数据显示，2015年中国实际使用外资金额7813.5亿元，同比增长6.4%，截至2015年12月底，中国非金融领域累计设立外商投资企业达836404家，实际使用外资金额16423亿美元。2016年6月，联合国贸易和发展会议公布的世界投资报告显示，受经济不景气、大宗商品价格低迷等因素影响，2015年南非获得的外商直接投资猛跌69%，降至18亿美元，达到10年以来最低水平。据俄罗斯央行的数据，2015年俄罗斯的外国直接投资额下降78%。据瑞士信贷银行公布的数据，2015年巴西获得的外国直接投资为646亿美元，低于2014年的水平（731亿美元），在新兴国家直接投资中的占比由2014年的6.7%降至2015年的5.7%。

近几年，金砖国家特别是中国对外投资呈加速发展的态势。据商务部、国家统计局、国家外汇管理局2016年9月22日联合发布的《2015年度中国对外直接投资统计公报》，中国对外直接投资实现连续13年快速增长，2015年创下了1456.7亿美元的历史新高，占到全球对外投资流量份额的9.9%，同比增长18.3%，金额仅次于美国（2999.6亿美元），首次位列世界第二。从增速来看，2002～2015年，中国对外直接投资年均增幅高达35.9%，“十二五”期间对外直接投资5390.8亿美元，是“十一五”期间的2.4倍。从存量来看，截至2015年底，中国2.02万家境内投资者在国（境）外设立3.08万家对外直接投资企业，分布在全球188个国家（地区）；中国对外直接投资存量为10978.6亿美元，占全球外国直接投资流出存量的份额由2002年的0.4%提升至4.4%，排名由第25

位上升至第8位。2015年末，中国境外企业资产总额达4.37万亿美元。值得关注的是，2015年，中国对外投资超过同期实际使用外资，首次实现了资本项下净输出。随着“一带一路”倡议、国际产能合作的深入推进，中国企业海外并购的热潮仍将持续。《2015年度中国对外直接投资统计公报》显示，2015年，中国对“一带一路”相关国家投资达189.3亿美元，同比增长38.6%，是全球投资增幅的两倍，占全年流量总额的13%，2015年末中国对外直接投资存量的八成以上（83.9%）分布在发展中经济体。据中国商务部统计，2016年1~9月中国境内投资者共对全球160个国家和地区的6535家境外企业进行了非金融类直接投资，累计对外直接投资8827.8亿元（折合1342.2亿美元），同比增长53.7%，较上年全年的1214.2亿美元，增加128亿美元，较2016年同期吸引外资（950.9亿美元）高出391.3亿美元。

随着合作机制的不断完善，金砖国家投资合作日益增多。中国商务部、国家统计局、国家外汇管理局2016年9月22日发布的《2015年度中国对外直接投资统计公报》显示，2015年，中国对俄罗斯的直接投资额为29.61亿美元，创历史最高值，同比增速高达367.3%，占对欧洲投资流量的41.6%。从行业的分布来看，中国对俄罗斯的投资主要集中在采矿业（47.6%）、金融业（25.9%）、农林牧渔业（11.7%）和制造业（9.3%）等行业。外交部网站数据显示，截至2015年底，中国累计对印度直接投资35.5亿美元，印度对中国实际投资6.44亿美元；其中，2015年，中国对印度非金融类直接投资流量为1.43亿美元；印度对中国直接投资0.8亿美元。

（四）金砖国家货币持续贬值，部分成员通货膨胀率处于较高水平，发生系统性金融风险的可能性加大

近几年，金砖国家各国的货币都出现了不同程度的贬值，俄罗斯、巴西、南非等贬值幅度较大。俄罗斯卢布在美元升值、国际油价下跌以及美欧对其实施经济制裁等因素的影响下出现大幅贬值，由2013年平均1美元对31.84卢布贬至2015年平均1美元对60.94卢布，两年间贬值近50%，跌幅之剧烈引人注目。巴西汇率也是一路下跌，由2011年的平均1美元对1.67雷亚尔贬值到2015年平均1美元对3.33雷亚尔，五年间贬值了50%。除了俄罗斯、巴西以外，南非也是货币贬值幅度较大的金砖国家。南非兰特自2006年开始贬值，2006年南非兰特对美元平均汇率为6.7715:1，2015年南非兰特对美元平均汇率为12.7645:1，10年贬值近50%。

进入2016年南非兰特对美元汇率进一步下跌，2016年1月11日，南非兰特对美元汇率一度跌破17∶1大关，创下历史新低。2016年1月20日之后南非兰特开始走强，7月16日，兰特对美元汇率升至13.2748∶1，达到2016年最高水平，但仍低于2015年平均水平，也低于2015年7月6日的汇率（12.4056∶1）。中国的人民币和印度的卢比近两年对美元的汇率也出现了10%以上的贬值。

金砖国家货币大幅贬值，全球原油、铁矿石、煤炭等资源型产品需求疲软，国际大宗商品价格大幅下降，在这些不利因素的综合影响下，国际资本大量流出金砖国家，俄罗斯和南非的资本流出最为严重，加剧了这些国家金融市场的动荡，发生系统性金融风险的可能性加大。金砖国家货币大幅贬值还导致通货膨胀率上升，根据世界银行的数据，巴西按消费者价格指数计算的通货膨胀率在2012年后呈现加速上涨趋势，由2012年的5.08%升到2015年的15.53%；市场利率自2011年后也开始上升，平均贷款利率2015年已达15.72%。南非的通货膨胀率也不断上升，2015年1月为4.43%，2015年12月上升到5.23%，2016年2月上升到7.00%，2016年8月为6.30%。

二　金砖国家经济前景展望

（一）部分成员经济出现复苏迹象，金砖国家经济发展前景向好

任何一个国家的经济发展都不可能直线上升，都会有曲折反复。从趋势和潜力看，金砖国家拥有丰富的自然资源和人力资源、广阔的国内市场、巨大的发展潜力、充裕的政策空间，上升趋势不会改变。经济合作与发展组织（OECD）2016年5月11日发布的最新月度领先指数显示，新兴市场国家经济放缓显现好转迹象，巴西和俄罗斯经济前景在改善，中国经济前景有所企稳。从具体指标来看，俄罗斯、巴西领先指数分别由2月的98.4、98.0升至98.6、98.3；中国维持98.3。巴西及俄罗斯领先指数升幅较大，预示经济增速有企稳向好迹象。[①] 国际货币基金组织（IMF）总裁拉加德2016年10月在美国西北大学发表讲话时指出，尽管世界经济增长缓慢，但发展中经济体前景乐观，中国和印度经济增长相

① OECD的综合领先指数是反映一个国家宏观经济未来走势的重要参考指标。从历史数据来看，该指数往往领先实际经济运行6～9个月，具有一定的前瞻性。

对较好，巴西和俄罗斯开始显露复苏迹象，在全球经济复苏脆弱且不均衡的大背景下，作为发展中经济体的领头羊，金砖国家前景光明、后势可期。“褪色论”矛头直指的俄罗斯、巴西和南非经济也出现明显回暖迹象。虽然俄罗斯宏观经济形势仍然复杂，增长势头不稳，但正在逐渐克服下滑态势。根据巴西国家地理研究所最近公布的一项数据，2016 年第二季度巴西工业增加值上涨 0.3%，结束了连续 5 个季度的衰退，这被视为巴西工业生产在 2016 年逐渐恢复的一个表现。从南非 GDP 的年化季率变化情况看，2016 年第一季度为 -0.2%，2016 年第二季度为 0.6%，开始回升。同时，中国作为全球第二大经济体，正在采取供给侧结构性改革等重大长期举措以提振经济，2016 年前三季度经济增长 6.7%。过去两年来，印度莫迪政府在经济发展上采取了一系列重大经济改革举措，取得了较大成效，2016 年前三季度经济增长保持了较高速度。普华永道南非咨询公司亚洲事务主管利恩·林表示，2016 年，金砖国家成员国在全球竞争力排行方面取得了积极进展，让投资者看到希望。加之大宗商品价格出现回暖迹象，金砖国家未来发展前景将更为乐观。

（二）金砖国家积极探索长效合作机制，机制化发展有望迈出关键性步伐

从合作的角度看，“金砖”非但没有褪色，成色反而进一步提升。在合作的“浇铸”下，“金砖”已经从一个代表相似发展阶段、增长速度和发展潜力的“现象共同体”日益发展成为息息相关的利益共同体、携手前行的行动共同体。从首次金砖国家外长会议至今，金砖国家合作已经走过 10 年。10 年来，金砖国家秉持开放、包容、合作、共赢的金砖精神，努力构建全方位、多层次的合作架构，合作领域不断拓展，合作机制不断完善，合作成果不断涌现。金砖国家设立新开发银行，建立应急储备安排，推动节能，提高能效合作，加强气候变化立场协调，彰显了金砖国家合作的行动力和有效性，开辟了南南合作新路径。2015 年，金砖国家领导人第七次峰会通过了《金砖国家经济伙伴战略》，极大地提振了金砖国家的信心，也使金砖国家在国际上具有了更大的影响力。2016 年，金砖国家领导人第八次峰会通过了《果阿宣言》，强调基于共同利益和关键优先领域，进一步加强金砖国家团结合作，以及秉持开放、团结、平等、相互理解、包容、合作、共赢精神，进一步增强金砖国家战略伙伴关系的重要性，金砖同意进一步推动保险和再保险市场合作、税收体系改革、海关部门互动等，并探讨设立

一个金砖国家评级机构的可能性，签署了农业研究、海关合作等方面的谅解备忘录和文件，提振了金砖国家的信心，为金砖国家今后合作提供了新动力。

金砖国家合作的基础和生命力，在于金砖国家之间的共同利益和目标。金砖国家之间的经贸联系不断加强，经济依存度上升。在金融危机以来全球贸易持续低迷的大背景下，金砖国家间贸易逆势强劲增长。据中国商务部统计，在截至2014 年的 7 年间，金砖国家间贸易额年均增长 17%，远超过同期全球贸易的年均增速。随着 2014 年《福塔莱萨宣言》的发布，嘲讽金砖国家“只会高谈阔论”的美欧媒体，开始惊呼：金砖国家领导人峰会成立金砖国家新开发银行和建立金砖国家应急储备安排的决定，是要与美欧主导的世界银行和国际货币基金组织“分庭抗礼”。布鲁金斯学会拉美项目主管特林库纳斯称，“金砖国家正在寻找‘既有世界秩序的替代品’”。目前，金砖国家新开发银行批准了首批贷款项目，用于支持金砖国家多个绿色能源项目，并发行了第一只绿色金融债券，充分展现了其强大的行动力。到 2016 年，金砖国家合作机制已经相当广泛，除原有的经贸部长会议、农业部长会议、财长和央行行长会议、安全事务高级代表会议、国家统计局长会议、地方政府论坛、工商论坛、智库论坛等专门对话机制以外，金砖国家将合作交流领域进一步推广到科技、教育、海关、税务以及禁毒等领域，不断把“金砖”扩大、做实。

（三）金砖国家不断提高新兴市场和发展中国家的代表性，将成为全球经济治理变革的重要推动者

金砖国家是新兴市场和发展中国家的领头羊，五国自身经历和发展特点使其成为新兴市场和发展中国家利益的代言人，将在世界经济舞台上扮演越来越重要的角色。金砖国家人口数量众多、经济体量巨大，在其各自所属地区都拥有巨大影响力，在参与全球经济治理和维护发展中国家利益方面发挥着不可替代的作用，有利于推动国际经济秩序朝着更加公平、公正、合理的方向发展。金砖国家是全球经济治理变革的参与者、推动者、引领者，在为世界创造财富的同时，也在为完善全球治理贡献智慧和力量。发出统一的“金砖声音”，形成明确的“金砖方案”，是金砖国家对全球经济治理的首要贡献。作为历史上首个由新兴市场国家自主成立并主导的国际多边开发银行，金砖国家新开发银行成为新兴市场和发展中国家推动完善全球经济治理的重要手段。新开发银行的建立反映了新兴市场和发展中国家的共同愿望，将促进现有多边开发机构加快改革步伐，进一步提

高发展中国家的代表性和发言权。在全球经济治理层面，金砖国家在一系列的重大国际问题上有着许多共同的立场，无论是在国际金融体制的改革，还是在多边和区域贸易谈判、千年发展目标等方面，金砖国家在联合国、G20、WTO、IMF、世界银行等国际舞台上都将发挥越来越重要的作用。

（四）金砖国家经济发展面临方式转变和结构调整的双重压力

整体上看，金砖国家的经济结构出现不同程度的失衡，这些国家过于依赖出口，提振内需的效果并不显著；市场成熟度不高，偏重于要素投入，企业竞争能力和创新能力与发达经济体相比仍有较大差距；政府对经济活动的干预程度较高，国有经济的改革迟滞最终殃及私营经济，其生产率和创新力都受到负面影响。同时，金砖国家社会贫富差距较大、区域发展不平衡、社会保障不完善等问题依然突出，金砖国家的基尼系数位于0.37～0.57这一较高区间。巴西在工业化不足条件下的快速城市化，造成了包括贫民窟、失业、收入分配两极分化、环境破坏等在内的一系列社会问题，后遗症迄今仍然严重。此外，随着大宗商品的超级周期的结束，以及美国开始逐步退出量化宽松政策，金砖国家还面临稳定金融体系、防止资本大规模外流、保持汇率稳定、防范输入型通胀和本地通胀合流等挑战。确保公共财政的可持续性也是一大难题，印度的政府债务接近警戒线，巴西、俄罗斯、南非的财政状况则因能源和矿产价格下跌、出口减少可能进一步恶化。金砖国家的增长主要源自要素投入而非技术进步，劳动力和物质资本投入在金砖国家经济增长中都处于重要的地位，随着国际要素价格的结构性变化，金砖国家原有的优势进一步缩小，增长的可持续性或将难以维持。中国劳动人口增长率开始呈现下行特征，新增劳动力数量低于劳动力需求数量的情况越来越明显，劳动力价格将呈上行趋势。俄罗斯除了高度依赖能源出口外，还由于出生率偏低、死亡率偏高，面临严重的人口危机，未来俄罗斯将经历加倍的人口老龄化以及总人口的萎缩，预计到2020年，俄罗斯60岁以上的人口占全国人口的比重将超过20%。

金砖国家的增长得益于其开放性，但开放带来的对外依赖也增加了金砖国家的经济风险，迫切需要推进结构性改革以降低经济的脆弱性。巴西的增长在相当程度上是通过外国投资和农产品等大宗商品出口获得的。前者可能受制于国际评级机构的评级，后者则受制于国际市场波动。南非的支柱产业矿业也与发达工业国的需求高度相关。与巴西和南非类似，俄罗斯经济在相当程度上依靠出口石油、天然气等能源产品来支撑。其政府财政收入、官方外汇储备与国际石油市场价格存在高度相关性。投行摩根士丹利预计，原油价格每下跌10美元，就意味着俄罗斯出口将受到324亿美元的影响，大约占到该国GDP的1.6%。[①] 尽管俄罗斯是石油主要出口方之一，但俄罗斯并不掌握油气资源定价权。[②] 实际上，随着美国页岩油产量的增加，石油输出国组织欧佩克（OPEC）的定价权正在逐渐向美国转移。[③] 无论事实是否如此，俄罗斯高度依赖于能源出口的经济结构，是其长期经济增长蕴含高风险的重要原因，也揭示了资源出口国外部脆弱性的通病之所在。中国和印度对外部世界的依赖主要体现在对市场的依赖。中国生产的大量制造品需要外部市场消化，印度支撑其经济增长的服务业中相当部分也是来自英美的软件外包业务。尽管从发展趋势来看，中国对外部经济体的市场依赖近年有下降的趋势，以货物和服务进出口为统计口径的外需对中国经济增长的贡献也有所减弱，近些年甚至为负，但不能忽视外部市场的重要作用。金砖国家虽然是世界上大宗商品进出口大国，但是基本没有定价权，面对欧美地区越发明显的贸易保护主义，金砖国家也难以保持较高的出口增量。

（五）金砖国家经济发展面临发达国家和发展中国家的双向竞争

在世界经济复杂多变、不确定性因素增加的形势下，发达国家纷纷促进制造业回流。国际金融危机使欧美发达经济体重新认识到制造业在推动技术进步、拉动就业方面的巨大作用，将再造制造业视作推动经济复苏、提升经济活力的关键，出台了一系列政策吸引制造企业回归，进而实现本国的“再工业化”。美国推出了《美国制造业促进法案》《重振美国制造业政策框架》《先进制造业伙伴计划》等一系列措施，将制造业放在核心地位，积极实施制造创新国家网络计划，引领新一轮技术革命，鼓励企业在美国建厂，为制造业回流本土创造更好的条件，使美国成为新的就业和制造业的增长极，以重新确立美国制造业在全球的领先地位。德国政府提出了工业4.0战略，日本和韩国等国家也重新规划了相应

---

① 谭丽娅：《摩根士丹利：若油价降至50美元 俄将陷入大衰退》，http：//finance. huanqiu. com/view/2014－10/5181509. html。

② 林跃勤：《新兴经济体经济增长方式评价——基于金砖国家的分析》，《经济社会体制比较》2011年第5期。

③ Goldmanslashes 2015 Oil Price Forecast as Glut Grows，Reuters，2014，http：//www. reuters. com/article/2014/10/27/oil－forecast－goldman－idUSL4N0SM08A20141027.

的产业发展战略。

国际金融危机后，以美国为代表的发达国家正积极谋求制定新一轮国际投资规则。目前，全球尚未建立统一、系统的多边投资规则体系，美国为了在新一轮经济全球化中占有主导权，积极推动建立高标准的国际投资规则，推动区域投资自由化，引领后金融危机时代经济全球化的秩序安排。面对美国在金融危机后全球经济战略的调整，金砖国家存在被边缘化的风险。

第一，在国际投资规则体系中，排他性的双边和多边投资协定快速发展。国际金融危机爆发后，美国、欧洲等传统的投资输出大国和地区纷纷着手建立排他性的双边和多边投资协定，降低相互间的准入门槛和投资限制，拓宽投资领域，进一步推动相互间的投资自由化。

第二，在国际投资规则的内容上，加大对国外直接投资的安全审查。国际金融危机后，许多国家在制定国际投资规则中，引入多种措施扩大东道国对国际直接投资的监管权力，扩大东道国政府对国际直接投资事务的管辖范围，特别是通过引入国家安全、金融安全、环境保护等一般性例外措施，扩大东道国的监管范围。

第三，在国际投资主体上，更加强调投资公司的社会责任。为了使投资公司更好地服务于本国经济发展的目标，许多国家开始在其签订的国际投资协定中加入投资企业的社会责任条款，要求投资公司在环境保护、人权发展、遵守劳工标准及反腐败等方面发挥作用。

越来越多的发展中国家认识到外资流入对东道国的积极作用，如弥补投资缺口、促进出口增长、带来先进技术、引入竞争机制等。为了吸引更多的 FDI，发展中国家采取了提供投资激励、实行投资自由化、改善投资环境、签订国际投资协议等不同的方式和手段。一些发展中国家为加大吸引外资力度还竞相出台一些税收优惠措施，推动发展中国家不断提高对外资的优惠程度。很多发展中国家为外商投资企业提供免税期，一般为 5 年。泰国规定，“奖励”产业可免征 5 年所得税或 1 年消费税。印度尼西亚、加纳等国家都出台了类似的法律规定。除以上措施外，许多发展中国家还通过提供公有土地租赁费用减免等优惠措施，全方位吸引 FDI。同时，发展中国家近些年纷纷放宽对外国直接投资的限制。贸发会议指出，最积极吸引外国直接投资的是东南亚和南亚国家，这些国家出台的吸引外国直接投资的政策占发展中国家全部政策的 1/3 以上。许多亚非拉地区的发展中国家还借鉴中国发展模式并结合自身的发展需要，设立经济特区、经济技术开发区，给予外商更多的优惠投资政策和投资便利。

三　推动金砖国家合作发展的建议

（一）推动金砖国家扩容，提升代表性和影响力

2010 年，南非作为新成员国正式加入金砖国家，这是金砖国家第一次扩容，标志着这一新兴国家的代表性机制已经涵盖了来自美洲、欧洲、亚洲和非洲的主要大国。尽管金砖国家目前面临种种困难和挑战，但是金砖国家不应停止适度扩容的步伐。G20 的形成本身就说明以 G8 为代表的发达国家在处理全球性金融危机时已经感到力不从心。随着新兴经济体总体实力的不断上升，世界政治经济格局出现重大变化，全球治理需要新动力、新思路、新模式，以适应形势的重大变化。金砖国家扩容有利于提高发展中国家和新兴经济体的话语权和决策权，更大地发挥这些国家的优势和作用，为全球治理注入新的血液、新的思想、新的理念，使之更加公正、公平、合理，并为世界经济增长提供新动力。金砖国家从一开始就拒绝封闭的俱乐部模式，对其他国家和国际、区域性组织的联系与合作持开放态度。金砖国家扩容正是践行开放合作理念的最好体现，能够让金砖机制惠及更多国家。

博鳌亚洲论坛 2010 年会发布的《新兴经济体发展 2009 年度报告》首次提出“E11”（新兴经济体 11 国）概念，将 G20 国当中的阿根廷、巴西、中国、印度、印尼、韩国、墨西哥、俄罗斯、沙特阿拉伯、南非和土耳其 11 个国家作为一个新兴经济体进行整体研究。除了金砖国家成员外，阿根廷、印尼、韩国、墨西哥、沙特阿拉伯和土耳其 6 国，近 5 年的经济表现明显好于巴西、俄罗斯和南非。2015 年，印尼、土耳其、沙特、韩国、墨西哥、阿根廷的经济增长率分别为 4.8%、3.8%、3.4%、2.6%、2.5%、1.2%。除了印尼之外，其他 5 国的人均 GDP 都在 9000 美元以上，远高于金砖国家的平均水平。考虑到沙特和韩国人均 GDP 均超过 2 万美元，相对发达，明显高于金砖国家的平均水平，而阿根廷的经济体量较小，可选取人口最多的 3 个国家作为金砖国家扩容首选成员：印尼（2.58 亿人）、墨西哥（1.27 亿人）、土耳其（0.79 亿人），经济水平与金砖国家接近，发展诉求与金砖国家相似。印尼作为东盟地区的领头羊，具有独特优势和巨大发展潜力，当前和今后一个时期，必将成为世界经济发展中一颗耀眼的新星。土耳其是继中国、俄罗斯、印度、巴西和南非等金砖国家之后又一蓬勃发展

的新兴经济体，在国际社会享有“新钻国家”的美誉。墨西哥成功发挥自身优势，实现了经济领域的部分现代化，建成了拉美地区规模最大、最完整的工业体系。金砖国家未来更可采取“金砖 + N”的模式，在条件成熟时适度吸收新成员。

（二）探索建立常设机构，推动金砖国家机制化发展

目前，金砖国家之间的合作机制基本上处于初级阶段，一些国家对金砖国家领导人峰会等多边合作机制尚存疑虑，特别是对金砖国家能不能代表其他发展中国家以及不同成员国在重大国际问题的协调一致上表示担心。所以，金砖国家的机制化建设将是目前迫切需要解决的问题。只有加强机制化合作，才能把经济力量转化为政治影响力，在二十国集团、联合国和国际货币基金组织等国际机制中取得更为平等的地位，推动国际秩序更加多极化、公正化和民主化。2015 年乌法峰会是金砖国家合作机制发展史上的里程碑。在会议召开前夕，金砖国家新开发银行召开了首次理事会会议，任命印度人卡马特为首任行长，总部设在上海，金砖国家未来的金融合作将步入实际操作阶段。金砖国家新开发银行成立不仅标志着新兴经济体在全球金融架构中将发挥越来越重要的影响，也标志着金砖合作开始从“概念”走向“实体”，从“论坛化”走向“机构化”。金砖国家在取得巨大成就的同时，也存在一些问题。目前，金砖国家正面临经济放缓的局面，除了中国和印度，俄罗斯、巴西和南非的经济增长率都低于世界平均水平，以至于人们开始产生“金砖褪色”的质疑。金砖国家在市场准入、关税减让等方面还没有取得实质性的进展；各国的经济结构也不平衡，金砖国家其他四个成员都对中国经济有了越来越大的依赖，而反过来中国经济对它们的依赖没有那么强。解决上述问题，需要金砖国家巩固和推进实体化进程，逐渐确定合作宗旨、目标、任务、成员资格等基本要素，加快设立秘书处。

结合金砖国家今后面临的国际环境，总结金砖国家走过的道路，就金砖国家的机制建设来说，未来的工作重点应该是机制化，推动建立金砖国家合作长效机制，加强内部协调与外部合作，增强金砖国家的稳定性。

首先，要选择硬机制，尽快解决金砖国家机制化问题。尽管国家间合作可以采取硬机制（机制化）或者软机制（非机制化）两种方式，软机制的治理具有非正式性和低制度化的特色，更多强调的是国家间的协商、互动，不成立正式的组织，只是召开一些会议，有时是首脑会，也包括财长和外长会等。金砖国家合

作机制在目前来说，采用的是软机制的方式，具有非正式性，分为领导人峰会、外长会议和财长会议等几个层次定期或非定期会议，仅具有松散的论坛性质，至今还没有秘书处。金砖国家应加快建立金砖国家的长效机制，可以探索建立宏观经济政策沟通协调机制、危机应对机制、争端解决机制。这些长效机制形成之后，会使金砖国家的共振频率更大。

其次，要有效处理内部差异性与机制的稳定性问题。如何实现金砖合作机制的内部稳定，是从根本上对“金砖褪色论”进行驳斥的最有效手段。金砖国家各成员之间的互补性大于竞争性，合作潜力巨大，积极探索共同利益是在内部实现金砖机制稳定的重要保障。在处理国际事务的时候，各成员国谋求更多的政策协调，寻找共同利益，也有助于建立稳定的合作机制。

中国应抓住2017年金砖国家轮值主席国的机遇，把金砖国家这个重要平台建设好、维护好、发展好。大合作中携手前行，需要真诚相待、互利共赢的伙伴关系。尽管金砖国家已建立了多个合作机制，但是金砖国家仍然需要提升机制设计能力，不断提高合作机制的质量。作为2017年金砖国家轮值主席国，中国应抓住机遇，加强谋划，设计符合各方利益的合作方案，形成“厦门行动”，争取成为金砖国家合作发展的新里程碑。中国应推动金砖国家推进金砖框架内务实合作，携手落实可持续发展议程，努力形成各利益攸关方携手共建、各领域平衡共进、各阶层繁荣共享的发展新格局。中国应推动金砖国家以落实《金砖国家经济伙伴战略》为契机，建设好、维护好、发展好金砖国家新开发银行和应急储备安排这两块“金字招牌”，对内搭建畅通合作的“民心桥”，对外扩大金砖的“朋友圈”。

（三）启动金砖国家自贸区谈判，释放金砖国家的合作潜力

建立金砖国家自贸区有利于巩固和扩大金砖国家领导人峰会取得的成果，为金砖国家间扩大贸易、投资、制造业、矿业、能源、农业、科技创新、金融、互联互通和信息技术等领域合作提供制度保障。发达国家主导的投资贸易协定都明显地将中国、俄罗斯、印度、巴西和南非这些“金砖国家”排除在外。基于欧美巨大的经济总量和市场容量，新一轮国际投资贸易协定在“边境”和“边境后”议题上达成的高标准和新规则，将会对全球经贸规则产生示范效应，引发其他发达国家和一些中等收入国家的效仿，从而推高全球经贸规则和标准。如果按照高标准的贸易规则建立金砖国家自贸区，则各方利益更加难以协调，建立的

难度将明显增加。中国作为金砖国家中经济体量最大的国家，应该积极倡导建立金砖国家自由贸易区，扩大彼此的经贸合作，夯实“金砖国家”的共同利益基础，促进整体经济增长，优化经济结构，实现共同发展。考虑到金砖国家之间战略利益的复杂性，高标准的自由贸易区建设很难立即启动，可以采取逐步推进的方式，前期重点达成金砖国家自贸区早期收获计划。

（四）促进投资贸易便利化，扩大金砖国家的利益汇合点

尽管金砖国家做出了巨大的努力，但从国际投资和贸易便利化发展的总体水平来看，金砖国家的投资贸易便利化仍处于中等偏下水平。从金砖国家单个国家的贸易环境来看，根据世界经济论坛的《全球竞争力报告》，在 125 个国家中，金砖国家贸易便利化发展程度最好的是中国，但是中国在全球排名中也仅处于第 45，俄罗斯更是排在了 100 名之后。在投资贸易便利化合作方面，金砖国家仍处于起步阶段，合作的程度有待深化。2013 年，金砖国家通过《金砖国家贸易投资合作框架》。2014 年，金砖国家提出《贸易投资便利化行动计划》。在这些合作机制和规划的推动下，2014 年金砖 5 国间贸易额近 3500 亿美元，较 7 年前增长了 2.5 倍。目前，中国已成为巴西、俄罗斯、南非和印度最大的贸易伙伴，与 4 国双边贸易额达 3000 多亿美元，累计直接投资额达到 350 多亿美元。事实证明，金砖国家之间投资贸易合作潜力巨大，需要促进金砖国家投资开放和贸易便利，开展双边和多边务实合作，增强互补性，为金砖国家的共同发展注入强劲动力。中国作为金砖国家贸易便利化发展较为领先的国家，应发挥更加积极的作用。一方面，可结合“一带一路”战略推进与投资贸易便利相关的基础设施建设，为相互之间的贸易发展创造良好条件；另一方面，可推动建立金砖国家大通关机制，推动海关信息共享、互认，促进贸易便利化。

（五）促进成员国战略对接，增强金砖国家的包容性

推进结构性改革，创新增长方式，构建开放型经济，加强宏观经济政策协调，已经成为金砖国家抓住机遇、在国际舞台上发挥引领作用的当务之急。金砖国家存在基础设施投入不足、结构性改革滞后、对外部依赖度过高等风险因素，应结合落实 2030 年可持续发展议程和二十国集团领导人杭州峰会成果，加强战略对接，拓展金砖国家的潜在增长空间，为合作发展注入新动力、开辟新空间。中国倡议的“一带一路”是开放的、包容的、和平的、平等的，倡导“共商共

建、共创共享”，不搞封闭机制，有意愿的国家和经济体都可参与且可成为“一带一路”的支持者、建设者和受益者。“一带一路”可以与金砖国家其他成员的发展战略更好地结合起来，包括不接壤的巴西、南非这两个金砖国家成员。重点可与俄罗斯等国家的“欧亚经济联盟”、印度的“季风计划”等战略进行合作对接，在增信释疑的基础上，推进金砖国家形成宽领域、深层次、高水平、全方位的合作格局，使各成员在合作中实现共赢，使广大民众获得实实在在的好处，有力地改善金砖国家民众的生活水准，给金砖国家带来共同的发展机遇和福祉，形成更具亲和力、感召力的互利共赢金砖国家发展格局。同时，中印两国可以连接《中国制造 2025》、“创新驱动”与“印度制造”“技能印度”“清洁印度”等战略，形成互补、互动、互助的良性发展。

（六）加强全方位合作，提升金砖国家的认同感

金砖国家加强合作，共同应对全球性挑战，符合五国及国际社会共同利益，为促进世界经济增长、推动世界和平与发展发挥积极与建设性的作用。俄罗斯虽然 GDP 在下降，但是军事力量不容小觑，仍然在世界上发挥了重要作用。印度作为新兴大国，提出了“印度制造”“技能印度”“清洁印度”等一系列战略，正进入经济发展的快车道。巴西和南非也具有巨大的发展潜力。金砖国家在增色，而不是在减色或褪色。金砖国家的合作可以为世界带来机遇，为发达国家与发展中国家之间的沟通与交流发挥桥梁作用。金砖国家应本着开放、包容、合作、共赢的金砖国家精神，努力建设一体化大市场、金融大流通、基础设施互联互通、人文大交流，实现政治、经济、文化领域全方位合作，增强认同感。金砖国家既要做世界经济动力引擎，又要做国际和平之盾，还要做人类文明使者，深化在国际政治、经济、文化和安全等领域的协调与合作，捍卫国际公平正义，促进人类文明交流互鉴。金砖国家加强全方位合作有利于密切沟通和协调，维护共同利益。金砖国家应积极参与国际多边合作，提高在全球经济治理中的话语权，在二十国集团峰会上加强协调合作，致力于建设开放型世界经济，落实国际货币基金组织改革方案，推动解决全球发展问题，建设面向未来的金砖国家伙伴关系，构建发展创新、增长联动、利益融合的开放型经济格局，这些对金砖国家长远发展繁荣具有重要意义。

参考文献

陈文玲：《透视中国：中国相关国家战略报告》，中国经济出版社，2016。

何立峰：《“一带一路”倡议给各国媒体提出一道考题》，《中国产经》2016年第8期。

焦传凯、郝海青：《论金砖国家合作的潜力及限制——基于结构现实主义视角》，《湖南社会科学》2015年第2期。

林跃勤：《新兴经济体经济增长方式评价——基于金砖国家的分析》，《经济社会体制比较》2011年第5期。

龙永图：《“一带一路”战略与中国对外开放战略的新特点》，《区域经济评论》2016年第5期。

司文、陈晴宜：《金砖国家合作机制发展历程与前景》，《国际研究参考》2015年第7期。

谭丽娅：《摩根士丹利：若油价降至50美元 俄将陷入大衰退》，http：//finance. huanqiu. com/view/2014 - 10/5181509. html。

臧秀玲：《后危机时代金砖国家合作机制的发展困境及其突破》，《理论视野》2015年第8期。

郑永年：《丝绸之路与全球经济再平衡》，《联合早报》2015年1月6日。

（撰稿人：中国国际经济交流中心产业规划部副研究员李锋）

东盟经济形势回顾与展望

东盟是东南亚地区最大的一体化组织，成立于1967年，目前包括10个成员国，即文莱、柬埔寨、印度尼西亚、老挝、马来西亚、缅甸、菲律宾、新加坡、泰国和越南，拥有6.3亿人口。近年来，尽管世界经济整体减速，但是东盟借助内部消费需求扩大、东盟经济共同体的建成以及巨额外国投资的涌入，整体上保持较高的增长速度。在未来数年内，东盟如果持续提高人力资本质量，加快基础设施建设，提升经济一体化速度和水平，那么它很可能成长为一个体量巨大的区域经济联盟，在世界经济版图中的地位将会更加重要。

一　东盟经济增速高于亚洲平均水平，成为全球经济增长最快的地区之一

2011～2013年，东盟的年均GDP增速达到5.4%，成为世界上经济增长最快的地区之一。根据国际货币基金组织（IMF）的数据，2015年东盟国家平均经济增长率为4.7%，预计2016年为4.8%，2017年为5.1%（见表1）。经济合作与发展组织（OECD）预计2016～2020年东盟的年均经济增长率为5.2%。在全球经济低迷的背景下，世界上很少有其他国家能够像东盟这样保持着较高的经济增速。澳新银行（ANZ）预计，东盟将在未来数年内崛起为继中国和印度之外的“亚洲经济增长第三极”，[①] 在引领亚洲经济发展方向和塑造地区经济治理面的作

① 《澳新银行：中国“世界工厂”地位终将被东南亚取代》，东方财富网，2015年4月29日。

用不断增强。根据近几年经济表现以及未来数年内潜在经济增速的高低，东盟国家大致可以分为三组：高速增长国家、中高速增长国家和低速增长国家。

表 1　2013～2017 年东盟经济增长率

单位：%

年份	2013	2014	2015	2016(预期)	2017(预期)
东盟均值	5.2	4.7	4.7	4.8	5.1
文莱	-2.1	-2.3	-0.6	0.4	3.9
柬埔寨	7.4	7.1	7.0	7.0	6.9
印度尼西亚	5.6	5.0	4.8	4.9	5.3
老挝	8.0	7.5	7.6	7.5	7.3
马来西亚	4.7	6.0	5.0	4.3	4.6
缅甸	8.4	8.7	7.0	8.1	7.7
菲律宾	7.1	6.2	5.9	6.4	6.7
新加坡	4.7	3.3	2.0	1.7	2.2
泰国	2.7	0.8	2.8	3.2	3.3
越南	5.4	6.0	6.7	6.1	6.2

资料来源：IMF，2016。

（一）高速增长国家：越南、老挝、柬埔寨和缅甸

1. 越南

越南自 1986 年走上革新开放之路以来，经济增长一直保持着较高的速度，即使是 2009 年全球金融危机期间，GDP 增速也达到 5.4%。2015 年越南 GDP 达到 1936 亿美元，比 2014 年增加了 6.7%。根据越南共产党中央委员会的报告，20 年来越南保持稳定较高增长率，人均收入年均增长 7%，相当于 GDP 年均增长达 8%；到 2035 年，越南人均收入达 1.5 万～1.8 万美元。① 2016 年 3 月，IMF 总裁拉加德访问越南时指出："越南贫困人口比率已经从 1993 年的 60% 下滑至 13.5%，2016 年的经济增长预计将稳定地居于 6% 上方，并且越南现在是全球最开放的国家之一。"② 在国民经济发展的其他指标方面，越南取得的成就也值得关注，比如，越南互联网的普及率大约为 43%，比中国略低，但在东盟成

① 《2035 年越南：走向繁荣、创新、公平和民主》，《越共电子报》2016 年 2 月 24 日。

② 《IMF：越南经济亟需改革，否则易受冲击》，中国－东盟自由贸易区网，2016 年 3 月 22 日。

员国中居于前列。2016 年 1 月，越共十二大提出“早日将越南基本建设成为现代工业国”，令外界关注。例如，2016 年全球顶尖级政经杂志英国《经济学人》刊文指出，“越南有超过 9000 万人口，自 1990 年以来，其人均经济增长率已跃居全球第二，仅次于中国，如果该国能在下一个十年里维持 7% 的增速，那么它将成为继亚洲经济‘四小龙’之后又一只‘老虎’”。①

越南经济高速发展的关键原因之一，是它融入经济全球化的步伐在加快，其中出口导向型的对外贸易在越南经济中的比例越来越高。据越南海关总局的最新数据，“截至 2016 年 12 月 15 日，越南出口额约为 1678.3 亿美元，同比增长 8.5%，其中，手机及零件、纺织品、电脑、鞋类、机械及设备、木材和木制品、水产品、运输工具、咖啡、手提包 10 个主力商品的出口额达 1206.4 亿美元，占越南商品出口总额的 71%”。② 美国和欧盟是越南对外出口的主要对象。此外，越南除了加入跨太平洋伙伴关系协定（TPP）和区域全面经济伙伴协定（RCEP）之外，与欧盟的自贸区协定也将于 2018 年初正式生效，届时越南将有 86% 的出口欧盟商品享受零关税，相当于越南对欧盟出口额的 70%。③ 这就意味着越南商品在亚太地区之外，又在欧盟国家开辟了市场，经济国际化程度越来越高。

然而，越南经济也面临着需要克服的结构性问题，包括国内信贷比过高、不良资产问题严重、国内资本流出、胡志明市等重点城市房价过高等。因此，作为一个新兴的中等收入国家，越南总体经济发展水平较低，距离高收入国家还有很长的道路。

2. 老挝

作为东南亚地区唯一的内陆农业国家，经济发展水平总体不高。老挝铁路、公路等交通基础设施等综合水平在东盟国家中比较落后。目前老挝公路总里程不到 5 万公里，出行仅依靠十三号公路和湄公河水路，导致物流成本居高不下，阻碍了它与外界的深度经济交流。

然而，老挝 GDP 从 21 世纪初开始出现高速增长的势头，其中 2011 ~2015 年老挝的 GDP 平均增长率高达 7.4%。2015 年，根据世界银行的数据，老挝人口 680 万人，GDP 增加值为 123 亿美元。人均收入从 2000 年的 280 美元逐年增

---

① 《经济学人：越南将成为另一只亚洲小龙》，观察者网，2016 年 8 月 11 日。

② 《年初至 12 月 15 日越南贸易顺差达逾 25 亿美元》，《越共电子报》2016 年 12 月 22 日。

③ 关晋勇：《柬埔寨经济将保持高速增长》，《经济日报》2016 年 11 月 12 日。

加到2015年的1790美元。国民人均预期寿命也大大延长，从2000年的58.9岁增加到2014年的66.1岁。经济高速增长的关键原因之一是，为了吸引外资来老挝投资，老挝设立了8个特定经济区，用特殊的优惠政策吸引外商投资。老挝对外资的开放程度优于缅甸，与越南接近，虽然整体开放程度略低于泰国和柬埔寨。[①] 此外，老挝尽管拥有水力发电技术和实施，但是电力供应严重不足，经常发生断电情况，日常用电基本依靠中国输电，电力不足的困境十分明显。

老挝的经济结构也比较单一。2015年，老挝农业增加值占GDP的27.24%，工业增加值占GDP的30.87%，服务业占GDP的41.88%。因此，世界银行曾经建议老挝需从自给自足的农业和资源开采型经济模式向经济多样化和城市化转变，特别是利用东盟经济共同体的机遇加快发展服务业，实现经济多元化。[②]

3. 柬埔寨

目前柬埔寨全国总人口为1558万人，其中金边是柬埔寨的经济和文化中心，城市首位度很高。经过多年的发展，柬埔寨从最不发达国家成功升级为中低收入国家，2015年人均GDP达到1159美元，但经济、教育、基础设施等方面仍然比较落后，对经济发展造成阻碍。此外，近年来柬埔寨政治环境稳定，积极发展农业、制衣制鞋业、建筑业和旅游业，改善营商环境，建立经济特区吸引外国直接投资，促进了宏观经济的稳定增长，经济增长率保持着较高的速度。

根据OECD的数据，2011～2013年，缅甸年均经济增速为6.9%，2014年为8.2%，而2015～2016年，缅甸的年均增速预计为8.3%。2015年柬埔寨GDP为180亿美元，预计2016年GDP为201亿美元。世界银行报告认为，“尽管大宗商品价格普遍下跌，柬埔寨农业产出没有起色，入境游客数量有所下降，但是成衣加工业依然表现出色，将为GDP增速贡献2%的份额”。[③] 世界银行还预测，“2017年柬埔寨经济增长速度将达到7%，继续保持高速增长态势”。

4. 缅甸

缅甸是中南半岛国土面积最大的国家，人口约为5300万人，而国土面积为67万平方公里，超过日本、英国等国家。在过去几十年里，缅甸一直处于动荡之中，缅北民族武装冲突、自然灾害、政局不稳等因素造成经济长期滞后。2015

① 缪琦：《用不到10年时间让人均GDP涨9倍，老挝的发展雄心背后面临挑战》，第一财经网，2016年5月3日。

② 《老挝在经济放缓环境中寻找商机》，新华网，2016年4月12日。

③ 转引自关晋勇《柬埔寨经济将保持高速增长》，《经济日报》2016年11月12日。

年，缅甸 GDP 总量为 649 亿美元，同比增长 7.0%。2016 年 4 月 IMF 发布的报告认为，由于 2015 年以来缅甸政局趋于稳定，再加上人口结构年轻且劳动力资源充沛，缅甸经济将会进入快速增长通道，2016 年缅甸的经济增速可能居全球第一①。2016 年 10 月，美国宣布全部结束对缅甸的经济制裁，美缅关系发生重大转折，这对缅甸吸收外国投资、摆脱国际孤立具有关键性的意义。根据亚洲开发银行的估计，2016～2017 年缅甸的经济增长率为 8.4%，前景十分乐观。但是缅甸经济面临很多挑战，其中关键性的挑战主要是外汇储备大幅减少，资本流出现象比较严重，民族矛盾特别是缅北少数民族武装冲突没有从根本上解决，自然灾害频繁发生以及基础设施落后等。缅甸发生通货膨胀的风险也比较高。根据亚洲开发银行的数据，2016 年缅甸的通货膨胀率为 9%，2017 年为 8.5%。此外，根据世界银行的标准，缅甸目前仍然属于低收入国家，相当数量的民众处于极端贫困状态等。

（二）中高速增长的国家：印尼、马来西亚、菲律宾

1. 印尼

印度尼西亚（简称“印尼”）是东盟第一大经济体、全球第十六大经济体，也是金砖国家机制成员之一。2015 年，印尼 GDP 为 8619 亿美元。印尼是人口大国，2015 年人口达到 2.5 亿人，尽管 2009 年以来，印尼经济的发展使至少 300 万人摆脱了贫困，但整体贫困率较高，人力资本质量也需要大力提升。2011 年以来，印尼的经济增长率尽管呈缓慢下降的势头，但由于拥有优越的地理区位优势、丰富的自然资源以及廉价而又充沛的劳动力等，印尼经济基本上保持了 5% 左右的增长。印尼总统在公开讲话中指出：“印尼的经济增长在世界经济增长平均值之上，今年（2016 年）印尼第一季度经济增长为 4.94%，第二季度为 5.18%，第三季度为 5.02%，估计 2016 年全年经济增长在 5% 以上，在世界排名第三。印尼的通货膨胀率也已受到控制，2015 年的通货膨胀率为 3.35%，估计 2016 年通货膨胀率在 3% 之下。”②

2. 马来西亚

马来西亚属于出口导向型经济，对外经济依赖度很高，农业、电子、建

① 《2016 年缅甸经济增长有望全球第一》，中国经济网，2016 年 4 月 23 日。

② 《印尼总统佐科：印尼经济增长在世界排名第三》，中国新闻网，2016 年 11 月 15 日。

筑、制造业和服务业是其经济支柱。随着马来西亚经济转型计划重点项目的稳步推进，私人投资及外来投资大幅增长，国内需求强劲，马来西亚经济整体表现良好。此外，马来西亚的互联网用户已经超过2000万，电子商务市场潜力较大。

当然马来西亚经济也存在一些负面因素。正如马来西亚媒体指出的那样，“在中低级制造业领域，如电子加工、家电和纺织业等，无论马币如何疲软而形成出口价位跑低，马来西亚依然无法与新兴的制造业国家如越南、柬埔寨甚至缅甸的低成本相比。至于高级研发工业方面，马来西亚无论在专业人员、研发设施以及学术支撑上，都无法达到高科技出口国的要求”。①

3. 菲律宾

菲律宾人口超过1亿人，2015年人均GDP为2899美元，在东盟国家中属于中等水平。近年来，菲律宾经济增速较快。其中，稳定的汇款以及服务贸易有力地支撑了菲律宾经济的稳定增长。根据OECD的数据，2011～2013年，菲律宾年均经济增速为5.9%；2014年和2015年分别为6.1%和5.9%，2016年第三季度增长率为7.1%，预计2016年为6.0%，2016～2020年的年均增长率为5.7%。有分析认为，10年内菲律宾将会成为东盟第二大经济体，仅次于印尼。

菲律宾失业率比东盟其他国家要高。根据OECD的报告，菲律宾的失业率近年来一直保持在7%以上，其中15岁以上的人口中大约有40%的人口处于失业状态。此外，作为一个海洋国家，菲律宾的海洋基础设施也显得陈旧。

（三）低速增长的国家：新加坡、泰国和文莱

1. 新加坡

新加坡是全球人均收入最高的国家之一的发达国家，也是世界著名的城市国家。新加坡经济的一个显著特点是在各个经济部门中，国际服务业贸易占比很高。新加坡是服务业进出口导向的经济体。根据新加坡统计局2016年3月发布的报告，2015年新加坡服务贸易总额为3890亿美元，约占GDP的97%；2005～2015年，复合年增长率为8.6%，但是同期货物贸易的年均增长率只有2%。随着服务贸易进口增长率超过服务出口，新加坡已经成为一个服务贸易净进口国，

① 《马媒：马来西亚经济前景堪忧》，中国驻马来西亚经商参赞处，2015年4月30日。

2015年服务贸易赤字为53亿美元，其中，知识产权收费服务、研发服务进口提升速度较快（见表2）。

表2　新加坡国际服务贸易业进出口

单位：%

类别	2005～2015年服务贸易年均增长率		2005年国际服务贸易占GDP比重		2015年国际服务贸易占GDP比重	
	出口	进口	出口	进口	出口	进口
交通	7.1	5.9	42.4	36.6	33.8	30.7
金融	13.8	15.0	9.9	1.6	14.5	3.1
旅游	8.3	6.1	13.4	17.9	12.0	15.4
商业管理	9.7	11.9	10.3	6.0	10.5	8.7
维护和维修服务	7.1	10.8	6.1	0.3	4.9	0.4
广告和市场研究	27.8	10.8	0.9	1.1	4.1	1.5
电信、计算机和信息	14.3	19.1	2.3	2.0	3.5	5.5
机械和技术	15.3	12.7	1.8	1.0	3.0	1.5
与贸易相关的服务	6.4	8.4	3.5	5.9	2.6	6.2
知识产权使用的收费	18.1	4.4	1.1	16.6	2.4	12.0
研发服务	11.2	11.7	0.4	2.5	0.4	3.5

资料来源：Department of Statistics of Singapore，2016。

但近年来宏观经济不太乐观，经济增长减速。新加坡贸易和工业部官网最新数据显示，自2012年以来，GDP增速逐年走低，可能会像文莱那样进入负增长状态。2015年第三季度GDP增加值为1.8%，2016年第一季度也为1.8%，第二季度为2%，但2016年第三季度大幅度降低，只有1.1%（见图1）。有分析认为，经济连续下滑的重要原因在于国际市场对新加坡制造业特别是海洋工业制造业产品的需求量大幅下降。此外，由于全球航运不景气的影响，新加坡对外贸易和港口吞吐量也骤然暴跌，多家大型船运公司破产，新加坡作为全球战略航线重要服务区的地位在衰弱①。

2. 泰国

泰国是东盟第二大经济体。自2012年以来，泰国的经济保持着低速增长，并且在过去的几年里，经济增速波动较大。由于投资疲弱，海外市场需求萎靡不

① 华云：《新加坡GDP跳水，是不是该重温下李光耀?》，观察者网，2016年10月29日。

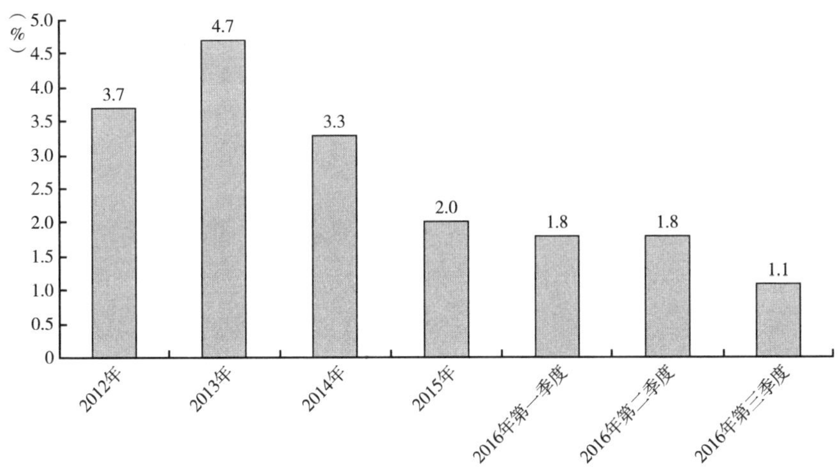

图 1　新加坡经济增长率（2012 年至 2016 年第三季度）

资料来源：新加坡贸易与工业部（MTI）。

振，外国来泰直接投资又受政局动荡和曼谷水灾等因素影响，泰国经济一直低位运行，外界的投资信心不足。

但是政府加快投资高铁、城铁、机场等交通基础设施，泰国与东南亚地区其他国家实现交通网络互联，努力成为东南亚的交通枢纽国家。此外，泰国 2016 年出口有所增加，曼谷等旅游城市的旅游经济保持着较好的发展势头，并且 2016 年的通货膨胀率仅为 0.4%，低于东盟平均水平。根据亚洲开发银行的数据，2015 年泰国经济增长率为 2.8%，预计 2016 年为 3.2%，2017 年为 3.5%，这些都标志着泰国经济开始跨入温和复苏的轨道。

3. 文莱

文莱是东盟人口和面积最小的国家，国土面积为 5765 平方公里，人口仅为 42 万人。文莱是高收入国家，自 1999 年以来，人均收入直线上升，2012 年高达 37000 美元，2015 年 GDP 为 155 亿美元。但是文莱经济结构比较单一，对自然资源出口的依赖度很高。文莱石油和天然气储量居世界前列，特别是天然气出口占全世界第一位，因此出口收入的 90% 以上来自石油和天然气。近年来国际油价暴跌，导致文莱财政收入锐减，财政压力增加，失业率上升。2015 年经济增长仍然处于负增长阶段，但 IMF 认为 2016 年文莱增长率可能到达 0.4%，从而扭转近年来经济负增长的态势。

二　东盟经济持续增长的支撑因素

（一）流入东盟的投资增加

外国投资是东盟大部分成员国经济增长的关键动力。2016 年东盟秘书处公布的数据显示，东盟成员国内部的互相投资占东盟吸收外资的最大份额（见表 3），2014 年为 17.5%，2015 年上升至 18%。这些投资主要流向初级行业（农业、林业和渔业）、制造业和服务业（见图 2）。其中，2015 年东盟制造业吸引的外资同比增加了 61%，达到 290 亿美元。服务业吸收的投资为 790 亿美元，同比下降 21%，服务业投资下降的主要原因之一是东盟金融业吸收的投资在下降。来自跨国公司的绿地投资开始下降，从 2014 年的 120 亿美元下降到 80 亿美元。

表 3　东盟十大投资来源国/地区

单位：亿美元，%

国家/地区	2014 年	国家/地区	2015 年
东盟成员国内部	221.34	东盟成员国内部	221.49
日本	157.05	日本	173.95
美国	147.49	美国	121.91
卢森堡	79.97	中国	81.55
英国	75.83	荷兰	79.07
中国	69.90	英国	66.98
澳大利亚	62.82	韩国	56.80
韩国	57.51	澳大利亚	51.93
法国	27.61	丹麦	26.93
荷兰	26.99	新西兰	22.41
十大投资来源国/地区的投资总额	926.51	十大投资来源国/地区的投资总额	903.03
十大投资来源国/地区的投资占东盟吸收 FDI 的比例	71	十大投资来源国/地区的投资占东盟吸收 FDI 的比例	75

资料来源：ASEAN secretariat，2016。

值得注意的是，很多外国企业把东盟地区当作投资的首先地，投资意愿比较强烈。东盟秘书处的数据表明，2015 年东盟吸纳了全球流入发展中经济体投资

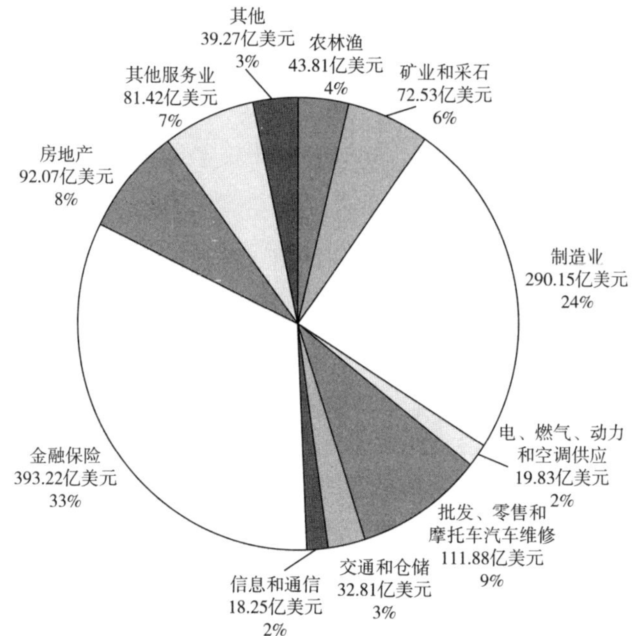

图2　2015 年东盟吸收的 FDI 流向的行业和领域

资料来源：ASEAN secretariat，2016。

的 16%。日本、美国、中国和英国是东盟的主要投资来源国。比如，在欧盟对东盟的海外投资当中，来自英国的投资占比超过了 1/4。根据亚洲开发银行的报告，2015 年短期的经济不确定性导致流入印尼的 FDI 数量下降了 29%，为 160 亿美元。相反，泰国吸收的 FDI 增至 3 倍，达到 110 亿美元。东盟低收入国家表现不俗，特别是缅甸吸收的外资增加了近 200%，达到 30 亿美元。2015 年 8 月，缅甸和泰国政府签订了《图瓦经济特区协定》，两期投资共 86 亿美元。绝大多数海外投资是通过新加坡流入东盟的，说明新加坡被越来越多的人视为在东南亚投资和经商的桥头堡。可以预计，未来几年里，东盟将会迎来外国投资的高潮。

（二）通货膨胀率总体上保持着温和的水平

一般认为，通货膨胀率保持在 3% 以下是比较合理的。除了缅甸之外，东盟国家的通货膨胀率总体上比较温和。根据亚洲开发银行的数据，2015 年东盟的通货膨胀率为 2.5%，2016 年预计为 2.0%，2017 年回升至 2.9%。除了缅甸和越南，东盟其他成员国的通货膨胀率相对较低（见图3）。当然，东盟通货膨胀率的变动要受到不同因素的影响，比如，全球油价变动、油价补贴改革、税率改革和资金流动等。

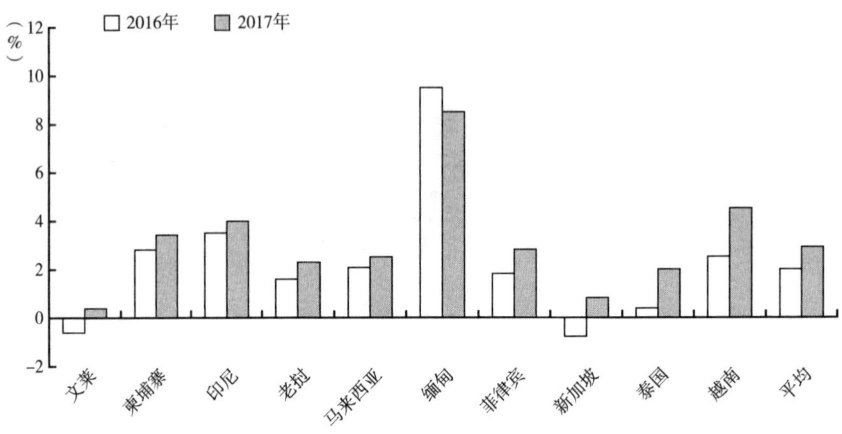

图3　东盟国家通货膨胀率

资料来源：ADB，2016。

（三）东盟绝大多数国家国内消费的增长

消费对国内经济增长的拉动作用十分明显，产生的综合经济效益甚至超过投资。亚洲开发银行的报告指出，相对于21世纪前十余年，东盟一些出口国经常项目账户盈余减少，反映出国内需求明显超过外部需求。OECD预测，2016～2020年，除了马来西亚和越南，东盟绝大多数国家的消费增长率要高于2006～2007年金融危机期间的水平。有分析认为，作为世界第三大消费市场，东盟的消费市场规模仅次于中国和印度，“东盟的中产阶层人数将从1.5亿增加到2020年的4亿，东盟消费者属全球最有信心之列，菲律宾、印尼、越南和泰国在全球消费者信心指数中均排前10位”。[①] 美国著名学者弗朗西斯·福山指出，“当一个国家的人均国民收入超过了6000美元，就不再是一个农业社会。它就可能出现一个拥有一定资产的中产阶级、一个复杂的公民社会，以

① 卢晓明：《东盟兴起现代消费主义，这带来了哪些商机》，36kr，2016年9月14日。

及高水平的精英教育和大众教育”。[①] 消费水平的提高，与东盟中产阶层人数迅速扩大密切相关，因为中产阶层是消费的主力军，对高品质生活比如汽车、房产、医疗、文化娱乐以及金融服务的需求在快速上升。这表明东盟国家的经济从依靠固定投资逐步转向消费拉动，消费在经济转型和发展中的地位越来越突出。国内消费需求的提升，与东盟国家的工资水平、就业率等民生水平持续提升密切相关。

（四）城市化进程持续加速

在全球化时代，城市越来越成为创新和财富的中心，特别是超级城市的影响力和竞争力在很多时候要超过一个国家。从世界范围来看，近 20 年来是城市化进程加快的一个时期。根据美林银行的分析，200 年前，全世界只有不到 3% 的人口生活在城市，然而，今天全球的城市人口超过 55%，而在未来 30～40 年，全球城市人口将会接近 70%。因此，城市决定了全球经济增长的未来。美国学者帕拉格·康纳在《超级版图：全球供应链、超级城市与新商业文明的崛起》中也指出：“到 2030 年，全球将出现 50 个超级城市群。为什么打造城市群？因为超级城市群是一连串基础设施最便利、供应链网络最发达的全球地理节点，超级城市群吸引着全球的资金、资源、人才、技术，小城市也必须将自身融入超级城市群，这是获得繁荣的唯一方法。”[②]

在过去的二十多年中，东盟国家的城市化进程快速发展。新加坡成为全球金融中心和航运中心，营商环境居世界前列。根据联合国发布的报告，1990～2014 年，除了菲律宾，其他东盟成员国的城市人口比例都在显著提升，其中，老挝和泰国的城市人口比例增加值在东盟成员国中居于领先地位，而新加坡、文莱、马来西亚和印尼的城市人口比例已经超过 50%；预计到 2050 年，除了越南和柬埔寨，东盟大部分成员国的城市化将会达到很高的水平（见表 4）。

---

① 〔美〕弗朗西斯·福山：《历史的终结与最后之人》，陈高华译，广西师范大学出版社，2014，第 351 页。

② 〔美〕帕拉格·康纳：《超级版图：全球供应链、超级城市与新商业文明的崛起》，崔传刚、周大昕译，中信出版社，2016。

表4　东盟成员国城市化发展及展望（1990～2050年）

单位：万人，%

国家	城市人口			城市人口比例		
	1990年	2014年	2050年	1990年	2014年	2050年
文莱	16.9	32.5	45.8	66	77	84
柬埔寨	140.8	316.1	816.7	16	21	36
印尼	5463.4	13399.9	22777.0	31	53	71
老挝	65.5	258.9	643.5	15	38	61
马来西亚	906.8	2234.2	3616.3	50	74	86
缅甸	1035.0	1802.3	3220.6	25	34	55
菲律宾	3010.1	4453.1	8838.1	49	44	56
新加坡	301.6	551.7	706.5	100	100	100
泰国	1664.9	3305.6	4433.5	29	49	72
越南	1395.8	3049.5	5573.9	20	33	54

资料来源：UN，*World Urbanization Prospects* 2014。

（五）东盟经济共同体正式启动

2015年底，东盟经济共同体（ASEAN Economic Community，AEC）正式启动，标志着人口为6.3亿人的共同市场正在形成。东盟内部关税壁垒大大降低，商品贸易开始走向自由化。在东盟经济共同体域内，商品和人员的往来愈发活跃。根据《东盟经济共同体蓝图2025》，东盟经济共同体的主要目标之一是通过区域合作项目，扩大东盟内部人员、制度和基础设施的联通，促进资本、劳务和人才的流动。公开资料显示，目前东盟内部已经撤销了90%以上品类的关税，比如，在泰国和新加坡等6个国家之间，99%的品类已实现零关税，而柬埔寨等四国也计划在2018年之前基本取消关税①。非关税壁垒，比如金融等服务领域和人员流动的自由化也日益提上东盟各国的议程。

从目前来看，虽然东盟经济共同体的一体化水平还处于起步阶段，不像欧盟那样拥有共同的议会、央行和货币等标志着一体化进入高级阶段的协调机制。但是，由于东盟经济共同体的中长期目标是在成员国境内实现商品、投资和人员的自由流动，因此它的启动和运转对东盟经济的发展是一个有力的支持因素。

① 《东盟经济共同体的虚与实》，中国国际贸易促进委员会网，2015年11月24日。

三　东盟国家经济持续增长的风险因素

（一）移民分布地区过于集中以及人口结构的逐步老化

东盟成员国内部移民近年来十分频繁，移民数量巨大，并且在不断增加，主要流向新加坡、印尼和马来西亚等国，其中很大一部分移民是律师、医生、工程师等专业技术人员，另外一部分则是本地急需的低端产业工人。移民对经济增长的贡献比较明显，但东盟移民带来的问题是人口分布不平衡，移民人口都集中在主要的几个国家，比如印尼等，而其他国家则出现劳动力不足的情况。

同时，东盟部分国家人口结构开始走向老化。2012 年，联合国发布的《世界人口展望》指出，“印尼和菲律宾分别在 2058 年和 2085 年达到人口峰值”。根据联合国的测算，泰国的劳动年龄人口在 2010 ~ 2015 年只增加了 2 万人，未来 5 年内将开始减少[①]。东盟高收入国家，比如新加坡和文莱已经出现了快速老化的迹象，其他成员国比如越南和印度尼西亚尽管人口结构目前暂时相对年轻，但是也正在缓慢进入老龄化阶段。

人力资本质量总体不高也是东盟经济发展的一个挑战因素。与能源资源等要素相比，劳动人口的技能素质对经济的可持续发展更加重要。根据世界经济论坛发布的最新报告，除了新加坡和马来西亚等少数国家，东盟大部分成员国的人力资本优势比较有限，全球排名比较靠后（见表 5）。如果再考虑到东盟大部分国家人口教育程度不高，高素质技能专业人才缺乏，那么可资利用的人口红利进一步释放的空间就会收窄，这种缺陷在缅甸、老挝和柬埔寨三个国家表现得最为突出。

（二）收入差距扩大

尽管东盟经济和社会安全都取得了显著的进展，但是目前，东盟仍然面临着贫富差距扩大和贫困率居高不下的挑战，区域内贫富差距正在成为经济发展缓慢的主要原因之一。一方面，东盟内部各个成员国之间收入差距过大，其中，新加坡、文莱和马来西亚的人均收入远远超过其他东盟成员国。比如，按照购买评价

---

① 〔日〕村山宏：《东南亚经济也将步入“新常态”》，日经中文网，2015 年 4 月 17 日。

计算，2015 年，新加坡的人均国民收入居东盟之首，高达 81190 国际元，而缅甸只有 1950 国际元，二者的差距超过 40 倍（见图 4）。

表 5　东盟 9 个成员国的人力资本指数

国家	总排名		0～14 岁年龄段		15～24 岁年龄段		25～54 岁年龄段		55～64 岁年龄段		65 岁及以上年龄段	
	得分	排名	得分	排名	得分	排名	得分	排名	得分	排名	得分	排名
新加坡	80.94	13	95.81	5	76.12	25	78.70	6	75.17	39	60.59	52
马来西亚	74.26	42	87.51	46	76.78	20	72.13	30	70.03	65	42.36	106
泰国	71.86	48	81.71	74	73.31	39	67.91	46	70.71	62	58.65	60
菲律宾	71.75	49	81.41	75	71.01	54	66.62	49	74.46	42	65.34	34
越南	68.39	68	77.21	89	75.43	31	61.19	70	70.92	60	59.64	57
印尼	67.61	72	84.08	63	68.51	64	60.83	73	63.66	80	51.57	77
柬埔寨	58.88	100	69.44	105	55.60	109	55.38	96	59.81	96	48.41	87
老挝	57.66	106	73.81	98	58.92	96	53.74	105	49.05	116	32.62	122
缅甸	56.52	109	67.80	110	56.27	107	53.18	107	54.70	107	39.77	110

资料来源：World Economic Forum，*The Human Capital Report 2016*。

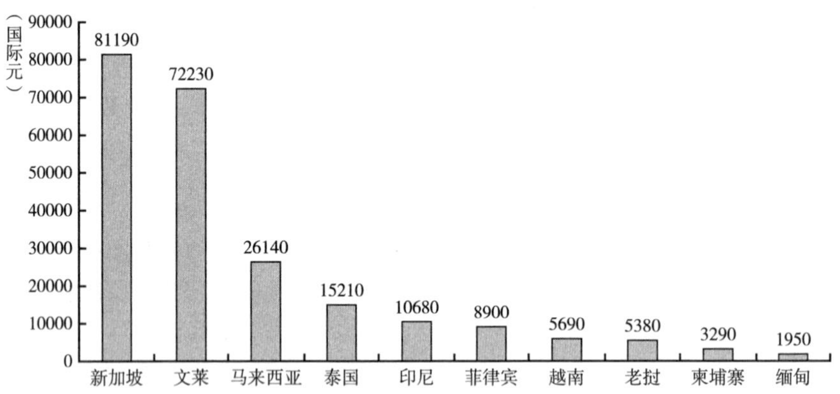

图 4　2015 年东盟成员国人均收入（基于购买力平价）

资料来源：Wind。

另一方面，东盟大部分成员内部贫富分化严重，比如菲律宾、缅甸和老挝三个国家的贫困率一直较高（见图 5）。因此，东盟经济共同体的一个主要任务是如何确保区域经济融合产生的利益能够使共同体内部欠发达经济体成员以及这些国家处于劣势地位的人群也能够享受到。根据世界银行的最新标准，每人每天的生活成本低于1.9美元就属于绝对贫困状态。保持一定的收入差距是合理的，但是，如果收入差距过大，超过警戒线，那么低收入消费者的消费信心和能力就会大大降低，从而给经济的可持续发展带来负面影响。

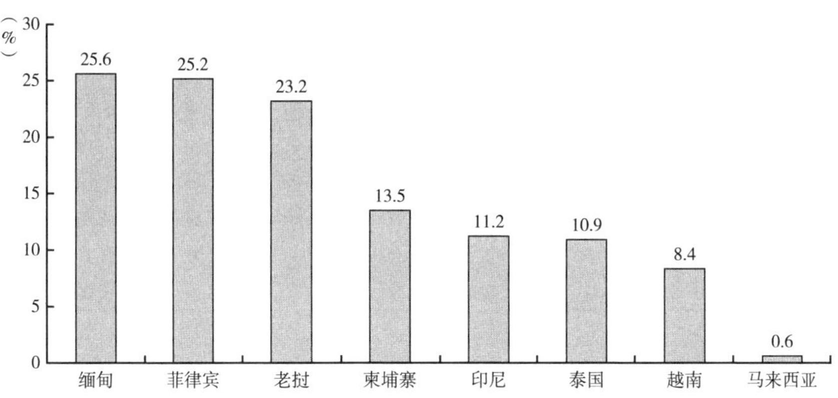

图5　2014年东盟的贫困人口比率

资料来源：ADB。

（三）基础设施不足的困境短期内难以克服

根据亚洲开发银行（ADB）的报告，基础设施的加强能够对商业和经济繁荣产生直接的影响，比如，对道路的投资增加10%，可以提升经济增长至少5%；对互联网设施的投资增加10%，可以提升经济增长至少2%。

但是，除了新加坡等少数国家，当前东南亚地区基础设施整体上仍相对落后，包括道路、机场、港口、铁路体系以及通信网络服务等领域，抗风险能力较差，甚至一些国家的基本生活设施（比如，清洁的生活用水系统）也很脆弱。以电力供应为例，除了文莱、马来西亚、新加坡、泰国、越南等国电力供应充足外，而在柬埔寨、缅甸等国家，电力供应比较紧张。在缅甸等转型国家的乡村地区，电气化率更低，对生产和生活的负面影响十分明显。仅就国内公路建设而言，柬埔寨、缅甸、菲律宾和越南缺乏高等级的公路，公路总里程也比较有限（见表6），严重制约了经济发展。

（四）外部因素的冲击

由于东盟经济已经高度国际化，特别是东盟和美国的经贸关系日益密切，因此，它在国际层面的风险因素主要是两个。

表 6　东盟各国公路等级情况

单位：公里

国家	高级	一级	二级	三级	三级以下	其他	总里程	统计年份
柬埔寨	0.00	0.00	610.00	1347.70	0.00	0.00	1957.70	2013
印尼	409.00	603.00	3045.00	0.00	0.00	34.00	4091.00	2010
老挝	0.00	0.00	244.00	2307.00	306.00	0.00	2857.00	2010
马来西亚	795.00	61.00	817.00	0.00	0.00	0.00	1673.00	2010
缅甸	0.00	320.26	574.74	1702.08	1927.91	0.00	4524.99	2010
菲律宾	0.00	379.92	2310.36	691.07	0.00	0.00	3381.35	2015
新加坡	13.00	6.00	0.00	0.00	0.00	0.00	19.00	2015
泰国	616.80	4122.84	598.40	202.09	0.00	0.00	5540.13	2014
越南	0.00	343.00	1829.00	337.00	76.00	0.00	2585.00	2013

资料来源：OECD，2016。

1. 中国经济增长减速对东盟的影响

目前，东盟是中国的第三大贸易伙伴，而中国则是东盟最大的贸易伙伴。中国商务部的数据显示，2015 年中国和东盟的双边贸易额为 4721.6 亿美元，年均增长 18.5%，但是 2016 年前五个月双方贸易总额同比下降 7.1%。随着中国经济由高速增长转向中高速增长，对东盟商品的进口将会以较大的幅度减少。这也提示，东盟和中国的经济合作领域要尽快向多元化、高层次方向发展。

2. 美国货币政策收紧的影响

东盟的货币和汇率政策总体上盯住美元，是事实上的半美元化经济体系。如果美国货币政策一旦进一步收紧，东盟的经济要承受越来越大的压力和风险，包括国际投资的减少、成员国债务水平上升等，经济增长的不确定性将会增强。根据 OECD 的报告，如果美国的货币政策不断收紧，那么东盟五国的 GDP 至少降低 0.68%。因此，如果考虑到东盟大部分成员国的金融体系整体上比较薄弱，那么美国未来的货币政策对东盟产生的冲击就更大。

四　小结

综上分析，东盟经济能连续多年保持较高的增速，其支撑因素既有东盟成员加快结构性改革，东盟经济共同体正式启动以及城市化进程加速；也有国际性的因素，包括外国资本的持续流入。当然，由于东盟各国经济发展水平参差不齐，并且政治与经济监管体制迥异，加之世界上最大的两个经济体中国和美国今后几年内经济发展的转向，东盟经济可能要面对比较严峻的挑战和风险。要摆脱这些潜在的负面影响，东盟成员国需要积极推进结构性改革，不断提高东盟经济一体化速度和水平，为持续发展不断注入活力。

（撰稿人：中国国际经济交流中心战略研究部助理研究员陈迎春）

中亚西亚地区经济形势分析与展望

2016年，国际格局继续发生深刻变革，大国政治和经济实力对比的变化导致大国间猜忌和博弈加剧，现有国际秩序面临新挑战，国际体系不时陷入急剧波动之中。有美国学者甚至认为，今天的国际体系正逐步走向第一次世界大战以前那种不稳定状态。受其影响，世界经济饱受恐怖主义、难民危机、非法资金流动、缺乏重大技术创新突破之苦，结构调整缓慢，增长乏力，全球贸易和实体投资继续萎缩。在2016年世界所有重大事件中，影响最大的莫过于英国脱欧和特朗普当选美国总统。两者都发生在西方核心国家，反映了眼下西方国民对原有国家机构和推动全球化的既有施政路线失去信心，反全球化情绪抬头并壮大，贸易保护主义势力进一步发展。这不但有可能引发全球新一轮经济衰退，致使中亚西亚地区形势愈趋复杂，还将使中国面临的国际地缘政治环境发生重大改变，对我国正在实施的国家战略产生直接影响。

随着“一带一路”战略建设深化，中亚西亚国家将会拓展同中国的经济合作空间，在世界经济规则的制定方面，摆脱美欧等发达国家和地区的羁绊，中亚西亚国家将会有更多的自主思考，将更多的主导权和话语权掌握在自己手中。依托“丝绸之路经济带”，中亚西亚国家和中国将会共同制定更多符合区域经济发展的新机制。“一带一路”战略建设，还将不断加深中国企业与中亚西亚国家在能源、基础设施建设等领域的投资合作，推动中亚西亚国家经济结构调整，促进经济多元化，加速经济发展由资源输出型向效益驱动型和创新驱动型转变，实现中亚西亚传统产业的进一步升级。

一　当前全球政治形势

2016 年，国际政治领域继续延续多年来业已形成的趋势：中俄的国际地位上升，美欧则相对下降。这一年，中国在“一带一路”战略框架内全方位推进和深化对外开放与合作，成功举办 G20 首脑峰会，在引领全球治理体系重建过程中的作用日渐加强；俄罗斯通过出兵叙利亚、改善与土耳其的关系、与中国商谈欧亚联盟与丝绸之路经济带对接等举动，进一步打开了国际战略空间；2016 年适逢美国大选，选举作为变革的工具导致这一年变革的氛围再次变得浓烈，对美国的全球战略也形成不小的冲击。已近完成谈判的跨太平洋伙伴关系协定（TPP）遭到美国两党候选人的拒绝，被批准实施的可能性变得渺茫；美国对中国的崛起保持明显的战略遏制意图，其领导的对俄罗斯的制裁仍在持续，但预期并不理想，效果不断衰减；中俄在经济、军事和文化等领域展开全方位合作，在战略上互相支持态势愈加明显，一定程度上对冲了西方制裁给俄罗斯带来的经济压力；欧盟由于英国公投脱欧遭到了成立以来最沉重的打击，加上难民潮的冲击，社会分裂倾向愈加严重，社会也愈加动荡。与此同时，全球治理格局进一步变革，新兴国家的参与度显著提升。金砖国家开发银行、丝路基金和亚投行等机制的运转为新兴国家参与全球金融治理提供了良好的平台，帮助提升新兴国家在全球金融治理领域的话语权。

值得注意的是，由于主要大国之间的利益冲突和博弈削弱了国际社会应对所面临的现实挑战和威胁的能力，阿富汗、伊拉克、利比亚、叙利亚、乌克兰武装冲突尚未结束，全球面临的恐怖主义和极端势力的威胁进一步加剧。巴黎、布鲁塞尔等地的暴恐袭击震惊全球，并有继续蔓延之势。同时，难民问题愈演愈烈，给相关国家的社会稳定和安全带来极大的隐患。以“伊斯兰国”（ISIS）为代表的极端恐怖主义势力已经成为全球安全的重要威胁，需要各国间加强合作与沟通，形成共同对抗恐怖主义的国际协同新机制，但大国之间的战略竞争和摩擦几乎完全破坏了这种可能性。美俄在叙利亚问题上达成的联合反恐的协议未能付诸实施就是一个鲜明的例子。

二　全球地缘版图中的中亚和西亚

中亚和西亚的地理范围存在多种界定，中亚范围最狭窄的定义是苏联五个加盟共和国，包括哈萨克斯坦、吉尔吉斯斯坦、塔吉克斯坦、乌兹别克斯坦、土库曼斯坦、阿富汗。西亚大致上指阿拉伯半岛、波斯湾和地中海之间的区域，包括的国家有沙特、阿曼、卡塔尔、巴林、阿联酋、科威特、伊朗、伊拉克、以色列、约旦、巴勒斯坦、土耳其、也门、叙利亚、黎巴嫩、格鲁吉亚、阿塞拜疆、亚美尼亚和塞浦路斯 19 个国家。两个地区加在一起共 25 个国家。中亚西亚地区作为“欧亚非大陆走廊”而具备了重要的地缘政治影响力，其作为世界“能源储备库”而具备了重要的地缘经济影响力，因而，这两个地区对中国“一带一路”战略的成功实施具有重要意义。

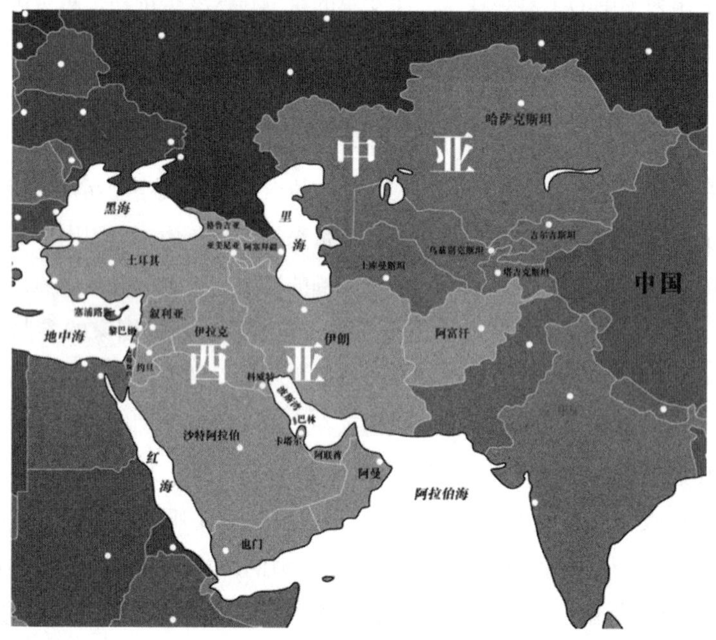

从地缘经济考虑，中亚和西亚有一些共性，同时也有显著的差异。共同的特点有以下几个。

1. 能源矿产资源丰富

根据 BP 2013 年的统计，伊朗、伊拉克、科威特、阿曼、卡塔尔、沙特、叙利亚、阿联酋、也门和阿塞拜疆 10 个西亚国家的石油探明储量和天然气储量分别占世界的 48.8% 和 43.5%。近年来，该地区还不断有新的重大油气资源发现。比如，在东地中海盆地，勘探发现有大约 25 万亿桶石油和 18.2 兆亿立方米的天然气储备。这不但对周边的西亚国家，包括叙利亚、黎巴嫩、以色列、塞浦路斯和土耳其等的能源平衡产生重要影响，还将在更大范围内对欧亚的能源平衡产生影响；随着里海以及里海大陆架油气资源的勘探开发取得突破性进展，中亚正在成为一个新兴的能源中心。根据 OPEC 统计，2014 年，哈萨克斯坦的石油探明储量位列世界第 10，土库曼斯坦的天然气探明储量位列世界第 5。

2. 地缘优势明显

西亚是欧亚非三大区域板块的接壤地带，具有传播文明的便利。西亚也曾是全球商业中心。今天中东是全球油气输往世界的三大海上运输咽喉要道，也是中亚、里海油气向西输往欧洲，向东输往亚太地区的必经通道：也门扼守着有“世界战略心脏”之称的曼德海峡，它沟通红海、亚丁湾和印度洋，日输送石油 330 万桶左右，占全球日运输量的 10%；伊朗、沙特、卡塔尔、阿联酋围绕着霍尔姆斯海峡，该海峡是波斯湾的出海口，从波斯湾出口的海上石油中约有 88% 会通过霍尔木兹海峡，大约每日 1700 万桶，占全球贸易量的 1/3。另外，大约 1/4 的全球液化天然气通过该海峡，每年运输量约 7700 万吨；土耳其坐拥博斯普鲁斯海峡，它不但是欧亚的分界线，也是黑海沿海国家的出海口，每天约有 5500 艘邮轮经过此地。格鲁吉亚是里海油气不经俄罗斯输往欧洲的不二选择。中亚是连接欧亚大陆两端两个大市场的交通枢纽（经哈萨克斯坦去往欧洲的陆上交通线，比经俄罗斯的要近 1000 多公里），也是中国石油和天然气陆上进口的重要通道。中国的油气供应越来越多地来自中亚的土库曼斯坦，乌兹别克斯坦和哈萨克斯坦成为绕不过去的过境国。

3. 俄罗斯的传统影响大

俄罗斯同时与中亚和西亚为邻，两个地区共有 8 个国家是苏联加盟共和国，占国家数量的 1/8。这些国家独立后，在经济和政治上依然与俄罗斯保持着密切的关系。该地区人员之间的密切交往，为国家间关系奠定了坚实基础。比如，哈萨克斯坦人口中有 500 万俄罗斯族人，占总人口 40%。该地区每个国家都有很多人在俄罗斯打工，如格鲁吉亚在境外打工人口占总人口的 12.5%，其中绝大多数在俄罗斯。这一地区在外劳动人口所汇回的收入占该地区国家 GDP 很大比重。如吉尔吉斯斯坦和塔吉克斯坦汇回收入分别占本国 GDP 30% 和 48%，收入主要来自俄罗斯。因此，俄罗斯经济的起伏对该地区影响极大。目前，俄罗斯正在推进区域经济一体化计划，哈萨克斯坦积极参与了俄罗斯主导的欧亚经济联盟建设，是欧亚经济联盟的三个发起国之一，吉尔吉斯斯坦和塔吉克斯坦也积极加入。

4. 西亚和中亚穆斯林占人口比率高

根据美国皮尤研究中心的跟踪调查，19 个西亚国家中有 8 个国家的穆斯林占到总人口的 90%，另有 4 个国家穆斯林占比超过人口总数的 60%。据研究，在人口以穆斯林为主的国家，人口的平均年龄低。土耳其人口的平均年龄只有 29 岁，沙特年龄低于 30 岁的人口占总人口的 70%。人口低龄的优势对经济发展意义十分重大。

两个地区显著的不同之处是与海洋的关系。中亚地处欧亚腹地，除哈萨克斯坦与土库曼斯坦濒临里海外，其他国家没有出海口。虽然里海经由亚速海、黑海、地中海与大洋相通，但这不能改变里海目前还是一个地地道道的内陆湖的性质。这给区内国家对外交往、通商和经济的发展造成了极大的不便。而西亚具有对外通商的便利和传统。1000 多年前，阿拉伯商人跨越辽阔的内陆和海洋，在亚、非、欧三大洲之间运输货物，开展贸易，成为全球商业中心。

三　全球政治秩序中的中亚和西亚

在大国博弈日益激烈的环境下，中亚和西亚都被不同程度地裹挟其中，并深受其影响。笼统地讲，中亚是俄罗斯的传统影响之地，而西亚尽管不乏例外，但基本上可以说是受美国重大影响的地区。2016 年这种格局基本未变，两个地区发生的重大事件都与大国政治角逐有关。

1. 俄罗斯不但巩固了在中亚的影响力，而且在西亚的影响力也明显扩大

中亚地区多国在历史上曾为苏联的加盟共和国，与俄罗斯有着紧密的渊源。时至今日，俄罗斯对中亚国家依然拥有显著的影响力。吉尔吉斯斯坦的一项民调显示，近 90% 的民众对俄罗斯总统普京寄予极大的信任，而本国总统则仅获 60% 的信任度。超高的民调支持率直接反映在哈萨克斯坦、吉尔吉斯斯坦等主要国家对俄罗斯主导的欧亚经济联盟的大力支持（实际支持率分别为 80% 和 86%）。目前这个联盟拥有俄罗斯、白俄罗斯、哈萨克斯坦、吉尔吉斯斯坦、亚美尼亚五个苏联加盟共和国。虽然其他三个中亚国家塔吉克斯坦、乌兹别克斯坦和吉尔吉斯斯坦还未决定加入，但由于俄罗斯的影响力上升，其他中亚国家也可能被吸引进来。在苏联解体 20 多年后，俄罗斯比以往任何时候都更有能力实现把白俄罗斯、中亚国家和其他国家统一为一个欧亚经济整体的目标。

西亚是打击恐怖主义的主战场、大国博弈的热点地区。在西亚，俄罗斯反制美国的战略正在重构美国主导的冷战后秩序。其一，从 2015 年秋季始，俄罗斯以打击“伊斯兰国”为名，出兵叙利亚，掌握了叙利亚战场主动权，在西亚站稳脚跟，在中东影响力大增。在此背景下，俄罗斯有望更深度地参与中东事务。在 2016 年 10 月举行的瓦尔代国际辩论俱乐部年会上，普京提出，在中东国家恢复可持续的国家制度、经济和社会的问题必须提上国际议程，鉴于中东遭受巨大的破坏，需要系统性的长期计划来恢复，如果愿意的话，应为重建这个受尽战争和冲突折磨的地区指定某种马歇尔计划。俄罗斯明确表示愿意加入这个进程。美国高度疑虑俄罗斯出兵叙利亚的动机，认为其首先的目标是确保进入东地中海，其次是保卫巴沙尔政权，最后才是打击“伊斯兰国”组织。因此，在叙利亚，美国领导的国际反恐联盟与俄罗斯形成对峙，前者力挺叙利亚反对派联盟，后者则坚决支持现政权。这使叙利亚冲突无法得到彻底解决，尽管 2016 年以来，被“伊斯兰国”占领的伊拉克和叙利亚国土已经被绝大部分收复，但这一势力有可能在区内外大国冲突中再次获得发展机会。其二，作为北约成员国的土耳其立场的转变，被认为是俄罗斯赢得战略优势，并削弱了西方的力量。2015 年底，土耳其空军击落俄罗斯战机，俄罗斯对土耳其实行经济制裁予以报复。遭受制裁后的土耳其面临出口不畅、公共工程市场萎缩和旅游市场崩溃的困境。但局势在 7 月中旬土耳其军方发动未遂政变后“喜剧”改变：2016 年 7 月 15 日，土耳其爆发军事政变，短时间后土耳其政府宣布控制局势，同时指控流亡美国的法图拉·居伦及其领导的“居伦运动”为这一事件的幕后主使。这一未遂的军事政变使土耳其与美国、北约的关系急剧恶化，土耳其转而寻求与俄罗斯改善关系。在距未遂政变不到一个月的时间，土耳其总统访问俄罗斯，不但俄罗斯解除了对土耳其经济制裁，两国还签订了一系列合作协议，包括恢复落实将俄罗斯天然气经土耳其输送往欧洲的管线项目和阿库尤核电站项目。政变后，土耳其在地区的立场发生了明显的变化。之前，土耳其在叙利亚战争中与俄罗斯、伊朗的立场相反，支持不同势力，土耳其与海湾国家一道参与了美国主导的国际反恐阵营，支持叙利亚反对派，而俄罗斯和伊朗则力挺巴沙尔政权。但政变后，土耳其总统先后访问俄罗斯和伊朗，商讨三方结成联盟共同应对叙利亚危机的问题。其三，伊朗核协议签署后，俄罗斯与伊朗的合作获得新的发展空间。俄罗斯正是因利用伊朗空军机场执行在叙利亚的空袭任务，才使“叙利亚行动”十分有效。此外，数十个大型合作项目相继开工，可以预期的是，未来，共同规划建设经里海至波斯湾的北南运输走廊、在相互贸易中弃用美元、筹备联合军演等合作潜力十分巨大。

2. 美国在西亚力挽被动，在中亚积极推进融合战略

土耳其政变失败后，土当局指责美国参与了政变阴谋，加上西方国家公开谴责土当局对参与政变者的血腥镇压，土耳其与西方，特别是与美国的关系急转直下，土耳其转向与俄罗斯改善关系。但“怪异”的是8月24日，在以美国为首的联盟军队的空中支持下，土耳其军队发动“幼发拉底河之盾”行动，越过土叙边境，将叙利亚边境城市杰拉卜卡斯从“伊斯兰国”手中夺回。此举，展现了土耳其与美国关系的牢固基础，也给7月刚刚缓和的土俄关系蒙上了阴影；另外，美国国会参议院当地时间5月17日通过一项法案，允许“9·11”恐袭事件受害者起诉并追究沙特政府在事件中的责任。参议院当天以口头表决方式通过这项法案，允许受害者和家属向美国法院起诉为本土恐怖主义活动提供支持的国家。“9·11”事件部分受害者家属长期认为，恐袭事件袭击者多数是沙特人，“基地组织”还获得来自沙特的资助，沙特政府应当为其在事件中的角色承担责任。白宫发言人17日强烈反对该法案，称法案违反主权豁免原则，将把美国置于海外诉讼风险之中。由于美国国会批准有关允许“9·11”受害者起诉沙特政府的法案，美沙关系面临严重考验，很可能使本就紧张的美国与沙特双边关系继续恶化。

在中亚，美国加大平衡中俄影响，强化在中亚的动作。2015年11月在丝绸之路古城撒马尔罕，美国与中亚国家启动了“C5 +1”的合作机制。美国国务卿将“C5 +1”机制称为“保护公民安全、共建共享繁荣、增强外交联系的重要行动平台”。2016年8月，哈萨克斯坦、吉尔吉斯斯坦、塔吉克斯坦、土库曼斯坦、乌兹别克斯坦等中亚国家外交部部长，齐聚华盛顿与美国国务卿举行第二次“C5 +1”会谈，商讨对于经济繁荣、环境保护、气候变化、中亚地区安全等事宜所面临的挑战及合作事宜。在“C5 +1”机制下着手共同实施五大项目：第一个项目，与国际反恐论坛对话，协助中亚各国对抗暴力极端化以及减少境外恐怖势力造成的威胁；第二个项目，寻求促进中亚地区经贸发展，增加其出口量，促进中亚各国进入新市场；第三个项目，围绕提升动态市场健康发展并发挥关键作用的运输和物流领域；第四个和第五个项目旨在协助中亚五国为未来发展更清洁的可再生能源，同时减少温室气体排放。美国将援助1500万美元支持五大方面项目的实施。但总的来说，随着“上合组织”的日益成熟与壮大，“上合组织”已成为确保中亚稳定和发展的关键机制和力量，西方在这一地区的影响力正在逐步削弱。

3. 西亚分裂势力猖獗，国家体制愈加脆弱

西亚国家历来是宗教纷争和民族矛盾凸显的地区，亦是各种极端恐怖组织的策源地。国家内部的严重不和再加上地区和国际层面力量结构及其对比的变化，给许多挑战国家主权者制造了机会和条件，致使西亚地区多国合法政府面临被恐怖主义势力颠覆的风险。当前恐怖组织已经不满足于单一杀人放火这类“小打小闹”的恐怖袭击或事件，而是明目张胆地主张建立真正的“国家”或在一国内部扶持其代理人。目前该地区包括叙利亚、伊拉克、也门等在内的国家都有分裂势力宣布建国，破坏着国家的统一和秩序，并给各种国际势力，尤其是霸权国家干预提供了借口及机会。与此同时，这一地区霸权争夺加剧更导致中东时局一再恶化。沙特和伊朗作为西亚两个地区大国，分别由伊斯兰的两大教派逊尼派和什叶派所统治，长期以来，争夺地区主导权的斗争从未停止，直至演绎成一场又一场代理人之间的战争，不论在也门、叙利亚的战争冲突，还是在伊拉克的流血冲突中，两国都支持决然不同的势力，从而导致这一地区战火难以熄灭。2016年两国的冲突再度升级。2016 年 1 月，沙特处决什叶派教士尼姆尔，引起伊朗国民的强烈不满，愤怒的民众袭击了沙特驻德黑兰大使馆和马什哈德领事馆。随后沙特政府宣布与伊朗政府断交，指出伊朗的历史充满对阿拉伯问题的负面干涉和敌意，并且经常伴随着恶意和破坏。西亚地区大国的激烈争端将继续成为引发区内各种政治冲突和局势动荡的根源。

4. 中亚国家脆弱性变大，成为恐怖主义的新目标

与西亚由于伊朗和沙特之间争夺地区霸权引发的地区多国内部及之间的热战相比，多年来，置于俄罗斯影响下的中亚各国政治态势显得相当稳定。但由于执政的主要领导人年事已高，多国政权相继面临向新的力量过渡的问题。由于处于长期高度集权体制，这种过渡往往缺乏制度的保障，难以应对内部挑战势力和外部反对势力的挑战。眼下，中亚正处在易遭受挑战，从而导致动乱时期，或通常被称为“颜色革命”时期。动乱的引发因素既可能来自内部，也可能来自外部。当内外部因素及势力结合在一起，产生“共振”时，国家命运就将引发难以控制的局面。2016 年以及今后几年，中亚都将面临这样一种高风险。地区大国哈萨克斯坦有着典型的代表性，纳扎尔巴耶夫执政 1/4 世纪的哈萨克斯坦一直以来政局稳定，但 2016 年 6 月 5 日突然爆发针对政府当局的恐怖袭击。一伙不明身份的人袭击了哈萨克斯坦阿克托别的两个武器商店和一处军管区，随即“哈萨克斯坦解放军”宣布制造了这起恐怖袭击，“哈萨克斯坦解放军”是一个以推翻现政权和使哈萨克斯坦伊斯兰化为目标的武装组织。实际上，整个中亚国家普遍存在类似的组织。2016 年 9 月统治乌兹别克斯坦长达 26 年的卡里莫夫总统去世，使乌兹别克斯坦陷入动荡的风险增加。中亚作为多民族地区，伊斯兰极端势力引发动荡的可能性在持续增加，从而被国际势力操控，致使中亚地区动荡的可能性增加。

5. 土耳其国际地位提升，成为解决难民问题的关键国家

2016 年，土耳其多次成为国际焦点国家。先是击落俄罗斯战机，导致其被俄罗斯制裁，后因国内政变与西方关系恶化，转而谋求改善与俄罗斯的关系，再后来，又在美国主导的反恐联盟空中支援下，在未经叙利亚政府同意的情况下，出兵叙利亚，夺取了被“伊斯兰国”占领的边境城市，此举遭到叙利亚政府的谴责和俄罗斯的不满。这些“任性”都反映出土耳其的地区势力与根基。从国际层面上看，土耳其的影响力与日俱增，表现在该国是解决难民问题绕不开的国家。进入欧洲的叙利亚难民 80% 经土耳其流入，为缓解难民压力，2016 年 3 月欧盟曾与土耳其达成协议，同意有条件给予土耳其公民免签待遇，以换取土耳其同意将从其领土非法进入希腊的难民全部强制遣返土耳其。条件之一就是放宽反恐法，这却是土耳其政府难以照办的，尤其是在土耳其发生政变之后，土政府对反对派的镇压趋紧情势下，放宽反恐法更加不可能。目前，欧盟与土签订的协定已经无限期拖延，这将导致有更多的难民经土耳其进入欧洲，酿成更大难民潮的可能性大幅提高。

6. 中国影响力不断增强

尤其是在中亚，通过在政治上依托不断巩固和扩大的“上合组织”，在经济上加快实施“一带一路”倡议，并使“一带一路”与俄罗斯主导的“欧亚经济联盟”对接，中国正在成为欧亚大陆凝聚力的中心。借助上海合作组织框架，中国与中亚国家的安全和经济利益正在深化发展和融合。欧亚经济联盟首脑会议批准了“欧亚经济联盟”和中国“一带一路”倡议对接的构想，欧亚经济委员会最高理事会（元首级）通过了与中方正式启动谈判的决议。中国向中亚地区的投入持续增加，中国在中亚国家的经济合作取得快速发展。在中亚第一人口大国乌兹别克斯坦境内目前已有中资企业或中资参股的企业 600 多家，还有几十家中国公司在乌设立代表处。中国正在以中国技术和中国速度在乌兹别克斯坦打造中亚第一隧道，也是目前中国企业在中亚建设的最长隧道——甘姆奇克隧道，该隧道是安格连－琵布铁路的咽喉。“安－琵”铁路建成后将改变目前该国境内运输绕道他国的局面，对乌兹别克斯坦的国家安全和经济发展不仅具有现实意义，更具战略意义。中国还在乌兹别克斯坦建立了大型工业园，园区已入驻瓷砖、制革、手机、食品等各类企业，为解决当地民生和扩大就业做出了积极贡献。

中国在西亚地区的作用也在逐步增强，特别是在西亚冲突地区也发挥着积极作用。中国承诺扩大对叙利亚军队的人道主义援助，加强叙利亚军人在中国的培训。

四　中亚西亚国家经济发展态势

（一）世界经济发展趋势

2016年，世界经济仍没有完全走出经济危机的阴影，世界经济在结构性矛盾中缓慢发展，并经历着一场深刻的变革调整，发展速度不均衡，贸易和投资速度继续放缓，世界市场趋于萎缩。与此同时，地区一体化趋势继续发展，成为引领国际规则变革的主要力量，并给相关国家经济发展注入新活力。

尽管经济增长普遍低于预期，但2016年世界经济仍缓慢复苏。全球经济增长率比2015年略有下降，发达经济体增长持续回升，但趋势减弱，发展中国家经济体经济增速普遍下滑，部分陷入负增长。就业方面，多数国家劳动力市场持续改善，失业率有所下降，部分陷于负增长的国家失业率显著上升。物价水平增速下降，发达经济体通胀率下降，多数新兴经济体保持较高通胀率。全球政府债务没有明显好转。由于能源和资源类产品价格动荡，2016年全球贸易额总体预计难以复苏，贸易保护主义风险持续上升。

世界经济的深度调整过程在一个时期内仍将持续，政治、经济、地缘等各种因素，包括地区冲突、恐怖主义、难民问题、英国脱欧和非法资金流动等相互交织，对世界经济影响加深，未来世界经济增长的不确定性仍然较大，难以实现显著改善。

（二）全球地缘经济格局中的中亚西亚

2016年，在全球经济衰退、油价下跌、西方对俄罗斯的经济制裁、俄罗斯的反制裁，以及中国经济发展速度显著放缓背景下，西亚和中亚经济都出现了比较困难的局面，经济增长放缓、对外贸易减速，结构调整压力加大。

按 GDP 增速衡量，2016 年乌兹别克斯坦和土库曼斯坦增长势头强劲，增速分别达到7.2%和6%，名冠前列。伊朗、伊拉克、塔吉克斯坦、卡特尔和土耳其属于第二梯队，年均增长不低于3%。约旦、巴林、以色列、科威特、格鲁吉亚、阿曼、亚美尼亚属于第三梯队，年均增长不低于2%；吉尔吉斯斯坦、沙特阿拉伯、黎巴嫩和哈萨克斯坦增长率在2%以下，阿塞拜疆和也门则是负增长。

表 1　中亚和西亚国家近年 GDP 实际增长率

单位：%

国家 \ 年份	2014	2015	2016
亚美尼亚	3.5	3.0	2.1
阿塞拜疆	2.7	1.0	-2.7
格鲁吉亚	4.6	2.8	2.7
哈萨克斯坦	4.3	1.2	0.2
吉尔吉斯斯坦	4.0	3.5	1.3
塔吉克斯坦	6.2	6.0	3.9
土库曼斯坦	10.3	6.4	6.0
乌兹别克斯坦	8.1	8.0	7.2
土耳其	1.0	4.2	3.1
伊朗	4.3	0.7	4.3
伊拉克	-3.9	3.0	4.0
以色列	3.2	2.5	2.8
约旦	3.1	2.4	2.9
巴林	4.4	2.9	2.9
科威特	0.5	1.8	2.8
黎巴嫩	1.8	1.5	1.0
阿曼	2.5	5.7	2.3
卡塔尔	4.18	3.6	3.1
沙特阿拉伯	3.6	3.5	1.1
也门	-0.2	-28.1	-10.0

对于中亚和西亚地区国家而言，对外贸易对经济增长的贡献十分显著。而近年来受石油价格低迷影响，海湾地区和中亚的石油出口国的出口增速显著下降。根据联合国和牛津经济数据库的资料，在列入统计的19个中亚西亚国家中，2016年有14个国家出口出现负增长，只有4个国家的出口实现了一定程度的增长。其中出口增长最显著的是刚刚被解除经济制裁的伊朗，其余三个是中亚的亚美尼亚、吉尔吉斯斯坦、塔吉克斯坦。以色列出口与上年度基本持平。

表2　中亚、西亚国家进出口增长率

单位：%

国家	2014年		2015年		2016年	
	出口	进口	出口	进口	出口	进口
亚美尼亚	3.8	0.68	-1.9	-19.1	8	2.8
阿塞拜疆	-10.9	-9.6	-44.8	4.7	-22	-15
格鲁吉亚	-4.67	7.7	-23.84	-11.18	-8.55	-1.15
哈萨克斯坦	-6.2	-13.3	-23.2	-13.9	-20	7.6
吉尔吉斯斯坦	-7.7	-5.8	-13.9	-20.7	7.6	5.8
塔吉克斯坦	5	9	-18	-16.9	5.4	2.8
土库曼斯坦	3.4	3.7	-10.3	-20.3	-4	-10
土耳其	4.4	-3.8	-10.04	-13.93	-1.98	-3.56
伊朗	-6.9	2.4	-25.3	-19.5	16	20.1
伊拉克	1.1	-2.9	-35.5	-7.1	-15.2	-0.8
以色列	1.2	0.5	-11.7	-15.3	0.5	6.2
约旦	6	4	-6.6	-10.7	-5	-4
巴林	-0.8	-2.5	-24.5	-10	-11.1	-5
科威特	-9.5	7.1	-47.5	-0.2	-12.7	-2
黎巴嫩	-12.1	-4.5	-12.5	-12.8	-10	5
阿曼	-5.7	-13	-33	-4.9	-8.3	-8
卡塔尔	-4.9	-1.05	-39	-8.5	-19.2	5
沙特阿拉伯	-8.9	3.3	-40.9	-2.2	-9.7	-12
也门	-1.5	16.2	-81.4	-48.6	-62.9	-10

（二）重点国家的经济情况

1. 区域人口大国

乌兹别克斯坦拥有3130万人口，是中亚人口最多的国家，正在实施工业现代化和基础设施开发计划，已连续9年经济增长超过8%。2016年经济增速预计放慢至7.2%，支撑2016年经济增长的主要是服务业。2016年工业生产从2015年同期的8.1%，降到6.7%，但服务业和建筑业却实现高速增长，服务业增速达到12.9%，建筑业达到14.8%。服务业中增长最快的是金融业和电信部门，建筑业的拉动力主要来自住房和基础设施建设。2016年乌兹别克斯坦经济受到不利的外部影响拖累。俄罗斯、哈萨克斯坦、中国、乌克兰等主要贸易伙伴经济都不同程度地放缓。尤其是俄罗斯不仅是乌兹别克斯坦最大贸易伙伴，还是乌兹别克斯坦最主要的劳务汇款来源。2016年俄罗斯经济继续处于衰退之中，使乌兹别克斯坦的出口和劳务汇款收入大为减少，尤其是后者进而影响了居民消费。黄金和其他金属、棉花、石油等乌兹别克斯坦的主要出口商品价格疲软减少了该国的出口收入。

2. 区域国土面积大国

哈萨克斯坦拥有272.49万平方千米辽阔的国土，是中亚国土面积最大的国家。近年来，通过实施国家主导的发展计划，哈萨克斯坦经济发展取得了令人瞩目的成就，成为中亚地区领先的经济体。2015年11月哈萨克斯坦加入世界贸易组织（WTO），强化经济发展，哈萨克斯坦总统宣布将在2050年之前进入世界经济论坛全球竞争力排名前30的国家行列。2014/2015年度评估结果为该国位于第50名的位置，2015/2016年度评估结果则提升至第42名的位置。哈萨克斯坦制定了雄心勃勃的战略目标，提出经济现代化战略，实现拥有高附加值和高技术含量的产业目标。哈萨克斯坦长期经济增长前景看好，但短期内经济受到全球商品市场需求不振、价格疲软和卢布汇率变动的不利影响。哈萨克斯坦40%的人口是俄罗斯人，两国经济联系十分密切。受到西方制裁的俄罗斯经济陷入衰退，严重拖累了中亚经济体，特别是哈萨克斯坦。由于卢布大幅贬值，2016年哈萨克斯坦货币坚戈（KZT）对美元平均值下降54.6%。汇率下降导致通货膨胀高企，2016年7月，高达17.7%。能源矿产品出口占该国总出口的81%，世界市场能源类商品价格下降，导致该国出口收入减少。2016年前三季度，哈萨克斯坦出口下降27.26%，进口下降25.85%，对中国的出口和进口分别下降28.33%和37.63%。

3. 区域新兴大国

土耳其是一个新兴市场国家，2002年以来，经济保持高速增长，人均GDP从2002年的3000美元提高到2015年的9000美元，进入中等收入国家行列。但自2011年以来，由于投资者对包括土耳其在内的新兴市场的投资兴趣下降、土耳其的主要出口市场欧洲经济疲软拖累了土耳其的出口、国内暴力活动频发打击了旅游业等因素，土耳其经济增长下降。2016 年上半年经济增长达到 3.9%，7 月发生的政变导致 2016 年经济增长前景进一步暗淡，全年经济增长预计维持在 3.1%。政变导致土耳其的主权信用评级被下调，在国际资本市场上的融资成本上升。由于投资、出口和旅游不景气，经济增长主要依靠政府支持的私人消费。2016 年前三季度，土耳其出口下降 2.66%，进口下降 5.25%。

4. 区域传统大国

沙特阿拉伯经济发展正在经历前所未有的困难和挑战。沙特经济以石油为基础，预算收入的 87%、GDP 的 42% 和出口收入的 90% 都来自石化产业。国际油价持续低迷使该国以资源开采、初加工和贸易为主要驱动力的经济暴露在严峻的外部环境下。2016 年沙特 GDP 的增速预计仅为 1.2%，与 2014 年的 3.6% 和 2015 年的 3.5% 相比降幅显著，2016 年可能成为金融危机以来最糟糕的年份。出口收入下降，使沙特陷入严重的财政困难，2016 年沙特政府公布的 2016 年预算中连续两年出现赤字，预测财政收入由 6080 亿里亚尔大幅减少至 5138 亿里亚尔。为防止里亚尔贬值，沙特外汇储备每月减少 120 亿美元以上，仅 2015 年一年外汇储备就减少了 1000 亿美元，如果原油价格持续下跌，其外汇储备下降速度将进一步加快。因此 IMF 警告称，沙特外汇储备 5 年内将消失。油价下跌对沙特民生也产生巨大的影响。沙特媒体报道，由于原油收入大幅减少，沙特经济与发展事务委员会（Council of Economic and Development Affairs）已经取消了总值达到 2667 亿美元的各项投资。沙特政府还透露将有大批民间投资款项被延迟支付，其中包括建筑公司欠款、医疗费用以及海外咨询服务等。与能源相关的补贴也大幅减少，沙特汽油价格出现大幅上涨，幅度在 50% ~67%。

5. 面积虽小但国际影响大的国家

国土面积不大，但国际影响巨大；国民收入很高，创新发展动力很强。西亚地区的以色列、塞浦路斯、卡塔尔就属于这样的国家。卡塔尔经济虽然也是建立在资源基础上，但其国民收入和创新投入远高于其他国家，卡塔尔的创新驱动指标远远优于效益驱动型经济体。从价值链的宽度衡量，卡塔尔已成功进入世界前十大经济体行列，科研机构质量排名全球第 16，领先于韩国及中国台湾地区，企业研发支出居世界第 8 位，在吸引人才方面居世界领先地位；以色列无疑是中东地区首屈一指的创新经济体，无论创新能力、科研机构质量、企业研发支出、百万人专利申请数量还是科学家和工程师供应量等，其反映的国家创新素质和成就指标都名列世界前茅；塞浦路斯国土面积不足 1 万平方千米，人口仅 100 多万，但其百万人专利申请数量居世界第 12 位，甚至超过了一些发达国家，该国理工教育质量也居世界前 10 位。

（三）变革与应对之策

1. 制定经济改革长期议程

在当前形势下，产油国经济多元化愿望比以往任何时候都强烈和迫切。最引人注目的改革动议是沙特阿拉伯的“2030 愿景”计划，该计划的目的是重新调整经济结构，减轻沙特国民收入对廉价石油的过度依赖，将王国的金融经济命运更好地掌握在自己手中。“2030 愿景”主要集中在三个方面：首先，该计划的目的是改善非石油收入，针对公共服务增加税收和关税，逐步扩大税收基数（特别是通过引入增值税），同时增加旅游收入；其次，当局希望通过降低补贴来减少开支，令该国大规模公共投资计划更加合理化，将用于购买外国军备的资金挪作他用；最后，希望实现国家财富多样化，同时增加目前投资的收入。比如，该计划拟通过将一小部分沙特阿拉伯石油公司（最高 5%）上市、投资于全球更大范围的资产利润来收集资金。从长远看，改变过度依赖能源的产业结构、创造新的增长点将成为中亚细亚地区各国的重要考量。

2. 积极推动地区一体化项目，扩大经济合作

（1）加快欧亚经济联盟与中国一带一路倡议的对接

对中亚国家经济发展来说，除了遭受国际油价低迷的冲击外，还在西方对俄罗斯的制裁和俄罗斯的反制裁中深受其害。俄罗斯主导的欧亚联盟在去年陷入困境，成员国之间的贸易下滑明显。尽管中亚国家依然自诩为一体化的拥护者，但哈萨克斯坦的风险评估小组认为欧亚经济联盟灵活性缺失，是不大有前途的机构，哈方难以表现出更多的积极性。

出于对未来俄罗斯经济增长潜力的担忧，中亚地区领导人致力于扩展与域外大国的制度合作。特别是积极推动“上合组织”和批准欧亚联盟与中国“一带一路”倡议对接，以此减轻对俄罗斯的过度依赖所造成的困境，扩大经济的回旋余地。

（2）加快能源共同市场建设

欧亚经济联盟是在俄罗斯倡导下以协调各成员国能源政策为主要目标的政府间合作联盟，并逐步形成石油、天然气、电力和石化产品的共同市场。欧亚经济联盟计划在 2018 年 1 月 1 日之前形成共同天然气、石油和石油产品市场的概念，

2018～2024年落实具体措施，到2025年1月1日之前所有国际协定生效并开始共同市场运作。鉴于俄罗斯在中亚地区难以取代的影响力，欧亚联盟为中亚国家带来的吸引力显而易见。但未来俄罗斯经济复苏的前景仍不明朗，在政策以外，其对中亚能源市场的整合和带动作用是否如规划般显著，尚有待观察。尽管存在诸多不确定性，对中亚国家而言，某种意义上维持能源安全等同于维持地区安全和国家安全，而实质上的欧亚联盟也是当前最具前景的能源合作方案之一，因此，中亚各国政府对欧亚联盟持有积极愿望。

（3）合力推动跨地区的互联互通

在"一带一路"框架下，中国正在积极建设中国－中亚－西亚经济走廊。2015年11月土耳其和中国联合哈萨克斯坦、阿塞拜疆和格鲁吉亚建立了中国至欧洲的货运集团，朝着共同开发建设跨里海国际运输线路（中国－哈萨克斯坦－阿塞拜疆－格鲁吉亚－土耳其－欧洲）的道路上迈出了坚实的步伐。这条横贯欧亚大陆运输线路的建成，连同马尔马雷海底隧道，对于填补亚欧铁路网中"缺失的一环"至关重要，使来自中国的商品通过铁路运输直达伦敦，实现中国商品两周以内到达欧洲。

3. 加强双边合作

在双边框架下，中国与中亚国家的能源贸易联系日益紧密。中国与土库曼斯坦等国已形成全方位的能源合作格局，不仅实现了中国－中亚天然气管道A线、B线、C线的稳定运营与足额供气，而且将尽快启动D线建设，计划于2016年建成通气，将土库曼斯坦对华天然气年供气量提升至650亿立方米，此外，中国还将与土库曼斯坦等国就大型天然气合作项目的安全运营建立合作机制，并在油气化工等领域深化合作。

（四）展望

即将过去的一年中，中亚和西亚地区社会经济与安全局势动荡不安，既反映着地区内部的矛盾，更渗透着大国博弈的色彩。短时期内全球能源原材料价格难以回暖，中亚各国产业结构调整也并非易事，所以在未来一段时间内，该地区的经济发展将大体维持相对稳定，难以出现跨越式增长。受恐怖主义和难民潮的影响，该地区在未来仍可能饱受安全问题困扰，特别是西亚地区，多个复杂的安全问题在区域内交织，严重考验着各国的反恐机制与政府的治理能力。中亚地区受到安全威胁的风险也在上升，极端宗教实力和分裂实力将进一步威胁原本稳固的政治统治。

美国大选尘埃落定，当选总统特朗普以其特立独行的风格备受世界瞩目。美国对俄罗斯立场转变，包括何时解除对俄罗斯的制裁等将对西亚的政治安全局势和中亚的经济局势产生重要影响。

近年来，中国在国际能源市场的消费量日益上升，中国与中亚西亚国家的贸易量显著增长，随着“一带一路”战略的深化和中国对外开放的深入，我国不仅已经成为中亚西亚不可忽视的重要贸易伙伴，还将成为中亚西亚地区极为重要的投资伙伴和产业合作伙伴，在中亚西亚地区的政治、经济、文化等多方面发展中将发挥越来越重要的作用。尽管中亚西亚地区仍然拥有传统的美俄等大国影响力以及趋于复兴的土耳其、伊朗等地区大国的势力，但随着整个国际格局的变化，世界经济一体化和政治多极化进程的逐步加快，尤其是我国主导的“一带一路”战略和俄罗斯主导的“欧亚战略”对接、美国与沙特关系出现波动、美俄在叙利亚等中东许多问题上“短兵相接”，都为我国与中亚西亚国家和地区的深化协作及发展升级提供着重要契机，助推我国将“一带一路”战略更多地对接中亚西亚国家发展计划，推动中亚西亚国家经济结构转型和产业多元化升级发展，进一步深化中国和中亚西亚地区的全面合作，推动并构建新的发展秩序，共同应对挑战，携手共赢未来。

（撰稿人：中国国际经济交流中心产业规划部副研究员胡正塬）

拉美经济形势分析与展望

进入2016年，拉美地区经济形势较2015年稍有好转，但总体仍不容乐观，外部环境对拉美地区经济增长的冲击仍在持续。

一 2016年以来拉美地区经济的主要形势

2016年，全球经济复苏进程仍然较为缓慢，外部需求仍然较弱，国际贸易形势与2015年相比未有明显起色，全球贸易增速低于GDP增速的状况仍在持续。美国经济复苏进程不及预期，中国正在经历结构转型和产业升级，外部需求减弱，一些发达经济体推出负利率政策，全要素生产率增速缓慢。再加上2016年出现的英国脱欧和美国总统选举中特朗普胜选，逆全球化和贸易保护主义有所抬头，全球经济复苏前景尚不明朗。在此背景下，拉美及加勒比地区经济体在短期内难以出现较高水平的经济增长，地区内重要经济体如巴西尚须继续推行改革以摆脱经济衰退。

（一）债务与财政赤字水平上升，约束财政和货币政策实施空间

拉美及加勒比地区对于外贸的依赖程度较高，且出口商品多为初级商品，受国际大宗商品市场价格低迷影响，外贸形势严峻对拉美及加勒比地区国家财政状况有较大不利影响。与此同时，受外部环境影响，拉美及加勒比地区国家的融资环境进一步恶化，本地区债务水平自2011年以来一直在不断上升，2016年公共部门债务与财政年度GDP比重由55%上升至57%左右，与新兴市场和发展中经

济体公共部门债务与财年 GDP 比重相比，高出近 10 个百分点。财政赤字占 GDP 比重与 2015 年相比将继续上升 0.1 个百分点，与新兴市场和发展中经济体财政赤字与 GDP 比重相比，高出 2 个百分点。IMF 预测本地区到 2021 年公共债务与财年 GDP 比重将超过 60%，显示在中短期时段内拉美及加勒比地区公共部门债务水平仍将不断攀升。[①]

外部投资对经济增长的拉动作用有限，国际资本自 2015 年下半年开始大规模从拉美地区流出。国际货币基金组织数据显示，拉美地区主要经济体除墨西哥因其连续两年较为良好的宏观经济状况使私人信贷持续增长 15% 左右，其他经济体如巴西、智利、哥伦比亚、秘鲁和乌拉圭，私人信贷增速自 2015 年 1 月起持续下降，其中乌拉圭和巴西已进入负增长区间。与此同时，从财政政策来看，拉美地区各国目前债务水平较高，财政赤字状况普遍存在，“据中国社科院《拉美黄皮书》数据，2015 年，地区 33 国中，有 14 国的财政赤字占 GDP 的比重超出 3% 的安全线，6 国接近安全线”。[②] 各国财政政策受到较大制约，依靠投资与财政扩张实现经济增长的政策空间较小。

（二）本币持续贬值，通胀水平居高不下，就业状况未见改善

从货币政策来看，本地区诸多国家在过去一年经历较大程度的货币贬值。巴西、阿根廷、巴拉圭等国货币贬值幅度较大，本币贬值并未带来外贸形势向好，公共开支居高不下，地区国家出现普遍通胀状况，一些国家通胀水平持续升高且维持在高位，对经济增长造成不利影响。

同时，拉美及加勒比地区失业率仍旧较高，劳动人口中未就业人口比例维持在高位。CEPALSTAT 数据库数据显示（见图 1），拉美地区主要经济体自 2015 年第四季度后，失业率不断攀升。除去墨西哥因受美国经济表现超出预期影响，失业率维持在相对较低的水平外，巴西、阿根廷、智利、哥伦比亚、秘鲁季度失业率均呈现上升态势，其中巴西季度失业率在 2016 年第一季度接近 12%，达到近年高位。据世界银行报告，“尽管近十年来拉丁美洲和加勒比地区经济表现强劲，贫困和不平等的情况有所缓解，但该地区 15~24 岁青年中，每 5 人中即有 1

---

① IMF, *Regional Economic Outlook: West Hemisphere, Latin American and the Caribbean: Are Chills Here to Stay?*, October 7, 2016, p. 11.

② 《今年拉美及加勒比地区经济增长有限》，《经济日报》2016 年 6 月 2 日，http://finance.china.com.cn/roll/20160602/3750002.shtml。

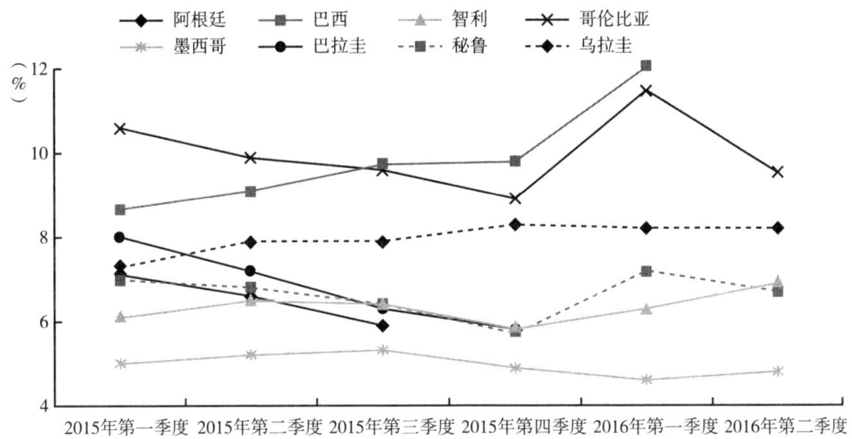

图1 拉美地区主要经济体季度失业率

资料来源：CEPALSTAT 数据库。

人既不工作也不上学，总人数达2000万人。这一情况将影响劳动生产率、工资和劳动机会，并将损害地区整体经济表现。目前，该地区有800万15~24岁青年求职失败，2015年底青年失业率由14.5%升至15.3%”。[①]

（三）地区经济发展走势分化

尽管拉美及加勒比地区经济增长的前景较为黯淡，但该地区国家在2016年经济形势出现分化。中北美及加勒比地区经济增长出现转机，将摆脱经济衰退，走向经济正增长。而南美地区国家经济增长状况总体不容乐观，但可能出现部分国家通过经济结构改革和财政政策扩张推动经济增长的情况。根据拉丁美洲暨加勒比海经济委员会（CEPAL）预测，2016年拉丁美洲经济表现迥然不同，中美洲增长4.3%，加勒比海国家增长1.6%，南美洲地区衰退0.8%。

结合地区经济增长的内外部环境来看，2016年拉美及加勒比地区经济增长形势有恶化可能。各主要研究机构均预测本地区经济将持续衰退。国际货币基金组织在2016年4月出版的地区经济展望报告中预计本地区经济2016年将萎缩0.7%，10月出版的地区经济展望报告将经济增速修正为-0.6%。这是本地区历史上首次出现连续两年的经济萎缩。美洲开发银行发布的区域宏观经济报告预

① 《拉美20%年轻人为“两不人员”》，商务部网站，http：//www.mofcom.gov.cn/article/i/jyjl/l/201601/20160101239248.shtml。

计拉美地区2016年经济收缩0.3%，世界银行在4月报告中预测本地区经济将收缩0.9%，而8月发布的联合国拉美经委会地区经济分析报告将本地区经济增速从4月的-0.6%修正为-0.8%。10月CEPAL再次调整本地区经济增长预测数值，因全球经济2017年有望好转及大宗商品价格企稳因素影响，本地区增速在2017年有望达到1.5%。

表1　CEPAL对拉美及加勒比国家2016年和2017年最新经济预测

单位：%

国家/地区	2016年	2017年
拉美及加勒比地区	-0.9	1.5
阿根廷	-1.8	2.5
巴西	-3.4	0.5
智利	1.6	2.0
哥伦比亚	2.3	3.2
秘鲁	3.9	4.0
乌拉圭	0.6	1.2
委内瑞拉	-8.0	-4.0
厄瓜多尔	-2.5	0.2
巴拉圭	4.0	3.8
哥斯达黎加	4.2	4.1
古巴	0.8	2.0
墨西哥	2.1	2.2
巴拿马	5.4	5.7
安提瓜和巴布达	3.5	3.0
多米尼加共和国	4.2	1.2

注：数据为联合国拉美经委会2016年10月12日预测数据。

资料来源：《联合国拉美经委会：2017拉美经济增长1.5%》，商务部网站。

二　中北美及加勒比地区经济增长前景较为良好

（一）受美国经济出现复苏影响，与美国接壤的墨西哥有望在2016年继续维持2015年以来的经济增长趋势

据联合国拉美经委会分析报告，“2015年下半年墨西哥国内消费增长较为强

劲，出口规模进一步提升；全年经济增长率为2.5%。年通胀率为2.5%，位于墨西哥央行制定的通胀率目标范围（2.0%～4.0%）；公共部门财政赤字占GDP比重为3.5%（高于2014年的3.2%）；经常账户逆差占GDP比重为2.5%（高于2014年的1.9%）”。①

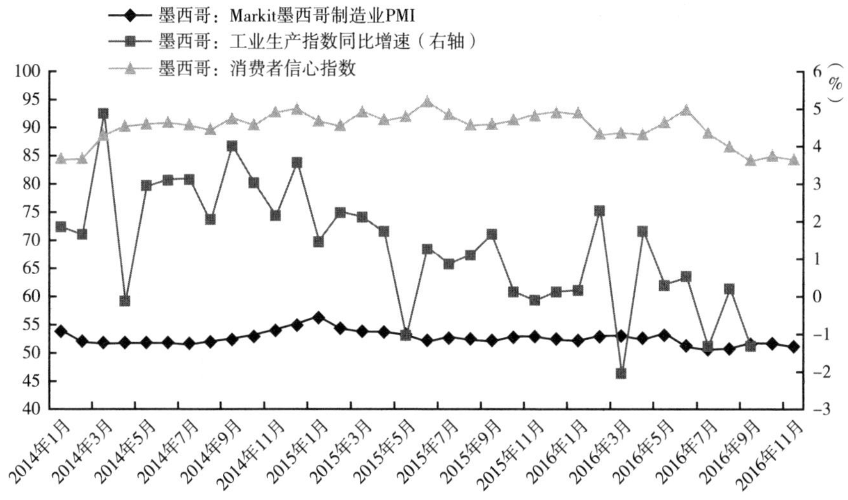

图2　墨西哥经济景气指数变化趋势

资料来源：Wind数据。

如图2所示，进入2016年，墨西哥经济仍依靠外部需求继续拉动增长，较为良好的外部发展环境和国内财政状况为经济增长提供支持。但进入第二季度后，由于国际原油价格持续低迷，原油出口收入减少，政府公共开支受到约束；外资投资意愿较低，国内能源改革有可能影响原油产出状况，进一步约束政府财政政策空间，且第二季度来自美国的需求出现下降，墨西哥出口状况受到一定影响。但总体来看，墨西哥经济增长形势在本地区较为良好。数据显示，2016年一、二、三季度墨西哥经济增速分别为2.26%、2.58%和2.04%。从工业生产指数增速来看，1～9月月均增速只有0.05%。消费信心指数在进入2016年后与2015年相比略有下降，显示墨西哥消费增长不如预期，且进入下半年后持续下降。从制造业采购经理人指数（PMI）来看，1～11月月均水平为51.99，且上

① 《联合国拉美经委会分析2016年墨西哥经济形势》，商务部，http://www.mofcom.gov.cn/article/i/dxfw/nbgz/201512/20151201214480.shtml。

半年月度增速高于下半年月度增速，显示上半年制造业经济增长优于下半年，但综合全年来看，PMI 连续 11 个月始终高于荣枯线 50，说明墨西哥制造业还在持续增长。据研究机构分析报告，2016 年墨西哥全年有望实现 2% 左右的经济增长，低于年初国际货币基金组织和墨西哥政府预测的经济增速 0.5 个百分点。

（二）中美洲及加勒比地区经济受益于初级商品价格下跌和夏季旅游业快速增长，有望实现较高经济增速

中美洲及加勒比地区国家虽然自 2014 年开始遭受厄尔尼诺现象影响，区域温度增加 4 摄氏度以上，对本地区农业生产造成较大影响，进而影响到地区国家农业产品出口；2015 年厄尔尼诺现象继续肆虐，萨尔瓦多、危地马拉、洪都拉斯和尼加拉瓜等国继续受极端干旱影响陷入农业生产衰退的局面，但是中美洲地区国家因国际原油价格低迷降低了国内生产的燃料成本，初级产品价格下降也帮助实现工业生产成本降低。同时受美国经济复苏影响，地区国家侨汇收入有望提高；而各国财政状况在 2016 年有望继续好转，将进一步加大财政刺激力度，提高投资比重，此举有望进一步提升建筑业和服务业在经济增长中的贡献率。此外，中美洲及加勒比地区国家 2016 年有望迎来游客高峰，旅游行业发展将带动提升就业率并增加经济收入。综合各项因素，2016 年相对拉美地区其他国家而言，中美洲及加勒比地区经济增速较高，洪都拉斯、危地马拉、哥斯达黎加与多米尼加均有望在 2016 年度实现 4% 左右的经济增速，而巴拿马经济增速有望达到 6%。

三　南美地区经济增长前景不容乐观

相对中北美及加勒比地区经济增长的形势来看，2016 年南美地区经济增长前景仍不容乐观。南美地区国家出口结构不合理，过度依赖初级产品出口，对国外市场资金和技术的依赖仍然严重，国内储蓄和投资偏低，消费市场有限，增长动力不足，受世界市场变动的影响较大，经济的脆弱性依然十分明显；产业结构、贸易状况、财政与货币政策调整的压力仍然较大。

（一）从贸易条件来看，据国际货币基金组织地区展望报告分析，2016 年南美地区国家贸易状况恶化的趋势仍旧存在

外部需求疲软和大宗商品价格低迷预期将严重影响本地区国家的收入状况。

出口商品价格持续下降，造成本地区国家通过贸易获得的盈利水平下降幅度较大。据IMF报告分析，巴西、厄瓜多尔、哥伦比亚和委内瑞拉的贸易盈利水平预期将下降20%以上，智利、秘鲁、阿根廷的贸易盈利水平预期将下降10个百分点以上。贸易条件的不利状况预计将影响相关国家收入降低的幅度为5%～20%。

（二）多数经济体本币贬值幅度较大，利率高企约束政府实施财政和货币政策刺激增长的政策空间，通胀状况不容乐观

从货币与汇率政策来看，拉美地区主要经济体在2015年均遭受较大程度的货币贬值。其中巴西雷亚尔和阿根廷比索的贬值幅度达到40%左右，巴拉圭、秘鲁、智利等国也出现不同程度的本币贬值，拉美新兴经济体货币平均贬值逾30%。与此同时，拉美地区国家中多国的基准利率水平已达到超高水平，对国际资本的吸引力进一步下降；外贸需求的降低和出口商品价格低迷等不利因素与货币贬值影响叠加，进一步降低了该地区各国通过常规财政和货币政策刺激经济增长的能力。与依靠外部环境改善来缓解经济不利状况相比，拉美地区国家经济增长的前景改善只能通过国内经济结构调整和政策环境改善的方法来实现。

受货币贬值及财政状况弱化影响，南美地区国家普遍出现较高水平的通胀状况。据国际货币基金组织研究报告，阿根廷、委内瑞拉、乌拉圭和巴西的通胀率均高于南美地区平均线；巴西通胀率2015年达到10.7%，2016年预计将为5.0%，智利、哥伦比亚和秘鲁的通胀率维持在4%～6%区间，均出现通胀水平高企的状况，但2017年有望下降。

表2　拉美及加勒比地区主要国家通胀率

单位：%

国家/地区	2013年	2014年	2015年	2016年	2017年
墨西哥	4.0	4.1	2.1	3.2	3.1
玻利维亚	6.5	5.2	3.0	5.1	5.0
巴西	5.9	6.4	10.7	7.2	5.0
智利	2.8	4.7	4.4	3.5	3.0
哥伦比亚	1.9	3.7	6.8	6.0	3.7
厄瓜多尔	2.7	3.7	3.4	2.9	-0.2
巴拉圭	3.7	4.2	3.1	3.8	4.1
秘鲁	2.9	3.2	4.4	2.9	2.5
乌拉圭	8.5	8.3	9.4	9.9	8.8

续表

国家/地区	2013 年	2014 年	2015 年	2016 年	2017 年
委内瑞拉	56.2	68.5	180.9	720.0	2200.0
拉美及加勒比地区	4.5	5.0	6.2	5.1	3.9
南美地区	4.4	4.9	5.6	5.2	4.0

注：南美地区通胀率为玻利维亚、巴西、智利、哥伦比亚、厄瓜多尔、巴拉圭、秘鲁和乌拉圭八国平均值，不包括阿根廷和委内瑞拉。2016 年和 2017 年数值为预测值。

资料来源：IMF，*Regional Economic Outlook*：*West Hemisphere*，*Latin American and the Caribbean*：*Are Chills Here to Stay*? October 7，2016。

（三）巴西、阿根廷国内改革进程缓慢，经济仍处于探底阶段

巴西作为本地区最大的经济体，2016 年仍未摆脱衰退困难可能。2015 年巴西经济收缩 3.8%，世界银行预测 2016 年巴西经济收缩 2.5%，2017 年将继续出现经济负增长状况。由于巴西国内政治不稳定环境的影响，国内改革议程推进不力，巴西国内商业活动水平降低，消费者信心降低，据国际货币基金组织数据，巴西国内流向私人部门的信贷总额自 2015 年 7 月起已不再增加，至 2015 年 7 月，流向私人部门的信贷总额同比下降 10%。

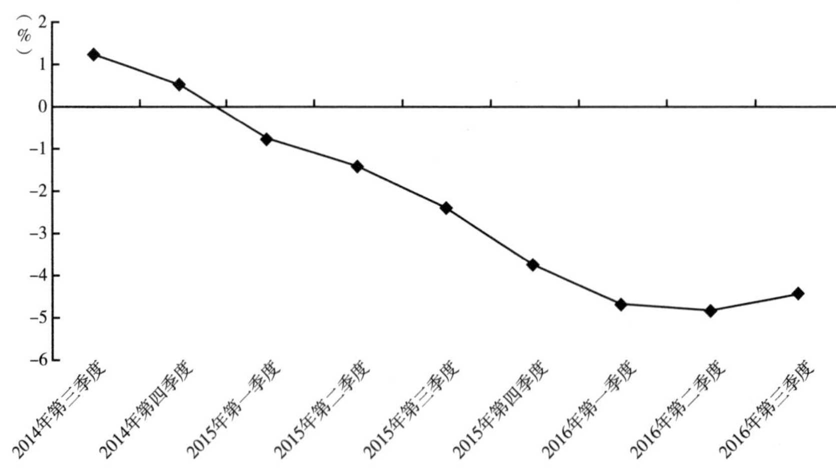

图 3　巴西 GDP（按照市场价格计算）季度同比增速

资料来源：巴西中央银行。

如图 3 所示，巴西经济衰退已持续七个季度，2016 年一、二、三季度巴西 GDP（按照市场价格计算）季度同比增速分别为 -4.67%、-4.83% 和

-4.43%。从工业生产指数来看（见图4），2016年1~10月巴西工业生产指数月度平均衰退7.72%，其中1月和3月衰退幅度分别为13.5%和11.3%，但自第二季度开始衰退幅度有所降低。2016年1~11月，巴西制造业采购经理人指数（PMI）月度平均水平为45.04，5月降至年度低点41.6，是金融危机以来最低水平。受巴西经济衰退前景影响，巴西消费者信心指数未有明显起色。2016年1~11月消费者信心指数月均水平为74.3，4月达到年内低点64.6，此后指数水平逐渐回升，进入9月以后已连续三个月高于80，显示巴西国内居民消费信心正逐渐提升。总体来看，由于巴西国内政策存在不确定性，出口商品价格下跌，私人投资意愿进一步下降，制造业持续不振，而政府通过财政政策刺激经济的能力受限，预计巴西全年经济将进一步收缩。

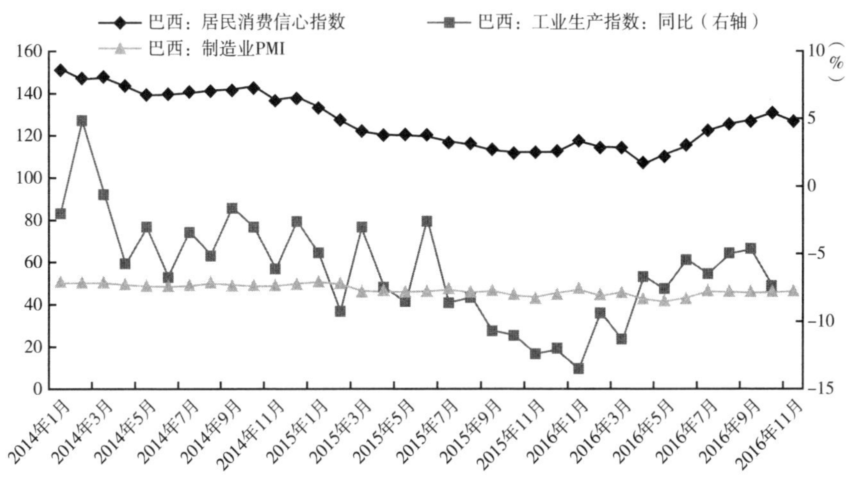

图4　巴西经济景气指数变化趋势

资料来源：Wind资讯。

阿根廷作为本地区主要经济体之一，自2015年下半年以来连续三个季度经济出现下滑，虽然2015年通过本币贬值，阿根廷政府努力刺激商品出口，但出口受价格影响对经济增长的贡献不大。与国际资本的债务纠纷降低了外资对阿根廷的投资意愿，2015年与国际资本达成新的债务处置协议为国际资本重新进入阿根廷创造了条件，但短期内外资进入并实现促进经济增长的目标仍难以实现。从阿根廷工业生产指数增速来看，2016年1~10月工业生产指数月度增速为-4.77%，衰退幅度高于上年同期2个百分点，且下半年6~10月工业指数衰退幅度均高于上半年，10 月达到 -8%。从经济活动指数变化来看，2016 年 1～9 月经济活动指数月均幅度为 -2.26%，与上年 1～9 月月均增速 2.17% 相比，下降幅度较大。

阿根廷国内正在进行大规模经济改革，改革有望带来中长期利好，但外贸状况和财政状况不佳、外债水平居高不下对政府促进结构改革的政策目标造成不利影响，财政收入的下降进一步迫使政府削减公共开支，但公共支出削减的状况不令人满意。国际货币基金组织预计阿根廷 2016 年经济将继续收缩 1.8 个百分点，但有望在 2017 年恢复增长。

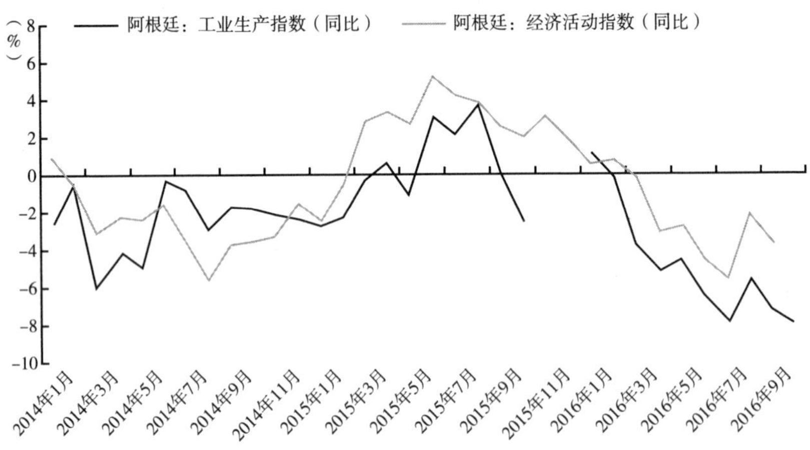

图 5　阿根廷经济活动指数与工业生产指数变化趋势

资料来源：Wind 资讯。

（四）与巴西、阿根廷等本地区较大经济体相比，南美地区的其他经济体近期经济改革措施成效较大

秘鲁、哥伦比亚、巴拉圭、玻利维亚在 2016 年将继续实现经济增长。其中，据国际货币基金组织 10 月出版的地区经济展望报告数据，预计巴拉圭和玻利维亚将分别实现 3.5% 和 3.6% 的经济增速，秘鲁经济增速为 3.7%，哥伦比亚经济增速为 2.2%。可以看到，拉美地区国家普遍受到外部需求疲软及大宗商品价格较低因素影响，外贸总体下滑，债务规模较大，进一步约束财政扩张空间，不利于刺激经济增长。但相对巴西、阿根廷，南美地区其他国家经济结构调整的力度较大，速度较快，为实现国内经济增长创造了良好条件。玻利维亚依靠政府和

私人投资增加财政赤字的方式实现经济增长目标，而智利依靠矿产投资促进经济增长的模式虽然受矿产开发增速下降影响，但基于货币贬值和工资增长放缓降低了国内通胀，从而实现整体经济向好。秘鲁自2015年10月以来加大了矿产开发投资增速，矿产开发拉动经济增长成效明显；巴拉圭则依靠大豆出口创造贸易收入。总体而言，拉美地区其他国家与巴西、阿根廷相比，虽然均受到外部环境不利影响，但通过国内政策发力仍能够寻找到刺激经济增长的政策手段。

（五）委内瑞拉经济形势恶化，为地区经济增长增加了不确定性

委内瑞拉经济高度依赖石油产业，据统计，石油收入占委内瑞拉总出口额的比重为95%，占财政收入的比重为80%，占政府预算的95%，石油产业的总产值占GDP比重为32%。2014年下半年以来原油价格大幅下跌使委内瑞拉的石油收入锐减；但委内瑞拉国内95%的日用品和食品依赖进口，使得债务规模不断扩张，国内发生严重的通货膨胀。据国际货币基金组织预测数据，2013～2015年委内瑞拉通胀率分别达到41%、63%和121%，2016年预计通胀率达到481%，2017年将骤增至1642%。因原油收入锐减和国内恶性通胀影响，国际货币基金组织预测2016年委内瑞拉经济将下降10%，同时，该国高达1100亿美元的政府债券和国有石油公司债券违约概率加大。近期，委内瑞拉政府向市场投放面值高达2万的委内瑞拉玻利瓦尔币，而此前在委内瑞拉国内通用的货币面值仅为100玻利瓦尔币，这一举措说明委内瑞拉国内恶性通胀形势之严重。

委内瑞拉严峻的经济形势在短期内难有根本转变。由于在原油价格处于高位时期，前总统查韦斯领导的委内瑞拉政府推出一系列高福利政策，同时实施国有化战略，对国内商业活动形成不利影响。在原油价格走低之后，福利政策和国有化战略的弊端开始暴露，产业结构脆弱，财政赤字和外债规模扩大都使得政府难有有效政策手段逆转不利局面。近期委内瑞拉恶性通胀的延续使委国内反对派要求马杜罗下台的呼声更加强烈。目前委内瑞拉国内政治、经济形势有很强不确定性，虽然OPEC达成限产协议使原油价格短暂走高，市场也预测原油价格有望企稳，但结合委内瑞拉国内外各种因素，目前尚未看到委内瑞拉摆脱经济与社会危机的可能出路。

四　2017 年拉美经济增长的积极因素

（一）资本重新流入和大宗商品价格企稳为拉美地区各经济体依靠财政和货币政策实施刺激创造了有利条件

从汇率来看，部分经济体货币贬值趋势减缓，汇率机制正在走向稳定，这有利于吸引国际资本再次流入。国际资本从 2015 年下半年开始从新兴市场快速大规模流出的状况不再持续，由于发达经济体低利率政策持续推行、拉美地区贸易条件改善等因素影响，从 2016 年 2 月开始，国际资本重新向拉美新兴市场流入，国际货币基金组织数据显示，2016 年 6～9 月，证券资本（包括债券和股票）增加了 100 亿美元左右，这有利于改善拉美地区经济体金融账户状况。同时，大宗商品价格有企稳迹象，从 2016 年第一季度开始，全球大宗商品价格开始缓慢回升，虽然回升水平有限，仍旧处于较低价格水平，但这对于依靠初级产品出口的拉美各经济体而言意义重大。此外 OPEC 达成减产协议，对于稳定原油价格具有积极意义。世界货币与基金组织预测，大宗商品价格有望在 2016 年末进入企稳阶段，2017 年全年大宗商品价格水平不会出现较大幅度下跌。这将有利于改善拉美地区多数经济体出口状况，经常账户盈余将会增加。与此同时，拉美地区经济体通胀水平逐渐降低，2016 年下半年，拉美地区大部分经济体通胀状况有所改善，部分经济体通胀水平逐渐降低，虽然总体而言，大多数经济体距离政策设定的通胀范围仍有距离，但相对 2015 年和 2016 年上半年而言，通胀水平的下降有利于为政府实施财政扩张政策创造条件。

（二）拉美地区主要经济体国内改革进程开始加快，这有利于改善地区各国实现中长期经济增长的基础条件

应该看到，本轮拉美地区诸多经济体面临衰退形势，与“周期性的外部冲击”关联甚大。全球经济复苏进程不及预期及全球需求不振，使得拉美诸多依靠初级商品出口促进经济增长的经济体陷入经常账户盈余逐渐减退、财政赤字和债务规模扩大、货币贬值和资本流出、通胀高企等一系列不利境地。这些因外部环境变化而引起的经济萎缩事实上暴露了拉美地区经济体经济结构比较脆弱的现实。长期以来，关于拉美经济发展“资源诅咒”的说法在此轮经济衰退中再次

得到印证。贸易条件连续数年处于恶化状态，使各经济体难以获得足够的资本积累扩大国内产能。一产、二产、三产增加值对经济增长贡献率持续下降。依靠初级产品出口促进增长的经济模式使得长期以来拉美地区经济体忽视国内制造业发展，造成国内产业结构严重失衡。为摆脱此次周期性冲击对经济增长的影响，拉美地区各经济体均在加快推进国内改革议程，以刺激国内消费，营造更为良好的商业环境来吸引外来投资。

以阿根廷为例，2015 年末，马克里赢得阿根廷大选，在马克里政府主导下，阿根廷开启国内经济改革进程，取消了对于外汇和进口的控制，与国际债权人重启谈判，进一步开放市场，以吸引国际资本投资。同时，阿根廷政府通过减免农产品出口税提振农业出口，数据显示，2016 年第一季度，阿根廷农业部门出口同比增幅高达 65%，贸易收支状况有所改善。虽然 4 月受雨灾影响，阿根廷大豆减产 510 吨，但出口形势仍呈现出回暖迹象。[①] 得益于国内汇率、利率市场化改革以及与国际债权人达成协议再次发行主权债券，阿根廷国内经济活动正在逐渐复苏。据阿根廷《金融界报》10 月 26 日报道，“阿根廷国家统计局 25 日公布月度经济活动指数（EMAE），9 月该指数环比上升 0.2%，同比下降 2.6%，1～8 月累计同比下降 2.3%。评论分析，与今年 6 月（-6%）、7 月（-4.6%）数据相比，阿经济下降趋势已有所减缓，预测第三季度 GDP 同比下降 3.3%，明年经济有望增长 3.1%”。[②] 国际货币基金组织认为，通过一系列改革措施，包括对出口商品减税及与债权人达成协议，开放市场和改善行政管理的效率与透明性，阿根廷改革成效将在中长期范围内逐渐显现，2017 年预计将摆脱目前经济负增长困局。

四　中拉经贸合作状况

（一）中拉经贸合作在近年来发展速度较快，中国对拉美地区的投资总额正在不断增长

据波士顿大学全球经济治理研究中心和美洲对话研究中心发表的中国与拉美

① 《阿根廷经济何时迎来转机》，《经济日报》2016 年 6 月 14 日，http://finance.china.com.cn/roll/20160614/3764173.shtml。

② 《9 月经济活动下降 2.6%，阿根廷经济或已触底》，商务部，http://www.mofcom.gov.cn/article/i/jyjl/l/201610/20161001482167.shtml。

金融数据库年度分析报告，2005 年以来，通过中国进出口银行和中国国家开发银行，中国已经向拉美地区提供了总价值 1250 亿美元的机构贷款。其中，我国对委内瑞拉贷款总额已达 650 亿美元。未来十年，按照中国政府的承诺，中国对拉美投资规模将达到 2500 亿美元。

我国对拉美投资主要集中在能源领域。拉美地区能源丰富但资金较为匮乏，投资拉美地区能源领域开发，与能源出口国建立密切的合作关系是保障我国能源安全的重要战略。近年来，我国对拉美地区投资正在从能源领域向原材料领域延伸，投资范围正在不断扩大，基础设施建设正在成为新的投资需求点。随着中拉经贸合作的进一步深入，中国在拉美地区影响力正在不断扩大。但应看到，拉美地区各国经济与产业结构仍存在较大问题，经济脆弱性十分突出，中国在拉美投资应进一步考虑如何规避投资风险。除去经济环境的脆弱，拉美政治的不稳定同样增大了中国海外投资的风险。政治不稳定将带来较多的以政治议题如劳工纠纷等方式影响投资环境的新情况，中资企业“走出去”必须考虑如何适应当地的政策、制度以及文化环境，规避投资风险。

（二）中拉经贸合作蕴藏新的机会

在中国对拉美投资规模扩大的同时，中拉经贸关系近年来发展势头同样良好。虽然受全球贸易环境影响，中拉经贸规模在近两年出现下降，2015 年受大宗商品价格下跌等因素影响，中拉贸易总额呈现下滑态势，为 2365. 45 亿美元，同比下降 10. 28%。其中，我国对拉美出口 1322. 16 亿美元，同比下降 2. 97%，自拉美进口 1043. 29 亿美元，同比下降 18. 09%；但应看到，造成中拉经贸总额下滑的主要因素是拉美对中国出口的下降幅度过大。这种状况的出现从表面上看形势较为严峻，但从全球贸易结构深度调整的方向来看，中拉经贸合作蕴藏着新的机会。

世界贸易组织预测，2016 年全球贸易增速将连续第五年放缓。此次贸易放缓的宏观背景是全球外贸需求的进一步下降，且国际原油价格低迷、运输成本下降，这反衬了当前全球经济增长面临的困难局面。但是应该看到，虽然全球贸易增速放缓说明全球主要经济体产业结构调整的压力仍在持续，但全球贸易状况的计算受商品价格影响较大，未来随着大宗商品价格上升，从统计口径来看，全球贸易总量减少的状况将得到缓解；同时全球贸易放缓说明货物贸易已进入增长临界点，但服务贸易增长前景依然乐观。对于拉美及加勒比地区国家而言，全球贸易状况进入结构调整期的现实，虽然对于本地区依赖初级商品出口的经济体造成较为严峻的挑战，但挑战中亦存在机会。本地区主要经济体如巴西、阿根廷与墨西哥均应在全球贸易结构调整期内加速国内产业结构调整，将促进服务贸易增长作为重要政策目标。中资企业应看到拉美地区依靠单一产品出口经济模式的不可持续性，从全球贸易结构深度调整的方向与需求来考虑如何对拉美地区国家服务业进行投资，进而推动拉美地区国家服务贸易的增长，寻求新的盈利点。

参考文献

国际货币基金组织，*Regional Economic Outlook*：*West Hemisphere*，*Latin American and the Caribbean*：*Are Chills Here to Stay*？，October 7，2016.

联合国拉丁美洲及加勒比地区经济委员会数据库，http：//www. cepal. org/en/datos - y - estadisticas。

《拉丁美洲唯一的亮点墨西哥也陷入了经济萎缩》，中金网，http：//news. cngold. com. cn/20160823d1702n78921563. html。

《如何跳出历史的怪圈——当前拉美经济的危与机》，搜狐财经，http：//business. sohu. com/20160804/n462636350. shtml。

张勇：《浅析当前拉美经济走势及若干思考》，《当代世界》2016 年第 7 期。

中华人民共和国商务部经贸新闻，http：//www. mofcom. gov. cn/article/i/jyjl/。

中国经济网，http：//intl. ce. cn/。

《阿根廷经济何时迎来转机》，《经济日报》2016 年 6 月 14 日。

中华人民共和国驻阿根廷共和国大使馆经商参赞处，http：//ar. mofcom. gov. cn/。

吕洋：《试析拉美经济衰退的主要原因及其未来走势》，《国际研究参考》2016 年第 5 期。

（撰稿人：中国国际经济交流中心战略研究部助理研究员田栋）

非洲经济形势分析与展望

一　2016 年非洲地区经济发展基本形势

（一）非洲经济增速情况

2015 年，非洲经济增速下滑，但仍是全球经济增速较快的地区。2016 年 4 月，国际货币基金组织发布《世界经济展望》报告[①]，数据表明非洲撒哈拉以南地区 2015 年实际 GDP 增速为 3.4%，较 2014 年增速下降 1.7 个百分点，为 2008 年经济危机以来最低水平，中东、北非地区 2015 年实际 GDP 增速为 2.5%，也是近 6 年来最低水平；2016 年 6 月，世界银行发布《全球经济展望》，数据表明非洲撒哈拉以南地区 2015 年实际 GDP 增速为 3.0%，较 2014 年下降了 1.5 个百分点，中东和北非地区实际 GDP 增速为 2.6%。总体看，2015 年非洲经济增速出现较大下滑，低于东亚和太平洋地区 6.5% 的增速，也低于东南亚地区的 7.0% 的水平，但仍是全球经济增长较快的区域，高于发达国家和地区经济平均增速，也高于全球经济 2.4% 的平均增速[②]，在全球经济增长格局中排名稳定。

---

① 国际货币基金组织的《世界经济展望》及其他有关报告中，将撒哈拉以南非洲作为一个区域进行研究统计，包含安哥拉、尼日利亚、南非等 45 个非洲国家；此外将中东、北非、阿富汗和巴基斯坦作为一个区域进行研究统计，其中包括阿尔及利亚、吉布提、埃及、利比亚、毛里塔尼亚、摩洛哥、苏丹、突尼斯 8 个非洲国家。

② 根据世界银行 2016 年 6 月《全球经济展望》，与国际货币基金组织数据不同之处在于，世界银行数据中将毛里塔尼亚和苏丹列入中东和北非区域，此外世界银行的数据中不包括中非共和国以及圣多美和普林西比两个国家的数据。

2015 年，非洲内部各区域经济增速差异仍然较大，区域经济增长差异格局基本未变。2016 年中，联合国更新了《世界经济形势和展望》数据[①]，相关数据表明，2015 年北部、东部、中部、西部、南部非洲的经济增速分别为 3.0%、5.7%、3.0%、3.3%、1.9%；国际货币基金组织数据[②]则表明，塞拉利昂、南苏丹、布隆迪、博茨瓦纳在 2015 年首次出现经济负增长；利比亚则从 2011 年起，连续 5 年出现负增长，2015 年负增长幅度收窄至 -6.4%，赤道几内亚自 2013 年起已连续 3 年出现负增长，2015 年负增长幅度进一步扩大至 -12.2%。在经济规模相对较大的非洲经济体中，既有增长率较高的肯尼亚和埃塞俄比亚，2015 年经济增速分别达到 6.4% 和 7.3%，也有一直在低位徘徊的南非，2015 年经济增速仅为 1.8%。从非洲内部看，区域间经济增速差异较大，“东高西低、沿海高内陆低”的基本格局未变。

预测数据表明，非洲 2016 年经济增长情况并不乐观，但仍高于全球平均水平。相关国际机构分别对 2016 年非洲经济增速有关情况进行了阶段性预测。相关内容包括以下几点，一是国际货币基金组织预测[③]，2016 年，撒哈拉以南地区非洲实际 GDP 预计增速为 3.0%，低于 2015 年水平，中东、北非、阿富汗和巴基斯坦地区 2016 年实际 GDP 预计增速为 3.1%，略高于 2015 年水平；二是世界银行预测[④]，2016 年撒哈拉以南非洲经济增长速度预计为 3.3%，中东和北非地区 2016 年实际 GDP 增速预计为 2.9%，与 2015 年增长速度相比都上升 0.3%；三是联合国数据预测[⑤]，2016 年，非洲内部各区域经济增长的基本情况是，北部、东部、中部、西部和南部非洲的经济增速分别为 2.4%、6.1%、4.1%、3.4% 和 1.3%。传统非洲五大经济体，即尼日利亚、南非、埃及、阿尔及利亚和安哥拉的经济增速继续保持低位。同时，联合国数据表明，在世界经济增速由 2014 年的 2.6% 下降至 2015 年的 2.4% 的总体背景下，在非洲 GDP 增速从 2014

① 与世界银行和国际货币基金组织不同，联合国将非洲划分为东部、南部、西部、北部和中部 5 个次区域。

② 根据国际货币基金组织 2016 年 4 月《世界经济展望》数据整理。

③ 根据国际货币基金组织 2016 年 4 月《世界经济展望》数据整理。

④ 根据世界银行 2016 年 6 月《全球经济展望》数据整理。

⑤ 2016 年中，联合国更新了《世界经济形势和展望》中的相关数据。

年的 3.9% 下降至 2015 年的 3.7% 的近年趋势下，非洲经济增速将会下降①。

世界主要发展中地区经济增速对比情况如图 1 所示。

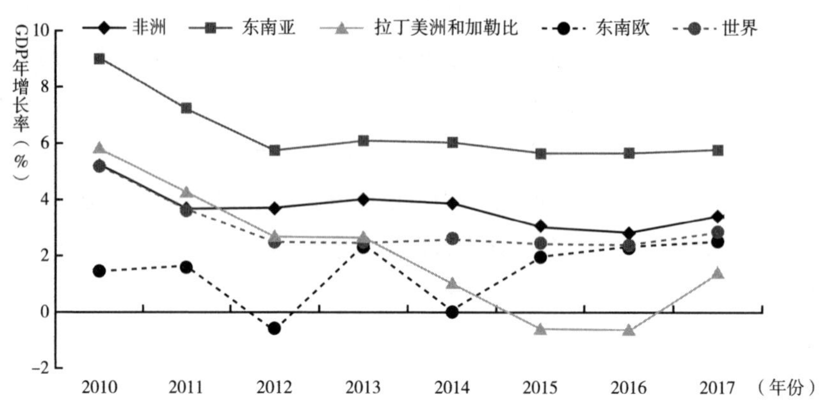

图 1　世界主要发展中地区经济增长速度对比

资料来源：根据联合国《非洲发展报告（2016）》和联合国《世界经济形势与展望》（2016 年中期数据更新）整理，其中 2015 年部分国家数据为估计值，2016 年和 2017 年数据为预测值。

上述情况总体说明，2015～2016 年，在全球经济增速整体放缓的背景下，非洲经济增速出现较大下滑，但仍高于全球平均增长水平②，非洲内部区域差异格局基本未变。

（二）非洲通货膨胀情况

2011～2015 年，非洲通胀水平总体稳定下降，国际大宗商品价格暴跌对非洲通胀水平影响有限。国际货币基金组织统计数据表明，撒哈拉以南非洲地区的通胀率在 2011～2014 年呈缓慢下降趋势，在 2015 年则略有提高并达到 7%；中东、北非、阿富汗和巴基斯坦地区的通胀率在 2011～2014 年同样呈缓慢下降趋势，2015 年继续下降至 5.7%。与大宗商品价格波动节奏对照发现，国际大宗商品价格暴跌对非洲通胀水平下跌的影响被大幅抵消。

① 根据 2016 年中联合国更新的《世界经济形势和展望》数据，将 2016 年全球经济增长预估下调 0.5 个百分点，至 2.4%，主要由于非洲、独联体（CIS）和拉美经济的增长预估被下修。非洲人均 GDP 的增长预计在 2015～2017 年仅能达到每年 0.4% 的平均水平。

② 世界银行 2016 年 6 月 7 日发布最新《全球经济展望》报告，将 2016 年全球经济增长预期从 2016 年 1 月预测的 2.9% 下调至 2.4%。

非洲各国通胀水平存在显著差异。以2015年为例，2015年埃及、苏丹、安哥拉、加纳、埃塞俄比亚、马拉维、南苏丹和赞比亚的消费者价格指数同比涨幅均达到或超过10%，其中南苏丹的消费者价格指数同比涨幅更是高达52.8%，马拉维高达21.9%，加纳高达17.2%。而国际货币基金组织最新数据表明，尼日利亚消费者价格指数呈上涨态势，2015年同比涨幅达到9.0%，较2014年上涨了1个百分点。[①] 总体看，各国经济、政治和其他区域性具体因素仍是相应国家通胀水平的主要影响因素。

预测表明，2016年非洲通货膨胀率变化有不确定性。国际货币基金组织和联合国对非洲通货膨胀给出了各自判断。一方面，国际货币基金组织认为，撒哈拉以南非洲地区通胀率2016年将继续提高至9.0%，中东、北非、阿富汗和巴基斯坦地区通胀率2016年将继续下降至5.2%。[②] 另一方面，联合国数据认为，非洲通货膨胀水平将会增长。相关国家货币汇率对美元走弱和粮食价格上升，冲抵了大宗商品价格下降对通胀上升的抑制作用。2014~2015年，非洲通货膨胀率由7.2%上升到7.5%，致使相关国家在2015年提高利率以控制通胀，主要包括安哥拉、加纳、肯尼亚、马拉维、南非和乌干达。非洲通货膨胀的主要情况如下。一是，除北部非洲以外，其余非洲地区通胀水平2015年均有上升。北部非洲通胀水平由2014年的9.3%下降至2015年的8.4%。例如，苏丹通货膨胀率由37.7%下降至22.0%，但仍是非洲最高水平，其下降主要原因是其食物进口规模和占比较大，国际食物价格下跌以及央行政策调控。二是，东非的通货膨胀率由2014年的5.3%上升至2015年的5.9%。具体如下：2015年，肯尼亚通货膨胀率由6.9%下降至6.3%，坦桑尼亚保持6.1%的通胀水平而未变，布隆迪通胀水平则由4.4%大幅上升到7.4%，埃塞俄比亚由7.4%上升到10%，乌干达由4.3%上升到5.7%。政治动荡、气候干旱和自然灾害、货币贬值等原因推高了当地食品价格。三是，欧元对美元贬值造成非洲金融共同体法郎的贬值，致使西非通货膨胀率由2014年的7.5%上升到2015年的8.6%。加纳和尼日利亚的货币贬值以及尼日利亚的公共开支均是该地区通胀压力上升原因。四是，南部非洲通货膨胀率由2014年的5.9%上升到2015年的6.6%。尽管该地区部分国家通胀水平下降，但地区经济大国的通货膨胀率在2014~2015年均有上升，例如，

① 根据国际货币基金组织2016年4月《世界经济展望》数据整理。

② 根据国际货币基金组织2016年4月《世界经济展望》数据整理。

安哥拉由7.5%上升到11%、莫桑比克由2.6%上升到4.5%、南非由5.3%上升到5.9%。石油价格下跌是抑制南非通货膨胀的主要原因，而货币贬值、燃料消费补贴取消和能源设施价格管制是该地区通货膨胀上升主要原因。五是，中部非洲的通货膨胀水平相对保持了稳定，但通货膨胀率仍由2014年的2.5%上升到2015年的2.8%。

（三）非洲地区国际收支情况

2011～2015年，非洲国家逆差上升或顺差下降是非洲国家国际收支平衡的基本特点。国际货币基金组织数据表明，撒哈拉以南非洲地区国际收支自2009年起一致为逆差，且自2011年后逐步呈现扩大趋势，2015年该地区国际收支净额占GDP比重扩大到-5.9%，较2014年扩大了1.8个百分点，中东、北非、阿富汗和巴基斯坦地区则自2011年起顺差逐步收窄，2015年则首次出现逆差，占GDP比重为-3.6%。从各个国家来看，2015年非洲只有博茨瓦纳和斯威士兰两个国家实现了国际收支顺差，占GDP的比重分别为9.3%和0.5%。

相关预测表明，2016年非洲地区国际收支逆差将进一步加剧。国际货币基金组织预测，撒哈拉以南非洲地区国际收支逆差占GDP比重将扩大至-6.2%，中东、北非、阿富汗和巴基斯坦地区将扩大至-6.9%。初步判断，逆差加剧对非洲经济稳定增长将形成一定程度的潜在威胁。

（四）非洲国家财政状况

综合联合国数据发现，非洲的整体财政赤字占GDP的比重从2014年的5.1%提高到2015年的5.6%。绝大多数非洲国家均有不同程度的财政赤字。一是，在北部非洲，财政赤字占GDP的比例最高，2014年为9.7%，2015年扩大为10%。主要原因是公共投资、公共事务（如摩洛哥选举）和基础食物补贴（如摩洛哥和突尼斯）上升以及财政收入不足等。二是，在西部非洲，财政赤字占GDP的比例从2014年的2.0%扩大至2015年的2.5%，主要原因是尼日利亚和加纳两国经济对石油出口的依赖问题。但尼日利亚非石油部门的发展也在一定程度上冲抵了石油价格下降对于财政赤字的影响。三是，在东部非洲，财政赤字占GDP的比例比从2014年的3.8%上升到2015年的4.6%，主要原因是埃塞俄比亚、肯尼亚、马达加斯加、坦桑尼亚以及乌干达的基础设施和矿业发展投资上升。四是，在中部非洲，其财政赤字上升最为严重，从2014年的3.1%扩大到

2015 年的 4.6%。主要原因是实施了扩张性财政政策。喀麦隆、乍得、刚果（布）和赤道几内亚等国基础设施建设支出上升，乍得和刚果（布）的选举支出较多。五是，在南部非洲，财政赤字占 GDP 的比例从 2014 年的 4.0% 上升到 2015 年的 4.3%。大宗商品价格波动是影响该地区财政赤字水平的主要因素。例如，波斯瓦纳、南非和赞比亚矿产收入的变化以及安哥拉石油部门收入的变化，均对相应经济体的财政赤字水平产生了重要影响。

综合上述认为，对非洲大宗商品净出口国而言，大宗商品价格下降是造成其财政收入锐减的主要原因。而对大多数非洲国家而言，基础设施建设支出上升和扩张性财政政策是造成其财政赤字扩大的重要因素。而对采用总统制和议会制的非洲国家，巨大的选举支出加重了财政负担。非洲财政赤字情况如图 2 所示。

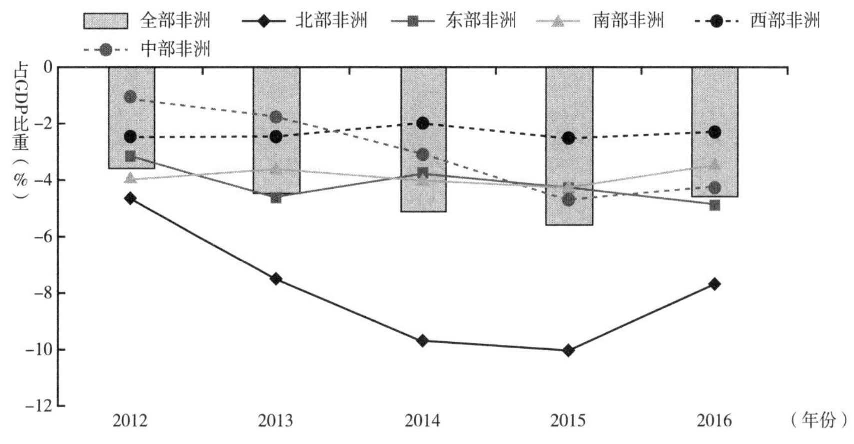

图 2　非洲财政收支情况

资料来源：联合国《非洲发展报告 2016》，其中 2015 年部分国家数据为估计值，2016 年数据为预测值。

（五）非洲地区就业水平情况

一方面，非洲就业情况与其经济发展、人口增长、平均教育水平和企业结构具有密切关系。2016 年相关调查数据表明①，非洲就业情况面临挑战，主要不利因素在于：一是非洲人口日益增多，在近十年时间里，非洲人口增长近 1 倍，正在逼近 12 亿人，未来还会保持较高增长速度。二是非洲就业人口的整体素质极

① 调查员分别为南非 Dalberg 执行总裁和联合国基金全球企业家协会主席。

为薄弱。在15～24岁的年轻人中，有近30%的人口，既没受过教育，也无工作经验，有接近50%的人口是自由职业者。三是近年来，受国际国内因素影响，部分产业吸纳就业人口的能力也遭受重创。大宗商品价格下跌、政局不稳、干旱、疾病等问题，均对非洲就业水平产生冲击。例如，受铜矿价格下跌冲击，赞比亚2016年有9000名铜矿业工人失去工作岗位。另一方面，从缓解总体局面的角度看，非洲各国政府每年至少需要增加10万个就业岗位，才能解决相关问题。在失业问题最为严重的低收入国家中，发展中小企业是解决就业问题的关键。从现有数据看，中小企业为非洲低收入国家提供了78%的就业岗位，而且新增就业岗位中的90%也是由中小企业提供的。大力发展中小企业，提高经济活跃度已经成为解决相关国家就业问题的关键途径和手段。大力优化政策环境，提高基础设施建设、金融和投融资服务、创业就业辅导培训水平，加快发展基础教育等均是加快改善非洲就业水平的重点方向和任务。表1为部分非洲国家失业率统计和预测数据。

表1　部分非洲国家失业率统计和预测表

单位：%

国家	2015年	2016年	2017年
尼日利亚	9.9	—	—
南非	25.4	26.1	26.7
阿尔及利亚	10.8	11.3	11.6
埃及	12.9	13.0	12.4
摩洛哥	9.8	9.7	9.6
苏丹	21.6	20.6	19.6
突尼斯	15.0	14.0	13.0

资料来源：根据国际货币基金组织2016年4月《世界经济展望》整理。

二　影响非洲经济发展的主要因素

（一）阻碍非洲经济发展的消极因素

梳理近年非洲经济总体情况发现①，阻碍非洲经济发展的消极因素主要包括

① 2016年4月世界银行发布《非洲脉冲》报告，对影响非洲经济发展的因素进行了较为全面的总结。

国际市场原材料特别是石油价格持续下跌，全球经济特别是新兴市场增长缓慢，电力短缺，政局不稳，干旱和安全威胁等。

1. 石油和矿产价格波动因素

近年来，石油和矿产价格下跌严重冲击了相关出口大国的经济发展，石油出口依赖度较高国家受冲击最大。

一方面，从石油价格下跌产生的影响角度来看①，石油价格持续低迷将增加石油出口国经济发展前景的不确定性，压缩发展回旋空间。2016 年，非洲石油出口国总体经济增速预测下降至 2.25%，而该数字在 2014 年还是 6%②。国际货币基金组织数据表明，撒哈拉以南非洲地区石油输出国 GDP 增幅从 2014 年的 6%降至 2015 年的 2.25%。相关国家的具体情况是：尼日利亚 2015 年经济增速下滑至 2.7%，明显低于 2014 年的 6.3%，预计 2016 年增速将进一步降至 2.3%；安哥拉 2015 年经济速度下滑至 3.4%，明显低于 2014 年的 5.3%，预计 2016 年增速将进一步降低至 2.5%；赤道几内亚过去十多年得益于油价上涨实现了高增长，但 2014 年以来油价持续下跌令该国经济陷入困境，自 2013 年开始经济陷入衰退，2015 年该国经济更是大幅收缩，增长率为 -12.2%，经济发展情况极为严峻。尼日利亚继续受到严酷经济形势的威胁。同时，石油价格下跌也严重影响了主要石油出口国家的国际收支平衡，尤其是经常性账户的平衡。

石油价格下跌当然并非一无是处③。石油价格下跌为非洲石油进口国的经济发展创造了相对有利的条件，大多数石油进口国经济不断加快发展，近年来经济增长率超过 5%，基础设施建设和私人消费对经济体经济增长发挥了重要作用。而在科特迪瓦、肯尼亚和塞内加尔等国，其经济增长速度更远远超过 5%。当然，相关石油进口国的其他商品的出口价格也有一定下降，货币也有一定程度的贬值，这些消极现象也都与石油价格波动因素有关。

另一方面，从矿产价格下跌产生的影响角度来看④，矿产出口大国的基本情况是：南非自 2012 年开始经济增速下滑，2015 年经济增速仅为 1.3%，甚至低

① 客观而论，经济增长数据变化并非完全受石油价格因素影响，但相关经济体经济增速与石油价格变化相关性较强。

② 相关判断援引自 2016 年国际货币基金组织《撒哈拉以南地区政策重置报告》。

③ 相关信息源自 2016 年货币基金组织《撒哈拉以南地区政策重置报告》。

④ 客观而论，经济增长数据变化并非完全受矿产价格因素影响，但相关经济体经济增速与矿产价格变化相关性较强。

于 2014 年的 1.5%，2016 年预计将进一步降至 0.6%；铜出口大国赞比亚 2015 年经济增速仅为 3.6%，低于 2014 年的 5.0%，2016 年预计将进一步降低至 3.4%。矿产价格对相关经济体影响仍在持续，例如，南非矿业，由于需求萎缩，铜、白金和铁矿石产量在 2016 年第一季度总体比 2015 年同期减产了约 18.1%。大宗商品价格下跌对撒哈拉以南非洲地区的大型经济体影响较大。[①] 综合上述，在充分肯定石油和矿产价格下跌对非洲经济产生持续不利影响的同时，也不能忽略大宗商品价格处于低位已有相对企稳迹象，因此其冲击性的意外性也在减弱。

2. 资本投入与汇率稳定因素

资本相对充裕和汇率相对稳定是经济发展的重要基础因素。对非洲而言，上述因素也同样是影响经济发展的突出因素。受全球和非洲自身多重因素影响，非洲经济体在获得资本和实现币值稳定方面遇到一定程度的挑战。一方面，在资本支撑非洲经济发展领域。近年来，国际货币基金组织相关资料表明，非洲赢得资本流入所需条件正在变得更加严格。2016 年，资本流入非洲的速度正在下降[②]。归根到底，发达经济体自身困扰和资本对非洲未来经济发展预期不够乐观是核心原因。从形式上看，跨境贷款萎缩和在欧洲资本市场发行债券遇阻降低了国际资本流入非洲的规模和速度，也提高了非洲获得外部资本的利息成本。从某种意义上说，资本流入非洲遇阻放大了大宗商品价格下跌对非洲经济的消极影响。在 2016 年，资本短缺因素对包括非洲国家在内的绝大多数发展中国家的经济发展形成了巨大制约，其程度以及对预期的影响甚至超过石油价格波动因素的影响，大量非洲国家不得不终止或推迟了在国际资本市场进行债务融资的计划。2016 年 4 月，南非以极为迎合市场的利率发行 10 年期政府债券，应该说付出了较高的利率成本。这种现象非常清晰地表明资本市场投资者对债券发行主体经济前景预期的恶化。不仅如此，除了财务成本上升因素外，非洲国家在资本市场融资需要满足的基准条件也在逐步提高。同时，从国际贸易对非洲投资能力的影响看，贸易赤字严重削弱了非洲有关国家的投资能力，通过国际贸易增加本国投资能力的方式也遇到挑战[③]。石油出口国家受石油价格下跌和减产的双重挤压，经常账户逆差不断扩大，而非石油出口国家，则因石油价格下跌不得不降低其他产品出

① 相关资料援引自 2016 国际货币基金组织《撒哈拉以南地区政策重置报告》。

② 相关资料援引自 2016 年世界银行《全球经济展望》。

③ 相关信息源自 2016 年世界银行《全球经济展望》。

口价格，同样面临经常账户逆差扩大问题。例如，尼日利亚在2016年第一季度资本流入大幅降低。另一方面，在非洲国家货币汇率稳定领域。大量非洲国家货币的汇率正在经受和面临贬值压力[①]。大宗商品价格长期低迷加剧了商品输出国货币下行的压力，提高了相关国家以外币计算的外债水平。特别是安哥拉、莫桑比克和赞比亚等利用国际资本市场融资相对较多的国家，正面临着再融资和汇率双重风险。即使在2016年第一季度，非洲大多数地区货币的汇率趋于相对稳定，某种程度上喻示了对大宗商品价格反弹和全球经济衰退预期的变化，但是受国际投资者悲观情绪影响，安哥拉的宽扎[②]和莫桑比克的梅蒂卡尔[③]依然继续对于美元来说贬值。非洲国家货币汇率不稳定性对其经济发展产生了重要影响。

3. 通货膨胀因素

受货币贬值传导和干旱导致的食品短缺等因素影响，大量非洲的大宗商品出口国高通货膨胀水平有不同程度的提高。[④] 安哥拉、莫桑比克、尼日利亚和赞比亚的通货膨胀水平超过其央行预设目标。为抑制通货膨胀，安哥拉、莫桑比克、尼日利亚和南非等国家采取了货币紧缩政策，并形成了对汇率的影响。安哥拉、布隆迪和尼日利亚则采用了货币管制手段以稳定通胀。通货膨胀抑制了私人部门需求，使非石油输出国家GDP增长放缓甚至形成了衰退。2016年3月，在通货膨胀水平大幅上升的情况下，尼日利亚央行加息，而其2016年第一季度实际GDP同比降低了0.4%。[⑤] 同时，部分非洲石油进口国，因食物价格、石油价格和汇率的相对稳定，通胀趋势已经减缓，部分国家央行着手降低利率水平，例如，乌干达和肯尼亚央行分别在2016年4月和5月采取了降息措施。

4. 地缘政治动荡和非传统安全威胁有增无减

近年来，武装冲突和恐怖活动在某种程度上阻碍了非洲经济发展。中东北非的某些武装冲突和恐怖活动对当地的贸易和旅游产业形成了较大不利影响，同时也极大程度地破坏了当地投资环境，影响了外部投资进入。例如，利比亚的政治动乱使得该国经济深陷泥潭[⑥]，并形成了对北非的政治和经济发展影响，尽管偶

① 相关信息源自2016年世界银行《全球经济展望》。

② 即安哥拉货币单位。

③ 即莫桑比克货币单位。

④ 相关信息源自2016年世界银行《全球经济展望》。

⑤ 相关信息源自2016年世界银行《全球经济展望》。

⑥ 相关信息源自2016年联合国《世界经济形势和展望》（*World Economic Situation and Prospects*）。

有改善，但该地区面临的安全问题挑战仍在升级，并对埃及和突尼斯的旅游业产生严重打击。地区安全问题正在向中非和西非等地区扩散；国内冲突是布隆迪和南苏丹经济衰退重要原因；政治和安全不稳定对布基纳法索、乍得、马里、尼日尔和尼日利亚的经济发展造成了不利影响；武装冲突严重影响了尼日利亚的石油产量；军事和恐怖主义袭击在西非和肯尼亚仍有较大威胁，并有溢至周边国家的风险；布隆迪和南苏丹的动乱将进一步影响两国经济发展；2014~2015 年发生的若干恐怖袭击严重打击了突尼斯的旅游业，使其 2015 年的经济增长速度仅有 0.8%。①

5. 电力短缺制约了非洲经济发展

电力短缺成为非洲经济发展的较大障碍。无论是从生产领域还是从消费领域看，电力不足问题都极大地影响了非洲经济的总体供给和需求。例如，在赞比亚，除铜价下行对其经济发展造成冲击外，干旱造成的电力生产不足也抑制了其经济增长；在加纳，除受到财政因素影响外，电力短缺也较大程度地削弱了其经济增长能力，2015 年其经济增速为 3.5%，预计 2016 年将上升到 4.5%。2016 年世界银行相关数据表明，尼日利亚、南非和赞比亚等国家的经济发展都较大程度地受到了电力不足问题制约。特别是在南非，电力生产投资不足问题已显著制约了其电力供应能力，直接制约了制造业和其他领域经济发展。②

6. 干旱等自然灾害因素

干旱等自然灾害因素是困扰非洲经济发展的重要原因之一。自然灾害所产生的影响，既包含不可抗力的作用，也反映出相关基础设施建设不足产生的影响。既表现在自然灾害对经济发展的直接破坏作用上，也表现在对水电设施利用率的降低上。2016 年，国际货币基金组织在《撒哈拉以南地区政策重置报告》中强调，埃塞俄比亚、马拉维和赞比亚正在经受严重干旱影响；2016 年，《世界经济形势和前景报告》则在降低了大宗商品价格下跌影响的情况下，强调了干旱等因素对东非的埃塞俄比亚、索马里的部分地区以及北非部分地区经济发展的重要影响。2016 年，世界银行在《全球经济展望》报告中，特别强调了南非正面临严重的厄尔尼诺现象产生的干旱影响。严重的干旱不仅对其农业生产造成打击，大幅降低水电发电量，更通过食物价格上涨恶化其通货膨胀情况。

---

① 相关情况根据 2016 年世界银行《全球经济展望》整理。

② 相关资料根据 2016 年世界银行《全球经济展望》整理。

（二）有利于非洲经济稳定发展的积极因素

1. 基础设施建设水平上升将长期有助于非洲经济发展

不断增长的政府基础设施投资将对非洲经济增长发挥重要作用。近年来，部分经济体基础设施投资力度不断增大[①]，基础设施建设水平不断提高，部分国家取得突出成绩，例如，在科特迪瓦、肯尼亚、卢旺达、塞内加尔和坦桑尼亚等国，其基础设施投资以及拉动的消费需求将使这些国家2016年和2017年的经济增速达到6%～7%。不少非洲国家正在积极开展国际合作，进一步克服困难加大基础设施建设。同时，从固定资产增量总额占GDP的比例看，在东部和北部非洲，固定资产增量显著，分别占GDP总量的1.8%和1.6%，基础设施投资上升是其主要原因，而私人消费对拉动其经济增长依然发挥了重要作用。从总体情况看，全球资本对非洲基础设施建设投资仍然保持了一定兴趣。

2. 中产阶级规模和私人消费上升是非洲发展有利条件

中产阶级的数量上升和私人消费能力的提高是今后非洲发展的重要有利因素。消费者信心的提升和中产阶级人口数量的增长为非洲私人消费规模扩大提供了有利条件。2014～2015年，非洲私人消费增加额占GDP的比例由1.6%上升到2.7%，2015年非洲私人消费额占非洲GDP增量的比例达到73%。同时，由于近年非洲主要贸易投资伙伴经济增速放缓，因此，2015年非洲固定资产增量只占非洲GDP总量的1%，只占非洲GDP增量的27%。故而私人消费是非洲2015年经济增长的主要动力。东部和中部非洲虽然相关数据有所降低，但主因是国际资本对其资本投入下降，而非消费者信心和消费环境恶化导致。由私人消费总额占GDP的比例来看，北部、南部和西部非洲的私人消费总量迅速增长，2015年增量分别占GDP的2.2%、2.1%和3.4%。

从矿产丰富国家的角度看，在固定资产投资增量占GDP的比例由2014年的0.7%提高到2015年的1.3%的情况下，2014年和2015年的私人消费总额增量占GDP的比例分别为2.5%和3.2%，可见私人消费依然是矿产和石油出口国经济增长的主要动力之一。从石油进口国的角度看，石油进口国的GDP增速由2014年的2.8%提高到2015年的3.5%，其中私人消费发挥了重要作用。联合国数据表明，非洲经济增长动力在某种程度上源自私人消费支出的上升。相关情况如图3所示。

---

① 根据联合国《非洲发展报告2016》相关资料整理。

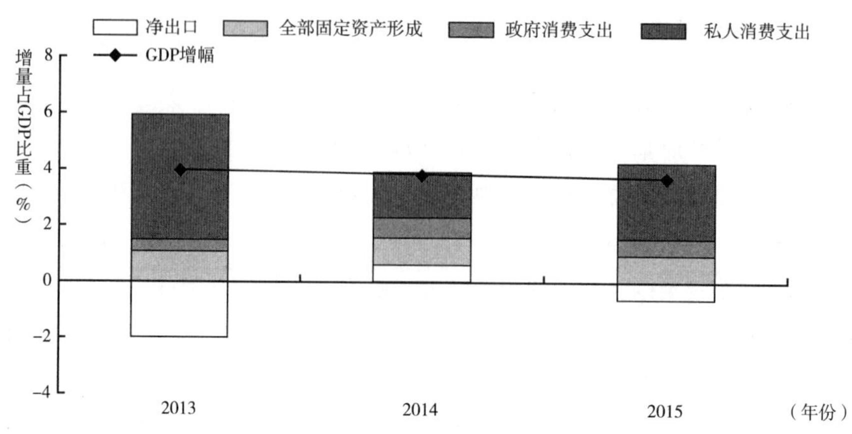

图3　非洲经济总量增长及相关因素

资料来源：联合国《非洲发展报告2016》，其中2015年部分数据为估计值。

3. 部分非洲国家营商环境不断改善

投资增长与营商环境改善和经商成本下降因素密切相关。近几年，部分非洲国家积极采取各种措施进一步改善自身营商环境，主要表现在提高社会秩序稳定性、积极建立相关法律和政策、提高边境贸易便利度、努力改善金融服务和增加重点区域和领域的基础设施服务等方面。总体来看，相关措施起到了一定的积极作用①。例如，在2014～2015年，肯尼亚、塞内加尔和乌干达通过改革的实施，增加了电力供应的可达性；肯尼亚和乌干达提高了获取信贷信息的便捷度；贝宁和毛里塔尼亚促进了边境贸易的发展。非洲国家在改善营商环境和条件方面，仍然蕴含巨大发展潜力。

4. 经济增长动力多源化正为非洲发展带来希望

大量非洲国家具有强烈的发展愿望，正在努力提升自身经济发展的动力，在力所能及的条件下，积极摆脱仅仅依靠个别或少数产业或行业发展拉动自身经济增长的局面②。例如，在国际大宗商品价格下跌背景下，非洲的石油进口国，尤其是以科特迪瓦为代表的西非经济和货币联盟（West Africa Economic and Monetary Union，WAEMU）国家，借助出口产品多元化实现了持续稳定增长，世界银行统计数据表明，其2015年经济增长速度超过6%，其中科特迪瓦2015年

① 相关情况根据2016年国际货币基金组织《世界经济展望》报告等相关资料整理。

② 相关资料根据2010年世界银行《全球经济展望》等整理。

的经济增长速度为 8.4%，预计 2016 年可以达到 8.5%；东非共同体（East Africa Community，EAC）国家由于国内基础设施建设和服务业扩张，2015 年其经济增长速度超过 7%，具有代表性的国家为埃塞俄比亚和坦桑尼亚，根据世界银行统计，这两个国家 2015 年的增长率分别达到 9.6% 和 7.0%；强大的公共投资和有弹性的私人消费支撑了埃及经济增长速度，埃及经济增速由 2014 年的 2.2% 增长至 2015 年的 4.2%。强劲的农业部门产出成为支撑摩洛哥经济增长的关键因素。

三　非洲经济发展展望

（一）近期非洲经济发展道路曲折，中长期发展前景依旧乐观

国际货币基金组织和世界银行预测认为，自 2017 年起，非洲经济将止步下滑，逐步回升。国际货币基金组织预测认为[①]，撒哈拉以南非洲地区，2017 年实际 GDP 增速将回升至 4.0% 的水平；中东、北非、阿富汗和巴基斯坦地区 2017 年 GDP 增速将提高 0.4 个百分点，达到 3.5%。世界银行预测[②]认为，到 2017 年，撒哈拉以南非洲地区经济增速将提高至 3.9%，2018 年将提高至 4.5%，基本恢复 2014 年的水平。中东和北非地区经济增长将提高至 3.5%，2018 年将提高至 3.6%。但是，联合国预测[③]，2016 年非洲经济增长速度将进一步由 2015 年的 3.0% 下降至 2.8%，预计在 2017 年缓慢回升至 3.4%。非洲经济增长速度将比 2008 年危机前平均增速低大约 6 个百分点，就人均 GDP 看，联合国预测更加悲观，预计在 2015 ~ 2017 年，非洲人均 GDP 只会增加 0.4 个百分点。

联合国判断，全球性、区域性和国家内部等因素整体造成了非洲经济增速持续回落。例如，即使部分非洲国家已经逐步启动经济多元化进程，努力增加制造业投资，但是非洲经济仍然较大依赖初级产品出口，因此，在大宗商品价格持续下跌时，相当数量的非洲国家经济增长速度很难有出色表现。目前估计，大宗商

① 根据国际货币基金组织 2016 年《世界经济展望》等资料整理。

② 根据世界银行 2006 年发布的《全球经济展望》等资料整理。

③ 根据 2016 年中《世界经济形势与展望》等资料整理。

品价格走势很难出现持续大幅逆转，并极有可能继续下降；尼日利亚和南非等国家受电力和医疗等基础设施不足制约，经济社会发展存在瓶颈；非洲部分地区干旱严重，抑制了农业的持续稳定发展；推广基准粮食补贴成为推高通货膨胀的重要潜在因素；扩大食物进口和出口收入下降将形成财政压力；非洲部分地区受安全问题影响，经济发展活力遭受严重打击。联合国认为，受上述因素影响，对近两年非洲经济增长速度不宜过度乐观。

表 2　非洲经济增长率预测

单位：%，个百分点

地区	经济增长率				与 2016 年初预测变化	
	2014 年	2015 年	2016 年	2017 年	2016 年	2017 年
世界	2.6	2.4	2.4	2.8	-0.5	-0.4
东南亚	6.1	5.7	5.7	5.8	-0.1	0.0
西亚	2.8	2.8	2.4	2.7	0.0	-0.3
拉丁美洲和加勒比	1.0	-0.6	-0.6	1.5	-1.3	-1.2
非洲	3.8	3.0	2.8	3.4	-0.5	0.4
北非	1.8	3.0	2.4	3.2	-1.7	-0.9
东非	6.5	5.7	6.1	6.2	-0.7	-0.4
中非	5.8	3.0	4.1	4.6	-0.2	0.4
西非	6.1	3.3	3.4	3.9	-1.8	-1.4
南非	2.7	1.9	1.3	2.1	-1.7	-1.2

资料来源：联合国 2016 年中发布的《国际经济形势与展望》，其中 2015 年部分数据为预测数据。

国际货币基金组织认为①，从中期角度看，非洲经济发展前景依然乐观，在承认存在大量制约非洲经济发展因素的同时，尤其是在充分意识到撒哈拉以南非洲地区的大量国家经济下跌风险较大的情况下，仍有理由对中长期非洲经济增长趋势保持乐观态度。原因是巨大的人口规模、营商环境的改善和基础设施水平的提高等因素均会逐步发挥促进经济增长的作用。

目前，联合国调低了非洲 2016 年经济增长预期，认为 2017 年非洲经济将在 2016 年的基础上有所回升，但会低于 2008 年全球金融危机前水平 6 个百分点，人均 GDP 则不会明显改观。而国际货币基金组织和世界银行预测认为，2017 年非洲经济将停止下滑逐步回升。综合上述认为，非洲近年经济发展道路依然曲

① 根据国际货币基金组织 2016 年《撒哈拉以南地区政策重置报告》资料整理。

折，但鉴于非洲资源丰富、基础设施水平改善、营商环境改善、经济多元化、国际合作加强和人口增长等因素，非洲经济中长期发展前景依然乐观。

（一）非洲和其部分国家的通胀水平可能会下降

近期，通货膨胀和货币贬值问题在非洲不断扩散①，安哥拉、埃及、冈比亚、加纳、肯尼亚、马拉维、莫桑比克、纳米比亚、尼日利亚、南非和赞比亚等国家均不同程度地提高了利率水平。相对紧缩的货币政策将在一定程度上抑制通货膨胀水平上升。国际货币基金组织预测认为，撒哈拉以南非洲地区通胀率在2017 年将会有所下降，预计达到 8.3% 的水平，中东、北非的通胀率继续下降至4.8%。

（二）非洲国家间货币和财政政策差异可能会导致资本流向新变化

与执行紧缩货币政策的国家相反，波斯瓦纳、佛德角、摩洛哥、突尼斯以及中西非货币联盟成员则采取了紧盯欧元区货币政策的做法。受近年大宗商品价格下降冲击影响，撒哈拉以南非洲国家的财政和外汇储备压力加大，对外融资也受挤压②，采取有力应对措施已成必要之举。对中西非货币联盟以外的国家而言，调整汇率、利率和财政政策是首要之举，控制财政赤字的任务尤为突出，应充分做好外部金融环境恶化时进行的回旋缓冲的准备。总之，从当前和未来一个时期看，在非洲内部，各国之间货币政策和财政政策将在不同程度上出现差异化特征。货币政策取向差异将有可能使资本流动方向产生新变化，相关变化有可能对非洲各国的经济增长产生不同影响。

（三）非洲国际收支平衡将有所改善

国际货币基金组织预测认为，2017 年非洲国际收支逆差将开始降低。撒哈拉以南非洲地区国际收支逆差占 GDP 比重将缩小至 -5.5%，中东、北非、阿富汗和巴基斯坦地区将扩大至 -5.2%。总体认为非洲国际收支平衡将有所改善，但促进改善的根本原因在于支出的降低，而不是收入的上升。

---

① 相关资料根据联合国 2016 年《世界经济形势与展望》等资料整理。

② 根据国际货币基金组织 2016 年《撒哈拉以南地区政策重置报告》等资料整理。

（四）大宗商品净出口国和进口国经济发展继续保持差异[①]

一方面，从大宗商品净出口国的角度看，近期石油出口国消费水平不会显著上升。国际贸易收入下降和通货膨胀严重影响了其消费和支出水平，从未来看，即使相关商品的出口数量有所上升，但受制于价格因素，和发达国家需求恢复的缓慢性，其国际贸易收入不会大幅增加，因此，没有充分的理由认为石油出口国消费水平会大幅上升。例如，为缓解财政压力，安哥拉已取消燃料补贴，导致燃料消费支出上升，在与汇率贬值共同作用下，其消费的有效需求仍在下降。

另一方面，从大宗商品净进口国的角度看，部分石油进口国正在积极改善基础设施建设，相关商品的进口需求较大，在一定程度上降低了商品进口成本，同时也会形成一定的经常账户平衡压力。但总体来说，源于大宗商品价格因素形成的通货膨胀压力有所下降。例如，较低的石油价格是石油进口国肯尼亚和坦桑尼亚通货膨胀水平较低的主要原因之一。

（五）世界银行从特定视角展望了非洲经济发展

基于特定标准可将发展中国家划分为新兴市场国家、前沿市场国家、最贫困发展中国家，相关研究表明非洲各国发展态势不一。[②]

较大经济体将在 2016 年继续保持疲软。受石油价格低迷、外汇兑换管制、能源不足和石油生产被破坏等因素影响，尼日利亚经济很难表现良好；在南非，商业投资信心低迷极大地抑制了投资的增长，高失业率和货币紧缩政策降低了私人消费能力；在安哥拉，油价低廉、投资环境脆弱、通货膨胀不断上升均打击了这些国家的经济增长动力。

前沿市场国家的经济发展前景不一。例如，通过改善投资环境、发现新油田和提供电力供应等手段，加纳经济增长重获提速；赞比亚则由于铜价低廉和能源短缺而继续经济低迷；高利率、干旱造成的食物价格提高和脆弱的汇率抑制了大量前沿市场国家的本地需求，但是，科特迪瓦、肯尼亚和塞内加尔等国，通过发展基础设施投资、私人消费和农业建设使当地经济持续较高增长。

低收入国家中的石油输出国将会温和复苏。石油价格低迷产生的影响将会持

① 根据世界银行 2016 年《全球经济展望》等相关资料整理。

② 根据世界银行 2016 年《全球经济展望》等相关资料整理。

续发挥作用。例如，在莫桑比克，高通货膨胀水平和投资信心不足致使其液化天然气建设等项目延缓，弱化了其经济复苏动力；在刚果民主共和国，铜矿生产持续低迷和政局不稳削弱了投资者信心，致使其经济复苏放缓；利比里亚、几内亚和塞拉利昂等国基本脱离了埃博拉病毒危机阴影，正在加大基础设施投资和矿产出口以提振经济复苏；在布隆迪、布基纳法索、马里和尼日尔等国，政治和安全不确定性严重拖累了经济增长；受到干旱严重影响，塞俄比亚经济复苏乏力；卢旺达、坦桑尼亚和乌干达等低收入国家则借助国内需求支撑将继续保持经济稳健增长。

（六）非洲国家经济增速变化情况

对比非洲各国 2010～2014 年的年均 GDP 增速之和与 2015 年、2016 年年 GDP 增速之和的差值发现[①]，非洲各国经济增长前景差异可分为三类。

第一类是差值高于 1 个百分点的国家，表示其经济增速下降较大。这类国家总数接近非洲国家总数的一半，共 25 个国家。初步预计，在内外部环境未出现重大改善情况下，这类国家的经济增长将继续下滑。相关国家包括受石油因素影响较大的石油出口国（安哥拉、尼日利亚和大部分中部非洲经济和货币共同体国家）；遭受埃博拉病毒冲击的利比里亚和塞拉利昂；目前正深受大宗商品价格持续低迷影响，遭受干旱影响的东部和南部非洲的部分国家。

第二类是差值处于正负 1 个百分点之间的国家，表示其经济增速较为稳定。这类国家总数超过非洲国家总数的 1/3，共 19 个国家。这些国家全部是石油进口国，多数是低收入国家，而且其经济增长对商品出口的依赖度有限，这些国家经济近年增长趋势基本未变，其经济主要增长因素源自国内投资和较低油价。总体研判，未来经济前景以稳定为主。

第三类是差值大于负 1 个百分点的国家，表明其经济增速提高。这类国家总数不足非洲国家总数的 1/5，仅有 9 个。概略分析，其经济增长的部分原因是国际合作环境的改善或国内冲突的减弱（例如，中非共和国），或基础设施投资建设的改善，或农业丰收，或营商环境的改善（例如，科特迪瓦和塞内加尔），或油价下跌降低了相关支出。

---

① 根据国际货币基金组织数据库整理，包含除索马里外非洲 53 个国家的数据。

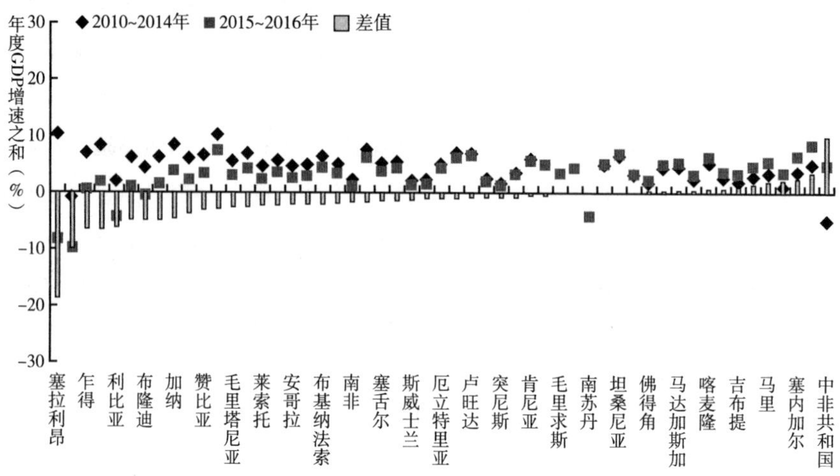

图 4　非洲国家经济增速变化情况

（七）非洲投资增长速度会总体放缓

从目前看，2016 年以及其后近期，非洲投资增长速度总体放缓，较难实现整体大幅上升①。一方面，从大宗商品输出国角度看，相关国家 2016 年投资增速预计缓慢，大宗商品价格低迷和经济增长前景预期不佳是抑制境外直接投资（FDI）下降的主要原因。例如，在 2016 年第一季度，尼日利亚的 FDI 已同比下降了 48.5%。在南非，虽然经济形势出现企稳迹象，但政治动荡和电力缺乏等问题抑制了私人投资活力。从财政角度看，由于财政收入大幅下降和存在支出刚性，这些国家正在削减财政支出并积极寻求国际合作和援助，继续借助财政力量加大中国国家投资力度并不完全现实可行②。另一方面，对低收入国家或非石油输出国的投资增速不宜乐观。这些国家正力图通过推进公共基础设施建设和相对优势产业发展，吸引和撬动投资增长，例如，卢旺达采取公私合营和捐献援助的模式，埃塞俄比亚、肯尼亚和坦桑尼亚通过吸引中国企业投资的方式，均在积极寻求推动本国投资增长的思路和方法，但从目前情况看，2016 年，这些国家的投资增速将依然放缓。例如，莫桑比克、坦桑尼亚和乌干达等国，由于大宗商品

① 根据世界银行 2016 年《全球经济展望》等资料整理。
② 根据世界银行 2016 年《全球经济展望》等资料整理。

价格下跌，部分资源性投资项目已经延迟。相关国际环境，特别是国际资本市场准入条件提高都在不同程度上抑制了相关国家投资增速上升。从财政角度看，部分国家的财政状况已经面临压力[①]。

（八）夯实工业化基础，加快工业化进程仍是非洲经济主要发展方向

总体来看，非洲国家经济基础较为薄弱，同时也存在突出的能源和资源优势。借助相关优势，加快改善营商环境，大幅提升基础设施建设水平，不断夯实工业化基础，有序加快工业化进程，围绕工业化加快人才培养应是非洲经济未来发展的主要方向。

（撰稿人：中国国际经济交流中心产业规划部副研究员王冠群）

① 根据世界银行2016年《全球经济展望》等资料整理。

中篇
专题研究

当前全球贸易的重大调整与变化

当前，伴随着世界经济治理成效的不及预期，全球贸易增长率连续第5年低于全球经济增长率基本成为定论。学术界和业界开始对全球贸易是否已经面临新的拐点等与贸易相关的诸多问题展开讨论，对全球化是否面临4.0的问题提出质疑。对当前全球贸易结构变化和发展趋势进行研究，就具有了重大价值。

一　当前全球贸易的重大调整与变化

当前，全球贸易确实发生了异于以往的重大调整和变化。这些调整和变化不仅表现在全球贸易规模的拐点性变化上，还表现在贸易增速的连续下行上，也表现在增长动力结构的重大调整上。

（一）全球贸易规模出现调整，呈现持续下滑态势

2016年，随着国际金融危机后续影响的深入发展，世界经济仍处于危机后的深度调整阶段，发达经济体增长持续低迷，缺乏大的复苏动力；新兴经济体增长缓中趋稳，但分化加剧。各界普遍预期世界经济增长率低于上年。与此相适应的，全球贸易继续呈现下滑态势，增速将迎来第五个低于全球经济增长率的年头。

从较长的时间段来看，全球贸易规模当前正处于下行通道。如图1所示，根据世界贸易组织（WTO）的数据，自2005年以来，全球货物贸易规模整体进入一个上升通道。中间，也就是国际金融危机爆发的2008年，这个上升通道被分

成了前后两段，在国际金融危机的影响下全球货物贸易规模2009年大幅下挫，经过2010年的反弹修复，2011年全球货物贸易规模又恢复到国际金融危机之前的发展轨道，只是增速远低于国际金融危机之前的水平，呈现逐年缓慢增长态势。这种局面一直维持到2014年。2015年，全球贸易规模水平迅速下跌到接近2007年的水平，开启了全球贸易规模大幅下调之门。与此同时，全球服务贸易规模经历了几乎与货物贸易相似的发展历程，只是由于规模较小，全球服务贸易调整的幅度要远小于货物贸易调整幅度，但发展趋势十分相似。因此，总体看来，2005～2014年的10年间，全球贸易规模经历了一个持续平稳上升的时期，中间虽受到国际金融危机的干扰而出现了短期的调整，但没有根本改变其发展趋势。2015年，在没有重大国际经济事件刺激的情况下，全球贸易规模再次大幅下跌，似乎意味着全球贸易规模的见顶回调，出现了趋势性改变。

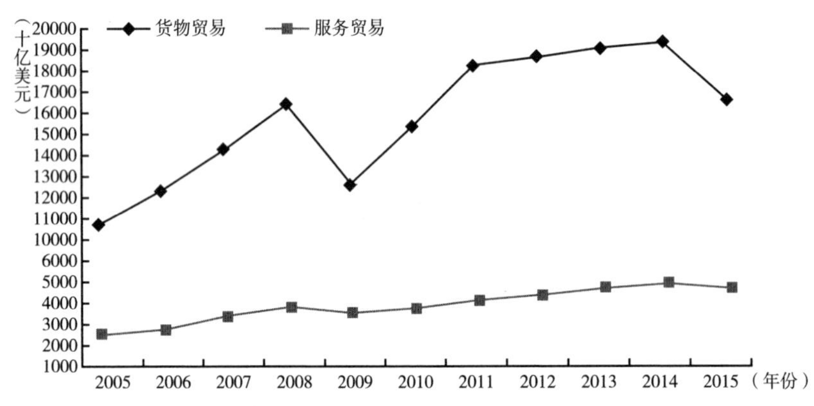

图1　2005～2015年全球贸易增长趋势

资料来源：WTO《世界贸易统计》，2016。

2015年的下跌趋势在2016年得到进一步延续，全球贸易规模整体呈现继续萎缩态势。如图2所示，据WTO网站截至2016年10月31日的最新更新数据，2016年1～9月全球货物贸易规模分别为22200亿、22260亿、25000亿、24500亿、24600亿、25800亿、24320亿、24810亿、25910亿美元。从图2可以看出，与上年1～9月相比，除8月之外，2016年全球货物贸易量曲线都在2015年全球货物贸易量曲线的下方，WTO数据显示，2016年上半年全球货物贸易量同比下降0.3%，这表明2016年的全球货物贸易量绝大部分时间都处于萎缩的状态，全球货物贸易规模下行的态势并没有改观。

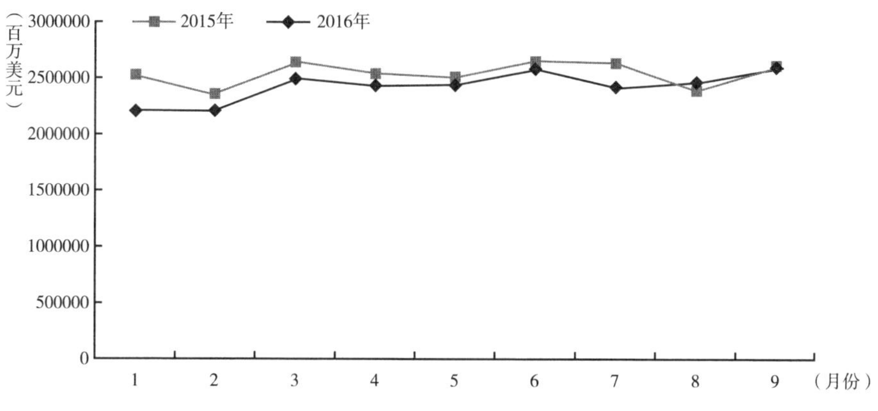

图 2　2015 年和 2016 年全球货物贸易规模变化趋势

资料来源：WTO 在线数据库。

与此同时，全球服务贸易规模也处于相对萎缩状态，只是萎缩幅度较货物贸易规模相对不明显。如图 3 所示，据 WTO 网站截至 2016 年 10 月 31 日更新的统计数据，2016 年 1 ~ 8 月全球服务贸易的规模分别为 3852. 59 亿、3720. 91 亿、4007. 52 亿、3986. 22 亿、4037. 68 亿、4109. 41 亿、3946. 26 亿、4009. 81 亿美元。除 7 月、8 月之外，2016 年全球服务贸易量曲线绝大部分时间都在 2015 年全球服务贸易量曲线的上方或并行。这表明全球服务贸易规模在 2016 年有轻微的扩张，围绕上年的规模上下振荡，全球服务贸易规模下行的态势透露出些许改善信息。但是这种改善不足以弥补货物贸易规模下行导致的全球总体贸易规模下行趋势。基于 2016 年服务贸易规模和货物贸易规模的考察，从 1 ~9 月全球贸易数据可以看出，全球贸易规模整体还处在下行通道中，但是，服务贸易规模已经出现改善迹象，下行压力主要来自货物贸易规模减小。

总之，立足全球国际贸易的中长期数据和当前数据，我们基本可以得出结论，截至目前，全球贸易规模自 2014 年起进入快速下行通道，2016 年还将面临大幅萎缩局面，出现了整体下行的大幅调整。

（二）全球贸易增速出现了连续下行的调整

当前，全球贸易增速正由正增长模式进入下跌模式，整体处于惯性下跌状态中。根据 WTO 的统计，如图 4 所示，全球贸易规模 2011 年恢复到国际金融危机之前的态势之后，全球贸易的环比增长率进入下跌趋势。也就是说，2011 年之

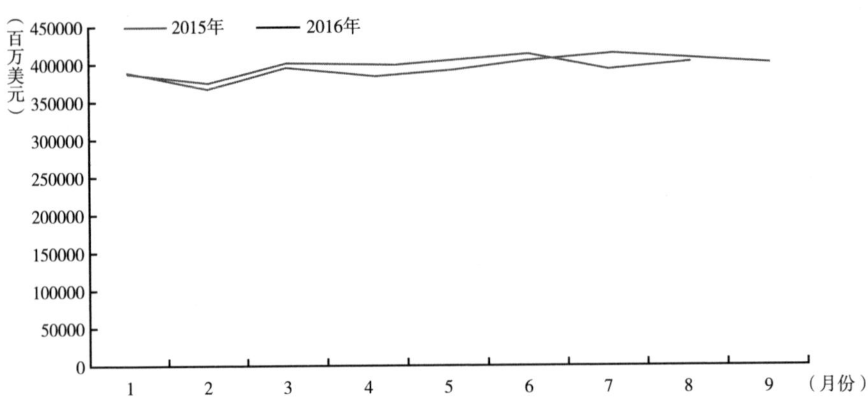

图3　2015 年和 2016 年全球服务贸易规模变化趋势

资料来源：WTO 在线数据库。

后，全球贸易规模虽然在增长，但是增速在一年一年减缓，终于环比增长率在 2015 年出现了负值，年度全球贸易增速停止增长并出现负增长现象。这意味着全球贸易增速进入调整阶段，进入回调模式。

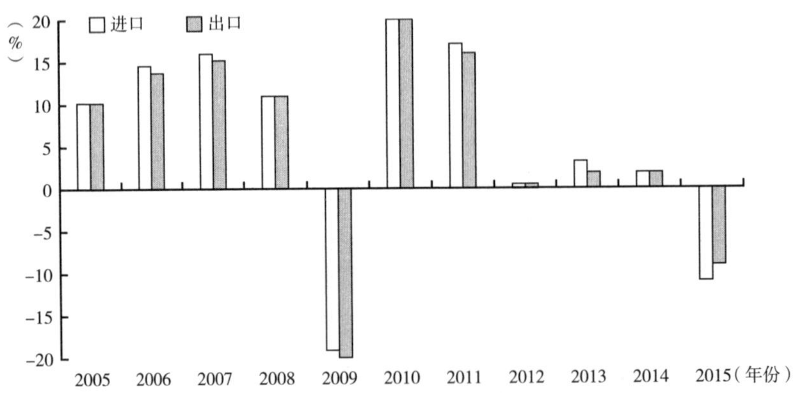

图4　2005～2015 年全球货物贸易增长趋势

资料来源：WTO《世界贸易统计》，2016。

这种大调整也可以从世界货物贸易增速逐步减小中得到验证。据 WTO 的统计数据和预测，如表 1 所示，2014 年，全球贸易增速为 2.8%。其中，出口方面，发达国家为 2.4%，发展中国家为 3.1%；进口方面，发达国家为 3.5%，发展中国家为 2.9%。2015 年，全球贸易量环比增速为 2.7%。其中，出口方面，发达国家为2.8%，发展中国家为3.2%；进口方面，发达国家为4.6%，发展中国家为1.1%。2016年上半年，全球货物贸易量同比下降0.3%，其中第一季度同比下降1.1%，第二季度仅微弱增长0.3%，均低于预期。9月下旬，WTO发布的最新贸易展望报告预测，2016年全球货物贸易量增速将下降1.7%，为国际金融危机以来的最低值。其中，出口方面，发达国家将为2.1%，发展中国家将为1.2%；进口方面，发达国家将为2.6%，发展中国家将为0.4%。同时，WTO预测，2017年，全球贸易增速将为1.8%~3.1%。其中，出口方面，发达国家将为1.7%~2.9%，发展中国家将为1.9%~3.4%；进口方面，发达国家贸易增速将为1.7%~2.9%，发展中国家贸易增速将为1.8%~3.1%。

表1　2014~2017年全球贸易增长趋势

单位：%

年份	2014	2015	2016	2017
世界货物贸易量	2.8	2.7	1.7	1.8~3.1
出口:发达国家	2.4	2.8	2.1	1.7~2.9
发展中国家	3.1	3.2	1.2	1.9~3.4
进口:发达国家	3.5	4.6	2.6	1.7~2.9
发展中国家	2.9	1.1	0.4	1.8~3.1

注：2016年和2017年为预测值。

资料来源：WTO，《贸易快讯》，2016年9月27日。

这种大调整也可以从全球货物贸易量占全球GDP的比率的变化趋势中得到验证。如图5所示，按照WTO的统计，2011年以来，全球货物贸易占GDP的比重呈现逐年下跌趋势，2014~2015年跌幅更是明显。全球贸易的主体是货物贸易。全球货物贸易占GDP的比率逐年降低，意味着全球贸易整体增速逐年降低，全球贸易增速出现了逆转性回调。

总之，2016年，全球贸易增速仍在惯性下跌，极有可能迎来连续低于全球经济增速的第5个年头。而且，预计2017年，全球贸易增速还将处于下行中。

（三）全球贸易动力结构在快速调整

在国际金融危机的洗礼下，全球贸易深入发展，其空间分布结构也在发生深刻的变化。这意味着全球贸易新旧动力在发生转化，动力结构在发生大幅调整。

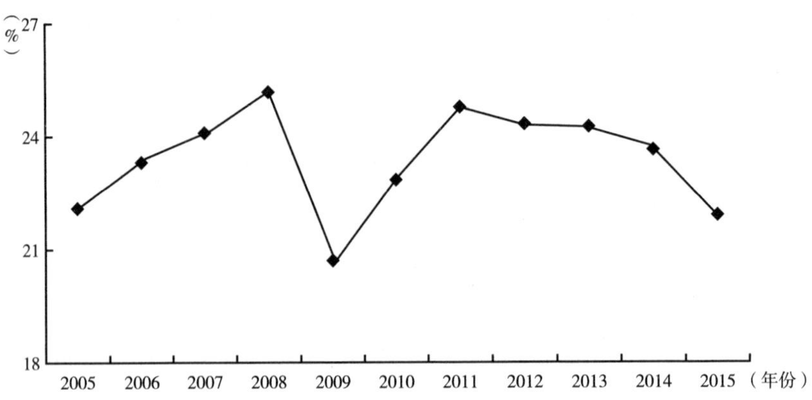

图5　2005～2015年全球货物贸易量占GDP的比率变化

资料来源：WTO《世界贸易统计》，2016。

首先，全球贸易量的地区分布在发生深刻调整。如图6所示，根据WTO的统计数据，2005～2015年，全球各区域世界贸易组织成员贸易量占全球贸易量的比重在发生巨大变化，即世界各区域贸易量占全球贸易总量的比重在悄然发生变化。一是亚洲在全球贸易量中的比重在快速增加。随着世界经济重心向东亚地区的转移，亚洲的出口量逐年增加，在全球贸易量中的比重逐年增加。2015年亚洲占全球贸易量的比重较2005年已有一定程度提高。二是北美国家贸易量在全球贸易量中的占比，先小幅降低，后又恢复增长。经过十年左右的变化，北美国家贸易量占全球贸易量的比重先经历了一个震荡走低的过程，于2009年达到最低点，然后又开始震荡上行。目前，北美国家贸易量占全球贸易量的比重基本又恢复到2005年的水平。三是欧洲国家贸易量在全球贸易量中的占比在逐步萎缩，目前暂时处于基本稳定状态。2005年，欧洲国家贸易量占全球贸易量的比重排名全球第一，远超北美国家和亚洲国家。随着世界贸易格局的深入发展，由于亚洲国家参与全球贸易的力度越来越大，全球贸易量快速增加，欧洲国家贸易量占全球贸易量的比重出现降低。目前，欧洲国家贸易量在全球贸易量中的占比暂时处于基本稳定状态。四是非洲、中东、独联体和南美等区域的国家处于参与国际贸易活动的起步阶段，占全球贸易总量的比例基本稳定，没有大的变化。这些国家经济发展相对滞后，多通过触及产品参与国际贸易大循环。随着世界经济的发展，这些国家参与全球贸易的力度也在增大，贸易规模也在增大，但全球贸易总量也在同向变化。所以，经过10年的发展，这些地区和国家贸易量占全球贸易量的比重没有明显变化，基本保持了稳定。

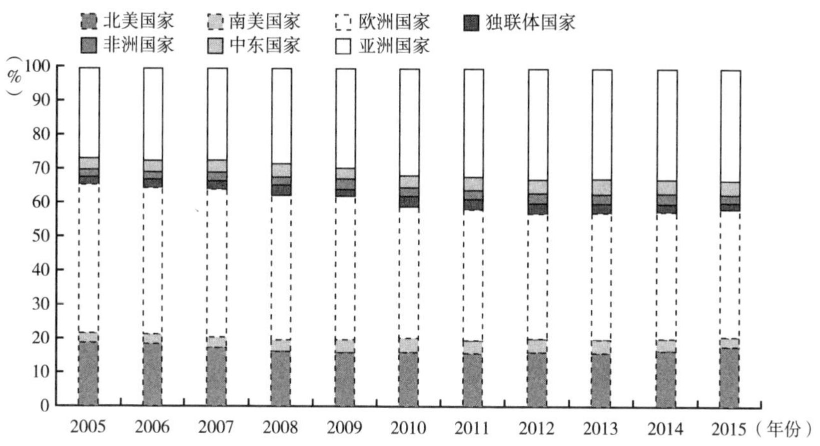

图6　2005～2015 年世贸成员全球贸易量的地区分布

资料来源：WTO《世界贸易统计》，2016。

总之，当前，全球贸易量的地区分布正在发生深刻变化。亚洲国家贸易量占全球贸易量的份额在快速增加，并且还将继续增加；欧洲国家贸易量占全球贸易量的份额在下降；美国和其他国家贸易量占全球贸易量的比重基本稳定。可以预见，随着世界经济整合力度的加大，亚洲在全球贸易总量中的份额还将增加，全球贸易地图还将继续变化。

其次，近年来各地区对全球贸易规模增长的贡献度在发生深刻变化。根据 WTO 秘书处的数据，如图 7 所示，2011～2015 年，世界各大经济板块对全球贸易的贡献度发生了天翻地覆的变化。其中，亚洲是对国际金融危机之后世界经济复苏贡献最大的板块，2013 年，全球总进口增长了 2.3 个百分点。其中，亚洲经济板块就增加了其中的 1.6 个百分点，也就是说，亚洲板块进口增长量占当年全球总进口量的 73%。但是，到了 2015 年，全球总进口增长了 2.4 个百分点，亚洲经济板块仅占其中的 0.6 个百分点，或者说，亚洲板块进口增长量占当年全球总进口量的 25%。可见，亚洲板块对全球进口的贡献度在大幅缩水。与亚洲国家相比，在国际金融危机爆发前期的 2012 年和 2013 年，欧洲国家对全球贸易进口的贡献度均为负值，大大拖累了全球进口的增长。然而，2015 年欧洲国家对全球贸易进口增量的贡献大体是正面的，全球进口增长了 2.4%，欧洲国家进口就占了其中的 1.5%，换句话说，欧洲进口占了当年全球贸易增量的 64%。欧盟内部 2014 年和 2015 年贸易的逐步复苏，直接促使欧盟经济板块对全球贸易的

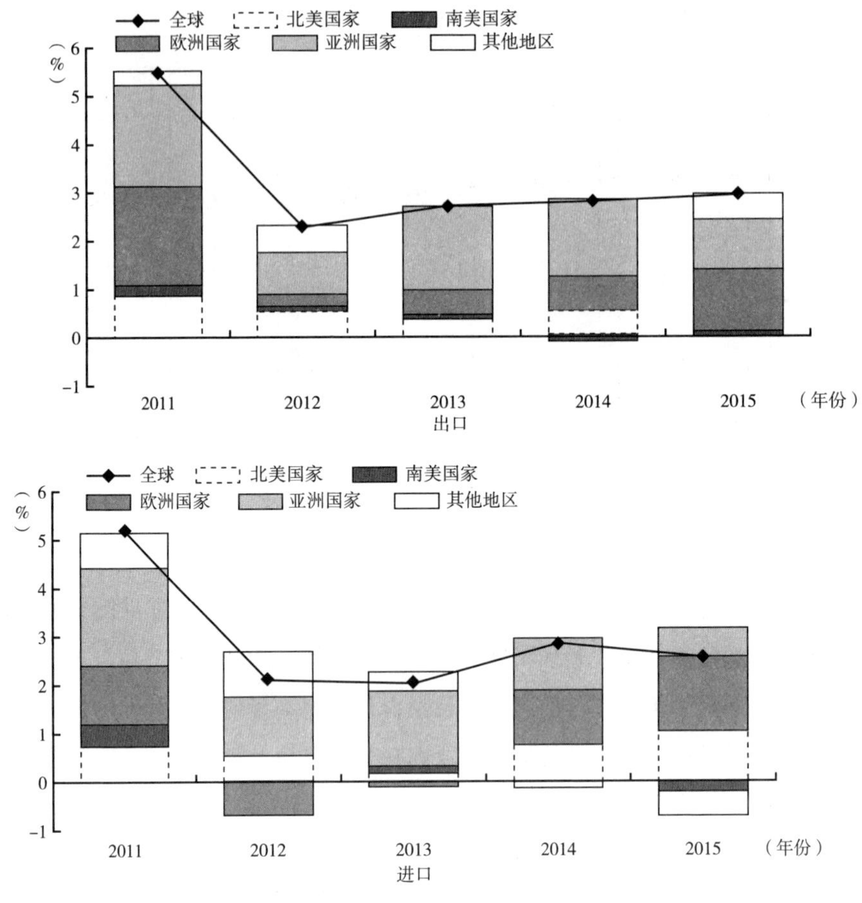

图7　2011～2015年各地区对全球贸易量增长的贡献度

资料来源：WTO秘书处。

贡献度快速反弹。北美经济板块在全球贸易进口方面一直是做出积极贡献的角色，2015年北美经济板块对全球贸易进口贡献度达到1.1%，出口方面贡献几乎为零。中东、中南美洲、非洲、独联体等经济板块的国家五年内对全球贸易的贡献度都不大，无论进口还是出口，2015年这些国家对全球贸易的贡献度还都出现了负值。可见，各经济板块国家对全球贸易的贡献度随着时间的迁移不断变化，亚洲经济板块的国家、欧洲经济板块和北美经济板块的国家轮番发力，整合成合力，接力推动全球贸易发展，但重要性在不断变化。其中，亚洲在全球贸易发展动力中的地位会不断巩固。可见，当前全球贸易发展的动力正在转型，新的动力正在生成。随着三大分动力整合进一步固化，全球贸易将以全新的动力进入新的发展模式。

总之，当前全球贸易规模正在改变一路上升的态势，正经历由规模不断扩张到萎缩的重大调整；全球贸易正经历由正增长模式进入下跌模式的重大调整；全球贸易动力正经历着区域分布转换和贡献度再分配等方面的大调整。

二　全球贸易出现重大调整的原因分析

全球贸易发生这么大的调整不仅与世界经济运行模式的转型有关，也与由世界经济运行模式的转型带来的大宗商品价格大幅调整有关，还与信息技术革命带来的贸易方式转变有关。

（一）世界经济运行模式根本转变使得贸易规模下降①

自现代国际体系形成以来，世界经济体系运作模式经历了三个大的典型模式：国家自由竞争运作模式、两极寡头金字塔控制运作模式、全球大三角运作模式。当前，世界经济体系运作模式正处在急剧转变的过程中。国际金融危机之后，世界经济运作模式正基于各经济体个体理性在自助的基础上进行适应性调整和转变。这必将给全球贸易带来巨大影响。

首先，国际金融危机之后，世界各经济体都在立足本经济体调整自己的国家发展战略。一是欧美发达经济体在根本性地调整自己的国家发展战略。国际金融危机爆发后不久，国际市场争夺问题就实质性提上美国议事日程。金融危机重创了美国经济，使其失业率不断走高。虽然近期出现向好苗头，但美元也仅勉强加了一次息，随后就曝出令人沮丧的经济数据。美国比任何时候都更希望通过出口翻番创造更多的就业机会。为了达到这个目标，美国提出了“再工业化战略”，并启动和推进“国家出口倡议”，要求美国用五年时间使其出口规模翻一番。为了尽快使反危机措施见到效果，美国不仅大力推进面向大西洋的跨大西洋贸易与投资伙伴关系协定（TTIP），还在“亚太再平衡”的旗号下大力推进面向太平洋的跨太平洋伙伴关系协议（TPP），对国际市场跑马圈地。出于同样理由，日本、欧洲等发达经济体也相继出台拓展海外市场的政策，加大出口力度，解决国内就

① 徐长春、宋欢：《全球经济治理体系创新与金砖国家的推动》，中国社会科学院金砖国家蓝皮书，社会科学文献出版社，2016。

业问题，恢复经济增长。为了实现国家战略目标，发达经济体也加大了自身市场的保护力度。世界贸易组织发布的报告显示，自 2008 年以来，G20 成员共采取了 1583 项新的贸易限制措施，迄今仅取消了 387 项。英国经济政策研究中心最新发布的《全球贸易预警》报告显示，作为全球第一大经济体，美国从 2008 年到 2016 年对其他国家采取了 600 多项贸易保护措施，仅 2015 年就采取了 90 项，平均每 4 天推出一项。① 总之，国际金融危机之后，发达经济体因科技革命带来的创新性发展受到抑制，经济发展环境恶化，改变了以往作为全球消费市场角色的发展策略，转向生产领域寻求出路，都致力于再工业化，致力于抢占国际市场，缓解国内压力。二是发展中经济体也适应外部发展环境的变化调整自己的国家发展战略。发达经济体内部消费市场萎缩以及加快进军海外市场的反危机政策使得发展中经济体不仅国际市场萎缩，而且还要让出部分内部市场。发达经济体的反危机措施不仅减小了对发展中国家产品的吸纳能力，还反过来要向发展中国家市场销售自己的产品，挤压其传统市场空间。在市场空间萎缩的挤压下，发展中经济体发展环境日趋恶化。一方面，由于发达经济体对国际市场的争夺，发展中国家不仅出口受到压制，国内市场也被抢占，产能过剩明显，生产链条被打破，发展环境更加恶化，经济增长压力越来越大。另一方面，由于生产技术落后，发展中经济体产业升级受到基础设施、技术和资金限制愈发明显，国内市场难以产生增量愈发增加了发展中经济体市场竞争的激烈程度。在出口难度加大、进口大幅增大的背景下，发展中经济体独立自强的倾向更加明显，保护自身市场的力度也加大，纷纷制定适合自己的新时期发展战略。这也正在逐步改变发展中经济体生产中心和原材料提供者的角色定位。可见，经历了国际金融危机的冲击，包括金砖国家在内的广大发展中经济体的外部发展环境也在不断恶化中，推动这些发展中经济体改变原来的国家发展战略，不仅充当生产者还要更大程度地充当消费者和市场提供者的角色。

总之，国际金融危机之前，以各国发展战略调整为基础，世界经济的欧美消费、以中国为核心的东亚生产、第三世界配置能源资源的大三角运行模式正在悄然发生深刻的改变。

其次，世界经济运作模式转化给世界面貌带来巨大影响。世界经济运作模式

① 裴广江、万宇等：《贸易保护主义损人不利己构建开放型世界经济》，《人民日报》2016 年 8 月 20 日。http：//finance. sina. com. cn/roll/2016 - 08 - 20/doc - ifxvctcc8093966. shtml。

的急剧转型使原有全球治理模式效率降低，导致治理对象与治理对策不配套，世界经济治理面临巨大挑战。“布雷顿森林体系在减轻全球经济失衡，维护金融市场稳定，推动多边贸易进程，解决主权债务危机和粮食、能源安全及大宗商品价格波动等方面，显得越来越力不从心。”① 全球经济治理难度的不断加大导致各种挑战浮出水面。

一是全球金融市场稳定面临巨大挑战，随时都可能再次触发国际金融危机，降低了国际贸易的效率。国际金融危机爆发后，出于救市的目的，世界各经济体此后进入了向资本市场注资“放水”的大比赛中，特别是发达经济体。虽然这些措施一时挽救了一国金融系统的崩溃，但这也给世界经济稳定埋下了巨大隐患。当世界经济普遍进入“流动性陷阱”之后，国际游资的快速流动，随时都可能导致经济体金融系统的大幅波动。2015 年第三季度，巴西经济萎缩 1.7%，巴西雷亚尔对美元较年初已经暴跌 46%，通胀水平处在 12 年高位。2015 年 12 月 17 日，美联储宣布终结长达 7 年的零利率政策，加息 25 个基点。在此之前，受美元加息预期的影响，俄罗斯卢布 15 日暴跌逾 10%，创 1999 年以来的最大单日跌幅，美元对卢布当日收盘报 64.45。16 日俄罗斯紧急宣布，将关键利率从 10.5 大幅上调 650 个基点至 17%，也未能阻止卢布继续下跌。美元加息当日，阿根廷比索币值崩溃性暴跌，自 9.81 跌至 13.95 一线，跌幅超过 30%。另外据华尔街见闻的报道，由于外资持续流出，截至 2016 年 8 月，蒙古国货币图格里克四年贬值 58%，其中 8 月就贬值 7.8%，外汇储备仅剩 13 亿美元，经济危机阴影笼罩。从总体来看，如图 8 所示，国际清算银行公布的实际有效汇率显示，自 2010 年以来，全球主要货币实际有效汇率波动幅度都大幅提高，但人民币保持了最强货币地位。可见，国际金融危机后的全球经济治理方式已经使国际金融市场风声鹤唳，稳定性极差，给全球金融市场稳定埋下很大隐患。国际金融市场的紊乱使得国际贸易的媒介——货币汇率急剧变动，无形中增加了国际贸易的成本，降低了国际贸易效率。

二是全球贸易形势恶化日益严重。在全球化迅速发展的大背景下，得益于中国经济崛起、运输成本大幅下降，过去 30 年，世界贸易增速已是全球 GDP 增速的两倍。国际金融危机以来，发达经济体的再工业化和出口倍增战略很显然有利于其经济复苏。但是，当发展中经济体也加大了市场保护力度之后，发达经济体

① 张茂荣：《全球经济治理体系应加紧改革》，《瞭望》2016 年第 21 期。

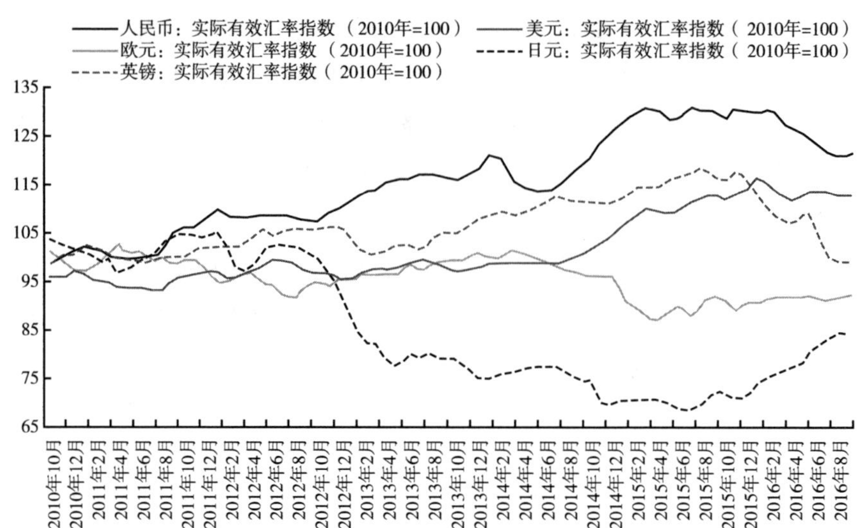

图 8　全球主要货币实际有效汇率走势

资料来源：Wind 资讯。

这种政策的效果就大打折扣了。世界主要经济体出口增长率总体呈现下行态势。如图 9 所示，根据 WTO 对全球商品贸易的统计数据，2010 年以来，中国、美国、日本等国际贸易大国的出口金额同比增长率都呈现大幅下降趋势。世界贸易组织 2016 年 4 月 7 日发布的全球贸易报告显示，2015 年发达经济体出口增速为 2.6%，发展中经济体出口增速为 3.3%；发达经济体进口增速为 4.5%，而发展中经济体进口仅增长 0.2%，全球各国都未从国际贸易中获得好处。[①] 2016 年全球贸易增速预计仅为 2.8%，继续低于过去 30 年来 5% 的平均水平。至此，全球贸易增速将连续 5 年低于 3%，是自 20 世纪 80 年代以来“最糟糕”的时期。[②] 总之，国际金融危机爆发揭开了世界经济危机“潘多拉魔盒”的盖子之后，贸易安排持续碎片化，全球贸易这一全球经济增长的传统引擎，难以恢复到危机前增速。当前，贸易环境的日益恶化，构成世界经济增长的又一大障碍。

总之，世界经济运作模式进入转换期之后，世界经济各项表征性指标都出现

① 《WTO：今年全球贸易增速将连续第五年放缓　三十年来最差》，http：//money. 163. com/16/0408/09/BK4CH8KR00253B0H. html。

② 《贸易保护主义损人不利己　构建开放型世界经济》，http：//finance. sina. com. cn/roll/2016 - 08 - 20/doc - ifxvctcc8093966. shtml。

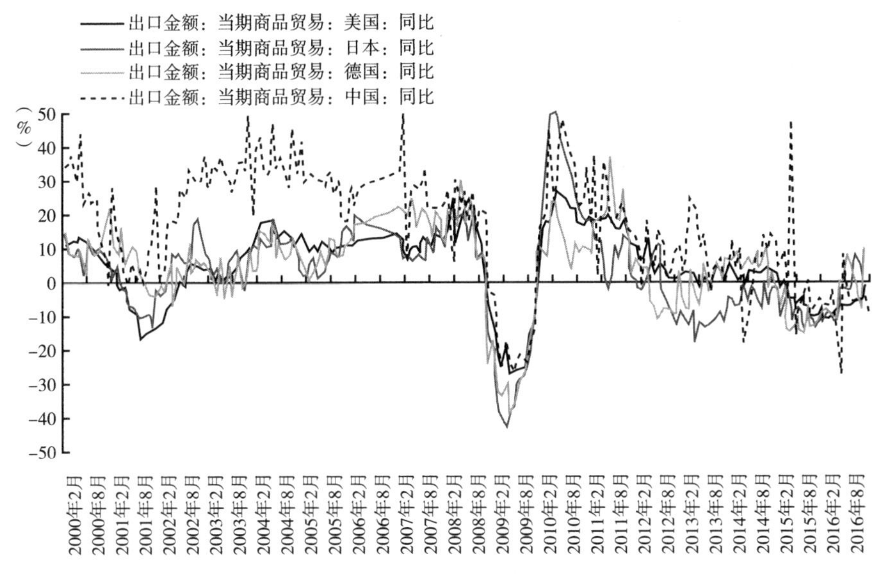

图 9　全球主要经济体商品出口增长率走势

资料来源：Wind 资讯。

了大幅紊乱现象。国际游资在国家间快速流动，不断考验着许多欠发达经济体金融体系稳定性底线，不断引发人们对国际金融体系稳定的担忧。这不断侵蚀着各经济体可从国际贸易中获得的红利，进一步引发国际贸易增长率持续下跌，降低全球贸易增速；全球贸易红利在世界各国的再分配，又进一步改变了国际贸易量的区域布局，进一步推进了国际贸易动力结构的转变。

（二）商品价格大幅下调使得贸易价值规模大幅缩水

国际金融危机之后，全球商品价格急剧变化，整体下行，特别是最近几年。这带动了全球贸易价值规模大幅缩水。

初级商品价格指数整体下行，带动大宗商品贸易价值规模大幅缩水。国际金融危机爆发后，世界经济运作模式加速转型，发达经济体消费市场的萎缩迫使全球产能下行，进一步推动大宗商品需求下行，大宗商品因需求大幅降低，价格大幅下降。如图 10 所示，自 2014 年 1 月以来，各类初级商品价格指数，无论是食品和饮料的，农业原材料的，金属的，还是燃料的，整体都呈现下跌趋势，只是跌幅有一定差异。2008 年，国际油价从 140 多美元/桶的高位一度跌破 30 美元/桶的关口，随后回升至 79 美元/桶左右。2014 年，国际油价再次暴跌，从 110 多美元/桶下跌到40多美元/桶，其他大宗商品价格也呈现下跌态势。2015年，追踪22种原材料期货价格的彭博大宗商品指数累计下跌24%，创2008年金融危机以来最大年度跌幅。① 初级商品价格整体下行导致以美元计价的全球贸易价值规模整体缩水，使全球贸易规模整体缩水。

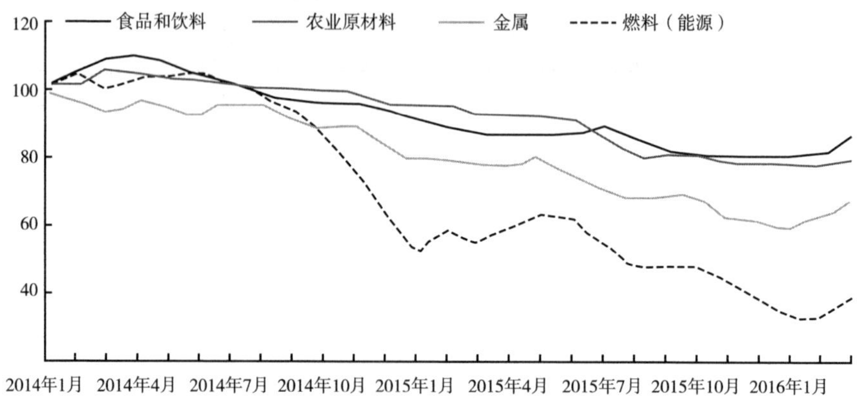

图10　全球初级商品价格指数走势

资料来源：WTO初级贸易价格。

（三）信息技术革命使得贸易难以全口径统计

作为推动人类社会进步的基础力量，技术推动人类文明从农耕文明迈入工业文明，再迈入信息化时代，展现出无与伦比的王者风范。今天，作为除物质、能量之外的第三大领域——信息领域的技术，正推动国际贸易发生革命性变革，传统贸易正在加速向E国际贸易转变。

信息技术革命通过改变传统贸易中的信息沟通方式，改变传统贸易业态。信息技术革命提供了一种全新的全球性信息基础设施——全球互联网，正在改变传统国际贸易中信息利用方式，改变传统国际贸易业态。由于信息技术进步，人类超越时空限制，实现了远程交流沟通，传统贸易信息交流环节正在被网络沟通所取代。随着远程沟通交流功能的完善，互联网逐步替代传统商务活动中一系列人工面谈过程，将看货、订货、付款等一系列传统商务活动环节交给互联网来完成，推动全球E国际贸易活动超常发展。而且，传统实体店将成为电商的体验

① 张茂荣：《世界经济面临强劲“逆风”》，《瞭望》2016年第5期。

店，其销售功能将消失殆尽，其将成为电商的附属机构。全球互联网正在并将继续改变国际贸易方式，并推动商业模式的信息化。国际贸易的电子化也将带动海关、检疫等国际贸易辅助环节随之发生改变，代之以与E国际贸易相适应的关检模式，形成E国际贸易体系。进一步讲，E国际贸易也将带动与之相关联的物流行业发生信息化变革，通过互联网、物联网整合出新的集约化物流模式，提高物流效率。与此同时，信息技术的进步正在改变国际金融运行模式，互联网金融不仅改变了金融运作的方式和空间，还提高了资金跨境流动的效率。总之，随着信息技术的进步和在贸易各相关领域的应用，跨境物流、资金流以及海关检疫外汇管理均已经信息化，国际贸易已经完全信息化。

E国际贸易的快速发展，使得传统贸易统计手段难以全面统计实际贸易情况。我们能够看得到的统计遗漏就有两个。一是服务贸易项下较难把设计贸易、IT服务贸易全部纳入统计。由于互联网的发展，诸如设计方案、软件直接通过互联网完成在供需双方之间的传输，无须经过海关检验，也难以被纳入服务贸易规模的统计。二是货物贸易也难以实现全口径统计。随着跨境电商的发展，人们通过网站实现跨境采购。但这些商品可以按照一般贸易通过海关统计，也可以通过万国邮联的渠道以及包裹的方式免税通关，也不会被纳入贸易统计口径。这样，政府统计的贸易规模一般要比实际贸易规模低很多。无形中好像贸易规模减小了，但实际贸易规模并没有减少，实际上甚至可能还增加了。

可见，由于信息技术进步对贸易方式的影响，E国际贸易产生，贸易规模不断扩大。但是，贸易统计方式难以快速跟上国际贸易方式转型的速度，许多通过E国际贸易产生的贸易难以纳入贸易统计口径内，使得统计到的贸易规模低于实际发生的贸易规模。这使国际贸易规模在统计层面显得萎缩了。

总之，全球贸易出现的整体规模下行、增速下行和动力结构转型都与世界经济运行模式转型、初级商品价格大下行、信息技术革命带来的贸易方式转变直接相关。当然，在世界经济运行模式根本转型的大背景下，世界经济紊乱，各国贸易保护主义倾向的贸易政策调整也对全球贸易大幅调整“贡献”良多。

三　全球贸易展望

展望未来，世界经济运行模式将逐步到位，初级商品价格也将迎来趋势性拐点，与信息技术革命相关的贸易管理也将逐步跟上国际贸易方式转型的步伐，全球贸易也将逐步迎来企稳转折的拐点，呈现复苏的态势。

（一）以三大核心为内容的全球贸易结构将进一步加强

一是三大贸易核心国的结构将进一步强化。根据鞠建东等人的研究①，2012年之前，美国一直是全球最大的货物贸易国。2000年美国在全球货物贸易中的占比达到15.48%，比第二大贸易国德国的7.96%和第三大贸易国日本的6.51%之和还要大；美国是世界贸易的核心国，一直是全球数量最多的国家或地区的最大贸易伙伴，2000年有47个地区和国家以美国为最大贸易伙伴国。2015年，全球贸易变为三大贸易国——中国、美国、德国，在全球贸易总额中的占比分别为11.9%、11.5%、7.2%，各自拥有的最大贸易伙伴分别为24个、21个、21个。可见，以美国为核心的全球贸易旧结构正越来越被中国、美国、德国三足鼎立的新结构所取代。全球贸易核心国正发生根本改变。

二是全球贸易将进一步体现为北美价值链、欧洲价值链、亚洲价值链的区块结构。如图11所示，1995年，大部分亚洲国家和地区以日本为最大贸易伙伴，大部分欧洲国家以德国为最大贸易伙伴，北美、南美的几大贸易国则以美国为最大贸易伙伴。欧洲价值链已经显现，而亚洲贸易大国日本、韩国、印度、新加坡等都以美国为最大贸易伙伴，亚洲价值链的态势尚不明显，更多的是作为美国全球价值链在亚洲的分工而出现的。经过17年的调整，如图12所示，全球贸易网络的基本结构发生了两大显著变化：亚洲（特别是东亚）地区贸易核心已由日本转变为中国，且中国的核心地位更为明晰、稳固；日本、韩国、印度、新加坡等亚洲主要贸易国，都转而以中国为最大贸易伙伴。中国依然以美国为第一大贸易伙伴，但中国贸易对美国的依赖正逐步减弱，在全球贸易网络中，亚洲价值链的态势更加明显。

展望未来，在“一带一路”倡议和欧亚大陆加速融合的大背景下，以美国、德国、中国为核心的北美、欧洲、亚洲价值链“三足鼎立”格局将进一步强化。

（二）全球贸易的总量有望呈现企稳态势

随着世界经济运行模式转型到位，全球以北美、欧洲和亚洲为核心的三大经

① 鞠建东、余心玎：《G20峰会应关注全球贸易新常态》，FT中文网，2016年9月2日，http://www.ftchinese.com/story/001069193?full=y。

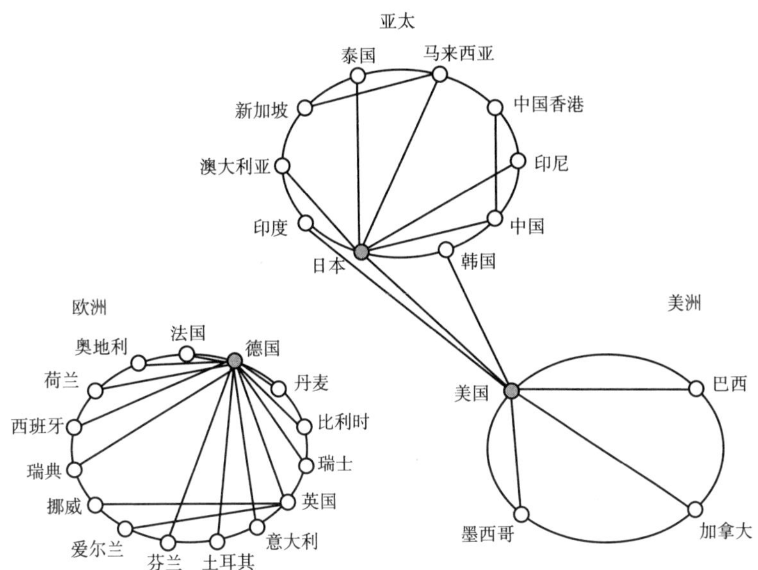

图 11　1995 年占全球贸易 80% 以上贸易国（地区）构成的贸易网络

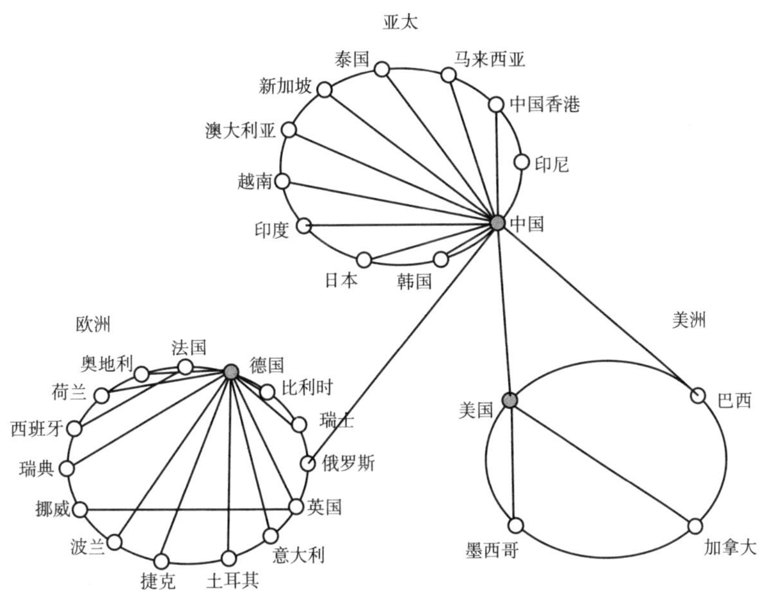

图 12　2014 年占全球贸易 80% 以上贸易国（地区）构成的贸易网络

济中心区域将形成。因此，全球贸易将围绕三大中心形成越来越稳定的贸易集团，世界经济紊乱的影响逐步降低，全球贸易将结束调整而呈现企稳回升的态势。与此同时，初级商品价格随着世界经济复苏带来的需求逐步增加而出现回调；贸易统计管理改革也将跟上国际贸易方式转型的步伐，逐步把所有实际发生的贸易纳入统计口径。在这三大趋势的共同作用下，全球贸易总量将逐步迎来企稳复苏的新未来。

总之，展望未来，随着世界经济运行模式的进一步转型，“一带一路”、“欧盟”和“欧亚经济联盟”等欧亚大陆区域经济一体化将进一步深入发展，全球化将以另一种形态转型发展，全球贸易结构调整将继续巩固“三足鼎立”的现有成果并进一步发展，全球贸易规模在经过企稳整固之后呈现探底企稳态势，甚至可能呈现回升态势。

（撰稿人：中国国际经济交流中心战略研究部副研究员徐长春）

全球制造业发展形势分析与展望

2016 年，全球制造业呈现整体平稳、主要国家制造业发展势头分化、发达经济体制造业竞争力有所增强而部分发展中国家和新兴经济体制造业竞争力整体有所减弱的发展态势，主要国家制造业取得新进展，美国“国家制造业创新网络”计划进一步推进、德国“工业 4.0”平台建设有效展开、日本制造业取得新进展、墨西哥制造业竞争力重新得到提升等。在新的发展形势下，提升我国制造业竞争力，应进一步完善高端制造业发展的体制机制、优化重大前沿创新技术研发体系、扩大对外开放以及将高端制造业发展与满足人们的生活需求结合。

一 2016 年全球制造业发展新态势

（一）全球制造业发展整体保持平稳

摩根大通数据显示，2015 年 10 月至 2016 年 9 月，全球制造业采购经理指数（PMI）月度数据最高值为 51.3，最低为 50.0，制造业整体发展态势保持平稳。除 2016 年 2 月和 4 月为 50.0，处于荣枯线外，其他月份制造业 PMI 均高于 50.0，表明全球制造业整体处于扩张区间，如图 1 实线部分所示。

通过图 1 中的趋势线（见图 1 中虚线）可以看到，2014 年 10 月至 2015 年 9 月，全球制造业 PMI 呈现下降趋势，制造业虽然仍处于扩张区间，但扩张活力呈现趋势性下降的态势。

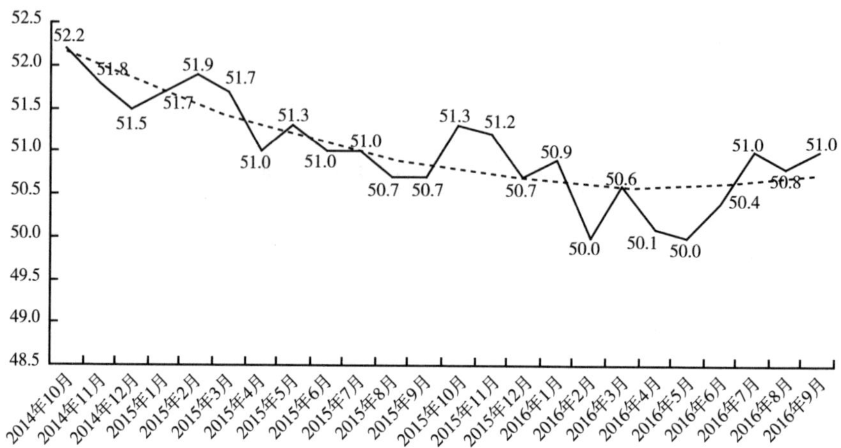

图1　2014 年 10 月至 2016 年 9 月摩根大通全球制造业 PMI 月度情况

资料来源：Wind 资讯。

（二）全球主要国家制造业发展势头出现分化

2015 年 10 月至 2016 年 9 月，美国、中国、日本、德国、英国、法国等全球主要国家制造业发展势头出现分化。

图 2 显示，中国制造业 PMI 较为平稳，围绕 50.0 的荣枯线小幅变化，且呈现出明显的状态转变。2015 年 9 月至 2016 年 2 月期间，制造业 PMI 均低于 50.0 荣枯线，2016 年 3 月后则整体处于扩张态势（除 7 月为 49.9 外，其他月份 PMI 均高于 50.0）。

英国制造业 PMI 波动幅度较大，最高为 2016 年 9 月的 55.4，最低为 2016 年 7 月的 48.3。美国制造业 PMI 呈现缓步下降的走势，制造业动能虽有所降低，但仍处于扩张区间。与美国相似，德国制造业也处于扩张区间，特别是 2016 年 3 月以来，德国制造业发展动能走强，制造业 PMI 出现上行趋势。日本制造业 PMI 自 2016 年 3 月开始，连续 6 个月处于收缩区间，于 2016 年 9 月重新步入扩张区间。法国制造业 PMI 自 2016 年 3 月开始连续 7 个月低于 50.0 的荣枯线，虽然 2016 年 9 月 PMI 较 8 月数值有所增加，但仅为 49.7，仍处于收缩区间。

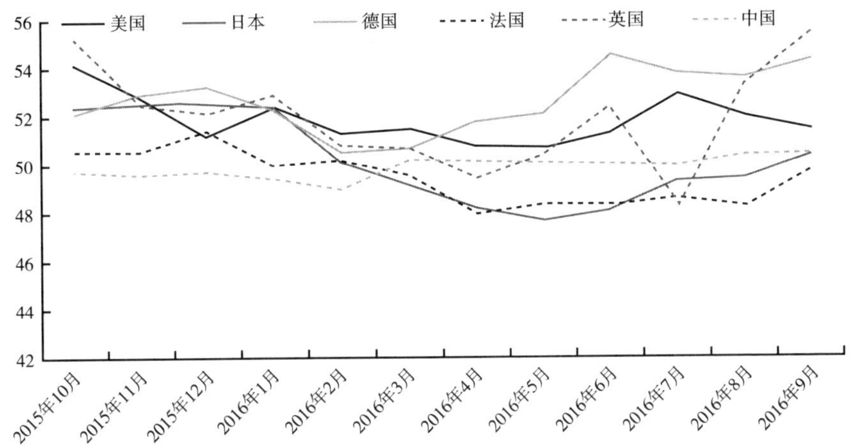

图 2　2015 年 10 月至 2016 年 9 月世界主要国家制造业 PMI 情况

（三）主要发达经济体制造业竞争力进一步增强

2010 年以来，以美国、日本、德国和英国为代表的全球主要发达经济体制造业竞争力逐步增强。美国竞争力委员会和德勤联合发布的《2016 全球制造业竞争力指数》的数据显示，2010 年，美国、日本、德国和英国的制造业竞争力分别排在全球第 4、第 6、第 8 和第 17 位，2013 年分别排在第 3、第 10、第 2 和第 15 位，2016 年上述 4 国制造业竞争力排名进一步变化，分别排在第 2、第 4、第 3 和第 6 位。美国和英国制造业的全球竞争力在稳步提升。德国和日本制造业竞争力排名虽有所波动，但整体仍有所提升。

（四）发展中国家制造业竞争力有所降低

2010 ~ 2016 年，与主要发达经济体制造业竞争力整体不断增强相对照的是，发展中国家和新兴经济体制造业竞争力整体有所降低（见表 1）。

表 1　部分发展中国家和新兴经济体制造业竞争力全球排名情况

序号	国家	2010 年	2013 年	2016 年
1	中　国	1	1	1
2	印　度	2	4	11
3	墨西哥	7	12	8

续表

序号	国家	2010 年	2013 年	2016 年
4	巴　西	5	8	29
5	泰　国	12	11	14
6	俄罗斯	20	28	32
7	南　非	22	24	27
8	波　兰	10	14	15

资料来源：根据相关年份《全球制造业竞争力指数》报告整理。

表1数据显示，2010年，有中国、印度、巴西、墨西哥4个发展中国家进入全球制造业竞争力前10强，且中国、印度、巴西均进入前5强。2013年，中国、印度、巴西3个发展中国家制造业竞争力进入全球前10强，中国与印度进入前5强。2016年，仅中国和墨西哥两个发展中国家制造业竞争力进入全球前10强，仅中国进入前5强。此外，俄罗斯、南非和波兰等国制造业竞争力的全球排名持续走低。

（五）2016年全球制造业发展新态势原因分析

2016年全球制造业发展新态势的形成是多种因素共同作用的结果，2016年是全球制造业发展演化过程的一个节点。

1. 全球经济复苏乏力，有效需求不足是全球制造业虽企稳但动能仍不足的主要原因

2008年全球金融危机爆发以来，虽经各国出台宽松财政货币政策刺激，世界经济仍复苏乏力，有效需求不足，全球贸易增速显著放缓，导致制造业发展动力不足。2016年全球制造业发展虽然企稳，但相对之前几年仍偏弱（见图3，图中虚线为趋势线）。

2. 国际金融危机后主要发达国家制造业再回归，特别是着力发展高端制造业提升了发达经济体制造业竞争力

美国于2009年4月奥巴马就任总统之初提出重振制造业发展的重大战略，2011年和2012年相继启动“先进制造伙伴计划”和“国家制造业创新网络”，德国提出并实施了高技术战略和工业4.0，日本将机器人、清洁能源汽车、再生医疗等作为未来制造业发展重点。

发达经济体此轮制造业发展战略并非传统制造业发展方式的延续，而是注重

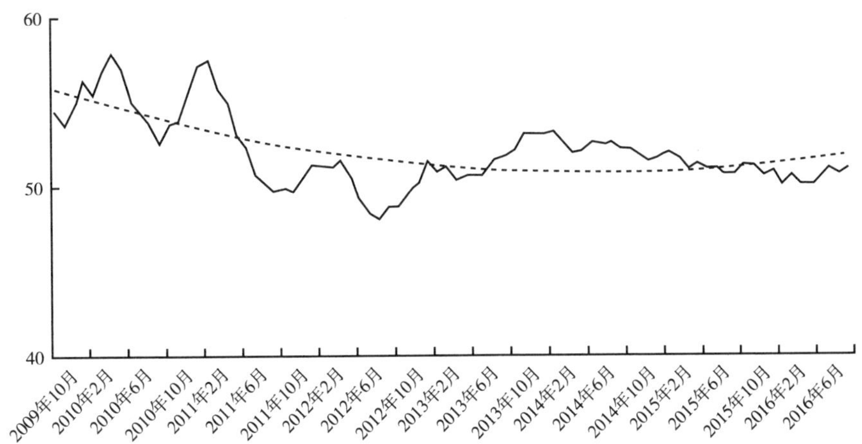

图 3　2009 年 10 月至 2016 年 9 月摩根大通全球制造业 PMI 月度情况

资料来源：Wind 资讯。

将制造业与现代前沿科技结合，如互联网大数据、生物技术等，并借此抢占现代制造业发展制高点，引领未来制造业发展方向。

3. 部分发展中国家和新兴经济体制造业成本优势减弱

长期以来，较低的生产要素价格是发展中国家制造业成本优势的重要体现①。借助低成本扩张战略，中国等发展中国家实现了制造业规模的扩张，制造业竞争力也得到快速提升。但自 2004 年以来，中国、巴西、俄罗斯等发展中国家和新兴经济体的制造业成本大幅攀升，特别是工资水平的上升和能源成本的相对提高削弱了这些国家制造业的成本优势。例如，2004 年巴西制造业平均成本约为美国的 97%，2014 年则比美国高出约 23%，与此类似，同期俄罗斯制造业平均成本由约为美国的 87% 提高至与美国相当的水平。

二　代表性国家制造业发展新进展

（一）美国“国家制造业创新网络”计划进一步推进

自 2009 年 4 月奥巴马政府提出将重振制造业设为美国经济长远发展的一项

① 发展中国家制造业竞争力的成本优势主要体现为较低的工资水平。

战略目标之后，美国政府相继实施 3 项制造业振兴计划，一是 2011 年 6 月启动的“先进制造伙伴计划”，旨在抢占 21 世纪全球先进制造业制高点，二是 2012 年 2 月推出的“先进制造业国家战略计划”，积极鼓励制造业回归美国本土，三是 2012 年 3 月奥巴马总统提出的“国家制造业创新网络”计划，意在进一步增强美国在制造业前沿领域的创新能力，重建美国制造业在全球的领导地位。其中，“国家制造业创新网络”对实现美国保持在制造业领域创新领先地位意义深远。

美国“国家制造业创新网络”计划以促进高校与制造企业之间的产学研合作为途径、以在重点技术领域建设制造业创新研究中心①为载体推动美国制造业创新能力的提升。2013 年 1 月，美国总统执行办公室、国家科学技术委员会和高端制造业国家项目办公室联合发布《国家制造业创新网络初步设计》，投资 10 亿美元组建美国制造业创新网络（NNMI）。经过 4 年多的发展，美国制造业创新网络计划已初见成效，已成立 8 家制造业创新中心（见表 2）。

表 2　美国制造业创新中心情况

	创新中心名称	成立时间	重点研发领域	主导设立机构	资金来源
1	美国国家增材制造创新中心（The National Additive Manufacturing Innovation Institute）后更名为美国制造（America Makes）	2012 年 8 月	3D 打印	美国国防部	联邦政府资金与非联邦政府资金各 5500 万美元
2	数字化制造和设计创新中心（Digital Manufacturing and Design Innovation Institute，DMDII）	2014 年 2 月	数字化制造和设计的应用建模和仿真工具、智能机器等	美国国防部	国防部 5000 万美元，其他政府机构 2000 万美元，非联邦资金 1.06 亿美元
3	未来轻量制造创新中心（Lightweight Innovations For Tomorrow，LIFT）	2014 年 2 月	风力涡轮机、飞机框架、医药设备、武装车辆等领域的轻量化合金制造	美国国防部	联邦资金 7000 万美元，非联邦资金 7800 万美元

① 计划最多建立 45 个研究中心。

续表

	创新中心名称	成立时间	重点研发领域	主导设立机构	资金来源
4	下一代电力电子制造创新中心（The Next Generation Power Electronics Manufacturing Innovation Institute），后更名为电力美国（Power America）	2014 年 11 月	以氮化镓和碳化硅为基础的宽禁带半导体电力电子器件	美国能源部	能源部 7000 万美元，非联邦资金 7000 美元
5	复合材料制造创新中心（Institute for Advanced Composites Manufacturing Innovation，IACMI）	2015 年 6 月	致力于提升纤维增强聚合物领域的制造能力，以满足环保车辆、风力涡轮机等产品对复合材料的需求	美国能源部	联邦资金 7000 万美元，非联邦资金 1.8 亿美元
6	集成光子制造创新中心（American Institute for Manufacturing Integrated Photonics，AIM Photonics）	2015 年 7 月	致力于集成光子制造的集成设计工具、自动化包装、组装和测试等	美国国防部	联邦资金 1.1 亿美元，非联邦资金 5.02 亿美元
7	美国柔性混合电子制造创新中心（American's Flexible Hybrid Electronics Manufacturing Institute），后更名为 Next Flex	2015 年 8 月	集成可弯曲的先进材料和薄硅芯片的柔性混合电子器件，用于生产与复杂外形物体无缝集成的下一代电子产品	美国国防部	联邦资金 7500 万美元，非联邦资金 9800 万美元
8	制造创新研究所	2016 年 4 月	聚焦研发革命性纤维和纺织品	美国国防部	—

资料来源：表中内容根据公开材料整理。

为了确保“国家制造业创新网络”计划能够取得实际效果，在与美国国防部、能源部、波音公司、GE 等相关政府部门和企业充分沟通的基础上，2016 年 2 月 19 日，美国商务部部长、总统行政办公室、国家科学与技术委员会、先进制造国家项目办公室向国会联合提交了首份《国家制造创新网络战略计划》，重点提出了未来三年“国家制造业创新网络”计划的发展目标和评价指标，此外还涉及实现发展目标的方式方法和管理机构等相关内容①。

首份《国家制造创新网络战略计划》列出的未来三年美国“国家制造业创

① 《国家制造创新网络战略计划》实质上是一项为期 3 年的阶段性发展规划，规划了 3 年当中国家制造创新网络计划的目标和任务，3 年后战略计划将另作更新。

新网络”计划的目标主要包括如下几点。一是着力提升美国制造的竞争力，如支持更多美国本土制造产品的生产，培育美国在先进制造研究、创新与技术上的领导地位。二是促进创新技术向规模化、经济和高效的本土制造能力转化，包括为美国制造上提供先进的制造技术和资本密集型的基础设施，支持美国先进制造业标准与服务的发展，促进解决先进制造业发展面临的问题的共享与交流。三是加快培养满足先进制造业发展需要的劳动力，包括为科技、工程等相关工作培养高素质工人，支持州立、地方教育和培训机构在教育培训中设立具有针对性的课程，为在校生提供实习和培训机会，培养适应先进制造业发展要求的研究人员和工程师。四是支持实现创新中心稳定和可持续发展的商业模式。

除了今后三年发展的战略目标外，《国家制造创新网络战略计划》还针对创新中心的主要任务和活动提出了评估创新中心发展态势的 4 大指标，即竞争力指标（用以评价创新中心对美国创新生态系统的影响力）、技术转化指标（评价在技术进步方面取得的成就，包括技术开发、转让、商业化等）、劳动力指标（评价在培养先进制造领域劳动力方面的进展）和可持续发展指标（评价资金收益方面的可持续性）。

需要指出的是，上述评价指标并非一成不变贯穿“国家制造业创新网络”计划发展过程始终，该战略计划会根据各个创新中心的发展情况适时加以调整，提出新的评价指标和删除旧的不适用的指标。

（二）德国“工业 4.0”平台建设有效展开

为确保德国在全球制造业领域的领先地位，2013 年 4 月，德国正式提出“工业 4.0”战略，旨在通过深入应用信息通信技术（ICT）和网络物理信息系统等手段，以智能工厂和智能生产为重点，推进工业技术领域新一代关键技术的研发和创新，在大幅降低生产成本的同时显著提高生产效率，促进产品功能多样性、个性化和产品性能大幅提升①。

2015 年 4 月，德国政府正式启动了“工业 4.0”平台以促进“工业 4.0”计划的顺利实施。“工业 4.0”平台为公司、社会组织和政府机构之间的相互对话与交流提供了场所，通过识别制造领域的发展趋势，并结合各种相关要素，从综

① 中国社会科学院经济研究所：《德国“工业 4.0”及其影响》，《经济走势跟踪》2014 年第 13 期。

合层面对“工业4.0”计划进行阐释并提出实践建议，协调德国整个工业的数字化转型。从这一角度来看，“工业4.0”平台发挥着“工业4.0”计划的中枢机构的作用，从整体上负责“工业4.0”计划的战略方向研究与实际工作协调。需要指出的是，“工业4.0”平台职能的发挥仅限于进行研究、支持企业决策等方面，而非替代企业进行市场决策。“工业4.0”平台主管机构由德国联邦经济和能源部长、联邦交易与研究部长以及商业、科学和工会代表等组成。平台启动至今，在一些方面取得了较大进展。

1. 推出“工业4.0”用户案例地图

德国“工业4.0”计划实施以来，出现了200多个各类“工业4.0”实例，催生了许多生产方法、商业模式和产品，促进了多家企业和研究机构的实践，很多创新的过程得到开发和实施。为更好地引导德国企业的“工业4.0”实践，“工业4.0”平台推出用户案例地图。通过用户案例地图，一方面可以看到微观层面“工业4.0”案例涉及的具体产业和领域、未来发展目标等信息，另一方面也可以从宏观层面把握“工业4.0”计划的整体发展水平和进度。

2. 设立“工业4.0”在线图书馆

该图书馆汇集“工业4.0”平台五大工作组所有研究成果、联邦政府的战略文献以及合作伙伴的案例实践，如“工业4.0”平台介绍、RAMI框架安全、“工业4.0”计划管理结构等，是一个包括“工业4.0”计划所有主题的信息库。

3. 布局测试台（TestBed）建设

美国在其工业互联网建设中推出了测试台，旨在为中小企业的创新提供检验平台，德国在“工业4.0”计划中开展了具有类似功能的测试台建设，并使其逐步发展成为企业合作的重要纽带。

德国的测试台大多建在大学和科研机构中，通过将测试台联网，可以对复杂的生产和物流系统进行模拟仿真，为新产品、新技术的现实推广做准备。目前，德国许多中小型机械和设备工程公司已经为“工业4.0”开发新组件，迫切需要在测试台中进行测试以验证其可行性。

测试台为德国制造业的局部优化和创新提供了切入口，是协同制造的试金石，其具有的允许失败、便于检验的特点使其成为德国工业“4.0计划”不可或缺的有机组成部分。

4. 发布德国中小企业“工业4.0”实施指南。

从根本上讲，德国“工业4.0”真正服务于中小企业。德国机械及制造商协会领衔共同完成了《中小企业4.0实施指南》（简称《4.0指南》），为中小型工厂和企业提供发展自己的“工业4.0”商业模式的工具。由于企业的多样性，《4.0指南》并不能满足每一家企业的“工业4.0”需求，而是仅仅对个体提供工具和过程方法论。《4.0指南》分为5个部分，分别为预备、分析诊断、创新、评级以及实施，通过项目团队和车间的组织方式推动企业对整个技术和商业模型的认识。

5. 发布《工业4.0安全指南》

除了产品、制造和标准化方面的工作外，“工业4.0”最重要的即安全方面的内容。由于“工业4.0”是靠数据和软件驱动的数字化转型，因而带来一个开放的、跨越组织边界的全新信息安全问题。《工业4.0安全指南》提出了解决新的安全问题的新的思路，包括减少部件，设计可靠的组件和模块；建立检测机制，设计早期预警和控制方式；建立受攻击后的恢复体系。

此外，德国还将加大基础信息网络投资。2016年3月，德国发布《数字战略2025》，基础设施部分投资高达1000亿欧元。

（三）日本制造业发展新进展

在美国、德国等发达经济体重振制造业的同时，作为世界制造业大国的日本亦开始制造业转型升级之路，近几年陆续出台了一系列增强制造业竞争力的政策措施，如《日本制造业竞争策略》《机器人开发五年计划（2015～2019）》《机器人新战略》《新策略性工业基础技术升级支援计划》等。

从整体发展思路来看，日本制造业转型升级的一个重要方面是沿着智能制造的路径进行，通过运用物联网和大数据技术，对制造业和运用环节进行改进，将网络与终端客户连接，根据客户的个性化需求进行量身制造。2016年5月20日，日本政府在内阁会议上正式通过2015年度版《制造业白皮书》（简称《白皮书》），提出以信息技术带动革新。《白皮书》指出，信息技术对制造业的带动作用正处于生产率提升和新业务开拓有望大幅提升的阶段，企业经营者不仅应重视产品销售，还应开展以产品生产为导向的新商业模式的“经营创新”。

2016年，日本制造业发展出现的另一个重要进展是1月的内阁会议在决定《第5期科学技术基本规划》时正式提出“社会5.0”，旨在通过最大限度地应用信息通信技术（ICT），借助网络空间与物理空间的融合，实现人人富裕的“超智慧社会”。按照日本政府的设想，“社会5.0”是继狩猎社会、农耕社会、工业社会、信息社会之后又一新的社会发展阶段，可以极大地提高人们生活的便利性和舒适感。从这个角度来看，未来，日本制造业不仅要提升产业的生产能力，同时还要提升生活的便利性。

“社会5.0”的提出体现了日本政府对制造业发展趋势的新思考，从更高的层面重构了制造业与社会的关系，具体而言，通过物联网和机器人技术创新，在日常生活、医疗、护理、基础设施建设、公共服务等多个领域实现智能化制造和智能化管理。

“社会5.0”概念在日本已经进入试点阶段，例如，三井不动产推出了东京市中心的日本桥以及东京郊外的博业智能城市两个项目，以期对日本未来全面建设“超智慧社会”提供有益经验。

（四）墨西哥制造业竞争力重新得到提升

当前，除了美、日、德等发达经济体借助大数据等新技术大力发展智能制造、绿色制造业等高端制造业外，制造业另一个主要发展趋势是传统制造业的跨国转移。从世界范围来看，基于“雁阵理论”的传统制造业的跨国转移自二战延续至今，传统制造业不断从高成本的发达国家转移至低成本发展中国家。现阶段传统制造业跨国转移出现了新的发展趋势，除了继续向绝对生产成本较低的发展中国家（如越南、老挝、柬埔寨、斯里兰卡①等）转移外，还出现了向曾经的制造业竞争力较强的国家回归的趋势，其中，墨西哥制造业的重新快速发展正是受益于这一类制造业的跨国转移，近年来，原本迁移至中国的制造业工厂陆续重新返回墨西哥。

世界贸易组织（WTO）统计数据显示，2015年墨西哥出口总额达到3120亿美元，同比增长1%，是世界第七大制造业出口国，也是前十大制造业出口国家和地区中唯一保持增长的国家。

墨西哥制造业近年来重新实现快速发展，其原因在于以下几点。一是制造业生产成本优势再现。生产成本是制造业发展的核心竞争力之一，主要由工资水平、汇率、劳动生产率以及能源成本四个因素决定。近年来，墨西哥制造业的生产成本表现出明显的竞争优势。以中墨两国制造业成本对比为例，2000年，墨西哥制造业劳动力成本是中国的2倍，但2004年以来，墨西哥工人的工资仅上涨约67%，而中国同期则上涨近5倍，墨西哥经生产率调整后的平均劳动力成本比中国低大约13%，加之电力和天然气成本也具有较大竞争力，当前墨西哥

---

① 此类国家由于经济发展水平相对较低，人力资本、生产材料等要素的绝对价格水平还较低。

整体的制造业成本比中国低大约 5%①。2013 年，夏普、索尼、三星等企业的投资额占墨西哥电子产品制造业投资总额的 1/3，2003 年这一比例仅为 8%；中国台湾富士康集团是墨西哥仅次于通用集团（GE）的第二大出口企业。

二是美国制造业回归为墨西哥承接其他国家制造业转移创造了新的良好时机，带来了两大发展动能：其一，美国制造业回归本土衍生出对就近配套产品的强大需求，世界多个国家和地区的制造企业纷纷在墨西哥建立生产工厂；其二，墨西哥经济开放程度较高，截至目前，墨西哥与 44 个经济体签订了自由贸易协议，包括北美自由贸易协议。作为北美自由贸易区主要成员国之一，墨西哥生产的产品能够以零关税进入美国市场。加之美国是墨西哥出口加工制造业第一大出口目的地，美国实际经济增长及预期的不断好转成为近年来墨西哥制造业快速发展的重要条件。

墨西哥总统涅托（Nieto）表示，未来一个时期，墨西哥将通过促进基础设施发展、完善投资环境和降低能源成本以进一步提高墨西哥制造业竞争力，如放开私营企业对页岩气的勘探开发权等。

三　全球制造业新发展对中国的启示

当前，全球主要发达经济体及部分发展中国家制造业发展的新进展及体现出的发展趋势为我国制造业的发展提供了一些启示。

（一）不断完善适应高端制造业发展需要的配套体制机制

建立健全与高端制造业相配套的体制机制是高端制造业发展的重要支撑，需要不断加强在知识产权保障、现代职业教育体系建设、信息安全建设等方面的力量，提高政府及相关行业协会在引导制造业发展方面的针对性和有效性。需要指出的是，完善适应制造业发展需要的体制机制应明确政府与市场发挥作用的边界，进一步发挥市场的决定性作用，由企业自主决定高端制造业发展过程中的经营方针、发展方向等事务，同时更好地发挥政府的服务作用。

（二）优化重大前沿创新技术研发体系

重大前沿创新技术的研发通常需要进行大规模长期投资，且存在研发失

---

① 《全球制造业转移的经济学分析》，波士顿咨询公司报告。

败的风险。一般企业出于成本收益考虑，往往不愿对此类技术的研发进行投资，而是借助国家的力量加以推动。未来，我国重大创新技术的研发在继续发挥政府财政资金的支持作用外，可拓宽资金来源渠道，进一步放开非政府资金对重大创新技术的研发投入，同时完善创新成果评价体系，促进创新成果的转化。

（三）进一步提升对外开放水平，促进双边和多边贸易自由化

国际金融危机后，贸易保护主义有所抬头，部分国家不同程度提高了关税水平。关税水平的提高削弱了制造业产品出口国的产品竞争力，通过推动达成双边和多边自由贸易协议可以显著降低制造业产品的关税水平。今后一个时期，我国应以继续推动中美 BITT 谈判、进一步推动中日韩自由贸易区进程等为抓手，不断扩大我国与其他国家和地区进行双边和多边自由贸易的范围，在我国劳动力成本优势日渐减弱的情况下，通过自由贸易削减和消除关税壁垒，提升我国制造业产品（特别是劳动密集型产品）的国际竞争力。

（四）高端制造业发展需要与满足人们的生活需求相结合

从根本上来说，制造业产业链的最终环节是生产出满足人们特定需求的产品。随着大数据、智能控制等现代信息技术的突飞猛进，人们生活的智能化水平也得到极大提升，在这一基础上，人们对交通、医疗、护理等日常生活的智能化要求也不断提高。当前我国部分城市正在探索建设“智慧城市”，未来我国高端制造业在发展中应更加注重与人们不断提升的现代生活需求相结合，促进“智慧城市”向“智能城市”① 转变。

参考文献

中国社会科学院经济研究所：《德国“工业 4.0”及其影响》，《经济走势跟踪》2014 年第 13 期。

① “智慧城市”相对而言更多地强调加强城市互联网等现代基础设施的建设，即通过现代化数字基础设施的建设，便利人们的生活，而“智能城市”则更多地强调人与城市的互动。

德勤全球：《2016 全球制造业竞争力指数》（中文版），2016 年 4 月。
波士顿咨询公司：《全球制造业转移的经济学分析》，2016 年 8 月。

（撰稿人：中国国际经济交流中心信息部副研究员景春梅；中国国际经济交流中心信息部助理研究员谈俊）

全球创意产业发展的主要特征及趋势

创意产业已经成为金融危机后全球经济的新增长点和经济发展的新动能，许多国家将发展文化创意产业作为推动产业创新、促进经济转型升级、展现综合国力、提升文化软实力的重要战略。全球创意产业增长总体呈现逆势上扬态势，尤其是互联网、数字技术的发展为创意产业在技术、手段、模式等方面的创新提供了有力支撑，促进了传统创意产品快速更新迭代以及以网络、数字技术为特征的新产品、新模式和新业态不断涌现，不断推动创意产业转型升级。

一 全球创意产业发展的主要特征

（一）全球创意产业强劲增长，发达国家仍是全球创意产业的引领者，发展中国家进入加速发展时期

根据联合国教科文组织的报告，2013 年全球文化创意产业收入总额为 2.25 万亿美元，为世界各国创造了 2950 万个就业岗位，占世界就业总人口的 1%。其中，亚太地区是世界文化创意产业最繁荣的地区，总收入为 7430 亿美元，占全球的 33%，创造就业岗位 1270 万个，占全球的 43%。其次分别为欧洲地区（总收入 7090 亿美元）、北美地区（总收入 6200 亿美元）、拉丁美洲地区（总收入 1240 亿美元）以及非洲和中东地区（总收入 580 亿美元）。文化创意产业收入最高的 3 个领域分别是电视业（4770 亿美元）、视觉艺术（3910 亿美元）、报纸杂志业（3540 亿美元）。从业人数最多的 3 个领域分别为视觉艺术（673 万人）、音乐制作（398 万人）、图书出版（367 万人）。

在全球文化创意产品市场中，发达国家拥有 87% 的市场份额。发达国家凭借雄厚的资金实力、技术基础、品牌效应及全球人才资源、全球消费市场等优势，率先发展创意产业，成为世界创意中心。目前发达国家拥有世界创意产业的绝大部分核心版权，主导全球创意产业大部分市场份额。例如，在软件领域，美国软件销售额约占全球软件销售额的 2/3，几乎垄断全球操作系统、数据库市场；在影视领域，美欧电影风靡全球，其中美国电影业全球最发达，其电影销售额占全球销售额的 85%，仅米老鼠和史努比两个动画产品的全球收益每年超过 500 亿美元。美国作为全球创意产业的最大出口国，早在 2002 年仅核心版权产业中计算机软件、电影、录像和出版四大行业的海外销售额就高达 892.6 亿美元。

佛罗里达等人根据 2010～2014 年期间世界银行和盖洛普调查数据库中与创意产业相关的数据进行分析，发布了基于创意技术、创意人才和社会包容性三个维度的评价数据所建构的《全球创意指数 2015》，对全球 139 个国家/地区的创意能力进行了测量，也显示了发达国家/地区在创意能力方面显著的竞争优势。

表 1　全球创意指数排名前 25 的国家/地区

排名	国家/地区	创意技术	创意人才	社会包容性	全球创意指数
1	澳大利亚	7	1	4	0.970
2	美国	4	3	11	0.950
3	新西兰	7	8	3	0.949
4	加拿大	13	14	1	0.920
5	丹麦	10	6	13	0.917
5	芬兰	5	3	20	0.917
7	瑞典	11	8	10	0.915
8	冰岛	26	2	2	0.913
9	新加坡	7	5	23	0.896
10	荷兰	20	11	6	0.889
11	挪威	18	12	9	0.883
12	英国	15	20	5	0.881
13	爱尔兰	23	21	7	0.845
14	德国	7	28	18	0.837
15	瑞士	19	22	17	0.822
15	法国	16	26	16	0.822
15	斯洛文尼亚	17	8	35	0.822
18	比利时	28	18	14	0.817

续表

排名	国家/地区	创意技术	创意人才	社会包容性	全球创意指数
19	西　班　牙	31	19	12	0.811
20	奥　地　利	12	26	32	0.788
21	中国香港	32	32	30	0.715
21	意　大　利	25	31	38	0.715
23	葡　萄　牙	35	36	22	0.710
24	日　　本	2	58	39	0.708
25	卢　森　堡	20	48	32	0.696

发展中国家的经济增长与民生改善也催生了创意产业的发展，并表现出突出的后发优势。《全球创意指数 2015》分析表明，国家/地区经济产出规模与国家/地区创意能力呈现显著的正相关关系（见图 1）。

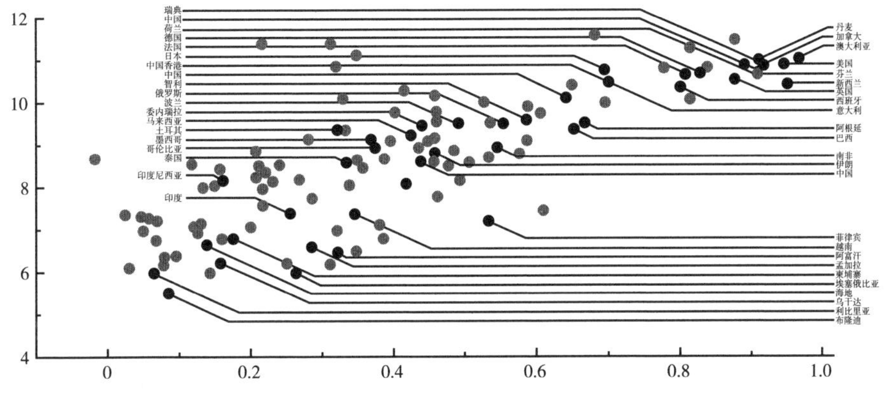

图 1　国家/地区经济产出与国家/地区创意能力分布

各经济体民族文化多样性的吸引力增强以及发达经济体创意产品消费市场的强大需求，促进了发展中国家和地区的创意产业、创意产品和服务贸易加速发展。2012 年全球创意产品出口总额为 473791 百万美元，增幅达 53%。其中发展中经济体创意产品出口占比为 68%，发达经济体占为 32%；全球创意产品进口方面，发达经济体占比为 69%，远远超出发展中经济体 28% 的进口份额，反映出发达经济体创意产品消费市场的繁荣。从出口额来看，2012 年，中国（151182 百万美元）、美国（37844 百万美元）、中国香港（34197 百万美元）、德国（28719 百万美元）、印度（25846 百万美元）分列前 5 位。从出口市场份额增长率来看，新加坡（26%）、印度（20%）、中国台湾（18%）、中国大陆（15%）、捷克（15%）分列前5位；从出口增长率来看，亚洲地区整体表现最为良好，中国为75%，西亚为63%，东亚及东南亚为55%，其次是转型经济体增速65%，非洲地区增长59%；发达经济体中，美国为53%，日本为50%，欧洲为29%（见图2、表2、表3）。

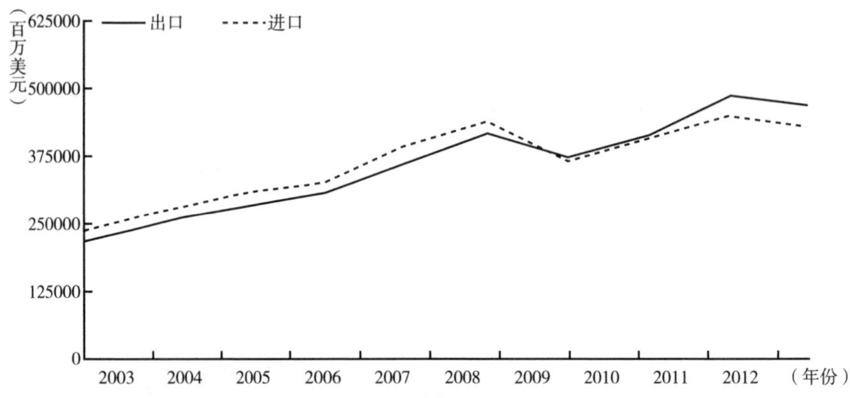

图2　世界创意产品进出口概况

资料来源：UNCTAD 全球创意产业数据库。

表2　创意产品出口：世界排名前20的经济体

单位：百万美元，%

排名	经济体	出口额		排名	市场份额	增长率
		2012年	2003年	2003年	2012年	2003～2012年
1	中国	151182	38180	1	31.91	15
2	美国	37844	17887	3	7.99	8
3	中国香港	34197	23637	2	7.22	4
4	德国	28719	16519	4	6.06	7
5	印度	25846	4349	12	5.46	20
6	英国	23083	14520	5	4.87	4
7	法国	19774	10137	6	4.17	7
8	瑞士	13073	5135	9	2.76	11
9	新加坡	11344	1866	18	2.39	26
10	荷兰	9395	4750	10	1.98	9
11	中国台湾	9380	NA		1.98	18
12	日本	7721	3823	14	1.63	10
13	比利时	7611	6469	8	1.61	2
14	土耳其	7361	2303	16	1.55	12

续表

排名	经济体	出口额		排名	市场份额	增长率
		2012 年	2003 年	2003 年	2012 年	2003 ~ 2012 年
15	泰　　国	6460	2928	15	1. 36	10
16	加 拿 大	6254	9515	7	1. 32	-6
17	西 班 牙	5922	4616	11	1. 25	2
18	马来西亚	5810	1951	17	1. 23	14
19	韩　　国	5763	3967	13	1. 22	6
20	捷克共和国	5614	1793	19	1. 18	15

资料来源：UNCTAD 创意产业全球数据库。

表 3　不同经济体创意产品出口

单位：百万美元，%

经济组织和地区	出口额		增幅
	2003 年	2012 年	
全球	223795	473791	53
发达经济体	134640	197264	32
欧洲	101797	143230	29
美国	17887	37844	53
日本	3823	7721	50
加拿大	9515	6254	-52
发展中经济体	87826	272763	68
中国	38180	151182	75
东亚及东南亚	34427	76099	55
西亚	2859	7657	63
拉美和加勒比	5048	7095	29
非洲	778	1908	59
欠发达国家和地区	159	227	30
经济转型国家	1329	3769	65

资料来源：UNCTAD 创意产业全球数据库。

（二）互联网和数字技术引领创意产业创新变革，全球创意产业呈现网络化、数字化、平台化趋势，数字创意产业空前发展

随着互联网、大数据、云计算、超级计算、3D 打印、人工智能及虚拟现实（VR）、增强现实（AR）、混合现实（AI）等新技术在创意产业中的应用，加速

了创意产业创新与变革，对创意产品的生产、服务、传播和消费方式产生了深刻影响，使创意产品和服务形态快速翻新，创作周期缩短、成本降低、质量提高，销售渠道、服务模式从传统实体店、物理空间向虚拟网络、线上线下共同拓展，使传统创意产业的价值链不断拓展和提升。

互联网平台的发展加速了众创、众包、众筹等新模式的广泛应用，推动了全球创意产业的创新步伐。企业依托互联网众创平台、众包平台和众筹平台，快速提高了创意产品的创新速度、融资能力，扩大了产业规模。与此同时，加速了互联网企业与创意企业深度融合，越来越多的创意企业开始涉足互联网领域，互联网企业也在不断开拓与创意产业相关的业务。目前，创意产业为世界数字经济创造了2000亿美元的利润，提高了数码设备销量和宽带通信服务需求，其中数字广告创作收入851亿美元，数字文化终端设备销售额为263亿美元，数字化文艺作品网络销售额为660亿美元，文化媒体网站广告收入217亿美元。

数字技术推动了设计、出版、音乐、视频、电影、网络游戏、视觉艺术、表演艺术等传统创意产业向新媒体转型，从而延伸了产业链和价值链，并且形成了包括数字出版、数字动漫、数字视听、移动内容、网络游戏等在内的多领域、庞大的数字创意产业群。例如，数字出版产业链包括上游的作者和出版社、中游的技术解决方案提供商、下游的数字化图书销售商，涵盖电子图书、数字报、数字音像、电子杂志、网站、手机报、网游、动漫、多媒体等领域。自2001年以来，全球数字创意产业增长速度保持在40%以上，2007年产值已超过4万亿美元。到2016年，英国数字创意产业占GDP的比重达8%，居全球首位，全球音乐的15%及全球视频游戏的16%均来自英国，数字娱乐产业已成为英国第一大产业。美国数字创意产业占GDP的比重为4%，网络游戏业是美国最大的娱乐业，其产值已超过好莱坞电影业；日本数字创意产业占GDP的比重为2.4%，其中动漫制作占全球60%的份额；中国数字创意产业占GDP的比重为0.7%，增长潜力巨大。2015年数字创意产业有36948家企业，从业人员约384万人，产业规模达5939亿元，同比增长22.9%。其中VR增幅达267.5%，成为新增长点；网络文学增长快，动漫衍生品市场巨大，游戏业的电竞、在线教育结合语音识别、人工智能等技术将被更广泛应用。

（三）全球创意产业价值链加快延伸拓展，衍生品成为创意产业利润的主要来源

创意产业涵盖了内容创意、生产制造、营销推广、传播渠道、体验消费等价

值链环节，具有产业链长、产业融合性强等特征。创意赋予商品特定的文化属性，满足消费者对品位、时尚的追求。创意产品中的文化元素与产品要素相结合，不断生产出大量衍生品。目前，创意产业的衍生品产值远超过原创产品的产值，成为创意产业利润的主要来源。例如，一部成功的影片将在音像制品、图书、服装、玩具及手机游戏、电脑游戏等领域产生衍生品。有资料显示，目前美国电影业的收入来自票房的仅占27%，而来自电影衍生品开发和销售的占73%。在迪士尼公司的全部收入中，电影发行加上后续的电影电视收入只占30%，而来自主题公园、品牌销售的收入占70%。日本动漫公司通常将动画片视为整个产业链和衍生品的广告。在制作动画片之前，就做好其衍生品的开发规划，动画片放映之际，相关产品开始热卖。日本动漫公司在欧美市场甚至免费将动画片提供给电视台播出，其目的在于树立日本动画的风格形象，为其衍生品销售做宣传。

（四）全球创意产业发展集聚效应明显，国际化大都市成为创意产业发展的集中区域，各国创意产业集聚区快速发展

创意产业处于价值链的高端，具有产业链长、渗透性强、辐射力强、附加值高等特点，从而表现出广泛的产业关联性，并与当地资源优势密切结合，形成特色创意产业集群，对于影响和带动区域经济增长和产业转型升级发挥了重要作用，其创意产业规模和效益成为当地经济增长的重要支撑。长期以来，全球创意产业发展主要集中在国际化大都市。纽约、伦敦、巴黎、米兰、东京等成为世界创意产业的引领者。纽约曼哈顿“苏荷”艺术聚集地、百老汇大道，洛杉矶的好莱坞影视娱乐业集群，伦敦的舰队街，东京的动漫集群等都是创意产业集群发展的成功典范。

伦敦拥有英国超过46%的广告创意设计人员、80%～85%的时装设计师、40%的出版业从业人员、50%的广播电视从业人员；1/3以上的设计机构集中在伦敦，其设计产业产值占英国设计产业总产值的50%以上；伦敦每年要吸引近千万的国内外访问者参观博物馆、公共图书馆、英国文化遗产景址以及观摩音乐、戏剧、舞蹈、时装表演等。

纽约是美国文化创意产业最为繁荣和发达的地区。全美约8.3%的创意产业部门员工集中在纽约，占纽约市下属五个行政区总就业人口的8.1%以上。除百老汇、林肯艺术表演中心、美国大都会博物馆、美国自然历史博物馆等著名文化

设施外，纽约也是出版业的主要聚集地。美国18%的出版从业人员集聚在纽约，拥有2000家非营利文化艺术机构，出版发行4种日报、2000多种周刊和月报，拥有《时代周刊》《新闻周刊》《财富》《福布斯》《商业周刊》等几百家著名杂志社。

此外，巴黎有世界文化时尚之都的美誉，吸纳了法国76%的创意设计岗位，圣埃蒂安聚集了50多家欧洲和世界领先的创新企业和2万家中小型创意企业。东京集聚了日本50%以上的创意产业从业人员，其中时尚设计业的47%、设计企业的40%积聚在东京。柏林拥有8000家设计公司，分布于产品、家具、视觉传达、时尚等设计领域。蒙特利尔聚集了加拿大魁北克大区65%的设计师，其产出占蒙特利尔文化产业的34%。首尔的设计业创造了17万个就业机会，拥有57625个专业设计师。上海聚集了全球30多个国家和地区的6110家设计企业，拥有数量众多的创意设计大师工作室，约有75个创意产业园区。

（五）各国加快创意产业全球战略布局

英国2008年推出创意产业五年策略（2008～2013年），以“创意视为英国文化核心，让创意成为国家认同”为愿景。英国政府成立了四大机构——创意出口小组、艺术表演国际发展小组、创意伙伴计划小组、文化遗产及旅游小组推动创意产业发展，推动创意产业出口。2011年英国政府推出“文化遗产合作计划（2011～2015）”，推行跨部会合作、民间合作，发展观光旅游。

日本政府积极打造“酷日本”形象，并制定“文化立国”策略，成为动漫王国。日本政府选定漫画、电玩、饮食、流行时尚、家具、家电、生活用品及地方物产等10项产业向世界推广。日本经产省为扩大文化产业出口拟定四个主要政策。一是确立“酷日本”概念。2010年经产省设立“酷日本战略室”，希望通过在全球培养更多的“日本游戏迷”或“日本动漫迷”，整合传统文化、创新科技、现代动画和时尚产业，创造日本文化新价值；二是加强跨部门合作，将时尚、媒体内容、饮食、设计、观光结合起来；三是创造内需并开拓海外市场，挖掘地方文化特色；四是发挥设计创造力。

金融危机后，韩国政府大力发展文化创意产业带动经济重新起飞，通过“韩流”提升文化影响力，促进创意产业出口，通过韩剧带动电影、音乐、游戏、韩语、食品的全球流行。多数韩国创意产品与服务以国外市场为目标。韩国制定了“韩流扩散四阶段”策略。第一阶段：让海外消费者着迷于戏剧、音乐、电影、游戏等；第二阶段：让海外消费者愿意购买戏剧商品、观光商品、DVD、角色商品以及与大众文化、韩国明星有关的商品；第三阶段：让海外消费者愿意购买电子产品、生活用品等；第四阶段：让海外消费者愿意来韩国旅游观光。此外，编制“韩流指数”作为产业政策参考的关键指标。

此外，中国香港、中国澳门、新加坡定位于创意、旅游、媒体之都。2010 年中国台湾通过“文化创意产业发展法”，在资金、研发、流通、租金、税收、人才等方面给予适当的奖励和补贴政策，成为扩大台湾创意产业营业额的重要驱动要素。

（六）知识产权保护日益成为全球创意产业竞争的主要焦点

知识产权作为创意经济的核心资产，也是其发展的有效推动力，不仅为创意成果的创造者提供权益保障，也为创意产品传播确立了有效的执行标准。保护知识产权是发达国家巩固创意产业优势地位的利器。美国、英国、日本等国家为适应创意产业发展的新形势，解决出现的新问题，通过不断完善知识产权相关立法，加强对创意产业的知识产权保护。首先，具有完备的知识产权立法体系。美国为促进版权业发展及全球竞争力提升，实施了全面的版权保护战略。一是设立政府部门的版权保护机构，如版权办公室、“美国国家信息基础设施顾问委员会”等；二是加强版权立法，美国形成了以《专利法》《商标法》《版权法》《反不正当竞争法》《跨世纪数字版权法》《半导体芯片保护法》《电子盗版禁止法》《伪造访问设备和计算机欺骗滥用法》等法律为主体的知识产权法律保护框架；三是积极推动版权保护国际合作，推动建立与国际贸易相关的新型国际版权保护体制。此外，英国形成了以《版权法》为核心的知识产权法律保护体系，日本有《著作权管理法》《IT 基本法》《著作权中介业务法》《知识产权基本法》《文化艺术振兴基本法》《内容产业促进法》等法律，对创意产业知识产权进行保护和调整。其次，顺应创意产业形势发展适时进行法律修订。创意产业的发展对很多部门法律法规提出了新的要求。美国 1978 年颁布的第三部《版权法》每年要修订 1 ~2 次，日本 1970 年颁布的《著作权法》，经过 20 多次修改才形成现行的《著作权管理法》。最后，保持政策的连续性。发达国家基本上形成了稳定连贯的政策支撑体系。这些政策不仅对创意产业进行了全面的规划布局，还制定了长期的创意产业发展战略，提出了具体的行动措施，以保证创意产业的稳定发展。各国都制定了知识产权发展战略，日本自 2002 年开始连续发布知识产权战略，为创意企业提供了知识产权保护的指导。

二　全球创意产业的重点领域发展

（一）设计服务业

互联网、物联网、云计算、大数据的广泛应用改变了设计范式，使传统工业设计向创新设计发展。设计作为推动产业创新、转型升级和提高国际竞争力的重要手段，越来越得到各国重视。设计占创意产业总产值的比重由2008年的42.93%上升到2013年的60%，其中主要包括设计咨询、工业零部件设计、室内设计与环境设计等。根据UNCTAD数据，在美国、英国、日本、德国和中国等主要经济体的创意产业中，设计服务在服务贸易中的地位及对经济的贡献都是最为显著的。根据英国设计委员会报告（The Design Economy Report 2015），英国设计业对经济贡献的总附加值达717亿英镑，占总体经济附加值的7.2%。自2009年以来，设计对经济贡献的增速高于平均增速。设计业从业人员生产效率高于平均生产效率41个百分点，使用和进行设计投资的企业生产效率也高于企业的平均生产效率。英国的调查显示，过去10年设计驱动型企业的增长率超出英国证券市场整体表现两倍。创意设计不仅给企业带来高利润、高附加值的产品，而且成为提升企业品牌、增强国际竞争力、推动制造业升级的重要途径。据波士顿咨询公司（BCG）发布的“2015全球最具创新力企业50强”报告，前三强分别是苹果、谷歌和特斯拉。50强中既有科技企业，也有传统企业，但是都是典型的创新设计驱动型企业。

（二）动漫网游业

全球动漫产业总体规模已突破5000亿美元，并且仍将保持高速增长趋势，已成为六大支柱产业之一。新媒体技术的发展为动漫业带来了新的机遇和更广阔的发展空间，使动漫产品的传播速度更快，传播方式更加多样化，内容更丰富，传播方式更具交互性，受众群体更加细分。根据联合国教科文组织报告，游戏产业产值达990亿美元，贡献了60万个就业岗位。亚洲贡献了47%的产值、42%的就业岗位。到2018年，在线和手机游戏将占据86%的消费者游戏市场。据预测，全球智能手机数量将于2019年达到38.5亿部，从而带来网络在线游戏的快速增长与巨大发展。据中国产业信息网发布的《2013～2018年中国网络游戏行业市场深度研究及投资前景评估报告》，随着互联网和计算技术快速发展，全球网络游戏市场高速增长，未来增长潜力巨大。2015 年全球网络游戏市场规模已经达到 884 亿美元，同比增长 9%。过去五年全球网游增速基本稳定在 8% 左右。除客户端游戏外，网页游戏、移动游戏等新产品不断涌现，新兴游戏市场发展速度更快。未来几年全球网络游戏业将继续保持较快发展的态势。

（三）数字媒体与出版业

全球出版业呈现数字媒体与传统出版业竞相发展态势。数字媒体出版是指将文字、图片、视频、音频等创意内容运用数字技术加工处理和应用后进行出版的活动。该领域发展具有以下特点，一是大数据应用为数字出版业带来了巨大的发展空间。大数据使出版商获取、收集、分析海量出版信息数据，为数字出版业的发展提供指引，同时也推动了数字出版业的巨大变革，为传统出版业向数字出版业的转型带来了重要机遇。二是数字出版业正在从传统的“编辑 - 印刷 - 发行 - 数字化”单一产业链模式演变为技术融合、内容收集、媒体传播、个性服务等网状式的产业链和利润链模式。

根据联合国教科文组织报告，全球报纸杂志产业产值达 3540 亿美元，贡献了 290 万个就业岗位。其中亚洲贡献了 40% 的产值、57% 的就业岗位。发达国家目前传统出版正在向在线出版转变。2014 年 9 月《纽约时报》平均每天印刷品数量少于 65 万本，但 2015 年 1 月其网站和相关 APP 吸引了将近 5400 万浏览量。然而，发展中国家报纸印刷正在兴起。到 2019 年中国和印度将总共占据 57. 3% 的全球平均每日印刷数量（2014 年这一数字为 49. 7%），到 2019 年杂志总收入将呈现曲线式上升，交易杂志收入将会有 1. 5% 增长。2015 年印刷品占据全球图书销售总量的 80%，在发展中国家销量更大。全球图书业产值达 1430 亿美元，贡献了 370 万个就业岗位，其中欧盟贡献了 37% 的产值，亚洲贡献了 46% 的就业岗位。预计到 2019 年，全球图书业收入将由 2014 年的 1200 亿美元增长到 1280 亿美元。其中教育类书籍收入将超过快消类和专业类书籍收入，预计 2014 ~ 2019 年期间的全球教育类书籍收入将会增长 2%，超过快消类书籍（0. 8%）和专业类书籍（1. 6%）。

（四）音乐广播及影视业

根据联合国教科文组织报告，全球音乐产业产值达 650 亿美元，贡献了 400

万个就业岗位，其中美国贡献了36%的产值，亚洲贡献了33%的就业岗位。音乐产业开始向数字化和移动化发展。2015年全球消费者消费的数字产品和服务超过实体产品。2014年有22个国家的数字录制音乐收入超过实体录制音乐。预计到2019年这个数字将会翻番。全球电台产业产值达460亿美元，贡献了50万个就业岗位，其中美国贡献了45%的产值，亚洲贡献了35%的就业岗位。电台广告收入在电台收入中的份额将从2014年的75.3%上升到2019年的75.8%，美国在全球电台市场上占主导地位。在发展中国家，尤其是在非洲，社区电台等开始兴起，这些规模小、本地化和社区化电台推动了文化多样性、新闻播放、音乐传播和内容输出的快速发展。

根据联合国教科文组织报告，全球电影和电视业产值分别达770亿美元和4770亿美元，共创造了600万个就业岗位。其中美国作为产业领先者贡献了37%的产值，欧盟和亚洲提供了31%的就业岗位。美国影视业占据超过四成的国际市场份额，控制了世界75%的电视节目和60%以上的广播节目生产制作，利润在美国出口产业中位居第一。美国好莱坞作为世界上最大的电影生产基地一直垄断着世界电影市场，美国电影产量仅占世界电影总产量的6% ~7%，但好莱坞电影却占据世界电影市场份额的90%以上。美国影视业相关产业总收入已超越航天工业。预计到2019年，中国、巴西和阿根廷将分别以14.5%、6%和11%的速度带动世界电影娱乐收入的强势增长。电视业方面，北美贡献了38%的产值，亚洲提供了55%的就业岗位。电视业是盈利最多的产业，预计到2018年，全球广播与有线电视市场份额将增长24.3%。发展中国家的数字电视和付费电视订阅数正在增长，发达国家的网络电视和数字电视内容也越来越受欢迎，新的付费电视商业模式正在兴起。

“互联网+”使电影电视剧由传统媒体向互联网和移动互联平台转移。互联网在线影视时间更具自由性，在中国尤其成为“80后”“90后”青年的主要影视消费渠道。互联网著作权衍生影视作品占据更多的市场份额。近年来，越来越多的网络著作权电影、电视剧被搬上银幕，成为中小型影视公司创作的重要来源。

（五）广告业

联合国教科文组织报告数据显示，广告业产值达2850亿美元，贡献了200万个就业岗位，其中欧盟贡献了50%的产值和50%的就业岗位。预计到2019年，全球广告收入将会增长3亿美元。在互联网尤其是移动互联网的冲击下，以报纸、杂志、广播和电视为代表的四大传统媒体广告业务快速下滑，建立在四大传统媒体基础上的传统广告业运营模式被瓦解，其中报纸广告经营额出现断崖式下跌。同时，以新媒体、互联网为代表的广告业务迅猛增长，移动网络广告收入增长速度达 23.1%。预计到 2019 年，数字广告将成为最大的广告产业。发展中国家的广告产业总体处于蓬勃发展态势，新兴市场对全球市场的贡献度已经扩展至37%。数字技术、人工智能技术强化了数据在广告运作中的应用，加快了广告业务运作的智能化，程序化购买和 RTB 已经实现了广告投放和交易机制的智能化。在大数据及其技术的作用下，广告媒体投放由原来的主要依靠人力进行媒体策略的制定和购买，转变为实时动态的程序化交易，大部分网络广告交易已经实现了程序化自动执行。据预测，未来几年程序化自动投放的比例将达到75%。

三　主要国家创意产业发展状况

（一）美国创意产业发展

美国创意产业年产值占 GDP 1/4 以上，成为重要支柱产业，并为金融危机后美国经济复苏注入了强劲动力。美国创意产业贸易逆差明显，表明美国在创意消费方面的巨大需求。设计服务是最大的进出口领域，其他主要的进口创意产品为视觉艺术、出版、新媒体和工艺品。出口方面，设计、视觉艺术、出版、新媒体和影视等都具有较强国际竞争力。美国创意产业的发展得益于自由的市场环境、完善的知识产权法律体系及科技与创意产业深度融合。美国非常重视市场的作用，采取自由竞争政策刺激产业发展，政府致力于创造良好的环境，发达的金融投资环境使年轻人较容易创业。政府在政策上采取了“杠杆方式”“资金匹配”鼓励多方主体对文化产业进行投资，使投资主体呈现多元化格局。地方政府、企业、文化团体、外商投资、私人捐赠都成为文化创意产业发展的重要资金来源。美国文化产品主要以高科技为载体和内容，大大提高了产品附加值，并创造了全新的生活理念和文化需求。政府鼓励将高科技成果应用于创意产业。例如，数字制作技术在影视业中的应用和互联网技术在图书出版业中的应用等，促进了高新技术和内容创意的结合。

（二）英国创意产业发展

英国是世界文化创意强国，创意产业已经成为仅次于金融业的第二大支柱产业，其中，影视、时尚、广告等领域均处于世界领先水平。据英国政府2015年1月发布的《创意产业经济估测》报告，1997～2013年，创意产业在英国提供的就业增长率为3.9%，远远高于同期0.6%国内平均就业增长率。仅2013年创意产业提供了262万个就业机会，相当于每12个工作中就有1个工作是从事创意产业的，创意产业总增加值为769亿英镑，占英国国内生产总值的5%，所创造的服务出口值达到173亿英镑，占全英服务出口值的8.8%。2015年，创意产业总增加值占国内生产总值的5.2%。设计服务是英国创意产业最大的贸易领域，其他主要为视觉艺术、出版、新媒体和工艺品。英国政府特别强调从源头上培养创意产业，对具有创造性的文化艺术门类提供帮助。经费主要扶持与公众文化生活密切相关的文化单位和艺术品种，并且提高对文化艺术经济价值的认识。注重通过非政府性的CIDA（创意产业发展局）整合社会资源，促进推广创意产业发展，帮助传统企业进行创意产业转型，为创意企业寻找风险资金、争取政府基金支持及进行项目策划、评价及人才培训等。注重加强创意产业国际交流，尤其注重促进从业者之间的交流，消除国与国之间的贸易壁垒。

（三）日本创意产业发展

日本创意产业规模和影响力在亚太地区具有领先地位，日本创意产业体系齐全，对经济增长贡献较大，具有鲜明的民族文化风格，在世界创意产业贸易中独具特色。除广告、报纸、体育、影视、旅游等传统产业外，设计、动漫、游戏和数字内容产业成为日本创意产业的主要组成部分。设计、影视、音乐、新媒体、视觉艺术、出版等为主要出口行业。日本是世界上最大的动漫制作国和输出国，根据日本动漫协会的2015年产业报告，日本2014年动漫产业狭义市场规模为1847亿日元，广义市场为16296亿日元。日本的内容产业中的动画、漫画和游戏占国际市场份额的1/3，在欧美市场的占有率更高。日本动漫业收入主要来自音像制品和电视播放，累计占比为63%，商业化授权收入占比为8%。日本杂志业也因漫画业的发达而繁荣，年均漫画杂志和图书发行产值高达32亿美元。日本支持并加强普及新技术的研发，如促进电影制作、流通及上演等过程数字化；支持宽屏幕技术研发，支持数字内容流通技术研发等。日本政府先后制定了一系列促进政策与法律法规，为创意产业健康发展提供良好的环境。2001 年日本国会提出《振兴文化艺术基本法》，明确涉及电影、漫画、动画的知识产权保护问题，2005 年制定《知识财产推进计划 2005》，并成立知识产权高等法院，专门审查知识产权案件，打击假冒盗版产品。日本政府支持非文化企业和境外资金投入创意产业。1990 年日本先后成立了“振兴文化艺术基金”和“企业艺术文化后援协议会”，基金由政府和民间共同出资。日本重视创意产业人才的培养，各大学府和职业学校都开设有关创意产业的专门学科。

（四）印度创意产业发展

印度政府放松管制和自由化政策促进了文化创意产业扩张，为传媒娱乐业的成长繁荣创造了有利的制度环境，近年来印度创意产业一直保持高增长态势。根据 MPAA（2015），印度创意产业生产总值为 36 亿美元，创造了 184000 个直接就业岗位。音乐、舞蹈和电影已经成为印度具有代表性的文化品牌，媒体、娱乐业发展十分迅速，一直保持着两位数以上的平均增长率，远远高于同期整体经济增速；电影电视、与 IT 相关的数字娱乐业、广告业是印度创意产业的主要组成部分。印度注册报纸企业多达 94000 多家，其中《印度时报》以日均 330 万份的发行量成为全球发行量最大的英文日报。印度 24 小时播出的电视新闻频道达 45 个。印度拥有继中国、日本之后的亚洲第三大、全球第六大电影市场，年度票房收入达 17 亿美元，年均新启用的电影院达 150 家。印度 2.14 万网民中有 1.3 亿通过手机使用互联网。预计到 2018 年，印度手机用户将超过 3.5 亿，互联网用户将达到 4.94 亿，这些为印度创意产业的发展提供了巨大机会。同时，印度已经形成了 TCS、Infosys、Sytyam、Wipro 等一大批具有国际竞争力的软件企业。

（五）中国创意产业发展

中国创意产业规模快速增长，国际地位显著增强。2015 年全国文化及相关产业增加值为 27235 亿元，占 GDP 的比重为 3.97%。2015 年中国电影票房总量 440.69 亿元，位居全球第 2，同比增长 48.69%；其中国产影片票房总额为 271.36 亿元，占比为 61.58%；进口片票房总额为 169.33 亿元，占比为 38.42%。图书、报纸、电子出版物品种和总量连续多年稳居世界首位，2015 年出版、印刷和发行服务实现营业收入 21655.9 亿元，增长 8.5%。广播电视业成为世界规模最大、覆盖人口最多的电子传媒，截至 2015 年，全国广播综合人口覆盖率为98.17%，电视综合人口覆盖率为98.77%；有线电视用户2.39亿户，有线数字电视用户2.02亿户；2015年共计生产完成剧目394部。2015年动漫业产值已突破1000亿元，网络游戏市场实际销售收入1407亿元，增长22.9%。设计服务业呈现良好发展势头，实现增加值4953亿元，增长13.5%。截至2015年，全国艺术表演团体10787个，全年演出210.78万场，增长21.2%；国内观众9.58亿人次，增长5.3%。广告业市场成为仅次于美国、日本、德国的全球第四大市场，2015年广告经营额5973.41亿元，增长6.56%；广告业新增经营单位128203家，增幅达23.58%；创造新的就业岗位354603个，增长13.05%。新媒体业呈现快速发展态势，截至2015年，我国网民规模6.88亿人，互联网普及率为50.3%，在网活跃移动智能设备数量达8.99亿人，手机媒体、网络视频用户规模达5亿以上。文博业战略地位日趋上升，截至2015年全国登记注册的博物馆有4692家，其中国有博物馆3582家，非国有博物馆1110家，共有4013家博物馆向社会免费开放，占85.5%。会展业成为亚洲区域性“展览中心”，产值约占第三产业的15%。2015年全国举办展览9505场，展出面积11907万平方米，提供就业1971万人次，直接产值4358亿元，拉动效应3.9万亿元。

中国将成为世界上最大的文化创意产品消费市场。随着城乡居民消费结构升级、整体文化素质提升，对文化艺术、旅游、休闲娱乐、时尚消费的需求增加，将带动建筑装饰设计、服饰设计、艺术品收藏、音乐演出、电影电视、文化旅游等领域发展。创新驱动发展战略将推动企业创新速度加快，推动企业创建自主品牌的需求，带动设计、会展、广告、软件等科技性创意产品需求。中国信息技术应用已位于世界前列，将带动动漫、网络游戏、数字内容等创意产业发展。此外，人力资本供给丰富，将使创意产业具有较强的可持续发展能力。

四　全球创意产业的趋势

（一）全球创意产业将呈现以跨国公司为主导的市场布局

伴随经济全球化、政治多极化、文化多元化的趋势，全球创意产业竞争日益激烈，尤其是大型跨国公司主导的趋势日益明显。一些具有国际竞争力的创意企业通过跨行业、跨国界兼并重组，实现资金、人才、技术、管理等要素的全球化配置，一方面加速传媒、娱乐、出版、互联网、电信等产业的相互融合，另一方面也导致创意产业的市场结构呈现寡头垄断的趋势。跨国公司凭借其技术先发优势和全球经营优势，通过创意产品出口、资本扩张、品牌及管理模式输出等控制全球市场。以媒体市场为例，全球 50 家媒体娱乐公司占据世界 95% 的传媒市场，美国控制了全球 75% 的电视市场。美国在线时代华纳拥有原美国在线的 2000 万网络用户和原时代华纳 1300 万有线电视用户。美国迪士尼公司通过品牌授权经营，目前在全球已拥有 4000 多家品牌授权企业；德国贝塔斯曼集团通过并购成为全球最大的英语商业图书出版集团，在全世界拥有数百万会员，是世界媒体业第三大超级集团。

（二）全球创意产业将呈现集群化、品牌国际化趋势

集聚化仍是创意产业发展的主要趋势。据美国劳动市场数据研究公司 2014 年 51 个美国百万人口以上的大城市在产业类型、规模、设计师人数、佣金等方面的统计分析，美国设计产业集群现象十分明显。比如，在纽约和洛杉矶，时装设计业遥遥领先，在旧金山湾区、奥斯汀、西雅图高新技术积聚的区域，研发设计业则相对发达，而在底特律和辛辛那提这样的工业中心，工业设计也相对发达。因此，美国创意产业通常在综合考量高科技、工业、资源等因素的基础上实施布局，以便使创意设计与相关产业紧密融合，从而带动相关产业发展，推动区域经济转型升级，同时为创意设计发展提供市场空间。打造国际化品牌日益成为全球创意产业竞争的关键。纽约、伦敦、米兰、巴黎、东京等一些世界创意之都十分注重通过举办国际性活动，如创意设计节、时装周、电影节、动漫节等打造品牌效应，进一步提升和强化城市的创意产业向心力、凝聚力和影响力。

（三）服务外包成为全球创意产业发展和创新的主要模式

服务外包已经成为软件设计、动漫、游戏等创意产业发展的主要模式。美、英、日等创意产业发达国家是主要发包国，中国、印度、爱尔兰、捷克、菲律宾、马来西亚、新加坡、墨西哥、俄罗斯等国是主要承接国。服务外包使发达国家与发展中国家共享全球创意资源，推动了创意产业全球化发展。尤其是众包模式已经成为推动创新全球化和大众创新的主要路径，使传统、封闭、独享的创新模式变成开放、共创、分享的创新模式，实现了全球创新资源的高效配置。众包模式提高了大众对创新的贡献度、参与度。例如，苹果的软件设计数量有 90 多

万个，其中70多万个采用众包模式。亚马逊、标致、宝马、乐高、宜家和阿迪达斯等跨国公司纷纷应用众包模式进行新产品研发设计。

（四）互联网与数字技术相结合将不断催生创意产业的新业态和新模式

数字技术与创意产业紧密融合使越来越多的创意产品呈现定制化、个性化、用户驱动创新等特点，同时使创意产业更多地关注文化体验和共同创造，越来越多的文化受众变成参与者，文化消费者变成创造者。数字信息技术改变了设计创新的流程与范式，促进产品设计、制造与消费的无缝对接，将不断创造新的消费方式和服务模式。创意设计与网络信息技术、材料技术等高科技快速融合及互联网众创平台的发展，将不断推动创意产业加速产品创新、内容创新和社会创新，促进全球创意资源的合作与分享。

（撰稿人：中国国际经济交流中心信息部副部长、《全球化》副总编、教授王晓红；上海交通大学媒体设计学院设计管理研究所所长、副教授张立群）

全球科技创新竞争态势分析与展望

创新是国家经济的命脉和经济发展的主要动力来源。当今世界科技创新能力和水平不仅关乎一国产业竞争力，更是大国对未来发展制高点的竞争。一年来，世界各国创新竞争规划性更强、聚焦度更高、目标更加清晰。本年度推出的几个全球科技竞争力排名值得重视。2016 年 1 月美国彭博社发布“2016 年全球创新指数”，按 7 项综合指标对全球各国创新力进行排名，韩国、德国、瑞典、日本、瑞士位列前 5，美国由上年第 6 位下滑到第 8 位，中国上升 1 位为第 21 位。2016 年 7 月《欧盟创新评分板报告 2016》指出欧盟创新程度与韩国、美国和日本仍有距离，韩国的创新能力增长迅速。美国康奈尔大学联合欧洲工商管理学院、世界知识产权组织发布的“全球创新指数排名”（GII）也引人关注，在这一排名中瑞士成为最具创新力经济体，瑞典、英国、美国、荷兰依次位列其后。抛开排名指标体系和位次变化，这些排名的不断推出和引起各国的关注，本身就是国际创新竞争态势的一个反映。

一　2015 ~ 2016 年全球主要国家创新竞争态势

1. 美国：创新生态环境，重视成果转化

美国是国家创新体系发展较为完善的国家，可以说是创新型科技强国。美国拥有鼓励创新精神的社会文化传统、保障和支持创新系统的法律法规体系，还有巨大的创新资源投入。同时，美国的创新战略非常重视促进研究成果商业转化，加强公私合作，以带动经济发展与就业。为保持世界头号科技强国地位，奥巴马

在两个任期内先后三次发布国家创新战略报告。

2015 年 10 月，白宫发布新版《美国创新新战略》，明确提出“三大创新要素”和“三大战略举措”。“三大创新要素”包括投资创新生态环境基础要素、推动私营部门创新、打造创新者国家；“三大战略举措”强调要创造高质量就业岗位和持续经济增长、推动国家优先领域突破、建设创新型政府。美国政府希望通过“三大战略举措”来进一步激活“三大创新要素”，以此创造一个良好的创新生态系统。新版创新战略强调了营造创新生态环境的重要性，并将政府的作用提到一个新高度，政府是创新的推动者，通过干预手段指引着美国创新前进方向。在重点领域方面，《美国创新新战略》提出重点发展先进制造、精密医疗、大脑计划、先进汽车、智慧城市、清洁能源和节能技术、教育技术、太空探索、计算机 9 大战略领域。

美国大企业创新投入和科技成果产出居于领先地位，但是美国政府意识到，在全球高度竞争的市场环境中，仅靠市场自发性创新是不够的，要发挥政府在创新中的引导和推动作用。特别是如何把美国制造业基础研究中的领先地位，转化成美国本土制造能力和产品，需要政府和企业、研究机构合作。美国国家制造创新网络（NNMI）就是力图创新一个竞争性的、有效的和可持续发展的从科研到制造的体系，推动实业界、学术机构（大学、技术研究所）、联邦实验室以及联邦、州和地方政府联手应对先进制造业高风险的挑战。

2016 年 2 月，美国商务部、总统行政办公室、国家科学与技术委员会、先进制造国家项目办公室，向国会联合提交了首份《美国国家制造创新网络年度报告和战略计划》，提出 NNMI 计划的主要目标，包括重夺前沿制造技术和高端制造产业的全球领导地位，促进创新技术向规模化、经济和高绩效的本土制造能力转化，完善制造课程体系，通过搭建职业路径系统加速培养先进制造劳动力，吸引更多机构参与、支持、帮助制造创新机构形成稳定、可持续发展的商业模式。

为了应对不断增长的计算需求和新兴技术挑战，保持美国在高性能计算领域的领导地位，并不断提升高性能计算技术在解决各领域发展问题中的作用，2015 年 7 月，时任总统奥巴马设立《国家战略计算计划》，该计划将集中政府部门、企业和研究机构在计算机研究、开发及部署方面的优势，推动联邦政府聚焦并开发大量面向 21 世纪的应用，重点提升百万兆级计算能力和百万兆字节储存能力，寻找将大规模数值计算与大数据分析相结合的途径，形成新的计算形式及新的分析方法等。

2015 年 9 月 16 日，美国能源部、竞争力委员会和节能联盟共同发布《加速能源生产率 2030：促进美国能源创新、经济增长、竞争力提升的战略路线图》，确定了能源领域行之有效的战略和推进节能的措施，包括国家制定和更新车辆产品的法规和标准，向消费者提供能效信息，公共事业和监管机构制定相关政策以有效配合商业模式，通过提高能源效率，美国家庭将在生活中降低能源的消耗，美国企业也可以使用较少的能源生产出更多的产品，同时减少二氧化碳排放。报告提出以 2010 年为基数，2030 年实现能源生产率翻番的目标。随后美国能源部宣布，拨款 5500 万美元支持 24 个先进汽车技术的开发和部署项目以提升燃油效率、降低油耗。

2016 年美国总统联邦预算中 1465 亿美元用于研发及科研设施建设，比 2015 年增长 93 亿美元，增幅 6.8%，总统预算提案加大了对国防、卫生、航天、基础研究、能源、资源和环境领域的投入，同时提高了对农业研究的投入。

2. 俄罗斯：以科技创新保持综合国力

能源与原材料一直是俄罗斯经济的重要支撑，2014 ~ 2015 年的低油价拖累了俄罗斯主要的经济指标，因此俄罗斯在发展建设阶段更加注重科技体系创新，加大对创新企业和科研机构的扶持力度，力争保持俄罗斯在科技领域的优势。

为了建立俄罗斯具有竞争力的、有效的科技研发体系，保障其在俄罗斯经济技术现代化中的主导作用，俄罗斯政府批准了教育科学部牵头制定的《俄罗斯国家科技发展规划（2013 ~ 2020 年）》。该规划主要包括发展基础科学研究；在科技发展优先方向建立前沿性的科技储备；统筹科技研发部门的发展，完善其结构、管理体系及经费制度，促进科学和教育的结合；构建科技研发部门现代化的技术装备等基础设施；保障俄罗斯研发部门与国际科技平台接轨五大任务。该计划强调建设高效、有竞争力的研究部门，并确保其在俄经济技术现代化进程中的主要地位。

“国家技术计划”是俄联邦政府与战略倡议署、俄科学院、主要高校和企业代表共同确定的。该计划力图做好俄政府的顶层设计，瞄准新兴技术市场，为科研创新提供方向。2015 年 10 月，俄罗斯公布该计划的首批四个市场网络发展路线图，包括神经网络、航空网络、汽车网络和海洋网络。同时，俄政府主张市场与技术双管齐下，采取公司合作的机制，鼓励企业、研究机构等不同组织的合作，把技术融入市场发展中，以满足终端者的需求。俄政府将在 2016 年对这些领域投入 100 亿卢布财政支持，并且规定国家技术计划和路线图参与者在未达成既定研究目标的情况下须偿还已获得的资金，以保证资金使用效率。

2016 年俄罗斯继续推行科技体制改革，注重任务层次的划分，使各科研单位都能够准确地进行自身定位，营造高效的创新环境。加快推动新科学院改组，优化俄罗斯科学院与联邦科学组织管理署之间的关系；修订《科学和国家科技政策法》，对俄联邦科学和科技活动的资助手段和资助机制进行完善，实行新的科学家工作业绩评定方法，对于优秀科研单位追加资金拨款，对于末位单位采取更换主要领导、并入其他单位甚至解散等惩罚性措施。

3. 德国：推动技术创新与“工业 4. 0”结合

2014 年德国在 2006 年“高技术战略”基础上，提出最新版本的“新高技术战略”，具体包括数字经济与社会、可持续发展与能源、创新工作环境、健康生活、智能交通和公民安全。“数字经济与社会”重点强调抓住数字化机遇，推进“工业 4. 0”、智能服务、智能数据、云计算等领域发展。

德国政府大力营造“创新友好型”环境，在“工业 4. 0”的大背景下，2016 年德国更加注重对中小企业创新的支持，德国联邦经济与能源部计划投入 2800 万欧元建设 5 个“中小企业 4. 0 能力中心”，承担为中小企业提供“工业 4. 0”相关技术信息、新技术展示、技术转移、人才培训、适应工业 4. 0 的企业组织管理咨询等功能。另外，德国政府颁布反官僚主义法，旨在尽量简化经济活动中过分繁杂的管理办法和规定，减少繁文缛节式的要求，破除对企业特别是中小企业的束缚，减少中小企业负担。

作为制造业强国，德国一直用科技创新巩固其领先的制造业地位，其研发投入近年来持续增长。2016 年，联邦政府的研发预算达到 158 亿欧元，较 2005 年的 90 亿欧元增长 75% 。近年德国连续推进重大科技发展计划。2013 年提出了“德国工业 4. 0 战略计划实施建议”以推动德国工业领域新一代革命性技术的研发与创新。2014 年，德国联邦教育及研究部更新发布了“新高科技战略”，旨在将创意迅速转化为创新产品和服务，以维持德国作为经济大国、出口大国和创新领导国的地位。

2015 年出台了“能源转型的哥白尼计划”，该项目的实施期将长达十年，资助总经费达 4 亿欧元，以期科学界、工业界与民众共同研究开发新能源，并将其大规模应用，到 2025 拥有技术卓越和具有经济竞争力的能源系统。德国联邦经济与能源部发布《适应能源转型的电力市场》白皮书，构建能够适应未来以可再生能源为主的电力市场 2. 0。德国政府还出台“IT 安全研究计划”，成立互联网研究所应对数字革命，发布新版“医疗信息学资助计划”加强医学研究。

4. 日本：建设“世界上最适于创新的国家”

日本政府自1996年起每隔五年发布一次科学技术基本计划。2016年1月22日第五期科学技术基本计划在内阁会议上获得通过，其中预测了在这一期间内可能发生的社会经济变化，并提出振兴科学技术的相关建议。该计划以建设“世界上最适于创新的国家”为目标，建设“超智能社会”，旨在最大限度地利用信息通信技术，将网络空间与现实空间融合，使每个人最大限度地享受高质量服务和便捷生活。日本把推动超智能社会发展的变革设定为重要课题，促进人文科学、社会科学与自然科学的协作，使用人工智能技术对大数据进行灵活应用，让人工智能技术在防灾等领域发挥更大作用。

与前几期相比，第五期科学技术基本计划的政策着力点发生了变化，更强调为未来发展做好准备的重要性，并将与新产业发展密切相关的、实用性强的研究和制度改革作为重点。为此，日本政府未来5年将确保研发投资规模，力求官民研发支出总额占GDP的4%以上，其中政府研发投资占GDP的比例达到1%。文部科学省新设立AIP项目（先进综合智能技术研究平台），计划投入100亿日元，吸收全球范围内人工智能专家学者参加，以人工智能新技术为核心，整合大数据、物联网、网络安全等研究，建立人工智能综合研究平台。

人才培养方面，日本政府将培养青年人才并发挥其活力，从根本上强化科技创新的基础实力。2015年6月提出的“卓越研究员”制度，就是以“任期制”中40岁以下的助教或博士后研究员为中心选拔并认定“卓越研究员”，对被认定的年轻优秀人才，设置“卓越研究员”岗位的产学研机构将负担其工资薪酬并保证“终身雇用”。此外，为了鼓励女性的参与，日本政府一方面提供政策援助，使之实现工作与生活的平衡，另一方面重点加强女性领导的录用机制，发挥其参与科学技术创新的作用，目标在2020年前，在自然科学领域实现女性研究人员占比达到30%。

大力推进学术研究和基础研究，实施科研经费改革。对于竞争性资金，从2016年度开始新项目经费原则上只间接提供30%，通过扩大募捐收入、寻求与民间的共同研究、扩大受托研究等资金来源的多样化加强国立大学的自主性经营。对于“科研费”的项目审查方式也有所改变，重点关注科研项目的独创性。

5. 英国：“脱欧”对科技发展将带来深远且复杂的影响

英国是第一次工业革命的发源地，科技基础雄厚，全世界16%的顶尖论文来自英国。英国近20年来将科学和创新列为长期经济计划的核心，提出了到2030年成为欧洲创新的最佳之地和所有主要经济体中最为富有的国家。2016年4月英国技术战略委员会发布了《2016～2017财政资助及行动计划》，提出将资助5.61亿英镑支持创新。重点领域包括使能技术、生命科学、基础设施、制造材料以及开放主题项目。

英国“脱欧”将给英国科技发展带来深远影响。英国是仅次于德国的世界第二大科研资金接受国，其公共研究基金1/4来源于欧盟，“脱欧”后这一资金来源将被切断。而对于英国参与的一些欧盟前沿科技计划，如石墨烯和人脑工程，英国可能面临“被退出”的风险。科技合作中人才合作至关重要，据报道，剑桥大学1/4的工作人员和1/6的学生来自欧盟其他国家，有17%的科研经费来自欧盟，“脱欧”可以造成英国大学在与美国和欧洲其他大学竞争中处于不利地位。最近5年，英国成为欧洲金融科技中心，拥有完善的初创企业孵化器，2015年金融科技行业产生了66亿英镑的收益。“脱欧”后英国金融科技中心地位也受到威胁，目前都柏林、柏林、法兰克福等都是其有力的竞争对手。

6. 其他主要国家

韩国在过去几年的创新能力建设发展迅猛，连续三年登顶彭博创新指数榜，2016年韩国政府正式把“创新韩国”确立为新的国家口号。韩国大力扶持智能制造产业，在《制造业创新3.0战略》中确定了智能传感器、信息物理系统、3D打印机、节能技术、物联网、云计算、大数据和全息图技术8大智能制造技术。在《制造业创新3.0战略实施方案》中提出制造业与信息技术融合、拒绝百分百“拿来主义”、政府搭台企业为“主力军”、提升“软实力”等。韩国政府还组建了“智能制造研发促进委员会”，制订各领域发展规划，推动智能制造业发展。

法国科技战略立足于依托并力保自身科研实力和优势，推动科技发展，重点满足本国经济社会发展的新需求，同时借鉴欧盟科研战略和国际上相关科技战略部署的一些成功经验。法国出台的2015～2020年科技战略提出科技需要面向和解决当前社会经济发展的挑战，同时确立资源节约管理与气候变化应对，清洁、安全和高效能源，刺激工业复兴，卫生与生活舒适，食品安全与人口挑战，交通与可持续发展的城市体系，信息与通信社会，创新、包容和适应型多元化社会，欧洲航天事业，欧洲及其居民和常住人口自由与安全十大研究方向。2015年开始的“创新法国”活动，着重推介法国核心创造力，与多国合作设立“创新日”

与“创新年”，吸引国际投资者。此外2015年发布的“未来工业计划”着力为企业提供更多的互联互助支持。

二 2015～2016年全球主要领域科技创新成果突破

2015～2016年全球经济在复苏的道路上继续前行，世界各国更加重视利用科技创新培育新的经济增长点，人工智能、大数据、云计算等信息技术，新能源、新材料等人类可持续发展的重大问题成为全球科技创新的焦点，一些重要科学问题与关键技术正在发生革命性的突破。

绿色、健康、低碳、高效成为科技创新的主要方向。光伏材料、生物能源、氢能源、锂氧电池等新能源朝着清洁高效方向发展；石墨烯等新材料的研发与应用，促进工业生产向更绿色、更轻便、更先进的方向改进。科技创新更加注重以人为本、智能化、个性化。基因测序、干细胞与再生医学、远程医疗、分子靶向治疗等技术大规模应用，医学将进入个性化精准诊治和低成本普惠化的新阶段。服务机器人、无人机、自动驾驶汽车、智能穿戴设备等技术的普及，持续提升人类生活质量。科技制高点向深空、深海、深地、深蓝领域纵深拓展，国际科技合作日益增多。推动气候变暖、能源资源短缺、食品安全、大气海洋等生态环境污染、重大自然灾害、传染性疾病疫情等系列重大问题携手合作、共同行动，成为世界各国的共同选择。

1. 信息技术领域

2015～2016年全球信息技术领域科技创新十分活跃，高性能计算机不断创新速度极限，人工智能研究热度持续飙升，量子通信和集成电路领域取得突破性进展，大数据、云计算、物联网等热门领域继续升温，并且逐步向社会公众渗透。信息科技的社会影响力正与日俱增。

2016年6月20日，新一期全球超级计算机500强榜单公布，使用中国自主芯片制造的“神威太湖之光”取代“天河二号”登上榜首，“神威太湖之光”由中国国家并行计算机工程和技术研究中心（NRCPC）研发，安装在无锡国家超级计算中心。它是新的全球第一快系统，拥有10649600个计算核心，包括40960个节点，速度比“天河二号”快2倍，效率更是其3倍，LINPACK基准测试测得其运行速度达到每秒93千万亿次浮点运算（93petaflop/s），峰值速度可达125 petaflop/s。

人工智能浪潮席卷全球。截至2016年初，全球共有957家人工智能公司，其中美国499家。覆盖深度学习/机器学习、计算机视觉/图像识别、自然语言处理、手势控制、智能机器人、虚拟私人助手、推荐引擎和协助过滤算法、情境感知计算、语音翻译、视频内容自动识别等细分行业，人工智能正朝着更聪明、更快、更自然的方向发展。

2016年3月备受瞩目的谷歌人工智能Alpha Go与韩国职业九段围棋棋手李世石的人机大战以Alpha Go 4比1完胜告终。Alpha Go是一套为了围棋优化的设计周密的深度学习引擎，使用了神经网络加上MCTS（Monte Carlo tree search），而且可以利用谷歌庞大的计算资源来做这个深度学习，提升学习能力。此一战的胜利证明了计算机强大的计算和学习能力，可以被看作AI技术的里程碑。

量子通信成为研究重点并取得新突破。量子通信的绝对保密特性，在军事、金融、政务等领域拥有广泛的用途，因此成为各主要发达国家和地区研究的重点。美国在“国家竞争力”计划中，将量子信息列为重点支持领域；欧盟《量子信息处理与通信：欧洲研究现状、愿景与目标战略报告》提出，未来实现千公里级的量子通信、多节点量子通信网络和基于卫星的量子通信；日本计划在未来5～10年内建成全国性的高速量子通信网，并启动了长期支持计划。

2016年8月16日凌晨，中国在酒泉卫星发射中心用长征二号丁运载火箭成功发射全球首颗量子科学实验卫星。这颗卫星取名“墨子号”，带着探索星地量子通信的使命升空。其主要目标：一是借助卫星平台，进行星地高速量子密钥分发实验，且在此基础上进行广域量子密钥网络实验，以期在空间量子通信实用化方面取得重大突破；二是在空间尺度进行量子纠缠分发和量子隐形传态实验，开展空间尺度量子力学完备性检验的实验研究。未来绝对安全的通信有望实现。

集成电路材料不断创新。2016年2月IBM的研究人员解决了碳纳米管生产中的一个主要挑战——如何将碳纳米管与金属触点进行连接。IBM的研究人员改变了1个碳纳米管和2个金属触点之间的界面，将金属触点置于碳纳米管的底部，通过反应形成不同的化合物。凭借重要的工程突破，碳纳米晶体管替代硅晶体管未来有望成为现实。

2. 新能源领域

2015年，全球能源格局发生众多变化，给全球新能源产业发展带来了巨大的机遇和挑战，新能源在光伏应用终端、新能源电池、电动汽车无线充电技术、风电等方面有所突破。新能源开发、存贮和传输技术的进步，将提升新能源利用效率和经济社会效益，深刻改变现有能源结构，大幅提高能源自给率。

光伏方面，材料不断更新，效率不断提高，成本不断降低。德国弗劳恩霍夫CPV聚光光伏组件效率创下43.3%的新世界纪录，此款新型迷你CPV组件包括四结太阳能电池，此项新技术创造了聚光光伏技术新的里程碑，展现出其工业应用的潜力。

2016年3月中国海洋大学（青岛）与云南师范大学（昆明）的科研团队在德国期刊《应用化学》国际版发表的文章指出，研究人员在高效染料敏化太阳能电池表面上覆盖了一层石墨烯薄膜，在AM1.5的辐照强度和人造雨滴中，太阳能电池的最佳转换率达到了6.53%，可以产生微安（μA）级别的电流，以及数百微伏的电压。

2015年7月美国Natcore公司研发出无须使用银的光伏电池，取而代之的是铝，建立了一个全背接触式硅异质结电池结构。铝成本低廉，并且他们强调使用铝不会造成性能损失。这项研究将极大地促进太阳能大幅度的降低成本。

俄罗斯莫斯科钢铁与合金学院的科学家发明了太阳能风能混合发电装置。该发电装置的多项参数优于国际同类产品，风力发电加太阳能发电使其发电率超过现有风力发电装置的15%～20%。在光线和风力足够时，其发电效率能达到300～500瓦，即年发电4MW时。其理论运行寿命预计不少于20年。此外，内部结构简单，发生故障时很容易修理。可广泛应用于各种气候条件，对于交通不便、电力供应困难的边远地区居民点的供电更具有重要意义。

新能源电池方面，2016年7月，美国麻省理工学院研发出续航能力更强也更安全的锂氧电池，锂氧电池克服了锂空气电池一些重大缺陷。锂空气电池充放电循环中电压的不匹配会导致30%的能量发热损失，而新的锂氧电池有相同的电化学反应但是氧不会还原为气态，而是形成Li2O、Li2O2和LiO2三种固态氧化物。这使得充电速度更快，同时散热减少不会产生安全问题，效率更高。同时该新型电池也有过度充电保护，不会像普通电池那样过度充电会导致结构破坏或者爆炸，测试结果显示该新型电池充15天并没有出现任何损坏。

2015年12月，中国科学院上海硅酸盐所研制出一种高性能超级电容器电极材料——氮掺杂有序介孔石墨烯。该材料具有极佳的电化学储能特性，新型石墨烯超级电容器体积轻巧、不易燃、不易爆，可采用低成本制备，实现规模生产。因性能较铅酸、镍氢等电池有明显的竞争优势，且在快速充放方面优于锂电池，该“超级电池”可应用于现有混合电动汽车、大功率输出设备的更新换代。

美国橡树岭国家实验室（ORNL）研究团队在电动汽车无线充电技术方面获得重大进展。一个20千瓦的无线充电系统充电效率达到90%，充电速度是通常使用的插电式电动汽车设备的3倍。这一无线充电系统具有独特的结构，包括逆变电源、隔离变压器和车侧电子的耦合技术，无线充电技术的突破性进展将为消费者提供一个自主、安全、高效和方便的体验。

2016年2月美国国家可再生能源实验室和桑迪亚国家实验室的研究团队研发出一种“分段超轻变形风轮”（Segmented Ultralight Morphing Rotor，SUMR），这是一种可折叠、模块化风电机组叶轮，超级巨大的叶片长度超过200米。据报道，当折叠式叶片达到最大长度时，在海面的强大风力吹动下可以发出高达50兆瓦（MW）的功率峰值，这种风电机组在恶劣天气条件下能够实现设备自我保护功能，也可应用于海上的大型发电风机轮组。

3. 新材料领域

材料工业是国民经济的基础产业，新兴材料将会给工业带来革命性的变革。近年来，材料更新换代步伐加快，新材料与信息技术、生物技术、纳米技术等相融合，功能材料智能化趋势明显，材料的低碳、绿色、环保等特性备受关注。

石墨烯研究热度不减，在新结构、新应用等方面不断出现突破性成果。2015年2月，美国、中国和日本科学家发现了一种碳的新结构——五边石墨烯，其动力学、热及机械性质都非常稳定。计算机模拟研究显示，它是一种具有超高机械强、能耐1000开（约合727摄氏度）高温的半导体，在某些方面性质可能会超越导体石墨烯，在电子学、生物医学和纳米技术等领域都有应用前景。

2015年12月牛津大学科学家研发出一种快速量产石墨烯的新技术，该技术在短短15分钟内能生产出2～3毫米大小的石墨烯，而目前使用的化学气相沉积法则需要长达19小时。使用该技术能使石墨烯生产更具成本效益，更具商业前景。2016年1月英国曼彻斯特大学在*Nature*上发布了一项研究，石墨烯薄膜可以用来提取大气中的氢气，若将其应用到燃料电池领域也许会使得空气发电技术成为可能。科学界表示这是电池技术史上最具革命性的进步。

2016年2月乌克兰哈尔科夫低温物理技术研究所发现三维石墨烯新形式——碳蜂窝体。这种结构具有较高能力，而且积累了大量惰性气体（氪、氙）和二氧化碳，这种储氢新结构远远超过理论上纳米管可以实现的水平。

3D打印应用领域不断拓展，包括航天和国防、医疗设备等，促进制造业的个性化、专业化。美国亚利桑那大学的华裔科学家辛皓与其合作者研究发现了一种使用金属、塑料和其他物质3D打印超材料的方法。使用这种方法3D打印出来的超材料具有一种奇特的“负折射”的特性，也意味着这种材料可以使光波倒退。如果这项技术成熟，可以使用在飞机上，那么无论是视觉上还是雷达上都无法发现它。

德国Fraunhofer研究所的研究人员开发出了一种新型灵活的3D打印方法，基于一种基于悬浮液的增材制造方法。该方法能够根据需要制造骨植入物、假牙、外科手术工具或微反应器等几乎任何你可以想象到的医疗装置设计。这种方法可以有效解决板材切削内部和外部的密封以及各个部件的无缝连接问题。

其他方面，美国斯坦福大学的科学家使用碳纳米管替代硅为原料，研制出首个三维碳纳米管结构电路，缩短了数据在存储器和处理器之间的传输时间，从而大幅提高了计算机芯片的处理速度，运用此方法研制出的3D芯片的运行速度有望比目前芯片高出1000倍。美国哈佛大学科学家首次设计出一种折射率为零、能整合在芯片上的超材料，光在其中的速度可以达到“无限大”。这种零折射率材料为在不同波导结构中约束电磁能量提供了一个解决方案。这一成果为探索零折射率物理学及其在集成光学中的应用打开了大门。

4. 生命科学领域

埃博拉疫情的爆发与蔓延，催生了2015年生命科学与医药学的快速发展。随着基因测序成本的不断下降和基因编译技术的不断成熟，3D打印技术不断与医学的结合，2015~2016年生命科学在各个领域不断有着重大突破。

基因领域，2015年6月哈佛医学院和麻省总医院的研究人员在*Nature*杂志上发表了他们新改进的CRISPR-Cas9技术，识别序列的范围更大，识别也更为精准。新技术中Cas9变种可以识别那些野生型Cas9无法修饰的人类和斑马鱼基因的位点，这使得CRISPR技术在多变的基因组里识别范围大大增加。

美国佐治亚州立大学、加州大学伯克利分校和西北大学等多家机构的研究人员将低温电镜技术（Cryo-EM）和最新的计算建模方法结合起来，史无前例地详细解析出近原子分辨率下的人转录前起始复合体（PIC）的分子结构。这些新的结构有助于深入认识在转录起始整个过程——包括识别基因转录开始启动的DNA启动子区域、打开这个启动子区域和起始转录——中人PIC发生的一系列构象变化。

重大疾病防治方面，美国斯克里普斯研究所（TSRI）的研究人员解析出负责识别和感染宿主细胞的 HIV 蛋白的高分辨率结构图片。这项研究首次解析出这种被称作包膜糖蛋白三聚体（Env 三聚体）的 HIV 蛋白处于自然状态下的结构图，并详细地绘制了这种蛋白底部的脆弱位点图，以及能够中和 HIV 的抗体结合位点图，下一步他们将研究疫苗应用。

隆德大学和麻省理工的研究人员通过合作在原子分辨率水平下同时成功阐明了 β 淀粉样蛋白肽类 1－42 原纤维的清晰结构，这为后期开发治疗阿尔兹海默氏痴呆症的新型靶向药物提供了思路，在未来 10～20 年里研究者们有望或将彻底攻克阿尔兹海默氏症。

其他方面，蒙特利尔大学研究人员通过研究发现，染色体在动物细胞的分裂过程中扮演着一种重要的角色，染色体可以释放信号来影响细胞表层使其增强微管的活性，其中研究者在着丝粒上发现了一种关键的酶类复合体信号，Sds22－PP1 的磷酸酶。当染色体分离时其会靠近细胞两极的细胞膜，在 Sds22－PP1 酶类的帮助下就会促进细胞两极细胞膜的软化，从而使细胞能够拉长，完成平均分裂。这项研究对于开发特异性靶向疗法来抑制癌细胞分裂，同时还不影响健康细胞的功能将非常关键。

澳大利亚 ARC 电材料科学卓越中心（ACES）的研究人员的 3D 打印脑组织研究获重大突破，他们找到了通过 3D 打印神经细胞来复制和模拟脑组织的方法。他们使用了一种特殊的 3D 生物打印机，打印六层脑组织，其中的脑细胞已经能够互联和交流，甚至已经形成了一种与原脑结构相同的折叠结构。这项研究不仅从药物研发的角度是有用的，而且对于脑部或者精神性疾病也具有重大研究意义。

三　中国创新科技增长与未来战略重点

1. 一年来中国科技创新成就令世界瞩目

近年来，我国在创新领域持续发力，不断加大科研经费投入，在一些领域取得丰硕成果。《欧盟创新评分板报告 2016》中特别提到，中国正在迎头赶上，中国的创新速度是欧盟的 5 倍。确保我国科技创新能力持续提升。2015 年中国国家综合创新能力跻身世界第 18 位，国际科技论文数稳居世界第 2 位，被引用数升至第 4 位。中国国际 PCT 专利申请量为 3.05 万件，研究与试验发展经费投入强度为 2.1%，经济增长的科技含量不断提升，科技进步贡献率从 2010 年的

50.9%提高到2015年的55.3%。中国在载人航天和探月工程、载人深潜、深地钻探、超级计算、量子反常霍尔效应、量子通信、中微子振荡、诱导多功能干细胞等领域取得重大创新成果。高速铁路、水电装备、特高压输变电、杂交水稻、第四代移动通信（4G）、对地观测卫星、北斗导航、电动汽车等重大装备和战略产品取得重大突破，部分产品和技术开始走向世界。

中国在国家重点支持的尖端科技方面已处于世界领先地位，尖端科技方面，世界首颗量子科学实验卫星“墨子号”升空，预示着世界上第一封不可被窃听、破译的密信将要诞生。“天河二号”超级计算机获得世界超级计算机“六连冠”；长征六号、长征十一号新型运载火箭成功首飞。中国高铁实行联合平台大军团作战方式，全链条展开技术攻关，中国在高铁领域成为世界领跑者①。自主研发的新一代高速铁路总里程达1.9万公里，占世界总量55%以上。近几年大力扶持的“双创”等民间科研成果也日益增多。2015年中国平均每天新登记企业1.16万家，各类众创空间已超过2300家，目前已有11个国家自主创新示范区和146个国家高新区。

中国科技创新优势正在显现。一是，稳定的宏观环境为科技创新提供了强力的支撑。相较其他国家，中国有着得天独厚的稳定的宏观政治环境。我国提供了占全球20%的科研投入，仅次于美国，全球排名第二，R&D经费增速全球领跑，R&D投入强度持续增高。二是，巨大的国内市场为需求驱动及市场导向提供了基础条件，巨大的市场驱动着科技创新的快速发展，强大的制造能力是创新成果转化的有力工具。三是，巨大的人力资源市场。根据《中国科技人力资源发展研究报告（2014）》的数据，截至2014年底，中国科技人力资源总量已达8114万人，科研人员数量占全球的19%，每万名就业人员中研发人员达到60人年，居世界第一，规模宏大、结构合理、素质优良的创新型科技人才队伍已经初步形成，战略科技人才、创新型企业家和高技能人才、科技领军人才、青年科技人才队伍逐渐壮大。

2. 中国已经为未来发展做好谋篇布局

2016年5月出台的《国家创新驱动发展战略纲要》，明确提出到2020年进

① 中国高铁联合平台大军团作战方式，汇集了25所研究型大学、11个科研院所、51个国家重点实验室和国家工程中心、3家大整车企业、500多家零部件生产企业，聚集了68名院士、500多名教授、上万名工程技术人员。参见《世界科技中心“东移”显现中国机遇》，《经济参考报》2016年3月2日。

入创新型国家行列、2030年跻身创新型国家前列、到2050年建成世界科技强国“三步走”目标。目前国家已把创新作为引领发展的第一动力，主攻颠覆性的尖端技术、惠及民生的基础研究以及深海、深地、深空、深蓝领域的拓展。

2016年8月国务院印发“十三五”国家科技创新规划，主要明确“十三五”时期科技创新的总体思路、发展目标、主要任务和重大举措。“十三五”期间，国家科技实力和创新能力大幅跃升，创新驱动发展成效显著，国家综合创新能力世界排名进入前15位，迈进创新型国家行列，有力支撑全面建成小康社会目标实现。

通观世界科技发展历程，当今世界正处于创新最为活跃的时期，新一轮科技革命和新一轮全球产业分工调整双重机遇叠加。特别值得重视的是，当今世界科技中心出现了“版图东移”的趋势，自中国四大发明传入欧洲开始，世界科技中心经历了从古代中国－意大利－英国－法国－德国－美国五次大范围转移，未来20~30年内，将呈现北美、东亚、欧洲三个世界科技中心鼎足而立的格局，中国面临攀登世界科技高峰难得的机遇期。中国正为抓住这一重大历史机遇布局谋篇，中国科技发展将为民族伟大复兴中国梦的实现做出属于自己的历史贡献。

（撰稿人：中国国际经济交流中心战略研究部研究员徐占忱；兰州大学数学与统计学院硕士研究生程璐）

全球能源基本形势与中国策略

2016年是全球能源资源市场、技术、政策等方面都变幻较大的一年，国际油价继续低迷徘徊，一些能源大国的清洁能源开发趁势而上，新兴能源技术变革不断取得进步，中国作为世界上能源消费和生产第一大国的能源革命不断深入推动，能源普遍服务成为当今国际社会竞争民生服务水平的新兴舞台，所有这些新情况，值得人们深入思考，谨慎而积极地应对。

一　全球能源资源发展现状

近年来，世界能源资源发生了深刻变革；到2016年，世界能源资源总体上形成的新格局基本稳定，即煤炭、石油、天然气三分天下，可再生能源快速发展，新型能源及技术层出不穷。

（一）能源资源储量

《BP世界能源统计年鉴2016》数据显示，截至2015年，全球石油、天然气、煤炭剩余探明可采储量分别为2394亿吨、186.9万亿立方米和8915.3亿吨，折合标准煤共计1.2万亿吨。按照目前世界平均开采强度，全球煤炭、石油和天然气分别可开采50.7年、52.8年和114年①。另外，全球水能、风能、太阳能等清洁能源资源非常丰富。据估算，全球可再生能源资源每年的理

① 《BP世界能源统计年鉴2016》，2016。

论可开发量超过150000万亿千瓦时，按照发电煤耗300克标准煤/（千瓦时）计算，约合45万亿吨标准煤，相当于全球化石能源剩余探明可采储量的38倍①。

（二）能源供需

2016年，全球能源消费进一步放缓，能源结构也正在从化石能源向清洁能源转变。一次能源生产方面，燃料的种类和可用性正随着技术进步而增加。美国通过页岩革命获得了大量的石油和天然气资源，技术的快速发展也为可再生能源的强劲增长提供了支撑。2015年以来，约59%的全球净电力新增装机来自可再生能源，可再生能源新增容量超过煤炭和天然气新增容量的总和②，标志着新旧能源交替的“拐点”正式来临。终端能源消费方面，由于全球经济的持续疲软，能源消费增长乏力，2015年全球一次能源的需求仅增长了1%，增幅远低于10年期平均增长水平（1.9%）。从能源消费结构来看，三大化石能源仍然是全球能源消费的主力，但可再生能源在能源消费总量中的占比正逐年提高，逐渐呈现出对化石能源的替代趋势（见图1）。2016年，中国能源消费总量约43.6亿吨标准煤，同比增长1.4%左右；非化石能源消费比重达到13.3%，同比提高1.3个百分点；能源生产总量约34.3亿吨标准煤，同比下降5.1%左右。电力装机达到16.5亿千瓦，装机结构清洁化趋势显著，非化石能源发电装机比重为36.1%，同比提高2个百分点；全社会用电量约6万亿千瓦时，增长5.0%左右③。

当前，化石能源依然是全球能源结构的主要构成。2015年，受全球经济持续疲软的影响，能源消费增长乏力，全球化石能源基本呈现供大于求的状况（见图2），全球石油、天然气、煤炭生产总量为113.77亿吨，消费总量为112.93亿吨。2015年，所有化石燃料价格都出现下跌。原油价格按照美元计算创下了自1986年以来的最大降幅，布伦特（国际原油基准价）年平均价格下降了47%；各国天然气价格均有下降，北美天然气价格下降幅度最大，创1999年

---

① 《全球能源发展现状》，《国家电网报》2015年9月29日，http：//www.in－en.com/finance/html/energy－2233048.shtml。

② 《BP世界能源统计年鉴2016》，2016。

③ 国家能源局：《全国能源工作会议在北京召开》，http：//www.nea.gov.cn/2016－12/27/c_135936756.htm。

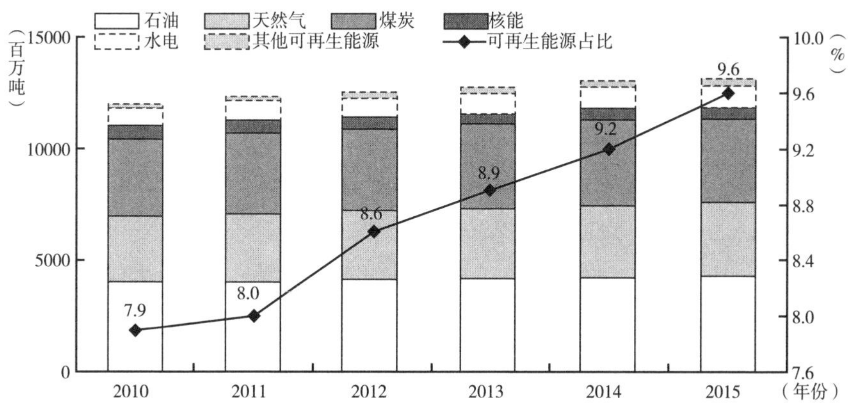

图1　2010～2015年全球能源消费构成及可再生能源占比

以来最低水平；全球煤炭价格连续第四年下降①。这反映了全球化石能源生产与消费失衡愈加严重。

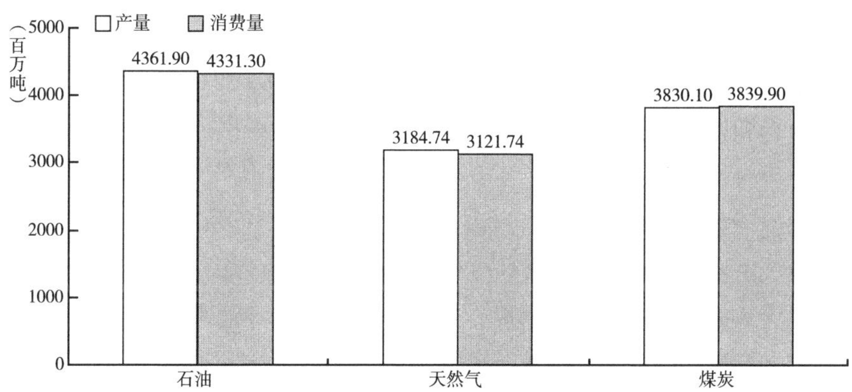

图2　2015年全球化石能源供需情况

天然气能源清洁且热值高，近年来燃气发电的“蒸蒸日上”、LNG重要性的提升成为全球天然气发展的主要特点。从趋势上看，全球天然气能源还有进一步发展的资源基础。根据美国联邦地质调查局（USGS）对世界常规油气资源的评价，全球剩余常规天然气技术可采资源量462×10^{12}立方米。同时，全球非常规天然气资源丰富，未来勘探开发潜力大，根据USGS的评价，全球非常规天然气

① 《BP世界能源统计年鉴2016》，2016。

（煤层气、致密气、页岩气）剩余技术可采资源量合计为 328×10^{12} 立方米，其中亚太地区占比达 39.5%①。

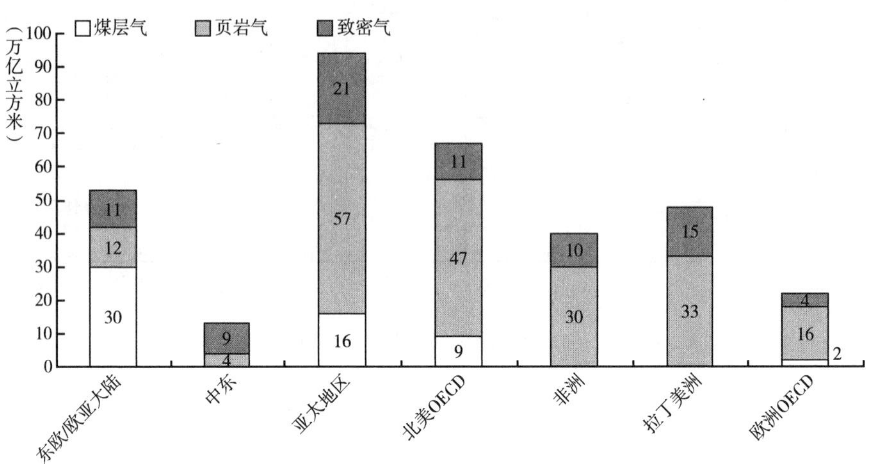

图3　全球非常规天然气剩余技术可采资源量区域分布

但另外，全球可再生能源保持良好发展势头，据 REN21 发布的《2016 年全球可再生能源现状报告》，截至 2014 年，可再生能源提供了约 19.2% 的全球最终能源消费。其中，包括薪柴、农村秸秆炊事等在内的传统的生物质能源约占全球最终能源消费总量的 8.9%，包含水电、风电、太阳能发电及供暖、生物质发电及供暖、生物燃料等在内的现代可再生能源份额约为 10.3%。2015 年可再生能源发电增量创历史新高，新增可再生能源发电装机容量约 147GW，可再生能源首次超过煤炭，成为全球最大新增电能来源。2015 年，包括水能、风能、太阳能、生物质能等在内的可再生能源在全球发电量的比重增长到 23.7%。其中，水电占 16.6%、风电占 3.7%、生物质能占 2%、太阳能占 1.2%、其他可再生能源占 0.4%②。近年来，全球太阳能光伏产业异军突起，得益于光伏组件成本的持续下降，2010～2015 年的短短五年间，全球光伏累计装机已经从 40GW 跃居至 227GW。2015 年，全球光伏市场强劲增长，新增装机量为 50GW，亚太国家占据了全球光伏市场 59% 的市场份额，已经连续三年排名第一，其中，中国

① 单胜召、黎斌林、肖荣阁：《美国地质调查局对全球石油待发现资源量的评估》，《中国矿业》2014 年第 S2 期。

② REN21, *Renewables 2016 Global Status Report*, Paris, 2016.

光伏市场新增 15.3GW。到 2016 年，中国超越德国和美国成为世界最大太阳能发电国；欧洲市场份额跌至 18%，美洲光伏市场持续增长，美国、加拿大、智利处于行业领先。

当然，除传统化石能源与可再生能源外，以氢能、可燃冰、第四代太阳能电池为代表的新型能源与技术层出，为未来全球能源的转型和发展带来无限潜能。

氢能是一种新型能源，与传统化石燃料相比，具有零污染、利用率高、危险系数小、储量充足的优点，是人们寄予厚望的替代能源[①]。氢是宇宙中分布最广泛的物质，它构成了宇宙质量的 75%，因此氢能被称为人类的终极能源。水是氢的大“仓库”，如把海水中的氢全部提取出来，将是地球上所有化石燃料热量的 9000 倍。氢的燃烧效率非常高，只要在汽油中加入 4% 的氢气，就可使内燃机节油 40%。当前，氢能主要应用在燃料电池领域。从近年来全球氢能与燃料电池发展的总体趋势来看，欧、美、日等发达国家和地区不断加大研发投入和政策支持，氢能与燃料电池在交通领域、固定式发电领域、通信基站、备用电源领域和物料搬运领域都持续升温，正加快迈向商业化的步伐。尤其是日本政府全力支持氢能，日本汽车界、能源界和科技界都全力参与，日本已超越欧美成为国际氢能领跑者[②]。

核聚变能是一种全新的能源形式，未来有望彻底解决人类的能源问题。核聚变是指由质量小的原子核，主要是指氘、氚和氦等，在一定条件下（如超高温和高压）发生原子核相互聚合作用，生成新的质量更重的原子核，并伴随着巨大的能量释放的一种核反应形式。相比核裂变，核聚变有两大优点：①不会产生长寿命和高放射性的核废料，也不产生温室气体，因此基本不污染环境；②地球上蕴藏的核聚变能远比核裂变能丰富得多。据估算，每升海水中含有 0.03g 氘，地球上仅在海水中就有 45 万亿吨氘。1 升海水中所含的氘，经过核聚变可提供相当于 300 升汽油燃烧后释放出的能量。按目前世界能量的消耗率估计，地球上蕴藏的核聚变能可用 100 亿年以上。因此从原理上讲，聚变能可以成为人类取之不尽、用之不竭的能源。自 2010 年开始，包括中国在内的 30 多个国家开启了国际热核聚变实验堆计划。2016 年 12 月，由中国自主研发制造的国际热核聚变核心部件在国际上率先通过权威机构认证，对国际热核聚变项目做出重大贡献[③]。

---

① 王寒：《世界氢能发展现状与技术调研》，《当代化工》2016 年第 6 期。

② 毛宗强：《世界氢能炙手可热　中国氢能蓄势待发》，《太阳能》2016 年第 7 期。

③《我国率先突破国际核聚变研究核心技术》，央视网，2016 年 12 月 10 日，http：//news.cctv.com/2016/12/10/ARTIGiPamXelpaGswvhGb96t161210.shtml。

可燃冰即天然气水合物，是天然气在0℃和30个大气压的作用下结晶而成的“冰块”。1立方米可燃冰可转化为164立方米的天然气和0.8立方米的水，在同等条件下，可燃冰燃烧产生的能量比煤、石油、天然气要多出数十倍。科学家估计，海底可燃冰分布的范围约4000万平方公里，占海洋总面积的10%，海底可燃冰的储量够人类使用1000年，因而被科学家誉为“未来能源”“21世纪能源”[①]。我国可燃冰的资源潜力约800亿吨油当量，是我国常规天然气资源量的两倍，据科学家粗略估算，我国陆域远景资源量至少有350亿吨油当量，可供中国使用近90年。截至2016年，世界上至少有30多个国家和地区在进行可燃冰的研究与调查勘探，美国、日本等国近年来纷纷制定天然气水合物研究开发战略和国家研究开发项目计划。全球已公开发表并确证的以及推测的天然气水合物产地达155处，其中39处由钻井和岩芯取样确证[②]。

第四代太阳能电池是一种将直径为10～100nm的“纳米粒子”混入透明介质中，并在玻璃底板上涂布极薄的一层而成的薄膜太阳能电池。这种纳米粒子受到太阳光照射时，会释放出“热电子”（HotElectron）并产生电动势，材料可在如玻璃窗及大楼墙壁等任意地方喷涂，使其变成太阳能电池，因此与商业电力相比，有望大幅降低发电成本[③]。目前，我国惟华光能推出的钙钛矿电池属于第四代太阳能电池，这种电池技术结合了薄膜太阳能电池和有机太阳能电池的优点，产业化转换效率超过15%，可在低于150度的条件下生产，也可用于柔性基底。钙钛矿太阳能电池兼具高转化效率和柔性化的特点，其量产应用后将是太阳电池产业化进程的一个重要里程碑。

二　2016年全球能源资源发展的基本特点

2016年以来，全球经济跌宕起伏，国际能源供需格局稳中有变。整体来看，全球能源正处于传统能源与新能源的交替阶段，显现出五个基本特征。

---

① 冯望生等：《可燃冰的研究与开发进展》，《价值工程》2016年第8期。

② 孙玉清、李静、王茜：《可燃冰发展现状及产业化前景》，《经济研究参考》2014年第50期。

③ 侯剑华、郭爽：《太阳能电池领域关键技术分析及潜在技术探测》，《现代情报》2015年第9期。

（一）传统能源勘探量继续扩增

虽然以石油、煤炭、天然气为主的传统能源经历了工业革命数百年来的大规模开发利用，但其探明储量依旧呈现扩增的趋势。例如，煤炭领域，根据 BP 2016 年发布的世界能源统计年鉴，2013 年和 2014 年全球煤炭储产比为 110，2015 年储产比为 114，这说明，传统能源的勘探量呈现增长趋势。

（二）化石能源利用不可逆转地向清洁化方向发展

人类在很长一个时期内依旧不能摒弃化石能源，化石能源依旧是世界能源生产消费的主体。进而人类意识到，为了改善环境、达到各种减排目标，清洁地利用化石能源才是唯一出路。无论是发达国家还是发展中国家，都在清洁利用传统能源方面取得了一定的成果。

以煤炭为例，煤炭的能源链条主要包括煤炭本身、燃煤发电、煤炭能源转化等几个环节，这些在国民经济中占有极大的份额，市场容量极大。煤炭本身的生产、物流、消费过程存在巨大的清洁化空间；煤炭的能源转化同样拥有十分巨大的清洁化空间，仅仅煤化工一个链条就有做不完的市场。而且煤炭清洁的技术水平在不断提高，现有的煤炭洗选等提质加工、超（超）临界发电等高效燃煤发电等技术已达成熟水平[①]。目前中国的绿色煤电产业的发展规模越来越大，截至目前，全国的烟气脱硫机组已经超过 6 亿千瓦，烟气脱硝机组超过 1 亿千瓦。政策方面，早在《能源发展“十二五”规划》中就明确指出：将推动传统能源清洁化利用作为我国能源发展战略的重点之一。此外，煤炭的清洁高效利用已经具备了产业雏形，从煤转化焦炭、电石这类的传统产业，逐步转向以替代油品和化工品为主的现代化工。国家能源局副局长李仰哲在“2016 年能源大转型高层论坛”上表示：中国“十三五”时期，非化石能源消费比重要提高到 15% 以上，天然气消费比重力争达到 10%，煤炭消费比重要降低到 58% 以下，清洁低碳能源将成为“十三五”期间能源供应增量的主体。从规划的主要任务和措施来看，一方面，提倡大力发展非化石能源，推动能源结构的战略性调整，多措并举解决弃光、弃风等发展中的难题；另一方面，大力推进化石能源清洁高效利用，扩大天然气消费规模，实施油品质量升级改造，着力化解煤炭过剩产能，全面实施散

① 殷伊琳：《传统化石能源清洁化利用的现状及展望》，《天津化工》2016 年第 2 期。

煤综合治理，实施煤电超低排放和节能升级改造。[①] 2016 年中国化解煤炭过剩产能超额完成全年任务，取消 1240 万千瓦不具备核准条件的煤电项目。稳步推进煤炭绿色清洁开发利用，煤电节能改造规模超过 2 亿千瓦，超低排放改造规模超过 1 亿千瓦。

（三）国际油价下降并没有给新能源发展带来“挤出效应”

截至 2016 年，国际原油价格的剧烈波动导致美股市场的部分新能源股出现下跌现象，但对其他国家尤其是中国的新能源市场并无影响，只触及了煤炭和天然气等传统能源的股价。更重要的是，根据 BP 2016 年发布的世界能源统计年鉴，可再生能源消费量 2005～2015 年逐年递增，并且增速逐年加快，尤其是 2015 年较 2014 年增长了 15.2%。新能源发展态势迅猛，这与发展中国家尤其是中国的贡献密不可分。国际可再生能源署总干事阿德南·阿明在全国工商联召开的“中国新能源国际高峰论坛”上曾表示：中国对世界有着深远影响，已经改变了能源领域，单从投放规模来看，中国是世界上最大的可再生能源市场，这展示了中国承担的国际责任，也决定了中国在减少碳排放问题上对其他国家的义务。

（四）分布式模式逐渐成为可再生能源发展的主流方向

人类开发可再生能源以来，利用最多的领域当属可再生能源发电。尤其是太阳能资源丰富的荒漠地区，建设大型光伏电站早已屡见不鲜。在发展可再生能源初期，由于具有建设周期短、选址和运行方式灵活、容易进行无功和电压控制、便于集中管理等优势，集中式地面发电系统受到人们的青睐。

随着集中式系统的进一步发展，其缺点也逐渐被人们发现，尤其是传统的电流单向从异地和郊区送往市中心，线损成为电力损耗的重要因素。据国际分布式能源联盟（WADE）的统计，全世界电网传输损失年平均为 9.6%，非 OECD 组织国家为 13.4%，并且都在逐年上升，而在负荷高峰时，网损可达 20%[②]。在经济可持续发展、能源匮乏及环境保护的迫切需要下，可再生能源的分布式模式逐

① 国家能源局：《2016 年能源大转型高层论坛在京举办　李仰哲出席论坛并致辞》，http://www.nea.gov.cn/2016-12/11/c_135896462.htm。

② 李年君：《分布式能源与集中式供电的优劣比较》，http://blog.sina.com.cn/s/blog_64b06ec30101fieb.html。

渐成为重点发展对象。相比集中式而言，分布式模式具有诸多优势，包括有利于调整电力结构、能源利用率高、经济效率高、供电更安全等。近年来，建筑物光伏发电、小型风电站等分布式可再生能源发展迅猛，成为各国发展的重点。从中国2016年发布的“十三五”电力规划的指标来看，分布式模式将逐渐成为可再生能源发展的主流方向，分布式可再生能源产业发展已然进入“快车道”。

（五）能源普遍服务成为政府提升民生服务水平的新兴领域

现代国家之间的竞争，民生服务水平是一个重大的方面。2016年，中国能源普遍服务水平进一步提高。实施全国小城镇、中心村农网改造升级和农村机井通电工程，总投资约1900亿元，惠及8.5万个小城镇和中心村，覆盖2.1亿亩农田。实施光伏扶贫，惠及14个省份约55万个建档立卡贫困户，每年每户将增收3000元以上。实施贫困村通动力电工程，惠及5.4万个贫困自然村、1080万人口[①]。中国在建设现代国家、提升国民能源普遍服务方面，做出了一个新兴大国的独特贡献。

三　2017年全球能源资源发展趋势展望

随着新能源的蓬勃发展，传统能源的勘探量进一步扩增，并且对其清洁化利用的需求越来越大，预期2017年的能源格局将呈现如下变化。

（一）新能源投资量、投资总额、发电量均将超过化石能源

根据国际能源署2016年发布的《2016年世界能源投资展望》，由于可再生能源和电网的扩展，2015年全球能源投资额为1.8万亿美元，其中可再生能源投资额为6900亿美元，首次超过总投资额的38%，而且非水可再生能源2015年平均投资比2000年以来年平均投资水平高出80%[②]。纵观近年来世界主要燃料发电情况，新能源发电量占总发电量的比重越来越大。国际能源署发布的《2015世界能源展望》显示，2015年可再生能源发电量约占全球总发电量的22%，并且到2030年可再生能源将成为主要的发电来源，占全球总发电量的比例有望提

---

① 国家能源局网，http：//www. nea. gov. cn/2016 -12/27/c_ 135936756. htm。

② IEA，《2016年世界能源投资展望》，2016。

高到33%，而低效的燃煤发电比例将逐渐下降①。可以预期，未来可再生能源的市场需求越来越大，且替代化石能源的速度也越来越快，清洁能源替代化石能源的拐点有可能提前到来。

（二）国际油价依然会低价徘徊

2016 年，虽然国际原油价格曾在 1 月末连续四个工作日上涨，但这并没有改变国际油价仍旧处于低谷的现状，截至 11 月底，油价仍在底部徘徊。在这种形势下，2017 年国际油价依旧会处于低迷、动荡的局面，这是多重因素长期叠加导致的，主要包括以下几点。首先，库存过剩。美国能源信息署（EIA）2016 年 1 月 27 日公布的数据显示，当周 EIA 原油库存骤增 838. 3 万桶，超出预期的增加 410 万桶，至 4. 95 亿桶，创 1930 年以来新高②。IEA 月报显示，继近几个月库存达到纪录水平后，全球原油存量非常充裕，而需求增长放缓外加非 OPEC 国家供应保持韧性，有可能使供应过剩程度加深的局面持续到 2017 年。10 月全球原油日供应突破 9700 万桶，较上年同期增加 200 万桶，全球原油库存已达纪录高位 30 亿桶。同时 2016 年全球需求增速预计跌至每日 121 万桶，朝长期趋势靠拢，低于 2015 年的 182 万桶较高增幅水准③。其次，产量高。国际能源署（IEA）数据显示，2015 年伊拉克原油日均产量跳升 50 万桶，令该国产量增速位列全球首位，是 OPEC 原油产量激增的关键驱动因素。虽然伊拉克 2016 年的产量增速比较适度，有助于缓解供应过剩对油价产生的持续压力，但是如果沙特以及其他主要成员国不主动削减产量，伊朗产量在经济制裁后的恢复以及利比亚产量的回升均将进一步推高 OPEC 原油总体产量，令油价继续承压④。再次，供大于求。虽然钻井数量在下降，但是关闭的都是效率低下的钻井，而不是先进的水平钻井平台，这些平台正是美国岩石油石油产业的支柱。如果再计入伊拉克政府和库尔德人达成的协议，国际原油市场供应量将增加 55 万桶/天。在供应攀升的同时，需求依然疲弱。OPEC 预计：2017 年全球原油需求将降至 2820 万桶/天，为

① IEA，《2015 世界能源展望》，2015。

② 《美国能源信息署公布美原油库存》，现货之家，2016 年 1 月 28 日，http：//www. xianhuozhijia. com/ 20160128/38799. html。

③ 《油价下跌推倒“多米诺骨牌”》，金华新闻网，2015 年 12 月 10 日。

④ 《2016 年伊拉克产量将进一步提高》，凤凰财经，2015 年 11 月 20 日，http：//finance. ifeng. com/a/20151120/14080181_ 0. shtml。

14 年来最低，这比上一次的预期又下降了 60 万桶，并且低于 3000 万桶/天的目前供应量①。

（三）新的清洁能源技术将进一步突飞猛进

随着全球工业化进程不断加快，化石燃料消耗量日益增加，对环境造成的污染越来越严重，迫切需要寻找一种作为替代品的清洁燃料。除了近年来越来越火热的太阳能、风能外，还有一些新的清洁能源被人类开发利用，比如氢能。氢的来源丰富，不仅可以由其他能源来生产，而且氢能可以高效地转化为其他形式的能量。作为一种能源载体，氢在交通、工业和建筑等各个领域中都有重要的应用，极大地丰富了能源的构成，降低了传统化石燃料对环境的影响，而且使用氢能可以提高能源系统的灵活性。目前，氢能重点应用领域有交通、工业、建筑等，涉及的关键技术有氢气生产工艺、氢燃料电池技术、氢燃料运输与配送、可再生能源集成等②。根据中国战略新兴产业发布的报告，预计在 2020 年全球氢总储量达到 1 亿立方米，功率总量达 100MW，2030 年全球氢总储量达到 400 亿立方米，功率总量达 10 万 MW，2050 年时全球氢能将实现真正普及③。

（四）能源国际合作会进一步密切，形式会进一步丰富

在全球化越来越快之际，没有哪个国家能够独立解决本国的能源安全问题。面对日益严峻的能源安全和生态环境挑战以及发展中国家经济转型升级的压力，必须大力推动能源国际合作，实现能源领域的可持续发展，打造全新的经济增长极。近年来，国际层面的能源合作接踵而至，形式由政府间行为逐步发展至民间组织合作平台、跨国企业间合作等。联合国大会将 2014 ~ 2024 年定为“人人享有可持续能源十年”，并提出清洁能源正逐步主导世界能源格局，全球能源互联网的构建需要各国和地区紧密合作。在管理方面，由相关国际组织牵头，抽调管理专家担任项目人员，组成全球能源互联网项目组；资源配置方面，发挥各国能源技术优势，各国负责自身在能源领域的优势项目，利用各自的能源技术优势共建全球能源互联网。需要抓住这一重要发展契机，积极探索构建国际能源合作的新体系。全球

---

① OPEC，《2014 年世界石油展望》，2014。

② 赵永志等：《氢能源的利用现状分析》，《化工进展》2015 年第 9 期。

③ 肖宇：《氢储能：支撑起智能电网和可再生能源发电规模化》，《中国战略新兴产业》2016 年第 1 期。

太阳能理事会（Global Solar Council，GSC）在2016年二十国集团领导人峰会召开前发表公开信，敦促二十国集团领导人支持全球太阳能理事会“至2030年在太阳能行业创造一千万个就业机会”这一目标，承诺与全球太阳能理事会和政府间机构合作，建立一个太阳能领域的国家级、公私合作的数据收集和传播网络①。GSC是由领先区域和国家太阳能协会在国际层面建立的一个统一的太阳能产业机构，旨在分享成功经验和推动全球太阳能市场的发展。理事会认为太阳能已成为全球最便宜的电力资源之一，太阳能发电是目前通用的一种发电形式。作为清洁能源，太阳能在应对气候变化上具有成本优势。中国提出的“一带一路”战略，特别强调全方位加强国际合作，实现开放条件下的能源安全。全球能源互联网的目标是建立新的能源利用体系，将推动全球能源产业生产、运输、消费及相关政策措施变革。2016年，中国“一带一路”能源合作进展顺利，核电“走出去”取得重要成果，欣克利角C核电项目实质性启动，多层次对话交流务实深入。

四　新形势下的中国能源资源发展策略

当前，面对能源供需格局新变化、国际能源发展新趋势，应科学谋划我国能源发展的总体策略，发挥其对经济社会的全方位带动作用。

（一）应站在能源革命高度继续支持新能源发展

随着生态环境和气候变化形势日益严峻，以化石能源为主的能源结构具有不可持续性，到2050年实现高比例的新能源替代，将是一个世界性的趋势。大力发展新能源和可再生能源将是推动我国能源生产和消费革命、优化能源结构、构建安全经济清洁现代能源产业体系必须长期坚持的能源发展战略之一，国家应站在能源革命的高度，将新能源发展上升到统领中国经济发展与转型全局高度来对待。第一，坚定扶持新能源产业发展的大方向不动摇。目前对还处于发展初期的新能源产业必须坚定扶持态度，初期补贴是非常必要的，政府应进一步完善补贴机制，简化补贴程序，将补贴资金落到实处，并根据新能源产业的发展探索建立合理的补贴退坡机制。第二，完善新能源产业发展的“顶层设计”。新能源产业细分领域众多，推进新能源产业整体发展需要一系列配套的政策支撑。政府作为

① 《全球太阳能理事会发表致G20公开信》，美通社，2016年9月2日。

“顶层设计者”，应根据我国新能源发展规划目标、技术类型和特点、应用前景和获利能力，尽快配套完善新能源各行业发展的政策措施，增强政策的前瞻性、连续性和指导性，以优越的政策环境推动新能源各行业全面发展，把新能源产业培育成带动中国经济转型升级的新增长极。

（二）应更大范围地在国际能源平台上发出“中国声音”

中国作为世界第一大能源生产和消费国，许多能源产品、设备的产量和出口量已名列世界前茅，比如，特高压装备、风力发电机组、太阳能电池板、太阳能热水器等，在性价比方面甚至超过欧美等发达国家和地区，但在全球能源市场上的影响力还很有限，品牌认知度也较低，在国际上仍处于“担水劈柴”的地位。更大范围地在国际能源平台上发出“中国声音”，全面扩大中国能源品牌影响力，对提升中国能源产业国际竞争力具有重要意义。第一，应依托国家能源外交，为提升中国能源企业软实力服务。当前，多边能源外交已成为国际能源合作的主要趋势，中国应主动开展多元化能源外交，抓好重大能源项目务实合作，推动本国能源产品、装备“走出去”，为塑造中国能源企业的国际声誉奠定基础。第二，提高中国能源企业在国际组织中的参与度，稳步推进国际交流与合作。加入国际组织是中国能源企业迈向国际、提升国际影响力的一个重要途径。通过加入国际组织来获得一种“身份标识”，能够给企业带来诸多资源，在这样的平台上能够与国际企业进行对话，了解国际市场规则，获取相关的信息，对提高企业的国际影响力大有裨益。第三，积极举办具有国际影响力的高端能源论坛，或争取国际组织的流动性会议在本国落地，为开展国际交流合作、宣传中国能源品牌提供平台。此外还应鼓励能源企业加强对科技创新、文化建设、品牌战略等软实力的打造，进一步提升中国制造的国际形象。

（三）紧抓“一带一路”重大战略机遇，推动国际能源合作

“一带一路”倡议的实施为中国参与国际能源合作提供了一个新的平台，中国要借助“一带一路”战略契机，积极开展与周边国家的能源合作，形成能源资源合作上下游一体化产业链。第一，加强能源基础设施建设，促进能源互联互通，是深化国际能源合作的重要内容。应依托“一带一路”倡议，加强亚欧区域内国际骨干通道建设，构建全方位、多层次、复合型的互联互通能源网络，实现能源生产国和消费国互保、陆上通道和海上通道互保。形成连接亚洲各区域的

能源基础设施网络后，推动亚欧大陆与非洲联网，形成亚欧非之间的能源互联互通大格局。第二，融合各国的资源、资本和技术优势，延伸国际能源合作领域。除了要加强油气、煤炭等传统能源资源勘探开发合作，还要积极推动水电、核电、太阳能、风电等清洁、可再生能源的国际合作。大力推广无电人口地区新能源储能微网技术发展，加大中国分布式光伏、风电等储能微网项目在“一带一路”无电人口地区的布局，通过技术输出及项目输出，更好地推动区域新能源市场发展。第三，加强能源科技装备国际合作①。围绕“一带一路”战略布局，积极推动优势能源技术和装备的国际合作，共同分享可再生能源、先进核电、大规模储能、智能电网、碳捕集封存和利用、建筑和工业能效等方面的先进技术与管理经验，助推我国能源产业转型升级。

（四）加大对能源领域非公经济的扶持力度

非公经济是我国经济社会发展的支柱性力量，在稳增长、促创新、增就业、改善民生等方面发挥了重要作用。就新能源领域来看，近年来非公经济投资持续增长并取得突破性进展，以天合光能、西安隆基、汉能集团为代表的民营企业，分别在全球多晶硅、单晶硅、薄膜太阳能领域独占鳌头，为推动我国新能源快速发展做出了重大贡献。然而，就我国能源领域总体而言，由于长期以来受多种因素影响，国有经济集中度相对较高，非公经济投资受到种种限制，竞争不平等，在能源行业的份额正逐渐缩小。对此，应根据中央全面深化改革精神，全面推动能源领域非公经济发展。第一，鼓励非公经济参与建设能源领域国家工程项目，并从政策层面给予重点扶持。第二，破除行政垄断，扩大开放，鼓励竞争，放开对非公经济能源投资的限制。第三，不断深化行政审批制度改革，全面清理整合涉及非公经济能源投资管理的审批事项，加强对审批权力的监督制约。第四，充分发挥行业组织作用，建立以资金渠道、技术支持、管理咨询、信息服务、市场开拓和人才培训为主要内容的社会化服务体系，充分挖掘能源领域非公经济发展潜能。

（撰稿人：中国国际经济交流中心战略研究部副研究员曾少军）

---

① 《科技部：中国将进一步加强能源科技国际合作》，中国石油新闻网，2015－09－18. https：//www. baidu. com/link？ url = YH5erfaEssgqVRROJDhqjAt6DHS0ySzyLD8AOuI - oFD5gzaIZ0UvaDrF3TOIfJm2NbtHP6hUNRzhgcCeFl2pva&wd = &eqid = 8eb09892000104 0f00000002587d7f31。

全球环保产业发展形势分析与展望

随着全球经济的飞速发展，经济发展与资源环境约束的矛盾日益尖锐。而人们对环境质量的要求不断提高，在此背景下，节能环保产业应运而生。自诞生之日起，环保产业就一直以远高于全球经济增长率的速度迅猛发展，并与其他经济部门相互交叉、相互渗透、相互促进，被许多专家誉为继“知识产业”之后的“第五产业”。如今，环保产业更是作为全球污染治理的主要平台、经济增长的重要动力和科技创新的重要领域，迎来了新的更大的发展机遇。

初创期，环保产业主要包括治理空气、废水、垃圾、噪音、海洋污染的相关产品、设备及环境监测的服务、技术项目等，目前包含的范围非常广泛，覆盖整个环保产业链，不仅包括产品生产过程中的清洁技术与产品使用过程中的清洁产品，还包括产品生产和消费过程中的活动。

一　世界主要发达国家和地区环保产业发展基本情况

节能环保产业的巨大发展潜力使其成为科技的制高点，对经济发展具有很大的拉动效应。发达国家凭借其科技研发的显著优势和丰富的产业运营经验，在节能环保产业中同样占得先筹。经过 40 多年的努力，发达国家环保产业的产值不断上升，不仅改善了这些国家的环境质量，而且帮助这些国家转变了经济发展方式。

（一）美国环保产业的发展概况

美国的环保产业长期居于全球领先地位，目前依然是世界上最大的环保技术生产和消费国，美国政府一直对环保产业发展非常重视，将其视为新能源战略的核心内容。但是，近几年美国环保产业的优势逐渐减弱，在风能、太阳能乃至新能源汽车等传统优势领域的地位已被德、日等发达国家超越；在清洁技术投资方面，也落后于英国、法国、意大利等。为了改变这一状况，奥巴马政府上台后，将环保产业列为战略性新兴产业的重要内容，积极采取一系列政策扶持措施，来推动新能源、清洁技术等环保产业的发展，希望能够带来环保产业新的突破，也希望通过环保产业，带动美国经济结构转型升级，尽快走出金融危机的阴霾。

在筹备环保产业研发基金方面，美国政府通过税收、基金、示范补贴、贷款等多种方式来解决。20 世纪 80 年代初，美国联邦政府还通过征收环境税、减免符合要求的企业的征税等一整套相对完善的环境税收政策来激励环保产业的发展，通过设立超级基金、信任基金等多种融资政策来解决环保产业的研发经费不足的问题，多年来，美国政府在环保产业的研发经费投入一直维持在美国政府科技研发总经费的 9% 左右。

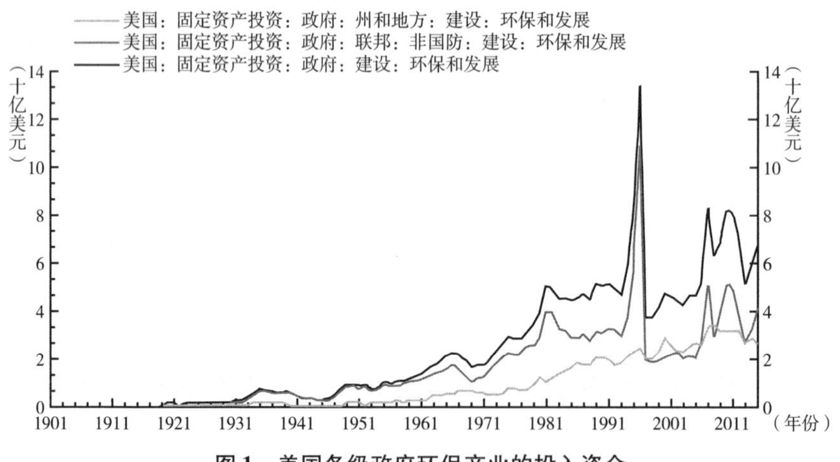

图 1　美国各级政府环保产业的投入资金

资料来源：Wind 资讯。

在制定环保产业政策方面，联邦政府通过采取“命令 + 控制”的方式，增加环保产品与服务的需求、规范环保产业的运营。美国的环保产业政策主要包括管制、产业化、财税、贸易、技术规制等方面，比如，1970 年颁布的《清洁空气法》和 1972 年颁布的《清洁水法》就属于一些强制性的环境管制政策，通过对诸如二氧化硫、空气污染颗粒、氮氧化物等污染物排放量的强制限制，使大气污染得到控制；还通过制定水污染罚款细则，激发企业对污水处理技术、供水处理技术的研发热情。1980 年美国政府颁布的《综合环境资源补偿和责任法》是其在环保财税政策领域的一部重要法律；在产业化政策方面，美国于 2007 年颁布《能源自给安全保障法》、2009 年颁布《美国清洁能源安全法案》等则为其能源产业的发展指明了方向，旨在加强其能源清洁技术的研发力，进而推动其在能源科学领域的国家级计划。

由于最近几年，美国环保政策的规制效应凸显，显著增加了企业的运营成本，企业进行技术创新或投资的速度明显减慢，由此美国政府开始转向利用环保产业贸易政策来刺激其出口，为美国的环保产品寻求国际市场。2010 年 3 月，奥巴马政府推出环保产业的“全球战略计划”，针对全球环保产业的发展形势，大力推动新能源、低碳经济等广义环保产业体系的发展，在全球环保贸易竞争中不遗余力，希望在以新能源、低碳经济、气候变化为主导的新型环保技术和服务的环保贸易主战场中占领新的制高点，掌握主动地位。随着美国对中国、印度、巴西等发展中大国新兴市场的开拓，其环保产业出口额在 5 年内翻了 1 番，并多创造了 200 多万个就业岗位。

根据美国环保部的数据，1970～2015 年，美国环保产业总产值从 400 亿美元左右上升至 4000 亿美元左右，增长了约 9 倍，而同期美国 GDP 年均增长率仅为 3%左右；占 GDP 的比重由 0.84%升至 2.44%。2003 年美国环保产业实现利润 200 亿美元，占当年美国 GDP 的 2.74%；2008 年美国环保产业吸纳就业人数 187 万人，2010 年吸收就业人数 539 万人，2015 年就业人数达到 576 万人，预计到 2020 年，美国环保产业吸纳就业人数将达到 638 万人，产值将达 4420 亿美元。

（二）日本环保产业的发展概况

日本是节能环保行业中走在世界前列的亚洲国家，日本环保产业大致经历了如下几个阶段：20 世纪 60～70 年代，进行工业源污染集中治理；80～90 年代，进行生活源污染集中治理与提标改造；2000 年进行大规模集中建设期结束后的综合环境质量改善。经过几十年的努力，日本通过制定严格的环境立法、规划环保产业发展政策、制定环保标准管理细则等措施，促使环保产业得到不断发展壮大。

日本政府是其环保产业发展的引导者，多年来，日本政府不仅建立了较为完善的污染防治法律体系、具有日本特色的环境保护援助机制和严格执行的环保政策，还承担着弥补市场失灵、引入竞争机制的责任，积极维护环保市场的健康发展，积极引导鼓励公众参与绿色消费、投身环保事业，协调保障公共利益。20世纪90年代，日本政府就在积极思考经济发展方式转型的问题，废弃先污染后治理的经济发展模式，积极探索经济可持续发展的道路，通过一系列税收、补贴等财政和金融政策，规制垄断性环保企业，又通过颁布《绿色采购法》和《绿色合同法》、减税、补贴等措施，让资源流向高产出、低成本、环境污染小的企业，只要这些小企业发展到技术成熟、可以独当一面的时候，政府就会及时退出，很少插手企业的具体运营。

此外，日本政府还非常重视对环保技术的研究与开发，将科技创新视为环保产业的核心竞争力，并且积极鼓励应用于环保产业的各个领域，不仅包括环境科学领域的装置、服务及技术，还包括有关公共设施的技术、环保服务的提供、设备的配备等。日本环保产业的范围和规模也在不断扩大，从最初集中为特定污染产业提供治理服务扩展到为所有污染产业提供治理服务，从大型、特大型城市转向乡村辐射，从官方推动转向民间自觉需求，通过日本政府的正确引领、广大公众的积极响应，各利益相关方按市场经济规律和市场机制办事，日本的环保市场遵循良性轨道不断向前发展。

同时，针对周边亚洲国家和地区较突出的环境保护方面的问题，日本政府和企业还充分利用自身的科技竞争优势，广泛开展国际环保合作，积极推行环保产业领域的全球化战略。2007年6月1日，日本内阁经济财政咨询会议正式审议通过并公布《21世纪环境立国战略》，该战略详细阐述了日本环境立国的目标，即建立一个低碳化、循环型、与自然共生的社会，并向世界传播“日本模式”。2013年，日本政府为了进一步推动环保产业向深度发展，开展落实京都议定书的国民运动，完善实现京都议定书减排目标的政策措施，向国际社会提出新建议，提出要帮助实现“2050年全世界二氧化碳排放总量减半”的长期目标，为建立国际环保制度做出了重要贡献。

（三）德国环保产业的发展概况

由于德国的制造业非常发达，德国传统的核心环保产业以环境保护产品制造业为主。但随着德国政府愈加重视发展循环经济，大力推广清洁生产方式，现阶段的德国环保产业已经向环境友好产品和废弃物循环利用等方向外延。德国政府构建的循环经济法律体系，有力地推动了环保产业为循环经济发展服务，开创了以资源循环利用为重点的环保产业发展新局面，节能环保产业作为传统环保产业的升级版应运而生。2011 年德国新修订的《可再生能源法》明确提出了能源转型战略的目标图和时间表，最终目标确定为 80% 以上的电力消费来自可再生能源，并且在 2050 年前要实现这一目标。积极的环保政策引导、环境技术的不断创新和投融资力度的加大，成为德国环保产业升级发展的动力源泉，促进了德国传统环保产业向节能环保产业的持续转变。此外德国政府还通过制定一系列环境保护法规来强化国民的环保意识，规范人们的行为。如《水资源法》《空气污染法》《噪声法》《洗涤剂法》《废物处理法》等，这些法规的颁布实施，有效地减少了垃圾、有害气体和污水的排放。

此外，德国政府对环保产业的投资力度也比较大，有力地支持了环保产业的发展。近十年，德国环保产业贷款每年融资近 100 亿马克，每年企业环保投资占比近 80%。这些资金大部分用于环境科学研究与环保产品的开发，有力地推动了德国环保产业的发展。目前，德国的环保技术与产品在治理环境污染、提高预测能力、监测环境指标等方面处于全球领先地位，环保产业不仅为社会提供了数千万的就业岗位，而且节约了成本，提高了竞争力。因此，许多德国公司都将环保业绩的考核作为经理业绩考核的一项重要内容。

德国政府还非常重视教育国民树立环境保护的科学观念，将环保知识纳入学校的教育内容与科学研究的范围，通过举办各种环保展览会、环保运动会等活动，强调保护环境的重要作用。并且，教育孩子从小养成垃圾分类的习惯，告知他们不仅要维护自家的干净整洁，还要维护公共场所的整洁，向国民广泛宣传环境污染给人们带来的各种危害，介绍环保科学的新成果，培养公民废物回收利用的意识。经过教育，许多人都能自觉做到垃圾分类和资源回收，这种全民参与环保事业的机制无疑有力地促进了德国环保产业的发展。

二　全球环保产业的发展趋势

（一）环保产业正在成为国际治理、全球合作的新平台，各国经济发展的新引擎

20 世纪 90 年代以来，环保产业一直以远高于全球经济增长率的速度迅猛发展。尤其是 2008 年爆发国际金融危机以来，各国领导人普遍认识到绿色经济将

成为经济发展的新引擎和新一轮产业革命的发展方向，各国纷纷实施各种激励政策和措施促进环保产业的发展，相继出台“绿色新政”，全球发展环保产业的热情再次高涨。但是，如今的环保产业已超出原先环境保护的单纯意义和范畴，在能源供应危机和应对气候变化的共同目标下，环保产业的内涵和外延不断扩展，新一轮的环保产业革命悄然兴起，以低碳发展、新能源以及提高能效为主要特征，显示出无比强大的生命力，得到持续发展，成为各国促进经济发展的新增长点和经济结构转型的新抓手。

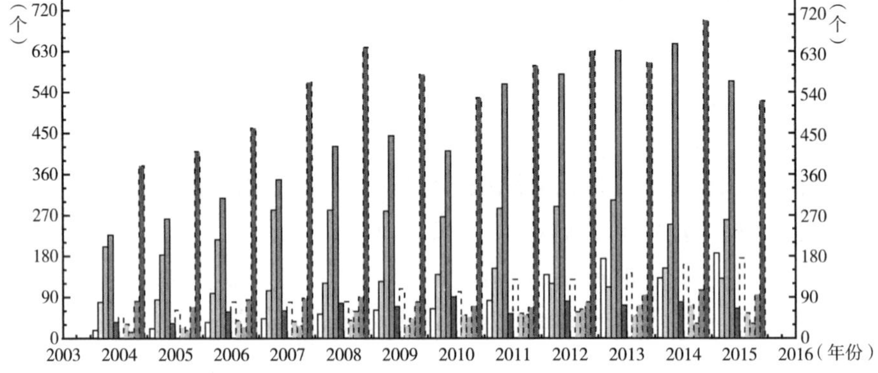

图2　世界主要国家环保技术专利申请量（2003～2016年）

资料来源：Wind资讯。

由图2可看出，美国、日本、德国的环保技术专利申请量远远超过其他国家，而我国的环保技术专利申请量相比其他发达国家较少，但年增长率相对较高，发展速度很快。尤其最近三年，环保技术专利申请量上升速度加快，新型材料技术、能源技术、生物工程技术等被源源不断地引进环保产业。而发达国家由于国内市场日趋饱和，环境标准制定愈加严格，发展环保产业的成本变得更加高昂，发展速度放缓。

（二）伴随着科技和技术革命领域的创新，环保产业的企业结构调整加速，竞争整合加快，出现智能化、综合化的趋势

伴随着互联网、物联网、云计算、大数据等IT技术和通信技术的迅猛发展，

环境科技与环境管理领域也纷纷扩大应用，创新思维、创新方法，整合信息流、资金流和物流等资源，创新出以智慧城市为代表的新型环保产业的雏形脉络框架。比如，数据 PM2.5 服务监测云平台、桑德环境开发的易再生网以及联想集团的智慧环保云 PM2.5 监测平台等，成为环保行业并购整合、环境产业链延伸升级的杰出代表。

总体来看，近几年环保产业发展过程中大型跨国企业并购整合速度加快，行业竞争加剧，产业集中度提高，企业规模扩大。借助环保需求的升级及环境资本市场转型改造的助力，环保产业的跨国竞争风起云涌。例如，我国的首创集团于 2014 年收购新西兰固废公司，2015 年又接着收购新加坡市场份额最大、技术最先进的危险废弃物处理公司，获取了高端技术和生产能力，以新加坡为跳板打开了东南亚环保市场的窗口，企业竞争力提升明显。

（三）环保产业的人才培育机制更加健全，公众环保意识提高明显

近年来，根据环保产业发展的需要，环保方面的人才培养机制逐步建立。许多国家的高等院校和科研机构都设置了环保专业及其相关学科，并制定了详尽的课程要求和考核标准，实施环保专业人才培育工程。同时，这些机构整合企业的教育资源，依托于重大的科技项目和国际交流合作项目，建立联合人才培养基地，培养环保专业领域的高级复合型的科研团队。并且，许多国家制订环保产业各领域人才的引进计划，引进高层次环保人才，完善人才引进的配套政策，在多方面的努力下，一批环保产业发展急需的科技领军人才、学术带头人以及从事环保科技研究开发工作的尖端人才库在加速形成，环保产业的人才培养机制也在逐步健全。

公众参与环保的意识也在逐渐提升，大家通过多种渠道参与环保活动，民间环保组织越来越多，这些组织不仅传播环保知识，同时积极向政府献言献策。这些活动既是对有关环境管理部门行为的积极补充，又影响了社会的舆论和市场的消费选择，有力地促进了环保事业的发展。也只有民众普遍意识到环境保护的重要性，环保工作才会真正走向成熟。

三　全球环保产业发展新形势下中国的战略选择

“十二五”以来中国政府把环保产业列入未来我国重点发展的新兴战略产

业，将推动绿色低碳发展作为国家经济发展方式转变、经济结构调整的重要抓手。但是，我国的环保产业起点较低，发展的整体水平与其他发达国家相比仍有相当大的差距，因此，广泛吸收其他国家环保产业发展的经验、深刻总结其他国家环保产业发展的教训，对于促进我国环保产业的发展，并在新一轮产业革命中抢占优势地位具有非常重要的现实意义。

（一）我国应继续健全完善环保产业的政策、法律体系，加快培育有利于产业转型升级的市场环境

环保产业是一个跨行业、跨部门、跨领域的产业，产业政策的制定对于优化产业结构、提升技术水平具有重要作用。我国环保产业政策制定的指导原则是：以市场为导向、以企业为主体、以产品为龙头、以效益为中心，逐步建立有利于环保企业健康发展的市场环境，为环保企业的有序竞争提供制度保障、技术保障和物质保障，促进环保产业健康有序发展。

目前，我国环保产业的法律法规体系初步形成，应积极推动现有法律《水污染防治法》《大气污染防治法》《循环经济法》《节约能源法》等的完善和修订工作。另外我国环保产业法律的执行也有很多弊端，如环保产业法律体系内部不配套、环保部门过多、沟通协调有障碍等。我们应逐步明确环保部门的职责，使企业和公众形成普遍而强烈的环保意识，从而更好地有利于我国环保市场的形成和发展。

从图 3 可看出，2006~2016 年，在我国的节能环保领域中，环境监测与监察、污染减排两方面的公共财政支出相对较高，退牧还草、自然生态保护、风沙荒漠治理三方面的公共财政支出相对较低。我国扶持环保产业的着力点往往是产业末端的消费环节，为激励消费市场的产生与扩大，增加资金支持，出台了相应的配套政策。同时，从图 3 中也可看出，我国公共财政在环保产业各领域的支出总体上呈上升趋势，但不同环保领域的公共支出变化方向不同，这也体现了“需求决定生产、需求决定市场”的机制。

（二）我国应创新环保产业的投融资机制，提高政府投入资金的引导能力

当前，我国环保产业的投融资机制不顺畅是制约其向前发展的最大障碍。造成这一问题的根源在于环保产业缺乏一个有效的市场化机制，社会资金没有流入

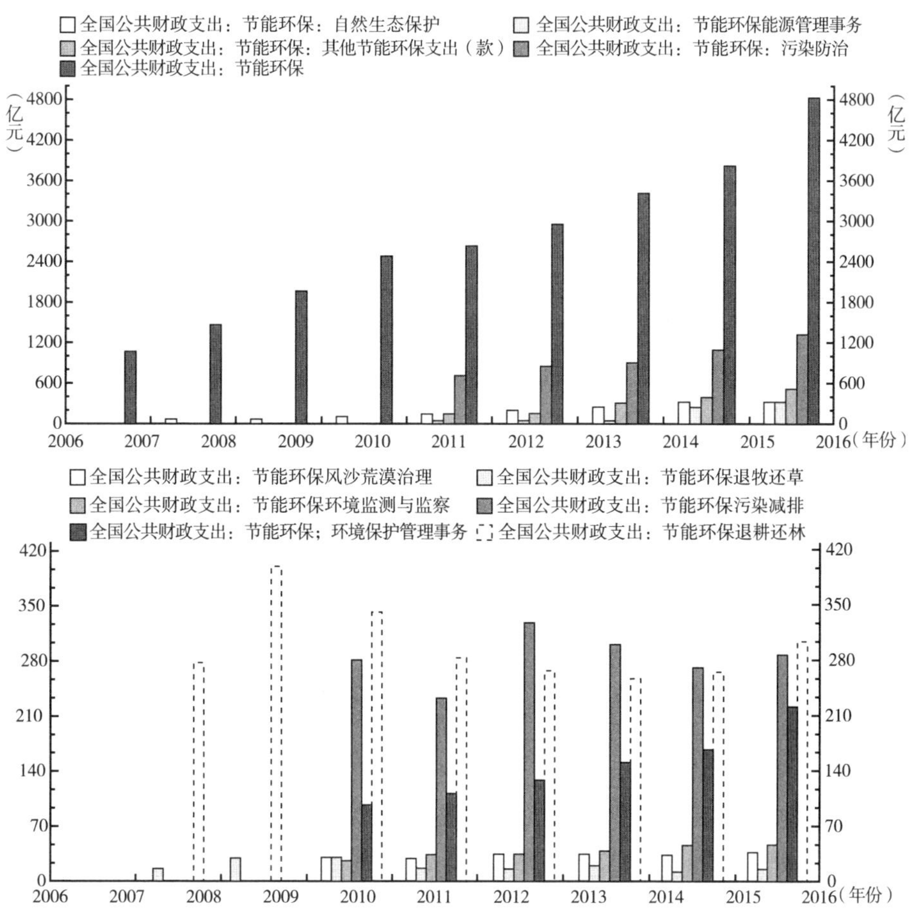

图3　全国公共财政在节能环保各领域的支出（2006～2016）

资料来源：Wind 资讯。

产业内部的合理化渠道。我国绿色金融的产品种类和结构比较单一，国内没有绿色债券，更没有专门的“绿色投资银行”。环保产业的融资平台缺乏，社会化资金进入环境治理领域的方式主要集中在通过各种 PPP 形式，但是却很难获得相应的投资回报，以行政审批为主的传统的投资方式多年来并没有太大改变。

为解决这些问题，国家围绕构建美丽中国的战略目标，出台了一系列环保财政金融领域的政策措施，环保领域的公共财政支出呈现井喷式增长，从图 4 中也可看出，2006～2016 年，我国各省份的政府投资，在节能环保领域的公共财政支出数均呈现增长趋势，但是地区差异较大，政府投资的结构和效率也有待提高。

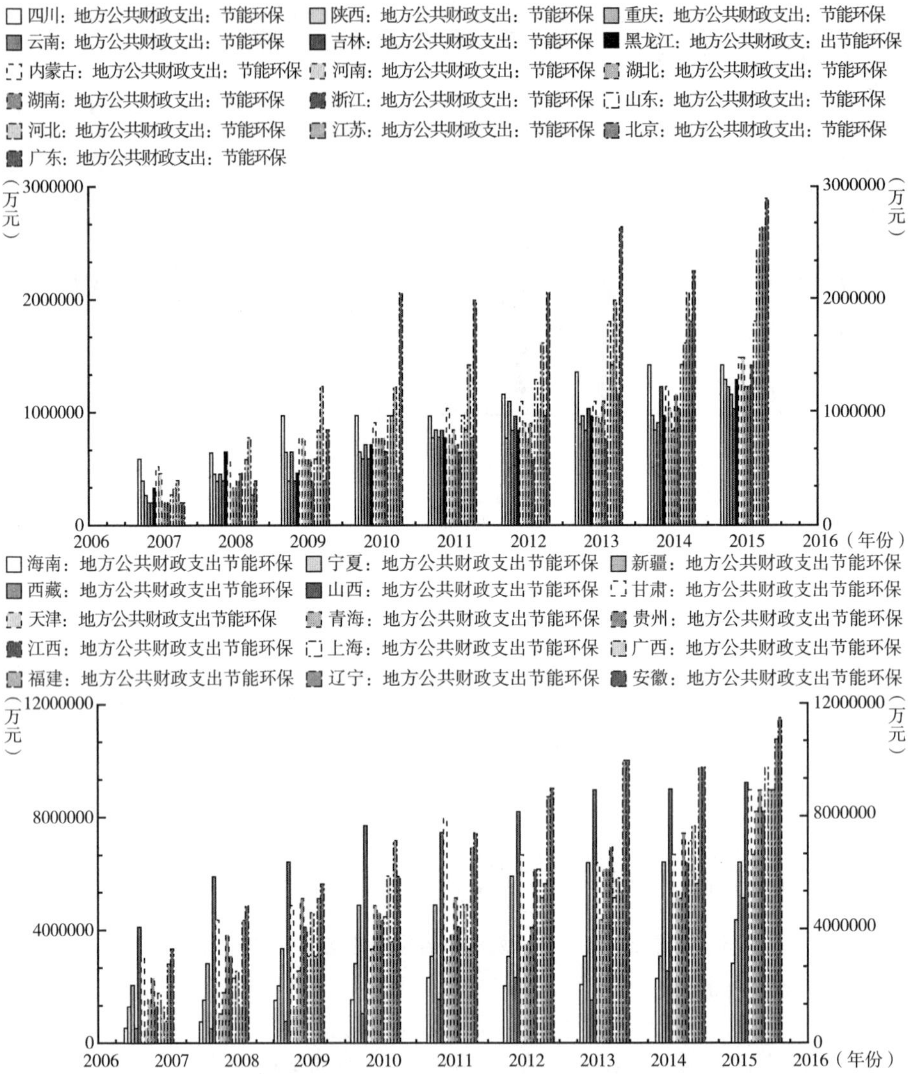

图4　我国各省份政府节能环保领域公共财政支出（2006～2016年）

资料来源：Wind资讯。

政府投资的环保投入方式应该改进，我国应该加快推行环境污染的第三方治理制度，对金融机构、风险投资公司的环保投入给予适当的收益补偿。

（三）我国应大力推进科技创新，提升环保产业自主发展的动力

技术是环保产业发展的核心，在很长一段时间内，技术却是制约我国环保产

业发展的一大因素。国际上先进的环保技术长期被发达国家垄断，我国一直处于跟随者的地位。技术领域投资不足，发展路径不明确，后备储备力量缺失，造成我国环保产业政策领域制定的一些污染排放标准长期无法得到落实，环保产业发展实力不济。要打破这种局面，需要加大环保技术投资力度，利用技术引进、自主研发等多种方式，推动环保产业领域先导技术的发展。

我国的环保产业尚处于成长初期，技术路线不确定，产业链不完整，作为一种知识技术密集型产业，需要交叉融合多门学科的知识要素，强化上下游产业的协调配套能力。利用“互联网 +”与大数据等新型技术手段，与环保产业深度融合，打破创新约束和技术壁垒，构建完善环境预警和风险监测的信息网络，充分发挥环境数据开放共享的作用，让大数据成为提升环境治理能力的重要支撑，进一步加强环保领域科技成果的转化和应用，让科研成果广泛造福于人民。

（四）我国应积极推动环保产业领域的国际交流与合作

2016 年，中国政府积极参与全球关于环境治理的合作，在一系列重大事件中扮演重要的角色。比如，《巴黎协定》的达成、巴黎气候大会的成功召开等，中国都发挥了举足轻重的作用。此外我国政府还建立了气候变化的南南合作基金，为最不发达国家、非洲的许多欠发达国家以及一些发展中国家提供实物方面和设备物资方面的援助，对其参与气候变化的国际谈判、政策规划、人员培训等方面提供大力支持，并启动与其他发展中国家联合开展低碳示范区、开展减缓和适应气候变化的合作项目，培训应对气候变化的专家和官员等学习交流活动。

环境保护还是“一带一路”建设的重要议题，它所面临的挑战更多源于沿线国家和地区经济发展任务繁重与生态环境先天脆弱之间的矛盾。仅仅依靠单个政府部门或某一政策，或者仅仅依靠单个国家或地区的某一倡议与行动，均不足以应对“一带一路”建设中的跨国环境风险，这将倒逼国内与国际社会提升环境保护的战略地位，构建新型环境治理体系。“一带一路”沿线的各地政府不仅要发挥生态环保的示范作用，还要建立横向若干部门和纵向各级政府的协同治理机制，完善环境保护跨国合作制度，鼓励企业、NGO 组织与民间力量、智库共同参与环境治理。同时，中国应与美国、欧盟等主要发达国家和地区保持密切沟通协调，加强与其他发展中国家内部的团结和合作来共同发展环保产业。总之，中国的环保产业必须“走出去”，这是其保持长久竞争力的必由之路。

（五）我国应大力开展宣传教育工作，积极鼓励公众参与环保事业

环境保护离不开广大公众的积极参与，只有把环境保护的意识具体落实到每个人的自觉行动中，环保事业之树才会长青。我国应加大开展环保工作社会化宣传教育的力度，将环保教育纳入各种学校、各类单位、各级部门的素质教育中，鼓励公众通过QQ、微信、微博等平台开展环保宣传教育活动，增强互动性，带动更多的人加入环保的宣传，建立全民参与、全员监督的内生动力和长效机制，提高可持续发展的意识，倡导绿色低碳、文明健康的生活方式，形成人人、时时、事事崇尚生态文明的社会新风。

参考文献

曲明月：《对日本环保产业的思考与学习》，《辽宁广播电视大学学报》2014 年第 4 期。

贾宁、丁士能：《日本、韩国环保产业发展经验对中国的借鉴》，《中国环境管理》2014 年第 6 期。

郭朝先、刘艳红、杨晓琰、王宏霞：《中国环保产业投融资问题与机制创新》，《中国人口·资源与环境》2015 年第 8 期。

刘嘉、秦虎：《美国环保产业政策分析及经验借鉴》，《环境工程技术学报》2011 年第 1 期。

高明、洪晨：《美国环保产业发展政策对我国的启示》，《中国环保产业》2014 年第 3 期。

王豪：《德国致力于发展环保产业》，《现代化工》1998 年第 3 期。

王豪：《德国的环保措施》，《郑州工业大学学报》（哲学社会科学版）1997 年第 2 期。

周宏春：《加强顶层设计，以精准数据支撑环保决策》，《中国环境管理》2016 年第 4 期。

李博洋、郭庭政：《国内外环保产业发展比较与启示》，《中国科技投资》2012 年第 25 期。

沙薇：《日本人的环保意识》，《法制博览》2015 年第 9 期。

吕岩威、孙慧：《中国战略性新兴产业发展体系构建与行动路径探讨》，《科技与经济》2013 年第 8 期。

（撰稿人：中国国际经济交流中心战略研究部助理研究员、中国社会科学院经济研究所博士后科研流动站博士后王婧）

国际大宗商品价格走势分析及展望

2016年以来，受美联储屡次推迟加息、供给收缩和需求回暖等因素影响，国际大宗商品价格出现触底反弹迹象。2016年底，国际原油价格筑底后反弹至每桶50美元以上，铜铝等有色金属价格也整体上涨约20%以上。资金避险需求一度引发贵金属价格出现牛市行情，随后虽受美元走强压制仍维持在每盎司1200美元以上。在中国钢铁煤炭加速去产能的背景下，2016年底国际铁矿石价格涨幅较2016年初超过100%。与主要工业品普涨不同，国际农产品价格呈现分化走向。受极端天气影响，大豆、食糖价格呈现上涨行情，而小麦、玉米价格延续震荡下降势头。总体上看，国际大宗商品市场2017年将保持品种分化格局，总体价格呈现稳中略升态势，部分品种价格可能会震荡回落。

自2015年12月底至今，国际主要大宗商品价格呈现触底反弹势头，从煤炭、钢铁到塑料、玻璃等主要大宗商品价格持续上涨，多数大宗商品价格几乎回到2014年下半年的价格水平。值得注意的是，影响个别品种商品的经济基本面并不相同，某些商品的供求关系可能会受经济基本面或供给侧调整的影响，如工业品价格受需求疲软和供给侧结构性调整的影响较大，而农产品价格则受天气影响的程度较大。未来较长时期内，国际大宗商品价格的这种普涨趋势将会受到美元走强预期抑制，估计2017年持续大幅上涨空间不大，总体还会震荡趋稳或稳中略升。

一 2016年国际大宗商品价格走势分析

2016年以来，在经历短暂触底之后，国际大宗商品价格出现较大幅度的反弹，部分商品价格涨幅较大，是有其内在支撑因素的。世界银行在2016年7月发布的季度大宗商品市场展望中提到，大宗商品市场已经由周期底部走出，最糟糕的时候已经过去了。总体来看，这有过去一年商品价格超跌形成的市场自我恢复影响，更多的是因为美联储加息预期推迟、部分商品供需关系偏紧、国内资产荒下资金避险需求等因素。分品种看，无论是工业品还是农产品期价呈现趋势性走高态势。

（一）国际大宗商品价格呈现触底反弹迹象

2016年初，国际大宗商品价格延续2015年持续下跌的走势。反映全球大宗商品价格的路透汤姆逊（RJ）CRB商品指数于2016年2月11日下探至155.01的低点，创下了自2009年3月以来的新低；之后数月该价格指数呈现震荡反弹态势，并于6月8日上升至年内195.82的年内高点，较2月11日的低点上涨了26.33%，较2015年收盘点位上涨了11.09%，随后在180～195点的区间震荡波动，截至2017年1月20日，该指数维持在194.02点。国际货币基金组织（IMF）初级产品价格统计结果也显示，相比较于2015年的持续下降，2016年开始呈现触底反弹特征，以美元计算的全球初级产品价格指数（2005年=100），2016年1月跌至83.05点，较2015年12月单月下降了8.46%，此后连续5个月持续反弹，截至2016年6月达到105.29点，上涨了26.78%，此后3个月仍维持在102点左右，比年初的低点高23%以上，此后进一步攀升至2016年12月的114.69点，较2016年初上涨了40.5%。根据CCIEE国际大宗商品价格综合指数①走势来看，CCIEE大宗商品价格指数表现出与RJ－CRB指数相似的走势特征，已由2016年1月的97.64点攀升至11月的126.12点，涨幅高达29.17%（见图1）。截至2016年7月，CCIEE大宗商品价格综合指数当月同比自2013年10月以来开始由负转正（见图2），而同期的RJ－CRB指数当月同比直到2016年11月才开始转正。这意味着中国需求已经引发部分商品价格走出阶段性

① CCIEE国际大宗商品价格综合指数是由中国国际经济交流中心（CCIEE）开发编制的侧重于反映中国需求和中国因素的国际大宗商品价格波动情况的指数，指数构成包括石油、天然气、煤炭、铁矿石、有色金属（铜铝铅镍）、黄金、稀土、主要农产品（大豆、豆油、大米、玉米、小麦、棉花、糖、天然橡胶、棕榈油、羊毛）等20种中国经济发展所依赖的重要大宗商品的价格。

牛市行情，而全球范围的商品价格回升势头相对缓慢，同时也逐渐走出上涨行情。

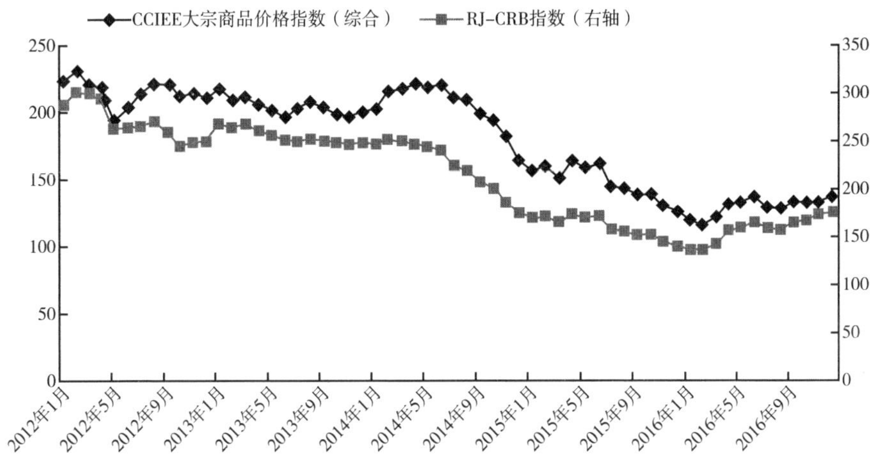

图 1　CCIEE 国际大宗商品价格综合指数与 RJ/CRB 商品价格指数走势

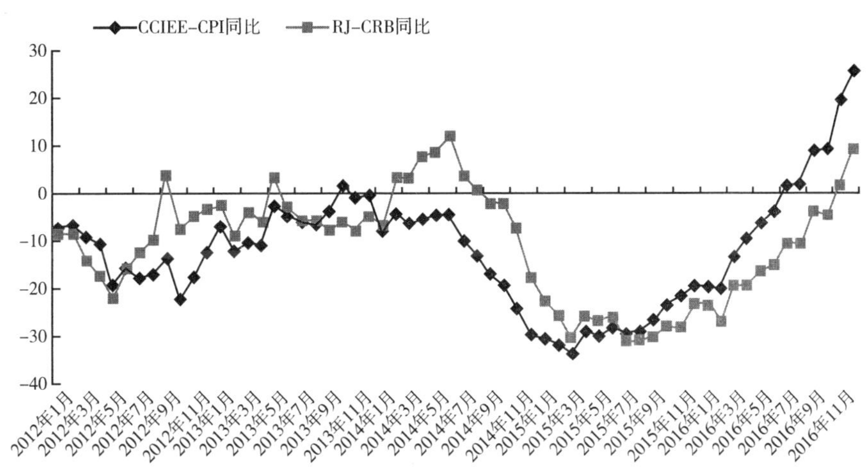

图 2　CCIEE 国际大宗商品价格综合指数当月同比走势

从分品种价格指数走势看，除了稀土价格指数仍延续 2015 年的持续下降之外，基本金属价格指数走势没有延续 2015 年的下滑走势，而是相对保持稳定，能源价格指数、贵金属价格指数、铁矿石价格指数和基本金属价格指数走势均出现一定程度的回升（见图 3）。到 2016 年底，能源价格指数和铁矿石价格指数较上年同期出现大幅上涨，同比涨幅分别为 46.43% 和

32.88%，基本金属价格指数和农产品价格指数当月同比增速也较上年同期分别上涨了13.20%和15.95%，贵金属价格指数当月同比也较上年同期上涨了8.71%。这意味着不同商品价格受到的影响因素不同，尽管总体上都取决于经济需求的基本面，但不同商品市场受到货币流动性的关注度并不是相同的，社会资金进入商品期货市场也并非同步的，市场资金会根据商品金融属性强弱进行先后冲击炒作，这导致不同商品在不同阶段出现不同步的涨价现象。

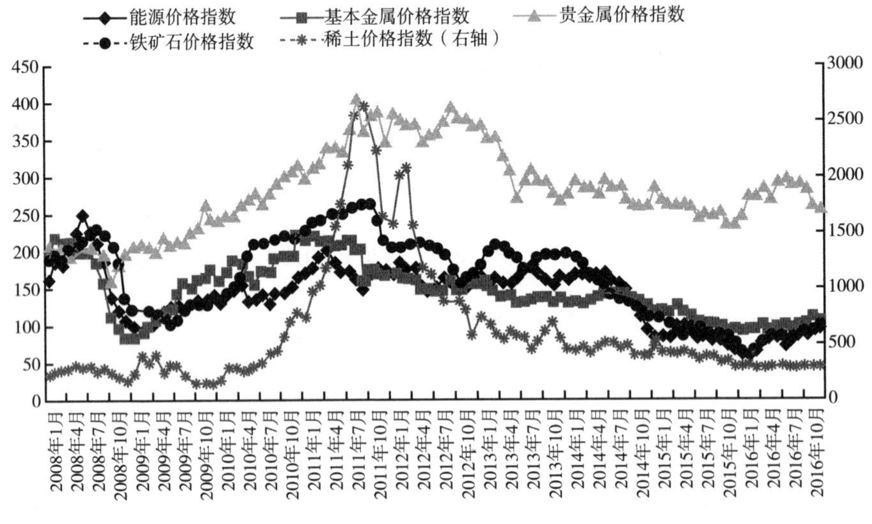

图3 CCIEE 大宗商品价格指数分品种走势

（二）国际原油价格筑底后强势震荡上涨

2015年以来，国际原油市场始终存在供大于求的情况，这造成了国际油价保持持续低迷的状态，但这种低迷态势延续到2016年初，此后受欧佩克冻产协议达成、美国产量下降、尼日利亚政局动荡、加拿大森林火灾等多种因素的影响，国际原油供给出现一定的下降，国际油价呈现筑底强势反弹的态势。以布伦特原油期货结算价为例，2016年1月20日下探至每桶27.88美元，但随后进入强势震荡反弹的阶段，并于2017年1月6日达到每桶57.10美元的高点，较2016年初的油价涨幅约高达104.81%，到2017年1月20日维持每桶55.49美元。WTI原油期货结算价也表现出类似的走势

（见图4），2016年2月11日达到每桶26.21美元的低点，随后震荡走高，并于同年12月28日达到每桶54.06的高点，涨幅达到106.26%，也已经较2016年初的低点翻倍。截至2017年1月20日，WTI原油期货结算价维持在每桶52.42美元。

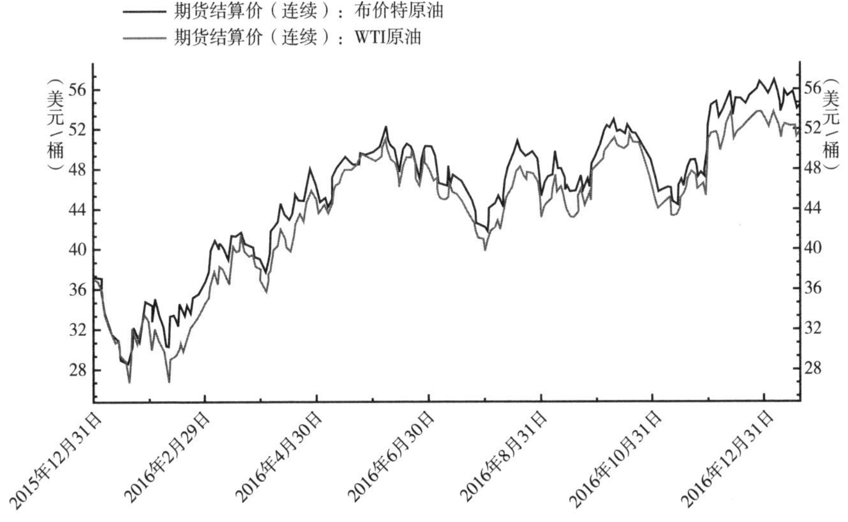

图4　布伦特原油和WTI原油期货价格走势

（三）国际有色金属价格呈现震荡上行态势

国际主要有色金属价格呈现震荡上升走势。2016年以来，LME 3个月铜期货收盘价（电子盘）于2016年1月15日跌至每吨4325.50美元，此后持续上行至3月17日每吨5068美元的阶段高点，4~6月铜价宽幅震荡，6月10日LME铜价回调至每吨4516美元，到12月5日，再次攀升至每吨5927.50美元的高点，总体较年初低点涨幅约为37.04%（见图5）。同期国际铝价也维持震荡上行态势。2016年以来，LME 3个月铝期货价格（连续收盘价）已由年初的低点每吨1449.5美元（1月12日），攀升至2016年内高点每吨1694.5美元（8月17日），年内涨幅高达16.90%，随后虽有所回落如10月20日每吨1617美元的阶段低点，但也比2015年底（2015年11月23日）的每吨1432.5美元上涨了12.88%（见图5）。进入2017年，国际铝价持续走高，1月20日再次攀升至每吨1845美元的高点，较上年同期上涨了25.51%。

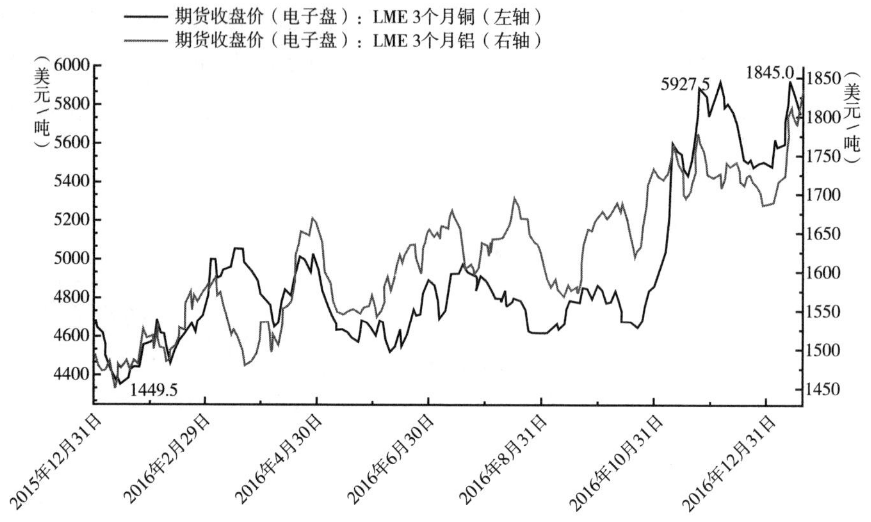

图5　LME 3 个月铜和 3 个月铝期货收盘价走势

资料来源：Wind 资讯。

（四）避险需求引发国际贵金属价格快速上涨

国际黄金白银价格呈现倒 L 型增长态势。受国际不确定性因素激增影响，国际贵金属价格不再延续 2015 年震荡下行的态势，进入 2016 年后，日本、欧元区等多个经济体再次释放流动性，加上美联储迟迟不加息的预期，促使全球避险需求升温。在此情况下，受负利率环境和避险升温的影响，国际贵金属的金融投资活跃，推动黄金白银等贵金属价格快速上涨。如 2016 年 1 月，日本央行宣布推行负利率政策，将超额准备金存款利率由 0.1% 降至 -0.1%；同年 3 月，欧央行下调主要再融资利率至 0%，下调隔夜存款利率至 -0.4%，下调隔夜贷款利率至 0.25%。在此影响下，COMEX 黄金期货收盘价格从 2016 年初的每盎司 1074.5 美元开始启动上行，到英国脱欧公投两周后的 7 月 8 日达到年内高点每盎司 1365.8 美元，较年初上涨 27.11%（见图 6），此后国际金价受强势美元压力持续回落，截至 2017 年 1 月 20 日仍维持在每盎司 1210 美元。同期，COMEX 白银从年初每盎司 13.79 美元（1 月 12 日）开始上涨，到 8 月 2 日 COMEX 白银收报每盎司 20.75 美元，较年初上涨 50.47%；随后期价震荡走落，截至 2017 年 1 月 20 日时报收每盎司 17.12 美元，仍较 2016 年初低点上涨约 24.15%。

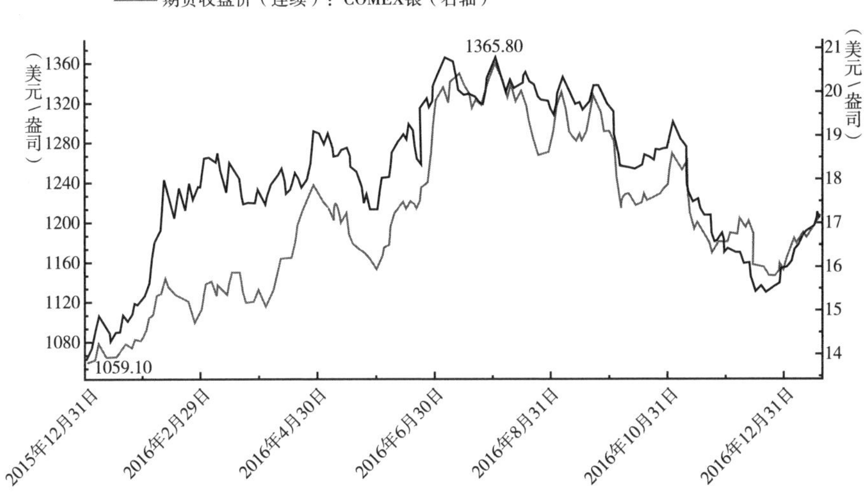

图 6　COMEX 黄金和白银期货收盘价走势

资料来源：Wind 资讯。

（五）国际铁矿石价格出现大幅上涨行情

国际铁矿石价格出现大幅回暖迹象。2016 年以来，受中国钢铁煤炭行业去产能加速影响，中国炼焦煤供应短缺刺激价格大幅上涨，继而使国际铁矿石价格上扬。国际铁矿石价格没有延续 2015 年持续下跌的势头，也一改此前三年持续下跌的颓靡态势，大致经历了四轮上涨短周期，并明显呈现出持续上涨的行情。从新加坡交易所铁矿石掉期价格走势看，2016 年初铁矿石掉期当月结算价跌至每吨 39. 48 美元（1 月 12 日）的年内低点，到 8 月 8 日攀升至每吨 61. 10 美元，上涨幅度达到 54. 76%，即便此后有所下跌，但仍维持震荡上行走势，截至 2017 年 1 月 13 日再次攀升至每吨 81. 57 美元，较年初的涨幅仍然高达 106. 61%。中国国内钢铁及铁矿石产量下降，造成钢铁价格和铁矿石价格一起回升。以螺纹钢为例，2016 年 1 月 1 日螺纹钢（φ25mm）现货价格为每吨 2187 元，而到 2016 年 12 月 16 日钢材价格涨到每吨 3283 元，涨幅达到 50. 11%，与国际铁矿石掉期价格走势大体一致（见图 7）。在钢材价格回暖的背景下，中国钢铁企业盈利能力有所增强，这就带动铁矿石的补库存需要，从而推高铁矿石进口价格。从中国铁矿砂及其精矿的进口平均价看，2016 年 1 月的进口平均价每吨只有 45. 7 美元，而到12月进口平均价攀升至每吨68.14美元，上涨幅度高达49.10%；2016年全年中国铁矿砂及其精矿进口均价在每吨56.3美元，较上年每吨下降了约4.2美元。

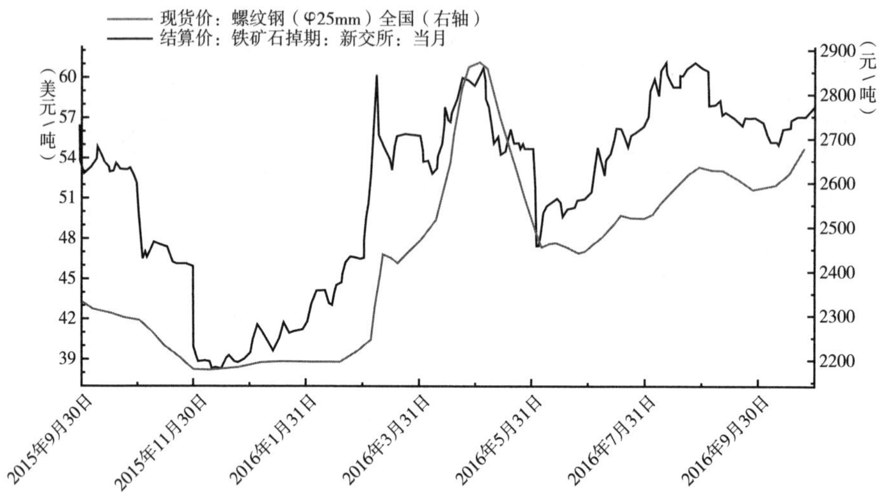

图7 新交所铁矿石掉期结算价与螺纹钢现货价格走势

资料来源：Wind资讯。

（六）国际农产品价格分化且涨跌互现

国际农产品价格呈现分化涨跌互现走势。2016年以来，国际农产品价格与工业品价格指数表现较为一致，均呈现前低后高的上升态势。以CCIEE农产品价格指数为例，2016年1月为131.52点，到2016年12月为154.50点，农产品价格指数经历一季度的同比下降后，从4月同比增速开始转正，9～12月连续四个月同比增速维持在12%以上，农产品价格指数在7～8月两个月出现环比下降，此后连续三个月维持环比增长势头（见图8）。尽管总体上农产品价格指数整体呈上升态势，但是不同品种却出现分化态势。谷物与大豆、糖等农产品价格呈现分化态势，且随季节变化涨跌互现。从大类来看，谷物价格呈现趋势性走低，而食品、食糖、油脂等的价格呈现趋势性走高态势。据联合国粮食及农业组织编制的分类价格指数，食品价格指数由2016年1月的150.40点（1998～2000年=100）攀升至10月172.60的高点，上涨22.2个点，而油和油脂价格指数从2016年1月的139.1点攀升至12月的183.0点，上涨了43.9个点；同期食糖价格指数上涨较快，由 2016 年 1 月的 199.4 点攀升至 10 月的 315.3 点，上涨了 115.9 个点，随后两个月有所下降，但下降幅度不大；相反的是，谷物价格指数却由 2016 年 1 月的 149.1 点下降至 9 月的 140.9 点，下降了 8.2 个点（见图 9），此后谷物价格有所回升，但并未回升至 2016 年初的价格水平。

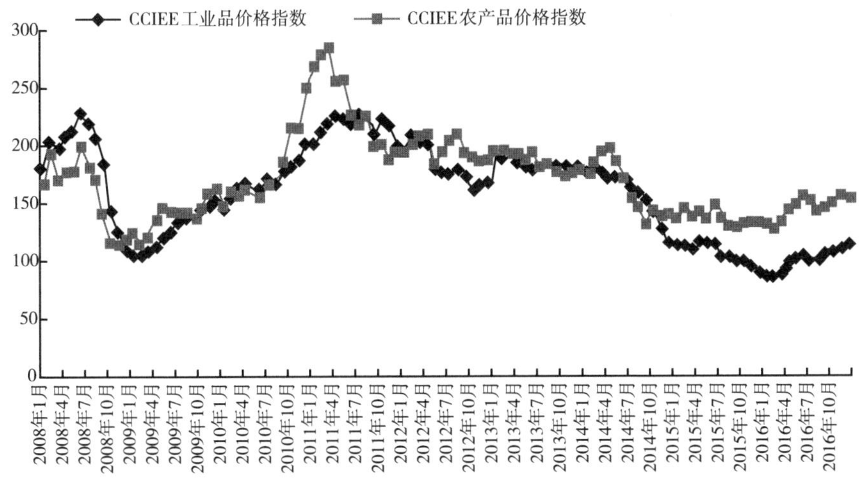

图 8　CCIEE 工业品价格指数和农产品价格指数走势

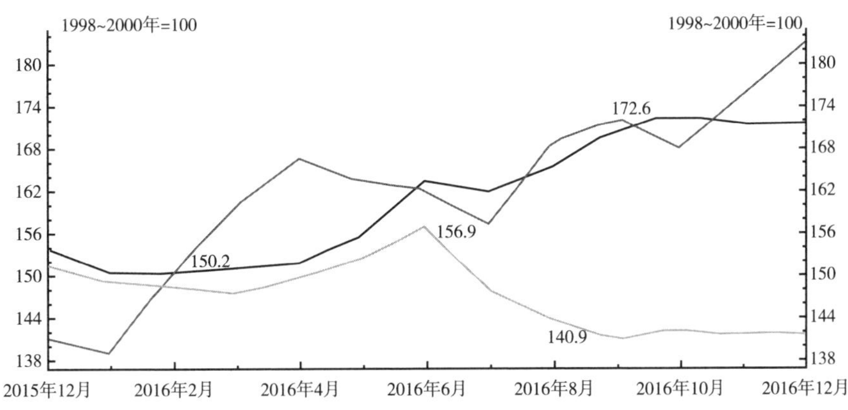

图 9　联合国粮农组织分品种综合价格指数走势

资料来源：Wind 资讯。

大豆、食糖价格出现上涨，而小麦、玉米价格有所下跌。芝加哥期货交易所CBOT大豆期货收盘价（连续）从2016年初的每蒲式耳866.50美分（1月4日）一度攀升至每蒲式耳1177.50美分（6月8日），涨幅达到35.89%，截至2017年1月20日，大豆期货收盘价为每蒲式耳1066美分，仍较2016年同期上涨21.97%。同期CBOT豆油2016年初期货收盘价（连续）为每磅30.01美分，之后经历小幅下挫后，截至2016年12月7日收盘价攀升至每磅37.69美分，较年初最低点涨幅约达25.59%（见图10）。随后虽有所回落，但回落幅度不大，截至2017年1月20日，豆油收盘价为每磅35.13美分，较上年同期上涨约3.36%。

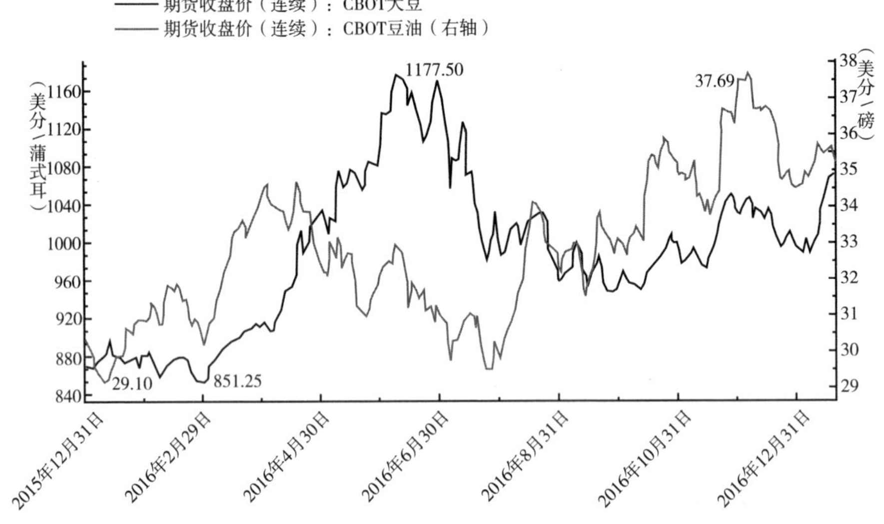

图10 CBOT大豆和豆油期货收盘价走势

资料来源：Wind资讯。

与大豆、豆油走势不一致的是谷物价格的走势。如CBOT小麦期货收盘价格从2016年初的每蒲式耳459.75美分（1月4日）出现震荡回落，一度下跌至每蒲式耳362.75美分（8月31日），较年初下跌幅度达21.10%，截至2017年1月20日，小麦期货收盘价为每蒲式耳428.25美分，仍较2016年同期下跌约9.12%。究其原因在于小麦全球供给有所增加，而需求并未有效回升。如2015年美国冬小麦产量猛增，国内冬麦库存升至29年来新高，小麦因供应过剩致使价格下跌。与小麦走势类似的是玉米价格，CBOT玉米价格从2016年初的每蒲式耳 352 美分一度下跌至每蒲式耳 302 美分（8 月 31 日），较年初的跌幅达到 14.20%，截至 2017 年 1 月 20 日，玉米期货收盘价回升至每蒲式耳 369 美分，虽比 2016 年初同期价格（每蒲式耳 368.50 美分）略微高一些，仍较 2016 年内高点（6 月 17 日每蒲式耳 437.50 美分）下跌 15.66%。玉米较小麦更是表现出暴涨暴跌的宽幅震荡走势（见图 11）。

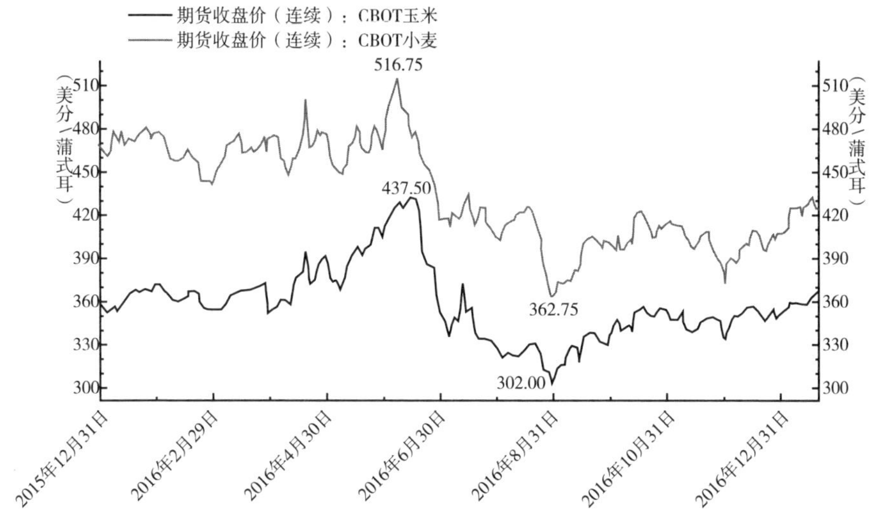

图 11　CBOT 小麦和玉米期货收盘价走势

资料来源：Wind 资讯。

棉花和原糖价格大幅走高。以纽约期货交易所 NYBOT 期货收盘价为例，2016 年初 2 号棉花期货收盘价（连续）为每磅 62.59 美分，一度攀升至每磅 76.27 美分（8 月 5 日），涨幅高达 21.86%，即便随后有所回落，但仍保持在高位，截至 2017 年 1 月 20 日，2 号棉花的期货收盘价为每磅 72.93 美分，仍较年初上涨约 17.91%。由于主产棉国中中国棉花种植面积下滑明显，而美国、印度棉花实际产量受厄尔尼诺天气影响而有所减产，形成供小于求的涨价预期。与棉花价格走势相似，11 号食糖期货收盘价（连续）在 2016 年初只有每磅 14.98 美分，随后快速震荡向上，一度攀升至每磅 23.61 美分（10 月 5 日），涨幅高达 57.61%，截至 2017 年 1 月 20 日，仍维持在每磅 22.24 美分的高位，较年初价格仍高出 42.54%（见图 12）。食糖价格飙升主要是由极端天气因素和主要产糖国预期供应减少所致。

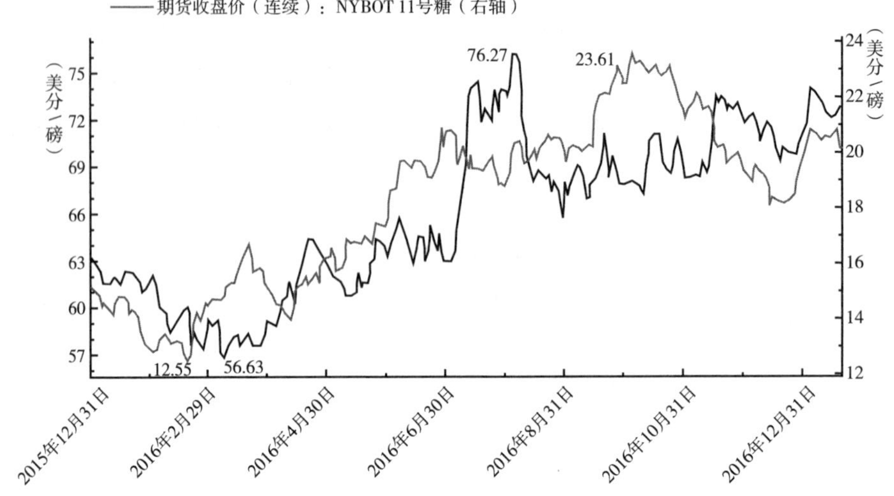

图 12　NYBOT2 号棉花和 11 号糖期货收盘价走势

资料来源：Wind 资讯。

二　国际大宗商品价格走势的影响因素

影响国际大宗商品波动的因素较多，既有供求关系变化，也有货币政策刺激，还有金融炒作预期的影响。究竟哪种因素会占据主导地位，则需要因时分类分析。这一轮国际大宗商品价格回暖，既有供给端持续收缩、补库存需求回暖等因素的影响，也有美联储加息预期推迟、资产荒背景下投机和避险资金的炒作等因素的影响。

（一）供给侧收缩

在经历了 2015 年持续一年的大宗商品低迷期之后，多数商品价格低点接近或低于成本线，主要商品的供应商纷纷采取措施调整过剩产能，有的采取限产，有的采取压缩产能，致使商品产能收缩，导致部分商品供给不足，企业库存较低。比如，以石油为例，国际油价渐次走高的主要原因是供应端限产造成产量减少。由于海湾国家的剩余产能处于低位，这对低成本原油供应增加形成约束，因而 40 美元附近是原油短期和长期的底部区域。比如，欧佩克组织限产预期对国际油价形成短期支撑，2016 年 9 月 28 日，欧佩克宣布达成限产协议，将石油日产量限制在3250万~3300万桶，较8月平均日产量下降20万~70万桶，这是2008年以来，欧佩克首次达成限产协议，超过市场普遍预期。再如，考虑到美国页岩油的成本分布以及年内的季节性需求因素，美国原油生产商正在联合削减生产领域投资，产量显著下滑。2016年6月，美国原油产量降至日均867.7万桶，较2015年同期日均960万桶水平下降了近日均100万桶。再以中国供给侧改革为例，中国加快供给侧结构性改革，重点是钢铁煤炭去产能。截至2016年11月底，钢铁、煤炭两行业去产能任务已经全部完成年定计划量的100%，国内钢铁、煤炭产量有所缩减，进而推动期货价格走高。

（二）需求端回暖

大宗商品价格波动与全球GDP增速变化密切相关。实体经济供需才是大宗商品价格的基本面。2016年以来，在产量缩减的情况下，需求端的恢复好于预期，造成库存处于低位。其中，中国需求仍然是稳定大宗商品价格的主要因素。拿原油需求来说，中国经济并未如外界预期的那么糟糕，中国原油进口需求仍然对国际油价形成支撑。2016年，中国原油进口数量同比增长13.6%。其他新兴经济体如印度原油进口增速维持较高增长，并对原油市场的形势形成坚实支撑。但是长期来看，当前发达国家经济复苏依然疲软，而中国经济增长面临长期下行压力，这意味着支持大宗商品价格持续上涨的动能不足，大宗商品价格长期仍将呈现低位震荡走势。国际货币基金组织（IMF）在其2016年10月的《世界经济展望》中指出，全球经济增长低迷，发达经济体的持续增长停滞可能进一步引发反贸易情绪，从而抑制经济增长。世界银行在2016年6月发布的《全球经济展望》中指出，预计2017年和2018年全球经济分别增长2.8%和3%，均低于其1月的预测值。世界银行指出下调全球经济增长预期主要反映了发达国家增长低于预期，大宗商品价格持续低迷，全球贸易和资本流动明显放缓。由于外需市场并未根本好转，中国经济基本面的回暖也是属于小周期的回升，中长期经济下行的压力仍较大，此次经济回暖持续时间不会太长，会明显弱于2012年三至四季度的回升幅度，其对国际大宗商品的支撑力度不够强劲，尚不足以引领新一轮大宗商品牛市周期。

（三）美元震荡趋弱

2016年以来，美元震荡走弱是推高商品价格的重要外部因素。美联储加息预期降低及外围货币市场的相对变化直接造成美元持续走弱，刺激以美元计价的大宗商品需求，促使商品价格出现震荡上行的态势。从 CCIEE 编制的大宗商品价格指数与美元指数的同期走势看，两者多数时候有很强的负相关关系（见图13），即当美元走弱时，以美元计价的商品价格就会出现一定程度的上涨。2016年以来，美元指数从2015 年末100 点关口一度下行至5 月2 日的92.60 点，这就造成这一段时间国际大宗商品价格的快速反弹；6 月后虽美联储加息预期时浓时淡，再加上6 月24 日后受到英国脱欧影响，美元指数的走势呈现震荡上升态势，2016 年后期，美元指数出现强势反弹，截至2016 年12 月底，美元指数再次攀升至102.38 点，较上年同期上升了约3.73%，这一对应的国际商品价格在6 月达到年内高点后有所回落并呈现震荡走势。尽管2016 年后期国际大宗商品价格上涨与美元指数走强保持一定同步，这与经验上的负相关并不一致，但是长期看美联储持续加息是对美元一种潜在的支撑，美元渐进走强终会使大宗商品价格上涨势头承压。

（四）投机预期渐浓

从资产配置角度看，当楼市、债市风险增加时，资金将会分流进入超跌的商品市场，部分资金的流入将会推动特定期货品种价格走高，尤其是那些期货市场体量较小的商品品种。比如，在 2016 年 9 月底到 10 月初中国重点城市陆续出台房地产调控措施后，拥挤在房地产领域的资金将会分流出去进入超跌的商品市场，从而推高部分商品价格，如近期黑色系列商品大幅上涨，从而引领其他大宗商品跟涨。以黄金为例，避险情绪引发投机需求大增，大幅度推高了金价；但近期受美联储加息预期增加影响，此前黄金的投机性持仓量已明显减少，2014 年 10 月 27 日黄金 ETFs 数据显示，截至 10 月 26 日黄金 ETF - SPDR Gold Trust 的黄金持仓量为942.59 吨，较上一交易日减少14.24 吨。总体上看，由于大宗商品价格存在超跌，触底反弹成为市场的自然反应。实际上，大宗商品价格上涨并不完全是市场需求扩大导致的，其中包含投资者的焦虑心态影响，尤其是在全球利率下行和货币流动性增大的情况下，投资者倾向于追求短期局部的高收益，进入某个市场规模较小的商品市场往往会造成价格泡沫，即引发商品市场的虚假繁荣。保障经济健康运行，有必要强化监控预防这类风险。

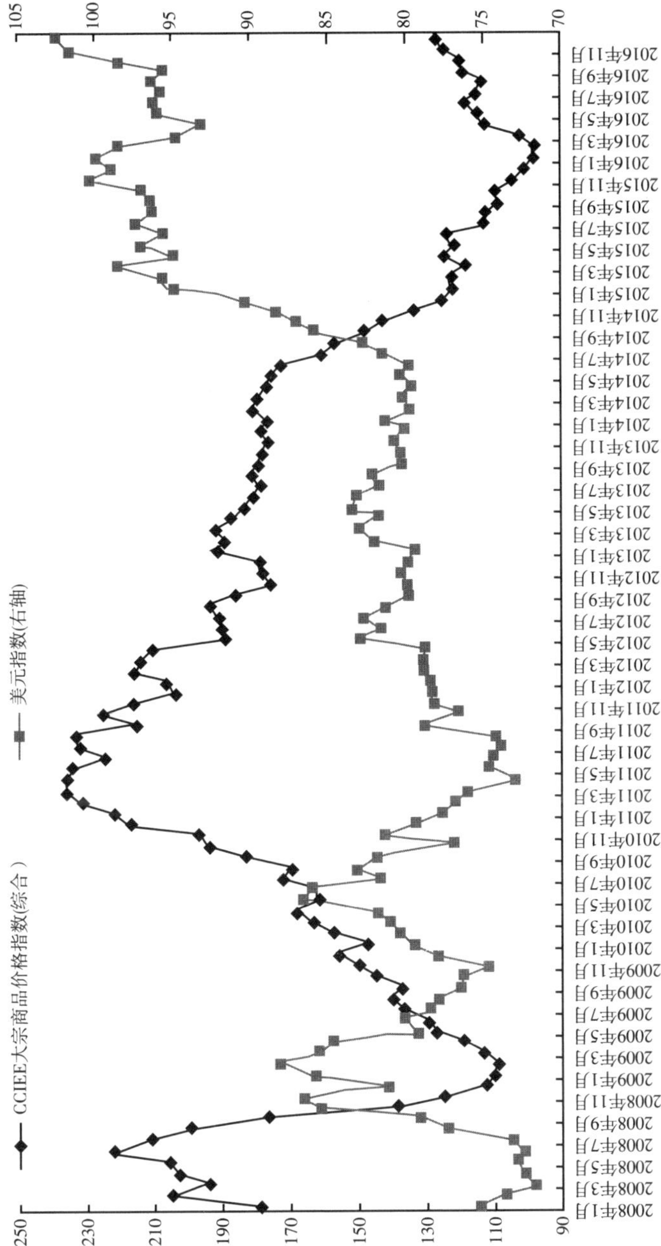

图 13　国际商品价格走势与美元走势对照

三　国际大宗商品价格走势2017年展望

2015年底以来经济运行发生的最重大的变化是市场自发调整和政策诱导推动的供应能力收缩，同时需求面也存在些许积极变化。供应收缩和需求回暖的供求关系变化推动大宗商品价格从超跌状态恢复到均衡价格水平，倘若供给侧进一步调整到位，全球需求持续回稳，那么将会对大宗商品价格有一定支撑。同时，美联储未来一年的货币政策牵动以美元计价的商品市场的神经，如果美联储开启加息通道，那么未来大宗商品价格仍将会承压，这就会抑制由供需调整造成的上涨动力。在经历了2016年的恢复调整后，预计2017年在供需及货币政策调整等多重力量的作用下，大宗商品价格上涨的幅度将会收窄，并保持稳中略升的态势。

（一）大宗商品价格将维持稳中略升态势

倘若美联储2016年底至2017年初开始新一轮加息，那么国际大宗商品价格上涨势头会有所承压，即便部分商品供需调整到位，甚至出现供给短缺，商品价格的涨幅也不会太猛。特别是中国此轮房价周期的拐点临近，意味着地产投资增速的改善将会结束，短期内由中国房地产带动的大宗商品包括铁矿石、钢铁、铜铝铅锌镍等工业品上涨的动能不足，同时意味着动力煤、工业金属以及棉花、白糖、天然橡胶等软商品的价格涨势将缺少有力支撑。据世界银行的年中季度预测，因需求上升推动，国际大宗商品价格将在2017年温和上涨。我们预计，2017年国际大宗商品价格仍会延续震荡上行态势，但总体上涨幅度会逐步收窄，或者说会继续震荡趋稳，而稳中略有上升。

（二）国际油价在限产预期下会有小升

预计国际油价在限产预期下价格可能小幅上涨，但2016年受到美联储加息预期影响，国际油价上涨幅度不会太大，预计油价不会超过每桶60美元，全年平均油价会维持在每桶45～50美元。世界银行在2016年10月发布的《大宗商品市场前景》中预测2016年油价预计平均每桶43美元，维持7月预测不变；同时考虑到OPEC在很长一段时间不限产之后准备限产，世界银行在其季度大宗商品市场展望中将2017年原油价格预测从每桶53美元上调至55美元。特朗普即将实施的“能源独立”政策将对全球市场产生重要影响。尤其是美国今后松绑美国境内能源发展的障碍，这可能增加页岩油产出，从而减少国际原油进口，从而将会使国际油价承压。由此预计，2017 年随着全球需求逐步恢复，国际油价会有一定幅度的上升，但上涨幅度也不会太大，国际油价可能保持在每桶 55 ~ 65 美元。美国页岩油企业的盈亏平衡点在每桶 60 ~ 70 美元，倘若国际油价上涨至该盈亏平衡点之上，那么页岩油的供应就会有利润可图，尤其是美国页岩油供给的慢慢恢复，反过来会压制油价进一步回升。

（三）有色金属价格将维持震荡上行走势

由于铜是整个制造业和工业用途广泛的原材料，其价格受外部影响波动较大。从年内走势看，受美元加息预期、英国退欧公投、英镑闪跌、人民币加入 SDR 后汇率波动等因素影响，国际铜价涨跌互现，波动加剧。比如，英国退欧公投对铜价的影响较为短暂，随后国际铜价恢复原来震荡上行走势。虽然期铝价格受挫，但现货铝的供应依旧维持偏紧，社会库存持续下滑，加上原料成本氧化铝和煤炭价格维持高位，铝价下方支撑较强，预计铝价短期仍会维持坚挺走势，2017 年国际铝价仍会保持小幅的震荡上行格局。

（四）贵金属价格上涨将受美元走强压制

避险投资和实物需求仍将会给贵金属价格上涨提供一定支撑。如负利率环境持续恶化和避险情绪攀升，引发投资者对贵金属投资的兴趣持续增加。再如，印度节礼日的到来令实物黄金需求强劲，实物黄金需求的回升给金价的上涨提供了一定基础。目前看来，贵金属价格的反弹已经到阶段性高点，因美国国债收益率上涨继续削弱贵金属尤其是黄金的需求。美国制造业等经济数据表现强劲，加上美联储多位官员发表较为乐观的言论，美联储加息预期持续看涨，美元指数持续保持强势，预示着国际金价和银价仍将不断承压。短期看，市场将对美联储年内加息形成一致预期，贵金属价格仍有持续走低的可能性，但长期看，美联储加息对金价的利空影响将阶段性消退，而通胀预期的回升将对金价形成支撑，受益于人民币的大幅贬值使国内保值需求上升，叠加未来两年内英国脱欧风险发酵，避险需求至少会促使黄金价格在每盎司 1240 ~ 1250 美元附近横盘震荡并略有上升。预计 2017 年金价仍可能维持在每盎司 1000 美元以上，但不大可能突破每盎司 1500 美元。同样来自多重因素的影响，白银价格 2016 年内虽波动幅度较大，预计2017年大部分时间，银价都可能维持在每盎司15～20美元盘整。除非世界经济出现某些“黑天鹅”事件，刺激短期避险需求升温，推动贵金属价格跳高，否则贵金属价格的波动性走势不会太显著。

（五）铁矿石价格可能小幅震荡上涨

考虑到中国国内的铁矿石品位低、生产成本高，供给能力还有下降空间，再加上中国钢铁去产能仍在进行中，这将会对铁矿石价格形成支撑。在国内粗钢产量维持高位的背景下，国内铁矿石产量继续萎缩，进口弥补了国内铁矿石产量的下降，并且短期内将维持这一趋势。未来1～2年内，中国实施的钢铁、煤炭等行业的限制产能政策还将起到一定的效果，将会带动黑色金属系价格持续回升。国际上看，国际矿商仍有新增产能的空间，但过去一年多逆势扩产面临亏损的难题，预计它们会调整产能释放进程，即放缓新增产能投产步伐。可以预见，在需求不足有所缓解的情况下，供应大量过剩的局面也有所改观。长期来看，因结构调整带动的补库存需求回暖程度不高，供应过剩的状况还会持续较长时间。如巴克莱银行预计，2017年国际铁矿石价格还将会回落至每吨50美元左右。换句话说，国际铁矿石价格可能会在延续现有高位的基础上有所回落，但全年看，铁矿石价格不会保持过去两年长期低迷的状态，可能会维持在比上年均价略高的水平。由此预计，2017年国际铁矿石价格将维持相对稳定，铁矿石均价维持在每吨60美元左右，多数时候可能会在每吨50～70美元区间内波动。

（六）农产品价格持续分化和轮动涨跌

农产品主要生产国分布不同，就会造成不同农产品的供需市场存在较大差异。比如，厄尔尼诺效应给主要产糖国巴西、印度等糖产出造成重大影响，使食糖的需求预期5年来首次超过供应，从而造成2016年以来糖价快速上涨。如厄尔尼诺、拉尼娜现象影响广泛，破坏力强，农产品供应面受此影响大幅减产。除了极端天气影响种植收成外，影响这类农产品价格走势的因素还有进口配额、美元走势、期货市场投资热度等。这些因素加上天气因素等交织在一起促使某些农产品的价格出现暴涨暴跌等大幅度波动。农作物产量每季度都可以调整种植面积，而且根据比价关系可以调整作物品种。比如，因为大豆价格仍相对高于其他一些竞争性农作物，这可能导致大豆播种面积提高。考虑到大豆、棉花、油料等主要供应国预计都可能会有所减产，国际农产品价格将会获得一定支撑，农产品价格还会持续分化，大豆、食糖等农产品价格还会维持现有价位，而玉米和小麦的供应压力趋于下行且库存消费比情况出现持续改善，预计其价格仍将有小幅回升。受国际农产品库存状况并未明显改善和主要消费国的市场需求放缓等因素影响，预计2017年国际农产品价格将会维持稳中略升的走势，可能不会再像2016年有较大的波动幅度。

四　国际大宗商品价格波动输入性影响及应对建议

受大宗商品价格低迷影响，国内很多专家担心中国经济运行将陷入严重的通缩状态。截至2016年8月，工业生产者出厂价格指数（PPI）自2012年3月以来当月同比连续54个月下降，直到2016年9月首次由负转正（0.1%），此后出现迅速回稳，2012年12月同比增速已经攀升至5.5%。从PPI的构成看，此次转正应归因于原油、铁矿石、有色金属等大宗商品市场行情见好，通过输入性传导国内工业品价格持续回升。在经济全球化的背景下，我国供给侧结构性改革必须从全球市场着眼，尤其是要重视国内外商品比价关系及其影响。

（一）大宗商品价格上涨逐步转移到国内价格上来

历史上看，国际大宗商品价格变动将会带动国内生产者出厂价格指数的变化。比如，2011年12月以来，国际大宗商品价格呈现趋势性下降。这一趋势逐渐反映到我国PPI同比增速变化上。2012年2月以前，PPI同比增速一直是正，但是2012年3月开始，PPI同比增速连续54个月是负的（见图14）。2016年以来，PPI下降幅度逐步收窄，在国际大宗商品价格上涨的引领下已经出现由负转正的趋势。只要国际大宗商品价格同比增速持续增长，那么PPI持续回升的势头还会持续。同PPI走势类似，原材料、燃料动力购进价格指数（PPIRM）从2012年4月开始同比下降，但从2015年底开始逐步回升，并从2016年10月开始由负转正，在国际大宗商品价格回升的情形下，PPIRM 2016年12月出现较大幅度攀升，同比增长6.3%。受PPI和PPIRM持续回升的影响，消费者物价指数（CPI）同比增速也多少开始抬头上翘。比如，2016年后三个月CPI当月同比已经攀升至2%以上了。预计2017年仍有持续攀升的可能性。

（二）抓住机遇加快国内供给侧结构性调整

在国际大宗商品价格稳中略升的背景下，我国应抓住国际大宗商品市场仍处

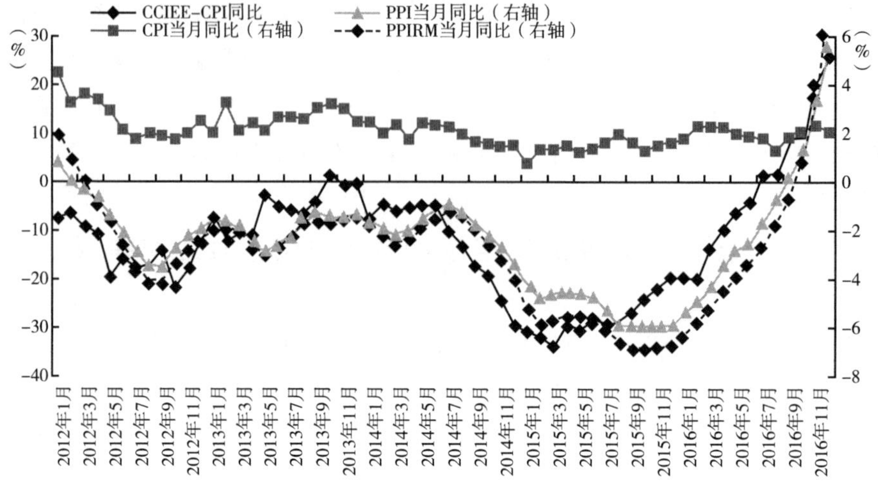

图 14　CCIEE 大宗商品价格指数同比与 PPI、CPI 和 PPIRM 走势关系

于相对低位的时期，尽可能加速推进“三去一降一补”的任务，尤其是将去产能与产业转型升级、房地产去库存、人民币国际化等任务配合起来，增强应对输入性风险的抵御能力。

一是将化解过剩产能与产业转型升级结合。把改善供给侧结构作为主攻方向，重点要围绕优化发展、创新发展、转型发展，坚持去产能与脱困升级相结合，在落实供给侧改革的过程中提升钢铁煤炭行业的竞争力和盈利水平，引导和鼓励企业加大研发投入和技术改造力度，支持传统基础产业改造升级。重点推进钢铁、煤炭企业兼并重组，提高产业集中度，形成若干具有国际竞争力的企业集团；适时整合财税、经信、环保、金融等部门资源，严格执行环保节能标准，推进钢铁、煤炭企业研发高端品种，满足社会日益多样化的需求；同时利用国际大宗商品价格回升的有利时机，从财税、金融等多方面支持新能源、电动汽车、节能环保等新产业加快发展，通过加快落实绿色金融指引，扩大绿色债券规模，发展绿色消费信贷，建立以投贷联动为核心的金融服务，有效引导社会资本进入绿色相关产业。

二是将化解过剩产能与国企去杠杆结合。对产能过剩问题要对症下药和实施“外科手术”，重点解决产能过剩行业的高杠杆率问题，尤其是明确政府与国有企业的角色，加强相关企业生产经营情况监测、督查，加强信贷投放窗口指导，尽可能用市场手段解决企业尤其是民营企业融资难的问题，谨防新一轮的“国进民退”行动，防止国企利用所有制身份获得低息贷款，并利用廉价资金增加产量或产能，或者通过债转股恶意逃废债，从而逆向淘汰民营企业；同时建议有实力的企业采取压力倒逼机制推动国有企业混合所有制改革，重点吸引民营资本进入或与国际资本联手，完善在商品现货市场上的价格对冲机制，同时整合行业优质资产并进行必要的技术储备和新产能投资，使其逐步向全球价值链高端布局，有效提升其市场灵活性和国际竞争力。

三是将化解过剩产能与房地产去库存结合。充分抓住主要热点城市加大限购限贷力度的机会，有序引导钢铁、煤炭供需平衡，降低对下游产业的拉动作用；通过加快房地产去库存、化解过剩产能企业的产能存量，引导三、四线城市有序去库存，更多地使用市场化办法，加大政府购买商品房转为保障房的力度，给予中低收入者房租补贴，适当减小三、四线城市土地供应力度，同时增加一、二线城市土地供应程度，对已经开工建设的商品住房，督促房地产开发商加快施工进度，避免转化为烂尾楼。通过加快住房用材结构升级改造，引导过剩产能行业转型升级，如对于未开工的住房建设用地，重新审核用地性质和建筑用材标准，并将其纳入计划供应的新增土地指标统筹考虑，引导建设更多的钢结构建筑以及太阳能供热系统。

四是将化解过剩产能与人民币国际化结合。在国际大宗商品市场总体供给过剩的背景下，中国应抓住有利时机，积极推动人民币成为国际大宗商品交易的跨境结算货币，并鼓励支持中资企业按照市场化方式建设能源、工业金属、农产品等商品交易中心，形成具有中国影响力的价格生成地，如推进上海、重庆等地石油天然气交易中心建设，提升上海、郑州、大连商品期货交易所的国际化影响力。同时抓住国际大宗商品市场供给结构调整的机遇，积极支持中资企业积极“走出去”，以资本输出带动产能合作，通过鼓励产业资本与金融资本联合出海，支持人民币国际化和国际产能合作的有机融合。

参考文献

International Monetary Fund, *World Economic Outlook: Subdued Demand: Symptoms and Remedies*, October 2016, http://www.imf.org/external/pubs/ft/weo/2016/02/pdf/text.pdf.

U.S. Energy Information Administration Agency, *Monthly Energy Review*, October 2016, http://www.eia.gov/totalenergy/data/monthly/pdf/mer.pdf.

U. S. Energy Information Administration Agency, *Short – Term Energy Outlook*, October 2016, http：//www. eia. gov/forecasts/steo/pdf/steo_ full. pdf.

World Bank Group, "Commodity Market Outlook——From energy prices to food prices: Moving in tandem?" July 2016, http：//www. worldbank. org/en/research/commodity – markets.

World Bank Group, "Commodity Market Outlook——OPEC in Historical Context：Commodity Agreements and Market Fundamentals," October 2016, http：//www. worldbank. org/en/research/commodity – markets.

World Bank Group, Global Economic Prospects——Divergences and Risks, June 2016, https：//openknowledge. worldbank. org/bitstream/handle/10986/24319/9781464807770. pdf? sequence =6.

冯跃威：《美国经济减速与油价飙升的猜想》，《能源》2016 年第 7 期。

韩冬妍、谭小芬：《大宗商品：趋势反转还是阶段反弹》，《中国外汇》2016 年第 10 期。

何晓伟、郭红：《国际原油价格影响因素分析及对策研究》，《全球化》2016 年第 4 期。

黄培昭：《大宗商品价格回暖能持续吗》，《人民日报》2016 年 8 月 15 日。

金瑞庭：《国际大宗商品价格走势及应对策略》，《宏观经济管理》2016 年第 2 期。

刘向东：《CCIEE 国际大宗商品价格指数》，《中国与世界年中经济分析与展望（2010）》，社会科学文献出版社，2010。

任泽平：《大宗商品暴跌暴涨之谜》，《股市动态分析》2016 年第 16 期。

沈浩、陈贺强：《国际大宗商品价格上涨的原因、影响及相关建议》，《银行家》2016 年第 10 期。

王莛磊、王环：《国际大宗商品价格分析和走势预测》，《宏观经济管理》2016 年第 8 期。

王军、刘向东：《抓住大宗商品价格中长期低迷机遇重构中国全球能源资源战略》，《全球化》2015 年第 6 期。

王旭光：《大宗商品价格或启步回调》，《国际商报》2016 年 8 月 19 日。

王永锋：《多角度看美元指数与大宗商品价格的关系》，《期货日报》2016 年 8 月 17 日。

吴开尧、李榕：《美元指数与大宗商品价格相关性分析》，《价格理论与实践》2013 年第 6 期。

张怀清、陈俊、马志扬等：《当前价格形势及展望》，《金融发展评论》2016 年第 6 期。

张明：《商品价格上涨的逻辑》，《金融博览》2016 年第 5 期。

（撰稿人：中国国际经济交流中心经济研究部副研究员刘向东）

世界军工产业形势分析与展望

军事工业是包含了几乎所有新兴科技在内的高技术密集型产业，一个国家军事工业的发展水平在很大程度上代表了这个国家的整体工业水平，其也被视为打赢未来战争的重要基石。在当今越来越复杂多变的国际形势下，发展军事工业成为各国追求强大军事力量、赢得国际竞争优势的必由之路，军事工业的发展与变化也深深影响着当今世界的地缘政治格局和战略形势。

一 当前世界军工产业发展形势

1. 军工产业面临的新形势

冷战结束后，国际军事格局由东西对峙演变为一超多强。随着苏联解体和东欧剧变，以苏美为首的东西方阵营对峙的局面宣告结束，取而代之的是一超多强的国际格局。美国成为全球唯一的超级军事大国，在军费投入、军工技术和产品、国际市场份额等方面都处于绝对的优势地位；俄罗斯、中国、日本等军事强国成为多级力量，仅在局部领域可以与美国形成对比。

当今世界，因国际金融危机对全球经济、政治和安全形势产生重大影响，各大战略力量加快分化，世界进入国际体系加速演变和深度调整的历史转折时期，国际安全风险和变数增大。面对国家安全环境更趋综合性、复杂性、多变性和复杂多变的世界经济、政治和安全形势的严峻挑战，许多国家认识到只有强军才能强国，必须加快建设与国家安全和发展利益相适应的巩固国防和强大的现代化军队。军事装备不仅直接影响战争中的敌我对决，在更深层次上，与军事战略还具有彼此牵引的互动关系，军事工业的发展很可能对战争形态的演变起到至关重要的作用。冷战时期，苏联的“大纵深”作战理论和美国的“空地一体战”作战理论都是基于以坦克作战集群为主的机械化装备而形成的。美国近年提出了“全球即时打击”理论，这在很大程度上是建立在其强大、先进的航空航天能力之上的，其中由波音公司制造的高压喷气动力驱动的高超音速 X－51A“波行者”就是典型代表。当然，创新的军事战略和战争需求也会影响军事工业的发展轨迹，助推其研发和生产出适应军事战略和战争需求的武器装备。正是由于军事工业的重要性，世界强国都把它纳入更重要的战略视野。美国近年来出台了各种军事战略报告，其中重要的一部分内容就是促进国防军事工业结构和能力的调整。美国参联会发布的《国家军事战略》也突出了国防军事工业基础的重要性，指出，“必须继续保持技术优势的幅度，确保国家工业基础能够提供部队在任何应急行动中取胜所必需的装备及其规模”。在这样的战略规划下，美国的国防军事工业将未来的重点投入发展深海能力、开发新型隐身轰炸机、提高导弹防御系统作战能力等方面。

作为国家间博弈的硬指标，军事工业向来是大国必争的“高地”，国家间的激烈竞争，也助推和成就了军事工业的发展。国家间在国防军事工业上的竞争主要表现在两个层次。一个层次是纯军事意义上的。因为谁占领了军事装备技术的先机，很可能就意味着谁能够赢得下一场战争，或者在下一轮军事安全的战略博弈中占据更加主动的地位。另一个层次则更多的是经济意义上的。现代军贸非常发达，是国际贸易活动的重要组成部分。军贸已经成为一些国家经济发展不可或缺的支柱产业，依靠技术和性能争夺军贸市场份额的竞争也呈白热化。正是在这样的竞争助推下，国防军事工业的发展并未因为大的和平环境而呈现低迷或缓和的态势，反而呈现跃升式发展的态势和一些新趋势。世界上的军事强国为了提升本国国防军事工业的竞争力，纷纷出台了积极的举措，主要有两个大趋势。首先是促使产业内部更具活力。由于处于大的和平环境下，战争的直接动力不足，一些国家的国防军事工业出现萎缩或者死气沉沉的现象。为了改善这一现状，大国普遍在本国的国防军事工业内部引进竞争机制，确保活力。例如，俄罗斯的《俄联邦国家国防订货法》就规定，军队在武器装备的采购上，由军队的装备部门通过承包商之间的公开竞争来决定选择购买谁的装备。这项法规明确规定：“除动员外，国防订货计划的落实应在竞争的基础上进行。”日本为了刺激本国军工产业的发展，保证军工产品的质量和效益，更是鼓励企业间的竞争。日本防务部门明确规定，军品产值在企业销售额中所占比例超过10%的军工企业为重点企业，国家会在经费与投资上对这些企业予以倾斜和支持。制造国家产业内部竞争不仅保证了国防军工产业的活力，而且淘汰了一批创新力不强、产能低下的企业，通过大鱼吃小鱼，在客观上自然地实现了产业的并购和重组，造就了一些集约型、超大的军工集团。这些巨无霸式的军工集团在国际市场上也就更具竞争力。其次是推动产业的“军民融合”。在保证军事专用的核心部分外，其他大部分产品尽量采用民品或利用同一设备、设施、规范和标准进行生产，减少不必要的资源和知识浪费。美国国防部就认为，发展军民两用技术是美国国防科技战略的重要内容，同时也是振兴美国经济、增强国防整体实力的国家安全战略的组成部分。例如，美国著名的军工企业波音公司现在的民用收入就已经占到总收入的一半左右，这也保证了它可以利用民用项目的稳定收入对军事装备制造业形成补充和支撑。

2. 军事装备市场的新特点

军费是军工行业需求之源，是军事装备采购的资金来源。在军费投入方面，美国多年来一直遥遥领先，中俄紧随其后。根据斯德哥尔摩国际和平研究所（SPIRI）的数据，2015年美国军费超过6100亿美元，占GDP的比重维持在3%～5%，约占全世界军费的35%，相当于俄、中、欧、日、印等国家和地区军费之和。中国军费全球排名第二，2015年约占全球军费的12%，规模上仅为美国的1/3左右。巨额的军费投入为美国军工产业保持全球领先提供了根本保障。在军费各大部分中，武器装备部分构成军工行业的最主要需求，对军工产业发展起到重要推动作用，也决定了军工行业的景气程度。以美国为例，历年数据表明其武器装备类支出占到总军费的30%左右。在当今全球军事装备市场上，美、欧、俄垄断高端技术和高端军品市场，美国占据半壁江山，引领军工装备发展方向。

美国军工技术站在科技最前沿，军工产业拥有强大创新能力。自二战以来，美国在各类高端武器装备方面始终处于全球领先水平。目前，美国的军工技术全球领先，在战斗机、无人机、卫星等多个高端武器装备领域引领着世界发展方向，成为各国模仿和赶超的对象。美俄欧在航空、航天、舰船等高端武器装备领域处于领先甚至垄断地位。军机方面，美欧俄基本垄断了现役战斗机、运输机、直升机市场，例如，战斗机方面，美国的F系列、俄罗斯的MIG和Su系列战斗机；运输机方面，美国的C系列和俄罗斯的一些运输机；直升机方面，美国的黑鹰系列（S70）、阿帕奇系列（AH-64），以及俄罗斯的MI系列直升机。航天方面，截至2016年8月，全球各国在轨卫星或飞行器数量排行中，美国以549颗占据榜首，遥遥领先于其他国家，中国以142颗紧随其后，第三名是俄罗斯。舰船方面，美国的航母、巡洋舰、导弹驱逐舰等高端舰船的数量和排水量处于全球领先水平。全球战斗机订单主要被美、俄、欧瓜分。根据SPIRI统计，2015年全球王牌战斗机的订单主要被美国、俄罗斯和欧洲瓜分。《汉和防务》称，目前美国还在酝酿更大动作，其中包括向9国出售611架F－35战机。

3. 军工企业发展的新格局

当今世界，美国军工百强企业数量及销售额全球领先。根据SIPRI数据，2015年全球军工百强企业中，美国拥有近半数席位，欧洲各国和俄罗斯紧随其后；从销售额方面看，美国的军工百强企业销售额占比超过54%，俄罗斯和英法等欧洲国家紧随其后。全球军工出口领域主要由美、欧、俄、中主导。据SIPRI数据，美国在过去5年向全球96个国家销售、转移军火，军售量比上一个五年增长27%。2011～2015年这五年间，全球军工市场中有1/3的出口份额被美国军工企业占领，位列全球第一；俄罗斯约占25%的份额，位列全球第二；欧洲其他国家合计占全球市场份额不到20%。根据SIPRI数据，2015年全球前十大军工巨头中，美国企业独占七席，分别为洛马、波音、雷神、诺斯洛普·格鲁门、通用动力、联合技术、L－3。其余三席，分别为英国的BAE、泛欧洲的空客、意大利的芬梅卡尼卡。

由于军工企业拥有较高地位及相对丰厚的利润，美国大财团加强了对军工企业的渗透和控制，而军工企业则可以依靠财团提供的资金和政府中的影响力争取国防订单。表面上看，美国军工上市公司股权比较分散，但实际上却掌握在少数华尔街金融巨头及其一致行动人手中，这样的情况延续至今。因此，美国政府只要管住华尔街这些金融巨头，也就掌控了这些显赫的军工企业。军工复合体也是美国军工的重要特色。军工复合体由艾森豪威尔在1961年最早提出，主要由军队、军工企业、部分国会议员组成。国防企业代表直接进入国家权力机关，参与国防规划，在防务政策中为集团谋求利益，同时也在一定程度上左右着国家的安全决策。

二 世界主要军工大国的改革发展

近年来，美、俄、欧通过军工改革力图保持军事强国地位，专业化和规模化重组、资产证券化、军民融合已成为军工改革的共同发展趋势。美国军事工业以民企为主，以“军民融合”和“配套协作”为目标，通过大规模并购重组打造国际军工巨头；俄罗斯囿于苏联的国有体制，私有化改革失败，目前由政府主导军工改革，一体化整合促成垄断格局；西欧追求规模化、专业化和泛欧化，加强国内整合和国际协作；中国已完成了由计划经济体制向市场经济体制的过渡，进入以强军为目标、以军民融合为主要方向的全面深化改革阶段。

1. 美国军工改革发展

冷战后，军费下降和信息战需求导致军工行业集中度上升。苏联解体后，国际形势趋于缓和，美国开始缩减军费开支，再加上新战争理念需求，军工企业开始了大规模的收购兼并，行业集中度开始急剧上升。军工企业兼并重组的主要目的包括巩固优势领域，剥离次要业务；注重军民一体化尤其是民品领域发展；明确集成商角色，应对“信息战、网络战、整体作战”要求。

1993 年，时任美国国防副部长的佩里在一次国防工业主管参加的晚宴上发表演说，公开鼓励合并。随后，美国国防部以军备订单为杠杆，掀起了军工企业合并的浪潮，并采取一系列政策措施促进军民一体化。重大调整方向首先是军民融合。2003 年美国提出了调整国防工业的“国防转轨战略”，提出了建立一个统一的“国家技术与工业基础”的战略目标——将军工融入民用工业领域，并鼓励国防系统企业广泛合并，以应对冷战后军事需求暂时的缩减和规模已经膨胀的国防工业对资金和技术更快提升需求之间的矛盾。创建军民一体化的科技产业链。一方面，美国国防经费中部分用于资助美国前 100 所大学，大学也广泛参与美国的国防研究；另一方面，民营企业广泛参与军工项目，例如，硅谷为美国提供高技术通信器材、IT、卫星照片分析技术等。重大调整方向其次是企业划分角色，相互配套协作。2003 年“国防工业基础转型路线图”提出了构建“基于作战能力的国防工业基础”的战略思想。这改变了原来以产品来划分国防工业领域的方式，美国的军工企业逐步由单一产品和武器平台供应商转变为跨领域多个平台的集成商，并且这些供应商之间逐渐建立互相配套、横向合作的关系。美国军工企业间掀起的大规模的合并和重组浪潮，形成军工寡头。2002 年，美国国防工业通过大规模合并重组，原有的约 50 个主要军工供应商整合为波音、洛克希德·马丁、诺斯罗普·格鲁门、雷神和通用动力五大军工巨头。这些巨头基本上瓜分了美国政府的军品采购项目，并形成各细分领域的寡头。

近年来，美国军事工业更加重视技术优势，警告全球技术进步撼动美国防务技术优势地位，强调发展颠覆性技术。美国智库国家安全中心 2013 年 9 月 27 日发布名为《改变游戏规则：革命性技术与美国防务战略》的报告，探讨先进技术在全球的快速蔓延将如何撼动美国在国防能力方面的技术优势。报告就确保美国维持未来技术领先地位提供建议，如通过国会立法，要求国防部每年报告国防领域研发情况；组建一支常设的国防部下一代技术研究小组；发起一场多年度的技术领域的“生存游戏”，体验技术进步如何改变全世界的军事竞争。该机构 2014 年又发布《创造性的颠覆：技术、战略与全球国防工业的未来》报告，指出，未来几年，技术环境、地缘政治环境和商业环境的变化，可能引发全球国防工业的重要变化。美国国防部前副部长威廉·林恩在报告前言中指出，美国如果要国防工业继续保持技术优势，需要确保工业战略和采办结构适应商业化和全球化的发展趋势。报告建议工业界和政府更多地投资于新技术，清除那些阻碍美国企业发展的管制和采购壁垒。

美国国防部一再强调技术创新，新技术战略已逐渐成形。美国时任国防部长哈格尔 2014 年 9 月 3 日在“东南新英格兰国防工业联盟会议”上透露，国防部正在发起一项由国防部副部长罗伯特提出的计划，以鼓励国防技术跨越式创新发展。该计划被称为“技术抵消”，正在通过发布新的采办原则而逐渐成形，将着眼于过去战术核武器和精确制导弹药的发展历程，并尝试开发能够保持美国军事优势的新一代武器装备。美国国防部鼓励国防企业投资于技术创新，而不是对现有能力逐步改善。为引导创新，国防部将制定新的“长期研究和发展规划方案”（LRRDPP）。该方案将有助于推动国防技术在预算精简时代的发展。美国总统行政办公室发布的《美国制造：美国制造创业与创新》报告指出，美国制造为支持和推动美国创新发挥着极其重要的作用；美国制造比以往更具竞争力；新技术可为企业和创业者设计、测试和生产新产品，同时降低研制成本，缩短时间，并创造新的优势资源；新兴技术和制造创新促使美国制造商加快研发投资，创业者正以 20 年来最快的速度创建新企业。

2. 俄罗斯军工改革发展

苏联解体后，俄罗斯继承了约 70% 的国防工业企业，约 85% 的军工生产设备，经济低迷、军费不足导致国防订单大幅减少，再加上全球战略的收缩，以及军工企业国有制本身的种种问题，使得整个俄罗斯军工产业陷入困境，迫使俄罗斯启动军工改革，大体分为三个阶段，第一阶段（1992～1997 年）：激进的私有化导致俄罗斯国防工业陷入混乱。基于“休克疗法”的政策大背景，俄罗斯军工改革前期采取了激进的私有化方式。根据俄罗斯国防部统计，大约57%的军工企业不同程度地实施了股份制改革，28.2%的实现了完全私有。由于缺乏充分论证，这场快速私有化并没有实现提高生产效率和吸引国内外资本的目的，反而使投机加剧，企业处境更加困难，俄罗斯军工体系陷入混乱。1991～1997年，俄罗斯军工行业产值出现大幅下滑。第二阶段（1998～2000年）：改革回归理性。经过最初的探索阶段后，俄罗斯重新拟定了国防工业改革方案，1998年批准《1998～2000年国防工业军转民和改组专项规划》，计划实行大集团和规模化经营战略，将国防企业数量由1700多家减至670家，同时加大财政支持力度。然而，当年发生的金融危机使该计划最终泡汤。第三阶段（2001年至今）：由政府主导的专业化、规模化整合，组建大型国防企业集团增强国际竞争力。进入21世纪后，俄罗斯在普京的领导下实行国防工业一体化战略，2001年批准《2001～2006年国防工业改革与发展规划》，要求将1630多家国防企业合并为36家超大型国防科研生产综合体，这些综合体必须由国家控股，在此基础上允许民间资本参与，并支持海外上市。随着经济复苏，俄罗斯的军工产业逐渐得到恢复。

坚定推行所有制改革，适当保留全资国企。苏联时期的单一国有制使军工企业难以适应市场经济环境，而完全私有化既不能满足国家对国防产品的特殊需求，也不符合俄罗斯的实际。最终，适当保留全资国企，扩大各类股份制企业在军工企业中的占比，成为俄罗斯军工改革的基本模式。俄罗斯国有军工企业开始股份制改革。俄罗斯国有军工企业占主导地位，由国防部直接领导。近年来，俄罗斯开始对大型军工单位联合合并改制，形成5家重点企业，并推行所有制改革，在保留全资国企的前提下，扩大各类股份制企业占比。同时建立“军工－金融”集团（联合体），以军工为主体，吸纳金融机构加入，这类集团自筹资金、自负盈亏、自主经营、独立核算，不再依赖政府拨款。

专业化整合，主导设计局、研究所、工厂和企业联合组建企业。俄罗斯将科研、设计、试验、生产、销售、售后紧密结合，从体制上解决科研与生产脱节的问题，降低成本，增强市场竞争力。经过政府主导的一系列专业化整合，俄罗斯各主要军工领域均已形成完全垄断或寡头垄断格局。集约化整合，打造大规模军工综合体。俄罗斯将原来各自为营的大中型企业整合成为超大型“企业航母”，提高了俄罗斯军工企业的国际竞争力。建立统一的国防出口公司，加强国防产品出口集中管理。保持军工企业的经济带头作用，加速军转民。俄罗斯政府决定继续加大对军工领域的国家投入，以保持其在国内经济中“领头羊”的地位和作用，在保障国防产品研制和生产前提下，加快军转民步伐，使部分适宜生产民品的军工企业逐渐成为生产民品的骨干企业。

目前，俄罗斯军事工业产值虽有所增长，但基础仍然薄弱。美国“战略之页”网站发表文章指出，俄罗斯千亿美元的装备现代化计划使俄罗斯国防工业产值增长不少，但俄罗斯国防工业的基础仍然薄弱，原因有以下几点。①苏联解体时，俄仅能维持冷战时期20%的军力，无力供养庞大的军队。②苏联解体后，1/3的军工厂分布在其他14个新国家中，使俄很难向这些国家的供货商获取关键零配件。③20世纪90年代，俄罗斯政府削减了90%的采购费用，国防工业企业要么多样化经营转向民品装备，造成大量当时先进的飞机、舰艇和装甲车锈蚀荒废、解体乃至消失，仅核潜艇就废弃100多艘；要么破产倒闭，一些国防工业企业仅能靠出口订单幸免于难。④20世纪90年代后期，俄军事秩序开始恢复，2010年后国防工业真正步入正轨，但是其衰退的后果开始显现：新装备不能达到预期性能，甚至完全失灵。为此，国防部展开调查发现，一是新装备生产中存在严重质量控制问题，二是新装备使用中部队存在管理腐败与低效问题。

为此，俄罗斯加强了对国防工业的立法保障。一是成立军工综合体立法保障委员会。俄罗斯联邦召开第346次会议，决定在俄联邦委员会内成立为军工综合体和军事技术合作提供法律保障的委员会，主席由俄联邦委员会副主席尤里·沃罗彼耶夫担任。俄联邦国防和安全委员会主席维克多·奥捷洛夫称，委员会的建立将完善俄罗斯在该领域的立法。二是制定新工业政策法。由工贸部制定的“联邦工业政策”法律草案已结束综合讨论，提交国家杜马。该项法律将确定俄罗斯工业未来的发展方向，统筹目前分散在各项国家计划和联邦专项计划中的关于国防工业的措施，提高现有机制的效率，推广先进的方法。工贸部部长曾表示，新法律将加强扶持工业界的举措，包括限定国外设备的采购、根本性降低有效企业的贷款利率、防止税收风气的可能性恶化、从联邦预算中划拨出扶持工业个体的基金等。

同时，俄罗斯调整了国防工业管理机构，由普京总统担任军事工业委员会主席。2014年9月10日，普京在武器装备现代化会议上表示，他已签署了将军事工业委员会由联邦政府改为总统直管的总统令。由普京出任主席，增设的执行秘书一职由国防部副部长兼武装力量装备部部长出任，由主管国防工业的副总理任委员会唯一的副主席兼执行机构主席。此次调整，旨在更加有效地发挥该委员会的作用，能够在进口替代问题上最大限度地发挥作用，因为“进口替代”计划的实施不仅需要与政府所属各部门和机构进行沟通，还需要加强与总统直属机构的协调。普京领导下的军事工业委员会将被赋予新的地位，拥有更大的权力，充分协调执行权力部门和军工企业之间的关系，解决国家国防采购中及实施“进口替代”计划中出现的所有问题。

普京还签署了总统令，取消国防采购管理机构。为完善俄罗斯国防武器、军事特种技术和装备的采购与管理制度，普京签署了《关于国防武器、军事特种技术和装备采购管理与控制的若干问题》法令。根据法令，将废除国防供货局和国防订货局。国防供货局的职能将移交给联邦内务部、联邦民防、救灾事务部、联邦国防部、联邦对外情报局、联邦安全局、联邦毒品流通监督机构等，以确保其职能的连续性。

俄罗斯军事工业委员会设立推动军工竞争的部门。俄罗斯军事工业委员会2015 年制定出国防工业内部竞争发展“路线图”，并提交讨论。此外，军事工业委员会中负责军品定价和信贷政策的委员会成立“国防工业节约生产和管理调整”部门，致力于提高内部竞争力。其认为，缺少内部竞争是军工产品价格过高的原因之一。俄罗斯在创建大型一体化结构、扩大规模的同时，不经意间失去了军工企业之间的竞争力。只是依靠行政手段解决高价格问题行不通。如果同一产品有 2 ~4 个供应商在竞争，那么自然会考虑降低价格。同时，注重培养国防供应后备人才。俄罗斯联邦武器装备、军事、特种装备和材料设备供应局（“俄罗斯国防供应局”）向俄罗斯四所高等院校的大学生提供了实习机会。“俄罗斯国防供应局”是快速发展起来的权力执行机构，对年轻骨干的需求逐年递增。该机构认为，与高校建立合作是互利的，既可以接受优秀的毕业生，也可以提高学生的就业率。选择优秀毕业生、培养年轻专家队伍是该机构人才政策的优先任务。

俄罗斯政府还为企业发展提供基金和贷款支持，设立工业发展基金。俄罗斯总理梅德韦杰夫签署了设立工业发展基金的决议，该基金将在技术发展基金的基础上建立，已同财政部达成协议，第一步将向工业发展基金投入 10 亿卢布（约合 2000 万美元），未来三年总预算为 185 亿卢布（约 3.7 亿美元）。主要任务之一是在企业获得银行贷款资格之前，为其投入资金，此举将会促进科学试验工作，加强技术经济基础，促进工业界科技潜力的提高。俄罗斯政府还为多家军工企业提供国家贷款担保和优惠政策，其中包括战术导弹公司、金刚石 - 安泰公司、琥珀造船厂、中涅瓦造船厂等。俄罗斯工贸部与储蓄银行签署合作协议，确定了贷款优惠政策，以及拨款优先领域，包括国防工业以及其他关键工业领域。工贸部部长认为，双方的相互合作将有利于企业的现代化升级改造。此外，俄罗斯工贸部还与天然气工业银行、莫斯科银行和诺莫斯银行等银行签署了协议。俄罗斯还计划提高国防企业国产技术设备的装备率。俄罗斯工贸部部长表示，通过实施“2011～2016 年发展俄罗斯本国机床和仪器制造工业计划”，目前已研制出 100 多种自有知识产权的新式机床和高技术高品质仪器，新研产品达到了世界水平，在许多方面甚至领先于国外同类产品，已为投入生产做好了准备。俄罗斯计划未来 5 年内，把国防企业使用的国产技术设备比率提高到 60%。俄罗斯国家技术集团下属机床制造公司作为专业设备工程中心，将全过程推动军工领域的国产设备生产。

3. 欧洲及其他国家军工改革发展

欧洲军事工业追求规模化、集团化、专业化发展，呈现一体化趋势。西欧国家军事工业一个重要趋势是国家级别的企业集团化，以积极同美国大公司集团竞争。典型例子是法国的 AREVA 集团、Thales 和英国的 BAE Systems，三者分别整合了法国和英国的主要军工资产，以提高跨国谈判、反美国巨头市场垄断的能力。军工产业专业化分工有利于压缩调整重复生产能力、避免重复投资，集中力量发展主业，提高效率。为了提高军工企业在高风险、高投入、国际竞争激烈的航空航天产业的竞争优势，西欧各国加强国际合作，从一开始的产品、项目合作，到后来的共建企业、并购重组，逐步实现了泛西欧化的趋势。例如，法国宇航 Matra 公司与德国、西班牙公司合并，组成西欧航空航天和防务公司 EADS。

西欧国家军事工业的另一个重要趋势是国企变民企。西欧国家都曾经拥有过大量的国有军工企业，经过二战后的发展迅速壮大。在 20 世纪 60 年代，英国、德国率先推进国企民营化，90 年代以后，西班牙、法国等也陆续跟进，如法国将国有航空发动机研究制造公司 SNECMA 改组为股份公司，以及将法国军用舰艇主要生产单位舰船建造局改组为股份公司。同时，美国和西欧的军工企业以上市公司为主。美国私营军工企业占主导地位，国家主要通过完整的法律体系，确保美国军工企业在自由竞争的前提下服从国家的意志。西欧国家在 20 世纪 60 年代后将大量国有军工企业民营化，当前西欧军工巨头均为上市公司，与美国不同的是部分军工巨头仍由政府部门控股。

美国和西欧各军事强国，通过军工企业的规模化扩张和专业化整合在各领域形成寡头垄断。美国主要防务集成商从 20 世纪 80 年代的约 50 家急剧减少到目前的5家；俄罗斯组建了联合火箭航天公司、联合航空制造公司、直升机公司、战术导弹公司等军工巨头，形成行业垄断；英国、德国和意大利等国军工巨头垄断国内主要市场份额。

印度政府针对国防工业管理采取一系列措施。鼓励私营企业参与军工，提高国防领域外商直接投资比例限制，加强国防生产。政府承诺加强国防生产，将鼓励私营企业参与并投资，允许外国投资者在政府指定的领域进行直接投资（FDI）。印度军方把装备采购寄希望于政府，希望政府改革国防工业生产部门，降低装备对进口的依赖。印度国防部官员和军事分析人士认为，政府将外国直接投资的上限大幅提升，以缓解对国外进口装备的依赖；同时有专家认为，政府在军品生产本土化方面并没有新措施，由于国家体制存在结构性缺陷，未来10年印度对装备进口的依赖将持续下去。

印度政府拟投资120亿美元鼓励私营企业建造飞机制造厂。印度国防部官员向印度私营企业表示，印度政府拟投资120亿美元鼓励私营企业独立或与外国公司合作建立飞机制造厂。印度空军希望借此打破印度斯坦航空公司（HAL）对印度飞机制造业的垄断。HAL在未来十年的工作量都将是超负荷的，而且其负责的许多项目已屡屡延期。

放松对国防装备生产许可限制。印度工商部宣布在国防部的配合下简化国防产品的生产许可流程，以促进国防生产。新规定对坦克装甲车、军用飞机、航天器及部件、舰船装备、武器弹药及有关部件和备件继续实行许可生产制度，而生产军民两用等产品将不再需要工业许可证。简化规定将使军工企业（特别是中小企业）更广泛地参与国防产品供应链，促进更多新企业进入印度国防工业并增加投资。印度工业政策促进部（DIPP）官员表示，需要许可证生产的项目将减少60%。

放宽国防领域外商直接投资比例一般上限。印度政府已批准将本国国防领域中外商直接投资比例的一般上限由26%调整放宽到49%。印度政府还规定对于外资持股比例达到49%的国防企业，允许有一家以上的印度实体持股，此前规定必须由一家印度实体持有另外51%股份。印度“政府外国投资促进委员会”管理将负责处理国防领域国外投资事宜，遇特殊情况可申请“政府内阁安全委员会”（CCS）的批准以实现“特事特办”。印度政府此举旨在促进本国国防科研生产并减少进口。

日本政府多举措推进军工“走出去”。日本提出了国防工业提升国际竞争力的主要举措。日本防卫白皮书指出，将进一步深化改革以促进国防工业平稳地“走出去”，措施包括继续加强国防工业的自主能力，完善采购制度，增强国防承包的灵活性，细化国防工业分类，深化研发合作等。具体措施包括以下几点：①防卫省将根据装备特点，选择装备采购途径（国内自主研发或参与国际联合开发生产）；②通过评估竞价系统、增加长期合同、审核单一招标、修订处罚制度、指导投标中止等，增加国防承包透明度；③引入高效的采办管理方法；④细化国防工业分类，以优化国防工业基础；⑤明确区分上下级部门分工；⑥明确国防科技发展趋势，规划未来的国防装备发展方向；⑦出台政策加强政府、企业和大学等研究部门的合作。日本防卫省还可能将成立负责国防出口的防卫装备厅。防卫省已提议成立防卫装备厅，如果该提议得到批准，防卫装备厅将负责领导和监督日本的军事出口和进口工作，提高国防采购效率并降低成本，还将监督日本军事研发机构的开发工作。目前，日本的军事采购由防卫省下属的装备采购与建设办公室（EPCO）负责。在日本放松了军事出口管制后，装备采购与建设办公室需要更广泛的权力，以促使日本国防工业更具竞争力。

韩国政府一直大力推进军工产业的发展，将其作为新的经济增长点。政府各部门特别是防卫事业厅根据政府的决策，积极支持军工产品出口，充分体现政府的决心和意志，在促进军工产品出口方面发挥了核心作用。例如，防卫事业厅通过在当地举办军工产业信息发布会、参加军工产品展示会等方式，向世界展示韩国国防工业取得的巨大成就，大力宣传韩国的军工产品。防卫事业厅还通过制定各种认证制度、构建认证系统及机构等方式，为韩国军工企业的产品迅速进入国际市场提供有力支持。防卫事业厅还开设了以中小企业出口业务负责人为对象的军工产品出口专业人才培养教育课程，并建立了军工产品进出口支援信息系统。此外，为了保障军工产品出口，防卫事业厅改进和加强了金融支援体系，全面完善了各部门协商机制，并组建了军需物资交易支援中心，将在对外出口中发挥重要作用。

澳大利亚国防装备局欲重组机构。澳大利亚国防装备局是负责澳大利亚国防装备采办的机构，为提高采办工作的能力和效率，澳大利亚国防部长拟对其进行重组，并提出了三种重组模式：一是以国防装备局目前的结构为基础，增加提高贸易和项目管理能力的新机制；二是对国防部和国防装备局进行重新整合，把重点集中在国防合同管理上；三是使国防装备局在部分领域或整体上更加独立和商业化。

三　世界军工产业发展未来展望

1. 世界军工产业发展趋势

世界各国军工行业拥有相同的区别于其他行业的特质，决定了各国军工行业拥有相似的发展趋势。

买方垄断，严重依赖政府订单。对于各国军工企业来说，服务对象主要是各国军队，产品需求方主要来自本国政府和国际市场上的外国政府，因此，军费支出是军工企业的根本收入来源。国内需求优先保障，需求稳定。本国的武器装备需求是军工企业最直接、最稳定的需求来源，在技术性能相近的情况下，各国会优先选择国产装备。国际市场为军工企业带来增量需求，但竞争激烈，对产品和技术要求极高，目前主要被美、俄、欧等寡头垄断，军工企业在国际市场上的竞争往往上升到国家竞争的层面。

产品“高精尖”，本国军工企业有限竞争甚至垄断。军工技术代表着一个国家制造业的最高水平，各国既希望通过竞争提升军品技术和性能，又在极力避免重复性投入带来的资源浪费。因此，军工领域的竞争往往属于有限竞争，每个领域的武器供应商都只有少数几家甚至是独家垄断。核心技术高度保密，各国自力更生。武器装备的核心技术属于国家秘密，保密的要求限制了军工产业的开放性，在一定程度上加剧了国际竞争中强者恒强的结果，在高端武器装备研制方面各国必须走自力更生的道路。

军品研制高投入、高风险，军工企业规模化发展。军品研发周期长、资金投入大，具有较高风险，冷战期间不少军工企业因为几个项目的失败导致经营受困，甚至被收购。冷战后，军费预算和军品订单量下降，军工企业纷纷通过集团化发展的方式，丰富产品种类，降低单一项目失败带来的经营性风险，通过规模化发展降低经营风险。网络战、信息战理念对产业链整合提出新要求。网络战和信息战要求武器装备由单一产品向系统级产品转变，军工企业通过加强专业整合和产业链整合，逐步实现由单一的武器供应商向系统集成商转变。形成技术垄断、增强国际竞争力。重组、联合能够实现技术优势互补，优化资源配置，消除资源的重复投入，形成更大的技术优势。各军事强国以垄断高新技术和抢占军品国际市场为重要目标，通过组建大型军工集团增强国际竞争力，保持领先地位，维持谈判能力。

2. 对中国军工改革发展的启示

从军费投入、武器装备数量、军工技术水平等方面看，中国与美、欧仍有较大差距。从军工产业发展的角度看，中国军工改革大幕已拉开，在未来发展趋势方面借鉴欧美军工重组的成熟经验具有重要的现实意义。

中国军费开支仅为美国1986年军费水平。中国军费经过十余年快速增长目前已经处于全球第二，但中美军费差距仍远大于经济差距。2016年中国9543.54亿元的军费开支仅相当于美国1986年的开支水平。中国在军工技术和核心武器装备研制方面与美国可能相差20年以上。近年来，中国国防工业已取得飞速发展，但在军工技术的积累以及核心武器装备研发进度方面与欧美仍存在较大差距，部分重要装备领域甚至仍处于空白状态。

中国军工产业改革，短期内可以军工集团的内部资产整合为主，未来可通过跨集团资产整合的方式打造国际军工巨头。从美、俄、欧的军工改革历程来看，专业化和规模化重组、资产证券化、军民融合已成为军工改革的共同发展趋势。中国军工产业现阶段以及中长期内，可以军工集团的内部资产分业务整合为主。目前，中国军工产业仍处于各大军工集团资产内部整合的阶段。由于军工集团按产品领域划分，因此当前的军工资产整合并没有跳出同类产品体系的范畴，仍属于军工资产整合的初级阶段。远期有望通过跨集团、跨产品平台资产整合，打造国际军工寡头。美欧军工企业通过产业整合，实现在航空、航天、船舶等多个产品平台的跨越，奠定了当今国际军工寡头地位。跨产品平台、跨集团的资产整合也有望成为中国军工企业的未来发展方向之一，跨产品平台整合将有望孕育出中国的国际军工寡头。

军工资产证券化也是中国军工企业的发展方向之一。综观全球，80%以上的军工企业是上市公司，从美、欧等的军工发展趋势来看，资产证券化有利于融资，已成为军工企业的发展方向。目前，中国军工资产证券化仍处于较低水平，平均在40%左右，大量优质的军品资产仍在上市公司体外，资产注入空间巨大。根据军工资产的重要程度，国有资产可采用绝对控股、相对控股、参股等不同的控股方式。《关于建立和完善军民结合寓军于民武器装备科研生产体系的若干意见》明确指出，除关系国家战略安全的少数企业外，要以调整和优化产权结构为重点，通过资产重组、上市、相互参股、兼并收购等多种途径推进股份制改造。可以预测：对于少数核心的、涉及国家战略安全的军工企业，将保留国有制或者采用国家绝对控股的方式；对于其他军工企业，将根据重要性进行不同程度的混合所有制改革，国有资产可以相对控股。

目前，中国军贸正处于重要的战略机遇期，国际军贸市场需求持续增长，国家实力、国际地位和影响力的提升，创造了更为有利的军贸环境。各军工集团在把握机遇的同时，也应清醒认识并妥善应对军贸工作当前面临的困难和挑战，理清军贸发展的思路，加强战略和规划研究，扎实开展军贸产品体系、市场体系和科研生产能力建设；坚持创新驱动，增强军贸产品出口竞争力；推动深化改革，消除制约军贸发展的障碍；完善政策制度，为军贸发展创造良好环境；加快培育以技术、品牌、质量、服务为核心的军品出口竞争新优势，不断提升军品出口的质量和效益。

参考文献

Stockholm International Peace Research Institute, The SIPRI Yearbook .

U. S. Arms Control and Disarmament Agency, World Military Expenditures and Arms Transfers.

CRS Report for Congress, Conventional Arms Transfers to Developing Nations.

Jurgen Brauer, J. Paul Dunne, Arms Trade Offsets: What do We Know?, Paper for 8th Annual Defence Economics and Security Conference University of the West of England, Bristol.

《从欧美军工改革史看中国军工改革发展趋势》，广发证券，2016 年 8 月 18 日。

（撰稿人：中国国际经济交流中心战略研究部副部长任海平）

下篇
热点问题

从中国到全球：寻找“超越GDP”的可持续发展新指标

多年以来，国内生产总值（GDP）是世界各国衡量经济发展的普遍指标。作为衡量经济发展的综合指标，GDP本身有其合理性，而且在全世界范围内被普遍认可。但是经济社会的发展不止于GDP的增长，也不能只用GDP这一综合指标进行评判经济发展的好坏。近年来，随着全球科技进步和经济增长模式的转变，世界各国都开始更加重视经济社会的可持续发展质量，GDP用于衡量经济质量状况的合理性逐渐受到质疑。世界各地的专家开始论证GDP作为衡量经济指标的不足，提出需要考虑的补充要素和“超越GDP”的新指标。世界主要城市也在探索衡量可持续发展质量的指标系统，并且取得了一定的成效。

一 GDP不足以反映经济社会发展全貌

1. GDP指标由来及其核算方法

GDP（Gross Domestic Product，国内生产总值），指的是一个国家或地区在给定的时期内所生产的最终产品和服务货币价值的总和。由此定义来看，GDP第一是以产品和服务的当前市场价格来进行衡量的“货币价值”，既包括数量因素，也包括价格因素；第二，GDP衡量的是“最终”产品的市场价值，它的计算不包括中间产品价值；第三，GDP的测算是不考虑所有权而是以一个国家或地区的地理界限为界的，一个相对的概念是GNP——国民生产总值，考虑的是一国的国民在给定的时期内所生产的最终产品和服务货币价值的总和，无论生产是在境内还是在境外；第四，GDP始终强调的是“生产”的概念，而不是交易概念，日常经济活动中涉及的非生产性交易和与当期生产无关的转移支付都不计入 GDP，如买卖股票、政府的转移支付和私人之间的转移支付等；第五，GDP 的测算一般还需要加个时间限制，如在一年内、一个季度内还是一个月内等。

2. GDP 指标发展历程及其合理性

GDP 最早是由俄裔美国著名经济学家西蒙·史密斯·库兹涅茨（Simon SmithKuznets，1971 年诺贝尔经济学奖得主）领导的团队在 20 世纪 30 年代开发的，主要目的是精确地测量经济活动，从而为恰当的刺激政策提供依据。当时，美国正经历大萧条时期，为了经济从大萧条中恢复，美国政府采纳了凯恩斯主义思想，开始对经济进行积极的需求管理。由于当时作为政策基础的国民收入的统计数据严重缺失，因此美国商务部委托库兹涅茨开发了一套完整的国民账户体系，GDP 指标应运而生。

GDP 指标在世界上真正开始流行是在第二次世界大战之后，其中作为布雷顿森林会议（the Bretton Woods Conference）重要成果建立起来的国际货币基金组织（IMF）和世界银行（WB）发挥了重要作用。IMF 的主要职责是监察货币汇率和各国贸易情况，提供技术和资金协助，确保全球金融制度运作正常。世界银行开始的目的主要是帮助欧洲国家和日本在二战后的重建，以及辅助非洲、亚洲和拉丁美洲等欠发达地区或国家的经济发展。虽然理论上 IMF 和 WB 作为世界性的组织应该倾听各个国家不同的声音，但实际上由于政治经济的强大，美国在这两大机构中一直占据着主导地位，美元、美国经济以及美国政策成为世界标准，从而 GDP 指标也成为 IMF 和 WB 长期以来衡量各个国家经济发展水平的主要测度指标。虽然 20 世纪 70 年代后，随着布雷顿森林体系的瓦解，IMF 和 WB 进行了改建，但是 GDP 仍然是世界上衡量经济发展进程的使用最广泛的指标。

GDP 指标之所以能够在世界范围内得到广泛持久的应用，除了 IMF 和 WB 的大力推广外，其自身也有一些好的性质。首先，GDP 本身是非常简单又好用的经济指标，能够在经济管理中发挥极其重要的作用。例如，GDP 能够反映国民经济发展变化情况，为国家以及各个地区经济发展战略目标和宏观经济政策提供重要工具和依据。其次，GDP 的统计比较容易，其具有统计数据准确、重复计算少等优点。最后，在一定水平以下，GDP 和一些基本的社会福利有较强的相关性。例如，一般来说，在某个阈值水平以下，一个国家的 GDP 水平越高，那么该国的识字率越高，人们的营养和保健也越好，寿命也会更长等。由于以上种种原因，GDP 指标在全球范围内得到了广泛流行和使用，成为很多人心中衡量经济发展和社会福利水平的尺度。

3. GDP 不足以反映经济社会发展全貌

自 20 世纪 60 年代以来，人们逐渐意识到 GDP 指标存在许多缺陷，将其作为衡量经济发展水平和社会福利指标的做法得到了许多批评，批评者中甚至有一些 20 世纪最受人尊敬的经济学家和诺贝尔奖得主，如库兹涅茨（1941）、加尔布雷思（1958）、萨缪尔森（1961）、诺德豪斯和托宾（1972）、戴利（1977）、阿罗等（1995）。总结起来，将 GDP 作为衡量经济发展水平和社会福利的指标，存在以下明显的局限性。

一是未能包含所有的经济活动及其产出。GDP 指标并没有包含所有的经济活动，如未能反映科技发展带来的产出。例如，家庭经济、志愿者服务等未发生支付的行为和地下经济等非正式的经济活动。特别是家庭妇女养育小孩、照顾老人和病人等家庭工作和志愿者为人们无偿提供的服务，由于都没有发生支付行为，按照 GDP 指标的统计原则，这些经济活动都没有计入 GDP，但是这些活动却实实在在对社会福利及经济发展有着非常重要的影响，越来越得到人们的重视。再如，网上许多免费的垫子产品和服务，系通过广告或信息传播而非实体产品销售赚取收入，其产生的利润难以计入 GDP。随着科技进步和增长模式转变，现有 GDP 计算模型无法涵盖新科技和创新经济衍生的价值。比如说，Airbnb 和 Uber 等开创的共享经济模式，并非生产出更多数量的新产品，而是利用现存资源增加产品消费价值。

二是不能反映经济发展的质量。GDP 是短期性、片面性衡量指标，仅表明一定时期内最终生产的产品和服务的总量，并未关注生产了什么、如何生产、由谁生产等具体要素。GDP 仅仅关注所有最终产品总的市场价值，而不区分这些产品是否真正地会带来社会进步，重视数量而忽视质量。例如，自然灾害的上升而带来的灾后重建支出的增加，犯罪率的上升而带来的公共支出的增加，以及战争带来的军事支出的增加，这些都会提高 GDP 的增长水平。可以说，GDP 只反映了经济增长速度的快慢，但无法说明经济发展的方向和质量。在现代经济增长理论中，技术进步和人力资本的积累是促进经济增长的两个核心要素，但是在 GDP 指标中都并没有得到很好地反映。另外，GDP 也不能区分消费的增加是基于债务的过度消费还是基于收入增长带来的消费增加。

三是不能全面衡量社会福利水平。虽然有研究表明 GDP 的增加在某些方面可以提高一些社会福利指标水平，但正如 GDP 指标的设计者库兹涅茨所说的，"从 GDP 中很难推断出一个国家的社会福利水平"①，GDP 指标对社会福利水平的衡量是片面的。例如，从健康的角度看，适度休闲可提升社会福利水平，但从 GDP 的角度看，休闲是有机会成本的，会对 GDP 造成损失。另外，失业对人们的安全感和福利感有重要的影响，但 GDP 与失业率之间可能存在错配，即 GDP 的增加不仅不能降低失业率水平，反而会提高失业率水平。近年来，贫富差距扩大的现象日益严重，在发展中国家尤为突出，导致总体消费水平降低，拖累经济增长，并引发社会矛盾和动荡。越来越多的研究表明，收入分配不平等造成的社会贫富差距的扩大，是造成社会不安定的主要因素之一，贫富差距的扩大不仅会提高社会犯罪行为的发生率，而且会降低工人的生产效率，减少投资，从而对社会福利造成严重损害。但是，GDP 无法反映经济增长是否惠及所有公民，而不是少数幸运儿；是否透支了后代财富、损害代际公平；即 GDP 指标不能反映收入分配不平等程度，人均 GDP 指标的增长可能仅仅来源于一少部分富裕阶层的收入增长，而大部分人的收入可能没有增长甚至是负增长。提高 GDP 并不能保证普遍提高了民众生活水平，包括确保每个人都拥有体面和稳定的工作，确保薪酬平等，平等对待女性工作者，杜绝滥用童工等。

四是未考虑资源损耗和环境变化。GDP 在反映经济增长的同时，并没有反映它所带来的资源耗减和环境损失的代价。GDP 构成中并没有关注生产过程是否环保、是否给自然和生态带来压力等环境问题。例如，只要采伐树木，GDP 就会增加，但过量采伐会造成森林资源的减少，GDP 却不考虑相应的代价。再如，某些产品的生产会向空气或水中排放有害物质，GDP 会随着产品产量的增加而增加，却不考虑对环境造成的损害。另外，GDP 也不能全面地反映人类的自觉行动对自然环境的改善。单纯追求 GDP 增长的粗放型发展模式，往往以牺牲环境为代价，而环境治理和改善并非通过短期经济投入即可实现的。

二　国际上寻找"超越 GDP"新指标的理论探索

由于已经非常清晰地认识到 GDP 在衡量社会发展水平和人类福利方面存在

---

① Simon Kuznets, "The Welfare of a Nation can Scarcely be Inferred Froma Measurement of National Income as Defined Above", 1934.

很大的局限性，因此，20 世纪 70 年代，人们就开始了寻求“超越 GDP”而衡量社会可持续发展和人类福利的指标的实践。早期非常有影响力的指标是由诺德豪斯和托宾 1972 年提出的经济福利测量指标（Measure of Economic Welfare）。而后随着人们对经济发展和人类福利的认识不断加深，越来越多的“超越 GDP”的指标或指标体系被开发出来。特别是近 10 年来，寻求“超越 GDP”的行动在全世界范围内呈现蓬勃发展之势。

1. 国际上探索“超越 GDP”的行动成果

当前，各国经济转型和创新产业发展推动世界经济形势不断变化，衡量经济的方法也须相应地做出调整。随着 GDP 在衡量经济发展方面的缺陷与当代经济体系的不适应性日益凸显。国际社会急需一个更具全面性、长期性、可持续性的经济衡量标准，以明确未来经济发展方向。近年来，许多专家均在研究取代或完善 GDP 计算模型的办法，积极探索更具开创性、突破性的衡量体系。具体相关进展如下。

（1）1987 年联合国发布《我们共同的未来》报告

报告提出了“可持续发展”的概念。这一鲜明、创新的科学观点，把人们从单纯考虑环境保护引导到把环境保护与人类发展切实结合起来，实现了人类有关环境与发展思想的重要飞跃。

（2）联合国开发计划署（UNDP）自 1990 年开始发布《人类发展报告》

UNDP 创立了人类发展指数（HDI），即以“预期寿命、教育水平和生活质量”三项基础变量，按照一定的计算方法，得出的综合指标，用以衡量联合国各成员国经济社会发展水平。

（3）2000 年联合国首脑会议上共同签署《联合国千年宣言》

承诺进行全球合作，实现 8 项“千年发展目标”（“Millennium Development Goals”，简称 MDGs），促进各国消除极度贫困现象，将全球贫困水平在 2015 年之前降低一半。

（4）2007 年第二届世界统计、知识和政策论坛发布《伊斯坦布尔宣言》

一个关于“测量社会进展”的全球项目随之启动，其中评估社会进展的关键指标包括健康、教育、环境、就业、生产力和购买力等。这标志着“超越 GDP”的需求在政治层面上得到了充分的认可。

（5）2007 年欧洲委员会主办“超越 GDP”高规格会议

该会议的直接成果——“GDP 及其超越：在变化的世界中测量进步”的报

告提交给欧盟理事会和欧美议会。

（6）2009 年斯蒂格利茨－森－菲图西委员会发布报告

通过该报告，委员会传递出一个关键的信息，即“需要将重点从测量经济产量调整到测量人们的福利水平”。报告在物质生活条件、生活质量和环境的可持续性三个主要方面的测量提出 12 条建议。

（7）2011 年 OECD 发出“OECD 更好生活倡议”

该倡议开创性的理念是引入一个互动的工具，该工具允许人们从由 11 个维度组成的仪表盘中根据他们自己的经验和准则选择自己的“更好生活”维度指标而建立“你的更好生活指数”。

2. 国际上探索开发的新指标及其体系

（1）经济福利量指标（MEW）

其计算方法是将用传统方法核算的国民生产总值，减去由环境污染和现代城市化不愉快带来的损失，加上家庭主妇的劳务和闲暇价值等。

（2）可持续的经济福利指数（ISEW）

ISEW 是对社会政治测量方法更为深入的研究，它从个人消费开始，增加非防护性支出和资产构成，扣除防护支出、环境损害费用和自然资产折旧，并反映社会分配的不公平。其计算公式是：

ISEW ＝ 个人消费 － 收入不平等调整 ＋ 家务劳动的价值 － 环境损害费用 －
私人防护支出 ＋ 非防护性公共支出 ＋ 经济调整 － 自然资产折旧

（3）真实发展指标（GPI）

其计算公式是：

GPI ＝ 个人、家庭消费支出 ＋ GDP 中未计算的家务活动的价值 ＋ 志愿者劳动的价值 －
犯罪因子 － 环境退化因子（包括资源消耗、污染等）－ 家庭破裂因子 －
过度工作压力因子 － 膨胀的消费债务 － 财富和收入分配的不平等

（4）绿色 GDP

绿色 GDP 是指一个国家或地区在考虑了自然资源（主要包括土地、森林、矿产、水和海洋）与环境因素（包括生态环境、自然环境、人文环境等）影响之后经济活动的最终成果，即将经济活动中所付出的资源耗减成本和环境降级成本从 GDP 中予以扣除。2004 年以来，我国也在积极开展绿色 GDP 核算的研究，并已完成绿色 GDP 核算有关技术规范，将择机进行试点。

（5）真实储蓄率（ANS）

ANS 对标准的国民账户中的总储蓄进行了四个方面的调整：首先减去固定资本折旧得到净储蓄，其次加上教育支出反映人力资本投资，再次减去估计的各种自然资源的损耗，最后减去碳排放造成的污染损失。所有的这些资本变化都以同一货币单位表示，并表示为占总国民收入的比例。其计算公式为：

$$ANS = \frac{GNS - D_h + CSE - \sum R_{n,i} - CD}{GNI}$$

其中，ANS 表示真实储蓄（率），GNS 表示国民总储蓄，D_h 表示生产资本折旧，CSE 表示现在的教育支出（非固定资本），$R_{n,i}$ 表示自然资本 i 的损耗，CD 表示二氧化碳排放造成的损耗，GNI 表示国民总收入。

（6）人类发展指数（HDI）

其计算方法是，先根据下面的维度指数公式计算出某个国家在三个维度上的各自表现，然后对三个维度指数进行几何平均，得到综合指数，即 HDI。

$$\text{维度指数} = \frac{\text{实际值} - \text{最小的目标值}}{\text{最大的目标值} - \text{最小的目标值}}$$

（7）生态足迹（EF）

EF 是指按照现在的消费水平、技术发展水平和资源使用效率计算，满足一个人的各种生活要求所需要的地球（陆地和海洋）面积，其单位是公顷。EF 主要的组成包括农林牧渔业用地、建筑用地以及吸纳和隔绝化石能源排放的二氧化碳所需要的用地等。

（8）幸福星球指数（HPI）

HPI 根据两个客观指标（即预期寿命和生态足迹）和一个主观指标（即生活满意度），测度支撑给定国家的福利水平的环境效率。其计算公式为：

$$\text{HPI} = \frac{\text{预期寿命} \times \text{生活满意度}}{\text{生态足迹(EF)}}$$

（9）环境可持续指数（ESI）和环境绩效指数（EPI）

ESI 是一项综合性指数，追踪一套分散的国家层面上的表征和影响环境可持续能力的社会经济、环境和制度指标，覆盖自然资源禀赋、过去与现在的污染程度、环境管理努力、对国际公共事务的环保贡献以及历年来改善环境绩效的社会能力等多个方面。ESI 由环境系统、减少环境压力、减少人类脆弱性、社会和制度包容力、全球管理5个板块构成，包含21个指标。EPI主要围绕两个基本的环境保护目标展开：①减少环境对人类健康造成的压力；②提升生态系统活力和推动对自然资源的良好管理。EPI遵循10个政策分类选取25个指标。

（10）区域发展质量指数（QUARS）

QUARS由环境、经济和劳工、人权和公民权、机会平等、教育和文化、健康、公民的政治和社会参与7大类45个代表发展质量的变量构成。其计算采用标准的综合指数计算方法，先将每个变量值进行标准化，然后对每个大类的变量标准化值进行平均得到该类的“宏观指标”，7大类宏观指标的均值就是最终的QUARS值。

（11）综合的环境经济账户体系（SEEA）

SEEA包含以下四类账户：一是与污染、资源和能源流相关的数据；二是环境保护和资源管理账户；三是以实物和货币形式计算的自然资源资产；四是经过环境调整后的宏观经济总量。SEEA2003由10张核算表组成。

（12）包括环境账户的国民核算矩阵（NAMEA）

NAMEA在概念上保持了与SNA的一致性，但核算内容不同，它注重实物核算。从结构上看，NAMEA由三部分组成，即国民核算账户、环境物质账户和环境主题账户。

（13）德国环境经济账户（GEEA）

GEEA主要关注环境与经济关系的三个方面，即压力、状态和响应，并依此构建模块。

（14）欧盟的可持续发展指标体系（SDIs）

整个指标体系包括10个主题，每个主题都有一个主指标；每个主题下面还包括2～4个副主题，每个副主题下面还有更细致的指标。

（15）千年发展目标（MDGs）

MDGs共包含8项目标，即消灭极端贫穷和饥饿，普及小学教育，促进男女平等并赋予妇女权利，降低儿童死亡率，改善产妇保健，与艾滋病毒/艾滋病、疟疾和其他疾病做斗争，确保环境的可持续能力，全球合作促进发展。

（16）更好生活指数（BLI）

BLI包括影响幸福的住房条件、家庭收入、工作、社区环境、教育、自然环境、公民参与、健康、生活满意度、安全度以及工作生活平衡度11个方面，每个方面又根据1～3个具体的指标来衡量。

3. 国际上现有开发的指标分类比较

（1）按包含的内容划分

按照最常用的分类方法，可将指标分为经济指标、社会指标、环境指标和福利指标四类。经济指标包含 GDP 和其他来自 SNA 的指标。社会指标考虑预期寿命、贫穷率、失业率、可支配收入、教育水平等广泛的社会内容。环境指标包括环境污染、三废和气候变化等信息。福利指标刻画人们对于他们生活或生活质量（包括工作、家庭生活、健康条件和生活水平等）的满意度，包括主观和客观指标，主观指标基于个体调查，客观指标包括对休闲时间和可支配收入等的满意度。

表 1　各指数包含的内容维度

指数中文名称	指数英文名称	简称	包含的内容维度			
			经济	社会	环境	福利
经济福利量指标	Measure of Economic Welfare	MEW	√	√	√	
可持续的经济福利指数	The Index of Sustainable Economic Welfare	ISEW	√	√	√	
真实发展指标	Genuine Progress Indicator	GPI	√	√	√	√
绿色 GDP	Green GDP		√		√	
真实储蓄率	Genuine Savings	ANS	√	√	√	
人类发展指数	the Human Development Index	HDI	√	√		√
生态足迹	Ecological Footprint	EF			√	
幸福星球指数	Happy Planet Index	HPI		√	√	√
环境可持续指数	Environmental Sustainability Index	ESI			√	
环境绩效指数	Environmental Performance Index	EPI			√	
区域发展质量指数	Regional Quality of Development Index	QUARS		√		√
综合的环境经济账户体系	the System for Integrated Economic Environmental Accounts	SEEA			√	
包括环境账户的国民核算矩阵	National Accounting Matrix including Environmental Accounts	NAMEA			√	
德国环境经济账户	German Environmental Economic Accounting	GEEA			√	
欧盟的可持续发展指标体系	EU Sustainable Development Indicators	SDIs		√	√	√
千年发展目标	Millennium Development Goals	MDGs		√	√	√
更好生活指数	Better Life Index	BLI	√	√	√	√

（2）按与 GDP 的联系划分

按照与 GDP 的联系，可将指数划分为调整 GDP 的指数、代替 GDP 的指数和补充 GDP 的指数三类。其中，调整 GDP 的指数通过对传统的经济表现指标如 GDP、国民储蓄等进行调整使其包含货币化的环境和社会因子。代替 GDP 的指数采用比 GDP 更加直接的方式（如评估平均的满意度等）评估社会福利水平。补充 GDP 的指数对 GDP 不进行调整或替代，而是补充另外的环境或社会信息。

表 2　指数按与 GDP 的联系划分

指数类型	包含的指数
调整 GDP	MEW，ISEW，GPI，绿色 GDP，ANS
代替 GDP	HDI，EF，HPI，ESI，EPI，QUARS，BLI
补充 GDP	SEEA，NAMEA，GEEA，SDIs，MDGs

（3）按指标表现形式划分

按照指标表现形式，可将指数分为仪表盘指数和综合指数两类。其中，仪表盘指数由一套指标组成，分别刻画指数的多个方面，而综合指数则将各个方面的信息加总成单个数字。

表 3　指数按表现形式划分

指数类型	包含的指数
仪表盘指数	BLI，SEEA，NAMEA，GEEA，SDIs
综合指数	MEW，ISEW，GPI，绿色 GDP，ANS，HDI，EF，HPI，ESI，EPI，QUARS，MDGs

（4）按指标的评估方法划分

按照指标的评估方法，可以将指数分为主观指数、客观指数和主客观相结合指数三类。其中，主观指数根据人们的主观评价（通过问卷调查等方式）来衡量社会福利的大小；客观指数的评价则是基于客观的定量数据进行；主客观相结合的指数则是在指标测量中同时采用了这两种评估方法。

表 4　指数按评估方法划分

指数类型	包含的指数
主观指数	—
客观指数	MEW，ISEW，GPI，绿色 GDP，ANS，HDI，EF，ESI，EPI，SEEA，NAMEA，GEEA，SDIs，MDGs
主客观相结合指数	BLI，HPI，QUARS

4. 总结归纳寻找新指标的取舍原则

以上介绍的一些指标或多或少地都存在一些缺陷，如有些指标数据很难获得，有些指标评估太主观等，很难说哪个指标更加符合要求。因此，在指标选取上需要采用“合乎目标”的方法，即根据使用指标的目标和应用条件选取指标。在指标选取上，需要考虑的一些主要特征和条件如下。

（1）分析的合理性

一个指标应该优先满足：①概念清晰透明，并建立在符合科学和技术标准的理论框架基础上；②基于国际标准，具有国际一致认可的有效性；③能够和经济模型、预测和信息系统联系起来；④能够根据其基本组成成分进行分解；⑤其构建尽可能保持客观性。

（2）可测性

支撑指标的数据应优先满足如下条件：①很容易获得，或者以一个合理的成本收益比获得；②数据记录充足并质量可知；③保存在允许评估指标间的相互依存关系的一致连贯的数据库中；④按照可靠程序定期更新。

（3）政策相关性和用户有利性

一个指标应该优先满足：①在刻画经济条件、社会方面、环境条件以及环境或社会的压力方面具有代表性；②能够简单、容易地进行解释，并且能够描绘出随着时间变化的趋势；③能够就结果进行沟通交流，并且为政策指示方向；④能够敏感而明确地反映环境和相关的人类活动的变化情况；⑤考虑了副作用（如以牺牲另一个社区为代价的可持续性），能反映可增强全球可持续性的地方可持续性；⑥具有普遍通用性，能提供国际可比性；⑦要么具有国家视野，要么应用于具有国家重要性的地方环境问题；⑧在空间上是可扩展的；⑨在数据收集后就能及时反映情况；⑩有一个可供比较的阈值或参考值，以便用户能够评估指标值的意义。

三　中国可持续发展评价指标体系设计与应用

1. 可持续发展的测度

中国可持续发展相关指标体系的构建有两个有代表性的发展方向。一是以主题领域划分的形式，比如，世界保护同盟（IUCN）的可持续性晴雨表，从经济系统福利和生态系统福利两个方面来评估；联合国开发计划署（UNDP）的人类发展指数由健康长寿、教育获得和生活水平三个方面构成；英国政府在“更好的生活质量：英国的可持续发展战略”报告中从社会进步、有效的环境保护、资源分类使用、经济高速持续发展四个方面刻画可持续发展；瑞典选择了效率、公平和参与、适应性、价值和给后代的资源 4 个主题来组织他们的 30 个主要指标。中国国际经济交流中心与 WWF 合作开发的中国省级绿色经济指标体系由社会与经济发展、资源环境可持续、绿色转型驱动三个方面组成。二是以因果联系划分的体系，最为著名的就是 DPSIR 框架。它是在 PSR 模型和 DSR 模型的基础上发展而来的。1970 年，加拿大统计学家安东尼·弗雷德提出 PSR 模型，后又被 OECD 的环境组织所采纳。DSR 模型最初则是在 1996 年的 OECD 和 UN 的环境政策和报告中形成并发展起来①。在 PSR 模型和 DSR 模型的基础上，20 世纪 90 年代初，澳大利亚 WSROC 对 PSR 模型增加了当前社会技术水平下人类改造环境系统的潜力指标，提出了“压力－状态－响应－潜力”（Pressure－State－Response－Potential，即 PSRP）框架模型。1993 年，联合国为综合分析和描述环境问题及其和社会发展的关系，综合 PSR 模型和 DSR 模型的优点，提出了“驱动力－压力－状态－影响－反应”（Drive force－Pressure－State－Impact－Response，即 DPSIR）模型。实际上，还有第三个发展方向，就是以上两个方向的结合。例如，联合国可持续发展委员会（UNCSD）的可持续发展指标体系将可持续发展归为四个维度——社会、经济、环境和制度，在每一个维度中，采用驱动力－状态－响应（DSR）方法，列出了 134 个相应指标，指标反映了 21 世纪议程的章节内容。

我们构建的中国可持续发展指标体系（China Sustainable Development

① 曹琦、陈兴鹏、师满江：《基于 DPSIR 概念的城市水资源安全评价及调控》，《资源科学》2012 年第 8 期。

Indicator System，CSDIS）将融合以上两种思想，设计一套新的指标体系，以主题领域为主要形式，同时考虑领域之间的因果关系。这个框架由 5 个主题构成。五个主题分别是经济发展、社会民生、资源环境、消耗排放和治理保护。其中，可持续发展中最常见的三个主题社会（社会民生）、经济（经济发展）和自然（资源环境）都包含进来了，在此基础上，针对自然主题，增加两个因果或者关联主题：消耗排放与治理保护。环境与资源描述的是自然存量，包括资源环境的质量和水平。消耗排放是人类的生产和消费活动对自然的消耗和负面影响，是自然存量的减少。治理保护是人类社会为治理和保护大自然所做出的努力，是自然存量的增加。社会民生的增长和资源环境的不断改善又属于人类社会发展的动力。经济的稳定增长是保障社会福利、可持续治理的前提和基础。

构建这样一个指标体系，我们希望达到三个方面的目标。一是能够支撑中国参与全球可持续发展的国际承诺，为中国更好地参与全球环境治理提供决策依据。二是对中国宏观经济发展的可持续程度进行监测和评估，为国家制定宏观经济经济政策和战略规划提供决策支持。三是对省、市的可持续发展状况进行考察和考核，为健全政绩考核制度提供帮助。

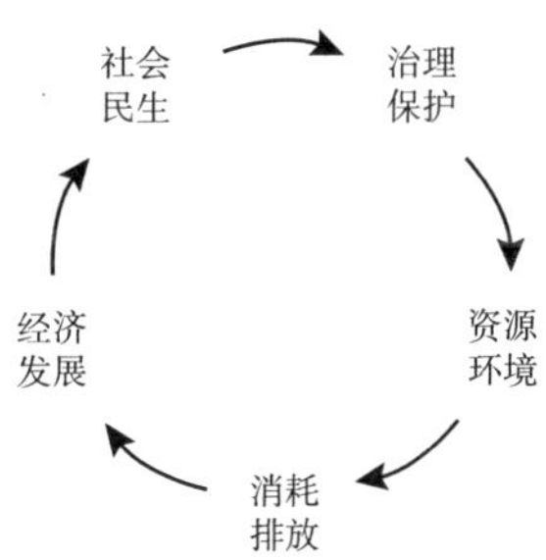

图 1　中国可持续发展指标关系

2. 中国可持续发展指标体系构架的思想

（1）秉承“共同但有区别的责任”原则

CSDIS 包括温室气体方面的相关指标，这些指标既有效率指标，如能源强度、二氧化碳强度，也有总量指标，如能源消费总量、碳排放总量。作为一个发展中国家，中国通过总量指标来约束经济社会发展行为，这充分展现了中国政府和人民在应对全球变化这个全球共同性问题上的巨大决心和诚意。但是，在这些指标的目标设定上，需要充分考虑中国是一个发展中国家的事实。

（2）着眼于从“效率控制”到“容量控制”

《中共中央、国务院关于加快推进生态文明建设的意见》是一部体现中国可持续发展理念的纲领性文件。文件有一个重要的内容，可视为对改善政府管理的刚性要求，即“严守资源环境生态红线。树立底线思维”。同时，要配套建立起“领导干部任期生态文明建设责任制，完善目标责任考核和问责制度”。要建立起一整套与之配套的指标和绩效考核体系，需要将现行的标准控制向总量、质量和容量控制渐次推进。即标准控制→总量控制→质量控制→容量控制。考虑到评估对象的横向可比较性，CSDIS 选择的基础指标，大部分是标准指标，也有一些是总量指标。为了在应用过程中，可以发挥质量控制和容量控制的作用，CSDIS 纳入一些涉及资源和环境生态红线的关键指标，还有在可持续治理领域能发挥关键约束作用的指标。

（3）反映“可持续性生产”与“可持续性消费”

从 20 世纪 70 年代开始，人类进入了全球生态超载状态，人类的生态足迹超出了地球生物承载力，2010 年，人类的生态足迹已经大到需要 1.5 个地球才能提供人类所需要的生物承载力的程度。在投资和出口拉动型的经济模式中，中国面临着巨大的来自生产端的资源环境压力。但是，从长远看，随着中国经济内需型转型和持续中高速增长，消费端面临的生态压力将逐步增大。CSDIS 的设计充分考虑了可持续性生产和可持续性消费。比如人类的影响里，既有生产活动的影响指标，又有消费活动的指标。可持续治理方面也是这样，既有生产方面的治理投入、目标和行动，也有消费方面的约束。

（4）反映“增长”和“治理”两轮驱动

在 CSDIS 里，“稳定的经济增长”和“可持续治理”是两个核心主题。如果没有稳定的经济增长，社会福利水平将难以保障，也没有更多的能力来做生态修复和环境保护的工作。同时，要认识到可持续治理与经济增长是相辅相成的。可持续治理是人类对自然的正反馈，是积极的影响。它不仅仅是成本投入，也是经济增长的重要动力。在 CSDIS 里，人的发展包含了社会福利增加和经济稳定增长，自然的发展体现在资源高效利用、生态得到修复、环境得到治理和保护方面。

（6）既“立足当下”，又“面向未来”

可持续发展是一个长期的过程，不是一时一地的项目，而是全局性、战略性、共同性的巨大工程。因此，在CSDIS指标的选取中，既要立足当下，着眼于当前能够做、必须要做的事情，同时也要放眼未来，考虑一些将来可以做、应当做的事情。比如，在指标选取中，为了评估对象的横向比较，选取的指标需要可测量、可报告和可核查。同时，一些指标按照现在的统计口径无法获得，但我们认为其比较重要，具有代表性，通过一定的努力未来可以获得，其也将被纳入CSDIS。

3. 中国可持续发展指标体系设计

（1）前提与基础——经济发展

经济发展是实现可持续发展的前提和基础。可持续的经济发展包含三个方面：稳定的经济增长、结构优化升级和创新驱动发展。稳定的经济增长是人类社会发展的根本保障。结构优化升级不但是经济健康发展的需要，也是对资源环境利益模式的转变。创新驱动不但要成为经济持续增长的动力源泉，也要为人类更加有效、合理、恰当的利益自然资本提供技术和手段。稳定的增长包括城镇登记失业率、人均国内生产总值、城镇化率和全社会劳动生产率四个指标。这几个指标也是反映一国或地区经济发展水平及健康程度的重要指标。结构优化方面，主要体现在服务业、高技术产业以及消费对经济的拉动作用。创新驱动从研发投入、科技人员数量、高技术产值、专利数量等几个方面来刻画。

（2）美好生活的向往——社会民生

社会民生包含了四类指标，分别是教育文化、社会公平、社会保障和卫生健康。社会公平方面，除了传统的基尼系数来测度居民的收入差距，还考虑了中国经济的二元结构特征，用农村与城镇人均财政指出比来反映城乡享受国家财政的差异。教育获得方面，由于九年制义务教育已经普及，主要考虑高中阶段和高等教育阶段的毛入学率情况。同时，创新性引入一个万人拥有公共文化设施数，来刻画大众文化普及程度。实际上，我们希望用万人拥有公共文化设施面积指标，但是这个指标在目前的统计体系中很难找到，一些地方政府的公告中会设计。但是如前所述，我们认为这样的指标更具有代表性，在未来的统计体系完善中建议纳入，后面还有一些类似的指标，这实际上是CSDIS的一个功能，目的是督促可持续发展指标统计体系的改进。

（3）坚守生态红线——资源环境

资源环境指标主要描述当前自然界的一个状况，包含数量、质量和环境。资源方面，涵盖了主要的可量化评估的资源，包括森林、草原、湿地、土地、矿藏、海洋、水等，同时把自然保护区作为一个重要资源类别纳入。除了传统的自然领地，城市环境作为人类活动的重要场所，也是环境考察的一个指标。需要说明的是，作为某个国家或者地区，可能没有一些自然资源，比如内陆地区，没有海洋资源。但我们这里将其纳入，是为了更加全面地刻画可持续发展对自然保护的需求，在具体指标体系的应用中，可做一些技术上的处理，来保证不同地区横向比较的公平性。

（4）日益增长的消费与生产——消耗排放

消耗排放主要由人的生产和生活活动对资源的消耗、污染物和废弃物排放、温室气体排放三个方面组成。资源的消耗包括对土地、水、能源的消耗。污染物的排放包括了固体废物、废水和废气。生活垃圾作为单独一个指标，主要反映人的消费对环境的影响。温室气体作为人类对自然影响的一个重要部分纳入，包含了碳强度及碳排放总量两个指标。

（5）决策与行动——治理保护

治理保护是实现人类对自然正影响的主要手段。治理包括资金上的投入、主要环境治理目标的设定。治理投入既考虑了财政上的环保支出，也考虑了整个社会的环境污染治理投资。环境治理目标在水、空气、固体废物、生活垃圾、温室气体方面均提出了可考察的指标。

表5　中国可持续发展指标体系（CSDIS）

	一级指标（权重）	二级指标	三级指标	单位	指标数
可持续发展指标体系	经济发展（15分）	创新驱动	科技进步贡献率*	%	1
			研究与试验发展经费支出与GDP比例	%	2
			万人口有效发明专利拥有量	件	3
		结构优化	高技术产业增加值与工业增加值比例	%	4
			信息产业增加值占GDP比例	%	5
			第三产业增加值占GDP比例	%	6
		稳定增长	GDP增长率	%	7
			城镇登记失业率	%	8
			全员劳动生产率	元/人	9

续表

	一级指标（权重）	二级指标	三级指标	单位	指标数
可持续发展指标体系	社会民生（15 分）	教育文化	财政性教育经费支出占 GDP 比重	%	10
			劳动年龄人口平均受教育年限	年	11
			万人拥有公共文化设施面积(个数)	平方米	12
		社会保障	基本社会保障覆盖率	%	13
			人均社会保障财政支出	元	14
		卫生健康	人口平均预期寿命	岁	15
			卫生总费用占 GDP 比重	%	16
			每万人拥有卫生技术人员数	人	17
		均等程度	贫困发生率	%	18
			基尼系数*		19
	资源环境（20 分）	国土资源	人均碳汇*	吨二氧化碳	20
			人均绿地(含森林、林木、草原、耕地、湿地)面积	亩	21
			土壤调查点位达标率	%	22
		水环境	人均水资源量	立方米	23
			水质指数(集中式饮用水水源地水质达标率、优良－良好－较好水质的监测点比例、功能区水质达标率、达到或好于二类海水水质标准的海域面积比例四个指标平均数)	%	24
		大气环境	市区环境空气质量优良率	%	25
			监测城市平均 PM2.5 年均浓度	微克/立方米	26
		生物多样性	生物多样性指数*		27
	消耗排放（25 分）	土地消耗	单位建设用地面积二、三产业增加值	万元/平方公里	28
		水消耗	单位工业增加值水耗	立方米/万元	29
		能源消耗	单位 GDP 能耗	吨标煤/万元	30
		主要污染物排放	单位 GDP 主要污染物排放(单位化学需氧量排放、氨氮、二氧化硫、氮氧化物)	吨/万元	31
					32
					33
					34
		工业危险废物产生量	单位 GDP 危险废物排放	吨/万元	35
		温室气体排放	非化石能源占一次能源比例	%	36
			碳排放强度*	吨二氧化碳/万元	37
	治理保护（25 分）	治理投入	生态建设资金投入与 GDP 比*	%	38
			环境保护支出与财政支出比	%	39
			环境污染治理投资与固定资产投资比	%	40

续表

	一级指标（权重）	二级指标	三级指标	单位	指标数
可持续发展指标体系	治理保护（25分）	废水利用率	再生水利用率	%	41
			污水处理率	%	42
		固体废物处理	工业固体废物综合利用率	%	43
		危险废物处理	工业危险废物处置率	%	44
		垃圾处理	生活垃圾无害化处理率	%	45
		废气处理	废气处理率	%	46
		减少温室气体排放	碳排放强度年下降率*	%	47
			能源强度年下降率	%	48

注：*代表目前难以获得数据，但期望未来加入的指标。

参考文献

王军等：《中国经济发展“新常态”初探》，社会科学文献出版社，2016。

王军：《“五大发展理念”撬动全面小康“短板”》，《瞭望》2016年第2期。

王军：《中国经济评价体系亟待创新》，《证券日报》2016年2月27日。

王军：《以新的发展理念引领和推动科学发展》，《瞭望》2015年第46期。

2016，Sustainability Metrics White Paper Series：1 of 3 – The Growth of Sustainability Metrics.

2016，Sustainability Metrics White Paper Series：2 of 3 – Measuring and Reporting Sustainability：The Role of the Public Secto.

2016，Sustainability Metrics White Paper Series：3 of 3 – Assessing Sustainability：Frameworks and Indices.

（撰稿人：中国国际经济交流中心信息部研究员王军；中国国际经济交流中心经济研究部副研究员张焕波；中国国际经济交流中心经济研究部副研究员刘向东；哥伦比亚大学研究员郭栋）

英国脱欧问题与欧盟发展趋势研判

2016 年 6 月 23 日英国脱欧公投结果公布，英国将退出欧盟。英国脱欧公投通过是影响全球经济的重要事件，普遍被市场视为逆全球化的开端。虽然英国实现完全脱欧尚须与欧盟进行谈判，但谈判并不会改变脱欧的现实。英国脱欧不仅带来关于英国及欧盟发展趋势的变化，也给中英、中欧经贸关系带来新的挑战和机遇，但总体来看，对于中国而言，英国脱欧会带来更多机遇。

一　英国脱欧的由来及相关影响

2013 年 1 月，英国首相卡梅伦首次提及将推动英国脱欧公投。2015 年 5 月 28 日，再次当选的卡梅伦政府向下议院提出“脱欧公投”议案，承诺于 2017 年底之前进行投票。2015 年 11 月，卡梅伦就英国留在欧盟发表演讲，提出英国留在欧盟的四项条件。2016 年 2 月 19 日，英国政府与欧盟在欧盟峰会上就英国的四项改革建议达成一致，欧盟同意给予英国在欧盟的“特殊地位”。卡梅伦政府趁热打铁，宣布将于 2016 年 6 月举行英国脱欧公投，以增强英国留在欧盟的可能性。此后，脱欧公投成为国际舆论热点，而持续的民调显示英国脱欧有可能成为现实，2016 年 6 月 23 日公投的结果显示同意脱欧的英国民众超过半数。一旦英国脱欧程序实质性启动，将对现有的国际政治和经济秩序形成更大冲击，因此有必要加以认真分析。

（一）公投的由来

英国脱欧公投是一系列因素共同作用的产物。

首先，受历史、文化、宗教等因素影响，英国对于建立“统一的欧洲”从来就不像西欧大陆国家那样积极，国内一直存有脱欧呼声。保持独立姿态以平衡欧洲大陆国家是英国传统外交的重要特点。这使得英国自 1973 年通过公投加入欧盟以后，与其他欧盟成员相比，在欧盟中具有特定地位。英国加入欧盟却没有加入欧元区，同时亦不是申根成员国。英镑的独立存在使英国政府享有制定独立的财政、货币政策的权力，并能够在金融领域与美国进行更为紧密的合作。英国在欧盟中的这种特定地位，使英国能够以欧盟成员国身份在欧洲一体化进程中获得利益，却不用承担太多责任。当欧债危机爆发后，欧盟需要英国承担更多责任时，英国国内脱离欧盟的呼声自然越来越高。

其次，移民问题强化脱欧的社会基础。受欧盟东扩影响，越来越多的移民涌入英国就业，移民对英国劳动力市场的冲击带来一系列政治问题。英国民众特别是劳工阶层认为移民的涌入将挤占工作机会，同时欧盟对移民福利的强调也间接给英国财政带来压力，支持英国脱离欧盟的呼声越来越高，脱欧的社会基础逐渐形成。不仅出现以支持脱欧为基本立场的英国独立党，而且保守党政府内部也存在支持脱欧的疑欧派。据有关统计，在脱欧公投之前，就有 6 位内阁大臣和略多于 1/3 的下议院保守党议员表示支持脱欧。为争取民众和党内同僚的支持，卡梅伦将脱欧公投作为 2015 年大选的主要政治口号以吸引右翼选民支持。2015 年大选结果证明卡梅伦的选举策略正确无误，但再次当选的卡梅伦也不得不兑现脱欧公投的政治承诺，并最终不得不在脱欧公投后黯然离职。

最后，脱欧公投能够使英国在与法、德等欧洲大国博弈中增加筹码，有利于英国在欧盟中为自己争取更多利益。由于英国并未加入欧元区，一直以来，法、德两国在欧洲事务中发挥着主导作用。英国虽然每年向欧盟财政缴纳 80 亿英镑左右，但在涉及欧洲事务的决策过程中，始终没有获得与其欧盟第二大经济体地位相称的权力。因此英国一直希望能够增强欧盟中非欧元国家对欧元区决策的“话语权”，强化自身在欧盟决策中的主导能力，从而获得更多利益。此次在欧盟深陷欧债危机的情况下，英国提出与欧盟谈判的四项条件，试图以脱欧公投为筹码对欧盟施加压力。在这种情况下，虽然欧盟在 2016 年 2 月的欧盟峰会上认为英国不能“随意挑选对自己有利的条件”，但是欧盟为避免英国脱欧，较大限度地满足了英国的要求，不过此举最终也没有能够将英国留在欧盟。

（二）国际舆论普遍不支持英国脱欧

早在 2013 年 1 月，法国总统奥朗德就公开表示反对英国进行脱欧公投，认为英国脱欧将影响英国的核心利益，英国在欧洲的影响力将下降，英国经济也会遭受重创。德国总理默克尔警告若英国持续阻止欧洲进一步整合，那么可以接受英国脱欧。在 2016 年欧盟春季峰会召开前夕，为避免英国脱欧成为现实，欧盟理事会主席图斯克发表公开信，提出欧盟改革建议，对英国所提的欧盟改革目标进行正面回应。法国总统奥朗德与德国总理默克尔分别在不同场合对英国的欧盟改革目标做出有限度的肯定。此后召开的欧盟峰会部分满足了英国的改革目标。但对于英国在金融监管方面寻求特殊地位、限制移民福利以及修改欧盟协定以减轻对英国经济束缚的要求，欧盟仍旧持否定态度。

从欧盟峰会的成果来看，英国与欧盟为避免脱欧成为现实均做出让步，英国的改革目标得以部分实现。欧盟峰会结束后，卡梅伦政府希望能够借助峰会成果说服英国民众在脱欧公投中支持留在欧盟，宣布将脱欧公投提前至 2016 年 6 月举行。但这一举措效果有限。公投之前持续的民调显示，支持留欧和支持脱欧的民众支持率始终不相上下，且有大量民众尚未决定在公投中应持有何种态度。

在此背景下，各国政要纷纷公开表态，希望英国留在欧盟。时任美国总统奥巴马在 2016 年 4 月访问英国时表示不希望看到英国脱欧，并告诫英国若脱欧将需要与美国重新进行贸易谈判；英国只有留在欧盟才能够发挥影响力。德国总理默克尔表示英国只有留在欧盟才能够从内部行使其权利。日本首相安倍晋三表示英国脱欧将影响日本到英国进行投资。国际货币基金组织和经济合作与发展组织也分别发表报告告诫英国，若脱欧在经济上是极其不理性的选择，脱欧将拖累英国经济的增长前景。美联储也表示英国脱欧已成为全球经济和金融市场的不稳定因素，脱欧将影响到美联储加息时机。

（三）脱欧的可能性不断加大

尽管国际舆论挽留英国留欧的呼声日益增高，但脱欧的民众支持率逐渐走高。2016 年 6 月 13 日以后，由英国五家不同机构所做的民调均显示脱欧的民众支持率高于留欧的民众支持率，其中差距最大的民调显示脱欧的民众支持率高于留欧的民众支持率 5 个百分点。与此同时，一些较为激进的民调机构给出的数据显示，脱欧的民众支持率高于留欧的民众支持率 15 个百分点左右。虽然不同的民调机构给出的数据存在较大的差别，但总体来看，绝大多数民调显示，脱欧的民众支持率高于留欧的民众支持率。结合2015年多数民调所显示的两者支持比例不相上下的情况来看，英国脱欧的可能性显然已大幅提高。

2016年6月16日发生的工党女议员乔·考克斯遇害案一度为英国脱欧公投添加了新的变数。考克斯是支持英国留在欧盟的工党议员，她在会见选区选民时被支持英国脱欧的极端分子枪杀。此事件的发生引起舆论哗然，本来以为有可能使民众转向支持英国留在欧盟。但在枪杀案后发布的数份民调显示，支持脱欧的民众比例仍旧稍高于支持留欧的民众比例。这说明，虽然仍存在一定变数，但支持英国脱欧的力量要稍大于支持留在欧洲的力量。

（四）民调反映的社会现实

可以看到，虽然不同民调机构关于英国脱欧的民调结果在公投前不断变化，但支持脱欧和支持留欧的比例差距并不大。这说明脱欧和留欧在英国国内均具有大批的支持者。有研究认为，这种状况的出现是英国社会分化的结果。年龄、受教育程度、职业、政治立场、地域都是影响民众选择的重要因素。“英国社会态度调查”的数据显示，从年龄来看，18～34岁的人群中有25%希望脱欧，而55岁以上人群中有46%希望脱欧。从受教育程度来看，78%的高等教育学位获得者希望留欧，而未达到英国普通中等教育证书最低成绩等级暨G等级标准的人群中只有35%希望留欧。从职业分层来看，管理人员和专业人才中支持留欧的比例为62%，支持脱欧的比例为26%；劳工阶层中支持留欧的比例为51%，支持脱欧的比例为42%。可见具有较高经济地位的阶层更支持留欧。从政治立场来看，保守党支持者中脱欧和留欧的比例都是42%，而工党支持者中58%倾向留欧而27%希望脱欧。从地域来看，“英国选举研究”对3000名民众的调查结果显示，超过58%的苏格兰民众支持留在欧盟，28%支持脱欧；威尔士民众支持留在欧盟的比例是50%，支持脱欧的比例是33%；英格兰民众支持留欧比例是45%，支持脱欧的比例是35%。

总体来看，对移民的态度是影响年轻一代和年老一代支持留欧与否的关键因素。年轻一代在全球化时代通过更多的交流和旅行建立起对国际合作和多元社会更强的包容性。而年老一代则不然。同时，经济地位较高、受教育程度较高的阶层更愿意留在欧盟。这是因为经济地位较高和受教育程度较高的群体具有更多的社会资本和工作技能，抵抗移民冲击的能力更强，而且开放的欧盟市场能够为他们提供更多的机会和利益。

（五）英国脱欧的国内政治后果

此外，脱欧亦可能对英国的国内政治造成不利影响。相关研究发现，地域也是影响民众脱欧公投立场的关键因素。苏格兰和威尔士民众中支持留欧的比例均高于英格兰民众中支持留欧的比例。考虑到2014年苏格兰公投中民众反对独立的比例仅仅高出支持独立的比例10个百分点，一旦英国脱欧成为现实，基于苏格兰历史上与欧洲大陆国家的友好传统以及苏格兰对欧洲移民具有更高的接受度，苏格兰可能出现新的独立公投并且具有很高的可能性达成独立。而苏格兰独立及其所产生的示范效应，将会对英国现有的政治体制构成严重挑战。

二　英国脱离欧盟的经济后果

作为欧盟尤其是欧洲统一市场的重要成员，英国脱离欧盟自然会产生重大的经济影响。但评估这种影响是非常困难的，原因不仅在于英国与欧盟其他成员国之间经济联系的复杂性，还在于英国脱离欧盟后相互之间的联系具有多种选择，包括挪威模式、瑞士模式和WTO模式等。不少研究机构和学者对英国脱欧的经济后果进行了分析，普遍认为，脱欧将导致英国经济下滑，在悲观情形下可能出现衰退。

（一）英国与欧盟之间存在密切的经贸关系

英国的经济规模在欧盟国家中仅排在德国之后，位居第二，2015年英国GDP为2.85万亿美元，比曾经长期排名欧洲第二的法国多出4000多亿美元，占欧盟的将近1/6。英国与欧盟之间的经济联系非常紧密。2014年，英国对欧盟其他27个成员国（以下简称欧盟）的出口额占其出口总额的45%，自欧盟的进口占其进口总额的53%，对欧盟的出口与英国GDP的比率为13%。伦敦是重要的国际金融中心，尤其是在全球外汇市场中占据最重要的地位，据国际清算银行统计，2013年全球外汇市场交易中的40%以上是在英国市场上进行的，比第二位的美国高出1倍左右，远远超过德国、法国、瑞士等国，而且英国市场交易额要明显超过欧洲其他国家市场交易额的总和。由于关联欧元的交易额在全球外汇交易中占1/3，欧盟对伦敦支持作用显而易见。从历史变化情况来看，自1990年英国加入欧洲汇率机制（ERM）之后，英国在全球外汇交易额中的份额持续上升，从1992年的25%左右上升到1998年的30%多，1999年欧元开始流通后，此比例进一步上升到40%以上，伦敦国际金融中心的地位进一步增强。英国是世界上其他国家对外直接投资（FDI）的重要目的地，英国FDI存量为1万亿英镑，大约折合1.5万亿美元，英国吸引的FDI大约一半来自欧盟，很多欧洲之外的、面向欧洲市场的企业选择了投资英国。英国是欧洲其他国家移民的重要目的地，近年来因英国经济形势好于欧洲大陆，移民数量增长势头更加强劲，移民成为英国劳动力增长的重要推动力，也是造成英国劳动力增长明显快于欧盟的主要影响因素。据统计，截至2014年，在获得就业岗位的移民中，欧盟国家移民达到200万人，占英国移民净流入数量的一半，大约占英国劳动力总量的6%。

（二）英国脱欧后与欧盟经贸关系的三种可能情形

英国脱离欧盟势必会对英国和欧盟经济产生影响，其经济影响会有多大，在很大程度上取决于英国脱离欧盟后双方经济联系的方式，这有多种方式可以选择。

第一种是影响程度最小的“挪威模式”，也被视为最乐观的模式。即英国像挪威那样继续作为欧洲经济区（EEA）的一员参与欧洲统一市场，但不作为欧洲关税同盟成员，在这种情况下当英国产品和服务进入欧盟市场时，会面临针对非欧盟成员的非关税壁垒，如原产地要求和反倾销措施等。在这种模式下，英国对欧盟所承担的义务减轻，但减轻的幅度有限。

第二种模式是“瑞士模式”，瑞士既不是欧盟成员，也不是欧洲经济区的成员，瑞士以欧洲贸易联盟（EFTA）成员身份与欧共体发生经济联系，但主要通过与欧盟谈判达成一系列的双边协定，在一些领域如保险、养老、航空运输等领域采纳欧盟的政策，当然这种方式给了瑞士选择权。一些支持英国脱离欧盟的人士非常推崇瑞士模式，即通过与欧盟达成双边贸易协议，可以进入欧盟统一市场，人员可以在本国和欧盟之间自由流动，但在农业、捕鱼业、司法和内政事务上不受欧盟的法律约束。

第三种模式是影响最大的“WTO模式”，即英国脱离欧盟后，不能与欧盟达成新的贸易协定，而适用WTO规则，这种模式与“挪威模式”相比，贸易成本增加的幅度较大，因此被视为最悲观的模式。但在这种模式下，英国不再受到欧盟各种法规和政策的约束，获得的自由度最大。例如，英国将采用更少约束的金融监管措施，可通过降低关税等措施加大进口，通过更为严格的移民政策降低移民福利标准并限制移民就业机会。

（三）英国脱欧可能产生的经济效应

对于英国脱离欧盟的经济效应，大多数按照两种情景进行研究，即最乐观的“挪威模式”和最悲观的“WTO 模式”情景，可能产生的经济影响。

来自英国伦敦经济学院的学者 Swati Dhingra 等人在其研究报告中，从英国脱离欧盟可能产生的贸易效应、财政效应和政策自由化效应三个方面评估其经济影响（见表 1）。他们认为，英国如脱离欧盟，其对欧盟的出口必然会因为贸易联系密切程度的降低而受到明显影响，这种影响将会使英国人均收入水平下降 1.37%～2.92%。目前英国对欧盟的财政贡献占其国民收入的 0.53%（参照 2013 年度报告），参照挪威和英国目前对欧盟财政的贡献度，脱欧后英国对欧盟的财政贡献将降低 17% 左右，这将使英国的人均收入提高 0.09%，如较为彻底地脱离欧盟，财政负担将进一步降低，将使英国人均收入提高 0.31%。在英国脱欧后，如英国能够采取自由化程度较高的政策措施，英国人均收入将提高约 0.3%。综合上述三种效应，两种情景下英国人均收入下降幅度将分别为 0.98% 和 2.29%。同时，他们还认为，上述分析是基于静态分析的结果，如果将长期的动态效应考虑在内，脱欧对英国人均收入的影响将放大 2～3 倍。

表 1　英国脱欧可能产生的经济效应

单位：%

方面	乐观情形	悲观情形
贸易效应	-1.37	-2.92
财政效应	0.09	0.31
自由化效应	0.30	0.32
对人均收入的总体影响	-0.98	-2.29

国际货币基金组织（IMF）的研究团队对英国脱欧可能产生的经济效应进行了更为全面和深入的研究，所得出的总体结论也是对英国和欧盟经济产生不利影响，但一些结论与上述分析也存在差异，某些效应的分析结果甚至是反向的。

IMF 的研究报告也对上述两种情形进行了模拟分析，不过他们是将 IMF 在 2016 年 4 月发布的《世界经济展望》报告中的分析预测作为基准情景，对英国脱欧的效应是相对于此基准情景展开的。他们认为，相对于基准情景，乐观情形下 2016 年英国 GDP 将减少 0.2%，2017 年将减少 1.0%；悲观情形下 2016 年英国GDP将减少0.8%，2017年将减少3.7%。关于贸易平衡状况，由于脱欧后英国国内经济增长受到影响，进口需求会有所减少，加上英镑将贬值，贬值效应将适当扩大英国的出口，因此贸易逆差占GDP的比例将有所收窄，2016年从基准情形下的2.1%缩小到1.5%，2017年将收窄到0.3%或者贸易大体平衡。脱欧后英国尽管可以增强对移民的限制，但由于经济下滑对劳动力的需求减少，经济下滑引致的需求效应更大，从而导致失业率有所上升。在乐观情形下，2016年英国失业率将从5.0%上升到5.1%，在悲观情形下将上升到5.2%；2017年将分别上升到5.3%和6.0%。尽管脱欧后英国上交欧盟的财政收入将减少，但英国经济下滑导致财政收入减少的效应将超过节省上交的数量，欧盟的财政赤字和债务余额占GDP的比率都将有所提高，在乐观情形下，2016年财政赤字比率将从基准情形的2.9%上升到3.2%，债务余额比率将从基准情形的82.6%上升到83.3%；在悲观情形下，财政赤字比率将上升到4.0%，债务余额比率将上升到85%；2017年在乐观情形下财政赤字比率将从基准情形的2.0%上升到2.7%，债务余额比率将从基准情形的81.5%上升到82.7%，在悲观情形下财政赤字比率将上升到5.0%，债务余额比率将上升到87.3%。英国脱欧还将导致通胀率提高，这一方面是因为英镑贬值带来的传导效应，另一方面是英国可能提高进口关税所产生的效应。在乐观情形下，2016年消费价格上涨率将从基准情形的0.8%上升到1.1%，在悲观情形下，将上升到1.6%；2017年消费价格上涨率将从基准情形的1.9%上升到2.6%，在悲观情形下将上升到4.0%，通胀压力将明显加大。

（四）市场压力将迫使英国和欧盟审慎决策

从多数机构和学者的分析来看，脱欧公投获得通过，尽管使英国能够减少一定的财政支出，并因摆脱欧盟束缚而获得较多的政策自由度，但英国经济不仅将在短期内遭受一定的冲击，从中长期来看，英国脱欧还将严重影响英国的发展环境。脱欧将不可避免地降低英国的国际地位，英国的金融中心地位将受到影响。英国对欧盟的影响力将大大减弱。英国需要与欧盟重新谈判来进入欧盟单一市场，而欧盟势必会在与英国谈判中施加种种限制条件来迫使英国接受欧盟的贸易规则。

自2016年以来，英国脱欧公投对国际经济和金融市场的影响不断增大。避险情绪高涨，英镑的贬值预期增大，英镑对美元、日元汇率均有不同程度下跌。在2016年6月8～14日的5个交易日内，英镑对美元下跌幅度将近4%。英镑对日元年初以来跌幅更是高达15.5%。5月30日至6月14日英镑对日元的跌幅就有8%左右。与此同时，投资者对英国股票和债券的持有配比均下降到近期低点，资金持续流出英国市场。受英国脱欧影响，欧洲股票市场和债券市场亦遭受牵连，投资者对欧洲股票和债券的持有配比也有不同程度的下降，受避险资金的追逐欧洲债券市场上德国国债收益率明显走低。全球股指波动性不断增强，美国、欧洲和亚太股市均有不同程度的震荡。同时黄金价格在近期的反弹也受到英国脱欧的支撑。有分析预计，若英国脱欧成为事实，短期内黄金价格将快速走高。

总体来看，虽然不同研究机构对于英国脱欧的风险存在不同判断，而且多数研究机构预计即使英国脱欧，其经济后果和影响将是短期且可控的；但是在全球经济日益融合的今天，不稳定因素所引起的短期后果，稍有不慎就有可能演化为全球性的长期影响。但脱欧公投前后的市场反应说明，在欧洲经济持续低迷的情况下，若英国脱欧程序开始启动，无疑将重创英国和欧洲经济，全球经济亦将受到影响。当然这也会迫使英国和欧盟审慎决策，努力寻找适当的方式，使双方的经济关系不至于马上脱节。

三　英国脱欧对中英、中欧经贸关系的相关影响

2016年6月23日，英国脱欧公投结果公布。脱欧支持率为51.9%，留欧支持率为48.1%，脱欧支持率略高于留欧支持率，英国脱欧将成为现实。结果公布后，市场反应较为激烈。英镑汇率快速下跌，美元、日元汇率快速上升。欧美股指大幅下跌，欧美债券市场国债收益率快速下跌。市场避险情绪上升，黄金价格一路走高。国际舆论普遍认为英国脱欧是对欧洲一体化进程的巨大打击，英国脱欧有可能产生示范效应，加剧欧盟内部的分化；欧盟需要进行改革来增强其成员对欧盟的信心。与此同时，英国脱欧同样对英国经济产生不利影响。英国的国际金融中心地位将下降，英国需要与欧盟重新进行贸易谈判来重建两者的经贸关系。对于中国而言，英国脱欧产生的影响相对有限，主要从五个方面影响中英、中欧经贸关系。

（一）英国脱欧有利于中英自贸协定谈判，中英贸易有较大增长空间

中英经贸关系近年来发展势头良好。英国是中国重要的贸易伙伴，中国已是

英国在欧盟外的第二大贸易伙伴、第二大进口来源国和第四大出口目的国。据中国海关统计，2015 年中英双边货物贸易额达 785.2 亿美元。在中国同欧盟国家双边贸易中位居第二，仅次于德国。其中中国出口 595.8 亿美元，进口 189.4 亿美元。英国对中国进口、出口货物贸易额相对 2010 年而言，增幅均超过 50%。同时，中英双边服务贸易近年来发展较快。据我国驻英国经商参处数据，2014 年中英服务贸易总额为 192.6 亿美元，同比增长 41.7%。其中中国出口 81.3 亿美元，进口 111.3 亿美元，同比分别增长 52.5% 和 34.7%。

虽然中英贸易在近年来发展势头良好，但从英国外贸的现实来看，中英贸易仍然有较大的增长空间，中英贸易总额占英国外贸总额的比重仍然较小。据 WTO 统计数据，2014 年英国货物和服务贸易的总额为 1.72 万亿美元，中国与英国货物和服务贸易的总额约为 1000 亿美元，中英贸易额占英贸易总额的比重约为 5.8%。其中，2014 年英国与中国服务贸易总额为 192.6 亿美元，约占英国服务贸易的 3.6%；英国与中国货物贸易总额为 809 亿美元，约占英国货物贸易总额的 9.1%。仅从英国对中国出口来看，据英国贸工部数据，1999～2014 年，英国对中国出口一直呈上升态势，对中国出口额占英国出口总额的比重从 1% 上升至 3.7%。但这一比重相对英国对欧盟成员国及美国出口的比重而言，仍然较小；英国对中国出口总额与英国对比利时和卢森堡出口总额相当，低于英国对荷兰、爱尔兰出口额。

中英贸易关系的现状使英国政府对推进自贸协定具有较高积极性，但受制于欧盟规则，这一目标迟迟不能实现。英国脱欧之后，在贸易关系方面将具有完全的自主权，中英双方有望用相对短的时间完成自贸协定谈判，这将极大地促进中英贸易的发展。

（二）服务贸易有望成为重要突破领域

从英国贸易结构的现实来看，英国贸易逆差总额较高，但呈现为货物贸易逆差而服务贸易顺差。据 WTO 统计数据，2014 年英国货物贸易出口额为 5058.41 亿美元，进口额为 6839.79 亿美元，货物贸易逆差为 1781.38 亿美元；2014 年英国服务贸易出口额为 3372.17 亿美元，进口额为 1968.84 亿美元，服务贸易顺差 1403.33 亿美元。加大服务贸易出口是英国摆脱贸易逆差的重要政策选项，其中增加对中国服务贸易出口尤为重要。据有关数据，2015 年全球服务贸易总额为 92450 亿美元，中国服务贸易总额为 7130 亿美元，而 2014 年英国服务贸易总额为5340亿美元，中英均为服务贸易大国。但中英两国间服务贸易总额在2015年仅为192亿美元，且根据英国统计局数据，2016年第一季度，英国对中国服务贸易顺差5亿英镑，远低于对欧盟顺差57亿英镑和对美国顺差59亿英镑。

一直以来，英国在金融、教育、信息通信技术、商业及法律服务等方面具有较高的水准，与欧盟国家及美日等发达国家服务贸易增长较快。但囿于欧盟规则及制度，与中国服务贸易的增长较为缓慢。英国脱欧后，市场准入、产业门槛等服务贸易壁垒有望得到解决，中英自贸协定谈判已成为英国政府的目标之一。考虑到中国正在经历经济增长的动力转换，巨大的市场需求意味着中英两国一旦达成自贸协定，服务贸易将迎来快速增长。

（三）从金融及投资角度来看，英国脱欧在短期内将对中国产生一定负面影响

一是英镑、欧元汇率下跌将推升美元汇率，间接带来人民币贬值压力，但尚不至于带来资本外流危险。从美联储角度来看，英国脱欧带来的美元汇率走强及全球经济的不稳定预期，将迫使美联储更加审慎考虑加息时机，这将有利于减轻人民币贬值和资本外流压力，从而为中国加紧国内改革争取时间。

二是对人民币离岸中心建设有一定消极影响，但长期来看，英国脱欧有利于人民币国际化进程。伦敦是重要的国际金融中心，同时亦是亚洲之外最大的人民币结算中心。2015年全球外汇结算的40%在英国市场进行，关联欧元的交易额在全球外汇交易中占1/3，欧盟对伦敦支持作用显而易见。英国脱欧将降低伦敦的国际金融中心地位，部分金融机构将撤离英国，同时英国银行和金融服务业将失去欧盟市场一定份额，英国对欧洲的辐射作用将受到削弱。但长期来看，英国脱欧增强了人民币的国际化属性，英镑、欧元在国际市场的地位均受到一定影响，这将有利于人民币国际化进程。

三是英镑和欧元汇率下跌将使我国持有的英镑和欧元资产受到一定损失。按照我国外汇储备中欧元占20%、英镑占5%（这大体上是全球外汇储备分币种统计的比例）估计，5月末我国外汇储备3.1万亿美元中欧元资产约6000亿美元，英镑资产约1500亿美元，英国脱欧导致欧元贬值3%左右、英镑贬值10%左右，造成我国外汇储备因两种货币汇率贬值而出现约33亿美元的浮动损失。但这种影响主要体现在外汇储备币种结构上，因为在欧元、英镑贬值的同时，美元升值，而我国外汇资产中美元比例最高，欧元、英镑资产贬值将使美元资产的比重

轻微上升。

四是原有对欧洲和英国的直接投资会受到一定影响。对于前期在英国进行资本布局的企业而言，英国和欧盟其他国家经济形势走弱，原有投资在运营和收益上会受到不利影响；但辩证来看，英镑下跌将带来新的投资机会，中资企业在英并购的成本将会下降。

（四）中英达成投资协定可能性增加，同时中欧达成双边投资协定难度亦增大

英国脱欧将使英国与欧盟市场的经贸联系被削弱，而英国与欧盟的贸易与投资是拉动英国经济增长的主要动力之一。脱欧将使英国宏观经济遭受较大不利影响，各主要研究机构均预测英国经济在未来两年将放缓。英国政府需要尽快寻求更多来自其他发达国家和发展中国家的投资与贸易机会，以稳定经济增长预期。在这种背景下中英达成投资协定的可能性将增加。

但与此同时，英国脱欧也将使中欧达成双边投资协定的难度增大。中国一直通过英国加强与欧盟的合作，英国是欧盟内部支持给予中国市场经济地位并推动欧盟与中国达成双边投资协定的重要力量。英国脱欧将使这一加强中欧关系积极力量的作用下降，虽然中国与德国、法国关系同样紧密，但失去英国支持无疑将使中国与欧盟达成双边投资协定的困难加大。

（五）英国脱欧对基础牢固的中国－欧盟经贸关系影响有限，并将创造出新的合作机遇

英国脱欧将会影响欧盟经济增速，甚至带来负增长。据中金公司测算，欧盟作为中国第一大贸易伙伴，在基准情形下其GDP增速减缓1%，中国对欧盟出口增速降低5%~6%，中国总出口增速因此下降约1%。在风险情形下，其GDP增速放缓2%，将拖累中国总出口增速2%，对中国GDP增速造成0.4个百分点的拖累。如果英国脱欧给全球带来更大范围的冲击，有可能引起中国出口增速5%以上的下滑，拖累中国GDP增速1个百分点。此外，英国脱欧将使英国与欧盟就贸易、投资、金融等诸领域进行重新谈判，双方将各自寻求新的自我定位。脱欧可能带来的传导效应对经济处于低迷期的欧盟而言，会带来新的不稳定因素，这将影响欧盟经济稳定和增长预期，一旦发生新的脱欧事件，欧盟与中国的贸易、投资关系将受到影响。

但总体上看，自2004年起，欧盟已连续12年为中国最大的贸易伙伴。2016年1~11月我国外贸同比增长-1.2%，其中对欧盟、英国的贸易额分别为3.1%和1.9%（我国对欧盟和英国出口分别为1.5%和0.4%）；相比之下我国对美贸易为同比增长-1.7%，其中出口为-0.9%，尽管这其中有汇率因素的影响，但显示出中国与欧盟经贸关系仍然有较强的活力。近年来，中国对欧的投资快速增长。据欧美咨询机构的数据，2014年中国企业对欧投资达170亿美元，2015年增长了35%，达230亿美元。其中，我国中化工集团投资意大利倍耐力轮胎集团项目金额即达71亿美元，我国海航集团收购欧洲机场地面服务供应商瑞士空港公司金额为28亿美元。2016年6月，希腊政府批准了我国中远海运集团对比雷埃夫斯港全面控股投资。

中欧经贸关系具有互补性强、发展空间广阔的特点。我国"一带一路"战略与欧盟"容克计划"对接，中欧加强基础设施合作，共同应对气候变化，在创新及先进制造领域开展优势互补合作的势头强劲，中德、中法、中意双边经贸关系基础较强。欧盟近年来一直希望提升法兰克福、卢森堡的金融中心地位。在英国脱欧的情况下，现已出现部分在伦敦金融机构将部分业务向欧盟国家及瑞士转移的情况。欧盟发展在欧洲大陆的金融中心，将对与我国金融合作抱更积极态度。从上述各方面合作的基础条件和发展前景看，英国脱欧对中欧关系的影响有限而且有可能创造新的机遇。

（撰稿人：中国国际经济交流中心副总经济师，研究员张永军；中国国际经济交流中心战略研究部助理研究员田栋）

美国大选后的战略调整与政策调整分析

2016年美国大选尘埃落定，共和党总统候选人特朗普出乎主流媒体预料战胜民主党候选人、前国务卿希拉里赢得总统选举。这个结果意味着至少未来四年中美关系都会受到特朗普执行理念、风格和政策的影响。由于特朗普是一个商人，没有执政经验，在大选期间和当选后均发表很多涉华言论，有些前后矛盾，有些毫无根据，中美关系面临诸多不确定性。因此，在深入分析特朗普本人及政策主张的基础上对特朗普上任后的对华政策进行研判是十分必要的，这将有助于我们研究制定应对之策，有利于推动中美大国关系继续前进。

一　奥巴马执政8年对华政策的遗产

此轮特朗普赢得大选"黑天鹅"事件背后是民意和社会的严重撕裂，表明美国民心思变，美国经济社会面临重大变革。特朗普新政府上台后，从特朗普个人执政风格、政党轮替还是从当前突出问题来看，美国的内政外交政策都会出现一定调整。但除了这些因素外，对于特朗普政府而言，美国对华政策的调整还是会延续过去尤其是奥巴马执政8年留下的政治遗产——中美关系具有全球价值，合作是中美两国唯一的正确选择。

（一）基于共同利益的经贸合作是中美关系的压舱石、推动力和主流

中美经贸关系是中美关系的压舱石、中美关系发展的推动力。自1979年中

美建交以来，双边经贸关系迅速发展，合作领域不断扩大，内涵日益丰富，相互依存持续加深，已形成“你中有我、我中有你”的利益交融格局。1979 年中美贸易规模仅为 24.5 亿美元，2015 年达到 5883.9 亿美元，增长了 240 倍。中国是美国第二大贸易伙伴、第三大出口市场、第一大进口来源地。美国是中国第二大贸易伙伴、第一大出口市场、第五大进口来源地。中美在投资领域的合作不断深化，中国一直是美国企业海外投资首选目的地之一，美国也成为中国外资最大的来源地之一。中美关系全国委员会与美国荣鼎咨询公司联合发布的报告显示，1990～2015 年，美国对华直接投资累计金额为 2280 亿美元，同期中国对美直接投资为 640 亿美元。近年来，中国对美直接投资快速增长。据统计，2011～2015 年，中国对美直接投资平均每年增长 30%，已从 2008 年的不到 10 亿美元猛增至 2015 年超过 150 亿美元，预计 2016 年这一数字将进一步跃升至 250 亿～300 亿美元①。目前，美国已经成为中国对外投资第四目的地国，中国已经成为美国对外投资第二大的国家，上升速度非常快。金融方面，2016 年 9 月中国持有美国国债 1.16 万亿美元，为美国第一大债权国。

作为全球最大的发展中国家和最大的发达国家，两国的地位和作用决定了两国只能合作，不能分裂，只有共赢，不能对抗。中国和美国两个国家经济总量目前占全球的 1/3，人口总数占全球总人数的 1/4 多，贸易额占全球贸易总量的 1/5 多。中国和美国都是目前世界上最有影响力的国家和最活跃的国家，同为联合国常任理事国，同为 WTO 成员、APEC 成员、G20 成员等，中美同为拉动世界经济增长的最大动力。可见，中美两国双边关系已经发展成为全球最重要的双边关系，具有全球价值，展望未来，中美双边关系全球性价值还会不断扩大。

（二）中美两国对话沟通机制取得重大进展

自中美建交 37 年来，中美关系出现过一些摩擦，也出现过分歧，但合作共赢始终是中美关系的主基调。究其原因，与两国建交以来形成的大量对话沟通机制密不可分，它们在关键时刻总能起到管控冲突和分歧、深化合作的作用。中美之间迄今建立的对话沟通机制已达 90 多个，这些机制涉及政治、军事、经贸、科技、环境等各个领域。此外，中美两国还建立了 40 多对友好省州关系、200

① 《中国对美直接投资历史上首次超过美对华投资》，http://news.xinhuanet.com/fortune/2016-11/17/c_1119936063.htm，最后访问时间：2016 年 12 月 5 日。

多对友好城市关系。

政治对话机制方面，中美元首年度会晤机制逐渐成形。从1984年开始，中美两国元首逐步形成了互访机制，虽然中间中断过一段时间，但进入21世纪，随着中国实力的上升和中美关系质的提升，中美首脑外交机制逐步形成，特别是2012年后，中美两国共同致力于建设中美“新型大国关系”，从安纳伯格庄园会晤到南海瀛台夜话，从白宫漫步到西湖之约，中美两国元首三年多来进行了第九次会晤（习奥会），中美元首年度会晤机制逐渐成形。始于2005年和2006年的中美战略对话和中美战略经济对话于2009年更名为中美战略与经济对话，一年举行两次，共举行了5次。到目前，中美战略与经济对话已经举行了八轮，历次对话均取得了丰硕成果，成为缓和中美关系氛围、增进两国相互理解与合作的重要平台。此外中美政治对话机制还包括中美议会定期交流机制、中美副外长级政治磋商、反恐磋商、金融反恐工作组磋商、人权对话、中美关系研讨会等。

中美建立中美联合经济委员会、中美商贸联合委员会、中美科技合作联合委员会、中美环境合作联合委员会、中美能源政策对话、中美双边经济发展与改革对话、中美大气科技合作联合工作组、中美科技政策论坛等经贸科技领域的对话机制。其中，中美商贸联合委员会被视为解决中美贸易摩擦的“灭火器”，中美商贸联合委员会上会就人民币汇率、中美贸易不平衡、美国对华出口限制等热门话题展开讨论，2003年12月，时任国务院总理温家宝访美时，两国领导人商定将中美商贸联合委员会会议的级别提升为副总理级。中方主席由中国副总理担任，由于美方不设副总理职位，美方主席由商务部长和贸易代表共同担任。

近年来，中美在地区安全等问题上的摩擦不断增加，2011年5月9～10日在美国华盛顿举行的第三轮中美战略与经济对话期间中美达成共识，建立了中美亚太事务磋商机制，这一机制旨在加强双方在亚太事务上的机制化沟通和协调，增进互信，拓展合作，推动中美在亚太地区良性互动。这不仅有利于中美关系的健康、稳定发展，也有利于促进亚太地区的和平、稳定和繁荣。至今中美两国已经举行了5次亚太事务磋商。为管控地区冲突与风险，中美还建立了中美军事热线、中美海上军事安全磋商机制、中美副外长级战略安全、多边军控和防扩散磋商、国防部副部长级防务磋商、中美司局级军控与防扩散磋商、中美退役高级将领会谈、中美军控、裁军与防扩散研讨会等安全机制。

随着中美关系的提升，2010年，中美人文交流高层磋商机制设立，中美在科技、教育、文化等低政治领域的合作蓬勃发展。围绕教育、科技、体育、妇女、青年、地方交流等领域，取得近300项务实成果。目前，有49万名中国青年在美国学习，超过10万名美国青年到中国学习。另外，中美双方已合作在美国设立107所孔子学院、451家孔子课堂，注册学生达30万人[①]。这在一定程度上弥补了长期以来中美对话聚焦于政治、经济领域的缺陷，已经成为促进两国关系和两国人民友好交流的重要支柱，进一步夯实了中美新型大国关系的民意和社会基础。目前，战略互信、经贸往来、人文交流成为新时期引领中美关系发展的“三大支柱”。此外，在卫生、社会和法律领域，中美还建立了双年度卫生部长级会晤机制、中美食品和饲料安全工作组会议、中美副部级教育磋商会、中美卫生政策论坛、中美执法合作联合联络小组、中国交通部与美国海岸警卫队高层定期会晤机制、中美文化论坛等。

此外，中美还于2010年在北京举办了首届中美政党高层对话，2011年首届中美省州长论坛在北京进行等，这些都为中美关系长期稳定发展提供了交流沟通平台。

（三）中美两国提供全球性公共产品的合作不断加强

最近几十年来，在经济全球化给全球带来繁荣的同时，地区和全球挑战也不断增加。持续贫困和不平等现象仍然存在，在以中国为代表的发展中国家绝对贫困人口下降的同时，发达国家和城市新的相对贫困人口交织并存；气候变化和环境资源的持续问题还在集聚；全球恐怖主义威胁有增无减；地区冲突和不稳定局势依然紧张；伊朗核问题和朝鲜半岛局势造成核威胁还将存在……所有这些全球性问题迫切需要中美合作共同应对全球性挑战，为国际社会提供公共产品。

气候变化也是当前人类社会面临的最严峻全球挑战之一。中国和美国是世界上第一和第二大的经济体，也是能源消费大国和温室气体排放大国，分别是最大的发展中国家和发达国家。2014年，中美二氧化碳排放量、能耗、国内生产总值以及人口分别占全球总量的43%、40.8%、35.7%和23.4%[②]。中美的一举一动都会对全球经济、能源消费、应对全球气候变化产生举足轻重

① 《中美已创设90多个对话机制涉及全方位各个领域》，中国新闻网，http://www.chinanews.com/gn/2015/09-25/7544986.shtml，最后访问时间：2016年12月3日。

② 《加强中美气候变化合作共谋全球绿色低碳转型》，人民网，http://money.163.com/15/0929/08/B4LSQ4CA00254TI5.html，最后访问时间：2016年12月5日。

的影响。近年来，习近平主席和奥巴马总统为推动中美在引领全球应对气候变化方面建立了历史性的伙伴关系，中美气候变化合作取得实质性进展和丰硕成果。从2013年两国元首安纳伯格庄园会晤到2014年11月发表里程碑式的《中美气候变化联合声明》、2015年9月和2016年3月发表元首气候变化联合声明，中美两国的领导力已经激励全球采取行动构建绿色、低碳、气候适应型世界，并对达成历史性的《巴黎协定》做出重要贡献。气候变化已经成为中美双边关系的一大支柱。双方多次承诺共同努力并与其他各方一道推动《巴黎协定》全面实施，中美两国将编制并发布各自21世纪中期温室气体低排放发展战略。中国正在大力推进生态文明建设，促进绿色、低碳、气候适应型和可持续发展。“十三五”期间（2016～2020年），中国单位国内生产总值二氧化碳排放和单位国内生产总值能耗将分别下降18%和15%，非化石能源占一次能源消费比重将提高至15%，森林蓄积量将增加14亿立方米，作为实施其国家自主贡献的切实和关键步骤。作为强化低碳政策长期承诺的一部分，2015年美国与其他经济合作与发展组织（OECD）成员一道通过了限制海外投资燃煤电厂的新OECD指南。美方还仍坚持承诺与其他发达国家一道，在有意义的减缓和适应行动背景下，到2020年每年联合动员1000亿美元的目标，用以解决发展中国家的需求。

当前恐怖主义已经成为全球共同公敌，反恐国际合作也成为全球共识。“9·11”事件后，中美两国开始走出原来相互对立和猜疑的阴影，双方多次就反恐地区形势和国际形势进行磋商，中美两国元首达成了建立两国中长期反恐交流与合作机制的共识，并逐步建立起中美加强反恐合作的高层对话平台。2014年首次中美副外长级反恐磋商在华盛顿举行，中美双方就国际和地区反恐形势、各自反恐形势和政策举措交换看法，并着重就在平等合作、双向互利基础上加强反恐交流合作进行深入探讨，取得广泛共识。2015年4月，中国国务委员、公安部部长郭声琨与美国国土安全部部长约翰逊在京共同主持了中国公安部与美国国土安全部首次部级会晤，双方同意在国际反恐合作、追逃追赃、打击网络犯罪等重点领域，取得合作的新突破，积极构建与中美新型大国关系相适应的新型执法合作关系。2015年8月中美第二次副外长级反恐磋商在北京举行。双方同意在打击“东突”恐怖势力方面加强反恐情报执法等领域交流合作，相互照顾彼此关切，并就打击网络恐怖主义、反暴力极端主义等问题达成重要共识。

（四）美国推出“亚太再平衡”战略，中美亚太地区冲突风险上升

冷战结束后，随着欧洲威胁的解除，美国逐渐将重点从欧洲转移到亚太地区。2001 年发生的“9·11”事件改变了美国的战略轨迹，十年之后从阿富汗和伊拉克两场战争泥潭中走出的美国重新瞄准了中国。2011 年 11 月美国总统奥巴马在夏威夷主办的亚太经合组织（APEC）峰会上高调亮出“转向亚洲”战略。2012 年 1 月美国国防部发布名为《维护美国全球领导地位：21 世纪国防的优先任务》的防务战略指南，全文从“全球安全环境的改变、美国军队的首要任务、迈向 2020 年的三军联合作战”等部分进行论述，从军事战略维度诠释了美国“重返”亚太和亚太“再平衡”战略，明确提出美国的军事战略任务是从应对当前威胁向长远准备应对未来挑战转变，战略重心从中东地区移至亚太地区，国防预算和军费开支缩减不会影响美国在亚太地区的资源投入和军事部署。2012 年 6 月香格里拉对话会上，美国国防部长帕内塔提出了美国“亚太再平衡战略”，指出美国将在 2020 年前向亚太地区转移一批海军战舰，届时将 60% 的美国战舰部署在太平洋。此后，奥巴马执政团队在“巧实力”的概念下调整了战略选择，决定把战略重心转移到亚太，美国全球战略出现重大调整变化。

一是在国防军事预算缩减的大背景下，进一步加强在亚太地区的军事部署。加快开发尖端的武器技术装备，并重点部署在亚太地区，计划在 2020 年前，改变海军力量目前在太平洋和大西洋“五五开”的力量部署格局，把 60% 的战舰放在亚太，航空母舰数量也将增至 65 艘，切实推进“亚太再平衡”战略。同时加快了在亚太地区的军事基地建设。

二是强化在亚太地区的同盟与伙伴关系，构建新的全面战略伙伴关系。安全方面，美国着力加强与日本、韩国、澳大利亚、菲律宾和泰国等条约联盟国之间的安全合作，并把其作为美国亚太战略的支点①。2012 年美日发表题为《面向未来的共同蓝图》的共同声明，2015 年美日正式修改《美日防卫合作指南》。美韩同盟也在美国重返亚太地区的背景下逐渐升温，从传统的军事同盟关系发展成为全方位的“战略同盟关系”，且奥巴马政府正在极力构建美、日、韩三边联盟，把其作为在东北亚地区推行“亚太再平衡战略”的核心环节。此外，

---

① Hillary Clinton, “America's Pacific Century,” *Foreign Policy*, No. 189, 2011, pp. 56 - 63.

美国还积极拓展与印度、印度尼西亚和越南等战略伙伴的安全关系。2016年美国全面解除了对越南的武器禁运。在经济外交方面，美国搭建以跨太平洋战略经济伙伴协定（TPP）为依托，以离间与挑拨中国同周边国家友好关系为特色的所谓“前沿部署外交”，形成美国主导对中国的以经济、军事、外交为一体的全方位遏制体系。

三是推动亚太军演常态化，强化亚太军事存在。作为亚太再平衡战略的一部分，美国军方于2014年和2015年分别提出“太平洋通道”计划和在亚洲建立“半永久”军事存在计划，强化美国在亚太地区的军事力量部署，扩大了美国的军事存在。据统计，美国每年在西太平洋地区进行的演习就有17种之多，美国太平洋司令部自己举行的军演和与外军联合演习每年多达1500场次①。

（五）未来四年将是中美关系的重要关键时期

未来四年，是中美实力对比变化和国际秩序转换的关键时期。按测算，按中国经济年均增长6.5%、美国经济年均增长2.2%计，到2021年，中国的GDP大致相当于美国的77%（目前约为60%），中美实力对比正在不断发生变化，中国正在走上坡路，在国际社会的地位不断提高，作用也在不断增强；美国尽管是全球最发达的国家，但美国似乎是在走下坡路。随着中美关系实力对比的变化，美国对中国的焦躁、疑忌、恐慌情绪更加突出，竞争和危机意识更加浓重，战略疑虑也会增加，导致美国对华政策更难走出两面、含混、摇摆和自相矛盾的区间。

尤其是当前全球范围内出现了逆全球化现象，欧洲经济出现了“三个没有想到”，日本经济比预想的还要坏，美国经济没有预想好。除中国之外，全球范围内政治和民意的撕裂随着政治周期的变动正在持续发酵，全球政治经济不可预期性和不确定性加大，在这样的大背景下，此轮美国大选中，特朗普在竞选期间频频“火喷”中国，多次指责中国“操纵人民币汇率”，“偷窃美国的工作岗位”，并表示如果他当选就要对中国的进口产品征收45%的关税。这种为赢得选票抡起反华大棒顺应了美国民意和民众心理，把中国崛起和美国式微画等号，说明此届美国大选不是政治智慧的博弈，而是一场美国“新式悲

① 《美军亚太军演每年1500场变军火商赚得钵满盆满》，http://mil.sohu.com/20160406/n443421923.shtml，最后访问时间：2016年6月9日。

喜剧”。

由于特朗普本人性格及执政理念，中美关系不确定性增加。

总的来看，中美实力对比关系的变化和特朗普本人及执政风格，如何维持未来四年中美关系稳定发展成为摆在我们面前的重大挑战。

二　奥巴马与特朗普相关战略与政策的对比及影响

通常来讲，在维护美国国家利益，特别是重大安全问题上，无论是民主党还是共和党，无论是希拉里还是特朗普，其政策主张都不会有太大差异和本质区别。然而，特朗普作为在美国民意严重撕裂背景下的反建制代表，其和奥巴马政府在实施政策目标时关注的问题及实施目标的手段会有所差异。基于到目前的信息，尤其是其当选后有关“百日新政”的系统论述，特朗普时期与我国相关战略与政策调整将主要包括以下几个方面。

（一）特朗普主张“美国优先”战略，关注国内就业和经济增长

此次美国大选悲喜剧揭示了美国自身存在的深层次矛盾和问题，是美国体制性、结构性弊端长期积累在政治上的集中表现。因此，特朗普上任后面临的一个重要任务就是重振美国经济，解决贫富分化问题，满足美国中下阶层民众的利益诉求和迫切寻求变革的愿望。正如他在胜选演说中提到的“我们一起努力，开始这项刻不容缓的任务：重建我们的国家，重塑美国梦”。与奥巴马不同，特朗普将通过积极财政政策来促进经济增长，保证就业。特朗普在百日新政中提出“中产阶级税务减轻和简化法案”，一个两孩的中产家庭会有35%的税务减免，目前税务种类会从7种减少到3种，税表也会相应简化。同时美国商业税率会从现在的35%下降至15%，这是一项旨在通过减税和简化税法使GDP增速达到4%、产生2500万个新工作的经济计划。可以看出，这种大规模的减税政策一旦实施将会对美国乃至全球经济产生重大影响。一是数以万亿美元的美国企业海外资金会以10%的速度回流，推动美国实体经济复苏并走向稳固复苏增长通道。二是低税率会对全球产生巨大的虹吸效应，全球资本和产业向美国流动，美国有可能发展成为避税天堂。三是大规模减税带来的资本和产业的回流可能会改变新一轮成本推动的产业转移，改变全球范围内要素重组和产能合作方向，使美国成为发达国家搭载的产业和资本集聚最大平台。

（二）特朗普奉行“外交孤立”政策，“全球主义”将被“美国主义”所取代

特朗普奉行“孤立主义”外交政策，实施“美国优先”战略，主张“美国主义”而不是“全球主义”，从某种程度上意味着特朗普上台后，将首先聚焦国内事务，美国全球战略暂时收缩，特朗普政府可能会减少以意识形态干预他国内政，不会急于对包括对华关系在内的对外关系方面寻求大幅改变和突破，也不大可能在国际上立刻主动挑起重大事端。这是既符合美国利益，也符合全球利益的。

但是，特朗普的孤立主义政策也可能产生巨大的负效应。美国看待国际事务不再从全球立场而是从美国立场考虑问题，美国对全球性公共产品提供方面的积极性下降，将不利于中美在气候变化等全球公共产品方面的合作。特朗普在“百日新政”中表示，“撤销对联合国气候变化项目的高达十亿美元的资助，并将这笔资金用于修复美国水资源和环境基础建设”。可以看出，这给已经取得重大进展的中美气候变化合作带来诸多不确定性风险。此外他还提出了“停止离岸 offshoring 法案”，通过设立关税来抑制公司一些全球化的行为，比如，将总部设立到海外、产品返运回美国时避税并且解雇美国本土工人等，这些都可能会在全球范围内产生溢出效应。

（三）特朗普反对自由贸易，上任后非理性贸易保护主义会抬头

自金融危机后，一向倡导自由贸易的美国，成为实施贸易保护主义的主要国家，自 2008 年以来对其他国家或地区采取了 600 多项贸易保护措施，占 G20 成员贸易限制措施的四成左右。仅 2015 年就采取了 90 项，平均每四天就推出一项，数量和密度都无能出其右。此次总统大选中，特朗普的贸易主张非常极端，他扬言要撕毁一切贸易协定，退出 WTO，反对 TPP。特朗普更是多次把矛头对准中国，声称“中国是汇率操纵国”，要对中国产品征收 45% 的高关税。在特朗普胜选演说提出的 7 条保护美国工人的措施中，第一条，宣布与 NAFTA 重新谈判或者按照 Article2205 文件退出协议。第二条，宣布退出跨太平洋伙伴关系协定。第三条，让财政部长标定中国为汇率操纵国。第四条，让商业部和美国贸易代表团裁定所有那些对美国工人不公正的非正当的国际贸易举措，引导美国工人利用美国的国际法来终止这些不正当的贸易等前四条都与贸易保护主义相关，因

此，可以预见，特朗普上任后美国非理性贸易保护主义会上升，中美贸易摩擦会上升。

对于TPP，特朗普在竞选期间和当选后都明确表示要退出TPP，因此，TPP可能会暂时搁置，但实际上，特朗普的对外贸易政策的焦点最终都是要保护和维护美国利益，因此，TPP进程不会无限期搁置，更有可能是提高标准重新谈判，有关更高标准贸易规则之争会加剧。

（四）美国削减国防预算支出计划将停止，军事投入会增加

特朗普主张加强军事投入，美国军事存在尤其是亚太地区军事存在可能会加强。这是因为，首先，特朗普在大选期间多次表示如果当选就会要求美国国会全面停止减少国防预算，增加军费开支，重建美国军队。并明确提到使美国“强大到没有人，绝对没有人能够给美国制造麻烦的程度”，要通过“无可置疑的军事实力”来阻止冲突。并表示要将“大大增加”美国武器库中的潜艇、舰艇和战斗部队，将陆军扩大到54万人，空军1200架现代化战斗机，海军350艘舰艇，陆战队36个营，发展先进的导弹防御系统，对网络防御能力全面升级、完善。特朗普赢得选举后的“百日新政”演讲中明确提出“减少国际协防支出，增加军事投入，重建军力”。在这样的背景下，美国在亚太地区的军事显然不可能减弱。其次，从根本上说，美国加强亚太地区的军事的背后是美国战略重心的东移，而这又是由亚太地区在全球经济政治格局中地位和力量所决定的，不以个人意志为转移，美国战略重心东移最早可以追溯到克林顿时期，经小布什，特别是奥巴马政府得以强化，具有很大的跨选举周期的连续性。最后，长期以来，美国一直视中国为其在传统意义上和地缘政治角度的主要战略对手，美国遏制中国的战略意图不会发生根本改变，因此，特朗普政府不大可能会从根本上放弃“亚太再平衡”战略，也不太可能在美国军事投入增加的背景下减少亚太地区的军事投入和部署。作为美国全球战略重心，亚太地区的军事力量部署不仅不会弱化，反而可能会加强。

对于特朗普提出的“日本和韩国必须分担更多的安保费用，否则将撤出驻日韩美军”的言论，这更多反映的是特朗普作为商人，从“美国第一”政策原则出发，增加美国为韩国、日本提供安全防务的权利与义务重新谈判的筹码，美国与韩国、日本等传统军事同盟国家的关系会出现微调，韩国、日本将不得不为美国在亚太地区的军事部署承担更多费用，付出更大的代价。

三　特朗普时期相关战略与政策调整的动因

特朗普时期美国相关战略与政策调整有着深刻的国际国内原因，我们认为主要包括以下几个方面。

（一）这是由美国国内日益严重的经济社会矛盾问题所决定的

此届美国大选混乱不堪折射出美国国内面临的突出经济和社会矛盾问题：经济持续低迷；社会问题持续发酵，经济与社会问题引发民众不满情绪加剧，精英政治受到来自反传统、反建制、反政治正确力量前所未有力度的挑战。

1. 美国经济存在的长期结构性问题凸显

美国经济持续低迷是美国大选乱象的经济根源。尽管与其他发达国家相比，美国经济正在回归正轨，但美国经济中存在的诸如劳动力市场、劳动生产率和债务问题等长期结构性问题依然没有得到根本解决。

首先，从劳动力市场来看，随着美国经济逐渐好转，失业率显著下降，从2010年10月的10%下降到2016年12月的4.7%，2017年1月美国失业率为4.8%。但实际上美国劳动力市场远不如其就业数据显示的那样乐观，根据2016年6月8日公布的一项由美国人力资源咨询机构Express Employment Professionals联合参与的哈里斯美国失业民意调查，有接近一半的美国未就业人口已经放弃求职，而长期失业的人数甚至更多。大约有59%失业两年或以上的美国人表示他们已经停止求职，而失业者当中总体放弃求职的比例达到43%。最近几年美国失业率持续低位，主要归因于劳动参与率的下降。据统计，2007年美国劳动参与率为66.4%，2015年一度跌至62.6%，创1977年底以来的最低水平，2016年11月美国劳动生产率为62.7%，2017年1月美国劳动生产率为62.9%，仍处于40年的低位。

其次，劳动生产率增速放缓。劳动生产率增长是经济增长的关键，也是对我们创造财富能力的终极考验，美国劳工部数据显示，2016年第二季度美国非农部门劳动生产率按年率计算下降0.5%，为连续第三个季度下滑，创1979年以来劳动生产率下滑时间最长纪录。劳动生产率增速放缓表明美国长期经济增长前景不容乐观，劳动者工资增速将受到限制。据统计，尽管经济持续增长，失业率也下降到了5%以下，但多数美国人的工资停滞不前，甚至有所降低。

在美国一个典型的中产阶级家庭每年的收入是 5.3657 万美元，约合人民币 35.4 万元。根据美国人口普查经通胀调整后的数据，这个收入水平几乎和 20 年前一样。

最后，债务水平持续增加。2016 年 9 月美国 2016 财年结束之际，美国国债高达 19.5 万亿美元，是其 GDP（国内生产总值）的 106%、财政收入的 6 倍。尽管从目前来看美国债务水平与高债务率的希腊和日本还有不少差距，但政府的债务还在继续增加。据美国国会预算办公室发布的年度长期预算前景预测，在财政政策不变的情况下，联邦政府债务将会在 2046 年达到创纪录的 141%，与意大利、葡萄牙和希腊水平相当。

可见，目前美国经济中存在的这些长期结构性问题一直没有得到解决，经济持续增长而普通民众并没有共享到经济发展成果，导致民众不满情绪增加，民粹主义抬头。

2. 美国贫富差距不断扩大的社会矛盾日渐突出

当前，两极分化与贫富差距日益扩大已成为美国国内面临的最主要的社会危机和政治难题。美联储主席耶伦也将贫富收入差距不断增大的现象称为“当前美国社会最令人烦恼的趋势之一”。据美国新经济联盟 2016 年初发布的调查数据，美国最富有的 1% 人口占有全国 40% 的财富，而 80% 人口仅拥有大约 7% 的财富。这 1% 人口与中产阶级之间的平均财富差距超过 20 倍以上。中产阶级队伍萎缩，据统计，2015 年美国中产阶级人口首次降到 50% 以下，“橄榄形社会”的“腰围”正在缩小。美国皮尤研究中心公布的研究报告也印证了美国中产阶层收入陷入停滞的现实。报告显示，2000～2014 年，美国 229 个大都市区中有 203 个出现中产阶层占总人口比例下降的情况，而与此同时上层富裕阶层和底层贫困阶层的队伍却都在壮大。美国中产阶层萎缩的背后是多数大都市区的家庭收入持续下滑，表明美国家庭尚未从本轮金融危机中完全复苏。

3. 美国民主制度、文化价值观质疑增加

经济社会矛盾引发的对美国民主制度和文化价值观的质疑是导致美国大选乱象和成就美国民粹主义的重要原因。客观地说，后危机时代美国政治中的民粹主义一直比较明显，“占领华尔街”“茶党”运动都被普遍认为具有强烈的民粹色彩。民粹主义浪潮的一个重要作用，就是将美国社会对当时重大问题的辩论带入高层政治以及总统竞选中。过去，美国人推崇自由和机遇，自豪地在美国这一片希望之地，每个人都可以通过自己的努力获得成功，实现所谓的“美国梦”。如今，由于美国制造业主体转移到国外，很多中低端服务业岗位又被移民占据，美国白人中下阶层的“被剥夺感”十分严重，美国民众所坚持的“美国梦”等文化和价值观正受到越来越多的质疑。而此次大选中反体制的特朗普等人声称要让美国重新变得伟大，把国内深刻的复杂经济社会矛盾归结于各种自由贸易协定，归咎于中国、墨西哥这些制造业外流目的国，归咎于合法或者非法的拉美裔移民，正是回应了下层白人的愤怒、仇恨和恐惧，成就了民粹主义非常方便的解释。

（二）美国实力相对下降，世界政治经济格局向多极化方向发展也是美国战略调整的重要原因

20 世纪 90 年代初以来，美国成为世界上唯一超级大国，一直以“世界领导者”自居，试图建立单极世界秩序。近年来受阿富汗、伊拉克两场战争拖累，特别是受经济金融危机的沉重打击，美国综合国力和战略地位都在相对下降，美国单极世界图谋难以为继，全球格局发生重大变化，新兴市场和发展中经济体的群体性崛起不断推动世界格局朝多元化、多极化方向发展。

新兴市场和发展中经济体的崛起已经成为当今世界的主要特征。这突出体现在新兴经济体和发展中国家在世界经济总量中所占比重在上升，对世界经济增长的贡献增加。根据 IMF 的研究，2014 年新兴经济体和发展中国家占世界经济总量的 57%，预测到 2019 年将占到 60%。而在 1990 年新兴经济体和发展中国家经济总量占全球总产出的比例仅为 1/3。金融危机后新兴市场和发展中经济体对世界增长的贡献率超过发达经济体，作为整体也远远超过美国。随着经济实力对比的变化，全球政治和权力重心正在向亚太地区转移。虽然美国仍然是世界经济和军事大国，仍然是超级大国，但一些国家和组织加入对地区和全球竞争，伴随着其他大国信心和影响的增长，美国在政治、经济和军事方面将受到越来越多的限制，对世界的掌控力减弱，单边气焰有所收敛。特朗普提出“美国优先”政策，聚焦国内事务，就是想通过各种激励措施，实现其“让美国再次伟大”的目标。

四　特朗普时期中美关系走向的研判

总体来看，特朗普上任后中美关系发展具有长期延续的稳定性，也面临诸多不确定性风险。

（一）中美关系具有长期延续的稳定性

特朗普在竞选期间和当选前后发表了很多对华前后矛盾的主张，对此，我们要有更为清醒和理性的认识。对于特朗普作为政客用来吸引眼球和赚取选票的“反华言论”是一种政治周期性的变化，具有一定的阶段性和时效性，从美国大选近年实践看，总统竞选周期性议题形成了周期性循环过程：从竞选期间的攻击毁华、排华→上台后恢复、修复中美关系→形成新的共识，取得新的进展的循环。

从中美关系发展40多年的长周期看，中美关系到了一个相对稳定的发展阶段。中美关系已经发展成为“你中有我、我中有你”的局面，2015年，美国是中国第二大贸易伙伴、第一大出口市场、第四大进口来源地。中国发展成为美国第一大贸易伙伴、第三大出口市场、第一大进口来源地。中美在气候变化、核不扩散、反恐、核安全等全球治理问题上利益盘根错节，有强烈的合作需求。此外，中美之间的民间交流不断攀上新台阶，中国留美学生人数居各国之首，每天来往于中美之间的人数高达1万人。可见，中美之间的相互依赖程度正在不断加深，如果特朗普在上任后对华政策抽刀断水，会产生抽刀断水水更流的效果，此外，美国的对华战略和政策是为美国国家利益服务的，并不以总统个人意志为转移。因此，中美关系具有一定的长期稳定性。中美关系会随着全球的供应链、价值链、服务链的深入发展而建立新的连接关系。

（二）特朗普时期中美关系的主要风险点

当然，我们也应该看到当前美国面临的多重战略困境加剧了中美关系的复杂程度，特朗普的“美国优先”政策、贸易方面的保护主义和外交上的孤立主义也会成为影响中美关系的风险因素。

一是贸易保护主义升温，中美贸易争端可能加剧。此轮大选期间，特朗普为在美国经济不景气大背景下赢得更多蓝领阶层的支持，多次指责中国是货币操纵国，为了产品出口更有吸引力而人为压低了人民币的价值。他声称，“因为中国，我们失去了5万个制造业工作机会，甚至是700万个工作机会”。他强烈反对自由贸易，表示TPP等贸易协定将导致美国的制造业工作机会丢失，加剧贸易逆差，提出“我们与中国的贸易是非常不平衡的，2015年我们对中国的贸易赤字是5050亿美元”，“我们的经济实力比他们强大，我们的商品来自中国。我们同中国有那么大的贸易量，在和中国做生意时，他们向我们征税”。他还表示，自从中国加入世界贸易组织以来，美国已经关闭了超过5万家工厂，损失了数以千万计的工作岗位。声称要对中国的进口商品收取45%的关税。特朗普当选后重申了要把中国定义为“汇率操纵国”，尽管这些说法毫无根据，只是竞选言论，征收45%关税的主张不可能转化为政策实践，但同时也表明，美国非理性贸易保护主义将持续升温，作为美国最大贸易伙伴的中国，将首当其冲，成为美国贸易制裁的头号靶子。尽管TPP极有可能因为特朗普反对而搁浅，但美国在全球范围内通过各种双边谈判建立高标准贸易规则仍将继续。

二是南海问题仍然会是中美关系的重要风险点。尽管特朗普在外交方面持孤立主义立场，但他同时主张增加军费支出，重建美国军队，主张在东海、南海增加军力部署，威慑中国。并扬言，“我将大大增强我们的军事力量，使它强大到没有人，绝对没有人能够给我们制造麻烦的程度”。可见，中美南海问题分歧和矛盾仍将继续，将成为中美关系的风险引爆点。

此外，美国全球和亚太地区战略调整的不确定性也可能会给中美关系带来冲击。特朗普从未就“亚太再平衡”战略发表过任何否定言论，只是多次重申反对为传统盟国提供“免费保护”，因此，特朗普上任后美国在亚太地区与传统盟国的军事同盟关系可能弱化，随之亚太政策也可能出现转向，但美国亚太政策转向对中国影响如何并不好定论，因为，如果美国撤出日韩防卫圈的保护，日本、韩国甚至中国台湾可能会自身发展军事力量如核武器来进行自我防卫，如是，中国周边环境尤其核威胁会加大，台湾局势也会面临新的变数。

（三）特朗普时期中美合作的新机遇

尽管特朗普上任后给中美关系带来诸多不确定性，但凡事有弊必有利。作为商人的特朗普会更加灵活和务实，不讲究用意识形态，他的“美国主义”而非“全球主义”将为中美合作带来新机遇。

一是特朗普上任将为中美基础设施投资合作提供新机遇。美国基础设施大部分都是20世纪50年代建立起来的，发展到今天已经非常陈旧。竞选期间，特朗普承诺要在2017年实施5000亿美元的投资项目修建桥梁、道路、铁路、学校、医院，还表示要在下一个十年落实1万亿美元的基础设施投资，这将为中美基础设施投资合作提供新机遇，中国对美国基础设施投资非常符合特朗普的主张，也是中美关系的契合点，加大基础设施的合作，可以扩大美国就业，可以改变和消除我们在其他领域的分歧和矛盾。

二是中美有望在“一带一路”沿线国家开展第三方合作。作为商人的特朗普奉行灵活务实作风，讲利益，不讲意识形态，特朗普强调基础设施建设与“一带一路”建设的理念是契合的，特朗普也从未对“一带一路”倡议提出反对意见，且特朗普的亲信兼高级顾问詹姆斯·伍尔西表示，“特朗普上任之后，将对此采取较之奥巴马温和得多的态度”。可见，特朗普时期，美国可能加入亚投行，中美有望在“一带一路”沿线国家开展第三方合作。

五　对策建议

总体来看，特朗普上任后，中美关系会面临诸多的变数。未来 4 年是中美实力对比变化和全球治理体系变革的关键时期，随着中国经济实力的增强和在引导国际规则和秩序方面影响力的不断提升，美国对中国的战略恐惧还会加剧，会把中国当成美国的最大威胁和潜在竞争对手。但美国总体上是在走下坡路，中国总体是在走上坡路，一上一下使这两个国家的竞争态势加剧，博弈力量接近，在此背景下，谋篇布局变得尤为重要，如何把谋划当前和谋划长远结合起来是确保我们在未来与美国的竞争中占据主动、立于不败之地的关键。

（一）要密切和深入研究美国经济、社会和政治领域的长期结构性变化

此次美国大选的乱象是美国长期经济、社会和政治领域问题在政治上的集中体现。特朗普上任后必将致力于推出有利于美国经济增长的各种政策措施，重振美国经济。但当前中美经贸关系正在超越已延续 30 多年的互补模式，向一种既高度相互依存又高度相互竞争的态势转变，竞争博弈会加剧。因此，需要加强研究美国经济、社会和政治领域的长期结构性变化，动态把握中美经贸关系中的合作和竞争因素，知己知彼，适应中美关系发展态势。

（二）建立健全中美对话机制，增信释疑

解除战略互疑、增加战略互信是处理好中美关系的前提和保障。要继续保持中美最高领导人之间顺畅沟通，密切交往，延续中美年度首脑会晤机制。要继续保持中美战略与经济对话，并且促使对话从纯粹的对话转向共同行动，形成共同

行动的时间表和路线图，并进行动态跟踪和检查。要继续保持中美现有的90多个对话机制。加强沟通协调，增加政策的效能。探索建立中美政府之间的宏观经济政策协调的常设机构，加强两国政府职能部门之间的沟通与协调，特别是要形成财政、金融、产业政策与国家重大规划讨论与对接机制。要密切交流合作，增加民心相通，特别是文化的交往，夯实中美关系的民意基础。

（三）务实推进中美经贸深度合作

中美经贸关系方面可以在四方面继续推进。一是继续推进BIT谈判。到目前为止，中美BIT谈判已经进行了28轮谈判，应该早日完成这个谈判，为中美的双向投资提供制度性保障。二是尽快开启中美BITT谈判。在完成BIT谈判的基础上再加一个“T”，建立制度化的经贸关系，这有利于发挥中美两个大国的引领作用，深化两国互信，推动世界贸易和投资自由化，为全球经济繁荣稳定提供强大动力。三是启动中美建设FTA可行性研究，根据美国彼得森研究所的研究，TPP达成之后，未来15年会使美国国家收入增加0.5%；如果中美能够达成FTA，将可以增加5000亿美元的贸易规模，接近现在中美贸易总规模。四是共同推进FTAAP进程。

（四）加强对特朗普本人及团队的研究，为中美关系健康发展创造有利条件

特朗普上任会给中美关系带来诸多变数，处理好和特朗普的关系对处理中美关系尤为重要。特朗普是一个地地道道的生意人，正如其在竞选中对华态度前后矛盾一样，他会从利益出发务实处理中美关系，因此，我们需要加强对特朗普本人的深入研究，对特朗普可能提出的国内政策，尤其有利于中低收入者的相关政策要及时提炼，并适时明确表态认同，寻找双方的利益契合点；要加强对特朗普团队的研究，并加强与特朗普团队的交流和合作，加强双方的战略互信；要做好与特朗普政府合作的重点规划，加快推进中美BIT和BITT谈判，并加强与其在宏观政策、气候、金融、网络安全和反恐方面的协调、沟通和合作。

（五）加强与周边国家的战略调整

随着美国全球战略的调整，中国与周边国家关系面临新的发展机遇，尤其是，我们要紧紧抓住特朗普上台一两年聚焦国内事务的战略机遇期，以“一带

一路”倡议为抓手，加强与南海争端声索国之间的互联互通和软连接，深化中国与东盟国家的关系，使中国与周边国家关系朝着对中国有利的方向发展。要抓住南海问题舒缓的机遇，提前谋划新的南海战略，预防和防范下一步可能的风险。要加强中国与俄罗斯、印度等金砖国家关系，形成中国、印度和俄罗斯的亚太大三角关系。要加快推进中日韩自贸区进程，利用 TPP 搁置的有利时机，争取美日关系、美韩关系不进一步固化。

（六）要充分发挥智库对中美关系的智力支撑

当前中美关系进入竞争与合作并存、斗而不破的态势，在这样的态势下，如何把握中美关系斗而不破的“度”是一个非常关键的问题。当前美国和美国智库对中国全方位的研究非常深入，而国内对美国方面的研究还有待于进一步深入。这就需要充分发挥各类智库的作用，依托各类各领域智库加强对美国全方位的深入研究。要加强中美智库对话和交流，保持中美智库对话的连续性，建立中美智库常态化交流机制。要加强中美智库之间的联合研究，对一些重大问题加深了解，减少误解和误判，为应对美国问题和处理中美关系问题提供智力支撑。

参考文献

Hillary Clinton，America's Pacific Century，” *Foreign Policy*，No. 189，2011，pp. 56 – 63.

The U. S. Department of Defense，Sustaining US Global Leadership：Priorities for 21st Century Defense，January 2012，http：//www. defense. gov/news/defense – strategic – guidance pdf.

The U. S. Department of Defense. 2017 Defense Posture Statement：Taking the long View，Investing for the Future Secretary of Defense Ash Carter. February 2016.

陈文玲：《未来中美关系：挑战与机遇》，第 89 期《经济每月谈》。

中国国际经济交流中心：《中美智库对话》。

《特朗普发表“葛底斯堡演说”畅想“百日新政”》，http：//finance. ifeng. com/a/20161024/14957521_ 0. shtml。

（撰稿人：中国国际经济交流中心战略研究部副教授颜少君）

全球跨国公司发展现状与展望

在全球价值链体系中，中间产品和服务的交易被分割且分散在各国的生产工序中进行。全球价值链通常由跨国公司主导，跨国公司及其主导的全球价值链网络体系的贸易额占有全球总量80%之多。跨国公司以国际直接投资为主要活动，通过资本的跨国流动，带动经济发展；通过引领技术创新，带动了技术和管理经验的跨国转移；通过促进企业组织创新，改变了资源在世界范围内的重新配置，从而对世界经济发展发挥了重要的推动作用。当前，世界经济格局和各国比较优势出现加速调整与变化，国际分工和跨境生产经营主要围绕着在产业链中处于核心地位的跨国公司展开，各国参与全球价值链的跨国公司在全球价值链中的位置、主导权决定了其获益大小。各国跨国公司从事对外投资和建设国际生产经营网络，这既为中国跨国公司发展提供了机遇，也带来了挑战。

一　全球跨国公司基本状况

（一）跨国公司行业分布特点

跨国公司主要集中在发达国家。大型跨国公司主要集中在美、日、欧等发达国家和地区，其中，美国、日本、英国、德国和法国的跨国公司数量占全球的70%左右。同时，来自世界新兴经济体的跨国公司也在蓬勃发展，成为重塑全球产业格局和经济格局的重要力量。世界跨国公司大体可分为四个层级，第一层级是美国跨国公司，第二层级是日本和欧洲发达国家跨国公司，第三层级是来自新兴经济体的新兴跨国公司，第四层级是其他国家和地区的跨国公司。美国的跨国公司在世界跨国公司中处于领先地位，紧随其后的是欧洲和日本等发达国家和地区的跨国公司。

服务业跨国公司比重提升，这可从《财富》杂志每年的世界500强企业排名上窥见一斑。《财富》世界500强排行榜一直是衡量全球大型公司的最著名、最权威的榜单，由《财富》杂志每年发布一次。2016年7月20日，最新的《财富》世界500强排行榜发布（见附表1）。沃尔玛继续排名第一，2015年营业收入达4821亿美元，同比微降0.7%。前5位中有3家中国公司。由于大石油公司的营业收入因油价暴跌而大幅下滑，中国的国家电网排名跃升至第2位。中石油和中石化紧随其后，分列第3位和第4位。苹果公司首次进入前10名，排名第9，2015年营业收入大涨27.9%，是前10名中唯一实现营收正增长的企业。从跨国公司行业业务分布特点来看（见附表2），前十位的行业中排在第一位银行业的跨国公司数量仍然遥遥领先，达到53家，第二位和第三位的车辆与零部件行业和炼油行业的企业数分别是34家和32家。人寿与健康保险（股份）行业、食品店和杂货店行业超过（含）20家，分别是24家和20家。采矿、原油生产行业，公用设施行业，电信行业，电子、电气设备行业，财产与意外保险（股份）行业的企业数分别是19家、18家、17家、17家和16家。前十类行业的企业数达到250家，占排行榜企业总数的50%。从另一个角度看，服务业跨国公司所占比重超过其他行业跨国公司份额的总和。服务业的跨国投资发展，不仅是经济全球化的主要内容，而且成了促进全球化的重要条件。服务业的国际化经营，促进了发达国家跨国公司在更大范围、更多层面上的扩张，给更多的企业进入国际市场提供了机会。

（二）跨国公司促进了全球投资活跃

2016年9月，联合国贸易和发展组织首次发布的《世界投资报告2016》（中文版）指出，2015年外商直接投资（FDI）强劲复苏。全球FDI流量跃升了38%，达到1.76万亿美元，是2008年全球金融危机爆发以来的最高水平。其中，亚洲发展中国家FDI流入量已超过5000亿美元，依旧是全球最大的FDI接受地。大部分FDI流入了收入水平相对较高、规模较大的经济体。2015年，接受FDI最多的四个国家/地区是：中国香港、中国、新加坡和印度。欧洲是2015年世界最大投资区域，FDI流出达到5760亿美元。北美跨国公司外商投资则表现出持平态势，美国仍然是世界上最大的投资者，日本紧随其后。与之相伴的是跨国公司的分部扩张加速，跨国公司通过分层的网络结构对其所有权实体实现控制。超过40%的跨国公司国外分支都有相当复杂的所有权链条，这样的跨国体系平均都会涉及3个行政辖区。跨国公司国外分支的国际化生产活动在2015年扩张得较为明显，使跨国公司的销量总体上升了7.4%，估值总体上升了6.5%。跨国公司国外分支创造的就业价值达到7950万美元。然而主要经济体跨国公司国外分支的FDI回报率却出现了恶化，从2014年的6.7%下降到2015年的6.0%。

但跨境并购热潮并未减弱，特别是跨国企业对美国资产的并购，推动了全球FDI流动。跨国企业为寻求增长，并购热情明显上升。全球利率处于历史低位以及跨国企业良好的资产负债表推动了并购热潮。2015年，全球跨境并购显著增长，达到2007年以来的最高水平。跨国企业利用其持有的创纪录的现金以及全球宽松的流动性积极展开并购，以促进收入增长并提高效益。全球跨境并购净值在2015年达6440亿美元，较上年增长了61%。其中，制造业跨境并购增长132%，达3390亿美元。非金属矿产品加工以及机械设备、电子元件制造业的资产并购的增长尤其令人瞩目。

二　全球跨国公司新特点

现代的跨国公司经过数十年的发展，其国际化生产规模日益扩大，以母国利益为重点的经营战略逐渐向当地化战略转移。企业兼并收购成为跨国公司直接投资的主要手段，投资领域逐渐向服务业转移。美国、欧盟、日本是世界跨国公司的主要来源地区，但20世纪80年代中期以后，发展中国家的跨国公司出现了加速发展的趋势，一些新兴工业化国家和地区的企业开始把国际化生产经营扩展到发达国家，并且很多企业经过多年的发展在国际市场上已经具有了很强的竞争力。当前，主要由跨国公司构建的全球价值链是当前国际分工的主要形态，也是世界经济发展的主要方向。

（一）创新驱动成为跨国公司新动力

目前，世界经济进入深度转型调整期，科技创新成为经济社会发展的重要引擎。企业技术的不断积累和技术能力的不断提高已经成为产业结构的升级的主要推动力。跨国公司为了适应市场需求，纷纷加快技术创新步伐，利用技术优势控制市场、资源并占领价值链两端。一些跨国公司能不断实现跨越式发展，并且在许多领域处于领先地位，与其始终引领科技创新密不可分。为应对挑战，新兴市场国家的企业也在不断强化新技术、新产品、新工艺的研发应用，在发展壮大的同时努力拓展国际市场和发展空间。技术创新催生新兴产业的出现，产业升级已经成为跨国公司发展的新动力。跨国公司通过设立海外R&D机构、与其他跨国公司联合研发等方式，利用各国科技资源，实现全球范围内技术要素的优化配置。

商业模式的变化能够并已经引起了产业业态的改变，也创新、创造并改变世界的大企业。以互联网和信息技术为工具带来的商业模式创新正在成为跨国公司不断扩大的动力和价值快速增长的源泉。随着互联网和信息技术的迅速发展及应用，单纯以技术和产品的创新已经不能满足市场用户的需求，以产品、服务和信息流为核心的商业模式创新正在引起越来越多的跨国公司的重视。

（二）跨国公司重塑全球产业新格局

在国际分工的范围和领域不断扩大的同时，国际分工也越来越细化，从研发设计，到生产，到营销，到物流，再到售后服务，每个环节被分配在有利于提高企业竞争力的国家或地区，而这一竞争力的日益提高是以跨国公司整合全球资源的能力为基础的。

近年，跨国公司开始了新一轮全球产业布局调整。跨国公司对外投资的大规模增长，推动了资本更加高效的双向流动和世界投资格局的变动，对全球产业格局的调整起到了积极的促进作用。2008年的金融危机后，全球制造业转移呈现新的发展趋势。由于信息和自动化智能技术的提升，发展中国家劳动力成本上升，制造业综合成本发生变化，近几年，跨国公司制造业生产呈现向发达国家回流的趋势。同时，由于具有丰富的劳动力资源、完善的产业链和巨大的市场空间等综合优势，发展中国家仍旧是国际制造业转移的优先选择地，并且转移的制造业结构逐步向高端迈进。在服务业方面，国际服务业通过项目外包、业务离岸化、外商直接投资等方式向新兴市场、发展中国家和地区转移，转移的趋势也渐趋明显。

（三）跨国公司向东南亚转移成为新趋势

2015年亚洲吸收的外国直接投资达5410亿美元，比上年增长16%，创历史新高。亚洲继续成为全球最大的外国直接投资流入地区。但是，亚洲内部各区域的外资吸引力并不均衡。数据显示，亚洲地区的外资投资对象主要集中在东亚和南亚经济体，如中国、印度等，仅中国香港、中国内地、新加坡和印度上年吸收的外资规模总量就占到该地区的3/4。中国－东盟区域人口约占世界人口的30%，经济规模仅次于欧盟和美国。伴随着中国－东盟区域经济的迅速崛起，该地区正在形成全球增长最快的大市场。

在新的国际分工条件下，东南亚的主要国家已从传统的初级产品出口或转口国向工业制成品生产与出口国转变。尽管这些国家的拥有比较优势的资源密集型和劳动密集型产品仍具有较强的出口竞争力，而且各国工业制成品的出口竞争优势不断增强，中高技术产品出口的比重不断提高，这使得东南亚国家已开始形成产业集聚发展格局。跨国公司通过技术创新牢牢把握了制造业产业链的上游地位，并通过产业转移，将一些劳动密集型、资源密集型产业转移到新兴市场国家。跨国公司向发展中国家及低收入国家转移，一方面，利用了当地劳动力成本低的优势；另一方面，享受贸易优惠政策。全球制造业加快向东南亚、南亚等成本更为低廉的地区转移的趋势明显。

由于新兴经济体贸易门槛降低，投资便利措施日益完善，投资环境不断改善，跨国公司在发展中国家，尤其是在新兴国家和地区的投资活动不断升级，投资建立资金管理中心、风险管控中心和地区总部等成为跨国公司在发展中国家和地区经营活动的重要内容。随着跨国公司的组织结构正在向扁平式、网络化发展，还有其内部信息的传递与决策方式的改变，跨国公司的战略组织结构和经营行为更加适应变化的全球市场环境。这些为跨国公司在新兴经济体投资提供了组织和管理方面的保障。

三 中国发展跨国公司的战略选择

在世界500强排名中，中国企业的队伍不断壮大，继2015年的106家之后，2016年继续增长，达到110家，这一数量创下历史新高，在榜单中仅次于美国，位居第二。中国的跨国公司分布在全球188个国家和地区。2015年末，中国企业境外资产总额达到4.37万亿美元。随着中国跨国公司国际化经营水平的提升，中国企业“走出去”的步伐将逐步加大，对世界经济发展将发挥更大的作用。中国的企业要深入融合到全球的产业链并具有较强的竞争力，就需要利用机遇，加快创新，加强合作。

（一）配合“一带一路”战略“走出去”

2015 年 3 月 28 日，《推动共建丝绸之路经济带和 21 世纪海上丝绸之路的愿景与行动》提出了建设“一带一路”的原则、时代背景、合作机制以及框架思路等，明确了我国各地的开放态势。这对中国企业“走出去”有重要的意义。“一带一路”战略形成一个贯穿欧亚大陆、东连亚太经济圈、西入欧洲经济圈、世界上跨度最长的经济大走廊，成为最具发展潜力的全球经济合作带。“一带一路”沿线国家大多是新兴经济体和发展中国家，总人口约 44 亿人，经济总量约 21 万亿美元，分别约占全球的 63% 和 29% 。“一带一路”沿线国家是中国的主要贸易和投资伙伴，占中国出口的 24% ，占进口的 26% 。

“一带一路”战略为对外投资开辟了广阔天地。“一带一路”战略将推动越来越多的中国企业走出国门，积极参与国际经济合作和竞争。全球贸易体系新一轮重构和国内经济增速调整的双重挑战也给中国的跨国公司“走出去”增添了动力和压力。“一带一路”战略的实施，有助于中国企业通过与亚欧国家开展经贸合作，开拓新的市场；也有助于加强与周边经济体的基础设施建设和互联互通，为中国企业“走出去”提供新的发展机遇。中国与“一带一路”沿线国家经济结构互补优势明显，为不断深化双边投资及产业合作提供了广阔的空间。沿线国家拥有丰富的人力资源和自然资源，但其工业化程度均不高，基础设施比较落后，对管线、铁路、港口、机场、电信、核电等基础设备和能源设备需求量巨大，其资本、技术和基础设施建设方面存在较大瓶颈。而我国资本相对充裕，在高铁、核电、通信设备等高端制造装备和技术方面拥有明显优势。“一带一路”国家战略项目以及亚洲基础设施投资银行和丝路基金的成立，将会促进“一带一路”沿途国家及地区在未来最少 5 ~ 10 年进行大型机建项目的投资。在未来几年中，“一带一路”战略将为中国企业对外投资带来无限商机。

从宏观角度来看，应按照“一带一路”战略提出的政策沟通、设施联通、贸易畅通、资金融通、民心相通，坚持共商共建共享原则，加强与相关国家战略对接，扩大与相关国家贸易往来，推进国际产能和装备制造合作。通过企业间的深度对接、优势互补，建立更加紧密的互利合作关系。以“一带一路”建设为导向，发展多双边关系，为中国跨国公司营造良好的外部环境。相关职能部门通过分地区、按行业，优先构建跨境区域产业链；将相关战略规划、投资便利化措施和支持企业“走出去”的金融政策落到实处；制定跨境产业链建设扶持政策；

对民营企业在境外投资项目给予政策，加快民营企业“走出去”的步伐。搭建咨询服务平台和融资平台，加大国际市场信息的提供服务，为中国跨国公司开发市场潜力提供信息支持。进一步简化审批程序，包括对外投资审批手续和对内投资审批手续，提高审批效率。发挥《国务院关于印发〈中国制造2025〉的通知》、“两行一金”（亚洲基础设施投资银行、金砖国家银行、丝路基金）的作用，为实现中国跨国公司全球战略提供支持。

（二）利用中国全球自贸区网络体系和双边投资协定形成新优势

联合国贸发组织引领的国际投资协定体制改革正在进入第二阶段。在这一阶段，各国将继续签订新的高标准的投资协定，同时也将梳理、修订或重新谈判现有的数量庞大的国际投资协定，提高这些协定的质量和水平。各方将更重视区域投资政策及规则的协调与整合，着手解决当前国际投资体制日益碎片化的问题。新一代国际投资规则可能逐步形成。中国的跨国公司应积极参与并利用这些规则，形成新优势。

加快实施自由贸易区战略是我国新一轮对外开放的重要内容。党的十八大提出加快实施自由贸易区战略，十八届三中、五中全会进一步要求以周边为基础加快实施自由贸易区战略，形成面向全球的高标准自由贸易区网络。党的十八届三中全会提出：“加快自由贸易区建设。坚持世界贸易体制规则，坚持双边、多边、区域次区域开放合作，扩大同各国各地区利益汇合点，以周边为基础加快实施自由贸易区战略。改革市场准入、海关监管、检验检疫等管理体制，加快环境保护、投资保护、政府采购、电子商务等新议题谈判，形成面向全球的高标准自由贸易区网络。”

中国正在加快实施自由贸易区战略。扩大自贸区网络覆盖范围，区域全面经济伙伴关系协定（RCEP）谈判、中日韩自贸区谈判等正在进行。中国－海合会、中国－斯里兰卡、中国－马尔代夫、中国－格鲁吉亚自贸区谈判和中国－巴基斯坦自贸区第二阶段谈判有望尽快完成。与“一带一路”相关国家和地区的自贸区建设，亚太自贸区进程，与以色列、欧盟、加拿大等国家和地区建立自贸关系都在逐步推进。我国与俄罗斯深化全面战略协作伙伴关系也进入历史最好时期，双方的战略契合点和利益交汇点明显增多。这些大型区域贸易协定在促进区域增长方面所起到的作用是不可替代的。我国已经逐步形成了立足周边、辐射“一带一路”、面向全球的高标准自贸区网络，更多的商贸机遇将为企业提供更广阔的区域性市场。发挥双边投资协定优势，提升中国跨国公司竞争力。商签投资协定，为投资者提供了稳定、透明、可预期的投资环境，有利于促进跨国投资和经济发展，为境外投资者提供更广阔的市场和更多商机。中国已经与全球130多个国家和地区签订了投资协定，中美、中欧投资协定（BIT）谈判也在推进中。中美投资协定谈判启动于2008年，迄今已进行了24轮，取得了阶段性成果。中欧投资协定谈判启动于2013年，已进行了9轮，双方已经就协定范围达成共识。自贸区的建成和双边投资协定，关税壁垒的逐渐消除，极大地降低了企业“走出去”的贸易成本，使跨国公司间更紧密的互利合作不断拓展广度和深度。

（三）加快中国跨国公司创新驱动

跨国公司大部分的技术研发中心都位于美国、欧洲和日本等发达国家和地区，发展中国家的跨国公司在很大程度上处在产业链下游，以生产和加工为主，发达国家及其跨国公司用技术控制市场和资源，形成了对世界市场特别是高新技术市场的高度垄断，阻碍了发展中国家产业升级的步伐。发展中国家只有加快技术创新步伐，不断提高自主创新能力，才能抓住机遇，获得发展的主动权，从而提高企业的竞争力。

党的十八大报告提出，要坚持走中国特色自主创新道路，以全球视野谋划和推动创新，提高原始创新、集成创新和引进消化吸收再创新能力，更加注重协同创新。要深化科技体制改革，推动科技和经济紧密结合，加快建设国家创新体系，着力构建以企业为主体、以市场为导向、产学研相结合的技术创新体系。积极推动跨国公司技术研发和创新，帮助客户实现可持续价值的创造。

国与国之间的竞争更多地体现为大企业的竞争，大企业特别是跨国公司已经成为配置国际资源、带动经济发展和引领技术创新的主要力量。为了实现中国跨国公司创新驱动，要从宏观和微观两方面入手。从宏观方面看，国家和各级地方政府应当在财政、税收等方面提供充分支持，营造良好的创新环境，提高企业参与技术创新的意识和积极性。引导跨国公司与企业集团建设以技术创新和高新技术产品开发为重点的研发中心，建设一批总部经济服务平台、新产品开发成果中试基地、高新技术产业孵化平台等技术创新公共服务平台，形成引领产业发展的创新体系和人才集聚高地。

从微观方面看，协调企业同各级科研机构和国外企业展开技术交流与合作，激发其创新活力，使这些企业成为创新的主体，从而带动产业的升级换代。发挥中国在高速轨道交通装备、通信装备、电力装备以及工程机械等领域的优势，形成一批有国际竞争力的企业集群。在产品、技术升级及创新上，通过整合全球技术、研发资源，消化吸收世界领先技术，积极推动自主创新等，紧跟全球产品、技术趋势，推出适应市场需求的产品，不断提高企业在全球市场的竞争力。加快培育世界一流跨国公司和国际知名品牌，推动中国标准、技术与服务“走出去”。中国的跨国公司应充分认识多主体参与以及外部资源对创新的重要性，注重内外创新资源的融合和集成。通过与全球跨国公司的战略合作、收购、共同研发、共享关键知识产权，提升自主创新的战略层次。通过积极参与全球相关技术标准的合作制订，融入国际标准，在全球市场上实现共赢。同时，也要发挥中国跨国公司的引领带动作用，通过自主创新、产业协作、国际化经营等方面带动和促进中小企业共同发展，联合产业链上下游企业共同发展，形成集群竞争力。

（四）通过战略合作实现共赢

中国企业在亚洲以外许多国家和地区开展投资，尤其是欧洲、北美和澳大利亚等发达国家和地区市场，促进了企业的发展。但是，中国的企业“走出去”也面临一些问题，比如对一些国际规则和当地的政治人文环境不够熟悉，国际化人才相对不足等。为了促进中国跨国公司更好地发展，中国企业间应该取长补短，共同参与国际竞争。跨国公司“走出去”的发展战略中应建立一个内部协调机制，畅通企业间渠道，加强企业间沟通，形成合力共同参与国际市场竞争。首先，充分利用中国国家发展战略带来的机遇，积极响应“一带一路”倡议，连接跨国公司与“一带一路”沿线省份共同参与物流建设、发展跨境电商，同时，推动企业和丝路沿线地区开展经贸合作。结合各自的优势开展合作，以满足中国和国际市场需求。在“走出去”的过程中，企业间应加强合作，打造完整的价值链，在更大范围内提升企业的创新能力和核心竞争力，协调好各方力量，以集中优势资源形成合力，避免境外恶性竞争。企业在“走出去”过程中充分利用诸如《国别地区投资合作指南》等公共信息平台的服务。其次，积极开展双向投资的深层合作，探索“走出去”的新模式。国际上一些大公司在国际市场上具有比较丰富的经验，中国的企业在“走出去”的过程中，与国外公司合作，不仅会弥补企业的短板，同时也会大大降低在海外市场的风险。随着中国跨国公司竞争力的提升以及中国在全球经济中话语权的不断加大，中国企业在国际市场上逐渐得到了其他国家跨国公司的认可。通过搭建国际合作平台，积极争取和创造与跨国公司、国外大财团、国内知名企业合作的机会，与国外著名咨询机构建立广泛联系，在基础设施建设、房地产以及农业和食品等领域，与世界领先的企业开展合作，通过合作实现共赢。

附表 1　2016 年世界 500 强榜单（部分）

排名	上年排名	公司名称（中英文）	营业收入（百万美元）	利润（百万美元）	国家
1	1	沃尔玛（WAL－MART STORES）	482130	14694	美国
2	7	国家电网公司（STATE GRID）	329601.30	10201.40	中国
3	4	中国石油天然气集团公司（CHINA NATIONAL PETROLEUM）	299270.60	7090.60	中国
4	2	中国石油化工集团公司（SINOPEC GROUP）	294344.40	3594.80	中国
5	3	荷兰皇家壳牌石油公司（ROYAL DUTCH SHELL）	272156	1939	荷兰
6	5	埃克森美孚（EXXON MOBIL）	246204	16150	美国
7	8	大众公司（VOLKSWAGEN）	236599.80	－1519.70	德国
8	9	丰田汽车公司（TOYOTA MOTOR）	236591.60	19264.20	日本
9	15	苹果公司（APPLE）	233715	53394	美国
10	6	英国石油公司（BP）	225982	－6482	英国
11	14	伯克希尔—哈撒韦公司（BERKSHIRE HATHAWAY）	210821	24083	美国
12	16	麦克森公司（MCKESSON）	192487	2258	美国
13	13	三星电子（SAMSUNG ELECTRONICS）	177440.20	16531.90	韩国
14	10	嘉能可（GLENCORE）	170497	－4964	瑞士
15	18	中国工商银行（INDUSTRIAL & COMMERCIAL BANK OF CHINA）	167227.20	44098.20	中国
16	17	戴姆勒股份公司（DAIMLER）	165800.20	9344.50	德国
17	35	联合健康集团（UNITEDHEALTH GROUP）	157107	5813	美国
18	30	CVS Health 公司（CVS Health）	153290	5237	美国
19	19	EXOR 集团（EXOR GROUP）	152591	825.3	意大利
20	21	通用汽车公司（GENERAL MOTORS）	152356	9687	美国
21	27	福特汽车公司（FORD MOTOR）	149558	7373	美国
22	29	中国建设银行（CHINA CONSTRUCTION BANK）	147910.20	36303.30	中国
23	33	美国电话电报公司（AT&T）	146801	13345	美国
24	11	道达尔公司（TOTAL）	143421	5087	法国

续表

排名	上年排名	公司名称（中英文）	营业收入（百万美元）	利润（百万美元）	国家
25	31	鸿海精密工业股份有限公司（HON HAI PRECISION INDUSTRY）	141213.10	4627.10	中国
26	24	通用电气公司（GENERAL ELECTRIC）	140389	-6126	美国
27	37	中国建筑股份有限公司（CHINA STATE CONSTRUCTION ENGINEERING）	140158.80	2251.30	中国
28	46	美源伯根公（AMERISOURCEBERGEN）	135961.80	-134.9	美国
29	36	中国农业银行（AGRICULTURAL BANK OF CHINA）	133419.20	28734.90	中国
30	41	威瑞森电信（VERIZON COMMUNICATIONS）	131620	17879	美国
31	12	雪佛龙（CHEVRON）	131118	4587	美国
32	22	意昂集团（E. ON）	129277.30	-7763.80	德国
33	20	安盛（AXA）	129249.60	6230.80	法国
34	32	安联保险集团（ALLIANZ）	122947.80	7339	德国
35	45	中国银行（BANK OF CHINA）	122336.60	27185.50	中国
36	44	本田汽车（HONDA MOTOR）	121624.30	2869.90	日本
37	38	日本邮政控股公司（JAPAN POST HOLDINGS）	118762.10	3548.30	日本
38	52	好市多（COSTCO WHOLESALE）	116199	2377	美国
39	42	法国巴黎银行（BNP PARIBAS）	111531.10	7425.50	法国
40	50	房利美（FANNIE MAE）	110359	10954	美国
41	96	中国平安保险（集团）股份有限公司（PING AN INSURANCE）	110307.90	8625	中国
42	54	克罗格（KROGER）	109830	2039	美国
43	49	法国兴业银行（SOCIÉTÉ GÉNÉRALE）	107736.30	4438.20	法国
44	88	亚马逊（AMAZON. COM）	107006	596	美国
45	55	中国移动通信集团公司（CHINA MOBILE COMMUNICATIONS）	106760.60	10144.20	中国
46	60	上海汽车集团股份有限公司（SAIC MOTOR）	106684.40	4740.90	中国
47	114	沃博联（Walgreens Boots Alliance）	103444	4220	美国
48	53	惠普公司（HP）	103355	4554	美国
49	48	意大利忠利保险公司（ASSICURAZIONI GENERALI）	102567	2251.80	意大利
50	84	康德乐（CARDINAL HEALTH）	102531	1215	美国
51	56	宝马集团（BMW Group）	102247.60	7065	德国
52	66	美国快捷药方控股公司（EXPRESS SCRIPTS HOLDING）	101751.80	2476.40	美国

续表

排名	上年排名	公司名称（中英文）	营业收入（百万美元）	利润（百万美元）	国家
53	59	日产汽车（NISSAN MOTOR）	101536	4363.50	日本
54	94	中国人寿保险（集团）公司（CHINA LIFE INSURANCE）	101273.60	4170.30	中国
55	61	摩根大通公司（JPMorgan Chase & Co.）	101006	24442	美国
56	26	俄罗斯天然气工业股份公司（GAZPROM）	99464.40	12882	俄罗斯
57	71	中国铁路工程总公司（China Railway Engineering）	99434.70	983.1	中国
58	28	巴西国家石油公司（PETROBRAS）	97314	-8450	巴西
59	40	托克集团（Trafigura Group）	97236.50	1235.90	新加坡
60	65	日本电报电话公司（NIPPON TELEGRAPH & TELEPHONE）	96133.90	6145.20	日本
61	85	波音（BOEING）	96114	5176	美国
62	79	中国铁道建筑总公司（CHINA RAILWAY CONSTRUCTION）	95651.60	1105.80	中国
63	95	微软（MICROSOFT）	93580	12193	美国
64	80	美国银行（BANK OF AMERICA CORP.）	93056	15888	美国
65	25	埃尼石油公司（ENI）	92985.10	-9742.80	意大利
66	70	雀巢公司（NESTLÉ）	92285.10	9423.40	瑞士
67	90	美国富国银行（WELLS FARGO）	90033	22894	美国
68	81	汇丰银行控股公司（HSBC HOLDINGS）	89061	13522	英国
69	101	家得宝（HOME DEPOT）	88519	7009	美国
70	86	花旗集团（CITIGROUP）	88275	17242	美国
71	63	西门子（SIEMENS）	87660	8338	德国
72	62	乐购（TESCO）	87633.30	208.7	英国
73	64	家乐福（CARREFOUR）	87474.20	1087.10	法国
74	23	Phillips 66 公司（Phillips 66）	87169	4227	美国
75	67	西班牙国家银行（BANCO SANTANDER）	84885.20	6617.90	西班牙
76	43	卢克石油公司（LUKOIL）	84676.90	4765.10	俄罗斯
77	58	法国农业信贷银行（CRÉDIT AGRICOLE）	84098.70	3900.20	法国
78	69	意大利国家电力公司（ENEL）	83925.60	2436	意大利
79	89	日立（HITACHI）	83583.50	1434	日本
80	78	法国电力公司（ÉLECTRICITÉ DE FRANCE）	83202.40	1316.70	法国
81	109	东风汽车集团（DONGFENG MOTOR GROUP）	82816.70	1479.80	中国
82	82	国际商业机器公司（INTERNATIONAL BUSINESS MACHINES）	82461	13190	美国

续表

排名	上年排名	公司名称（中英文）	营业收入（百万美元）	利润（百万美元）	国家
83	34	瓦莱罗能源公司（VALERO ENERGY）	81824	3990	美　国
84	99	现代汽车（HYUNDAI MOTOR）	81320.20	5674.90	韩　国
85	120	Anthem 公司（Anthem）	79156.50	2560	美　国
86	100	宝洁公司（PROCTER & GAMBLE）	78756	7036	美　国
87	150	博世公司（ROBERT BOSCH）	78322.70	3541.90	德　国
88	76	巴斯夫公司（BASF）	78147.40	4422.70	德　国
89	73	Engie 集团（Engie）	77519.60	-5121.50	法　国
90	102	德国电信（DEUTSCHE TELEKOM）	76793	3609.60	德　国
91	115	中国华润总公司（CHINA RESOURCES NATIONAL）	76573.70	2489.20	中　国
92	110	软银集团（SoftBank Group）	76468.60	3949.70	日　本
93	127	州立农业保险公司（STATE FARM INSURANCE COS.）	75696.60	6228.60	美　国
94	124	Alphabet 公司（Alphabet）	74989	16348	美　国
95	113	中国南方电网有限责任公司（CHINA SOUTHERN POWER GRID）	74696.90	2222.50	中　国
96	135	美国康卡斯特电信公司（COMCAST）	74510	8163	美　国
97	117	塔吉特公司（TARGET）	73785	3363	美　国
98	47	墨西哥石油公司（PEMEX）	73514.10	-44903.70	墨西哥
99	156	太平洋建设集团（Pacific Construction Group）	73046.90	3205.20	中　国
100	106	空中客车集团（Airbus Group）	71492.90	2990.60	荷　兰

资料来源：http：//www.fortunechina.com/fortune500/c/2016-07/20/content_266955.htm。

附表 2　2016 年世界 500 强跨国公司行业分布情况

单位：家

排名	行业名称	上榜公司总数	排名	行业名称	上榜公司总数
1	银行：商业储蓄	53	9	电子、电气设备	17
2	车辆与零部件	34	10	财产与意外保险（股份）	16
3	炼油	32	11	航天与防务	15
4	人寿与健康保险（股份）	24	12	能源	13
5	食品店和杂货店	20	13	工程与建筑	13
6	采矿、原油生产	19	14	金属产品	13
7	公用设施	18	15	制药	13
8	电信	17	16	贸易	12

续表

排名	行业名称	上榜公司总数	排名	行业名称	上榜公司总数
17	专业零售	11	36	铁路运输	4
18	航空	8	37	半导体、电子元件	4
19	计算机、办公设备	8	38	批发:电子、办公设备	4
20	人寿与健康保险(互助)	8	39	饮料	3
21	工业机械	8	40	计算机软件	3
22	化学品	7	41	娱乐	3
23	食品生产	7	42	食品:饮食服务业	3
24	综合商业	7	43	家居、个人用品	3
25	多元化金融	6	44	批发:食品	3
26	保健:保险和管理医保	6	45	网络服务和零售	3
27	其他	6	46	保健:医疗设施	3
28	批发:保健	6	47	批发商:多元化	3
29	邮件、包裹及货物包装运输	6	48	财产与意外保险(互助)	2
30	食品:消费产品	5	49	雇佣帮助	2
31	房地产	5	50	船务	2
32	建材、玻璃	4	51	油气设备与服务	2
33	信息技术服务	4	52	建筑和农业机械	2
34	网络、通信设备	4	53	服装	2
35	管道运输	4			

资料来源：http：//www. fortunechina. com/fortune500/c/2016 –07/20/content_ 267041. htm。

（撰稿人：中国国际经济交流中心经济研究部副研究员徐伟）

负面清单管理国际借鉴及我国探索

我国正在进行广泛而深刻的新一轮改革和高水平的开放，加强外资的负面清单管理是改革开放的重要内容。文章对负面清单管理的起源、理论基础等做了简述，对美国和英国外商投资监管体系做了梳理，分析了我国外商投资监管现状和自由贸易试验区外资监管探索，最后系统性提出了加强负面清单管理的若干建议。

一　国际经验借鉴

负面清单（Negative List），常与准入前国民待遇一起提出，是一种新兴的外资管理模式。其核心是除明确列出的外商禁止名录以外，其余领域完全对外开放，享有准入前国民待遇，即“法无禁止即可为”。负面清单在贸易投资领域中的应用最早可追溯到1834年，加入德意志关税同盟的同盟国采用负面清单模式订立贸易条约。一般认为，具有管理意义的以列表形式存在的现代负面清单应用于1994年生效的北美自由贸易区（NAFTA）。在NAFTA的示范效应下，“负面清单”模式被广泛运用于多边及双边投资协定，跨太平洋战略经济伙伴协定（TPP）、跨大西洋贸易和投资伙伴协议（TTIP）等备受关注的协定均采用负面清单的管理模式，我国和美国之间开展的双边投资协定（BIT）谈判也采取此种形式。“准入前国民待遇+负面清单”管理模式已经逐渐成为国际投资规则发展的新趋势。据我国商务部统计，全球目前至少有77个国家采用这种管理模式，这也意味着，在全球贸易投资规则重构背景下，我国必须紧跟潮流，与国际通行规则接轨，才能避免贸易规则的边缘化。

负面清单的内容主要包括两部分：一是被允许的“不符措施清单”，该部分内容主要涉及与国民待遇、最惠国待遇、业绩要求等不符的措施；二是被允许采取不符措施的“行业清单”，通过“行业清单”明确禁止和限制外资企业投资经营的行业、领域、项目等。2013 年 9 月，我国负面清单管理模式首先在上海自贸区推行，通过将国民经济行业分为 18 个门类、89 个大类、419 个中类、1069 个小类，制定了 190 条特别管理措施，在不同程度上限制相关行业外资的进入。2014 年，上海自贸区负面清单进一步放开，特别管理措施由设立之初的 190 项调整减少至 139 项。2015 年，上海、广东、天津、福建四个自贸区开始使用同一份负面清单，清单又减至 122 项。2016 年 9 月，全国人大常委会审议通过了《中外合资经营企业法》等 4 部法律修正案，改变了自改革开放以来运行 30 多年的外商投资“逐案审批”管理模式，是我国外商投资管理体制的重大变革，贯彻了对接国际通行规则、构建开放型经济新体制、进一步扩大开放的要求，将创造更加公平、稳定、透明的外商投资环境，切实提升投资便利化水平，为向全国负面清单管理模式推广迈出重要一步。目前，许多地区开始主动复制自贸区负面清单管理模式。

负面清单的管理模式在应用中充分表现出以下三个特征。一是体现了“法无禁止即可为”的管理理念。一方面，和正面清单不同，负面清单“法无禁止即可为”的管理理念，最大限度地赋予了市场主体最大程度上的行为自由；另一方面，公开、透明的负面清单管理模式简化了烦琐的审批程序，有利于激发经济活力，让市场更加高效。二是对政府“法无授权不可为”，减少了社会中的寻租现象。负面清单虽然是面向市场主体，但实际上限定的是政府的权力，划定了政府可以进行审批和管理的领域。对政府“法无授权不可为”，有效地限制和规范公权，尤其是规范审批权，减少了社会中寻租现象滋生的可能性。三是对于清单限制措施的逐渐放开、渐次推行，有利于保障我国产业安全，优化产业结构。外商的涌入在带来资金、技术的同时，也会在一定程度上对我国民族企业的生存发展带来冲击。对外商投资领域的适度、逐步开放，可以照顾到我国产业发展的实际情况，加强自我保护，并且在市场供求基础上更好地服务于我国“引进来、走出去”的发展战略，优化产业结构。

尽管负面清单最初出现在投资领域，但其所蕴含的“法无禁止即可为”“法无禁止即自由”的管理思想则可运用到更广阔的市场领域及行业。例如，可以通过对金融市场主体、金融业务或金融产品与服务进行分类，在金融监管领域内实行负面清单管理模式。同时，将政府以正面清单的形式为补充，二者相辅相成，既能深化金融改革，又提高了监管效率。而由“正到负”的管理模式转变，也需要和更多具体行业、领域密切结合才能真正发挥积极的作用。通过推广复制上海自贸区准入前国民待遇、负面清单管理等先行先试的做法，以开放促改革，切实改革与贸易投资自由化、便利化不相适应的体制机制，实现利用外资政策的创新发展。

（一）美国外商投资监管体系的经验借鉴

从20世纪初开始，美国政府便一直试图在开放投资进入和保护国家安全之间寻求合适的平衡点，在市场准入和日常运营基础上建立严格的监管体系，在很多方面值得我国研究借鉴。

一是完善的法律支撑。国内法律法规的完善是美国实施负面清单管理模式的基础和核心。美国之所以能够以非常短的负面清单与其他国家谈判，签订投资协定，根本原因在于背后美国国内强大、完善的法律支撑，一些关键行业都有相关法律程序上的准入限制和进入后的监管措施。

二是监管的专业化。无论是美国的安全审查，还是反垄断和不正当竞争行为，都重视专业化的建设，特别是在机构设置中，建立专业化的分析部门，聚集了大批法律人才、经济人才。

三是重视BIT负面清单中第二类措施。美国之所以在第一类措施中没有太长的清单，除了背后诸多行业法律的支撑，更重要的原因是第二类措施为其预留了监管空间。即对于现在的一些行业限制，保留了修订权力，对于一些没有考虑到的行业，或者未来可能出现的行业，也不放弃干预和保护的权利。当前，新技术、新产业、新模式不断涌现，重视负面清单中第二类措施，意义尤为重大。

（二）英国外商投资监管体系的经验借鉴

英国没有指导或限制外商投资的专门法律，除了某些为政府所有或由政府机构控制的产业外，外商或外资控股公司从法律意义上与英资公司享有同等待遇。同时，英国在外商投资监管体系上的优势还体现在如下几方面。

一是反垄断机构在外资监管中发挥关键监管作用。英国设置独立的政府机构——竞争与市场管理局（CMA），进行反不正当竞争和反垄断审查，并由外部专家组成的顾问小组提供专业化的指导意见。不仅确保了市场竞争的公平性，而且有效保证了英国的公共利益。不论是日常行业监管还是反垄断调查，CMA都非常注重调查的公开性和透明度，定期对外发布调研进展和阶段性调查成果。

二是机构设置科学、分工明确。英国外资监管分为法庭和监管机构两个部分，其中法庭包括不同的层级和分类，监管机构包括以行业为分类的各专业执法机构和以并购审查为核心的 CMA 等。这种科学的机构设置和明确的分工体系，一方面能够避免不同机构之间“多头执法”的情况，防止各执法部门的职权交叉重叠；另一方面也提高了政府机构的反垄断审查和监管效率，避免了企业在不同机构之间的周转协调。

三是对机构人员专业素质要求严格。如英国的竞争上诉法庭（CAT）要求其主席在英国有至少十年的律师经验，尤其在竞争法方面经验丰富，由英国法官遴选委员会提名，英国上议院大法官任命。从而保证了外商监管机构和法庭人员具有丰富的专业知识和从业经验，能够成熟应对外资监管过程中的问题，特别是在反垄断和反不正当竞争方面能够做出正确的判定。

二 我国外商投资监管现状

现阶段，我国正在经历负面清单管理模式的推广期，通过在天津、上海、福建、广东四个省（直辖市）试点地区试行市场准入负面清单制度积累经验，逐步完善、探索、形成全国统一的市场准入负面清单及相应的体制机制，并对我国外资安全审查、反垄断、反不正当竞争等领域进行深入探索。

（一）我国外资安全审查制度

1. 相关法律法规

外商投资领域的国家安全审查可以追溯到 2002 年的《指导外商投资方向规定》，该规定禁止外商投资“危害国家安全”项目。2006 年我国商务部等六部委公布的《关于外国投资者并购境内企业的规定》和 2007 年颁布的《反垄断法》（自 2008 年 8 月 1 日起实施）虽然都有专门条款提出，要对涉及国家安全的外资并购进行安全审查，但均未对安全审查的主体、标准、程序等做出具体规定。2011 年，我国接连发布了《国务院办公厅关于建立外国投资者并购境内企业安全审查制度的通知》（以下简称《通知》）、《商务部实施外国投资者并购境内企业安全审查制度有关事项的暂行规定》、《商务部实施外国投资者并购境内企业安全审查制度的规定》（以下简称《规定》），对并购安全审查范围、审查内容、审查机制、审查程序等方面做出明确而详细的说明。2015 年 4 月，国务院办公厅印发《自由贸易试验区外商投资国家安全审查试行办法》（以下简称《办法》），决定在上海、广东、天津、福建4个自由贸易试验区实行准入前国民待遇加负面清单管理模式，试点实施与负面清单管理模式相适应的外商投资国家安全审查。2015年7月，我国通过了《中华人民共和国国家安全法》，其中第四章第五十九条规定，“国家建立安全审查和监管的制度和机制，对影响或者可能影响国家安全的外商投资、特定物项和关键技术、网络信息技术产品和服务、涉及国家安全事项的建设项目，以及其他重大事项和活动，进行国家安全审查，有效预防和化解国家安全风险”，从而在法制上对国家经济安全审查做出了规定。

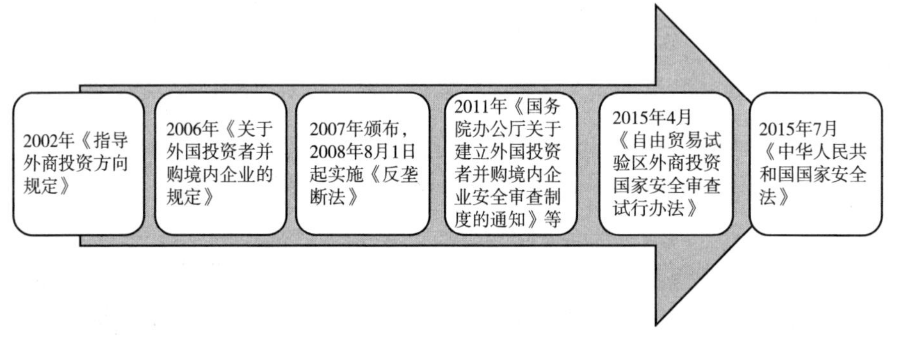

图1　我国外资并购安全审查法律体系

审查范围上，《通知》明确指出，只有涉及“并购境内军工及军工配套企业，重点、敏感军事设施周边企业，以及关系国防安全的其他单位；并购境内关系国家安全的重要农产品、重要能源和资源、重要基础设施、重要运输服务、关键技术、重大装备制造等企业，且实际控制权可能被外国投资者取得”，才会面临安全审查。

审查内容上，《规定》指出，审查内容主要包括并购对国防安全、国家经济稳定运行、社会基本生活秩序、涉及国家安全关键技术研发能力的影响。2015年4月颁布的《办法》将“重要文化、重要信息技术产品和服务”纳入审查范围，并要求审查时要考虑到外商投资对国家文化安全、公共道德以及对国家网络安全的影响。2015年7月，《中华人民共和国国家安全法》将安全审查范围进一步延伸到“影响或者可能影响国家安全的外商投资、特定物项和关键技术、网络信息技术产品和服务、涉及国家安全事项的建设项目，以及其他重大事项和活动”领域。

2. 审查机构

安全审查机构设立方面，建立了外国投资者并购境内企业安全审查部际联席会议（以下简称“联席会议”）制度，在国务院领导下，由发展改革委、商务部牵头，根据外资并购所涉及的行业和领域，会同相关部门开展并购安全审查。涉及多部门的联合监管难免出现信息不对称、监管效率降低等问题，2015 年《办法》的颁布，重点强调了发展改革委、商务部与自贸试验区管理机构要通过信息化手段，在监管上形成联动机制，在一定程度上弥补了多头监管导致的信息沟通不及时、监管效率不高的不足。安全审查的启动分为主动和被动两种方式，具体审查程序又分为一般性审查和特别审查两阶段，未通过一般性审查的并购交易将进入特别审查阶段，具体流程如图 2 所示。

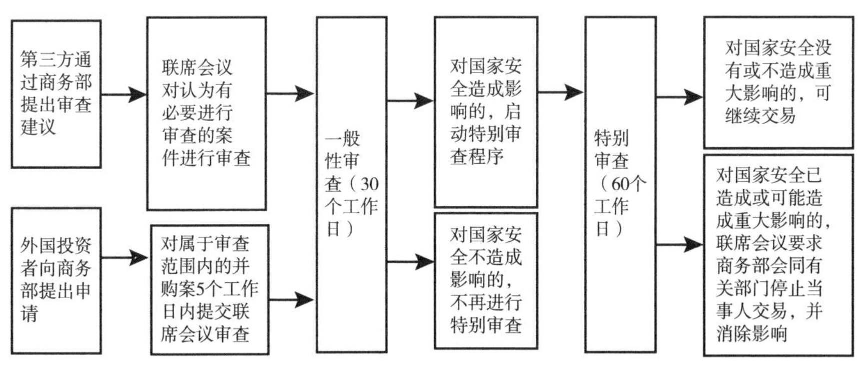

图 2　并购安全审查流程

（二）事中事后监管——反不正当竞争和反垄断

1. 相关法律法规

《反不正当竞争法》和《反垄断法》是我国竞争法体系的核心，也是事中事后监管所依据的基本法。1993 年 9 月，由全国人民代表大会常务委员会通过的《反不正当竞争法》是为保障社会主义市场经济健康发展、鼓励和保护公平竞争、制止不正当竞争行为、保护经营者和消费者的合法权益制定的基本法。其中，第十六条授权县级以上监督检查部门对不正当行为进行监督检查。同时，该法还明确了经营者违反本法规定后需要承担的法律责任。《反不正当竞争法》中不单纯有禁止不正当竞争的规定，还包含着部分反垄断的内容，如公用企业的限制竞争行为、行政性限制竞争行为等都可以归属到垄断行为的范畴中去。

2008 年 8 月 1 日起实施的《反垄断法》通过对有关垄断协议、滥用市场支配地位、经营者集中、滥用行政权力排除等行为的界定和规范，对预防和制止垄断行为、保护市场公平竞争、维护消费者利益和社会公共利益、促进社会主义市场经济健康发展起到了至关重要的作用。同时，该法第九条规定，“由国务院设立反垄断委员会，负责组织、协调、指导反垄断工作”，致力于研究拟定有关竞争政策组织调查，评估市场总体竞争状况，发布评估报告及反垄断指南，并协调反垄断行政执法工作。

我国《反垄断法》与《反不正当竞争法》采取“双轨制”分别立法模式，其他相关法律法规作为竞争附属法，是该体系的细化和补充。需要强调的一点是，我国当前并没有专门针对外商投资的基础性法律，境内经济活动中的不正当竞争和垄断行为都适用于基本法。为规范对外资监管，我国专门出台了一些相关规定。例如，2006 年 9 月由商务部修订实施的《外国投资者并购境内企业规定》对外国投资者并购境内企业做了详细规定。

2. 执法机构

目前，考虑到法律实施的复杂性和单一执法机构的承受能力，并且在短期内很难组建唯一的执法部门，我国在不正当竞争和垄断监管领域都确立了多部门参与执法的格局（见表 1）。《反不正当竞争法》规定了我国反不正当竞争的主要执法机构是各级工商行政管理部门，但在必要时还会和物价部门、质量监督部门等其他主管部门联合执法。对垄断行为的监管主要由商务部、国家发展改革委以及工商总局三部门负责。国务院反垄断执法委员会，负责协调反垄断行政执法工作。商务部主要负责“经营者集中”即并购行为中的反垄断审查，国家发展改革委负责查处价格垄断行为，国家工商总局负责监管除价格垄断行为之外的其他垄断协议、滥用市场支配地位以及行政性限制竞争行为，各行业监管机构必要时也会参与监管。2008 年 8 月 1 日实施的《反垄断法》第九条，还规定由国务院设立反垄断委员会，负责组织、协调、指导反垄断工作。

表 1　我国不正当竞争和垄断行为的监管机构体系

监管类型	监管部门	具体监管部门或机构	依据法律	职责
不正当竞争行为的监管	工商行政管理部门	县级以上人民政府工商行政管理部门	1993 年《反不正当竞争法》	查处市场中存在的不正当竞争行为
	其他主管部门	物价部门、质量监督部门等	1993 年《反不正当竞争法》	必要时配合工商行政管理部门做好有关反不正当竞争的监管工作

续表

监管类型	监管部门	具体监管部门或机构	依据法律	职责
垄断行为的监管	商务部	反垄断调查办公室	2006年《外国投资者并购境内企业的规定》	对外资并购境内企业享有审查权,包括反垄断审查的权力
	国家发展改革委	价格司	1997年《价格法》	禁止涉及价格的垄断行为
	工商总局	国家工商总局公平交易局	1993年《反不正当竞争法》	禁止滥用市场支配地位方面(不包括价格垄断)
	其他相关部门	省级相应部门或机构	《反垄断法》	必要时可授权省级政府相应机构负责有关反垄断执法的具体工作
	国务院	反垄断委员会	《反垄断法》	负责组织、协调、指导反垄断工作

三 我国自由贸易试验区外资监管探索

上海、广东、天津、福建自由贸易试验区是我国应对和适应新一轮国际经济规则的重要试验平台，在投资、贸易、金融等方面先行先试，进行一系列深层次制度改革，形成一批可复制、可推广的试验成果，为构建开放型经济新体制积累有益经验。

（一）建立安全审查制度

国务院于2015年4月发布《自由贸易试验区外商投资国家安全审查试行办法》，对影响或可能影响国家安全、国家安全保障能力，涉及敏感投资主体、敏感并购对象、敏感行业、敏感技术、敏感地域的外商投资进行安全审查。安全审查程序按照《国务院办公厅关于建立外国投资者并购境内企业安全审查制度的通知》第四条办理。自由贸易试验区外商投资安全审查工作，由外国投资者并购境内企业安全审查部级联席会议具体承担，国家发展改革委、商务部根据外商投资涉及的领域，会同相关部门在信息共享、实时监测、动态管理和定期核查等方面形成联动机制，进行安全审查。

（二）建立反垄断审查制度

反垄断审查制度属于事中事后监管制度创新的兜底条款，是外商投资监管的

“防火墙”，各个自贸区分别出台了相应的反垄断工作办法。

2014年8月起施行的《中国（上海）自由贸易试验区条例》对自贸试验区反垄断工作机制做出详细规定。同时，上海自贸区还通过制定关于反垄断执法的办法①，规定上海市工商局具体负责自贸试验区内的反垄断执法工作，价格监督检查与反垄断局承担试验区内各类反价格垄断举报咨询、案件调查、认定、处理等职责。

天津自贸区于2015年10月施行《中国（天津）自由贸易试验区反垄断工作办法》，该办法设立了自贸区反垄断工作协调办公室，并规定天津市反垄断执法机构和协调办公室均可受理自贸试验区内反垄断举报和咨询。天津自贸区管委会的三个片区派出机构也分别设立办事窗口，协助、协调办公室受理自贸区的反垄断举报、咨询。

福建自贸区于2015年5月施行《中国（福建）自由贸易试验区反价格垄断工作办法》，规定自贸区各片区管委会可在试验区内受理反价格垄断举报和咨询，省价格主管部门在确保保密性的前提下与管委会实现信息化对接，加强试验区内企业信用信息、反价格垄断案件探索等信息的交换和共享。

（三）健全信息公开和共享机制

信息公开和共享是事中事后监管的基础。天津自贸区设计了“一个平台、两个机制、综合监管、社会监督”的监管框架。上海自贸区不但出台了《共享平台信息共享管理办法》，还经上海市政府授权，由上海自贸区联合地方综治、工商、税务、海关、质监等部门共同搭建信息共享平台。目前，该平台已汇集税务、口岸、金融等34个部门超过400万条信息数据。深圳前海蛇口片区充分利用毗邻港澳的地理位置优势，联合香港的市场监管部门实行两地的信息共享和互认，推行前海跨境的数字增速和互认应用。

（四）健全社会信用体系

各自贸试验区建立信用管理体系，进行信用的有效评级管理。上海自贸区依

① 《中国（上海）自由贸易区反垄断协议、滥用市场支配地位和行政垄断执法工作办法》、《中国（上海）自由贸易区反价格垄断工作办法》和《中国（上海）自由贸易区经营者集中反垄断审查工作办法》。

托已建成的上海市公共信用信息服务平台，积极推动自贸试验区子平台建设，完善与信用信息有关的一系列制度。目前，自贸试验区子平台已完成归集查询、异议处理、数据目录管理等功能开发工作，同时探索开展事前诚信承诺、事中评估分类、事后联动奖惩的信用管理模式。

福建自贸区建立自贸试验区内企业信用信息采集共享和失信联动惩戒机制，开展使用第三方信用服务机构的信用评级报告试点。完善企业信用信息公示系统，实施企业年度报告公示、经营异常名录和严重违法企业名单制度，建立相应的激励、警示、惩戒制度。

天津自贸区建设覆盖新区企业、个人信用基础数据库和信用信息共享的综合信用体系，积极构建公平竞争的市场环境，并探索事中、事后监管新型管理体系。

深圳前海蛇口片区重点打造自贸区企业信用信息后台管理、综合服务和数据共享三大系统，整合深圳市相关部门数据，加强信用信息平台与现有深圳信用平台、企业年报平台对接。形成以市场化为纽带，市场运作、公共与商业有机结合的信用服务市场体系。

（五）建立综合执法制度

在综合执法方面，重点是建立各部门联动执法、协调合作机制。上海自贸区通过建设网上执法办案系统、联勤联动协调合作机制，着力解决权责交叉、多头执法问题。目前自贸试验区管委会已承担了城市管理、知识产权、文化等领域19个条线的行政执法权。天津自贸区建立集中统一的综合执法机构——综合监督管理局，负责自贸区内市场主体的监督管理及综合执法，并整合执法力量，实行“一支队伍管执法”，鼓励社会力量参与市场监督。天津自贸区还设立“天津滨海新区综合执法网”，进行政务公开、新闻发布和执法宣传。

（六）健全社会力量参与市场监督机制

上海自贸区通过扶持引导、购买服务等制度安排，支持行业协会和专业服务机构参与市场监督。充分发挥自贸试验区社会参与委员会作用，推动行业组织诚信自律。支持全国性、区域性行业协会入驻，在规模较大、交叉的行业以及新兴业态中试行“一业多会、适度竞争”。天津自贸区实行“一个平台、两个机制、综合监管、社会监督”的监管框架，其中“社会监督”就是让消费者参与监督，提升维权和自我保护能力。并将原由政府部门承担的资产评估、咨询等职能逐步交由专业服务机构承担。

（七）推动法制创新

各自贸试验区不断加快法制化进程，大胆进行法制创新，将制度创新在自贸区内先行先试。2013 年 11 月，上海自贸区成立上海市浦东新区人民法院自由贸易区法庭，集中审理、专项审批与上海自贸区相关联的案件。并且自贸区法庭与自贸试验区管委会等十多个部门和机构建立了信息即时通报反馈机制，及时、准确反馈审理中发现的风险等内容。深圳前海蛇口片区也在不断摸索法制创新，创设了前海法院、国际仲裁院、前海廉政监督局等机构，在审判机制、服务机制、管理机制和法律适用等方面进行四位一体的创新（见表 2）。

表 2　深圳自贸区法制创新

机构	法制创新
前海法院	针对前海深港合作区的特殊定位以及涉港商事纠纷，探索审判机制、服务机制、管理机制以及法律适用四位一体的创新
国际仲裁院	在前海先后创建了粤港澳商事调解联盟、内地首个证券期货业纠纷调解中心。建立"香港调解 + 深圳裁决"的跨境纠纷争议解决机制。其中 1/3 以上理事来自境外，500 余名仲裁员来自 40 个国家和地区，境外仲裁员比例超过 1/3
前海廉政监督局	借鉴香港廉政监督经验，有效整合纪检、监察、检查、公安、审计五部门监督职能，实行"五位一体"运作，实现从多头监督向整体监督、一体化监督模式转变

（八）推动产业预警管理

产业预警制度作为一种新的管理思想和管理方法，是由国家、地方政府、主管部门、行业组织、企业组成的"四位一体"工作体系，包括信息收集、分析评估、预警预报、预案实施、效果评价等一系列程序和措施。为了推动产业预警制度创新，上海自贸试验区积极与国际规则对接，率先建立符合国际化、市场化、法治化要求的投资和贸易规则体系，通过实施技术指导、员工培训等政策，帮助企业克服贸易中遇到的困难，促进产业升级。

（九）完善政府自律

为了提高政府办事效率，使政府信息更加公开透明，各自贸试验区不断完善政府自律。上海自贸区提高行政透明度，对涉及自贸试验区的地方政府规章和规范性文件，主动公开草案内容，接受公众评论，并在公布和实施之间预留合理期限。深圳前海蛇口片区建立前海廉政监督局，借鉴香港廉政监督经验，有效整合纪检、监察、检查、公安、审计五部门监督职能，实行“五位一体”运作，实现从多头监督向整体监督、一体化监督模式转变。

（十）企业年度报告公示和经营异常名录制度

作为商事制度改革的试点地区，上海自贸试验区于2014年3月在全国率先实行年度报告制度和经营异常名录制度。区内企业应在每年3月1日至6月30日，通过电子身份认证登录上海市工商行政管理局门户网站的企业信用信息公示系统向工商行政管理机关报送上一年度报告后，向社会公示，任何单位和个人均可查询。其中企业法人的年度报告信息包括登记备案事项、注册资本缴付情况、资产状况、营运状况、企业从业人数及联系方式等。对未按规定期限公示年度报告的企业，工商行政管理机关在市场主体信用信息公示系统上将其载入经营异常名录，提醒其履行年度报告公示义务。

四　我国外商投资监管中存在的问题

外资监管是对外商在本国直接投资的监督和管理，包括对外商直接投资交易和经营行为主体进行的审查、监督、限制和规定。构建负面清单模式下的外商投资管理体系特别是监管体系是一项改革和开放的系统工程，我国作为一个正处于积极转型期、市场尚不完善的社会主义大国，在外商投资监管中还存在一些不足。

第一，市场监管法律体系不完善。一方面，随着引入外资规模扩张和外资质量提升，当前“外资三法”确立的逐案审批模式，已经难以适应进一步扩大开放的需要；另一方面，在企业组织形式、经营活动上，“外资三法”和《公司法》等适用于内资企业的法律存在重复，甚至冲突。此外，外资并购、国家安全审查等重要制度需要纳入外国投资的基础性法律体系加以完善。

第二，安全审查层次不高，缺乏外资并购监督机制。现行的安全审查大多关注并购的审查，对绿地投资的审查关注度不高，并且现行的联席会议制度涉及多部门的联合监管，在外资并购监督上有所疏漏。

第三，存在横向管理体系监管权力重叠、纵向管理体系责权事不匹配的问题。外资以我国现行反垄断监管机构设置为例，我国的反垄断法存在“多头执法”情况，反垄断委员会、国家发改委、工商行政管理部门、商务部以及各业界主管部门等都在各自领域肩负着反垄断职能，各执法部门职权交叉重叠且不明晰，不利于提高反垄断的效率和质量。

第四，政府的职权过大，事中事后监管的透明度、规范度较低，没有充分发挥市场这只“看不见的手”对资源的配置作用，有碍市场的公平性，服务效率较低。当前，无论工商部门想对外商进行临时抽查，还是在监管中发现问题需要处置，都需要得到上级部门审批，繁杂的审批程序易错过处置最佳时机，降低了检查的及时性，也打击了基层监管部门的积极性。

第五，我国在利用外资过程中，存在基层监管缺失的状况。外资企业和基层监管部门之间沟通存在障碍，使外资企业的市场准入、经营行为、市场退出等动态没有得到及时跟踪，造成了基层监管缺失的局面。

第六，对外资企业的信用动态监管不足。缺乏以企业信用为核心的准进和淘汰机制，使外资企业避免优胜劣汰的市场法则，降低了对引进外资质量要求的门槛，增加了基层监管的压力。

五　对策建议

（一）完善市场监管法律体系

考虑到《反不正当竞争法》和《反垄断法》两者既有区别又有联系，短期内，我国仍可沿用“双规制”立法模式，即两法并立的形式。但对于外商投资的管理，从短期来看，加快修改“外资三法”更符合我国实际情况，但从长期考虑，三法合并为《外商投资法》模式更有利于为外商投资营造稳定、透明、可预期的法律环境。此外，建议借鉴美国《埃克森－佛罗里奥法案》、《博德修正案》、《外国投资和国家安全法》及其实施细则等一系列法律，结合近年外资国家安全审查经验和自贸试验区实践，制定我国“外商投资安全法”，并在该法基础上，制定实施细则，形成完善的国家安全审查机制。

（二）完善国家安全审查

升级外国投资者并购境内企业安全审查部际联席会议（以下简称联席会议）

制度，成立跨部门运作的外商投资国家安全审查机构——外商投资审查委员会，隶属于国务院，主要负责评估和监控外国投资对国家安全的影响的做法，其委员会成员可由发改委、商务部、财政部、国家工商总局、国资委等相关部门组成，确定一个主要部门作为委员会执行机构依托部门。

审查标准应当以“国家安全”为判断标准，外商投资国家安全的含义应当包括《中华人民共和国国家安全法》里关于“国家安全”的范围，不必给出明确的定义。对国家安全做宽泛的解释，不设定清晰明确的标准，能够保障在执行国家安全审查过程享有充分的灵活性，为国家安全审查留足空间。

建立健全外资并购国家安全的监督机制。全国人大及其常委会有权对外国投资审查委员会的工作进行监督检查。外国投资审查委员会应在任何一项外资并购交易所有审查和调查程序结束后向全国人大常委会以书面形式报告所审查和调查的详细内容，并保证该交易将不会对国家安全构成威胁，全国人大常委会有权对具体并购交易的合法性提出质询。

（三）维护公平竞争

可借鉴英国经验，统一反垄断的监管部门，进一步明确反垄断部门的责任和义务，同时完善反垄断部门的内部组织机构和行政机制，避免反垄断执法责任的互相推诿，提高反垄断执法的办事效率。建立动态监管、实时管理和定期稽查的联动制度。准入后监督是加强事中事后监管的重要环节，扭转我国“重审批轻监督”的局面，防止外资企业对市场价格的垄断，促进市场要素的充分流动，保护消费者和经营者的合法利益。

加大反垄断力度与简政放权结合。由于交易成本和信息不对称问题，单纯依靠国家层面机构很难及时发现和界定垄断行为，并且由于审查程序烦琐和审查时期较长，监管的时效性较差。应适当下放反垄断的行政职权，各地区针对各自不同的经济发展战略进行监管，提高反垄断的时效性和针对性。

（四）加强外资监管体制机制创新

加强外资监管体制机制创新的核心在于将监管和服务紧密结合，在提高监管水平的同时提高服务效率。因此，通过转变政府职能，从审批式政府转变为服务式政府，有效推行负面清单的外资监管模式，是外资监管体制创新的关键。同时政府管理理念也要发生转变，外商投资管理要实现从部门监管、企业性质分类监管到行业监管转变。我国要实现从外资监管到行业监管转变，不仅要从理念上转变，更要从操作系统、配套措施上进行根本性变革。要以行业监管为主，以综合监管为辅，打破以往多部门监管的思维定式，依托信息共享的事中事后监督，将系统化研究、顶层设计和基层创新进行有效结合，从而既为外商投资提供了良好的服务，又显著提高了我国外资的监管水平。

（五）以信息共享为基础

事中事后监管的基础是信息共享。要注重信息的充分采集、充分共享，如上海自贸区建立信息共享平台，同时出台了《共享平台信息共享管理办法》。一方面，不同的市场参与主体共享信息，提高了市场的透明度，降低了市场交易成本和寻租风险，有利于资源的有效配置；另一方面，这一信息共享平台的建立也为事中事后监管提供了依据，提高了监管的科学性、规范性，进而提高了政府部门的办事效率。另外，信息共享机制的建立可充分利用当地的人缘、地缘优势，推进高效服务的模式，实现事中事后监管水平的跨越式发展。

（六）形成以信用管理为核心的监管体系

我国要推进高效的投资服务与监管模式，核心在于建立信用管理体系，进行信用的有效评级管理。不仅要把行政部门的市场监管与社会信用体系结合起来，提高政府事中事后监管的效率和水平，而且要建立信用信息收集、共享、披露以及政府多部门的信用联动奖惩制度，从而实现“一处失信，处处受限”的社会信用管理体系。如天津自贸区建立了市场主体信用风险分类管理制度，依托市场主体信用信息公示平台，将市场主体信用分为“良好”“警示”“失信”“严重失信”四个类别，面向社会公示。另外，天津自贸区还建立了市场监管随机抽查联合检查制度，对信用风险等级为“良好”的市场主体，以“双随机”（随机抽取被检查企业、随机抽取检查人员）抽查为重点的日常监督检查制度，推动了政府执法检查的科学化、标准化和规范化。

（七）加快监管法制化进程

目前我国的法制创新碎片化问题较为严重，还没有形成系统性的法律准则。我国要加快法制化进程，提高负面清单的法制化水平，一方面，要处理好改革与法治之间的关系。可在自贸区等地区进行大胆创新，鼓励地区立法，将制度创新在自贸区先行先试。另一方面，还要处理好国内立法与国际条约之间的关系。我国要在国际条约的谈判中掌握好平衡点，既要关注我国国内的可持续发展和国内经济制度的保障问题，又要关注外国投资条件的开放和自由；既要保护我国国家经济安全等，又要对接国际规则，遵守国际条约，促进与贸易合作国的良好互动和往来。

（八）实现社会共治监管

由于政府的能力、精力有限，对于政府管不了、不专业或者容易忽视的领域，可以通过立法改革将专业而独立的第三方机构作为执法机构，如行业协会、服务机构等，使这些第三方机构参与外商投资的行业准入、信息共享、标准制定、信用评级等监管过程，不仅有利于简政放权，而且有利于弥补政府监管的不足，提高事中事后监管的质量和效率。

参考文献

David N. Fagan, The U. S. Regulatory and Institutional Framework for FDI, Deloitte, 2009.

Jackson, James, Foreign Direct Investment: Current Issues, Congressional Research Service Report to Congress , Apr. 27, 2007.

Graham, Edward M. and David M. Marchick, U. S. National Security and Foreign Direct Investment. Institute for International Economics, 2006.

United States Government Accountability Office, Laws and Policies Regulating Foreign Investment in 10 Countries United States. Government Accountability Office, February 2008.

杨会军：《中国对美直接投资准入风险——美国的外资审查和监管机制》，美国战略研究简报。

聂平香、戴丽华：《美国负面清单管理模式探析及对我国的借鉴》，《国际贸易》2014 年第 4 期。

郑启航、高攀：《美国外资监管调研》，《国际观察》2014 年 6 月。

刘迪玲：《美国外资管理模式解析》，《国际市场》2013 年 6 月。

《英国商业领域对外开放情况》，驻英国经商参处，2013 年 10 月 18 日。

http://www.mofcom.gov.cn/article/zt_chanyejishu/other/201404/20140400568715.shtml.

施明浩：《中国（上海）自由贸易试验区外资安全审查机制的探索与创新》，《亚太经济》2015 年第 2 期。

谢进：《我国外资国家安全审查制度研究》，《哈尔滨师范大学社会科学学报》2015 年第4期。

张炳生：《论我国反垄断执法机构的设置》，《法律科学》2005年第2期。

陈彬：《现阶段我国外资利用形式及存在的主要问题》，《中国经贸导刊》2016年第2期。

汪筱苏、刘海裕：《浅析欧盟竞争法》，《时代金融》2011年第9期。

Theodore H. Moran：《中国投资与CFIUS：更新（调整）视角的时代来临》，彼得森国际经济研究所，2015年9月。

（撰稿人：中国国际经济交流中心经济研究部副研究员张焕波；中国社会科学院世界经济与政治研究所史晨；中国人民大学农业与农村发展学院杜靖文；中国国际经济交流中心刘隽）

《巴黎协定》评估及对策研究

《巴黎协定》的签署是人类应对全球气候变化的重要里程碑。从全球治理来看，《巴黎协定》也体现出重大体制机制创新，是全球治理走向更加合理有效的重要旗帜。文章对《巴黎协定》总体上进行了评估，分析了标志性进步，也指出了不足。同时从减缓、适应、资金、技术、透明度、能力建设等方面对《巴黎协定》条款进行了系统性评估，提出了我国应对气候变化若干建议，在最后评估了美国特朗普政府应对气候变化消极态度的影响及提出了我国应采取的措施。

一 《巴黎协定》总体评估

2008 年全球金融危机后，全球治理从发达国家霸权治理逐步迈入发达国家与新兴国家共同治理的大转型、大变革时期。全球气候治理作为全球治理的一个重要领域，经历了 20 多年的实践摸索，逐渐形成了以联合国气候谈判“大多边谈判”为中心、多元主体共治的基本模式和形态。

2015 年 12 月，《联合国气候变化框架公约》（以下简称《公约》）近 200 个缔约方在法国巴黎一致同意通过《巴黎协定》。2016 年 4 月 22 日，170 多个国家在联合国总部签署了《巴黎协定》。2016 年 11 月 4 日经 114 个《公约》缔约方批准，《巴黎协定》生效，《巴黎协定》是在《公约》下，根据《公约》的目标，并遵循其原则，由《公约》缔约方大会一致通过的适用于所有国家并具有法律约束力的协定。《巴黎协定》被认为是确立了 2020 年后以“国家自主决定的贡献”为主体的全球气候变化治理体系，是国际社会第一次达成共识为应对气候变化而努力，已经成为全球应对气候变化努力的里程碑和转折点。

（一）《巴黎协定》主要内容

《巴黎协定》共12页29条，涵盖了长期目标、减缓、适应、损失损害、资金、技术、能力建设、透明度及全球盘点等主要内容。

1. 确立了全球长期目标

《巴黎协定》确立了一个大的目标，就是将全球平均升温控制在工业革命前的2℃以内，争取控制在1.5℃。为实现该目标，提出了要“尽快达到温室气体排放的全球峰值”，并且“在本世纪下半叶实现温室气体源的人为排放与汇的清除之间的平衡”，也就是到21世纪下半叶实现全球温室气体净零排放。

2. 国家自主决定贡献（INDC）

国家自主决定贡献，就是各国根据各自经济和政治状况自愿做出的减排承诺，并要随时间推移而逐渐增加。同时要求在核算INDC中排放量时，“应促进环境完整性、透明、精确、完整、可比和一致性”，以增强透明度，保障国家自主决定贡献的准确性。

3. 每5年全球盘点的更新机制

《巴黎协定》引入“以全球盘点为核心，以5年为周期”的更新机制。自2023年起，每5年对全球行动总体进行一次盘点，总结显示全球减排进展及各国INDC目标与实现全球长期目标排放情景间的差距，以进一步促使各方更新和加大其INDC目标及行动和支助的力度，加强国际合作，实现全球应对气候变化的长期目标。

4. “共同但有区别的责任原则”

“共同但有区别的责任原则”一直是《联合国气候变化框架公约》的指导原则之一，这一原则最直接的体现就是减排责任和出资义务。《巴黎协定》明确规定，“发达国家缔约方应当继续带头，努力实现全经济绝对减排目标。发展中国家缔约方应当继续加强它们的减缓努力，应鼓励它们根据不同的国情，逐渐实现全经济绝对减排目标”；在资金问题上，协定也规定，“发达国家缔约方应为协助发展中国家缔约方减缓和适应两方面提供资金，以便继续履行《公约》下的现有义务”，并“鼓励其他缔约方自愿提供或继续提供这种支助”，明确了发达国家为发展中国家适应和减缓气候变化出资的义务。

5. 强调经济发展的低碳转型

协定“强调气候变化行动、应对和影响与平等获得可持续发展和消除贫困有着内在的关系”，实现“气候适宜型的发展路径”，把应对气候变化与保障粮食安全、消除贫困和可持续发展密切结合起来，实现多方共赢的目标。

6. 采用“阳光条款”

《巴黎协定》中的一个亮点是被非政府组织（NGO）称为“阳光条款”的有关透明度的协议，各国根据各自经济和政治状况自愿提出的“国家自主决定的贡献”减排承诺接受社会的监督，各国都得遵循“衡量、报告和核实”的同一体系（该体系会根据发展中国家的能力给以一定的灵活性），定期提供温室气体清单报告等信息并接受第三方技术专家审评。增强的体系透明度及帮助发展中国家提高透明度的努力将逐步增强各国行动，为增强互信奠定基础。

（二）《巴黎协定》的标志性进步

与1997年签署的仅要求发达国家减排的《京都议定书》和2009年由部分国家提出的《哥本哈根协定》相比较，《巴黎协定》是国际社会在全球气候治理方面迈出的重要一步，标志着国际社会又回到多边机制，这对未来全球治理改革意义非凡。

1. 建立起一套“自下而上”设定行动目标与“自上而下”的核算、透明度、遵约规则相结合的体系

《巴黎协定》在促进包容性和实现全面参与上的成功是空前的。“自下而上”设定行动目标有利于激发各国的积极性，根据国家的发展阶段、国家能力和历史责任，自主确定行动目标，有助于实现应对气候变化行动的全球覆盖；而“自上而下”的核算、透明度、遵约规则，则确保了各国有一个通用的对话、行动进展跟踪的平台，从而有助于各国交流行动经验，开展评估与自我评估，促进加大行动力度，综合评估全球行动力度与进展。

2. 引入“以全球盘点为核心，以5年为周期”的更新机制

缺乏更新机制是全球气候治理体系过去面临的重要问题，《巴黎协定》一个十分重要的成果就是为解决各国“自主贡献”力度不足、难以实现控温目标的问题专门建立了盘点机制。即从2023年开始，每5年将对全球行动总体进展进行一次“促进性”的盘点。每隔5年的盘点机制又被气候专家形象地称为“齿轮”机制。

3. 将“1.5℃温控目标”引入全球气候治理的目标中

《巴黎协定》则在《公约》和“巴厘行动计划”的基础上，进一步将“2℃温控目标”深化为“1.5℃温控目标”，表示要“把全球平均气温升幅控制在工业化前水平以上低于2℃之内，并努力将气温升幅限制在工业化前水平以上1.5℃之内”，这也是“1.5℃温控目标”首次成为全球共识，展现了国际社会对全球气候治理力度的期待，同时，还首次明确要“使资金流动符合温室气体低排放和气候适应型发展的路径”，这为实现全球减缓与适应目标提供了努力的方向，也体现了近年来在绿色金融等国际治理议题方面的进展。

4. 气候变化资金内涵和范围发生变化

《巴黎协定》首次将全球气候治理的资金与减缓、适应并列为行动目标，《巴黎协定》将《公约》、《京都议定书》、“巴厘行动计划”中发达国家向发展中国家提供资金支持，演变成所有国家都要考虑应对气候变化的资金流动，一方面模糊了资金支持对象，另一方面也将各国国内的资金流动纳入了考虑。与此同时，《巴黎协定》还扩展了资金支持的提供主体。将提供支持的主体扩展到所有发达国家，而不仅仅是《公约》附件二所列的发达国家；同时规定鼓励其他缔约方自愿或继续向发展中国家提供资金支持。

（三）《巴黎协定》的缺陷

1. 发达国家减排责任相对弱化

在巴黎会议上，发达国家拒绝接受量化的减排责任，最后各方根据“国家自主决定的贡献”原则自愿做出减排承诺。也就是说，《巴黎协定》所构建的全球气候治理体系是以政治不确定性为特征的，它能否有效执行取决于各国领导人的政治意愿。普遍认为这一协定并不具有法律强制力，以至于恐怕难以达到它所确定的全球减排目标。

2. 发达国家出资义务难以落实

发达国家为发展中国家的减缓与适应行动提供资金支持是发达国家在《联合国气候变化框架公约》下应尽的义务。《巴黎协定》实际上弱化了发达国家的减排和出资责任，这种责任由《京都议定书》规定的“必须”变为现在的“自愿”，且未能对发达国家设定量化的出资目标。可以说，尽管《巴黎协定》重申了《联合国气候变化框架公约》确立的“共区原则”，但发展中国家在巴黎会议上与发达国家就此原则展开的谈判实际上是“失守”了。

3. 应对气候变化需要的全球协调一致性仍未解决

《巴黎协定》前全球气候治理在结构上形成了以《公约》机制为核心，分散化、网络化的“制度丛结”，在主体上走向了以主权国家为主、公共主体和私人主体的多元化“共治”；在过程上呈现科学研究、政治安排、市场行为三个环节的循环互动。虽然参与的主体不断增加，气候治理主体也嵌入许多多边、双边议题中，私人企业和非政府组织的行为日益活跃，但其解决全球协调一致行动、释放减排需求、形成有效减排供给、防止碳泄漏的能力还非常有限，效果与气候变化危机的严峻形势极不匹配，应继续进行创新转型。

二 《巴黎协定》的具体条款评估

（一）INDC 机制及减缓目标的评估

《巴黎协定》不仅明确全球长期目标，为世界各国应对气候变化指明道路，还创新了全球气候治理新机制为实现目标保驾护航，堪称全球应对气候变化的又一里程碑式文件。

1.《巴黎协定》INDC 机制及减缓目标解读分析

第一，创新“自下而上”国家自主贡献减排新机制。“自下而上”的 INDC 行动机制的确立和 INDC 自身优势以及外界因素的影响是分不开的。自身优势方面：首先，INDC 申报不具有强制性，不会对一国经济发展造成压力；其次，在申报程序上，INDC 申报预案是国家依据自己的国情提出的，是国家作为《公约》主体的主动行为；再次，虽是国家自主决定贡献，但仍考虑到共同目标，起到减缓的作用；最后，现阶段对各缔约方 INDC 预案或者目标的最终的法律形式不做预设，这种形式对发展中国家尤其是特别不发达国家提供了一定灵活性，有利于保障 INDC 机制发挥作用。外界因素影响方面，一方面，“自上而下”的 INDC 机制建立在各缔约方承担“共同但有区别的责任”的前提框架下，原有的二分结构得以保留；另一方面，对提交国家自主贡献的要求又不一味拘泥于发达国家和发展中国家的区分，从一定程度上弱化了《公约》在 20 世纪 90 年代初定下的发达国家和发展中国家的分组，鼓励有能力的发展中国家在减缓气候变化中贡献更大力量。

第二，明确减缓目标，树立衡量减缓进程的重要标杆。在减缓领域，《巴黎协定》提出将全球温升幅度控制在 2℃以内（与工业化之前的水平相比）并努力将其限制在 1.5℃的范围内的减缓目标。同时还规定，联合国政府间气候变化专门委员会（IPCC）将在 2018 年提交报告，详细阐述升温 1.5℃对全球变暖的影响。各缔约方国家自主贡献预案的制定是关系到《巴黎协定》设定的减缓目标能否达成的关键。但发展中国家中仅有一小部分国家（如中国）提出了绝对量减排的目标，大部分仍然从维护经济发展角度坚持基准线情景或排放强度控制的目标。

还有部分国家甚至未明确提出自身减排目标，为减缓目标的评估造成困难。

第三，在自愿的基础上采取多边合作，利用国际转让的减缓成果来实现《巴黎协定》下的国家自主贡献。《巴黎协定》提出有些缔约方可选择自愿合作，执行它们的国家自主贡献，以能够加大它们减缓和适应行动的力度，并促进可持续发展和环境完整。在提交国家自主贡献的国家中有 90 多个国家在向巴黎气候变化协定提交的国家计划中提到碳排放交易体系、碳税和其他碳定价机制，由此《巴黎协定》对自愿减缓合作的实施规则、模式、程序和核算等方面做了详细说明。但碳定价市场在短期内仍面临多重阻碍。

第四，在国家自主贡献预案中，可根据各缔约方国情对参考点的量化信息（包括基准年）、执行时限、范围、方法等酌情考虑。对上述内容的酌情考虑，导致了温室气体减排承诺形式的多样性，成为目前已提交 INDC 文件的一个重要特征。从某种程度来说，INDC 文件的多样性照顾到不同国家尤其是发展中国家的国情，使 INDC 机制不会对发展中国家产生压力，体现了自主贡献机制的公平原则。并且，共同的时间框架能够解决目前各个国家递交的 INDC 中目标年减排量无法直接比较的问题，可以更好地为进行全球总结和评估服务。而减缓目标年、基年和执行时限等的不确定会影响 INDC 文件本身的清晰、透明和可理解程度，也会对减缓目标的评估和五年一次的全球盘点产生不利影响。

第五，每五年一次全球盘点，为 INDC 机制有效实施保驾护航。《巴黎协定》除了在减缓、适应等领域推动 INDC 的有效实施，另一个十分重要的成果就是为解决各国“自主贡献”力度不足、难以实现控温目标的问题专门建立了盘点机制。盘点机制将是华沙气候大会“三可”规则的全面升级。一方面，和“三可”规则相同，全球盘点的实施首先要遵循发达国家和发展中国家在应对气候变化中肩负的“共同但有区别责任”原则，在盘点中给予发展中国家一定的灵活性。另一方面，和“三可”规则不同，全球盘点将是一揽子内容，其涵盖范围不再单单是减缓一方面，而是帮助各国加大力度，加强国际合作，实现全球应对气候变化长期目标，确保各国 INDC 在减缓、适应、资金、技术开发和转让、能力建设、行动和支助透明度六个维度上的持续不断努力。

2. 中国面临的关键问题

2015 年 6 月 30 日，中国向《联合国气候变化框架公约》秘书处提交了《强化应对气候变化行动——中国国家自主贡献》文件，内容包括至 2030 年，中国碳强度，即单位国内生产总值二氧化碳排放，比 2005 年下降 60% ~65%，非化石能源占一次能源比重达到20%左右，森林蓄积量比2005年增加45亿立方米，在2030年左右达到二氧化碳排放峰值，并争取尽可能尽早达峰。然而我国若干学者和研究机构围绕能否在2030年达峰、达峰时我国二氧化碳排放量将达到何种规模、2030年中国非化石能源占一次能源比重能否达到承诺的20%左右三个问题进行了深入研究和讨论，普遍认为我国仍处在工业化、城镇化快速发展阶段，在减缓气候变化、落实三个目标方面仍面临诸多挑战，难度较大。

（二）"适应"条款的评估

减缓和适应气候变化是应对气候变化的两个有机组成部分，应当同等重视，然而以往的国际气候机制却体现出"重减缓、轻适应"的特征。与技术先进的发达国家相比，发展中国家对气候变化的适应能力有一定差距，对气候变化更为敏感和脆弱。因此，适应战略对发展中国家更为密切。

1.《巴黎协定》相关内容制定背景及解读

从1992年联合国环境与发展世界大会通过的《联合国气候变化框架公约》开始，国际气候机制经历了对适应气候变化历程的认识阶段、规划阶段、实施阶段后，IPCC WGII AR5在适应需求和选择、适应计划制订和实施、适应机遇和限制因素以及适应气候变化经济学等方面得出了一些新的评估结论，将2015年作为公约下适应气候变化的新阶段——强化阶段，这一阶段关注的是"如何管理气候风险"。

2015年联合国巴黎气候大会决定将适应气候变化列为《巴黎协定》要实现的三大目标之一，并且成为《巴黎协定》中的独立条款（第七条和第八条）。在适应方面，《巴黎协定》搭建了与其第2条所述全球温升目标相联系的，旨在提高适应能力、加强恢复力和减少对气候变化脆弱性的全球适应目标；承认减排和适应需求之间的关系，即提高减缓水平能减少对额外适应努力的需求，增加适应需求可能会增加适应成本；要求缔约方酌情开展适应计划进程并采取适应行动，包括制订或加强相关计划、政策和贡献；要求缔约方定期提交和更新适应信息通报，通过定期盘点评估适应行动及支持的充分性和有效性以及全球适应目标的总体进展；要求缔约方增强适应行动、体制安排、科学知识等各方面的合作，帮助发展中国家识别有效的适应实践、需求、优先领域，提供及接受的支持、挑战和差距。《巴黎协定》提出应承认发展中国家的适应努力，并明确发展中国家编制适应计划和采取适应行动、增强适应的国际合作、提交和更新适应信息通报应该得到持续和增强的国际支持。

从气候变化适应的国际行动来看，国际气候变化适应的协同机制正在形成，但是建立高效的气候变化适应的行动分歧和制约因素仍然存在，特别是由于气候变化适应的成本和能力存在巨大的区域差异，资金问题仍然是国际气候变化适应行动的主要障碍。

2. 中国适应气候变化现状及面临主要问题

随着气候影响的不断凸显，气候变化对我国的负面影响也已在多个领域呈现，适应气候变化对于我国来说是一项现实而紧迫的任务。自 1994 年《中国 21 世纪议程》首次提出适应气候变化的概念以来，中国政府结合国民经济和社会发展规划，采取了一系列政策和措施，取得了积极成效。水利基础设施建设、保护性耕作、生态修复等领域取得较快进展，并逐步开展了监测预警体系建设。同时，加强与欧盟、美国、印度等发达国家和地区及发展中国家在应对气候变化领域的双边合作，共同应对气候变化挑战，也进一步推动国际社会应对气候变化问题的进程。

尽管我国在气候变化适应政策部署方面已经取得重要进展，但与世界主要国家特别是发达国家相比，我国还存在一定的差距与不足。适应资金缺乏和工作保障体系尚未形成，具体体现在以下几点：适应气候变化的法律法规不够健全；应急管理体系亟须加强；适应资金机制尚未建立，政府财政投入不足，科技支撑能力不足；现有技术对于气候变化因素的针对性不强。基础设施建设不能满足适应要求，例如，基础设施建设等技术标准尚未充分考虑气候变化的影响；城市生命线系统应对极端天气气候事件的保障能力不足；农业、林业基础设施建设滞后。敏感脆弱领域的适应能力有待提升，农业种植及农情监测、区域水资源战略配置、森林火灾与林业有害生物监测、湿地荒漠生态系统适应抗灾能力、行业部门防范极端天气能力、人体健康受气候变化影响防控能力都有待完善和加强。适应研究水平与发达国家差距较大，需要进一步加强气候变化预测、影响评估、脆弱性和风险评价技术研发，为开展气候适应研究提供统一的信息共享平台，缩短科学研究与决策应用的差距。对适应气候变化关注不够，对如何提高公众适应气候变化的意识与管理水平、增强适应气候变化能力做得很少。生态系统保护措施亟待加强，土地沙化、水土流失、生物多样性减少、草原退化、湿地萎缩等趋势尚未得到根本性扭转，区域生态安全风险加大。缺乏适应技术的风险评价，有关适应行动的成本和利润的定量信息目前还很缺乏。

（三）气候“资金”机制评估

《巴黎协定》的成功签署标志着国际社会在应对气候变化关键问题上取得了

政治共识，未来气候谈判和博弈将主要集中于数据的可信性、资金路线图等技术层面，从而开启政治技术化的博弈新阶段。

1.《巴黎协定》相关内容解读

第一，《巴黎协定》是全球气候资金机制新秩序的起点。《巴黎协定》要求发达国家提高资金支持水平，制定切实的路线图，以实现在2020年前每年提供1000亿美元资金的目标。2020年后，协定要求缔约方在考虑发展中国家需求的情况下，于2025年前设定一个新的共同量化目标，且每年的资金支持量不少于1000亿美元。协定强调目标管理，任何国家、地区或者项目的减排幅度、资金捐赠，不在于如何做到而在于结果呈现。

第二，鼓励协调公共和私人、双边和多边的资金来源。《巴黎协定》提出鼓励协调公共和私人、双边和多边的资金来源，表明支持气候资金的来源逐步扩大化。然而在资金渠道多元化、运营规则多样化的气候资金体系中，如何避免UNFCCC下气候资金基础制度继续边缘化；如何通过加强对运营实体的引导，避免资源运用失衡；如何通过资金实体治理机构、设计准则和操作规则的调整，进一步提升资金渠道的总体效率等一系列问题，都需要在不断发展、变化的国际气候资金机制格局下逐步解决。

第三，绿色气候基金将成为气候资金的主要机制。《巴黎协议》设定了资金机制的实体——绿色气候基金和全球环境基金，绿色气候基金将成为发达国家向发展中国家进行资金转移的主要机制。不同于碳基金、全球环境基金等气候基金，它以积极创新的方式覆盖了更多的投资领域，拓宽了融资渠道，整合了私营部门，以提升气候融资的效率和正当性，还设定了资金流动的十大原则，最核心的是：①实现减缓和适应50∶50的平衡；②至少50%适应资金授予最脆弱的发展中国家，包括最不发达国家、小岛国联盟以及非洲国家；③直接与私营部门合作，通过私人基金（PSF）增强对气候敏感性项目投资等。可以说，绿色气候基金力图最大限度地克服以往诸多类型基金存在的缺陷。然而治理结构和操作细节两个层面，仍存在南北竞争性差异，使绿色气候基金增加发展中国家的代表性，更好地使绿色气候基金服务于发展中国家的低碳发展需求，依然有着诸多挑战。

第四，《巴黎协定》气候资金机制不具有法律约束力。尽管巴黎气候大会强烈促请发达国家制定切实的路线图，以实现在2020年前每年向发展中国家提供1000亿美元应对气候变化资金，并到2025年前在1000亿美元的基础上设定新的资金目标，然而资金数量方面的内容并未出现在具有法律约束力的“协议”中，而是出现在不具法律约束力的“决定”文本中，这也实质性地说明资金问题在气候博弈中的复杂性和全局性。

2. 全球气候资金机制存在的问题

国际社会正日益从全生命周期的视角，即“融资－转移－使用”全周期角度看待气候资金机制，这样资金预期总量、资金来源、资金转移以及资金使用效率都成为气候资金机制应该予以关注的部分，目前这几个环节都存在不足。

气候资金总需求量悬而未决。《巴黎协定》施行国家自主减排模式和每五年一次的定期审查和全球盘点制度，由此减排成本就只能与该地区、该时间段“一切照旧”联系起来，在现实生活中难以具体化，但据诸多机构、研究人员的初步评估，发现当前气候融资低于实际需求。私营资金进入气候领域仍存在结构性障碍。发展中国家在就公共资金对发达国家做出要求的同时，还应改变自身，构建稳定的商业环境、可预期的经济框架、清晰的法律权利以及成熟的财经政策等。私人资金进入气候领域提出了资金透明性要求，这必然需要详细的测量标准和计量方法，以标记何种资金可以算作发达国家对发展中国家的“气候资金”义务，以及私人资金成为某个国家的资金承诺的判定标准。国际资金转移平台难以满足发展中国家的需求。不同资本和基金有着显著不同的偏好、程序和制度配置，这使得发展中国家的优先权和自主性常常受到限制。发达国家还认为，应对气候变化格局出现重大变化，气候资金转移对象应更多聚焦于那些最脆弱的发展中国家，然而最脆弱国家往往难以达到资金转移最低技术标准。这些约束性条件往往对资金流动产生限制性影响。气候资金的使用效率不高。作为国际资金主要接受方的发展中国家，基于国内政府、市场双重失灵以及人才不足等诸多原因，资金使用往往不令人满意，表现减缓和适应比例严重失衡、气候变化软能力建设严重滞后、气候领域的市场化未有效构建，如何提升资金使用效率考验着国际社会。“气候资金”和“气候融资”的概念有待明确界定。气候资金机制是《联合国气候变化框架公约》和《巴黎协定》的核心工具，直接关系到人类应对气候变化的速度、成效，但气候资金和气候融资的概念目前仍存争议。

（四）“技术”条款评估

技术是应对气候变化的重要工作，其重要性很早就被各缔约方所认识到，

1992 年第一次在联合国气候变化框架公约中提出技术的作用。2015 年巴黎气候大会做出建立技术框架以及将技术与资金挂钩，技术的转移和开发工作有了很大发展，但是技术工作进展仍旧比较缓慢，技术机构作用有限，技术转移和开发方面多设想或建议，缺乏法律约束力，并没有很好地执行。

1.《巴黎协定》中技术条款解读

《巴黎协定》再次强调了技术的合作，对技术开发转移对各个缔约国提出了要求，相比以往对技术的规定有一些突破但是依然存在一些问题。

第一，《巴黎协定》强调了技术转让与开发的长期性，强调缔约方尤其是发展中国家和发达国家之间的长期合作。但是只是提出了要落实技术开发和转让但没有进一步提出具体的落实政策，也没有任何有法律约束力的条文。

第二，《巴黎协定》强化了技术机制的重要性，提出建立技术框架，“为技术机制在促进和便利技术开发和转让的强化行动方面提供总体指导”。技术框架的设立可以被视为加强技术机制的一种手段。但是技术框架被分配到附属的科学技术咨询机构讨论，而没有在联合国气候变化大会中谈判，不利于技术开发和转让。

第三，《巴黎协定》在资金和技术之间建立了明确的联系。《巴黎协定》中提到，加快、鼓励、扶持创新不仅需要技术机制的支持，同样也需要大会的资金机制提供资金支持。同时规定“应向发展中国家缔约方提供资助，包括提供资金支柱，以执行本条，包括在技术周期不同阶段的开发和转让方面加强合作行动”，这是首次将资金和技术这两个应对气候变化主要行动手段联系起来，这被视为发展中国家取得的一个成功，可以加强持续性的发展和创新。虽然没有对资金在对技术的支持方面做出详细规定，但是规定了在技术转让和开发方面的资金运转模式。

第四，《巴黎协定》将创新作为一个关键点，强调创新的作用。在第 10 条第 5 款中强调“加快、鼓励和扶持创新，对有效、长期的全球应对气候变化，以及促进经济增长和可持续发展至关重要”。在此款中，同样强调了要通过资金手段对技术创新进行支持，尤其是“在技术周期的早期阶段便利发展中国家获得技术”。但是与其他条款类似的是，关于创新和让发展中国家在早期获得技术也仅仅是提供的一种建议性条款，对如何鼓励创新，资金如何运作，以及使发展中国家在早期获得技术的手段方法没有细化深入地进行规定，不具法律效力，如何敦促发达国家落实是一个问题。

第五，《巴黎协定》提到要加强发展中国家和发达国家在技术方面的合作，但是没有涉及知识产权问题。相关技术的知识产权问题是气候变化大会谈判中一个极其重要的问题，而这次《巴黎协定》中依然没有有关知识产权的相关规定，可见发展中国家和发达国家在此问题上依旧存在诸多矛盾。

2. 中国落实技术条款存在的问题

第一，核心技术问题。中国应对和适应气候变化技术的创新能力还比较低，原创性的技术比较少，掌握的核心技术比较少，前沿尖端技术比较少。新能源技术、低碳技术依旧与发达国家存在一定差距。核心技术的缺失会使中国减排成本增加，这是不利于中国落实《巴黎协定》的规定、履行自身所承担的责任。第二，技术标准规则问题。相关技术标准的缺失，没有掌握技术标准的制定权，使中国在国际气候变化技术转移方面一直处于被动状态，国际竞争能力不强。第三，资金问题。虽然中国政府在应对气候变化方面投入的资金越来越多，但是总体来看，中国在气候变化应对上的资金缺口依旧很大。第四，自身能力建设问题。最近几年中国已经在气候变化技术方面投入了大量财力、人力、物力，但是与发达国家相比，中国在气候技术研发的基础设施、高技术人才、机构能力等方面还存在一定的差距。第五，与发达国家、发展中国家的合作问题。在技术方面，中国与发展中国家和发达国家之间还没有成熟的合作机制，在技术研发上，中国还处于一种“自力更生”的状态，所花费的人力、财力比较多，但是技术并没有取得明显进步。

（五）“透明度”条款评估

1.《巴黎协定》中透明度条款解读

为了增强缔约国间相互信任并促进《巴黎协定》的有效执行，《巴黎协定》通过十三条专门制定了透明度条款，搭建了一个关于行动和支助的强化透明度框架并内置一个灵活机制。我们可从搭建行动和支助透明度框架的目的、透明度性质与安排以及需要提供的信息内容、形式等多角度对发达国家和发展中国家关于透明度要求的异同点加以阐述。

相同点包括以下几个，一是从设立行动和支助透明度框架的目的来说，发达国家和发展中国家集团搭建透明度框架有着相同的出发点。如实反映和追踪各缔约方在国家自主贡献、适应、资金援助和技术支持以及能力建设中取得的进展，为全球总结提供参考，以提升个体和整体透明度水平。二是在定期提供信息的内容上，《巴黎协定》对发达国家和发展中国家一视同仁。两集团都需要定期提供温室气体的人为源排放量和汇清除量的国家清单报告、国家自主贡献方面取得的进展，以及酌情提供对气候变化影响和适应相关的信息。发达国家缔约方提供其向发展中国家提供的资金、技术转让和能力建设支助情况，并鼓励提供支助的其他缔约方也这样做。而发展中国家应当就其需要和接受的资金、技术转让和能力建设支助情况提供信息。

不同点包括以下几个，一是透明度安排上，出于 CBDR 原则，分别赋予发达国家和发展中国家各自独立但又平行的报告和审查程序，对发达国家缔约方要求更高。二是关于透明度安排的性质，发达国家更多地体现了履行公约义务的性质，而发展中国家则体现了加强能力建设的性质。三是提交信息的形式以及专家组审评上，发展中国家远不如发达国家严格。《巴黎协定》还特别指出，审评应特别注意发展中国家缔约方各自的国家能力和国情，给予其一定灵活度。另外，《巴黎协定》在第十三条第 3 款中还考虑最不发达国家和小岛屿发展中国家的特殊情况，试图将其从发展中国家阵营中单独抽出来。

未来透明度建设的趋势是由发达国家和发展中国家的二元划分逐渐转向发达国家、发展中国家、最不发达国家和小岛屿发展中国家的三元划分，通过提升对提供支助的其他缔约方透明度的要求，将一些“有能力的”发展中国家拉入发达国家阵营。

2. 我国落实《巴黎协定》透明度条款存在的问题

尽管近年来我国一直严谨、负责地履行公约下透明度的相关要求，按规定编制国家温室气体清单，按时提交国家信息通报，并且在公约要求外，自 2009 年以来我国每年组织编写和发布应对气候变化年度进展。从某种程度来说，我国比发达国家更透明地向世界提供了应对气候变化的政策、行动及效果的信息，不断为提升透明度努力，但仍存在一些问题亟待解决。

一是缺乏应对气候变化中加强透明度建设的法律法规。虽然我国关于应对气候变化的政策和法律并非空白，但截至目前没有专门针对气候变化的法律出台，且之前应对气候变化的政策和法规大多关注减缓能力的提升，忽略了对提升透明度方面的立法。二是缺乏提升透明度的数据支持。我国当前缺少温室气体强制性报告制度，公司温室气体排放信息存在严重的不对称现象，对我国编制国家信息通报、发展中国家双年更新报告等加强透明度建设措施实施造成障碍。三是对透明度安全问题不够重视，主要表现为缺乏对数据安全的保护。由于目前实行的自愿性碳信息披露可能暴露公司的经营规模、资源性成本、经营计划、投资项目等商业秘密，导致公众和管理者都难以获取温室气体排放的真实信息。四是透明度建设中的技术水平滞后，难以满足越来越高的透明度需求。当前，我国对温室气体排放等相关数据的收集还处于传统方式的企业层层提交、人工受理、审核的阶段，常规的温室气体清单统计核算体系也未完全建立起来，完成《巴黎协定》要求的发展中国家每两年提交一次清单的工作难度较大。五是对其他发展中国家支助透明度欠佳，缺乏对支助项目的论证、监测和评估体系。《巴黎协定》鼓励“有能力”的发展中国家加入对落后国应对气候变化的支助队伍，并就提供的支助情况提交相应信息。我国一直致力的南南合作和“一带一路”倡议中既没有健全的评估管理制度，也没有针对气候变化国际援助的统计、报告与核实制度，这为我国应对气候变化南南合作的监测和评估带来了困难。六是民众对加强透明度建设意识不强，难以发挥社会监督作用。当前，我国民众对气候变化的关注多集中于国家减排目标的制定和减排对我国经济带来的影响，缺乏对减排目标完成情况的监测和追踪，难以发挥社会监督作用。

（六）“能力建设”评估

1.《巴黎协定》中透明度条款解读

第一，《巴黎协定》决定建立巴黎能力建设委员会，这样能力建设就有了专门的领导机构，将能提高履行能力建设方面的工作效率，有助于进一步促进能力建设工作。

第二，《巴黎协定》强调成立能力建设委员会的“目的是处理发展中国家缔约方在执行能力建设方面现有的和新出现的差距和需要，以及进一步加强能力建设活动，包括加强《公约》之下能力建设活动的连贯性和协调”，这对于发展中国家的能力建设活动来说是有促进作用的。

第三，在成立巴黎委员会的目的中强调了能力建设的“持续性和协调性”，这是有助于能力建设活动开展的。但是《巴黎协定》并没有提出具体通过何种机构、何种方式继续加强能力建设的持续性和协调性，这需要在以后的工作中进一步明确。

第四，在《巴黎协定》中，决定启动2016～2020年工作计划，强调要加强“现有机构之间在合作方面的协同增效”，这在一定程度上能够促进各机构之间加强联系，避免过去能力建设活动几个机构各自为政的现象，能够提高能力建设的效率；强调要“促进开发和推广实施能力建设的工具和方法”，并且“查明收集《公约》下设立的机构所开展的能力建设工作中的良好做法、挑战、经验和教训”，可以很好地推广能力建设，提高全球应对气候变化的能力；工作计划同样提到了要探索发展中国家如何“逐步自主建设和保持能力”，但目前这相对来说只能是一种美好的设想。

第五，《巴黎协定》提到的另一个比较重要的方面是要加强宣传培训工作以及公众参与，在公约的第 84 条中强调要在巴黎能力建设委员会“第一届会议上探讨加强开展培训、公众宣传、公众参与和公众获取信息的方式，以便加强本协议之下的行动”。《巴黎协定》的第 12 条同样提到了要加强教育、培训和宣传工作。宣传和培训以及公众参与是能力建设活动的一个重要方面，民众的参与无疑将是应对和适应气候变化的最好推动力。

第六，《巴黎协定》的第 11 条第一款强调了能力建设主要是加强“发展中国家缔约方，特别是能力最弱的国家，如最不发达国家，以及对气候变化不利影响特别脆弱的国家，如小岛屿国家，以便采取有效的气候变化行动”。从能力建设进入联合国气候变化框架公约的讨论范围，发展中国家以及最不发达国家特别是小岛屿国家就是能力建设的重点，再次强调发展中国家的能力建设，突出了发展中国家能力建设的落后性。《巴黎协定》也强调了“所有缔约方应当合作，以加强发展中国家缔约方执行本协议的能力。发达国家缔约方应当加强对发展中国家缔约方能力建设的支助”。但是能力建设方面最为关键的资金问题，在协定中并没有涉及。

第七，强调发展中国家要定期“通报为执行本协议而落实能力建设计划、政策、行动或措施的进展情况”，这就相当于一种检查措施，有助于国际社会督促相关国家履行协议与自身承诺。不过这种向其他各方通报更应该要求发达国家通报对发展中国家的援助进展情况，督促发达国家履行自身责任，这对于能力建设以及其他应对和适应气候的措施都是极大的进步。

2. 中国落实《巴黎协定》的问题

第一，教育、宣传、培训、公众参与方面依然存在不足。中国全社会的低碳发展和绿色发展的意识依旧淡薄，教育宣传方面还未形成系统的气候变化教育体系，媒体对于气候变化的宣传、监督还不成熟，政府官员以及社会管理者的相关知识较为匮乏，全社会还未形成绿色发展的共同意识。

第二，体制机制组织能力还存在问题。虽然已经建立应对气候变化的领导机制，领导机构的完善程度与西方发达国家以及《巴黎协定》的要求还有一定的差距。

第三，相关立法需要加强。中国缺乏应对气候变化的专门法律，关于应对气候变化领导机构的法律地位不明确，公民、政府、机构在参与应对气候变化方面的责任与义务以及相应的惩罚奖赏办法不明确。关于可再生能源、新能源，以及碳减排、碳交易等的立法还未形成全面的法律体系。与应对气候变化相关的技术转移与开发、资金以及涉及国际合作与交流的法律还未建立。

第四，人才短缺问题。尽管“十二五”控制温室气体排放工作方案明确提出了“加强应对气候变化基础研究和科技研发队伍、战略与政策专家队伍、国家谈判专业队伍和低碳发展市场服务人才队伍建设的要求”，但目前在应对气候变化能力建设方面人才仍然大量短缺。

第五，资金问题。目前，中国气候融资还处在初步发展阶段，国际援助气候资金较少，气候资金在当前以及中长期内都面临较大的资金缺口。资金不到位导致技术开发、宣传培训、公众参与等活动都受到阻碍，有的项目由于资金不足无法启动，有的项目由于资金断链而导致中断，这与《巴黎协定》中强调的要加强能力建设的持续性是相冲突的。

第六，民间绿色组织的发展问题。中国民间组织在应对气候变化能力建设上作用仍非常有限，首先是组织的数量问题以及会员数量与西方民间组织相比都有相当大的差距；影响力都比较小，很难动员大规模的群众参与。其次是由于缺少资金支持，其活动范围、活动能力都受到很大的限制。

三　我国应对气候变化中长期战略的政策建议

中国积极响应巴黎气候大会的举动获得国际社会的认可与称赞，中国也从以往的参与者成功转变成制定气候对策的引领者，中国不仅主动承担国际责任，还积极促进国际合作，因此，巴黎气候大会无疑是中国建设性参与全球治理的一次成功的外交实践，巴黎气候大会为我国未来的发展提供了机遇。

（一）近期内要积极推进《巴黎协定》的落实

一分纲领，九分落实，中国作为负责任的大国要积极落实巴黎会议成果，为

《巴黎协定》的生效实施做好准备，主动承担与自身国情、发展阶段和实际能力相符的国际义务，继续兑现2020年前应对气候变化行动目标，积极落实自主贡献，努力争取尽早达峰，并与各国一道努力，按照《公约》的各项原则，推动《巴黎协定》的实施，推动建立合作共赢的全球气候治理体系。

（二）推动全球建立统一的减排机制，强化法律约束力

一方面，中国需要认真履行自己的承诺，为全球气候治理做出表率；另一方面，中国也需要在未来的气候治理中把握治理的议程设定，强化规则意识，与《公约》的执行机构和有关附属机构一道，促进气候治理“硬法”的完善，推动或引领气候治理方式向“自上而下”的适度回归。维护并加强《巴黎协定》各种执行机构的权威，落实《巴黎协定》的各项规定，完善相关的运行机制，以全球气候治理的总目标和《巴黎协定》提出的温升目标为准绳，维护全球气候正义，促进国家间的公平，逐步缩小全球排放差距，增加人类共同利益。

（三）加大减排投资，提高减排能力，扩大减排供给

在全球绿色发展转型方面，欧、美、日等发达国家和地区正在进行深刻的经济结构调整，打造以低碳能源技术为核心的竞争力，试图抢占未来低碳经济高地。中国也面临着巨大的国际竞争压力和严峻的挑战。当前我国经济当务之急是通过结构调整和提质升级发展，拓宽经济增长与环境改善的双赢之路。《巴黎协定》的达成为私人投资指明了方向。今后我国可借《巴黎协定》这一“东风”进一步鼓励私人投资者、企业和多边金融机构扩大对清洁能源、低碳技术等领域的投资，深入探索实现低碳经济跨越式发展的可行道路。

（四）坚持“高标准、严要求”的适应能力建设

《巴黎协定》明确了“努力将气温升幅限制在工业化前水平以上1.5℃之内”的目标。迄今为止国际社会对1.5℃的科学认知还是相对有限的，气候变化研究领域最为权威的IPCC第五次评估报告是围绕2℃目标展开的。如果未来全球适应气候变化的行动以1.5℃为目标，而未来全球的温升达到2℃或者3℃，那么按1.5℃温升建立的适应体系将导致适应能力不足。尽管我国在适应气候变化方面已有很多行动，在适应目标方面应坚持“高标准、严要求”。

（五）建立碳市场及多层次的碳金融体系

我国计划于2017年启动全国碳排放交易体系，将覆盖钢铁、电力、化工、建材、造纸和有色金属等重点工业行业，碳交易市场已在我国一些城市进行试点，但由于市场机制的不完善与对配额需求的缺乏，碳交易并未在全国进行推广，此次巴黎气候大会的召开对碳交易市场的完善是新的契机，我们应当抓住机会利用市场自主竞争的方式控制碳的排放，但同时碳排放交易体系的形成也是一个循序渐进的过程，其中的细节对我们来说也是一个不小的挑战。

（六）推动全球碳市场的建立完善

在现有碳排放权交易市场建设的基础上，我国应充分利用《巴黎协定》新的“国际转让的减缓成果”机制，提前探索构建多边碳排放权交易市场的可行性。比如，与发展较为成熟的欧洲碳排放权交易所（EUETS）构建“中欧联合碳排放权交易所”；也可与英国、法国、韩国等国提前探索构建双边联合碳排放权交易所的可行性。这将有利于我国在未来全球碳排放权交易市场（乃至全球气候治理体系）的规则制定中处于主导地位。

（七）推进气候外交与气候变化南南合作

推进同美国、欧盟、俄罗斯、加拿大、日本、澳大利亚等发达国家和地区的政策对话与务实合作，加强同“基础四国”、“立场相近发展中国家”、小岛国、最不发达国家和非洲国家的沟通协调。在“一带一路”建设和国际产能合作中突出绿色低碳元素，引导海外投资更多地流向低碳领域。尽快启动实施中国气候变化南南合作基金相关项目活动，在团结帮助发展中国家的同时，带动国内节能环保低碳相关产业和装备“走出去”。我国可充分利用南南合作基金从海外大规模获取碳排放权信用，这一方面可帮助我国完成承诺的减排目标，减少过重的减排压力，另一方面可在未来全球碳排放权交易市场上出售多余部分，增加我国的投资收益。

（八）激励企业、公民参与气候治理

鼓励企业、非政府组织和公众等多元主体参与全球气候治理行动。中国政府应加大对企业气候治理行为的政策力度和资金支持，支持企业的气候投资、自主

减排，提高企业在气候领域全球价值链上的竞争力；应鼓励和支持中国的企业、非政府组织积极地参与气候变化谈判，鼓励非政府组织参与国际同行的互动，在互动中提高中国气候治理的话语权；增强全社会对低碳发展的共识，将“低碳”这个概念真正纳入社会经济生活的各个方面。

四 美国特朗普上台后《巴黎协定》面临的挑战与应对

特朗普的上台为《巴黎协定》落实蒙上了一层阴影。社会各界猜测特朗普执政后退出《巴黎协定》，以放开手脚发展传统化石能源产业。过去美国就曾经签订过《京都议定书》，又堂而皇之地退出。现在《巴黎协定》也没有在国会通过，拒绝的理由很充分。而且美国共和党一向在气候变化问题上极为保守，大选后仍维持参众两院控制权，又有特朗普打前台，退出《巴黎协定》概率确实很大。

从程序上看，美国退出《巴黎协定》不存在障碍，只是时间的问题，要到2020年才能生效。如果以退出《联合国气候变化框架公约》的方式，间接退出《巴黎协定》，时间会很快，2018年就可以完成，尽管在国会或者法院层次会有些手续要履行。

如果美国退出，已经生效的《巴黎协定》将面临再次失效的考验。按照规定，《巴黎协定》生效的两个条件包括：至少55个缔约方加入协定并且涵盖全球55%的温室气体排放量。在条件得到满足后的第30天，《巴黎协定》将正式生效。2016年10月5日，联合国宣布，包括中国、美国等在内的72个缔约方批准了《巴黎协定》，它们的碳排放量在全球碳排量中的比例超过56%，跨过《巴黎协定》生效所规定的两个门槛。缔约方数量不会受到影响，但是如果没有更多国家参与，碳排放量在全球碳排量中的比例门槛可能受阻，因为美国占到全球排放量约18%，退出后目前参与方总排放量为38%，远低于55%的门槛。如果考虑到其他国家效仿，该门槛生效的希望会更小。需要其他各国付出更大的努力，有更多的国家参与进来。

当然，特朗普政府退出《巴黎协定》也会有较大的成本除了国家声誉的影响，前期积累的新能源技术优势可能丧失，在国际碳市场特别是碳金融市场上也会缺乏影响力。考虑到《巴黎协定》本身约束机制较差，没有惩罚措施。特朗普可能采取不退出但也不履行或者选择性履行的模式。这样一方面保住美国在国际上的颜面，另一方面，也能够放任传统能源产业的发展。

为此，我国应继续与美国进行气候变化方面的合作。只要特朗普不退出《巴黎协定》，一些已经积累的机制和合作领域还会继续做，但主动性可能不足。中美气候领域合作已经多年，并取得了很好的成绩，应主动与美国政府沟通，继续保持过去的中美气候合作机制和相关合作领域，不在宣传上下功夫，多做些实质性工作，推动双方低碳产业发展。同时，加强与欧洲气候治理合作。在奥巴马政府上台以前，欧盟在很长时期是气候治理领域的领导者，在全球应对气候变化规则和制度设计上发挥了关键作用。目前，欧盟仍然继续希望能够在气候变化方面发挥领导作用，我国可加强与欧盟合作，保障《巴黎协定》得到有效贯彻落实，并共同督促特朗普政府落实《巴黎协定》。

参考文献

陈敏鹏、张宇丞、李波、李玉娥：《〈巴黎协定〉适应和损失损害内容的解读和对策》，《气候变化研究进展》2016 年第 3 期。

郝宇、张宗勇、廖华：《中国能源“新常态”：“十三五”及 2030 年能源经济展望》，《北京理工大学学报》2016 年第 2 期。

韩一元、姚琨、付宇：《〈巴黎协定〉评析》，《国际研究参考》2016 年第 1 期。

王真、邓梁春：《巴黎气候会议对全球长期目标的新发展》，《气候变化研究进展》2016 年第 2 期。

Frank Biermann，“Beyond the Intergovernmental Regime：Recent Trends in Global Carbon Governance”，*Current Opinion in Environmental Sustainability*，Vol. 2，No. 4，2010，pp. 284 - 288.

Frank Biermann，PhilippPattberg，Harro van Asselt and FariborzZelli，The Fragmentation of Global Governance Architectures：A Framework for Analysis，*Global Environmental Politics*，Vol. 9，No. 4，2009，pp. 14 - 16.

Rogelj，J.，den Elzen，M.，Höhne，M.，Franzen，T.，Fekete，H.，Winkler，H.，Schaeffer，R.，Sha，F.，Riahi，K. and Meinshausen，M.（2016）Paris Agreement climate proposals need a boost to keep warming well below 2°C. *Nature*，534. pp. 631 - 639.

（撰稿人：中国国际经济交流中心经济研究部副研究员张焕波；国家发展和改革委国际合作中心黄永富；中国社会科学院城市发展与环境研究所许琳；首都经济贸易大学庞晓庆）

全球新经济新业态发展现状与展望

当今世界，一场波及全球的新产业革命正在孕育发生之中。在这一过程中，一批新经济新业态相继涌现出来，主要包括互联网与大数据、云计算、移动互联网、物联网、3D 打印、电子商务、智能制造、虚拟现实等。本文主要对发达国家和发展中国家 2016 年新经济新业态发展状况进行概要描述，并对这些国家 2017 年新经济新业态发展前景进行展望。

一　主要发达国家新经济新业态发展状况

（一）智能制造

近年来，美国一直在细化和推进智能制造相关战略，主要包括以下三个方面：一是建设有利于制造业复苏的法律政策环境，如出台了《美国复苏和再投资法案》《重振美国制造业框架》《美国制造业促进法案》《先进制造伙伴计划》《先进制造业国家战略计划》《制造创新国家网络》等；二是通过税改、政策激励等方式整顿国内市场，刺激美国制造业回流，吸引他国制造业企业投资；三是保证中小企业的创新能力。德国战略加紧推进“工业 4.0”。2016 年 3 月 14 日，德国联邦经济与能源部发布了《德国数字化战略 2025》，可谓“工业 4.0”战略的升级版，旨在全方位持续推动数字经济转型。2016 年 4 月，德国工业界与标准化领域权威机构共同宣布正式设立“工业 4.0 标准化理事会”，以提出“工业 4.0”数字化产品的相关标准，并协调其在德国和全球范围内落地，这些标准化的制定为德国“工业 4.0”有序推进奠定了良好基础。英国政府 2008 年推出“高价值制造”战略，该战略高度重视科技创新，鼓励英国企业在本土应用先进技术和专业知识生产出世界级高附加值产品和相关服务，以保证高价值制造业在促进英国经济增长中的助推作用。为帮助企业实现从产品设计到商业运作整个过程的创新，英国政府推出了一系列扶持措施，如加大对高价值制造业在创新方面的直接投资，重点投资英国的优势技术和市场；为需要进行全球推广的企业提供尖端设备和技术资源；开放知识交流平台，帮助企业整合创新技术，打造世界一流的产品和服务等。法国政府在“新工业法国”计划基础上，推出“未来工业”战略。主要内容是实现工业生产向数字制造、智能制造转型，以生产工具的转型升级带动商业模式变革，包含新型物流、新型能源、可持续发展城市、生态出行和未来交通、未来医疗、数据经济、智慧物体、数字安全和智慧饮食九个信息化项目，旨在通过信息化改造产业模式，实现再工业化的目标。日本、韩国为提升制造业竞争优势，相继推出制造业振兴计划。2016 年 6 月 8 日，日本经济产业省两次召开产业会议提出要利用机器人和人工智能推进“第四次产业革命”，从而实现产业结构转型。2016 年 8 月，韩国政府确定了九大国家战略项目，作为发掘新经济增长动力和提升国民生活质量的新引擎，主要包括人工智能、无人驾驶技术、轻型材料、智慧城市、虚拟现实、精密医疗和新型配药学等。

（二）工业机器人

在工业机器人行业，德国和日本机器人技术处于世界领先地位。从全球来看，日本和欧洲是工业机器人的主要产地，德国的库卡（KUKA）、瑞典的 ABB 和日本的发那科（FANUC）及安川电机（YASKAWA）四家企业是工业机器人的“四大家族”，成为全球主要的工业机器人供货商，这主要因为他们具备先发优势和技术沉淀。德国工业机器人在原材料和系统集成方面颇具优势。日本工业机器人的产业竞争优势在于完备的配套产业体系，在控制器、传感器、减速机、伺服电机、数控系统等关键零部件方面，均具备较强的技术优势。根据中国机器人产业联盟和中国市场调查网的数据，2015 年“四大家族”占中国工业机器人市场份额的比例分别高达 18%、12%、14%、13.5%，其他外资品牌占有 34.5% 的份额，众多国产机器人企业只有 8% 的市场份额；此外，日本工业机器人出口量显著高于内销。

（三）分享经济

全球分享经济发展最迅速的国家是美国和西欧国家。据普华永道调查结果，2014年全球范围内共享经济中五大主要行业（P2P借贷和众筹、在线雇用、住宿、租车、音乐和影视流）的市场规模已达150亿美元；预计到2025年，该五大行业将贡献3350亿美元的税收①。美国、英国和加拿大参与共享经济的人口已分别达到1.2亿人、3300万人和1400万人，分别占三国总人口规模的39%、41%和50%②。美国作为最早发展共享经济的国家，在交通、短租、健身、美发、购物和订餐等多个领域发展起一批颇具影响力的共享经济企业，如交通出行领域的Uber。2015年，美国分享经济市场规模估测约为5100亿美元，约占美国GDP的3%③。英国是欧洲共享经济发展最快的国家，这主要得益于其高度发达的金融和通信业。英国共享经济发展最快的领域是P2P借贷和融资领域。分享经济资本流入以出行和办公空间为主，也是独角兽企业诞生较多的领域，根据2016年3月的CBinsight数据，拼车出行的Uber估值已达510亿美元④，专注于个人房屋出租共享的Airbnb估值255亿美元⑤，它们都是分享经济商业模式的代表。

（四）物联网

2016年10月，IBM在德国慕尼黑设立IBM Watson物联网事业部的全球总部，计划通过Watson物联网技术，从嵌在机器、汽车、无人驾驶飞机、滚珠轴承、设备部件甚至医院中的数十亿传感器中获取实时洞察的客户端，构建全新的物联网能力。在物联网时代，微软希望通过Windows 10 IoT系统，将业务扩展到物联网及其他智能硬件领域。日本作为较早启动物联网应用的国家之一，近年也加强了在物联网领域的发展。2016年7月18日，软银宣布以243亿英镑（320

---

① 普华永道，Shaping Our Future：Global Annual Review 2015，http：//www. pwc. com/gx/en/about - pwc/global - annual - review - 2015/campaign - site/pwc - global - annual - review - 2015. pdf。

② 普华永道，Shaping Our Future：Global Annual Review 2015，http：//www. pwc. com/gx/en/about - pwc/global - annual - review - 2015/campaign - site/pwc - global - annual - review - 2015. pdf。

③ 张笑容：《分享经济在世界各国发展情况：一场风暴正在席卷全球》，http：//zxr. baijia. baidu. com/article/308516。

④ 《Uber新一轮估值近510亿美元》，http：//wallstreetcn. com/node/221534。

⑤ 《Airbnb完成15亿美元融资，估值升至255亿美元》，http：//tech. qq. com/a/20150627/026615. htm。

亿美元）收购英国半导体知识产权提供商 ARM Holdings①。这是软银最大的一笔投资，也是日本企业至今对外最大的一笔收购案，目的是期望 ARM 公司在物联网生态中能够在产业上游占有相当的优势。德国物联网发展也较为迅速。在 2016 年的汉诺威博览会上，德国电信展示了即插即用的物联云设备。物联云的成功开发和推广，为德国电信进一步开拓物联网的车联网、远程控制等领域打下了基础。

（五）云计算

美国在全球云计算市场的领导地位不断巩固。作为云计算的“先行者”，北美地区仍占据市场主导地位，2015 年美国云计算市场占据全球 56.5% 的市场份额，增速达 19.4%②。随着云计算从互联网市场向企业市场拓展，应用开发、集成、咨询、培训等配套环节也愈发重要，建立产业生态成为服务商竞争的关键。国际公共云服务商通过不断丰富业务种类、培育合作伙伴，构建以自己为核心的生态体系。

欧洲作为云计算市场的重要组成部分，以英国、德国、法国等为代表的西欧国家全球云计算市场占据了 21% 的市场份额。2016 年 4 月，欧盟委员会公布了促进云服务和建设世界一流数据基础设施的计划，以确保大数据革命服务于欧洲的科学、商业和公共服务。欧盟委员会计划通过增强现有科研基础设施、促进互联互通，建立新的欧洲开放科学云，为欧洲 170 万研究人员和 7000 万科技从业人员提供有利的虚拟科研环境，以方便数据存储、共享和再利用③。

（六）虚拟现实

目前，虚拟现实行业方兴未艾，诸多科技公司纷纷涉足这一领域，特别是风险投资对该行业投资表现出浓厚的兴趣。但总体上看，目前虚拟现实行业仍处于发展初期，主要公司主要集中在美国。2016 年美国虚拟现实行业完成多项风险投资，标志着该行业将迎来较快的发展期。较具有代表性的风险投资项目为

---

① 周峰：《软银确认 320 亿美元收购 ARM：英国脱欧后首笔大型并购交易》，新浪科技，http://tech.sina.com.cn/it/2016-07-18/doc-ifxuapvw2245519.shtml。

② 《2016 年全球云计算市场发展状况及分析》，http://www.askci.com/news/hlw/20160905/17123359741.shtml。

③ 刘润生：《欧盟出台云计划发展数据驱动型经济》，《光明日报》2016 年 12 月 4 日。

TheWaveVR。TheWaveVR 是 2016 年成立在美国奥斯汀的一款音乐可视化 VR 工具。到 8 月，该公司完成了 250 万美元的种子轮融资①。公司目标是推广现场音乐体验，同时帮助音乐行业创造新的收入流。另外，游戏公司也是 VR 的重要市场。

（七）人工智能

目前，美国人工智能行业发展位居全球前列，全球人工智能企业集中分布在美国、中国、英国，三国拥有的企业数量占总数的 65.73%，美国人工智能企业约 2905 家，中国约为 709 家，英国约为 366 家②。与此相对应，美、中、英三国人工智能企业融资规模也为全球最大，但三者间规模差距较大，美国人工智能企业融资规模为 179.12 亿美元，中国为 25.72 亿美元，英国为 8.16 亿美元③。全球人工智能专利数量方面，美国、中国、日本位列前三，且数量级接近，三国占全球总体专利的 73.85%。其中，美国、中国和日本专利申请量分别为 26891 个、15745 个和 14604 个；德国专利申请量位列全球第四，专利申请量为 4386。

二　发展中国家新经济新业态发展状况

（一）电子商务

目前，主要发展中国家电子商务规模较小，但这些国家市场容量大，从而发展潜力巨大。巴西电子商务市场是拉丁美洲最大的市场、全球第十大电商市场。据测算，2016 年巴西网购规模增长约 8%，达到 446 亿雷亚尔的规模④。越南政府高度重视电子商务发展。2016 年 8 月 8 日，越南政府批准《2016 ~ 2020 年电子商务发展总体规划》，提出了越南电子商务在基础设施、市场规模、企业和政府应用程度等方面的发展目标，并制定了到 2020 年越南电商发展的目标，如网上购物人数占总人口 30%，人均消费金额 350 美元⑤。印度也正在成为下一个跨

① Ben Lang：《VR 音乐社交完成 250 万美元种子轮融资》，https：//yivian.com/news/19993.html。

② 乌镇智库，网易科技，网易智能，《乌镇指数：全球人工智能发展报告（2016）》，2016。

③ 乌镇智库，网易科技，网易智能，《乌镇指数：全球人工智能发展报告（2016）》，2016。

④ 颜欢：《巴西 2015 年网购总额增长 15%》，《人民日报》2016 年 4 月 5 日。

⑤ 驻越南经商参处：《越南政府批准 2016 ~ 2020 电子商务发展总体规划》，http：//vn.mofcom.gov.cn/article/jmxw/201608/20160801381767.shtml。

国巨头和本土企业相互之间激烈竞争的电子商务市场，印度三大电商 Flipkart、Snapdeal 和亚马逊（印度）总销售额已经超过全国前十大线下零售店总和①。印度政府开始重视电商领域的对外开放。印度商务部在 2016 年 3 月颁布通知，批准外国企业对印度的平台型电商公司进行 100% 的直接投资，从而首次全面开放这一规模达数百亿美元的市场。

近年来，中国政府制订了多个规划及政策促进电子商务发展。财政部、海关总署、国家税务总局于 2016 年 3 月印发了《关于跨境电子商务零售进口税收政策的通知》（财关税〔2016〕18 号）。为落实跨境电子商务零售进口税收政策，4 月 7 日又公布了《跨境电子商务零售进口商品清单》。2016 年 12 月，商务部会同有关部门联合印发《电子商务“十三五”发展规划》，提出“电子商务全面融入、覆盖国民经济和社会发展各领域，成为经济增长和新旧动能转换关键动力”的发展目标，确立“2020 年电子商务交易额 40 万亿元、网上零售总额 10 万亿元、相关从业者 5000 万人”三大发展指标。据商务部监测，2016 年 1～11 月，全国网上商品零售额同比增长 25.7%，比前 10 个月提升 0.4 个百分点；占社会消费品零售总额的比重为 12.5%，较前 10 个月扩大 0.8 个百分点②。2016 年“双十一”阿里巴巴集团总交易额即达 1207 亿元，2015 年总成交额为 912 亿元③。根据艾瑞咨询集团预测，中国电子商务市场到 2018 年将达到 7.5 万亿元④。近年来，农村电商取得三大成效。一是助力扶贫攻坚，综合示范共带动 12 万户贫困户就业。二是带动了各类企业加速进入农村电子商务领域。阿里“千县万村计划”已覆盖约 500 个县 2.2 万个村，合伙人超过 2 万名。三是吸引返乡创业创新氛围日益浓厚。截至 2016 年 9 月底，注册地在县和县以下区域的农村网商达 800 多万家，带动就业超过 2000 万人⑤。

（二）移动互联网

移动互联网也是主要发展中国家新经济新业态发展的亮点。在巴西的安卓手

① 柠楠：《印度电子商务蓄势待发》，http：//finance. sina. com. cn/stock/usstock/c/2016 - 03 - 07/doc - ifxqaffy3689084. shtml。

② 王珂：《线上 + 线下消费潜力大》，《人民日报》2016 年 12 月 16 日。

③ 携景财经：《2016 淘宝双十一成交总额 1207 亿，全国省份双十一交易额排名盘点》，http：//finance. xiejing. com/news/l1ct2B. html。

④ 吕红星：《数字经济：中国经济转型升级新引擎》，《中国经济时报》2016 年 11 月 17 日。

⑤ 祝君璧：《电子商务“十三五”发展规划印发》，《经济日报》2016 年 12 月 30 日。

机市场方面，截至2016年8月1日，三星、摩托罗拉与LG分别以54.69%、21.87%和11.20%的市场占有率位列前三，以超过80%的市场份额在巴西安卓手机市场中占据压倒性优势；在进入前10名的手机品牌中，巴西本土厂商Positivo与Multilaser分列第6名与第9名，但其市场占有率分别只有0.66%和0.62%①。越南在智能手机制造方面，科技企业BKAV公司2015年5月发布了越南第一款自主研发高端智能手机Bphone。2016年该公司宣称，计划在2017年推出第二代Bphone手机，将为其配备指纹传感器技术的3D②。越南成年人中智能手机使用率从2015年的55%提高到2016年的72%，并且已有50%的越南农村家庭接入互联网③。印度的移动手机用户最近已破10亿，其在移动技术领域的惊人潜力由此可见一斑④。数据表明，从2014年第一季度到2016年第一季度，印度市场的移动应用使用时长和下载量均增长1倍以上；预计印度应用商店下载量2020年可达到201亿⑤。移动互联网也正在成为俄罗斯经济增长的重要动力。据俄罗斯电子通信协会估计，在俄罗斯互联网存在的20年间，对俄罗斯GDP的贡献达7%以上⑥。就用户数量和活跃程度而言，俄罗斯互联网在欧洲位居首位。俄罗斯互联网项目在搜索，邮件，电子商务，社交网络等各领域保持领先地位。

中国政府高度重视移动互联网发展。截至2016年12月，中国手机网民规模已达6.95亿人⑦。在主流电商平台的大力推动下，消费者对于通过移动端购物的接受程度亦大大增加。截至2016年底，中国移动购物用户规模达到4.41亿，在整体网络购物用户规模中占比达到94.5%，比上年增长29.8%，移动端已超

① 猎豹全球智库：《2016巴西移动互联网行业报告》，2016。

② 越南经济时报官方网站，http://vneconomy.vn/cuoc-song-so/bphone-2-se-ra-mat-nam-nay-20160524113018921.htm。

③ 驻越南经商参处：《越南智能手机拥有率达72%》，http://vn.mofcom.gov.cn/article/jmxw/201609/20160901399416.shtml。

④ Lulukof：《人口=市场规模？印度移动互联网崛起不比中国差》，http://www.11773.com/20160706/166452.html。

⑤ Lulukof：《人口=市场规模？印度移动互联网崛起不比中国差》，http://www.11773.com/20160706/166452.html。

⑥ 王新宇：《移动互联网将成为俄罗斯移动市场的主要驱动力》，http://commerce.dbw.cn/system/2016/05/13/001095056.shtml。

⑦ 中国互联网络信息中心：第39次《中国互联网络发展状况统计报告》，http://202.113.18.146/cache/10/03/cnnic.net.cn/9e017bfa6ef25a2a6ac17ac19a3f29ac/P020170123364672657408.pdf。

过 PC 端成为网购市场更主要的消费场景①。2017 年 1 月，国务院发布《关于促进移动互联网健康有序发展的意见》，将进一步加快中国移动互联网的发展。

（三）大数据、物联网、云计算

大数据、物联网与云计算等新一代信息技术及产业也在主要发展中国家迅速兴起。在印度，2016 年塔塔通信正在新德里、孟买和班加罗尔城建设第一张物联网网络，使用基于 LoRa 技术的低功耗、广域网技术连接设备。该技术是目前交互操作以及运转效率较高的技术。2016 年，印度首个物联网卓越中心（CoE）在班加罗尔成立，该卓越中心是作为“数字印度计划”的一部分，由印度政府、印度软件与服务业企业行业协会（Nasscom）、电子信息技术部以及教育和研究网络（ERNET）联合构建。2016 年，英国和巴西签署了一项创新协议 Memorandum of Understanding（MoU），两国将在物联网、大数据、智能电网、多式联运技术、交通管制、智慧城市和可持续的城市环境、清洁能源、水和蓝绿色基础设施的控制和使用等领域进行合作。国际数据公司（IDC）表示，2016 年南非物联网设备市场规模已突破 20 亿美元，约 33% 的企业计划投资物联网技术，预计到 2020 年约有 500 亿台设备接入互联网②。但总体上看，俄罗斯、印度和巴西等发展中国家在发展产业物联网方面存在一定制约，主要包括基础设施落后、技能欠缺、制度基础薄弱、新技术创新不足等。在云计算方面，根据巴西互联网研究中心的预测，2014～2016 年政府云服务采购额预计将以每年 45% 的高速增长，总金额有望突破 60 亿美元③。

中国近几年大力发展大数据产业，加快大数据产业标准制定，多项政策密集发布。2016 年 2 月，中国首个国家级大数据综合试验区在贵州正式获批开建。大数据行业应用得到快速推广，市场规模增速明显。在物联网领域，2016 年 2 月，阿里首次对外推出物联网整体战略，将旗下阿里云、阿里智能、YunOS 等事业群联合打造面向物联网的服务平台。2016 年 9 月，腾讯宣布旗下 QQ 物联平台

---

① 中国互联网络信息中心：第 39 次《中国互联网络发展状况统计报告》，http：//202.113.18.146/cache/10/03/cnnic.net.cn/9e017bfa6ef25a2a6ac17ac19a3f29ac/。P020170123364672657408.pdf。

② 《国际数据公司：南非物联网设备市场规模已突破 20 亿美元》，http：//za.mofcom.gov.cn/article/jmxw/201602/20160201262067.shtml。

③ 邓国庆：《云计算助推巴西中小企业》，《科技日报》2014 年 8 月 18 日。

全面升级为腾讯物联云，将其在物联网领域两年的经验和成果与腾讯云的能力相叠加，向合作伙伴提供基于云端的物联网解决方案。随着各大巨头的加速涌入，我国物联网产业有望迎来快速发展期；但是中国物联网仍存在高端传感器制造产业环节较为薄弱、高端产品主要依赖国外进口、国产化缺口巨大等问题。在云计算领域，2016 年 3 月 31 日，中国联通发布云计算策略，并同步发起成立“中国联通沃云 + 云生态联盟”，全面开启云服务新时代。7 月 13 日，百度正式发布“云计算 + 大数据 + 人工智能”三位一体的云战略。9 月 20 日，网易正式推出“网易云”，包含产品体系、专业课程与培训体系、专家服务体系。12 月 15 日，阿里云日本区正式开服，这标志着阿里云全球 13 个数据中心正式运营，意味着中国云计算服务商将在全球主要互联网市场形成云计算基础设施覆盖。

（四）3D 打印（增材制造）

近年来，3D 打印在主要发展中国家均得到一定发展。俄罗斯目前已形成 3D 打印的东西两大研发集群，分别研制出俄罗斯首台太空 3D 打印样机和培育出以 3D 打印技术生产实用工业品的多家企业。此外，很多小型俄罗斯 3D 打印公司也在开展个性化服务。为促进 3D 打印业发展，南非科技部于 2016 年推出了增材制造战略，将南非定位为 3D 打印技术的一位全球竞争者。在印度，目前 3D 打印产业尚处于起步阶段，市场规模小且发展缓慢，3D 打印设备数量仅占亚洲 3D 打印设备保有量的 3%①。造成这种现象的主要原因是，政府对 3D 打印发展的政策支持力度不大，产业发展主要依靠实力相对薄弱的私营企业。尽管如此，以 Imaginariuma、Marcopolo Products 和 3DPD/Total Prototyping 为代表的一些印度企业在 3D 打印方面已有突出表现，并且印度的国家研究机构已经启动了 3D 打印方面的项目。此外，在公共机构方面，印度增材制造联盟也在积极推动技术创新，通过组织会议等方式提高产业意识。

2016 年，中国在 3D 打印领域不断取得新的突破。如 2016 年 4 月，由中国科学院重庆绿色智能技术研究院和中国科学院空间应用工程技术中心共同研制的国内首台空间 3D 打印机，在法国波尔多成功完成抛物线失重飞行试验，能够在微重环境下完成 3D 打印，成功获取了微重力环境对 3D 打印工艺参数影响的实

---

① 《印度 3D 打印发展概况》，中国经济网，http：//intl. ce. cn/specials/zxgjzh/201508/13/t20150813_ 6215806. shtml。

验数据，为我国2020年完成空间站建造及后期运营奠定了基础。7月，世界上第一个3D整体打印别墅在中国北京落成。10月，神州11号飞船携带3D打印机升空，可快速实现零部件的打印与维修，并有效减轻携带的辎重，拓展了3D打印技术在航空航天领域内的应用。11月，青岛高新区3D打印职业培训学校在青岛高新区挂牌成立，这是第一所系统性开设3D打印专业的学校，此举可有效缓解3D打印人才短缺的情况。

（五）分享经济

近年来，共享经济也成为某些发展中国家重点发展的领域。以网约车为例，到2016年第一季度，印度已成为排在中国和北美之后的全球第三大打车应用市场[①]。

奥拉（OLA）是印度最大的网约车软件服务商，成立于2011年，为用户提供在线打车服务，用户可以通过网站、手机APP等进行打出租车、租赁车及机动三轮车服务。截至2016年3月，OLA网约车平台上有350000多名司机，支持包括英语、印地语在内的9种语言。在非洲，美国网约车平台Uber正加快业务拓展。目前，Uber已覆盖了非洲8个国家的12个城市，8个国家分别为南非、肯尼亚、尼日利亚、埃及、摩洛哥、乌干达、坦桑尼亚和加纳[②]。但非洲的3G网络覆盖率低、电子支付手段不普及、城市基础设施相对落后等因素制约着网络约车的发展[③]。在俄罗斯，网络约车服务供应商主要有3家，分别是来自以色列的Gett、来自美国的Uber以及来自俄罗斯本土的Yandex. Taxi。但由于俄罗斯的网络约车受到来自传统出租车行业的强烈抵制，因此发展缓慢。

中国政府注重对共享经济发展的政策引导与规范。2016年8月，中国银监会正式发布《网络借贷信息中介机构业务活动管理暂行办法》；2016年7月，由交通运输部、工信部等7部委联合发布《网络预约出租汽车经营服务管理暂行办法》等。

2016年被称为分享经济元年，中国分享经济在多个领域内发展迅速。在房屋分享方面，途家网在线下将五星级酒店式管理体系进一步统一推行，并先后收

---

① Mary Meeker, Internet Trends 2016 - Code Conference, 2016.

② 李志伟：《网络约车平台抢滩非洲市场》，《人民日报》2016年8月4日。

③ 李志伟：《网络约车平台抢滩非洲市场》，《人民日报》2016年8月4日。

购蚂蚁短租、并购携程和去哪儿公寓民宿业务，整合提升优质房源。在知识分享领域，在行与分答的面世打破了旧有知识传授模式，将知识分享进一步提升至知识传授的高度。在共享出行领域，滴滴出行宣布与 Uber 全球达成战略协议，滴滴出行将收购优步中国的品牌、业务、数据等全部资产。

（六）虚拟现实

虚拟现实在发展中国家也得到一定程度的发展。在巴西，虚拟现实技术已逐渐应用于赛事转播、观光游玩和医疗卫生保健等领域。如 2016 年的巴西奥运会转播就采用了虚拟现实技术。美国的科技创业公司 Sensorama 在 2015 年公布了一款虚拟现实飞船设备，已在巴西购物圣地 Praia da Costa 投入运行。在南非，虚拟现实技术主要在旅游和餐饮行业得到较多应用。如在旅游领域，南非旅游局将包含了鲨笼潜水以及从 Cape Town 的 Table 山上绳跳下来这些惊险刺激项目浓缩成一个 5 分钟的虚拟现实体验。在餐饮行业，餐饮业与虚拟现实开始展开合作共生的模式。在俄罗斯，新虚拟现实平台 Fibrum 公司创建于 2014 年，仅用两年就成为移动虚拟现实领域的专家。中国虚拟现实行业目前尚处于初始期，产品研发以基于应用场景开发的硬件和体验开发为主；而国外的部分企业已经进入成长期，产品研发也进入到包括芯片、网膜开发、可穿戴设备、内容 IP（游戏、文化、娱乐、体育）等领域。2016 年 12 月，国务院印发的《“十三五”国家信息化规划》，提出要强化战略性前沿技术超前布局，其中就包括虚拟现实。据艾媒咨询集团的一份预测数据，2015 ~2017 年中国虚拟现实用户规模将分别达到 48 万人、142.5 万人与 340.5 万人①。

三 2017 年全球新经济新业态发展展望

（一）发达国家新经济新业态展望

1. 数字技术将得到进一步重视和发展，各国加速布局下一代移动通信网络（5G）

作为全球垄断互联网核心资源的主要国家，美国仍进一步加大数字技术领域

---

① 艾瑞咨询集团：《中国虚拟现实（VR）行业研究报告（2016 年）》，2016。

的研发力度，保持全球网络技术领先的地位，并把研发下一代半导体芯片、移动通信技术等列为国家发展战略加以推进。对5G 的研发、测试将成为2017 年美国数字产业发展的重要方面。根据德国政府2016 年出台的《数字化战略2025》，德国将投入1000 亿欧元，在2025 年前建成覆盖全国的千兆光纤网络①。德国的数字化战略将以计算机、网络和大数据等信息技术为基础，建立智能工厂、智能交通、智慧城市和智能家居等一系列数字化系统，全面提高德国数字产业水平和竞争力。韩国基于良好的互联网基础，积极在5G 领域进行布局。2015 年10 月，韩国最大移动通信运营商SK Telecom 宣布将在韩国设立5G 移动网络研究中心——5G Playground，为5G 服务的到来打开大门，并表示于2017 年就能建成测试网络②。英国设立了“国家生产力投资基金（NPIF)，将投资10 亿英镑用于宽带网络建设和支持5G 移动通信技术研发，以求未来成为全球5G 通信技术的领导者。日本也将继续加大数字技术产业发展力度。2016 年10 月，日本信息通信审议会的技术小组会议开始就普及可实现超高速通信的第五代移动通信系统“5G”展开正式讨论，计划在东京奥运会举行的2020 年将5G 投入商用，计划到2017 年夏季结束前汇总基本战略③。

2. 人工智能将成为探索发展的重点，无人驾驶汽车、车联网和虚拟现实等产业规模将进一步扩大

人工智能和虚拟现实将成为2017 年发达国家数字技术探索的焦点。随着人工智能技术逐渐不断演进，无人驾驶汽车将成为当前人工智能的重要应用，将进一步变革传统汽车工业与交通物流行业。2017 年，车联网应用进入加速发展阶段。随着5G、人工智能等技术的发展，其应用普及将进一步激活车联网的市场潜力，促使车联网业务形态快速丰富。在虚拟现实领域，聚焦视觉感知的便携式的虚拟现实终端有望成为继移动智能终端后，重构互联网业务生态的下一代计算平台。欧美等国家和地区的科技巨头在虚拟现实领域的布局推动了虚拟现实的商业化进程。

3. 产业互联网发展将进一步提速

随着美国“工业互联网”和“德国工业4.0”等再工业化战略推进，发达国

① 顾钢：《2016 年世界科技发展回顾》，《科技日报》2017 年1 月3 日。

② 《韩国公司或将成为全球首个5G 网络运营商》，http：//tech. qq. com/a/20151031/010449. htm。

③ 《日本开始讨论普及5G 移动通信拟2017 年制定战略》，http：//news. xinhuanet. com/world/2016 -10/13/c_ 129321072. htm。

家互联网产业增长步入动力转换阶段，万物互联时代全面开启。全球互联网正从"人人相联"向"万物互联"迈进。2017 年，工业互联网将加速渗透发展，驱动传统制造业转型升级。作为智能制造的关键基础，工业互联网在制造业全领域、全产业链、全价值链将持续融合渗透，其对提高生产效率、优化资源配置、创造差异化产品和实现服务增值将发挥重大作用，产生巨大经济价值。

4. 加强互联网全球治理将得到进一步重视

互联网持续演进、广泛渗透、跨界融合，全球互联网治理体系面临空前挑战。网约车、网络租房等新生事物的出现和发展带来了权责归属难题，以及劳动关系、税收征管等问题。数据流动中的不规范行为严重威胁了数据主权和隐私安全。互联网企业掌握了大量的涉及国家安全和用户隐私的数据，这些数据如果被随意地共享、开放、交易，或者在流动过程中以及流动之后得不到有效的保护，将会严重损害国家安全和用户权益。针对这些问题，2017 年政府对新经济新业态的监管也将加强。

（二）发展中国家新经济新业态展望

一是国际资本将会在电子商务、移动互联网、分享经济等领域进一步在发展中国家扩张，并导致发展中国家在相应领域迅速崛起。据预测，2017 年巴西电子商务规模将达到 678 亿美元，占整个拉美电子商务市场 43%①；俄罗斯电子商务总交易额将会达到 1.29 万亿卢布②。根据 Strategy Analytics 的报告，2017 年印度尼西亚智能手机收入将达到 100 亿美元，贡献全球 3% 的收入，而印度将超过日本成为第三大智能手机收入国家，占 6%③。

二是物联网、云计算、人工智能等新技术、新业态将在发展中国家得到快速发展。首先，是由于金融资本的国际竞争与扩张。2017 年 2 月，新加坡淡马锡财富基金投资印度班加罗尔工业物联网创业公司 Flutura750 万美元的 A 轮资金，成为印度在工业物联网创业领域最大的一笔 A 轮融资④。其次，这些领域较高的

① Avazu Holding，《全球互联网产业研究之巴西篇》，2016。

② 《DataInsight：2016 年俄罗斯跨境营销市场调查》，中文互联网数据资讯中心，http：//www.199it.com/archives/550627.html。

③ 《StrategyAnalytics：2017 年印度尼西亚智能手机收入将达 100 亿美元》，中文互联网数据资讯中心，http：//www.199it.com/archives/478263.html。

④ Rhea Yu，《获印度工业物联网领域最大一笔 A 轮融资，Flutura 或将成为下一个独角兽》，36 氪，http：//36kr.com/p/5063694.html。

利润率还会吸引风险投资的介入。2017 年，物联网将可能在发展中国家得到爆发式发展，这主要得益于三个主要驱动因素：可用性、价格可承受性和可扩展性。大数据、云计算的发展也值得期待。NASSCOM 发表的产业报告显示，到 2017 年或 2018 年末，印度的大数据市场规模将会从由 10 亿美元翻倍至 23 亿美元①；巴西大数据收入预计到 2018 年将达到 9.65 亿美元②。在云计算方面，据 Ovum 机构预计，2017 年南非云服务总收入将达到 3.74 亿美元③。当然，由于发展中国家不掌握相关核心关键技术，再加上体制机制及人才培养等方面存在的问题，对这些国家的新经济、新业态发展形成一定的制约。

对于中国来说，在移动互联网领域，据预测，2017 年中国移动医疗用户规模将达到 4.41 亿人，年均增长率为 50.5%；市场规模将达到 120.8 亿元，年均增长率 62.8%④。大数据将在经济预警、临床诊断、远程监控、药品研发等领域发挥重要作用，并成为客户管理、营销管理及风险管理提供重要支撑。据预测，2017 年中国大数据的市场规模将达到 358 亿元⑤。在物联网领域，目前我国物联网产业已形成包括芯片和元器件、设备、软件平台、系统集成、电信运营、物联网服务在内的较为完整的产业链。据预测，2017 年中国物联网市场规模将有望突破万亿元，实现 10240 亿元的产值，年均增长率达到 15.1%⑥。在虚拟现实领域，核心技术在 2016 年逐渐普及，虚拟现实技术在中国市场得到了空前关注，大量资本与企业进入虚拟现实领域，大型互联网企业也纷纷积极布局虚拟现实技术。但虚拟现实目前仍处于导入期，在消费市场真正的爆发尚需 2～3 年时间。2017 年将是决定未来 2～3 年内虚拟现实能否真正在消费市场爆发的关键时期，预计 2017 年中国虚拟现实行业市场规模将会达到 133.8 亿元，年均增长

---

① Emmanuel Amberber. 15 Indian Big Data companies to watch out for in 2015，转引自 36 大数据网，http：//www.36dsj.com/archives/25280。

② 胡英、王召伟：《Frost & Sullivan：多数巴西企业无法用大数据盈利》，中国信息产业网，http：//www.cnii.com.cn/2014－03/17/content_ 1324261.htm。

③《未来三年云服务将为南非企业消减成本》，http：//world.people.com.cn/n/2013/0812/c1002－22536721.html。

④ 艾媒咨询集团：《2016 中国移动互联网创新趋势报告》，http：//www.iimedia.cn/1461328198253096ll.pdf。

⑤ 刘文淘：《大数据行业研究报告》，国泰君安证券，http：//www.gtja.com/content/default/market/xinsanban/market_ dsjhy_ 20160824.html。

⑥ 艾媒咨询集团：《2016 中国移动互联网创新趋势报告》，http：//www.iimedia.cn/1461328198253096ll.pdf。

率136.4%[①]。在智能硬件领域，目前制约该业态发展的一个主要因素是国内智能硬件技术上并没有产生革命性的突破，与国际主流的智能硬件生产厂商仍有较大技术差距。如果2017年中国在智能硬件领域能够实现革命性技术突破，那么该行业仍将会继续维持高水平增长率。虽然近年中国3D打印市场规模均保持较高增长速度，由于受到产业化、原材料、技术以及成本四大因素的限制，当前中国3D打印仍处于初级发展阶段。预计随着产业政策扶持力度的提升以及产业化加快，中国3D打印将进入快速成长阶段。预计2017年中国3D打印市场规模将达到148.6亿元，年均增长率148.6%[②]。

参考文献

朱克力、牛禄青主编《读懂新经济：战略图景与行动路径》，中信出版社，2016。

〔美〕凯文·凯利：《新经济新规则》，刘仲涛等译，电子工业出版社，2014。

〔美〕杰夫·贾维斯：《分享经济时代：新经济形态，分享什么，如何分享》，南溪译，中华工商联合出版社，2016。

王俊秀：《新经济：信息时代中国升维路线图》，电子工业出版社，2016。

赵占波、张新福：《互联网+新经济》，首都经济贸易大学出版社，2016。

厉以宁、林毅夫、迟福林等：《分享经济：国家战略新引擎与新路径》，中信出版社，2016。

王振：《互联网+：新业态与新商业模式研究》，上海社会科学院出版社，2015。

"浙江经济增长动力结构和机制转换研究"课题组：《"互联网+"下的新业态新经济》，《浙江经济》2015年第20期。

杜传忠、郭美晨：《发展新经济打造新动力》，《中国井冈山干部学院学报》2016年第6期。

（撰稿人：南开大学经济与社会发展研究院教授杜传忠；南开大学经济学院博士研究生陈维宣、胡俊）

① 艾媒咨询集团：《2016中国移动互联网创新趋势报告》，http：//www.iimedia.cn/1461328198253096ll.pdf。

② 艾媒咨询集团：《2015年中国3D打印市场研究报告》，http：//www.iimedia.cn/143528218968564187.pdf.

全球价值链发展与下一代贸易治理规则

近些年，随着全球生产网络以及新一轮产业技术革命的大力推动，全球价值链已成为世界经济大循环中的一个显著特征。为建立更有效的全球贸易政策和管理体制，深入理解并切实支持为跨境产品带来增加值的“贸易环节”至关重要。因此，在全球贸易增长极度低迷时期，着力促进全球各经济体内部及彼此之间高效、顺畅的全球价值链连接，构建包容增长型的全球价值链是推动全球经济贸易新一轮繁荣增长的关键。

一　全球价值链发展现状、趋势特征与前景展望

随着经济全球化进程的推进，越来越多的国家参与全球价值链。近几年，特别是2008年国际金融危机之后，“全球价值链与增加值贸易”迅速成为全球贸易、投资、价值链以及分工领域的研究热点。由于当前的全球贸易统计框架并不能真实反映各国的贸易量、贸易额和实际贸易所得，传统的以贸易总额为基础的全值统计方法既不能揭示各国之间错综复杂的价值链分工（如中间品贸易），也造成了大量的“重复核算”问题。因此，一种能够真实反映全球贸易运行和贸易秩序的全新核算方法——贸易增加值（Trade in Value Added）统计正在越来越受到国际广泛关注。

在世界贸易组织（WTO）的推动下，近一时期主要权威国际机构，如日本IDE－JETRO、OECD以及联合国贸发会议（UNCTAD）、WTO等都发布了相关研究报告。贸易增加值核算方法不仅能够衡量贸易当中各国的增加值贡献，也将会

对全球的产业格局变化和中国产业升级战略产生深刻而长远的影响。总体看来，当前，全球价值链发展呈现以下主要特征。

（一）跨国公司是全球价值链的主要参与者和主导者

近年来，由于海外业务的不断拓展，跨国公司通过供应链网络和服务外包等多样化渠道来推进全球化生产，从而优化全球资源配置，实现产业的全球布局。在此背景下，跨国公司在全球对增值链进行成本最低化的配置推动了经济全球化和全球价值链的深入发展，并进一步也成为全球价值链的主导者。联合国贸发会议数据显示，跨国公司主导的全球价值链占全球贸易的80%，2011年，全球前100家跨国公司的海外销售收入和雇员人数的增速都明显高于母公司的业绩增长。

随着全球价值链向纵深方向发展，全球价值链的拆分和外包程度不断提高，跨国公司对全球价值链的掌控与治理能力变得越来越重要，成为其维持核心竞争力、占领国际竞争制高点的重要途径。跨国公司利用其对价值链的主导地位，对价值链的各个环节进行深度分解和全球资源的不断战略组合，成为全球价值链的有效治理者。而在发达国家跨国公司主导全球价值链、掌控全球市场和资源、获得大多数贸易增加值利益的同时，广大发展中国家却承担了环境污染等全球化的负面效应，有陷入跟随式发展陷阱的风险。

（二）国际贸易和投资是推动全球价值链不断拓展的主渠道

国际贸易和投资是全球价值链的主要构建根基和拓展渠道，外包和离岸生产是全球价值链形成的主要外在形式，国际贸易特别是中间产品的贸易是全球价值链不断延伸的基础之一，第二次世界大战后国际贸易进入高速增长期，以2倍于世界GDP的速度增长，从贸易结构上看，中间产品的贸易作用不断上升，中间品跨境贸易与重复流转是全球价值链形成与发展的核心要素，联合国贸发会（2013）报告显示，全球出口中约有28%的是进口国仅仅为了将其作为生产某种出口商品或服务的中间产品而进口，在参与全球价值链的货物贸易中。根据（UNComtrade）统计数据测算，自1995年以来，全球中间产品出口额占全球总出口额的比重一直在50%以上，2013年更是高达69.32%。由此可见，中间品贸易在全球贸易中已经占据了绝对主导地位，这一国际经济的新特征正是全球价值链深入演进所呈现的必然逻辑。

国际投资的迅猛发展更成为全球价值链延伸的重要动力，并且外国直接投资是发展中国家，包括最不发达国家，参与全球价值链的重要途径。国际投资从20世纪80年代开始进入高速增长期，20世纪90年代以来跨国直接投资以2倍于国际贸易的速度，这是跨国公司进行外包和离岸生产的结果。OECD统计数据显示，通过国际投资产生的跨境联系的价值在过去20年中翻了一番，全球FDI存量占全球GDP比重从20世纪90年代的不足10%上升到2011年的31%，国际投资成为继国际贸易之后又一驱动全球经济增长的动力引擎。

（三）国际贸易服务化成为全球价值链的主要特征

服务成为全球价值链的“黏合剂”。随着全球价值链的发展，服务的重要性日益提升，特别是生产性服务业，如交通、通信、金融、分销和商业服务等。服务的广泛应用使得服务成为竞争力以及资本和劳动生产率的关键决定因素，但还只是服务化的一部分，因为现在产品的生产和销售中还涉及大量的其他服务，而不论这些最终产品是货物或服务。

表1　服务投资在全球价值链中的作用

单位：%

部门	实际出口占比	总出口中增值比重
服务部门	22	46
制造部门	71	43
原材料部门	7	11

资料来源：UNCTAD《世界投资报告》，2014；UNCTAD数据库。

服务对增长和许多产业效率都具有显著的影响。服务当前代表着超过2/3的世界GDP。服务增加值占GDP的份额往往随着一国收入水平的上升而显著上升，目前高收入国家服务增加值大约占到GDP的73%（美国为77%），中等收入和低收入国家分别只有54%和47%。即使在低收入国家，服务生产依然是核心的经济活动，其对GDP的贡献超过工业和农业的总和。

不仅如此，服务已经成为任何经济的重要组成部分，据WTO统计，在经济贡献方面，服务已经占到世界产出和就业的60%～70%，占到全球FDI流量的2/3；在生产投入方面，制造业和农业中有10%～20%的生产成本属于服务投入成本；在供应链连接方面，生产者越发依赖于服务将其产出提供给最终消费者。

表 2　总贸易中的部门贡献率（总额和增加值，2008 年）

单位：%

类别	初级产品	制成品	服务
总贸易结构	12	65	23
增值贸易结构	18	37	45

资料来源：WTO 基于 OECD 结构性数据的统计。

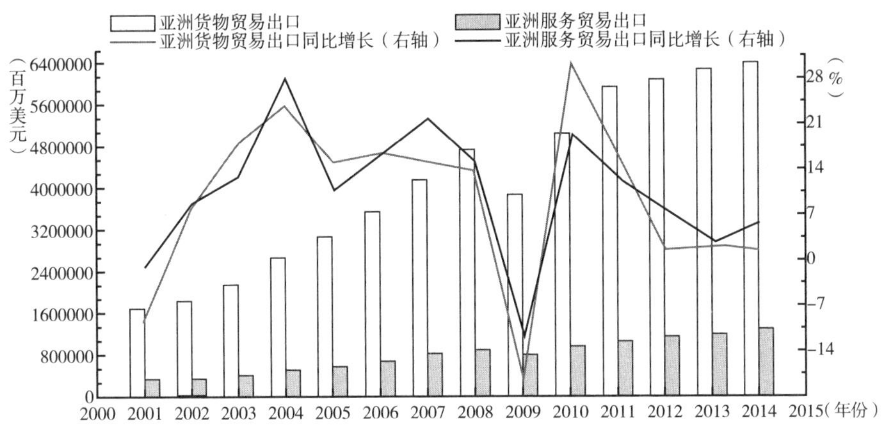

图 1　亚洲服务贸易比货物贸易增长更为迅速

资料来源：WTO statistic database。

（四）新兴和发展中经济体在全球价值链中作用进一步增强

21 世纪，全球各经济体相互依赖程度将进一步提高，新兴和发展中经济体将更多地以海外布局的方式参与全球价值链，不断增强其在全球价值链中的作用。近年来，新兴和发展中经济体通过对外贸易和吸收投资，逐步融入国际生产体系和全球分工，通过较低成本参与全球价值链、融入世界经济获得发展的新机遇。《2014 年世界贸易报告》的数据显示，新兴和发展中经济体的全球价值链参与指数从 1995 年的 40.5 上升至 2009 年的 50.9，发达国家则从 39.6 上升到 47.2。

另外，从对外投资和跨境并购的角度也能进一步反映出新兴发展中经济体参与全球价值链的程度不断加深。根据联合国贸易新兴发展会议的最新数据，新兴发展中经济体在全球外国直接投资流入方面保持了领先地位，2014 年，流入新兴发展中经济体的外国直接投资达到历史新高，为6810亿美元，增长2%，在世界上前10名外国直接投资接受经济体中，有5个是新兴发展中经济体，中国成为世界上最大的外国直接投资接受国。商务部发布的最新统计显示，2014年中国对外投资规模约为1400亿美元，超过利用外资总规模约200亿美元，随着中国跃升为“净资本输出国”，企业参与全球产业链、供应链乃至价值链重构的节奏加快。

同时，新兴发展中经济体跨国公司在国外的扩张情况也达到有史以来的最高水平，在全球外国直接投资中，新兴发展中经济体创纪录地占了35%，而2007年只占13%。此外，跨境并购活动特别是服务业的跨境并购呈现快速增长的趋势。2014年，以净价值计，跨境并购的价值增加了28%，达3990亿美元，向服务业投资的长期转变仍在继续，2012年服务占全球外国直接投资存量的63%，几乎是制造业占比（26%）的2.5倍，是第一产业占比（7%）的9倍。

（五）全球价值链在空间布局上有加速扩展态势

随着全球产业分工网络以及信息技术发展的进一步深化，世界各国的技术和资本等要素可以自由流动，因而，各国的资本回报率出现趋同化。但是，全球的劳动力跨境流动却存在很多障碍，使不同国家的劳动工资水平差异较大。为了追求更加廉价的经营成本，跨国公司把一些不具有竞争优势或者低附加值的生产环节转移到不同的国家或地区，从而产生了国家之间的水平分工或垂直分工。

近些年，全球价值链环节在空间布局上呈现全球加速延展的态势。一个国家产业结构的变动或导致周边国家或地区产业结构随之发生变动，同时，周边国家产业结构的变化也影响本国的产业结构。随着经济全球化的发展，处于同一价值链或者同一区域的各个国家的产业结构相互连接并相互依存，从而形成了一个动态的跨国区域整体，从而出现了国际性区域产业结构的关联互动、整体性演化和国际协调性产业政策。

（六）新一轮产业革命对全球价值链方式产生重大影响

一方面，新一轮产业和工业革命引领的技术创新不断塑造出新产业，新能源、新材料、节能环保、生物医药和智能制造等新兴产业重塑了传统经济的形态，特别是金融危机之后，全球创新氛围达到历史新高，2012 年，美国研发强度达到2.8%，日本为3.4%，德国为2.8%，欧洲到2020 年战略目标是3%，韩国和以色列则超过4%。特别是以“德国工业4.0”、“美国工业互联”、《中国制造2025》、“韩国制造革新3.0”为代表的第四次工业革命的到来，更使全球进入高强度研发的发展阶段。

另一方面，近年来，由于新一代信息技术的发展，数据产品和数据交易不断冲击着 WTO 框架下的贸易规则，对于数据贸易应该适用货物贸易的规则还是服务贸易的规则已经难以简单地界定。全球电子商务网络正在迅速扩张，数字化发展趋势正在日益加强。在数字贸易环境下，跨境数据流动成为重要的推动因素，它对全球价值链的深化发展起了重要作用。

（七）全球价值链发展中的各类隐形贸易壁垒出现频繁

全球价值链在各国之间能否顺畅流转主要受到各国供应链壁垒的影响。随着传统的“货物贸易”逐渐转变为“任务贸易”，供应链壁垒也逐渐取代货物贸易壁垒成为影响全球经济一体化更为关键的要素。供应链壁垒主要包括市场准入、边境管理、运输和通信基础设施以及营商环境四个方面。世界经济论坛发布的一份研究报告指出，如果每个国家只改善其中两个关键的供应链壁垒，即边境管理与运输和通信基础设施及相关服务，使运作效率提升至目前全球最高水平的50%，就能促进全球 GDP 增长5%，全球出口额增长15%。供应链壁垒带来的额外成本对一国吸引外资的既有比较优势将形成一种抵消效应，事实上，当代各种形式的贸易保护主义和投资保护主义正在影响全球价值链。随着全球价值链的高速发展，各国为了获取更大的本国利益和附加价值发起的技术标准、知识产权保护等显性和隐性贸易摩擦手段更受青睐。例如，技术性贸易壁垒数量越来越多，WTO 范围内 TBT（技术性贸易壁垒协定）和 SPS（实施卫生与植物卫生措施协定）通报越来越多。数据显示，2000 年，TBT 通报量为606 件，SPS 通报量为270 件，到2012 年 TBT 和 SPS 分别上升到 2185 件和 1214 件，分别增长 2.6 倍和3.5 倍，两者合计从876 件增加到3399 件，增长了2.9 倍。

特别需要指出的是，新兴经济体面临全球价值链的进入壁垒。联合国报告显示，新兴发展中国家进入全球价值链面临三大主要壁垒：国内基础设施不足、贸易融资限制和标准履行。而运输成本高、IT 基础设施落后、供应链不稳定也是新兴发展中国家特别是最不发达国家进入全球价值链的主要障碍。领先企业和供应商也认为运输成本、交货延迟、烦琐的关税手续比关税和许可证对贸易的影响更大。2013年世界经济论坛发布报告指出，供应链壁垒可导致海关和行政手续效率低下、监管体系复杂、基础设施服务薄弱等问题。

二　全球价值链（贸易增加值）核算带来的影响及挑战

随着国际分工的不断深化，生产工序出现分散化和碎片化特征，“一国制造”演变为“多国制造”，“产品贸易”演变为“工序贸易”。以传统货物贸易形态为基础的世界贸易统计体系已经不能充分反映当今“世界共同制造”特征，开发和建立新的贸易统计方法和体系已成大势所趋。

一国制造业产品包括最终产品和中间投入品，因此，一国参与制造业全球价值链获得的全球价值链收入包括该国制造业最终产品全球价值链中的本地增加值部分，该国制造业产品作为中间投入品在世界其他国家制造业最终产品全球价值链中实现的本地增加值。

（一）增加值贸易核算强调要避免贸易壁垒的重复累加

全球价值链下的贸易成本大幅提高，应在多边层面削减关税。目前的全球贸易体系下，发达国家对制造品的进口名义关税很低，发展中国家的情况虽然相对复杂，但也朝着低关税水平发展。但在全球价值链体系下，关税成本会比一般情况下要高，原因在于中间投入品在多次跨境交易后大大提高了累计关税。例如，下游企业对进口的投入品缴纳关税，对出口制成品还要上缴全部贸易额的关税，这就产生了对进口投入品的重复征税。OECD的全球价值链报告显示，2009年，中国制造品总出口负担的关税率约4%，如果换算成国内增加值部分所负担的关税时，则高达17%，意味着中国出口商实际负担的有效关税上升了4倍。这种效应在制造品的外国增加值比重较高时尤为明显，累计关税造成了规模较大的贸易成本。所以，在关税累加效应显著的情况下，降低关税和其他跨境成本，可以对国家（或企业）参与全球价值链产生立竿见影的促进效果。

另外，全球价值链分工体系下中间品在国家间多次流转，不仅关税壁垒，非关税措施的贸易保护效果也会被放大。当今国际贸易体系中出现了各种巧立名目的非关税措施，这些非关税措施在很多方面都影响到价值链上的生产者。

尽管有些非关税措施在设立的本意上不存在保护的目的，但在实施中却造成了比关税还要高的贸易成本，所以，各经济体也要尽量避免使用各种非关税措施。

（二）增加值贸易核算需要提高贸易便利化程度

贸易便利化旨在优化货物通关措施，在加速全球贸易增长的同时，降低进出口商在进行跨境贸易时产生的贸易成本（相关研究表明，贸易便利化协定生效后，中国企业的国际贸易成本可降低 13.2%）。与贸易自由化旨在降低关税不同，贸易便利化更关注的是一系列阻碍贸易发展的非关税因素，包括烦琐的海关手续和落后的交通基础设施等。贸易便利化可以从贸易扩张、拉动就业和经济收入等方面使各国获得收益，同时也需要投入一定的成本。如果推行增加值贸易核算，必然要求提高贸易便利化的程度，只有这样才能简化海关统计程序，保障增加值贸易核算的运行。

全球价值链上多次跨境交易要求提高贸易的便利化程度。全球价值链上的投入品可能先以中间品进行跨境交易，再以最终品出口到别国。这种多次跨境交易就需要一个快速、有效的海关和港口程序使得供应链上的操作更加顺畅。在交易过程中，企业要维持精益库存，并对外部需求有迅速反应，避免中间投入品在边境受到交易的延误。那么，贸易便利化措施对于参与全球化生产网络和市场交易的企业就至关重要。贸易便利化措施可以使所有国家在进出口交易中受益，也使投入品能够顺畅进入生产环节、深入参与体现当今国际贸易特征的全球价值链。

（三）增加值贸易核算有利于调整贸易失衡与贸易政策协调

在全球价值链分工体系下，以产品总价值为口径的传统贸易统计已经无法真实衡量双边贸易失衡程度，因此，以传统贸易差额为依据制定贸易政策存在偏差。当然，在全球价值链分工体系下，各经济体在“生产共享”过程中实现了利益的贡献和分摊，这不仅会导致带有重商主义色彩的“与邻为壑”贸易政策，更会造成“与己为壑”的后果。因为国内价值增值不仅包含在出口中，还可能包含在进口中，本国中间产品和服务出口到国外后会包含在进口中回流到本国。这就导致关税、非关税壁垒以及贸易措施除了影响国外厂商外还会影响国内厂商。利用增加值贸易核算来重新评估贸易利得，更有利于解释贸易失衡的结构性问题，例如，增加值贸易核算可以廓清中国在全球贸易失衡中的责任。

（四）增加值贸易核算下服务贸易的地位更加凸显

生产性服务在全球价值链中的联系作用至关重要，供应链的生产模式更能凸显服务密集型的生产方式。尤其是用增加值核算国际贸易，使全球供应链对生产服务的依赖越发明显。长期以来，服务业就在全球经济中占有重要地位。世界银行2012年发布的世界发展指标显示，2010年服务增加值占全球GDP比重为70%，而2000年为68%，1990年仅为57%。同样，服务贸易在国际贸易中的份额也不可小觑，WTO的估计认为在国际贸易中跨境服务交易占总贸易额的1/5。用OECD/WTO公布的2008年一组数据进行对比，发现在增加值贸易核算下，商业服务出口占世界贸易的45%，远高于总值贸易核算下23%的比重。2009年G20国家出口中内涵的服务贸易平均占比为42%，个别国家如美国、英国、印度、法国和欧盟达到或超过50%。

三 全球价值链对国际贸易投资政策与规则的影响及挑战

在全球价值链分工背景下，分工阶段分拆且全球布局，分工边界缩小至工序、生产环节层面，中间品贸易规模超过最终品贸易。这一系列变化使贸易利益从来源、获得主体到统计测算、分配机制等方面都发生了重大变化，改变了原有贸易利益的内涵，由此，也对传统基于总量贸易框架下的贸易政策的理念与内容提出了新的挑战，对全球贸易与投资的规则框架提出了新的诉求。

全球价值链的迅速发展对传统贸易政策的理念与内容提出了新的挑战，对全球贸易与投资的规则与纪律提出了新的诉求。全球价值链在各国之间能否顺畅流转主要受到各国供应链壁垒的影响。同样，供应链壁垒的降低也会对一国吸引外资形成新的吸引力。

过去20余年，在WTO多边自由贸易体系和日益活跃的区域、次区域经济合作的推动下，全球关税壁垒显著下降，贸易自由化水平得到明显提高。当前，以美欧为首的发达国家和地区推动的TPP、TTIP高标准谈判已经将谈判重点由“边界上”措施延伸至“边界后”，通过推行国企改革、知识产权保护等措施，规范区域内成员国的市场竞争环境，实则是为降低供应链壁垒、促进投资自由化做铺垫。因此，新形势下进一步深化改革开放，通过简政放权、推动服务业市场开放、改善营商环境等途径来降低供应链壁垒，是一国或地区深度融入全球价值链的基本前提。这些新挑战具体表现为以下几点。

（一）全球价值链导向的政策要求链条上的“利益相关者”合作

全球价值链涵盖了区域生产、贸易地理转移、贸易投资、生产性服务、与贸易投资有关的知识产权等多个领域。全球价值链使各国对经济全球化更新了观念认知。生产与贸易的融合使国际贸易不再是零和游戏。国家之间的经贸关系由单一的竞争排斥，转变为分工合作与竞争角逐并存，各国成为一个链条上的利益相关者。一国对另一国在某些产品和服务贸易的限制或阻碍，会打乱整个价值链的运转，进而波及其自身利益。各国需要顺应这种变化，改变过于“在意”顺差或逆差的心态，转变为以寻求国内规制政策与国际协定之间的协调和融合为主，目的在于通过结构改革促进“边界内措施”的市场化、法治化与国际化，从而消除因国内规制问题而导致的经济扭曲，为经济发展提供一个更透明、公正与竞争性的商业环境以及健全的法规制度和法治体系。

（二）全球价值链导向的政策强调中间品进口贸易自由化

当前，中间品贸易对全球贸易增长已起了决定性作用。据联合国贸发会议 Comtrade 统计数据测算，自 1995 年以来，中间产品出口额占全球总出口额的比重一直在 50% 以上，2013 年更高达 69.32% 。WEF（2013）的实证研究发现降低供应链壁垒能使 GDP 和贸易分别增加 5% 和 15% ，而消除关税仅能使 GDP 和贸易增加 1% 和 10% 。同样，OECD/WTO（2013）发现高运输成本是发展中国家提升 GVC 位置的关键障碍。

在全球价值链下，中间产品贸易壁垒会产生累积和放大效应，显著提高贸易保护成本。中间产品要进行多次跨境交易，即使这些关税和非关税措施水平很低，保护程度也会被多次累积，进而严重影响最终产品成本与价格。通过大幅度削减中间品关税和降低非关税壁垒，能有效降低下游加工制造业生产成本，提升一国在最终产品市场中的出口竞争力。这对发展中国家融入全球价值链尤为重要，由于许多发展中国家和新兴经济体的出口主要得益于 FDI 和进口中间投入，其出口产品中含有较高的国外附加值。因此，应进一步降低平均关税水平，削减关税峰值和最高关税，鼓励部门贸易自由化（零关税），抑制关税升级，取消进出口中的配额和其他数量限制，修改原产地规则中累计原则以鼓励区域价值链贸易发展。据估算，OECD 国家实施贸易便利化措施可降低 10% 的潜在贸易成本，中低收入国家大约可降低 15.5%。

（三）全球价值链导向的政策要求高效的贸易便利化

全球价值链与产业链客观上要求削减关税与非关税壁垒（特别是对于中间产品和服务），推动贸易与投资便利化，这必然会使该领域逐渐从传统的“边境上壁垒”（即涉及降低关税与非关税壁垒的“第一代”贸易由化）延伸到“边境内壁垒”（即涉及国内规制改的“第二代”贸易由化），同时要求“跨边境互通互联”。

贸易便利化措施在全球价值链中扮演着更重要的角色，它对世界贸易的促进作用要远大于在传统贸易中的作用。即使在不存在关税的情况下，运输和物流的服务质量较差、边境的低效管理以及进出口的不利监管也会对国际化生产造成负面影响，这些贸易便利化的瓶颈实质上增加了贸易的成本。贸易便利化措施对全球价值链的重要作用主要体现在：降低通关与物流费用、节省贸易的时间成本、增加透明度与可预测性。快速和高效的通关环境能够使供应链运转得更平稳，减少企业对存货的依赖以及对世界需求的变化快速做出回应。简化边境措施能够帮助一国在全球价值链中降低贸易和经营成本，获得参与全球价值链带来的收益。可见，新的贸易政策需要规范发行出版海关法规、条例和流程，包括网络文本；实现海关改革与现代化管理，如使用海关数据自动化系统、电子支付系统；协调相关程序和跨境协作，如统一边境手续，减少来自相同海关标准地区的文本和手续；简化海关手续以符合相关协议或最佳国际实践，包括卫生和动植物检疫（SPS）、技术性贸易壁垒（TBT）以及其他认证制度、原产地规则、海关估值等，如推广“单一窗口”、简化运输手续、加快放货时间、提供预先审核等。

（四）全球价值链导向的政策要求促进服务贸易自由化

正如上文分析的，服务贸易在全球价值链中主要起到“黏合剂”作用。特别是制造业“服务化”使服务被作为中间投入进入产品的生产环节，通常发挥协调生产的功能，有效提升了货物贸易竞争力，如通信、专业服务等。同时，服务贸易促进了供应链内资本、人员与信息流动，有效协调价值链的不同环节的联结。服务贸易自由化的主要政策措施是通过负面清单的承诺方式，根据服务贸易提供方式，进一步扩展部门与方式承诺覆盖率，深化服务贸易自由化水平。

（五）全球价值链导向的政策要求实现投资自由化与便利化

在全球价值链体系下，贸易与投资具有很强的交融性，FDI 能够显著促进一国参与全球价值链，更有利于促进技术和知识的转移和外溢。第二代贸易政策的一个重要特点是在知识产权、竞争政策、环境、劳工等诸多议题上与投资问题具有交集，并互补。因此，促进投资自由化和便利化、完善投资环境对提升全球价值链出口能力具有非常重要的作用。

我们认为，在具体措施上：一是应降低投资壁垒和简化投资准入程序，给予外国投资者准入前国民待遇，减少本国对外国投资的股权和所有权限制及业绩要求，促进商业人员流动，放宽部分自然人流动限制，放宽外汇兑换和利润汇回的相关法律法规；二是应加强对外国投资的保护，调整国内关于征用、国有化法律法规；三是应为外国投资者提供有保障的争端解决机制，例如，承诺投资者－东道国争端解决机制等。

（六）全球价值链导向的贸易政策将促进标准与规制融合

经验表明，越来越多的产品标准和认证体系的建立，给全球价值链中的上游企业带来了额外的生产和协调成本。为促进企业融入价值链，可确立统一的标准和认证要求，与其他国家签订相互认可的协议，改革本国的规范和标准以符合最佳国际惯例，通过改进自愿标准或者相关培训提升标准，支持私人部门遵守相关社会责任标准。

四　促进全球价值链合作有助于解决全球贸易低增长问题

当前，全球贸易增长乏力，对世界经济增长拉动作用大幅下降。过去 30 年，全球贸易增速是全球 GDP 增速的 2 倍。然而，由于需求疲弱、成本升高、贸易摩擦增多等周期性和结构性问题，全球贸易增长进入十分低迷的时期。根据世界贸易组织（WTO）发布的全球贸易增长报告，2016 年全球贸易增长降为 1.2%，不及 2008 年金融危机前 10 年平均贸易年增长率 6.7% 的 1/5，也低于 GDP 增长。低迷的贸易增长对经济发展和就业前景造成负面影响。从未来重振全球贸易发展看，要扭转世界经济持续性放缓甚至衰退的根本在于提高全球经济体生产力、提高资本和技术的配置效率、扩大全球创新基础设施投资、深化全球价值链分工与合作，这对实现全球新的增长繁荣具有深远意义。

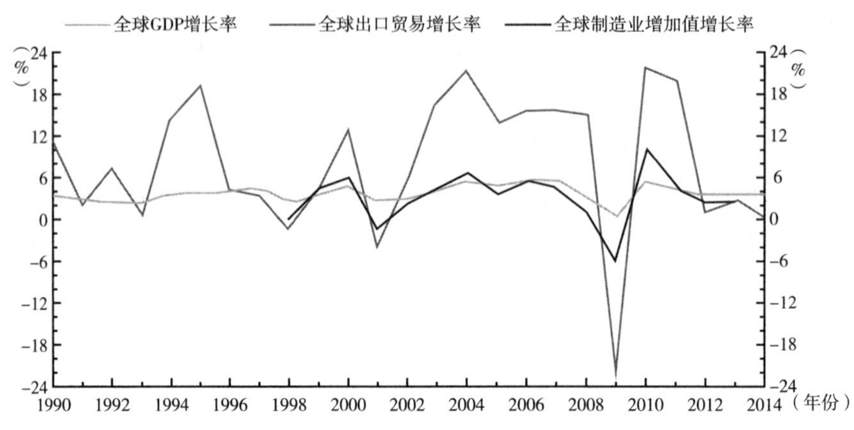

图 2　全球贸易增长进入持续低迷期

资料来源：World Bank，WTO，IMF。

事实上，如此低迷的全球贸易增速自 20 世纪 70 年代以来仅遇到过五次，分别是 1975 年、1982 年、1983 年、2001 年和 2009 年（正好对应着经济危机期间），然而这一次却是连续四年低于 3% 的水平，这当然与全球需求以及价格等周期性因素有关，但是似乎周期性因素仍难以充分解释这一现象。

全球价值链导致贸易低迷，放大贸易波动的机制主要是通过垂直专业化生产方式（也可以说是碎片化生产方式的影响），由于产品的生产过程被分置到不同国家，在最终产品生产出来前，中间产品自然出现多次跨国流动，因而单位中包含了更多的跨境外包、出口与进口，垂直专业化就意味着出口中包含的进口，在这种生产方式下，最终产品需求增加，边际贸易倾向也随之增加，最终产品需求减少，边际贸易倾向也随之减少。

因此，扭转世界经济持续性放缓甚至衰退的根本在于在提高促进全球价值链的有效合作、提升全球经济体生产力、改进资本和技术的错配配置、扩大全球软硬件基础设施投资、提升全球价值链分工。特别是需要利用公共部门和私营部门的资本去促进生产效率的提升，比如，通过基础设施、技能、创新和新技术的投入实现。

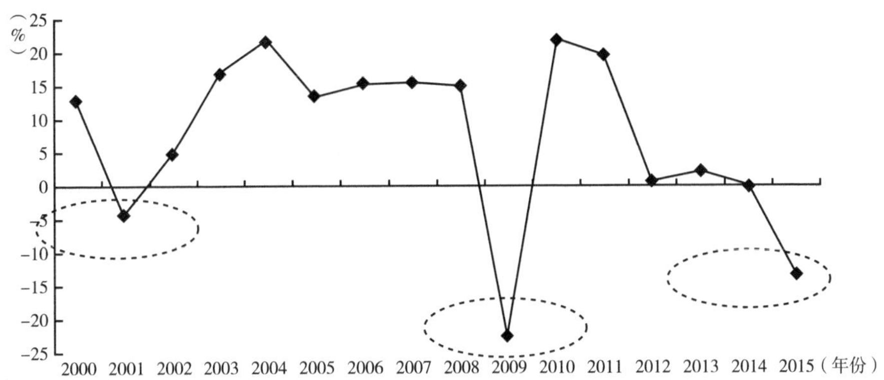

图3　全球贸易超低增长50年间遇到五次

资料来源：WTO，Wind。

五　加快推进面向未来的全球价值链合作计划进程

2016年G20杭州峰会作为一次引领全球经济走出危机的风向标会议批准的《G20全球贸易增长战略》、首份《G20全球投资指导原则》，以及积极推进发展中国家融入全球价值链，构筑包容性增长的价值链也势必对世界经济、贸易与可持续增长具有深远影响。在此基础上，本文建议加快推动面向未来的全球价值链合作计划的进程。

世界正在步入“全球价值链时代”，国际经贸规则、标准的变革和创新进入活跃期，建设全球价值链下的国际经贸新秩序与下一代贸易治理框架是全球共同面临的挑战与任务。尽管美国大选后新任美国总统的对外经贸政策可能使TPP、TTIP存在变数，但围绕21世纪国际贸易规则话语权的争夺将更加激烈。无论如何，只有适应全球价值链分工的发展趋势的贸易投资规则，才能最终获得生命力。

（一）积极构建全球价值链导向的开放包容性政策体系

从战略设计上要着眼于构建开放包容性政策环境是促进全球价值链高水平合作的核心。首先，要积极改善投资环境，这样能有效提升国际直接投资，从而促进全球价值链新兴发展。早前的APEC框架内已有许多关于促进投资的承诺，如

《亚太经合组织非约束性投资原则》《亚太经合组织投资战略》《投资便利化行动计划》等。但是全球性的投资规则尚未建立。为此，需要在G20框架内建立全球性投资规则的意向。

其次，采取有效的贸易便利化措施。WTO巴厘一揽子早期收获中的贸易便利化协定将极大地促进全球贸易和价值链新兴发展。但是，目前批准的成员数尚未达到该协定可以生效的2/3。因此，G20框架内依然可以达成支持贸易便利化措施的共识，不仅在G20成员国推行贸易便利化措施，还积极促成WTO贸易便利化协定的早日生效。

再次，推动下一代投资政策和协定的达成。全球价值链合作水平的提升将进一步带动全球跨国投资，而全球跨国投资的新兴发展又将进一步提升全球价值链合作水平。当前，UNCTAD准备在贸易增加值核算基础上研发新一代投资政策框架，建立能够促进跨国投资可持续增长的投资争端解决机制，为投资法、双边投资协定、自贸区构建模板。因此，可以在G20框架下加快推动下一代投资政策和全球投资协定的达成。

最后，推动综合性政策的平衡与协调。全球价值链建设是一个复杂的系统工程。涉及的创新、劳工技能水平、基础设施建设、跨国企业社会责任标准、环保等，影响到一国在全球价值链的位置。因此，G20应统筹考虑产业政策、创新政策、劳工政策、环保政策等的平衡。

（二）以降低成本为切入点，提升全球价值链合作水平

降低进入成本是提升全球价值链分工和国际产业合作水平的核心和关键环节。在全球价值链分工背景下，产品的生产环节位于不同的国家，为了优化国际产业合作，将综合考虑各经济体的生产成本，以及产品在生产过程中和最终成品销售时的贸易成本。在此情形下，降低生产成本、贸易成本以及循环成本等将提升参与全球价值链分工和国际产业合作各成员的经济福利。

1. 降低贸易成本

贸易成本包括关税壁垒和非关税壁垒以及贸易保护政策施加的贸易障碍。其中，关税壁垒和非关税壁垒较为稳定，贸易保护政策则具有周期性，受到经济形势影响。目前世界各经济体的平均关税水平已经较低，但是仍有下降的空间。以TPP为代表的高标准自由贸易协定（FTA）致力于将关税降为零，但这一区域性的贸易自由化安排会产生贸易转移效应，破坏全球价值链的包容性。未来仍应以

世界贸易组织（WTO）多边框架的降关税为主。G20应协调各经济体，争取在WTO框架内取得降关税的成果。

2. 降低生产成本

生产成本主要由要素价格和生产率（技术水平）决定。要素价格包括劳动力价格（工资）、资本价格（利率）、土地价格（租金）等。受本国劳动生产率以及全要素生产率等影响，人力资本难以大幅降低。因此，降低资本价格就成为最现实可行的选择。新兴发展程度低的国家资本较为稀缺，资本成本更高；发达经济体由于资本丰裕，资本价格较低。因此，为在全球范围内布局生产，应该促进发达经济体资本流向新兴发展中经济体，降低新兴发展中经济体的融资成本。因此，G20应该在增强对新兴发展中经济体的直接投资方面有所作为。除要素价格外，通过提高技术水平、提升生产率降低生产成本是可持续性的举措。随着经济体的新兴发展，资本积累不断增加，资本回报率会不断降低，流入该经济体的资本速度会减缓，从而使降低资本价格变得困难起来。

3. 降低循环成本

贸易成本和生产成本需要统筹考虑。随着贸易成本的下降，经济体由于贸易开放获得较快的经济新兴发展速度，继而自身的经济总量不断增加。在这一过程中，该经济体的各类要素价格必将上涨，从而推高要素成本。在贸易成本下降空间有限、要素成本上涨的背景下，通过提高生产率来降低生产成本，继而降低总成本成为最现实和最可持续的选择。

因此，G20提升全球价值链合作水平，在降低贸易成本和生产成本时应有优先顺序，即首先定位于降低贸易成本，通过促进直接投资降低东道国的资本价格，然后通过促进创新来降低生产成本。为了降低循环成本，加快循环速度，各国应消除供应链壁垒，促进贸易投资便利化。一方面，在多边贸易体制下，落实巴厘会议贸易便利化协议，督促发达国家对新兴发展中国家提供技术支持。另一方面，在区域协议下，应积极推动贸易便利化，消除供应链壁垒。

（三）加大全球软硬基础设施建设，提升价值链参与水平

在全球价值链的生产布局中，基础设施（如公路、港口、机场、电信、互联网等的高效连接）是吸引全球价值链活动的关键。对此，G20应全面促进基础设施综合链条的量、质、效。建设专项基础设施链，比如，交通链（海陆空联运，有形要素的流动）、信息通信链（信息流）和金融链（资金流）的建设。既

要增加这些链条有形部分的建设，也要提高这些链条运营的效率，增进多种基础设施之间的合力。

此外，在软性基础设施方面，要积极增加知识资本和人力资本投入，促进产－学－研链条建设。全球价值链最核心的是知识资本的竞争。全方位夯实研发与创新基础，尤其要促进人力资本和创新体系建设。要从全球价值链运营中对特定人力资本和知识资本的最新取向，定位国家、产业和企业在人力资本培育和创新体系建设的方向，要促进G20国家对产、学、研三者的紧密融合。

（四）构建基于全球价值链的大中小企业伙伴计划

促进中小企业融入全球价值链，并从中获取获利机制与高标准经贸规则的相关议题是一致的，如TPP的中小企业章节也是致力于促进中小企业参与国际贸易和投资活动。因此，提出以下建议，一是在G20框架下取缔具有保护性质的非关税措施，构建“全球价值链大中小企业伙伴关系”，在知识产权保护、税收减免、技术转移、市场监管等方面给予政策支持，使小企业更好地融入全球价值链分工网络，更好地发挥原材料供应商、零部件供应商、生产出口商、跨国公司分包商以及进入海外市场的服务商等的作用。

二是基于安塔拉倡议，各国应当加大力度扶持中小企业参与全球价值链和国际经济体系。鼓励并支持世界中小企业论坛作为加强市场中小型企业新兴发展的协调机构。

三是支持并加强国际组织的贸易融资和贸易促进的工作，特别是支持中小型企业和新兴市场经济体的机构。

四是通过国际商会和B20，加强促进中小企业在全球价值链参与的对话和交流。建立一个促进对话和交流的机制以此借鉴商业新兴发展经验。

（五）推动G20与APEC对接，形成全球价值链合作框架

亚太地区全球价值链贸易和分工在世界占据重要位置。为研究亚太经济与合作组织地区全球价值链贸易现状，应使用增加值贸易数据进行分析。为计算增加值贸易，需要用到国家间投入产出表。可以使用拥有连续时间序列数据（1995～2011年）的世界投入产出数据库（WIOD）进行分析。该数据库包含40个经济体，其中有10个APEC经济体，它们是澳大利亚、加拿大、中国、印度尼西亚、日本、韩国、墨西哥、俄罗斯、中国台湾、美国。从经济上来讲，这10个

经济体是 APEC 的主要成员，具有代表性。基于购买力平价方法计算，2011年，它们的国内生产总值（GDP）占所有 APEC 成员的比重是93%。无论是从传统总值出口还是从增加值出口数据来看，APEC 地区代表性成员在世界出口中都占据了大约20%的比重，而且近年来以增加值出口衡量的比重还略高于以传统总值出口衡量的比重。因此，APEC 地区（增加值）贸易在世界贸易中占据重要位置。

APEC 已经提出促进全球价值链新兴发展合作战略蓝图。2014 年 5 月，APEC 贸易部长会议批准了《促进亚太地区全球价值链新兴发展战略蓝图》和《全球价值链中的 APEC 贸易增加值核算战略框架》，试图共同营建有利于全球价值链新兴发展的核算体系与政策环境。两大倡议被列入当年 APEC 领导人非正式会议的共同宣言中。由此可见，APEC 已经走在全球价值链合作的前面，值得 G20 借鉴。

同时，G20 也需要推进全球价值链合作议题。G20 成员有广泛的代表性，G20 推进全球价值链合作议题有助于整个世界范围内的全球价值链新兴发展。目前，G20 有意推进全球价值链的包容性和协调性，特别是加强新兴发展中国家和中小企业融入全球价值链的程度以及提升其在全球价值链中的获益能力。在以往工作的基础上，形成关于全球价值链的战略计划是 G20 迫切需要推动的重要工作。在 G20 存在建立全球价值链战略合作框架的需求情况下，有必要与已有相关经验并已展开行动的 APEC 对接。

此外，G20 与 APEC 拥有重要的重合成员国。G20 有 20 个经济体，APEC 有 21 个经济体，其中重合的经济体有 9 个——澳大利亚、加拿大、中国、印度尼西亚、日本、墨西哥、韩国、俄罗斯、美国。这 9 个经济体，无论是对于 G20，还是对于 APEC，均具有很强的代表性。2013 年，这 9 个经济体的 GDP 总量占 G20 总量的 53.67%，占 APEC 总量的 89.86%。这是 G20 与 APEC 对接的基础。

G20 与 APEC 成员的重合性有利于将 APEC 全球价值链合作经验推广到 G20 层面。上述 9 个经济体是 APEC 经济体中最大的，从 GDP 来看，它们是 APEC 经济总量最大的 9 个成员。在这 9 个经济体的基础上，再加上 G20 成员中的欧洲、南美洲、非洲、中东地区的代表性经济体和缺席 APEC 的印度，使 G20 全球价值链合作议题更易于推广下去。

基于 APEC 全球价值链战略合作框架，G20 和 APEC 可以在如下领域进行合作。

第一，应对影响全球价值链新兴发展的贸易投资壁垒。降低贸易投资壁垒意味着降低贸易成本，使商品在经济体之间的流动更加便利，投资更加便利。相比产品在单一国家生产的传统分工模式，全球价值链分工制造出来的产品会额外增加跨越国境的成本，并且跨越次数越多成本越高。这意味着即便是较低的贸易壁垒也会带来很高的成本。研究表明，在考虑跨越国境后，各产业面临的实际关税远大于名义关税（见表3）。同样，如果削减贸易壁垒，则将大幅降低各产业面临的实际贸易成本。

表3　货物贸易各产业的名义关税和实际关税

单位：%

产业	1995年		2000年		2008年	
	名义关税	实际关税	名义关税	实际关税	名义关税	实际关税
农林牧渔业	18.8	24.6	14.3	19.2	9.1	13.5
采掘业	1.5	0.5	1.4	0.9	0.7	0.2
食品、饮料和烟草	26.0	44.0	17.6	34.9	9.8	17.6
纺织业、皮革及鞋类制品	12.5	20.5	11.2	15.9	10.3	19.5
木材及其制品	5.3	3.7	4.7	4.4	3.9	3.3
纸浆、纸张、纸制品、印刷和出版	5.7	8.4	4.1	5.7	2.1	2.5
焦炭、炼油产品及核燃料	3.3	8.0	3.7	6.1	3.2	12.5
化学制品	6.1	9.1	4.9	8.0	3.2	5.3
橡胶和塑料制品	9.2	17.1	8.2	29.9	6.6	13.4
其他非金属矿物制品	7.3	12.7	6.0	6.4	5.3	10.4
基本金属	5.5	9.8	4.6	8.4	2.6	3.8
金属制品	6.8	11.5	6.1	10.0	4.8	9.8
其他机械和设备	5.0	6.4	3.9	5.2	2.9	4.1
办公、会计和计算机设备	4.6	5.3	1.6	-0.6	0.6	-2.1
电器机械和设备	6.1	9.2	4.9	8.0	3.8	7.0
广播、电视和通信设备	7.0	11.1	3.2	3.5	2.7	4.2
医疗、精密和光学设备	5.2	6.7	3.2	2.1	2.2	2.9
汽车、挂车和半挂车	11.9	24.9	11.9	22.4	10.0	23.3
其他运输设备	3.6	1.8	2.9	-0.8	3.4	3.5
其他制造业，再生产品	7.5	12.6	5.3	7.6	4.0	5.2

资料来源：WTO。

在降低贸易壁垒的同时，需要配套地降低投资壁垒。从微观意义上而言，全球价值链分工是跨国公司在全球布局的结果。降低投资壁垒有利于跨国公司从福利最大化的角度最优地进行投资，从而使全球价值链的整体福利最大化。2008年全球金融危机之后，贸易保护主义抬头。贸易保护政策手段多样，不仅包括传统的反倾销、特殊保障措施等，还包括卫生和植物检疫措施以及技术性壁垒等。在上述背景下，G20 可以考虑建立相应的指标测度和监控贸易与投资壁垒，从而为降低贸易投资壁垒奠定科学基础。由于 APEC 也已设想降低贸易投资壁垒，G20 可以优先考虑在 APEC 地区的经济体监控贸易与投资壁垒。

第二，全球价值链数据统计合作。APEC 将成立一个亚太经合组织贸易增加值统计数据中心，进行政策研究、信息交换，开发统计数据的方法，开展有针对性的能力建设项目。目前，APEC 在贸易增加值数据统计方面已经做了大量卓有成效的工作，并考虑与 WTO - OECD 的数据库进行对接。G20 可以将各经济体之间的贸易增加值数据库对接，成为 APEC 和欧盟、WTO - OECD 进行对话和讨论的平台，从而最终促进整个世界范围内的全球价值链数据库建设。在这方面，G20 具有无可比拟的优势。

第三，大力促进服务贸易新兴发展。由于 APEC 拥有很多小型经济体，该框架内的服务贸易新兴发展潜力有限。G20 各成员之间的货物贸易和服务贸易互补性更强，国家体量也更大，有利于服务贸易的新兴发展。APEC 可考虑将自身的服务贸易新兴发展框架扩展到 G20 层面，更好地新兴发展各经济体的服务贸易。

第四，使新兴发展中经济体更好地参与全球价值链。无论是 G20 还是 APEC，均重视新兴发展中经济体融入全球价值链。APEC 将根据亚太经合组织核心议程制订并实施多年期战略规划，促进新兴发展中经济体融入全球价值链。但是，相比较而言，APEC 中的新兴发展中经济体定位于亚太地区。而 G20 中的新兴发展中经济体规模更大，促进 G20 新兴发展中成员融入全球价值链对全球贸易和投资的带动作用将更加明显。G20 和 APEC 可以考虑促进 G20 新兴发展中经济体更好地融入 APEC 地区全球价值链。

第五，应主动发起以中间品贸易为主导的诸边贸易谈判。从国际上看，中间产品贸易对各经济体的重要性显著增加，占整个服务贸易的 70%、整个货物贸易的 2/3。但目前的贸易规则仍以最终产品为对象，各区域、双边自由贸易协定中有关中间产品的贸易规则和标准各异，存在碎片化问题，亟须整合。从国内看，我国作为制造业大国，中间产品贸易量巨大，复进口正成为中国贸易的重要组成部分，中国与发达国家之间失衡的成分被严重夸大，成为贸易摩擦的重要来源。所以构建和完善贸易增加值统计体系，降低中间品进口关税，完善中间产品知识产权制度等对我国而言意义重大。因此，可以将中间产品贸易作为在 G20 框架下我国主动发起诸边谈判的议题之一。

目前，G20 正在考虑建立贸易与投资工作组（trade and investment working group，TIWG），从机制上处理贸易与投资事务。但是，该工作组依然存在较多尚未解决的问题，如工作组的职责范围、工作组的运行机制等。APEC 1993 年 11 月就建立了贸易与投资委员会（Committee on Trade and Investment，CTI），并于 1995 年重新梳理了 CTI 的工作职责。目前，APEC 的 CTI 有 8 个工作小组和 3 个产业对话机制。G20 的 TIWG 可以借鉴 APEC 的 CTI，并在二者之间建立联系机制，便于 G20 与 APEC 贸易与投资事务的沟通。此外，G20 在制定全球价值链新兴发展相关战略框架时，可以充分吸收 G20 中 APEC 成员国的建议，制定基于 APEC 但是又扩展 APEC 框架的全球价值链框架。

全球价值链为世界各国开辟了促进增长、提高竞争力和创造就业的前景，是理解“全球化”的一个重要而全新的视角。然而，近年来，出现了具有排他性质的区域自由贸易协定，各种形式的保护主义、分离主义在内的“逆全球化”，甚至是“去全球化”的现象，不仅影响了全球价值链的深入发展合作，也导致全球贸易增长遇阻。但全球化不是一场“零和游戏”，全球化的历史潮流不可逆转，以新一轮技术革命、数字革命为代表的产业重组和全球价值链重构，正在为新一轮全球化发展积聚新力量和新动能。

从未来趋势看，包括亚太区域在内的全球经贸格局正在步入框架重构的阶段。摩擦、冲突、碰撞将会前所未有，这对于积极倡导全球化、主张构建“包容性”全球价值链的中国而言，无疑是一次重大挑战，但更是一次难得的历史性机遇。中国需要以全球价值链重构为契机全面提升国家的产业结构竞争力，也需要更好地贡献治理理念和治理规则这样的“公共产品”来创造新的全球化净收益。

（撰稿人：中国国际经济交流中心战略研究部研究员张茉楠）

全球网络空间治理现状及发展趋势

当前，美国在网络空间仍然处于核心地位，掌握互联网核心关键资源，美国互联网企业对互联网发展具有决定性影响。随着中国数字经济的崛起和多数国家网络主权意识的觉醒，越来越多国家要求参与全球网络空间治理，美国主导的全球网络空间格局正受到挑战。全球网络空间已经形成两大阵营体系，未来中美两国是全球网络空间的主角，各国围绕“多利益攸关方”是未来网络空间治理的焦点。

一　全球网络空间治理现状

（一）当前全球网络空间治理体系及分工

由于网络治理的对象不限于一个国家范围内，所以，这些治理工作最终由政府间国际组织、国际非政府组织、非营利性的私营公司等实际承担。由于网络本身的技术特性和历史遗留问题，网络治理的核心对象并非掌握在常见的多边或政府间组织手中，而是掌握在通常名称以 I 打头的技术组织、标准组织中，而网络基础资源的分配则掌握 ICANN 手中。

（二）美国在当前网络空间治理体系中处于核心地位

网络空间国际治理体系的基本现状是美国占据显著优势的不均衡发展。以美国为代表的欧美发达国家和地区及公司与组织，在全球网络空间治理中占据具有

表1　网络空间国际治理主要行为体及其性质、职责与功能

名称	类别	取向	位置
国际电工委员会(IEC)	政府间国际组织，由各国的国家或私营业界的委员会构成	技术标准建设	核心
国际标准化组织(ISO)	国际非政府组织	技术标准建设	核心
互联网号码与名称分配当局(ICANN)	私有非营利性美国公司	协调管理	核心之核心
互联网工程任务组(IETF)	基于资源的松散跨国网络	核心技术研发、技术标准研究	核心之核心
事件响应和安全团队论坛(FIRST)	主权国家背景的跨国技术工作论坛	能力建设，问题解决与制度建设	中心
八国集团(G8)	多边政府间国际组织	能力建设，制度建设与跨国协调合作	中心
电机及电子学工程师联合会(IEEE)	专业技术人员构成的国际组织	技术标准建设	中心
互联网治理论坛(IGF)	跨国论坛	观念与信息交流	中心
国际刑警组织(INTERPOL)	政府间合作组织	聚焦打击计算机、网络犯罪	中心
Meridian 进程	政府间合作机制	聚焦关键基础设施保障的政府间合作机制，并正试图将合作范围扩展到工业控制系统	中心
北大西洋公约组织(NATO)	军事同盟、政治同盟	聚焦美国及其核心军事盟友的网络安全，网络战	中心
欧洲联盟(EU)	区域性国际组织，主权国家构成的一体化组织	能力建设，制度与跨国合作，强调全面的网络安全能力	中心外围之间
国际电信联盟(ITU)	联合国下属的政府间国际组织	能力建设，国际发展与跨国协调	中心与外围之间
美洲国家组织(OAS)	政治同盟	聚焦反恐、网络安全标准以及打击网络犯罪	中心－外围
经济合作与发展组织(OECD)	基于意识形态的政府间国际组织，政治联盟	内部成员的网络安全与隐私政策协调	中心与外围之间
欧洲理事会(EC)	区域性多边国际组织，政治联盟背景	制度与跨国合作，侧重打击网络犯罪方向	外围
亚太经济合作组织(APEC)	区域性多边国际组织	制度与跨国合作	边缘
东南亚国际组织(ASEAN)	区域性多边国际组织，军事联盟背景	制度与跨国合作	边缘

资料来源：United States Government Accountability Office，“Cyberspace：United States Faces Challenges in Addressing Global Cybersecurity and Governance”，http：//www. gao. gov/assets/310/308401. pdf。

优势的中心位置，掌握了全球互联网关键技术标准、应用、基础设施、核心硬件研发、生产以及商业化能力；而以大量亚非拉地区的发展中国家为代表的国家，处于全球网络空间治理中的边缘位置。以域名系统管理为例，ICANN 主要承担了互联网域名管理的职能，但美国政府仍然对 ICANN 有较大的控制权限。ICANN 管理互联网域名职能的基础是与美国政府签订的合同。目前有三个主要合同文件构成了 ICANN 日常工作权限的基础。ICANN 的建立起源于 1998 年与美国商务部签署的一份谅解备忘录，由此原来由美国政府部门执行的 DNS 的协调和管理职能向非营利性私营部门（ICANN）转移。虽然美国商务部不干预 ICANN 的日常运作，但是美国政府通过以下合同保留了商务部/NTIA 对 DNS 职能的管理权限。

· 2009 年商务部和 ICANN 签的承诺文件。

· 商务部和 ICANN 签的技术功能合同。

· 商务部和 VeriSign 公司之间签署的管理和维护官方 DNS 根区域文件（VeriSign 公司拥有 13 台根服务器中的 2 台，其中包括代号为 A 的主根服务器）。

在日常 DNS 管理中，美国电信和信息管理局（NTIA）是 ICANN 的实际上级部门。NTIA 目前承担责任主要是根区档案变更的授权程序管理，根区当中包括所有顶层网络的网址与名称等 DNS 资料。NITA 与 ICANN 的签订合同，委托 ICANN 执行互联网号码分配局（IANA）的职能，另与 VeriSign 公司签订协议，委托部分根域（.com 和 .net）管理工作。

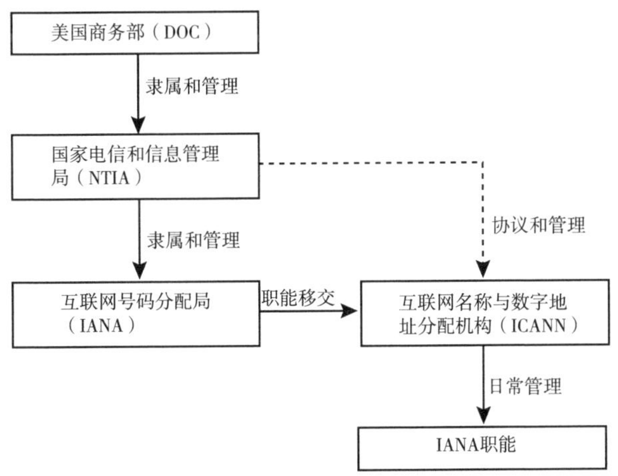

图 1　美国商务部/NTIA 对 ICANN 管理权限

资料来源：互联网实验室，2015 年 8 月。

美国认为，基于这三个合同文件，美国政府通过商务部/NTIA 拥有了对 ICANN 的管理权限，可以说美国对 ICANN 和 DNS 的影响力超过其他国家[①]。美国通过 ICANN 内部“问责制”的两条工作机制来保障美国在全球互联网治理中的影响力。问责制流程[①]将拥有对 ICANN 日常工作的监管权力，包括预算批准、董事任免、内部章程审批等方面的权利。此外美国国会提出的建立问责制工作流程，以保证新的 ICANN 机制持续保持对“多利益相关方”负责[②]——评估当前和未来政府间电信会议在何种程度上增加了一些国家对互联网的控制，以及美国电信和信息管理局和政府其他机构（如国务院）如何有效对抗这种威胁。

2014 年 3 月美国电信和信息管理局提出移交 IANA 职能的管理权，由此开启了 ICANN 改革进程。ICANN 改革从原则到流程受美国政府控制。ICANN 改革虽然名义上是美国政府向互联网社群组织移交管理权限，但美国政府同时也提出改革要依循“多利益攸关方”原则。美国政府希望通过 ICANN 改革树立以“多利益相关模型”的成功案例，进而建立美国在全球网络治理中的新的主导地位。

（三）当前网络空间治理主要有两大阵营体系

当前全球网络空间治理主要有两大阵营体系。第一阵营是以美国为首的西方国家集团，它们都出台了相应的国家网络安全战略，并提出反映西方国家价值观的合作方式和治理理念。2014 年 3 月，美国表示与欧盟加强在与网络相关事务上的双边与多边协调与合作。美国明确表示，美欧合作建立在共有价值、共同利益、多利益攸关方治理理念、网络自由和保护网络空间人权的基础之上。2015 年初，美国和英国表示要在保护关键基础设施、加强网络防御、支持网络学术研究等方面开展务实合作。同年 6 月，美国和日本就提升网络威慑而加强信息和情报共享达成协议。不难发现，以美国为首的第一阵营更加强调网络空间中自由、民主的价值理念和加强自身的网络威慑能力。第二阵营是中国、俄罗斯等新兴国

---

① “By Virtue of those Three Contractual Agreements, the U. S. Government—through DOC/NTIA—Exerts a Legacy Authority and Stewardship over ICANN, and Arguably has more Influence over ICANN and the DNS than other National Governments.” 这一观点原文出自美国国会研究室（Congressional Research Service）发布的简报“Internet Governance and the Domain Name System: Issues for Congress”。

② 关于问责制的信息来自美国众议院 2015 年 5 月 13 日召开的聆讯会议。

家集团。“棱镜门事件”发生后，中、俄等国十分关注维护网络国家主权问题，呼吁国际社会关注美国以网络空间开放、自由为名实际侵犯别国主权的行径。2014 年在巴西召开的金砖国家峰会上，俄罗斯建议加强金砖国家的网络安全合作。以俄罗斯和中国为代表的金砖国家认为，“维基解密”和“棱镜门事件”表明，美国等西方国家在网络安全问题上推行双重标准：一方面倡导所谓的网络空间绝对自由，另一方面又利用网络窃取别国信息。两大阵营中一方主张“网络自由至上”，另一方主张“网络主权至上”，双方意见分歧明显且难以消除。

（四）中国日益参与全球网络空间治理体系

中国一直推崇互联网的平等、协作精神，并致力于维护互联网和谐秩序。但互联网治理应该遵循联合国宪章和公认的国际关系准则，承认和尊重各国在网络空间的主权，包括根据本国信息技术发展水平、语言文化，按照本国广大民众的意愿，制定有关法律法规和政策；依法管理本国信息设施及本国领土上的网络活动，依法保护本国信息资源免受威胁，保障公民合法利益①。

表 2　中国官方历年对互联网国际治理的意见

时间	中方机构(个人)	场合	提出意见
2002 年	中国互联网络信息中心	上海 ICANN 大会	将 ICANN 改革成独立的国际组织
2012 年	中方代表	国际电信大会	将 ICANN 管理权交由联合国下属的国际电联
2013 年 6 月	中国国务院新闻办公室主任蔡名照	接受《财富》采访	充分尊重各国政府在保障网络安全方面所做的努力
2013 年 9 月	国家互联网信息办公室主任鲁炜	中英互联网圆桌会议	构建六个方面的秩序
2013 年 11 月	国务院新闻办公室主任蔡名照	第四届全球网络空间合作峰会	倡议制定网络空间国际行为准则，维护网络安全
2013 年 12 月	国家互联网信息办公室主任鲁炜	中韩互联网圆桌会议	倡导共同维护网络空间安全
2014 年 2 月	国家主席习近平	中央网络安全和信息化领导小组第一次会议	没有网络安全就没有国家安全，没有信息化就没有现代化

---

① 《巴西举办全球互联网治理大会　网络有望进入法治时代》，http：//news.163.com/14/0425/13/9QM9E8MK00014JB5.html。

续表

时间	中方机构(个人)	场合	提出意见
2014 年 4 月	中国代表团	全球互联网治理大会(巴西会议)	监控、互联网治理不应超越国内立法以及国家主权
2014 年 5 月	外交部秦刚	例行记者会	中国将进一步加强网络信息安全
2014 年 6 月	外交部副部长李保东	信息与网络安全问题国际研讨会	四点重要原则
2014 年 6 月	国家互联网信息办公室主任鲁炜	伦敦 ICANN 大会	七点共识、四项原则
2014 年 7 月	国家主席习近平	巴西国会	发表《弘扬传统友好共谱合作新篇》
2014 年 7 月	外交部网络事务协调员傅聪	联合国信息安全政府专家组首次会议	各国对其领土内的信息通信基础设施和信息通信活动拥有管辖权
2014 年 11 月	国家主席习近平在首届世界互联网大会上致贺词	首届世界互联网大会	中国愿意同世界各国携手努力,本着相互尊重、相互信任的原则,深化国际合作,尊重网络主权,维护网络安全,共同构建和平、安全、开放、合作的网络空间,建立多边、民主、透明的国际互联网治理体系
2015 年 12 月	国家主席习近平出席大会开幕式并发表讲话	第二届世界互联网大会	习近平就共同构建网络空间命运共同体提出了四项原则和五点主张。四项原则包括尊重网络主权、维护和平安全、促进开放合作和构建良好秩序。五项主张包括:一是加快全球网络基础设施建设,促进互联互通;二是打造网上文化交流共享平台,促进交流互鉴;三是推动网络经济创新发展,促进共同繁荣;四是保障网络安全,促进有序发展;五是构建互联网治理体系,促进公平正义
2016 年 11 月	国家主席习近平在开幕式上通过视频发表讲话	第三届世界互联网大会	习近平主席重申了在 2015 年的大会上提出的全球互联网发展治理的“四项原则”“五点主张”,提出坚持网络主权理念、构建网络空间命运共同体

（五）国际社会还未建构起网络空间治理的国际合作框架和运行机制

2005 年 6 月，互联网治理工作小组提交工作报告，报告提出互联网治理的对象为网络地址、域名管理、关键网络资源、互联网安全等。针对这些互联网治理对象，国际社会层面还没有形成统一的治理框架和合作运行机制，当前互联网治理对象及现状仍存在一些难点，情况如表 3 所示。①

① http：//www. wgig. org/docs/WGIGREPORT. pdf，最近访问时间：2014 年 12 月 13 日。

表 3　互联网治理的对象及现状

名称	现状	简述
根区文件和系统管理	事实上单独处于美国政府控制之下	美国政府是唯一在现有的多边利益相关方里有权、有能力更改根区文件和系统的主权行为体;对根区有操作权的行为体与美国政府之外的主权行为体之间缺乏正式的法律管辖关系
互联费用	不公平分布的费用	越是距离骨干网遥远的互联网服务供应商,越是需要支付昂贵的网络接入费用;对此接入费用问题,缺乏有效的解决方案
互联网稳定性、安全性和网络犯罪	缺乏有效的机制和工具	缺乏有效的机制保障网络的稳定性和安全性;缺乏有效的机制来解决跨国犯罪问题
垃圾邮件	无一致认识	对垃圾邮件的定义缺乏共识;无一致的全球协定作为各国反垃圾邮件立法的基础
参与全球政策的发展	现有的多边利益相关方模式存在显著缺陷,阻碍了弱势方实质性地参与全球治理体系	缺乏透明、公开和可参与的进程;政府间组织和国际组织的参与受到限制,对发展中国家、个人、社会组织和中小企业来说进入门槛过高;全球网络空间治理的会议举办集中在发达国家;缺乏全球网络空间治理的有效参与机制
能力建设	国家层面资源分配不均	发展中国家的网络能力建设缺乏足够的资源支持
域名分配	有关顶级域名的建设需要新机制	有关通用顶级域名(generic top-level domain name,缩写为 gTLDs)的政策和(管理)流程需要进一步完善
IP 地址分配	IP 地址分配的政策引发关注	因为历史原因,IPv4 地址分配存在不均衡;这一不均衡的现实已经在互联网地区注册机构的报告中得到了反映;在向 IPv6 地址转移的过程中,一些国家感到有关地址分配政策应该有必要保障平衡,即确保各地区都能均衡地获取这一资源
知识产权保护	如何适用于网络空间	如何有效地将知识产权保护原则适用于网络空间,存在不同的观点,需要在权利的拥有者和权利的使用者之间,达成某种均衡
数据保护和隐私权	不存在或者缺乏一致性	无论是国别的法律体系,还是全球标准体系,都缺乏适用于网络空间的隐私和数据权利保护。由此导致的结果是,即使法律承认用户拥有相关的权利,但用户也没有什么有效的手段来保障和实现自己的权利。比如,在某些用于查询 WHOIS 的数据库里,显然缺乏对个人信息的保护
消费者权益	缺乏全球标准	在电子商务等环节,缺乏全球标准来保障互联网上的消费者权益
语言问题	进展不显著	在推进互联网多语种运用上缺乏国际协调;在多语言顶级域名、多语言电子邮件地址,和多语言关键词查询、多语言本地(网络)内容等领域没有解决技术标准问题

二 “多利益攸关方”是当前全球网络空间治理争论的核心与焦点

（一）多利益攸关方理念的提出及演变

所谓“多利益攸关方”模式，是指政府、商业团体和公民社会等利益攸关者出于自身利益和政策优先选项考虑所进行的博弈。多利益攸关方最早追溯到20世纪90年代，ICANN成立，该组织是一个互联网中技术、商业、政治派别及学术团体的联合体，其内部存在众多行为体，包括地区互联网地址登记机构、技术联络组、科学研究人员、利益集团代表等。虽然背后有强硬的政府色彩，但ICANN也不断以与政府博弈、吸引跨国网络倡议的加入等方式力图体现自下而上地制定与其使命相符合的政策。ICANN应为“多利益攸关方”最早的雏形。

2003年12月10～12日，信息社会世界峰会日内瓦会议上，互联网治理成为热门话题。峰会取得一些成果，确定成立互联网治理工作组。并首次对互联网治理做出了定义：互联网治理是政府、私营部门和民间社会根据各自的作用制定和实施旨在规范互联网发展和使用的共同原则、准则、规则、决策程序和方案。明确提出了三大利益攸关体——政府、私营部门和民间社会——以及他们各自的角色。这成为理解“多利益攸关方主义”的要义。

2005年于里约热内卢举办的信息社会世界峰会第二阶段的准备会议上，巴西主张建立多边、民主透明的全球互联网治理体系，坚持多利益攸关方治理机制，呼吁将政府、政府间组织和非政府组织、私营部门和民间团体都纳入互联网治理进程中。

（二）在全球网络空间治理背景下多利益攸关方的主要争议点

多利益攸关方的主要争议问题是政府在其中的角色和地位，以中俄为代表的新兴国家和以美国为代表的网络强国诉求不同，对该问题持有不同的看法。

1. 中俄强调政府在“多利益攸关方”中的地位，推崇以政府为中心的联合国为主导的政府间国际组织治理模式

中国和俄罗斯坚持主权国家对互联网治理的主导，强调政府在“多利益攸关方”中的地位，致力于全球互联网治理制度回归以联合国为主导的政府间国际组织治理模式。中、俄等国认为网络主权是国家主权原则在网络空间的延伸，是网络空间治理制度运行的重要基石。一方面，中俄认为，网络主权和数字主权是国家主权原则在网络空间的自然延伸和体现。各国对其境内的互联网基础设施和数据信息依法进行管理、审查或屏蔽等，都是主权行使的表现。在互联网快速发展的背景下，主权原则和管辖权不仅不应该取消或削弱，反而应当坚持和加强。另一方面，以中俄为代表的新兴国家坚持联合国治理模式和国家间组织模式，质疑西方国家鼓吹的“多利益攸关方”模式。新兴国家认为联合国是讨论网络空间的恰当场所，体现了公平和透明。同时，出于“国家主权”既有的权威性和排他性考虑，新兴国家赞同政府间国际组织在网络空间的权威性。

2. 美国鼓吹互联网自由，反对主权国家对网络空间治理的主导权利

美国认为，主权国家的主导不能有效反映“多利益攸关方”的主张。一方面，由于主权国家间的互联网监管不可避免地纵容专制政权施行无限制的审查或内容管控等，政府机构的过度参与会削弱网络空间的活力。应坚持“互联网自由”原则，反对主权国家对网络空间治理的主导权利。另一方面，美国等发达国家认为如果将互联网治理、网络安全等议题授权给政府间国际组织，其治理前景将存在不确定性。虽然，随着网络范围和恐怖主义事件频发，包括美国在内的众多国家强烈呼吁加强网络主权，即便如此，为了反对国家中心治理模式，西方国家仍强调，网络空间的“国家回归”和国家主权回归[①]。

美国国会研究室在“Internet Governance and the Domain Name System”报告使用美国互联网治理项目组织提出的“网络治理概念”——互联网治理由业主、运营商、开发者和用户集体决策以建立政策、规则和争端解决程序的方式处理全球性网络互联网活动中的技术标准、资源分配和人的行为等事务。这一概念取消了2005年互联网治理工作组发布的报告中对互联网主体描述中政府的概念。

另外，美国承诺移交ICANN管理权给“多利益攸关方”，主张政府作用完全弱化，在此方案下，美国依旧会依靠自身的技术等优势，继续把控对ICANN的管理权，阻止其他国家获取网络空间的管辖权，从而继续维持互联网霸权和统治地位。

另外，在美国倡导的“多利益攸关体”互联网国际治理中，美国互联网公

---

① 王明国：《全球互联网治理的模式变迁、制度逻辑与重构路径》，《世界经济与政治》2015年第3期。

司独大的现实不会改变，技术优势依然被美国掌控，“多利益攸关方”模式中的私人部门将继续为美国跨国公司所把持。其他国家互联网产业发展不足，不能在全球范围内解决企业的代表性问题。美国依然在国际社会所接受的“多利益攸关方”治理模式中占据优势。

3. 巴西认为互联网治理“多利益攸关方”应坚持“弱政府、强社会”理念

巴西坚持多利益攸关方治理机制以“利益和技术”为两个基点，以“弱政府、强社会”为基本原则，以私营部门的利益为主导，着眼于标准制定与技术创新。巴西反对美国单边治理模式，针对 ICANN 垄断互联网资源的问题，巴西认为应该提高发展中国家的参与度，该机制的制定过程应该更加民主、透明。呼吁改变 ICANN 长期单方面控制域名系统的局面，提倡多利益攸关方参与的治理机制和各方平等发声的治理模式。

在互联网治理方面，巴西积极推广“弱政府、强社会”的治理理念，探索、寻求与其他发展中国家在该领域的合作，积极推动“信息社会世界峰会”等国际会议呼吁“自上而下”的多利益攸关方的互联网治理主张。

（三）ICANN 改革——多利益攸关方从理论走向制度

自 1988 年 10 月 ICANN 建立以取代个别科技专家管理互联网以来，互联网治理以 ICANN 为核心的治理模式迄今未有改变。因此，有关互联网治理模式的争议和演变，基本上都围绕着 ICANN 展开。ICANN 的权力来源于美国商务部与其签署的一系列协议及谅解备忘录对它的授权。2014 年 3 月 14 日，美国商务部宣布将放弃对 ICANN 的控制权，但明确拒绝由联合国或其他政府间组织接管，只同意由 ICANN 董事会与全球“多利益攸关方”讨论接管问题。《华盛顿邮报》2016 年 1 月 4 日发表社论文章指出，至少有如下不同的方案：以 ICANN 和巴西等方提出的 NET Mundial 倡议，以印度在 2014 年釜山会议前后提出的 ITU 接手方案，以美国东西方研究所倡导和德国等欧洲国家推动的网络治理与管理方案和以中国在乌镇会议上初步阐述的以强调“互联网主权”、确保网络促进发展以及推动“共享共治共赢”为原则来构建的网络治理新秩序，以及作为上述各方主要针对的美国政府事实上执行和推动由美国主导全球网络空间治理秩序的霸权方案。

2015 年上半年 ICANN 改革的方向讨论，认为美国可接受的方案有两种，一种是私有化方案，回归 1998 年全盘私有化方案，继续由美国公司运营；另一种为 NET Mundial 方案，分离“ICANN 的网络治理政策制定功能和管理配置根服务器权限”。自2015年下半年至今，改革的动态显示了多利益攸关方模型有望从理论走向现实。2016年10月1日，美国政府终于将互联网域名管理权移交“互联网名称与数字地址分配机构”（ICANN），从而结束对这一互联网核心资源近20年的单边垄断。

三　全球网络空间治理发展新趋势

（一）未来十年网络空间的主角是中美两国

中国互联网已经历了22个年头，在我国互联网发展的头十年，中国基本是是追随美国，第二个十年是中国互联网产业的崛起。未来十年，不仅对中国，对全球互联网发展也是非常关键的。2014年，全球网民突破30亿人，而中国拥有6.49亿网民。这一时期，美国处于全球互联网霸主地位，主导全球互联网。未来十年，下一个30亿的网民将来自发展中国家，未来互联网发展将是以市场驱动为主的时代。届时，美国网民数量在全球占比不到5%，而中国网民数量将会超过20%，未来全球前10名的互联网公司，我国也将超过一半，与美国企业平分天下。此外，中国核心芯片、集成电路、操作系统等核心关键技术也在迎头赶上，中芯国际、京东方、华为等企业的创新能力已今非昔比，中美将会主导未来十年网络空间。全球建立一个什么样的网络空间治理体系，中美关系是关键。

（二）中美网络空间存在诸多的利益冲突与分歧

中美在网络空间领域存在诸多分歧，例如，经贸领域的政策和技术壁垒、政府行使网络空间管理权的限度、网络监管与审查、互联网自由与基本人权的关系等。是否承认网络主权和数据主权、是否承认网络自由和言论自由、是否允许信息审查还是坚持绝对的信息自由流动等，体现出中美在利益和价值观上的根本性分歧。美国认为互联网是全球网民资源链接形成的网络，应该采取多利益相关方的治理模式，全球互联网是一个全球公域，反对国家机构来主导互联网管理，否定网络空间下的国家主权；而我国认为全球网络空间治理必须尊重网络主权，强调每个国家在信息领域的主权权益都不应受到侵犯。此外，美国经常以国家安全为由，对我国在美国投资的企业设置种种障碍，对中国企业投资设置双重标准。美国对我国设置技术出口限制措施，限制核心芯片、网络信息加密等技术出口。

在意识形态和价值观上，美国大搞网络霸权主义，推行网络空间“全球公域”概念，散布“中国网络威胁论”；在外交上，中美网络空间冲突表现在两国人权问题、网络攻击上，并经常指责中国互联网的管制政策，对互联网干预较多。

（三）美国主导的全球网络空间格局正受到挑战

长期以来，全球互联网关键资源是由互联网名称与数字地址分配机构（ICANN）掌控的，而 ICANN 实际上是由美国政府控制的，即由美国商务部国家电信与信息管理局（NTIA）与 ICANN 签订管理合同，ICANN 受美国政府管理，向美国政府负责，ICANN 的相关政策须经美国政府的最后审批。国际社会对此一直非常不满，ICANN 也因此一直饱受“合法性”质疑。2013 年美国“斯诺登事件”成为全球互联网治理改革的转折点，掀开了美国全球治理的面纱，让全球看清了美国主导的全球互联网治理体系的本质，美国利用其在互联网核心技术、关键资源、互联网规则等领域的控制力，对全球用户进行监听，肆意窃取全球用户数据。“斯诺登事件”使得全球互联网治理“两大阵营”力量正在发生改变，美欧主导的全球互联网治理阵营开始出现离心倾向，各国互联网治理权意识空前高涨，欧洲各国家纷纷提出要重塑全球互联网治理格局，维护国家在网络空间的核心利益；欧委会明确提出为确保网络安全，要力争分享互联网治理权。2013 年 10 月，包括 ICANN、IETF、互联网社会、万维网协会以及五大区域性互联网地址注册机构在内的重要互联网机构，联合发布声明，共同谴责 NSA，呼吁实现 ICANN 国际化。国际社会充分认识到“从根上”解决美垄断网络资源，实现网络资源决策与分配的民主、公正与透明的重要性与紧迫性，在此问题上，各方取得前所未有的一致，这将加速推进 ICANN 国际化，有助于开启新一轮互联网治理改革，重塑互联网治理格局。

（四）网络空间已成为大国博弈新制高点

当今世界，信息技术革命日新月异，对国际经济、政治、文化、社会、军事等领域产生了深刻影响，大国博弈也因此进入一个新的阶段——争夺网络空间话语权是当前主要大国博弈新焦点。目前，世界主要国家普遍强化网络空间治理中的国家意志，建立由国家元首或政府首脑亲自挂帅的相关机构，推进网络治理的战略规划和顶层设计，努力占据网络信息发展的制高点。目前，已有 50 多个国家颁布网络空间的国家安全战略，仅美国就颁布了 40 多份与网络信息安全有关的文件。美国设立了“网络办公室”，颁布了“国家安全战略”和“网络空间国际战略”。2014 年 2 月，美国总统奥巴马宣布启动美国“网络安全框架”。此外，英国出台了“国家网络安全战略”，成立了网络安全办公室和网络安全运行中心。法国成立了“国家信息系统安全办公室”。德国出台了“国家网络安全战略”。可见，以国家意志来保障网络空间安全与发展正成为各国的国家战略与核心竞争力，网络空间已成为培育新的国家比较优势的重要领域。在国际层面，北约、欧盟、上合组织等国际组织也就网络安全展开了不同程度的合作。2014 年 2 月，德国总理默克尔与法国总统奥朗德在巴黎会晤时专门提出要建设独立的欧洲互联网，取代当前由美国主导的互联网基础设施。

（五）网络空间治理已经成为多边协议的重要内容

TPP（跨太平洋伙伴关系协定）和 TIPP（跨大西洋贸易与投资伙伴关系协定）等多边治理协议或协定中大多重要议题包括了对数据流通的限制特别是财务数据的限制，隐私保护，消费者保护，禁止技术转移的做法，对数码产品及服务的知识产权保护，源代码保护，非歧视的签名和认证规则，禁止关税等。网络空间治理已经成为多边协议的重要组成内容。例如，跨太平洋伙伴关系协定 12 个成员国占世界超过 1/4 的交易以及全球 40% 的 GDP。表 4 为 TPP 涵盖的网络空间治理的部分条款。

表 4　TPP 中网络空间治理的部分条款

主要条款	条款内容
跨国数据传输	TPP 要求成员国为了商务活动允许跨国信息自由流通，包括个人信息。这个义务的唯一例外是在追求“合理的公共政策目标”时。但是这个例外在任意歧视、不平等歧视或者变相约束贸易的时候并不成立
强制本地化	任何 TPP 成员国不得要求其国内企业定位计算机，包括服务器及存储设备，涉及公共利益的情形时例外
交换源代码	TPP 规定，政府不能以转让软件源代码在 TPP 成员国内开展生意或投资的条件。而涉及“关键基础设施”时除外，但协定中没有对“关键基础设施”进行定义
电子交易关税	TPP 禁止成员国间征收电子交易关税。但这个规定不妨碍这些国家征收国内电子交易税或其他费用
隐私和消费者保护	电子商务章节的其他部分包括保护消费者的要求和告知消费者隐私权详情

资料来源：美国企业研究所（AEI）2016 年 6 月发布的 An American Strategy for Cyberspace 报告。

参考文献

张清俐：《为全球网络治理贡献“中国方案”》，《中国社会科学报》2016年6月7日。

R. Stone, Will the Real Body Please Stand up? Boundary Stories about Virtual Cultures, Cyberspace: First Steps, MIT Press Cambridge, MA (1991).

中国互联网络信息中心：第39次《中国互联网络发展状况统计报告》，2016年7月。

方兴东：《网络空间趋势与研究创新》，《中国社会科学报》2015年1月21日。

蔡文之：《国外网络社会研究的新突破——观点评述及对中国的借鉴》，《社会科学》2007年第11期。

蔡翠红：《信息网络与国际政治》，学林出版社，2003。

张晓君：《网络空间国际治理的困境与出路——基于全球混合场域治理机制之构建》，《法学评论》2015年第4期。

丹·希勒：《数字资本主义》，江西人民出版社，2001。

郭丰：《国际互联网治理架构研究》，北京邮电大学硕士学位论文，2012。

刘志云、刘盛：《基于国家安全的互联网全球治理》，《厦门大学学报》（哲学社会科学版）2016年第2期。

沈逸：《全球网络空间治理原则之争与中国的战略选择》，《外交评论》2015年第2期。

中国互联网络信息中心：《第38次中国互联网发展状况报告》，2016。

BCG, The Connected World: Greasing the Wheels of the Internet Economy, https://www.icann.org/news/announcement-2014-01-24-en.

夏燕：《网络空间的法理分析》，西南政法大学博士学位论文，2010。

ITU, ICT Facts and Figures 2016, http://www.itu.int/en/ITU-D/Statistics/Pages/facts/default.aspx.

Lawrence Lessig. Code. A Member of the Perseus Books Group, NY, 2006.

陶文昭：《网络无政府主义及其治理》，《探索》2005年第1期。

杜雁芸：《大数据时代国家数据主权问题研究》，《国际观察》2016年第3期。

丛培影、黄日涵：《网络空间冲突的治理困境与路径选择》，《国际展望》2016年第1期。

朱宏胜：《网络恐怖主义浅析》，《蚌埠学院学报》2015年第1期。

蔡翠红：《云时代数据主权概念及其运用前景》，《现代国际关系》2013年第12期。

沈国麟：《大数据时代的数据主权和国家数据战略》，《南京社会科学》2014年第6期。

史安斌、刘滢：《多元主体多边参与网络公共外交》，http://www.pdcec.com/bencandy.php?fid=72&id=19071。

申志伟：《基于电信运营企业的互联网治理研究》，北京邮电大学博士学位论文，2012。

邹军：《全球互联网治理的新趋势及启示——解析“多利益攸关方”模式》，《现代传播》2015 年第 11 期。

周毅、吉顺权：《网络空间多元主体协同治理模式构建研究》，《电子政务》2016 年第 7 期。

刘慧：《国家安全战略思考》，时事出版社，2012。

毛晓娟：《移动互联网公共信息安全保障机制研究》，华东理工大学博士学位论文，2013。

闵大洪：《从边缘媒体到主流媒体——中国网络媒体 20 年发展回顾》，《新闻与写作》2014 年第 3 期。

沈逸：《美国国家网络安全战略的演进及实践》，《美国研究》2013 年第 3 期。

汪玉凯：《互联网发展战略》，海南出版社，2012。

张文木：《国家战略能力与大国博弈》，山东人民出版社，2012。

张显龙：《全球视野下的中国信息安全战略》，清华大学出版社，2013。

董贞良：《英国政府网络安全实施纲要探析》，《环球瞭望》2014 年第 10 期。

张绍武：《〈德国网络安全法〉对我国网络安全立法的启示》，《互联网前沿》第 31 期。

王路：《世界主要国家网络空间治理情况》，《网络空间战略论坛》2013 年第 10 期。

（撰稿人：中国国际经济交流中心信息部副研究员张影强；中国社会科学院社会学研究所助理研究员宋煜；互联网实验室分析师潘斐斐）

国际著名智库体制机制研究

近年来，全球智库数量逐年增多，发达国家智库占比仍较大；智库频繁参与国内外重大事件决策，国际影响力较强；中国智库迅猛发展，在国际重要政治经济舞台上发挥了重要作用，国际影响力迅速提升。综合分析国际知名智库可以发现，不同国家政治体制决定了国家智库体制机制的差异，影响智库体系构成、性质和参与决策方式；各国智库行业管理机制、发展规模水平等方面存在差异；国际著名智库在目标、资金、人员、研究管理等内部体制机制方面具有共性。借鉴发达国家著名智库经验，从政府、行业和智库自身方面提出了加快中国特色新型智库建设体制机制方面的政策建议。

一　全球智库发展现状及趋势分析

2015 年 1 月，中共中央办公厅、国务院办公厅印发了《关于加强中国特色新型智库建设的意见》，提出了我国新型智库建设的指导思想、基本原则、总体目标、格局、保障举措。2015 年 11 月，中央深改组第十八次会议审议通过了《国家高端智库建设试点工作方案》，12 月，国家高端智库建设试点工作启动会召开，共有 25 家机构入选首批国家高端智库建设试点单位，我国新型智库建设进入快速发展阶段。为进一步推进我国新型智库建设，应深入分析当前全球及中国智库发展的现状和趋势，充分借鉴国际著名智库的体制机制，构建我国新型特色智库体系，创新完善智库运行机制，更好地服务于国家战略目标。

（一）全球智库数量逐步增长，发达国家智库占比较大

1. 全球各国智库数量普遍有所增加

根据2016年1月美国宾夕法尼亚大学发布的《全球智库报告2015》，2015年全球共有智库6846家，比2014年报告中的6618家多了228家。其中北美洲智库数量最多，为1931家；欧洲其次，为1770家；亚洲紧随其后，为1262家。美国依然是世界上拥有智库数量最多的国家，有1835家。中国排在世界第二位，拥有智库数量达到435家。英国和印度智库数量位列中国之后，分别拥有288家和280家[①]。另外，一些新生智库快速获得影响力，这些新生智库通常围绕人类面临的一些新的重大问题进行研究，如气候变化类智库（如全球气候变化皮尤研究中心）、能源类智库等，因而很快获得战略与政策研究与咨询影响力。

2. 发达国家智库国际影响力依然较高

在《全球智库报告2015》的全球智库排名中，前五位国际智库中，三个为美国智库，分别为布鲁金斯学会、卡内基国际和平基金会、战略和国际问题研究中心（CSIS）；其余两个一个为英国的国际战略研究所（IISS），另一个为比利时的布鲁盖尔研究所（Bruegel）。排名前十的智库中，有6家美国智库、3家英国智库、1家比利时智库。在排名前20的国际智库中，有9家美国智库、3家英国智库、2家德国智库，法国、日本、加拿大和巴西各1家。中国社会科学院、中国国际问题研究所、中国现代国际关系研究院、国务院发展研究中心，分列第31、第35、第39和第50位[②]。根据中国社会科学院2015年11月发布的《全球智库评价报告》，全球排名第1的是美国卡内基国际和平基金会，排名第2的是比利时布鲁盖尔；前10位智库中，美国4家、英国2家、比利时1家、瑞典1家、德国1家、中国1家[③]。从不同机构的智库排名统计可以看出，发达国家智库排名比较靠前，在前100位中占比较大，反映出发达国家的智库国际影响力较高。

---

① McGann, James G.,"2015 Global Go To Think Tank Index Report" (2016), CSP Global Go To ink Tank Index Reports, Paper 10, http://repository.upenn.edu/think_tanks/10.

② McGann, James G.,"2015 Global Go To Think Tank Index Report" (2016), CSP Global Go To ink Tank Index Reports. Paper 10, http://repository.upenn.edu/think_tanks/10.

③ http://news.xinhuanet.com/tech/2015-11/10/c_1117101286.htm.

（二）国际著名智库参与重大事件决策，成为国家软实力的重要标志

1. 智库通过多种渠道或方式参与国内外重大事件决策

各国政府在国内外事务决策上对智库的依赖程度日益加深，促进了各国智库通过多种渠道或方式参与政府决策。例如，在国际事务上，美国政府决策过程中曾多次出现美国智库的身影。从2009年开始，美国多家智库出席美国国会关于中国与南海问题的听证会，其中，2015年7月23日，美国国会众议院外交事务委员会举行的以“美国在南海的安全角色”为题的听证会中，就有新美国安全中心（CNAS）、美国海军战争学院、美国国际战略研究中心（CSIS）、卡内基国际和平基金会四家智库的亚洲和中国事务智库专家出席，并提出美国南海政策建议①。智库发挥政府影响力的另一个重要方式就是在智库和政府间轮流任职。例如，布鲁金斯学会中有50人在奥巴马政府中任职，其中一些人职位很高；美国新当选总统特朗普在大选期间的经济顾问Stephen Moore曾是美国著名智库传统基金会首席经济学家。在英国脱欧事件中，英国国家经济社会研究院（NIESR）就对英国脱欧后GDP、公共财政等方面进行深入研究，并向政府提出相关建议。同样，多家中国智库参与了中国“一带一路”和亚洲基础设施投资银行等重大战略的研究论证工作，并为国家决策层提出相关建议。

2. 聚焦全球性热点、争议点和战略博弈等重大问题

近年来，智库对全球性问题关注力度持续加大，主要关注能源、气候变化、消除贫困与可持续发展问题。如2015年2月，美国战略与国际研究中心对核燃料循环的安全问题发表报告；法国国际关系研究所、德国国际与安全事务研究所、布鲁金斯学会等国际著名智库就气候变化环境保护发表报告，对气候治理的责任、路径、政策等方面提出政策建议和主张②。中国智库2016年聚集G20中国年、南海等问题，发出自己的声音。

3. 智库在全球事务上的合作进一步加强

目前，各国智库在全球气候与环境、全球经济治理、核安全、能源、外交等

① 李忠林：《当前南海安全局势与美国角色选择——基于美国主流智库近期听证会的文本分析》，《学术探索》2015年第12期。

② 李慎明、张宇燕主编《全球政治与安全报告（2016）》，社会科学文献出版社，2015，第211～238页。

方面的交流合作进一步加强。例如，2015 年 9 月，在北京举行的中国互联网安全大会上，来自美国、以色列、韩国和中国的 120 位世界顶级安全智库和安全专家就全球安全产业前沿议题进行研讨。2016 年 6 月，中国国际经济交流中心联合美国“气候现实项目”（CRM）共同举办第二届绿色经济与应对气候变化国际合作会议，包括美国“气候现实项目”创办人、美国前副总统戈尔，中国气候变化事务特别代表解振华等在内的政府、智库和企业界的代表共同探讨应对全球气候变化、实现全球可持续绿色发展等相关问题。

（三）中国特色新型智库发展迅猛，国际地位迅速提升

1. 国家政策推动加快智库建设步伐

2015 年 1 月，中国印发了《关于加强中国特色新型智库建设的意见》，提出加强中国特色新型智库建设，建立健全决策咨询制度，“形成定位明晰、特色鲜明、规模适度、布局合理的中国特色新型智库体系”①。11 月《国家高端智库建设试点工作方案》出台，确定国务院发展研究中心、中国社会科学院、中国现代关系研究院、国家发改委宏观经济研究院、中国石油经济技术研究院、中国国际经济交流中心等不同类型的机构为首批 25 家国家高端智库建设试点单位。

2. 中国多个智库现身国际重要政治经济舞台

为配合中美战略与经济对话，由中国国际经济交流中心和美国全国商会近年来共同举办了多轮中美工商领袖和前高官对话，也称中美经济“二轨”对话，就中美合作进行沟通交流，并提出政策建议。其中，在 2015 年 9 月第七轮中美工商领袖和前高官对话发布的联合声明中，建议中国推动美国加入区域全面经济伙伴关系、中美共同推动亚太自贸区建设等内容。2016 年 5 月，第八轮中美工商领袖和前高官对话就中美经济形势、双边贸易投资、中国市场经济地位、宏观经济政策、产业与基础设施合作、人民币在国际经济中的作用等问题展开讨论，形成了许多建设性建议，为中美战略与经济对话起到了很好的推动作用。2015 年 7 月，由中国人民大学重阳金融研究院和美国卡内基国际和平基金会共同主办的中美智库南海问题对话会，为中国与美国就南海问题进行对话提供了重要平台。2015 年 12 月，由中国社会科学院世界经济与政治研究所、中国人民大学重

① 《关于加强中国特色新型智库建设的意见》，2015 年 1 月 20 日，http：//www.gov.cn/xinwen/2015 -01/20/content_ 2807126. htm。

阳金融研究院、上海国际问题研究院牵头举办二十国集团智库峰会，会上联合发布《G20：从2016到2030》年度报告，为智库参与全球治理进行了顶层设计。

3. 中国智库与国际智库合作进一步加强

2015年6月，中国国际经济交流中心在北京主办了“第四届全球智库峰会”，会议主题为“全球可持续发展：2015年后新路径”，会后发布了《第四届全球智库峰会共同宣言》，来自世界各地智库代表、专家、学者和前政府高官等参加了本届峰会，会议就全球可持续健康发展、全球经济发展对气候和环境变化、国际金融危机等问题进行了探讨。通过历届全球智库峰会促进了中国智库与世界各国智库的交流与合作。10月，波兰经济大会基金会和东中西部区域发展和改革研究院共同主办“中波智库2015北京对话”，签署多项合作协议。12月，中国－中东欧国家合作秘书处、中国社会科学院、中国国际问题基金会联合主办的“第三届中国－中东欧国家高级别智库研讨会暨中国－中东欧国家智库交流与合作网络揭牌仪式”，就加强中东欧国家智库交流与合作签署合作协议。①

4. 中国智库国际影响力迅速提升

在2016年《全球智库报告2015》中，全球智库综合排名榜单175家世界智库中，中国有9家智库入选，其中排名最高的是中国社会科学院，位列第31。亚洲大国智库排名60强榜单有中国国际经济交流中心、中国金融40人论坛、中国（海南）改革与发展研究院等18家中国智库。全球最值得关注智库排名100强榜单有中国国际经济交流中心、上海高级金融学院、中国与全球化智库、人大重阳金融研究院4家中国智库②。从报告中可以看出，除了政府智库外，社会智库发展迅猛，新兴智库大量涌现，国际影响力也迅速提升。

（四）一流智库专业化、国际化、网络化趋势凸显

1. 国际智库综合化和专业化程度都有所提高

一方面，一些成立时间长、影响力大、机构规模大、研究范围广的智库，如美国布鲁金斯学会和卡内基国际和平基金会、英国的国际经济研究所和查塔姆社等国际著名智库综合化程度较高；另一方面，一些规模小、特色鲜明、新成立的

---

① 《2015年中国智库十大事件》，http：//news. youth. cn/gn/201601/t20160128_ 7576939. htm。

② McGann，James G.，“2015 Global Go To Think Tank Index Report”（2016），CSP Global Go To ink Tank Index Reports，Paper 10，http：//repository. upenn. edu/think_ tanks/10.

智库越来越注重专业化发展，这些智库的研究专注于某个领域，如美国的全球气候变化皮尤研究中心、美国进步中心、新美国安全中心等智库。

2. 国际著名智库国际化、网络化趋势凸显

当前智库的国际化通常表现在智库具有面向全球开放的国际化经营理念、研究视角国际化、研究领域国际化、研究人员组成国际化、机构网络全球化等方面。许多国际著名智库通过国际合作、在境外设立分支机构或办事处等方式实现国际化和网络化发展。例如，总部位于美国华盛顿卡内基国际和平研究院在美国华盛顿、俄罗斯莫斯科、中国北京、黎巴嫩贝鲁特、比利时布鲁塞尔、印度新德里设有六个具有影响力的区域研究中心，开展区域性研究工作。

3. 智库的国际话语权竞争加剧

智库国际话语权实际上反映了国家在国际事务和全球治理上的话语权，代表了国家，是一个国家在国际上话语权的重要标志。近两年，美欧国家的多家国际顶级智库对中美俄关系、恐怖主义、南海等国际热点问题和能源、气候变化、消除贫困和可持续发展等全球性问题进行研究，并提出自己的观点和建议。美国卡内基和平基金会2015年8月发表了《亚太地区的冲突和合作》战略评估报告，明确并强调美国在海洋争端上的立场，提出帮助美国规避冲突的建议。英国皇家国际事务研究所2015年7月发布石油和天然气行业投资前景的影响因素分析报告。这些报告对国内国际政策制定和舆论引导产生较大影响。

二　国际著名智库体制机制研究

智库发展受到内外部机制的共同影响，包括政治环境、社会环境、市场环境、管理机制、人才队伍、资金来源等方面，因此，本文主要从国家、行业和智库内部层面分析总结美国、英国、德国、法国、俄罗斯、日本、韩国以及新加坡等国家著名智库的体制机制。

（一）国家政治体制的不同决定了国家智库体制机制的差异

世界各国政治体制不同，造成智库在国家决策过程中的参与方式和发挥的作用也不相同，同时，国家政治体制也影响了智库构建的性质。可以说，政治体制不同决定智库体系构成、性质和参与决策方式的差异。

美国三权分立、两党竞选、轮流执政的总统制政治体制决定了美国智库体系的多元构成，形成既依赖政府又独立于政府的关系，形式上表现出非政府性、非营利性、非党派性的特点；两党轮流执政的体制使美国智库独具特色的“旋转门”机制能够顺利实施，通过这种机制参与政府决策，在政府决策上具有非常大的影响力。

英国属于君主立宪制，由女王任命议会选举中获胜的党派领袖出任首相并组阁、向议会负责，实权在内阁，在这种体制下，英国的文官系统较少依赖外部资源进行政策咨询，英国智库党派属性非常明显，政党和智库在国家政治生活中起着互为补充的作用，智库参与政府决策主要通过其政党实现①。

德国虽然采用多党竞争制（温和多党制），但各政党之间的意识形态距离小，政见具有相当程度的共识，呈向心性竞争态势②。这一认同性的政治氛围促使德国智库扮演着一种“社会共识”的独立角色，德国政府认为客观的研究成果有利于公众与政客对智库提供的信息和建议做出最好的判断，并将“只接受政府资助”作为保持智库独立性的必要前提③。因此，60%的德国智库没有特定的意识形态烙印，而是坚持独立的学术研究方法和准则④。

法国“半总统制”的政权模式，既有总统制特点，又有议会制特点，国家决策有依赖专家委员会的传统，总统在提出重大决策前，一般成立由政府官员、议员、专家和相关行业代表组成的专业委员会进行研究并提出建议，因此，政府和主要党派自身直接或间接组建的智库机构是法国智库的主力军。

俄罗斯智库主要脱胎于苏联时期的官方智库体系，传承了苏联时期良好的学术研究体系和机制。近年来，俄罗斯上层政治固化制约了智库发展，在“可控民主”思维下，政府主导色彩明显，官方半官方智库占主导、独立性弱，大多数智库对政府依赖性比较强，以政府委托或大型国企委托为主⑤。

日本属于议会制君主立宪制的国家政治体制，政府在做出重大决策前，通常都会以“咨询会”“审议会”“恳谈会”等形式做详细的调研论证，这是与日本决策层联系最密切、比较制度化、较高层次的智库参与决策方式⑥，日本智库存在官方智库、半官方智库、民间智库，但总体上具有浓郁的企业特色，多数大型

① 袁莉莉、杨国梁：《英国智库概况及对我国智库建设的启示》，《智库理论与实践》2016年第2期。

② 伍慧萍：《德国政党体制的变迁》，《德国研究》2008年第1期。

③ 吴江：《德国怎么做智库评估》，《学习时报》2015年8月10日。

④ 多丽丝·菲舍尔：《智库的独立性与资金支持——以德国为例》，《开放导报》2014年第4期。

⑤ 中国社会科学院网站，http://www.cssn.cn/zk/zk_rdgz/201602/t20160204_2858963.shtml。

⑥ 程永明：《日本智库的发展现状、特点及其启示》，《东北亚学刊》2015年第2期。

综合智库都以企业形态出现。

韩国与新加坡智库的发展均源于集权体制，智库以政府研究机构为主①，很少需要依靠“外脑”，智库主要由政府或直接或间接组建②。但两国略有差别，新加坡智库虽主要由政府主导，但智库多位于其国内最知名的高等学府③；而韩国是以政府研究机构为主体、以企业附属研究机构为辅助的智库生态体系。

（二）各国智库行业管理机制等方面存在差异

1. 各国智库市场主要表现为多元构成的行业形态

目前，发达国家的智库在隶属形态上表现为官方智库、半官方智库和民间社会智库三个大类，但这三个类型在各国智库行业的比重和作用有所不同。例如，美国智库行业市场化程度非常高，主要以独立于政府的智库为主，日本智库大多以企业形式存在，而法国、俄罗斯、新加坡、韩国等国家的智库以政府主导或者依赖于政府的智库为主，市场化程度相对较低。

2. 各国智库行业管理体系也不尽相同

一方面，世界各国通常以行业协会机构负责智库行业的管理，包括智库行业标准制定、管理措施甚至相关行业法律法规制定，同时作为行业的自律性机构，对行业进行规范和协调。例如，美国设有咨询协会，英国设有管理协会，德国设有咨询协会，通过这些协会协助政府管理智库行业。另一方面，发达国家采取不同的智库行业评价模式。美国对智库行业采用以市场尤其是政策市场为主导的评价模式，智库成功与否主要取决于市场，由市场对智库整体运营做出评判，评价标准是其在市场竞争中的表现。德国采用第三方评价为主导的模式，德国通过中立的第三方机构专门负责对全国智库进行评价，其中以莱布尼茨协会的评价最为权威。莱布尼茨协会是德国各专业领域研究机构（智库）的联合协会，拥有法律所赋予的对全国研究机构和智库，尤其是国家级和州级研究机构进行评价的权力；智库要想获得国家资金支持，一般必须加入该协会并接受该协会评价。日本和韩国采用以政府为主导的评价模式，例如，日本一般会在智库内部设立评估委

① 赵虎吉：《政治发展模式探因——韩国政治发展模式及对中国的启示》，《当代亚太》2005 年第 10 期。

② 谭融：《关于西方国家官僚制比较研究的理论和方法》，《南开学报》（哲学社会科学版）2014 年第 2 期。

③ 韩锋：《新加坡智库的现状、特点与经验》，《东南亚研究》2015 年第 6 期。

员会，委员会成员一般由国家公务人员和兼职教授组成，代表国家的利益对智库活动进行监管和评价。韩国的智库评价则全部归属于国家经济人文和社会科学研究会（NRCS）管理，NRCS 是韩国政府设立的智库管理机构。因此，日韩的智库评价模式实际上由政府主导①。

3. 各国智库发展规模和水平差异较大

根据美国宾夕法尼亚大学发布的《2015 年全球智库报告》，2015 年美国智库数量达到 1835 家，占全球智库总量的 26.8%，年均预算达数百亿美元，从业人员超过 10 万人，一些大型智库人员多在 200 人左右，人数最多的兰德公司达 1800 人，排名前 10 的智库年度运营费用均在 3000 万美元以上，研究领域包括国际发展、国际关系和安全、国家和国际经济社会政策、公共健康和环境等，在全球排名靠前的智库中，美国智库占大多数②。英国智库数量为 288 家，全球排名第三，大型智库研究人员均在百人以上，年度经费超过 1000 万英镑，其中费边社成员总数超过 1000 人，在欧洲国家中，英国是智库类型最全、数量最多、影响力最大的国家③。德国智库规模约为英国的一半，共有 195 家智库，大型智库约 12 家，雇用研究人员 30～80 人，年度预算为 500 万～1400 万欧元④。日本共有 109 家智库，新加坡有 12 家智库，其中三家跻身全球前百强智库⑤。从国家层面上看，智库行业规模和发展水平差异较大。

（三）国际著名智库在内部体制机制方面具有共性

1. 资金来源渠道多元化

从智库资金渠道与筹资能力上看，美国智库大多具有多元化的复合融资能力，社会委托、政府资助、项目外包、财团支持、会员会费，甚至外国政府等都可以成为其资金渠道，不同性质的智库收入构成有所区别，有些智库对政府资助的依赖较大。如美国和平研究所（USIP）主要依赖政府资金，兰德公司的政府

---

① 孔放、李刚：《国外智库评价的主要模式》，《新华日报》2015 年 7 月 10 日。

② McGann, James G., "2015 Global Go To Think Tank Index Report" (2016), CSP Global Go To ink Tank Index Reports, Paper 10, http://repository.upenn.edu/think_tanks/10.

③ McGann, James G., "2015 Global Go To Think Tank Index Report" (2016), CSP Global Go To ink Tank Index Reports, Paper 10, http://repository.upenn.edu/think_tanks/10.

④ 马丁·W. 蒂纳特、杨莉：《德国智库的发展与意义》，《国外社会科学》2014 年第 3 期。

⑤ McGann, James G., "2015 Global Go To Think Tank Index Report" (2016), CSP Global Go To ink Tank Index Reports, Paper 10, http://repository.upenn.edu/think_tanks/10.

资助仅是其部分收入来源，卡内基国际和平基金会（CEIP）、布鲁金斯学会等智库有专门的部门进行金融运作与保值、增值业务，并有一整套由市场决定的经费分配与预算评价机制①。英国智库资金在很大程度上依赖政府或政党，因其党派和政治倾向性使其资金得到特定政党或利益集团的支持，但两者间并不是直接的隶属关系，而且资金的使用也有严格的规定，研究项目委托方一般情况下不能向智库直接付费，也不得指定资金的使用目的，资助资金由智库全权安排和使用，并设有最高资助限额②。德国和新加坡两国智库发展的绝大多数资金均来自政府，并且都倾向于依托高等学府，选择采取以政府为主的支持方式是为了更有利地保持研究的自由和独立，而不受利益集团的驱使③；法国与韩国的主要智库是其国内官僚体系的重要组成部分，运行资金基本全部来自中央预算，独立智库的资金则主要来自企业赞助与政府委托项目④。日本智库的经费来源问题在很大程度上受其组织形态的影响和制约，如官方智库或半官方智库的经费大部分来源于政府，企业类智库的经费基本来源于企业财团与委托研究费用⑤。

2. 高度重视高端人才培育，人员构成多元化

在世界著名智库中，核心研究人员能力和水平较高，多为国家顶级学者或学术带头人，在智库中具有较高地位，配有完备的支撑与保障体系。例如，布鲁金斯学会对研究人员的要求标准极高，一般要达到所在领域的“学术领头羊”、具有前瞻性视野和在公共领域里有影响力这三个标准，其研究人员均有较深厚的学术背景，大多数人有政府背景，有些人还有国外背景，如澳大利亚前总理、土耳其前财长等。另外，研究人员收入水平较高，研究的自主性较高，没有繁杂的行政工作和填报各种报表的干扰，主要精力用于研究工作。

3. 普遍采用理事会（或董事会）的治理机制，组织机构倾向于扁平化设置与分权管理

智库作为独立实体，其运转需要合适的管理体制，具体形态依赖于所在国家的法律、政治体制和相关文化因素的影响，因宗旨不同各大智库具体的管理机制

---

① 熊励、陆悦：《中国智库融资模式的研究——来自国际知名智库的启示》，《智库理论与实践》2016 年第 1 期。

② 王佩亨、李国强等：《注重提升影响力的英国智库》，《管理观察》2013 年第 28 期。

③ 马丁 · W. 蒂纳特、杨莉：《德国智库的发展与意义》，《国外社会科学》2014 年第 3 期。

④ 闫志开、王延飞：《智库运转机制比较分析》，《情报理论与实践》2015 年第 5 期。

⑤ 程永明：《日本智库经费来源渠道研究》，《人民论坛》2014 年第 8 期。

有所差别。美国、英国、德国、法国、日本等国的智库多采用理事会（或者董事会）化的治理机制，组织机构倾向于扁平化设置与分权管理，充分保证研究空间、质量与专业性。智库的日常管理运行由智库负责人（总裁等）负责。理事会由重要捐助者组成，成员大多是大企业家、捐助基金会负责人、前政府官员和著名学者等，他们有很雄厚的经济实力和人际网络①。美、英、德、法等欧美国家智库重视通过发展会员扩大智库资金来源与社会影响，如美国对外关系委员会（CFR）和美国传统基金会（CPRA）都实行了会员制。其中对外关系委员会以发展高端会员为主，包括前总统尼克松、克林顿都是其委员会成员，截至2015年共发展会员4500多名②。日本、韩国、新加坡等国智库的会员组织成熟度要低于欧美国家，如日本只有一些NPO（特定非营利活动法人）智库组织重点发展会员制。由于在较大程度上依赖公共资金，英、德、法等国还十分重视监督机制建设，如英国皇家国际事务研究所（RIIACH），主席、执委会与财务委员会共同管理行政事务，并设有高级顾问小组。法国内务部则指定专员列席官方智库董事会，并由全球遴选的13名学者组成科学委员会，在国内选择24名不同领域学者成员构成顾问委员会，以确保智库的研究活动符合公共利益。

4. 具有严格的成果质量管理机制

国际著名智库高度重视研究成果质量，将其作为智库生存和发展的基石，并将其融入核心价值观。例如，兰德公司的愿景是“成为世界上最值得信赖的政策思想和政策分析之源”，核心价值观是“高质量和客观性”；布鲁金斯学会追求“高质量、独立性和影响力”。正是在追求高度重视研究成果质量的价值观的指引下，国际著名智库制定了严格的成果质量标准和评价管理机制。例如，兰德公司在1997年制定《高质量研究与分析标准》，并不断完善修订。另外，国际智库建立成果质量管理部门或组织机制（科学委员会、评审委员会等），实施内外部同行专家严格评审与监督，以保证研究成果的高质量③。

5. 智库传播平台体系比较广泛

美国智库具有完善的传播平台体系，一是主要智库每年都会出版大量的专

① 张志强、苏娜：《国际智库发展趋势特点与我国新型智库建设》，《智库理论与实践》2016年第1期。

② 褚鸣：《欧美智库比较研究》，中国社会科学出版社，2013，第14～44页。

③ 张志强、苏娜：《一流智库战略研究成果的质量管理机制》，《中国科学院院刊》2016年第8期。

著、期刊、研究报告、背景分析、简报等面向政府和大众；二是举办各种讲座、报告会、培训班，传播智库观点。英国、法国与新加坡的智库同样重视研究成果的公众宣传与自身影响的扩大，所采用方式与美国基本相似。

对政府决策方面上，德国、韩国、日本的智库则更倾向于通过直接接触政府官员的方式影响政策决策，而较少借助公众或媒体。如德国智库偏好直接影响政府及议会高层的决策者，除非国际危机时期，大部分智库对积极的自我推销和产品渲染都保持着审慎态度，95%的智库成果通过图书进行传播，仅有40%的智库在报纸上发表文章，为专栏写作或出版简报的比例更低至14%，但是与媒体保持着疏离关系的习惯正随着互联网技术的兴起被逐渐打破，一些智库和个别学者试图通过学术研究成果的“去专业化”来对公众产生影响，如出版简短易读的专题论文、文章与简报等①。日、韩的智库则更像是主办者的私人咨询机构，对外发声明显弱于欧美系智库，即使是民间智库，成果首先对本企业的主要领导人产生影响后，通过本企业主要领导人与政府官员的接触，再进一步影响政策的制定。

三　世界主要国家智库体制机制经验及启示

（一）建立与政治体制、法律制度环境相匹配的智库体制机制

1. 国家政治体制决定智库体制机制建设

国家政治体制决定了公共权力的分配和运行模式，不同的政治制度对非政府组织接触权力的限制不同，公共权力的高度集中将会提高决策和执行效率，但是会减少智库影响公共决策的机会。我国社会政治环境不同促使中国智库建设不可能完全照搬其他国家智库发展模式，所以要创新出一条中国特色模式，在政治、经济和法律等领域为智库发展创造合法空间，使智库能够充分发挥其功能和效率②。中国特色新型智库的“特色”就在于必须坚持党的领导和社会主义制度，坚持走中国特色社会主义道路，服务和服从于民族复兴大业和实现两个一百年战

① 〔德〕马丁·W. 蒂纳特、杨莉：《德国智库的发展与意义》，《国外社会科学》2014年第3期。

② 〔美〕詹姆斯·麦甘恩、理查德、萨巴蒂尼著《全球智库：政策网络与治理》，上海交通大学出版社，2015，第16页。

略目标。

2. 法律制度环境智库发展的保障

从国际发达国家的智库管理体制看，很多发达国家都已经出台了一些有关智库的法律制度，从财税政策到政府决策程序都是受到法律的支持和保障的。同时，法律制度决定了智库组建的形式和运营模式，例如，国际上大部分国家的著名智库多以政府研究机构、社团、企业形式出现，性质上有营利和非营利之分，各国也都有明确的相关法律制度进行管理；法律环境在一定限度上影响智库研究领域的自由度，不宜过于禁锢，要充分发挥智库的创造力。

3. 建立与我国国际地位相匹配的大国智库体系

当前我国正处于和平崛起的关键时期，崛起的中国需要建立能够代表大国软实力的智库。发达的智库体系是现代国家治理体系的重要组成部分，是国家治理能力的重要体现。美国智库作为第四种或第五种权力，在国家政治生活中发挥着不可替代的作用。当前，全球化快速发展，决策环境和条件异常复杂，社会利益分化多元，政府决策面临过去不曾有过的挑战。现代社会智库以其宽阔视野、高度专业化和对复杂问题的建构能力，成为政府决策质量和效能的基本保证。建设中国特色新型智库是大国崛起、参与全球竞争、争夺国际话语权的需要，也是中国社会急剧转型的内在需要。

（二）把握全球智库发展趋势，培育智库行业市场

1. 国际化、网络化成为未来智库发展方向

逐步推动中国智库构建区域性和全球性的研究网络、成员网络或合作网络①，构建中国特色的全球化智库体系。当前，国际化已经成为智库发展的重要特征和方向，发达国家的智库已逐步实现其国际化布局，增强全球影响力，智库全球化呈现研究领域国际化、研究视角国际化、人才队伍国际化、影响力国际化和机构网络全球化等特征。②

2. 要重视体制外（社会）智库培育和建设，鼓励独立智库发展

我国民间独立智库处于初步阶段，要鼓励独立智库发展，逐步打造一批有公

① 〔美〕詹姆斯·麦甘恩、〔美〕理查德·萨巴蒂尼著《全球智库：政策网络与治理》，上海交通大学出版社，2015，第26页。

② 王辉耀、苗绿：《大国智库》，人民出版社，2014，第281页。

信力和影响力的独立型智库，作为我国智库体系的重要组成部分，参与智库行业竞争，从而有助于提升中国智库的总体水平。

（三）加强人才、资金和成果等内部运营管理机制建设

1. 战略定位事关智库的发展方向

综观国际著名智库，大多具有明确的研究定位和指向，专业性强，服务对象明确。当前，国际著名智库研究领域具有综合性、跨学科性、长期性和实效性的趋势。因此，我国智库可以结合自己人员、资源等情况，发挥自身特长，瞄准重点领域，加强对国家重大经济、社会和政治等方面重大问题实用性研究，促进智库思想成果转化。

2. 对人的管理是智库管理的核心

智库作为现代社会思想产品生产的专门性机构，不同于一般物质生产组织，也不同于具有行政职能的政府机构，它具有一般社会组织不具有的规律性特征。作为思想品生产的主体——人（研究人员）是智库最核心的资产和财富，而对人的管理、监督、激励和评价，必须体现思想品生产的要求和特点。美国智库之所以形成强大国际影响力，就在于其尊重和适应了现代社会思想品生产的规律，其智库运行管理的先进经验值得我们学习借鉴。

3. 资金来源对智库生存至关重要

财务上的不独立是阻碍智库发展的重要因素，因此，欧美等国际智库大都积极开拓资金来源渠道，争取政府财政拨款，研究合同收入，个人、企业或者基金会捐赠，会员费，出版物收入等多种形式的资金来源。中国智库应借鉴这些国家智库多样化的资金筹措方式，建立稳定的资金来源渠道，不断扩大财力，保障智库的稳定运营。

4. 建立完善规范的内部管理机制

国外著名智库大都具有规范的内部管理机制，通常智库领导层（多为理事会）主要负责智库的大政方针，如确定智库主席或所长、确定年度预算、评估和建议研究议题等内容，日常管理通常由主席或所长负责；智库组织上分为政策研究和行政管理部分，政策研究是核心，行政管理服务于政策研究；政策研究部门大多实行项目管理制度，研究人员根据研究领域实行阶梯配置；[①] 这些方式都

① 褚鸣：《美欧智库比较研究》，中国社会科学出版社，2013，第68页。

是比较成熟的方式，也是国际著名智库通用管理方式，中国智库在建设和发展过程中可以借鉴。

5. 以开放理念推动智库建设

一是加强对外交流合作，通过国际研究合作和学术交流提升智库研究人员的国际视野和政策研究能力，提高自身国际影响力和话语权；二是建立完善的、系统的智库信息传播机制，通过政策建议、会议、成果出版和网络建设等方式扩大智库成果的影响力。

四　建设中国特色新型智库的体制机制政策建议

（一）加快推动智库参与的民主科学决策机制建设

1. 建立健全科学决策咨询机制，为智库参与决策提供智库制度环境

建立健全政府科学决策咨询的制度安排，将各种重大决策出台前的研究和咨询作为政府决策的常态化程序，建立智库与决策部门之间常态化沟通和成果报送机制、政府购买智库思想产品机制，从制度上保障智库的良好发展。政府要进一步健全决策咨询机制，将决策咨询纳入重大决策法定程序。政府还要进一步加大决策公示和信息公开力度，实现决策信息获取方式和沟通方式的根本性转变。

2. 构建规范的政府与新型智库之间沟通机制

加强智库在整体政治生态中的参与机制，逐步构建智库参与决策机制，将智库作为政府决策的关键组成部分，建立智库参与决策机制，通过立法确保智库专家意见参与政策制定的合法性，打造智政通道。

3. 创新政府－智库之间的人才交流机制

人才交流是智库发展的源泉活水，智库人才既要有扎实的专业知识和开阔的视野，又要有对国情的充分了解和丰富的实践经验，是特殊的专门人才。要尽快建立机制化渠道，推动智库人员到政府、企业和其他社会组织任职；同时进一步畅通渠道，使社会各领域优秀人才有机会参与智库工作；建立智库与决策、行政部门之间的交流机制，如派研究人员到中央和地方行政部门挂职交流，邀请这些行政部门高级公务员定期或不定期就重大方针政策贯彻实施情况讲座交流，以及到智库机构定期挂职参与重大课题研究等。

（二）建立健全支持智库健康快速发展的法律法规

1. 建立健全智库发展的相关法律，从立法和制度方面为智库发展创造良好社会环境

加快智库立法工作，制定智库发展标准，对智库的定位、性质、管理、经费、运行、评估与监督等给予法律性、制度化的规定，确保各项政策法律制度的落实，使智库发展有法可依。我国智库主要脱胎于行政机构或事业单位，在管理理念、管理方式等方面行政化色彩浓厚，社会公信力和认可度不高，公众对智库服务的信任度低，缺少对智库捐赠优惠支持政策，要针对中国特色新型智库建设创造针对多类型、多样化的智库平等竞争和发展的政策环境，消除法律地位、资金筹集渠道、人员招聘、政府沟通机制方面的体制性和系统性障碍，促进智库的多元化发展。

2. 加大对智库建设的财政政策等方面的支持

通过提供财政拨款、设立基金支持、社会组织捐款资助、购买政策咨询服务等方式支持政策研究的智库，对于企业和个人捐款给予免税政策；对于国家重点支持的智库实行单位增值税减免政策；对于智库研究人员劳务费占经费比例无限制，目前可参照科研管理办法等相关政策。

（三）有效规制智库思想市场健康发展

1. 培育拓展智库思想需求市场

拓展政府需求、社会（公众）需求、国际需求（国际事务、国际社会、国际人士）、公共外交需求等市场的空间，同时建立或疏通不同的参与决策方式和机制，包括内参和政策报告、咨询机制（会议、机制化的委员会）、承接“发包”课题、参与公共外交、公共渠道及社会影响、“第二轨道”机制（“二轨”对话）、个人渠道、人员交流及为高层领导讲课[①]。

2. 对智库市场进行有效规制

一是在市场准入政策上，对特色新型智库的标准要明确定义，对特色新型智库数量、类型、服务领域和水平进行规制，在行业上把握智库市场的发展布局和规模，防止鱼龙混杂的局面。二是构建质价对等的市场定价机制。特色新型智库

① 任晓：《第五种权力——论智库》，北京大学出版社，2015，第288～295页。

建设要逐步使思想资源配置在思想市场中起决定性作用，为智库提供的思想产品提供具有市场竞争力的研究费用，充分体现其成果的价值。

（四）构建多类型、多层次、多功能的现代智库体系

1. 走多元化、多样化、多层次的智库发展路线，建设类型齐全、功能完备的智库生态体系

建立与国家治理体系相匹配的智库体系，将智库体系作为国家治理体系中的重要子系统，形式多元化、多样化、多层次的共生系统。一是在功能上，探索建设能够发挥决策智力资源聚合功能、连接体制内外桥梁功能、联系其他各类社会群体管道功能和发挥思想产品竞争市场功能的多样化智库；二是在服务对象上，探索建设服务于国家整体战略和公共政策制定的国家级智库和服务于地方经济社会发展的地方性（省或市）智库；三是在领域和行业上，探索建设国家战略、经济、社会、环境、军事、安全等各方面专业化智库；四是在智库类型上，建设偏学术型智库、偏媒体型智库，体制内智库、社会类智库等；五是在层次上，探索建设高端智库和一般智库多层次的智库体系。建立以政府智库为主导、其他智库为补充的国家高端智库体系，重点服务于国家重大战略决策；一般智库应以民营等社会类智库建设为重点，为各级地方政府、企业等提供政策咨询服务；另外，在智库服务内容上，智库建设要澄清和处理好服务于政府决策和一般化服务政府的关系。智库应强化思想品和专业化知识服务于政府决策的功能，而不应常规性、一般性甚至日常性的工作。

2. 构建政府智库、大学智库和社会智库互补发展格局

一是引导政府智库转型。加快推进政府智库由传统智库向现代新型智库转型，在组织模式、管理模式、运营机制等方面转型，推动研究方法创新，提高研究成果质量，提高智库成果转化效率，提升人员专业化水平，推动政府与智库之间人才有序流动。二是加强大学智库建设。加强大学智库建设，让大学智库成为思想创新的“发动机”，充分发挥高校在基础学科研究、研究机构和人才丰富等方面的优势，重点扶持建设一批具有创新潜力的中国特色新型大学智库，发挥其引领示范作用，带动大学智库的良性发展。三是鼓励社会智库发展。在制度、经费、信息、税收等方面大力支持社会民间智库的建立和发展，通过制定法规对民间智库的发展定位、性质、管理、经费、运营与监督给予法律化、制度化的规

定；构建社会智库思想成果向决策者提交和交流的渠道，建立它们参与政府决策和研究成果采纳的常规机制；打造社会智库获得政府信息、数据和研究课题的公平机会，政府研究项目可让独立型智库参与竞争，靠项目竞争获得经费；对于社会智库要明确其按非营利性组织定位，不按以盈利为目的的企业注册，在财税政策上给予支持。

（五）建立智库协会或联盟等智库交流机制和平台

1. 设立智库监管机构和交流平台，加速智库产业发展

一是设立专门的智库行业管理机构，负责智库行业标准制定、行业评价、行业的协调管理、职业规范等方面的协调和监管。二是尽快完善智库发展的行业监督机制，加强行业监管。三是建立智库的行业性平台组织，通过定期组织智库会议、合作研究等交流活动，实现智库之间的沟通交流，加快智库产业发展。

2. 加大与国际著名智库交流合作力度，注重智库知名度和影响力建设

加大与国际一流智库的交流合作力度，既要“走出去”，也要“请进来”，大力开展各种长期或短期的国际课题合作、创建国际访问学者资助平台、举办各类国际公共政策讲座和论坛、加大对公共政策研究成果的传播力度等，逐步提高我国智库的国际影响力和竞争力。

（六）建立健全智库评估与淘汰的行业管理机制

1. 建立分类管理的行业管理机制

行业分类管理机制包括各类智库布局和分类管理、智库思想产品市场等方面的管理。在思想产品市场上，智库是思想产品的供给方，政府、企业、媒体和大众等都是产品的需求方和消费者，完善的思想产品市场需要存在不同类型的智库，这些智库能够输出多层次、多种类的思想产品满足不同的思想产品消费群体。因此，要不断构建思想产品市场供给方和需求方的沟通机制，营造良好的智库发展制度和管理环境。

2. 建立智库评估与淘汰机制

通过规范的评审标准、评审流程、发布机制和公平竞争的环境，保证不同类型研究成果的科学性和客观性。建立行业管理机构、同行评议或第三方对智库的评估机制，尤其是高端智库的评估机制，对其思想成果的数量、质

量、成效等方面进行考核评估，优秀的要奖励，落后的要淘汰；建立智库咨询绩效考核和责任追究制度，改变专家咨询无责任风险的现象，以此避免专家咨询的随意性；另外，通过评估和淘汰机制，有效避免当前智库建设盲目无序的情况。

（七）创新智库人才、资金和组织管理机制

1. 明确智库的专业化定位，保持独立性

一是坚持以决策问题为导向。国外著名智库都有明晰的战略定位，多数以政策实用主义的指导思想。智库不是纯粹学术性研究机构，而是政策研究、设计和建议机构，因此，智库要围绕政府决策的相关问题开展研究。二是注重对专业性、客观性、前瞻性、战略性重大问题的研究。确定智库自身的专业化领域，如综合、经济、科技、军事、外交等方面，突出特色和优势，在研究当前热点、难点政策问题的同时，更要注重前瞻性、战略性、长期性的重大问题的研究。三是保持智库的独立性。研究人员要有独立思维，不能形成依附性；在西方话语权影响力非常大的情况下，要防止对西方国家形成智力依赖，保证我国国家智库体系对外独立性。

2. 构建国际一流的战略与政策研究人才培育机制

一是建立智库人才专门的培养渠道和机制。未来5～10年培养出一批高水平智库人才对中国特色智库建设至关重要。要抓紧制订智库人才发展规划。要明确发展目标，制定个性化的培养方案，可从现有智库中，选拔政治素质好、研究能力强的研究人员进行重点培养。根据需要或安排到经济综合部门、驻外机构锻炼，或到国外智库机构进行交流，并根据需要辅之以外语学习和专门的交流技术训练，逐步形成梯队，促其尽快成长。二是提高研究团队的专业化、知识化、职业化、国际化研究能力。三是建立和完善适应思想品生产的人才薪酬体系、职称评审制度、激励机制等，充分认识智库中人的核心作用和价值，提高智库研究人员的待遇水平。

3. 拓展多种资金渠道，保障资金供给，推进经费管理改革

一是积极拓展资金来源。丰富多元的资金来源是国际著名智库可持续发展的必要条件，我国智库要积极拓展资金来源，包括基金、政府拨款及购买服务、企业组织捐赠、会员会费、委托项目收入、出版物收入、培训费收入等。二是推进智库经费管理制度创新，建立与新型智库相匹配的经费管理制

度。在严格落实当前《关于进一步完善中央财政科研项目资金管理等政策的若干意见》基础上，进一步深化科研经费管理制度改革，严格落实，在严格项目过程管理和成果质量管理的基础上，把人力资本作为经费资源配置的第一要素，加快完善成果奖励机制，破解传统报销制度对科研活动的禁锢和束缚。

4. 建立符合我国特色新型智库要求的运营管理机制

一是建立现代新型智库管理构架。依据智库的不同类型，可以探索建立董事会、理事会、学术委员会等机制，拟定管理章程。董事会、理事会、学术委员会的成员可包括对智库的发展起到关键作用的资助方、领域相关方、战略专家、政府高层领导的代表。二是建立与新型智库相匹配的考核体系。完善考核指标更具针对性，在弱化当前学术考核体系的同时，逐步建立与新型智库相匹配的考核体系，重点强调高层领导批示、政策采纳、成果转化、社会影响、论文发表、学术活动等重要指标的考核，建立完善的成果评审与控制机制，在质量标准、评审流程、发布机制等方面进一步推进规范化和科学化管理。

（八）加快提升中国特色新型智库国际影响力

1. 构建国际化的智库网络体系

一是在海外有重要意义的地区和国家，通过设立办事处、与国外学术和智库机构建立分支机构、聘用海外研究人员等方式，推进研究网络国际化。二是通过与国外机构开展国际重大问题的合作研究，强化国际化网络建设。三是支持国内智库与国际同行之间深入交流，支持研究人员走出国门拓展国际视野，开展国际化的智库人才培育计划，促进国内智库建设全球化的智库网络。

2. 构建对外交流传播体系，扩大影响力

一是智库通过设立与政府、社会、媒体等沟通的专门机构，定期或不定期通过出版物、内部报告等形式进行传播。二是举办各类会议，邀请政府部门、国际组织、学术机构和企业等的代表，通过交流研讨传播智库自身观点。三是通过智库网站和公开出版物、新闻媒体发布新的成果和政策时评，传播智库观点。另外，还可以利用智库人员的个人影响力和关系网进行人际传播，提升智库影响力。

参考文献

McGann, James G.,“2015 Global Go To Think Tank Index Report”（2016）. CSP Global Go To ink Tank Index Reports. Paper 10. http：//repository. upenn. edu/think_ tanks/10.

http：//news. xinhuanet. com/tech/2015－11/10/c_ 1117101286. htm.

李忠林：《当前南海安全局势与美国角色选择——基于美国主流智库近期听证会的文本分析》，《学术探索》2015 年第 12 期。

李慎明、张宇燕主编《全球政治与安全报告（2016）》，社会科学文献出版社，2015，第 211～238 页。

《关于加强中国特色新型智库建设的意见》，2015 年 1 月 20 日，http：//www. gov. cn/xinwen/2015－01/20/content_ 2807126. htm。

《2015 年中国智库十大事件》，http：//news. youth. cn/gn/201601/t20160128 _ 7576939. htm。

袁莉莉、杨国梁：《英国智库概况及对我国智库建设的启示》，《智库理论与实践》2016 年第 2 期。

伍慧萍：《德国政党体制的变迁》，《德国研究》2008 年第 1 期。

吴江：《德国怎么做智库评估》，《学习时报》2015 年 8 月 10 日。

多丽丝·菲舍尔：《智库的独立性与资金支持——以德国为例》，《开放导报》2014 年第 4 期。

http：//www. cssn. cn/zk/zk_ rdgz/201602/t20160204_ 2858963. shtml.

程永明：《日本智库的发展现状、特点及其启示》，《东北亚学刊》2015 年第 2 期。

赵虎吉：《政治发展模式探因——韩国政治发展模式及对中国的启示》，《当代亚太》2005 年第 10 期。

谭融：《关于西方国家官僚制比较研究的理论和方法》，《南开学报》（哲学社会科学版）2014 年第 2 期。

韩锋：《新加坡智库的现状、特点与经验》，《东南亚研究》2015 年第 6 期。

孔放、李刚：《国外智库评价的主要模式》，《新华日报》2015 年 7 月 10 日。

马丁·W. 蒂纳特、杨莉：《德国智库的发展与意义》，《国外社会科学》2014 年第 3 期。

熊励、陆悦：《中国智库融资模式的研究——来自国际知名智库的启示》，《智库理论与实践》2016 年第 1 期。

王佩亨、李国强等：《注重提升影响力的英国智库》，《管理观察》2013 年第 29 期。

闫志开、王延飞：《智库运转机制比较分析》，《情报理论与实践》2015 年第 5 期。

程永明：《日本智库经费来源渠道研究》，《人民论坛》2014 年第 8 期。

张志强、苏娜：《国际智库发展趋势特点与我国新型智库建设》，《智库理论与实践》2016 年第 1 期。

褚鸣：《欧美智库比较研究》，中国社会科学出版社，2013，第 14～44 页。

张志强、苏娜：《一流智库战略研究成果的质量管理机制》，《中国科学院院刊》2016年第8期。

〔美〕詹姆斯·麦甘恩、理查德、萨巴蒂尼著《全球智库：政策网络与治理》，上海交通大学出版社，2015，第16页。

王辉耀、苗绿：《大国智库》，人民出版社，2014，第281页。

褚鸣：《美欧智库比较研究》，中国社会科学出版社，2013，第68页。

任晓：《第五种权力－论智库》，北京大学出版社，2015，第288～295页。

（撰稿人：中国国际经济交流中心产业规划部副研究员元利兴）

后　记

《国际经济分析与展望》（简称《世情报告》）每年年初出版，是中国国际经济交流中心（国经中心）倾力打造的国际经济年度评估展望精品。该报告立足国际经济发展前沿，以“国际眼光、全球视野”对上年国际经济总体、国别经济、重点经济领域及热点问题发展状况进行评估，并对其未来发展做出相关预测分析，以国经中心的独特视角，突出战略性、系统性、前瞻性、针对性和实用性，“同享人类智慧，共谋人类发展”，打造前瞻性和系统性特色产品，服务全球治理，实现国经中心服务于社会的价值。

本年度《国际经济分析与展望》是中国国际经济交流基金资助的重大课题研究成果。研究课题由中国国际经济交流中心常务副理事长、执行局主任张晓强，中国国际经济交流中心副理事长郑新立指导，中国国际经济交流中心总经济师、执行局副主任、学术委员会副主任陈文玲担任课题组组长，设计课题研究框架，撰写总报告《世界经济形势分析与展望》，对全部书稿进行终审。任海平等同志组织各篇报告的具体撰写工作，与出版部门进行沟通，并协助文稿的修改与校对。

该报告主要为国经中心研究人员的研究成果，还收录了社会知名专家学者的重量级稿件。社会科学文献出版社皮书出版分社社长邓泳红，编辑宋静等为本报告的出版付出了巨大心血。在此，对大家的辛勤付出，表示由衷的感谢！同时欢迎读者对报告的疏漏给予指正。

中国国际经济交流中心

2017 年 2 月 20 日

图书在版编目（CIP）数据

国际经济分析与展望. 2016~2017 / 中国国际经济交流中心编著. --北京：社会科学文献出版社，2017.3
（CCIEE 智库报告）
ISBN 978-7-5201-0380-0

Ⅰ.①国… Ⅱ.①中… Ⅲ.①世界经济-经济分析-2016~2017 ②世界经济-经济展望-2016~2017 Ⅳ.①F113.4

中国版本图书馆 CIP 数据核字（2017）第 031702 号

·CCIEE 智库报告·
国际经济分析与展望（2016~2017）

编　　著 / 中国国际经济交流中心

出 版 人 / 谢寿光
项目统筹 / 邓泳红
责任编辑 / 宋　静

出　　版 / 社会科学文献出版社·皮书出版分社（010）59367127
地址：北京市北三环中路甲 29 号院华龙大厦　邮编：100029
网址：www.ssap.com.cn
发　　行 / 市场营销中心（010）59367081　59367018
印　　装 / 三河市尚艺印装有限公司

规　　格 / 开　本：787mm×1092mm　1/16
印　张：33.25　字　数：595 千字
版　　次 / 2017 年 3 月第 1 版　2017 年 3 月第 1 次印刷
书　　号 / ISBN 978-7-5201-0380-0
定　　价 / 158.00 元